O Brasil Desenvolvimentista e a trajetória de Rômulo Almeida

projeto, interpretação e utopia

CONSELHO EDITORIAL

Andréa Sirihal Werkema

Ana Paula Torres Megiani

Eunice Ostrensky

Haroldo Ceravolo Sereza

Joana Monteleone

Maria Luiza Ferreira de Oliveira

Ruy Braga

Alexandre de Freitas Barbosa

O Brasil Desenvolvimentista e a trajetória de Rômulo Almeida

projeto, interpretação e utopia

Copyright © 2021 Alexandre de Freitas Barbosa

Grafia atualizada segundo o Acordo Ortográfico da Língua Portuguesa de 1990, que entrou em vigor no Brasil em 2009.

Edição: Haroldo Ceravolo Sereza
Editora assistente: Danielly de Jesus Teles
Assistente acadêmica: Tamara Santos
Projeto gráfico, diagramação e capa: Danielly de Jesus Teles
Revisão: Alexandra Colontini
Imagem da capa: Foto à esquerda na parte de cima: *Embaixador Mário Borges da Fonseca e Rômulo Almeida, na sede da ALALC, Montevidéu, em 1962*. Foto à esquerda na parte de baixo: *No lançamento da subscrição do BNB, Presidente Getúlio Vargas, deputado Paulo Sarazate e Rômulo Almeida, Rio de Janeiro, 1/09/1953*. Foto à direita na parte de cima: *Rômulo Almeida no período em que ocupou a chefia da Assessoria Econômica de Getúlio Vargas (1951 a 1953) no Rio de Janeiro*. Foto à direita na parte de baixo: *Rômulo Almeida, em Salvador, no final dos anos 1970 no escritório da CLAN, sua consultoria de projetos*. Fonte: Acervo IRAE.

Este livro foi publicado com o apoio da Fapesp. Número do processo: 2019/23561-4
As opiniões, hipóteses e conclusões ou recomendações expressas neste material são de responsabilidade do autor e não necessariamente refletem a visão da Fapesp

CIP-BRASIL. CATALOGAÇÃO-NA-FONTE
SINDICATO NACIONAL DOS EDITORES DE LIVROS, RJ

B195B

Barbosa, Alexandre de Freitas
    O Brasil desenvolvimentista e a trajetória de Rômulo Almeida : projeto, interpretação e utopia / Alexandre de Freitas Barbosa. - 1. ed. - São Paulo : Alameda, 2021.
    580 p. ; 23 cm.

    Inclui bibliografia e índice
    ISBN 978-65-5966-017-9

1. Desenvolvimento econômico - Brasil. 2. Brasil - História - 1945-1964. 3. Brasil - Política econômica. 4. Almeida, Rômulo, 1914-1988. I. Título.

21-70160   CDD: 338.90981
                    CDU: 338.1:94(81)"1945/1964"

ALAMEDA CASA EDITORIAL
Rua 13 de Maio, 353 – Bela Vista
CEP 01327-000 – São Paulo, SP
Tel. (11) 3012-2403
www.alamedaeditorial.com.br

A Rômulo Almeida e seus companheiros de trincheira, sem os quais eu não teria embarcado nesta aventura.

A Chico de Oliveira e Carlos Lessa, fontes de inspiração, frutos maduros da sua geração.

A tod@s aquel@s que compõem o aguerrido segmento da sociedade que não desistiu da ideia de nação.

À minha filha Ana Clara e sua geração, para que não se contentem com as histórias que lhes são contadas, inclusive esta.

A perda, talvez inevitável em termos de realidade política, consumou-se, de qualquer modo, pelo olvido, por um lapso de memória que acometeu não apenas os herdeiros como, de certa forma, os atores, as testemunhas, aqueles que por um fugaz momento retiveram o tesouro nas palmas de suas mãos; em suma, os próprios vivos (ARENDT, Hannah, 2019, p. 31).

O dom de atear ao passado a centelha da esperança pertence somente àquele historiador que está perpassado pela convicção de que também os mortos não estão seguros diante do inimigo, se ele for vitorioso. E esse inimigo não tem cessado de vencer (BENJAMIN, Walter apud LÖWY, Michael, 2005, p. 65).

Na verdade, "o teto racional do espírito" é o cume natural daquele sombrio fogo subterrâneo, e talvez o que chamamos "razão" – essa razão fria, lúcida e superficial – seja somente um aglomerado de preconceitos, de ideias feitas e ensinadas a nós, algo que nada tem a ver com a razão verdadeira (SUASSUNA, Ariano, 2008, p. 38-39).

A história nunca se fecha por si mesma e nunca se fecha para sempre. Sãos os homens, em grupos e confrontando-se como *classes em conflito*, que "fecham" ou "abrem" os circuitos da história (FERNANDES, Florestan, 2010 [1976], p. 31).

O impossível são fragmentos da substância do futuro que alguns intuem no presente (FURTADO, Celso, 2019 [11/11/1975], p. 245-246.).

Primeiro, vendíamos a ideia ao ministro, e o ministro ficava satisfeito, porque a gente dava uma boa ideia que ele ia brilhar, ele ia faturar, entendeu? Apresentava a exposição de motivos ao presidente, apresentava o decreto dele e tal e pronto. Então quem era mais importante? Era uma questão de examinar, e só o historiador pode dizer (ALMEIDA, Rômulo, 1990 [1980], p. 11).

Sumário

APRESENTAÇÃO 11
Luiz Carlos Bresser-Pereira

PREFÁCIO 13
Gabriel Cohn

ESTE LIVRO 17

INTRODUÇÃO METODOLÓGICA 23

PARTE I. O PERSONAGEM ENTRA EM CENA 57

    Primeiros passos 59

    O cenário intelectual: positivistas, 83
    modernistas e nacionalistas

    A trajetória política 107

    Os intelectuais orgânicos do Estado 135

PARTE II. VIVENDO NA PELE OS DILEMAS 165
DO BRASIL DESENVOLVIMENTISTA (1945-1964)

    A Assessoria Econômica de Vargas e os boêmios cívicos 171

    Os técnicos em fins nacionalistas 211
    e mercadistas e a sua transformação

PARTE III. DEBATES E EMBATES SOBRE O DESENVOLVIMENTO: 255
OS CAMPOS EM FORMAÇÃO

    A matriz econômica do desenvolvimento 261

    A sociologia acadêmica e a anatomia da derrota 345

Parte IV. O planejador onipresente: 413
articulando as dimensões e escalas do desenvolvimento

    O rompante ou "não serei o poeta de um mundo caduco" 415

    As várias trincheiras (1951-1954) 417

    Bahia, Brasil e América Latina (1954-1966) 473

Epílogo: (Re)pensando e (re)periodizando 521
o desenvolvimento no Brasil

Lista de siglas e abreviaturas 535

Referências bibliográficas 543

Índice Onomástico 571

Agradecimentos 575

Apresentação

Luiz Carlos Bresser-Pereira
Professor Emérito da FGV e do CNPq

Este livro é um mergulho de Alexandre de Freitas Barbosa na história do "Brasil Desenvolvimentista", o nome que ele dá ao desenvolvimento do Brasil entre 1945 e 1964. É um mergulho no passado, ou é um mergulho no Brasil? A segunda alternativa é mais correta, tanto assim que, no final do seu livro ele afirma que o período após-1980 poderia ser chamado de "não desenvolvimentista" – algo com o que eu concordo plenamente. Um período não desenvolvimentista e, portanto, liberal, porque no desenvolvimento há sempre uma intervenção moderada do Estado na economia visando o desenvolvimento nacional, enquanto no liberalismo econômico espera-se que a coordenação econômica do sistema social fique exclusivamente por conta do mercado. Um período que, desde 1990, depois da grande crise dos anos 1980, foi caracterizado por reformas liberais e pela quase-estagnação econômica, enquanto o "Brasil desenvolvimentista" foi caracterizado por um acelerado processo de desenvolvimento econômico.

Este livro é produto de uma ampla e profunda pesquisa sobre esse período da história do Brasil e sobre a figura de Rômulo de Almeida, que foi o chefe da Assessoria Econômica da Presidência da República no segundo governo de Getúlio Vargas. Dessa assessoria nasceram as principais iniciativas voltadas para o desenvolvimento econômico que caracterizaram esse governo e que estabeleceram as bases para o grande desenvolvimento dos anos 1960 e principalmente dos anos 1970. Rômulo de Almeida, embora pouco conhecido, foi a meu ver o mais notável formulador de políticas que o Brasil teve no período de grande desenvolvimento econômico.

O método utilizado por Alexandre de Freitas Barbosa é rigorosamente histórico. Por isso ele chama esse período de desenvolvimentista. O nacionalismo econômico e a defesa de uma intervenção moderada do Estado na economia eram dominantes naquela época. Havia então uma número importante de intelectuais-burocratas que construíram uma ideologia e uma prática desenvolvimentista, ou, nas palavras do autor, "um projeto-interpretação-utopia". Um projeto que era tão dominante que o autor distingue os desenvolvimentistas estrito senso ou "técnicos nacionalistas" como o próprio Rômulo de Almeida, Celso Furtado, Hélio Jaguaribe, Ignácio Rangel, Cleanto de Paiva Leite e Jesus Soares Pereira, dos desenvolvimentistas "mercadistas", como Roberto Campos e Lucas Lopes, que também defendiam um papel ativo do Estado na economia, mas estavam preocupados com o equilíbrio fiscal e cambial. Eram desenvolvimentistas que se separaram em 1959, quando Juscelino Kubitschek rompeu com o FMI. Um pouco mais tarde os dois últimos se associariam aos economistas liberais Eugênio Gudin e Octávio Gouvêa de Bulhões.

A pesquisa realizada por Barbosa é realmente de primeira qualidade. A história desse rompimento, por exemplo, é contada com muita precisão. E com muita objetividade. Algo que é muito difícil quando se discutem as duas formas de organização econômica, os dois regimes básicos de política econômica, e as duas ideologias em luta do capitalismo. Barbosa não dá ao conceito de desenvolvimentismo esse papel de alternativa ao liberalismo econômico. Conceito que eu venho dando desde que me perguntei qual seria a palavra que indicaria a alternativa ao liberalismo econômico, e verifiquei que essa palavra não existe. Fiel ao método histórico, ele situa o conceito de desenvolvimentismo na história. Ele está certo, mas também talvez eu esteja certo quando projeto o passado no futuro.

Barbosa também analisa o debate entre a escola nacionalista e desenvolvimentista do ISEB e a escola de sociologia da USP, e o faz com grande equilíbrio. Realmente, não faz sentido opor a nação à classe. Na história do capitalismo, a nação e o desenvolvimentismo foram tão fundamentais como também foram a luta de classes e a demanda de justiça social.

Este é um livro notável. Ficará na história intelectual do Brasil como um marco da análise do desenvolvimentismo, de suas contradições, de suas esperanças, de seus fracassos, de suas realizações – de sua luta contra o liberalismo econômico e contra o imperialismo que sempre se opôs à industrialização e defendeu para a periferia do capitalismo essa forma de organização econômica.

Prefácio

Gabriel Cohn
Professor Emérito da FFLCH/USP

Repensar o processo de desenvolvimento brasileiro em todas suas dimensões em um período crucial, que se estende desde o final da Segunda Guerra mundial ao longo de 25 anos até 1970. Tarefa pesada demais para um só pesquisador e para um único volume, dirão alguns. Pesada a tarefa é, e Alexandre de Freitas Barbosa sabe isso melhor do que ninguém. Nem por isso lhe faltou coragem, e o prêmio está em suas mãos, prezados leitores.

Para organizar seu trabalho Alexandre teve uma ideia que se revelou excelente. Tomou como peça de referência, verdadeiro eixo em torno do qual gira a exposição, a figura de um dos principais agentes daquele processo ao longo do período, o economista Rômulo Almeida. Consegue, assim, desde o início sustentar seu propósito analítico de manter firmemente articulados atores e processos sociais. Para isso vale-se de outra ideia, aquela de que os atores devem ser vistos pelo prisma das posições que ocupam no processo em que atuam e não como meros portadores de papéis sociais. São, enfim, atores e não figurantes. Esses termos não aparecem sem propósito neste ponto. É que a análise de Alexandre em pontos capitais se faz em registro dramático, quando instituições como o Estado são apresentados como palcos. Ou então, com mais ênfase, como arenas e disputas, seja diretamente pelo poder seja por aquilo que mais diretamente importa neste livro, que é a capacidade de formular projetos para a sociedade, enquanto as posições que atores ocupam nos embates em que se envolvem são vistas como cidadelas.

A referência aos embates permite trazer à luz um dos participantes centrais em sucessivas cenas do drama histórico (a expressão é dele) que Alexandre se propõe reconstruir em todos os seus momentos mais expressivos. Trata-se de Rômulo Almeida, o quase esquecido inspirador e executor de ampla gama de intervenções nos processos econômicos e também políticos no período contemplado neste livro. Um dos méritos do autor consiste na escolha daquele personagem que percorre, como uma espécie de pião, toda a área recoberta por um específico processo na sociedade.

Está em cena um processo de alta complexidade, que impõe pesados desafios a quem pretende conhecê-lo em todas as suas facetas. Isso agrava a dificuldade de nomeá-lo no interior do campo semântico em que se encontra o termo matriz "desenvolvimento". Pois é, na máxima acepção do termo, de desenvolvimento que se trata. Neste ponto, contudo, se apresenta novo traço do empreendimento a que corajosamente se lançou Alexandre. É que ele não admite em seu trabalho analítico termos com significado impreciso. Com isso ele se impõe a tarefa de construir seu próprio conceito para dar conta da complexidade do objeto. Ao fazer isso ele fixa um dos pontos de apoio para a análise. Outro é dado pela escrupulosa atenção ao contexto em cada passo. E não a qualquer panorama, e sim à configuração histórica em cada momento do processo, que destarte vê respeitada sua índole dinâmica. Isso não é suficiente, contudo. Esse conjunto corresponde mais propriamente à face estrutural do processo, e só ganha toda a sua capacidade explicativa quando recebe uma amarração vigorosa na figura de um ator específico. Pouco adianta focar atenção em personagens que recitam seu script sob a luz dos holofotes. É preciso ir ao cerne da coisa para ter acesso àquilo que de outro modo se perderia na penumbra dos bastidores. E aqui entra o personagem fundamental para a reconstrução do processo todo, justamente Rômulo Almeida.

Antes de nos determos na figura de Rômulo (difícil é evitar, em tom bem-humorado, a fórmula "Rômulo Almeida e seu tempo"), retomemos a questão do conceito forjado por Alexandre. Isso em especial para tratar da questão de como a sociedade, representada nesse particular pelos diversos segmentos do seu corpo técnico, enfrenta em cada momento os problemas sumariamente identificados como relativos ao desenvolvimento. A referência ao tom sumário remete ao esforço feito para ir além disso, ao dar a devida atenção ao caráter multifacetado do objeto.

A solução adotada para esse problema envolve vários passos. De início, identificam-se os pontos frágeis no conceito, ou simples termo, "desenvolvimento", a começar pela sua inspiração predominante de caráter econômico. A essa restrição do alcance do termo alia-se a incapacidade de alargar a visada para abranger, com densidade analítica, as dimensões sociais, culturais e, sobretudo, políticas do processo em questão. Pois é de processo que se trata, de um conjunto de relações que se entrelaçam mediante vínculos temporais que lhe emprestam dinâmica própria. É a predominância da dimensão temporal que permite ao autor sustentar seu caráter eminentemente histórico. E a historicidade do processo se manifesta ao se ir para além dos eventos rumo a algo que caracteriza a finura da análise que aqui se apresenta. Trata-se da ênfase na temporalidade própria a cada componente do processo, algo a que só se pode chegar pela atenção ao seu caráter multifacetado.

O tempo que a atuação de Rômulo destila não é o mesmo na economia ou na política. Talvez o ponto forte da análise de Alexandre se encontre em sua sensibilidade a esse aspecto crucial do problema de que trata. Pois é isso que, em última instância, preside sua ousada decisão de reservar papel central em sua reconstrução analítica a um ator social e histórico no mais estrito sentido do termo. É nele que se torna presente o caráter dinâmico e diferenciado do processo, porque ele faz o que só um ator específico pode fazer, que é incorporar em sua ação simultaneamente a condição de agente e paciente dos rumos da história. Isso desde que se encontre a figura adequada para representar esse papel. E é nesse ponto que a meticulosa pesquisa de Alexandre lhe permite ir ao ponto, quando encontra, oculto no fundo do palco, a figura individual que se qualifica para operar como eixo da composição, em sua condição de testemunha participante do processo todo.

A designação encontrada para tal processo é "Brasil Desenvolvimentista". Tomado isoladamente, Brasil designa o contexto que não pode ser ignorado. Porém a análise avança muito além disso, na presença do segundo termo. As questões emergem quando se examina aquele segundo termo, aquele que qualifica a referência contextual. A dificuldade surge da circunstância de que o termo adotado, desenvolvimentista, já faz parte da linguagem convencional na área, quando alude a políticas econômicas específicas ou, por extensão, a características do Estado que as promove. Para Alexandre, contudo, a expressão tem mais densidade.

Em sua análise, desenvolvimentismo como conceito central na análise tem significado muito mais complexo – ou diferenciado, como poderíamos dizer, com referência ao discernimento fino que exige da análise. Está em jogo a estreita articulação que ele propõe entre três termos que formam, combinados, o conceito integral de desenvolvimentismo ou, com a devida contextualização, Brasil Desenvolvimentista. Isso, desde que não nos descuidemos de que, conforme uma análise centrada na ideia de processo, estamos diante de um período histórico, e não de configuração estática. São eles *projeto*, *interpretação* e *utopia*. Em formulações que não são do autor, o primeiro termo refere-se àquilo que determinado grupo social (esse ponto é examinado em profundidade no livro) propõe como resposta a problemas e insuficiências da sociedade a que pertence. O segundo diz respeito à tradução, ou leitura, das condições da sociedade de modo a orientar formas de intervenção. O terceiro, finalmente, é a antevisão do projeto realizado, que permite visualizar os requisitos para tanto.

A composição dessa tríade indica desde logo que estamos muito longe da redução economista própria ao conceito convencional de desenvolvimento. Indica também, por efeito de sua formulação, que a realização do inseparável trio projeto-interpretação-utopia envolve múltiplas políticas, cada qual com sua específica temporalidade.

Nesse processo todo a figura de Rômulo Almeida, como integrante destacado do grupo dos "intelectuais orgânicos do Estado", percorre como um fio vermelho as principais transformações políticas e econômicas no período conhecido como "Terceira República". Ao fazê-lo ilustra um ponto importante, entre numerosos outros, da exposição. É que nela é dado destaque a personagem cuja memória foi sendo sepultada na segunda metade do século XX, como uma espécie de relíquia do Brasil desenvolvimentista, o servidor público convicto e severo, tudo isso impulsionado por competência profissional específica. Personagem, enfim, que a seu modo replica a tríade desenvolvimentista projeto-interpretação-utopia.

É nesse registro que podemos acompanhar a trajetória exemplar de Rômulo Almeida. Isso desde a alegre e esperançosa época dos "boêmios cívicos" de Vargas até a vitória da ala "mercadista" sobre os "intelectuais orgânicos do Estado", com líderes como Roberto Campos, já nos prenúncios da emergência do período ditatorial após 1964. Homens (porque era um grupo masculino de ponta a ponta) que, no sucesso ou no revés, revelam-se capazes de afirmar, como pessoalmente ouvi de Jesus Soares Pereira, "tenho orgulho de ser um servidor público".

Este livro

O livro que o possível leitor, ou leitora, tem em mãos – provavelmente se perguntando quem foi Rômulo Almeida, que raio de Brasil Desenvolvimentista é esse, e como projeto, interpretação e utopia podem aparecer associados em um subtítulo assaz misterioso – é fruto de muita pesquisa e trabalho.

Lá se vão quase dez anos desde que essa história começou. Procuro no arquivo do computador e encontro a proposta, submetida em setembro de 2010, ao *Projeto Cátedras CAPES/IPEA para o desenvolvimento*. Então intitulada "Rômulo Almeida e as bases econômicas e institucionais para o desenvolvimento da nação", ela foi aprovada, tendo a pesquisa se iniciado em dezembro do mesmo ano. Durante 16 meses obtive bolsa da Coordenação de Aperfeiçoamento de Pessoal de Nível Superior (CAPES), organizei uma equipe de pesquisa no Instituto de Estudos Brasileiros da Universidade de São Paulo (IEB/USP) e entreguei, ao final, um relatório com cerca de 200 páginas. Mal sabia que era apenas o início de uma longa trajetória.

Rômulo Almeida era um dos 59 "patronos do desenvolvimento" elencados no edital de seleção do Instituto de Pesquisa Econômica Aplicada (IPEA). Além de economistas renomados como Celso Furtado, Roberto Campos e Ignácio Rangel, havia intelectuais de todos os tempos e tipos, tais como José Bonifácio, Mário de Andrade e Nise da Silveira. Portanto, em tempos obscuros, vale a pena indicar o acerto da iniciativa em alargar o campo semântico do desenvolvimento para além da Economia. O presente livro, fruto desta aposta, só existe graças à atitude corajosa dos burocratas, no melhor sentido do termo, que elaboraram o edital.

Por que Rômulo? Assim como no futebol, a pesquisa, mesmo quando realizada no espaço demarcado pelas quatro linhas da academia, não existe sem o "Imponderável de Almeida" das crônicas de Nelson Rodrigues. Foi mais ou menos assim que cheguei ao economista baiano, que não guarda qualquer parentesco com o personagem do cronista. Rômulo estava em todas as notas de rodapé da literatura sobre pensamento econômico e desenvolvimento no Brasil. Mas ninguém falava dele com destaque.

O seu nome era por vezes mencionado junto aos demais "boêmios cívicos" ou então integrava um grupo maior, que incluía Celso Furtado e outros técnicos nacionalistas. Ressalve-se que Ricardo Bielschowsky, no seu livro clássico, não o deixou passar batido. O mistério dessa quase ausência me intrigou, como a exigir o seu desvendamento. Desde então, deparei-me com o seguinte desafio: como ir atrás de alguém que parecia não ter deixado rastro ou obra?

Já iniciada a pesquisa, caiu sobre as minhas mãos um livro com a sua foto na capa – ele, todo garboso, vestido de terno branco, falando em público – chamado *A serviço do Brasil: a trajetória de Rômulo Almeida* (2006). Escrito por José Carlos de Assis e Aristeu Souza, com prefácio de Norberto Odebrecht, me foi presenteado pelo amigo Bernardo Ricupero, que sabia do meu afã por penetrar no universo romuliano. O livro dava conta da trajetória do personagem no terreno dos fatos. Entremeava longas citações de trechos de outras obras com entrevistas de Rômulo e seus contemporâneos, por vezes sem indicar a fonte. Passava de um período a outro da vida de Rômulo sem fazer a transição, como num documentário relâmpago. Não era um trabalho acadêmico, mas fazia bem aquilo a que havia se proposto: resgatar a trajetória de um homem público esquecido. Não obstante o tom por vezes encomiástico da narrativa, jogou a isca para este pesquisador armar a sua interminável rede de hipóteses.

Saí da leitura com mais perguntas que respostas. Por que tantas mudanças de percurso? De onde ele, Rômulo, havia surgido? Como atuava na cena brasileira? Quem havia lido? Por que publicara tão pouco? Por que o prefácio de Odebrecht? O projeto que escrevi e o relatório da pesquisa de 2012 tratavam de respondê-las. Porém, não me dei por satisfeito.

De lá para cá, travei um intenso debate com Rômulo. Procurei escarafunchar tudo que havia sido escrito sobre ele, por ele, ou sob a sua liderança. Fui atrás das suas inúmeras entrevistas e depoimentos, conheci sua família, fiz entrevistas com alguns de seus discípulos e amigos; enfim, me pus a abrir todas as portas deste fabuloso tesouro guardado a sete chaves.

O acervo do Instituto Rômulo Almeida de Altos Estudos (IRAE), em Salvador, foi uma benção. Nele se encontravam vários textos mimeografados por ele escritos, além de documentos e cartas. Um mundo em si, que eu talvez tenha sido o primeiro a escavar, e que se encontra à espera de futuros desbravadores.[1]

Durante a pesquisa, fui à Bahia várias vezes, inclusive para as comemorações do seu centenário de nascimento no ano de 2014. Era sempre assim – "grande brasileiro", "ilustre baiano", "o Brasil precisa de novos Rômulos" – que o saudavam, ele que, em vida, fora tão pouco afeito a cerimônias e verbalismos.

---

[1] Um convênio entre o IEB e o IRAE foi elaborado para organizar o Acervo de Rômulo Almeida, mas infelizmente a proposta não foi adiante por falta de financiamento.

Propus-me a fazer algo diferente, já consciente de que havia me deparado com uma daquelas fontes secretas que aparecem de forma inusitada na vida dos pesquisadores. Isso ficara evidente ao descobrir seus textos de jovem economista do Departamento Administrativo do Serviço Público (DASP) nos anos 1940, e os documentos da Assessoria Econômica de Vargas dos anos 1950 no acervo do Centro de Pesquisa e Documentação de História Contemporânea do Brasil (CPDOC) da Fundação Getúlio Vargas (FGV). O material por ele produzido nos anos 1970 era igualmente rico e vasto.

O roteiro percorrido foi o seguinte: primeiro decidi recuperar os vários pontos da sua trajetória, para depois ler, junto ao grupo de pesquisa, os seus textos, inéditos para os colegas da minha geração, e que tampouco eram de conhecimento da geração subsequente à sua ou mesmo de muitos de seus contemporâneos. Foi então que percebi que o valor das suas ideias estava em lançar luz sobre como o desenvolvimento foi pensado e praticado por aquele fragmento de geração, que se postou de dentro do Estado para dar sentido e substância à nação, compondo com as várias forças sociais.

Neste momento, eu já sabia que estava escrevendo um livro e, confidenciando o meu projeto com alguns colegas, fui estimulado, em 2015, a transformá-lo numa tese de livre-docência. Abri mão das tantas frentes de pesquisa para me concentrar em Rômulo Almeida e no Brasil Desenvolvimentista, buscando costurar dialeticamente personagem e cenário, pois um não existia sem o outro.

Se Rômulo me serviu de ponto de partida, o ponto de chegada foi o Brasil Desenvolvimentista e os seus dilemas vivenciados por vários fragmentos de geração no período da Terceira República (1945-1964). Rômulo me forneceu um olhar diferente para aquela quadra histórica. E o mergulho nessa temporalidade – onde se mesclavam histórias de distintas durações – permitiu, por meio do distanciamento em relação ao personagem (tarefa nada fácil, diga-se de passagem), compreender os limites da sua atuação. Para realizar a mediação entre o personagem e o seu tempo histórico, até porque ambos eram objetos de investigação, tive que me aparelhar, forjando novos conceitos e ressignificando outros. Aos poucos, me dei conta que ensaiava uma intepretação alternativa, e provisória, sobre a história do desenvolvimento (capitalista) no Brasil.

Foi dessa forma que a pesquisa se transformou em uma tese para obtenção do título de Livre Docente na Cadeira de História Econômica do IEB, na Universidade de São Paulo (USP), apresentada em novembro de 2017. Existe toda uma mitologia em torno desse procedimento para progressão na carreira docente das universidades paulistas, há muito abolido nas federais. A bem da verdade, trata-se de mais uma pesquisa que realizamos na universidade, onde além de lecionar, formar as novas gerações e atuar junto à sociedade, se espera que façamos pesquisa.

Não obstante, o rito guarda estranha sintonia com o claustro dos mosteiros medievais, pois além da defesa da tese, passamos em uma semana pela arguição do memorial, prova escrita e prova oral. Menos mal, no meu caso, pois tive a honra de contar com a presença dos professores Gabriel Cohn (FFLCH-USP), Flávio Saes (FEA-USP), Ligia Maria Osorio Silva (IE-UNICAMP) e Gilberto Bercovici (FD-USP) como membros da banca presidida por Paulo Iumatti (IEB-USP).

Terminada a ressaca da defesa, ao longo dos anos 2018 e 2019 apresentei ideias da pesquisa em diferentes eventos em São Paulo, Rio de Janeiro e Salvador, a convite de entidades acadêmicas, além de ter participado de encontros da Associação Nacional de Pós-Graduação em Ciências Sociais (ANPOCS), da Sociedade Brasileira de Sociologia (SBS) e do Centro de Estudos do Novo Desenvolvimentismo (FGV-SP). Também pude discutir alguns dos resultados com entidades da sociedade civil, como no evento organizado pela Fundação Perseu Abramo e o Departamento Intersindical de Estatística e Estudos Econômicos (DIEESE). Tratei ainda de consumar o sonho tantas vezes postergado de criar um núcleo de pesquisa no Laboratório Interdisciplinar do IEB (LabIEB), intitulado "Repensando o Desenvolvimento", para o qual convidei colegas professores, pós-doutorandos e alunos de Doutorado, Mestrado e Iniciação Científica de várias faculdades da USP e de outras universidades. Quando o presente emerge tenebroso, é hora de preparar as sementes do futuro.

Entre os meses de setembro e dezembro de 2019, tirei licença-prêmio do IEB para transformar a tese em um livro acessível para além do mundo acadêmico. Sim, na universidade pública brasileira os momentos de descanso são aproveitados para que encontremos tempo, e um mínimo de paz, para trabalhar naquilo que aprendemos a fazer, não só porque gostamos, mas também porque somos movidos por um sentido de missão. Estava ciente de que o exercício de reflexão não havia sido concluído, exigindo maior maturação e aprumo.

O livro que o leitor, ou a leitora, apalpa e folheia neste momento, foi revisado da primeira à última linha, de modo a ganhar fluidez e objetividade, para que as lacunas fossem preenchidas, os erros corrigidos e as ideias ganhassem em robustez e coerência. O próprio tempo – por meio da reflexão contínua e, por vezes, obsessiva, auxiliada pelo intercâmbio com os nossos pares – vai tratando, em alguma medida, de eliminar o que se mostrou acessório e de dar o devido valor ao que parecia superficial.

O seu formato atual é resultado de um caminho com muitas idas e vindas e não pretendo aqui historiá-lo. Mas gostaria de registrar algo sobre o processo que o trouxe ao mundo, pois encontra-se fundado em uma concepção particular sobre o ofício do pesquisador. Minhas principais referências, neste sentido, são Richard Sennett e Charles Wright Mills, ambos defensores da ideia do trabalho intelectual como artesanato.

Na sua obra *The crafstman* (2008), Sennett argumenta que "*making is thinking*", com o intuito de superar a dicotomia entre o "como" e o "porque", dimensões interligadas no trabalho do artesão. Por sua vez, o inverso, "*thinking is making*", também vale, já que a forma como se recorta o objeto de pesquisa é constitutiva do processo do pensamento. Se o trabalho do artesão implica "fazer um bom trabalho com o simples objetivo de fazê-lo bem feito"; por outro lado, o trabalho revela quem somos e como atuamos no mundo. O artesanato comporta, portanto, uma dimensão pessoal que envolve técnica, dedicação e discernimento; e outra, social, que remete ao reconhecimento. O anseio por reconhecimento não pode se tornar mera busca por prestígio, assim como a obsessão deve ser "organizada", do contrário a qualidade do trabalho encontra-se em perigo.

Enfim, o artesanato, ou a pesquisa no nosso caso, faz parte de um processo interminável de "*problem solving*" e "*problem finding*", em que a necessidade de fazer bem feito permite flagrar quem somos e o papel que ocupamos (ou queremos ocupar) no mundo.

Para Sennett, três habilidades básicas compõem o universo do artesão: capacidade de situar, de questionar e de conjecturar. A primeira encara o objeto na sua concretude, a segunda avalia as suas qualidades potenciais e a terceira lhe dá forma e sentido, o que não se alcança da primeira vez, mas antes por meio de um processo de tentativa e erro. É assim que me vejo nesta empreitada. Por mais que, ao longo do processo, eu fosse "localizado" como o "especialista em Rômulo Almeida", o próprio percurso, e o convívio com o personagem, e vários de seus contemporâneos, me levaram a descobrir outras camadas do seu tempo. E mais, habilitaram-me, inclusive, a viver a minha própria contemporaneidade no seu passado reaberto.

Entre uma contemporaneidade e outra, em constante diálogo, e mediadas por um processo econômico, sociopolítico e cultural, existem as estruturas que eu procurei acompanhar por meio da dialética dos tempos históricos de Braudel, mas fazendo-o à minha maneira, e tendo como objeto a prática e o pensamento do desenvolvimento durante a consolidação do capitalismo no Brasil em um contexto internacional repleto de transformações.

Wright Mills (2003), com seu artigo *Sobre artesanato intelectual* de 1959, acompanhou-me ao longo da travessia. A pesquisa realizada – a despeito de suas limitações, naturais em qualquer empreendimento humano – comprova que o seu método de trabalho intelectual ainda encontra espaço na universidade, apesar de toda a uniformização e academicização do conhecimento.

Quais lições eu procurei tirar de Wright Mills? Aprendi que a experiência do "artesão intelectual", não apenas em contato com o seu objeto, é uma ferramenta importante durante o processo de pesquisa, devendo ser cuidadosamente registrada em seus cadernos de notas. Os cadernos comportam ideias preliminares sobre o tema, uma série de questionamentos, livros que precisam ser lidos e suas respectivas resenhas, falas coletadas em seminários de que participamos, enfim, todo o tipo de anotações. Um diário é exigência para qualquer "pensamento sistemático" e eu enchi vários deles durante a pesquisa.

Reestruturei inúmeras vezes os planos de trabalho, sempre buscando novas perguntas e a melhor forma de abordá-las. Experimentei os "três interlúdios" sobre os problemas, os métodos e as teorias, tentando encontrar o melhor encaixe possível, depois de inúmeras combinações. Procurei seguir o seu conselho de não me limitar à investigação empírica e ao material existente, cuidando também de fazer a ponte com as "teorias", umas recusadas, outras apreendidas diretamente e outras ainda servindo apenas como recurso pontual, pois não assimiladas na sua inteireza.

O investigador social não existe sem a imaginação, elemento que o diferencia do mero "técnico" – no sentido de preso ao instrumento de análise – conforme o termo cunhado pelo sociólogo estadunidense. Se o seu objetivo é dar sentido ao mundo, a interação entre conceitos, fatos e estruturas implica um processo complexo e laborioso, que não comporta falseabilidade. O pesquisador navega numa corrente de incerteza, podendo no máximo organizá-la de forma metódica e, se possível, provocativa. Por diversas vezes me perguntei se estava à altura da empreitada. Wright Mills parecia me indicar que seguisse adiante, pois o problema do "técnico", na sua acepção restrita, é justamente o de estar "demasiadamente preparado".

Finalmente, sobre a escrita, tentei aplicar mais uma vez o conselho do mestre, para quem a "prosa acadêmica" é diferente da "pose acadêmica". No uso dos conceitos e no recurso à literatura teórica, procurei me ater àquilo que considerava necessário para os objetivos do livro. Para então discutir os seus significados e explicitar a forma como os operacionalizava para que a narrativa escoasse coerente e dotada de sentido, mas sem torná-la pedante, pesada ou prolixa.

Meu guru – o professor universitário motoqueiro – discorre também sobre as duas vozes que um trabalho de ciência social pode assumir. Uma é composta por um som autônomo, manufaturado por uma máquina, e pretensamente impessoal. A outra é uma voz franca que encontrou algo e está falando desse algo e de como o encontrou, sem mascarar a sua individualidade, mas cuidando para que esteja sutilmente colocada como coadjuvante da narrativa.

Introdução metodológica

Esta introdução está organizada da seguinte maneira. Primeiro, apresento os objetivos e o enfoque metodológico do livro, para depois discorrer sobre a concepção de história que serve de alicerce à pesquisa. Em seguida, justifico o uso mais restrito e historicamente delimitado que faço do conceito de desenvolvimentismo, para depois apontar como essa opção se diferencia dos usos correntes do "desenvolvimentismo" na literatura acadêmica. Aproveito para ressaltar que, ao longo do texto, o conceito virá sempre sem aspas quando o estiver usando conforme a minha ressignificação, e com aspas para as diversas formas chanceladas pela academia. Não tenho a menor pretensão de dizer que o meu uso do conceito é o correto ou que as demais abordagens não são apropriadas, inclusive porque a formulação alternativa aqui apresentada resultou do debate com historiadores econômicos e cientistas sociais. Parto do princípio de que cada um tem o direito de operacionalizar os conceitos à sua maneira, desde que explicite o que quer com eles. No meu caso, ao recortar o objeto para dar voz aos sujeitos de um determinado período histórico, me dei conta de que muitas vezes os conceitos "desenvolvimentismo" e "nacional-desenvolvimentismo" atuavam como camisas de força. Discorro ainda, nesta introdução, sobre o personagem Rômulo Almeida e sua trajetória peculiar, com o intuito de apontar como ela se revelou decisiva para a concepção e o direcionamento da pesquisa. A estrutura do livro, com suas partes e capítulos, encontra-se descrita ao final desta introdução.

Mesmo promovendo um debate com a literatura acadêmica, e tendo realizado uma pesquisa que seguiu os ritos da academia, este livro foi escrito com o objetivo de atingir um público mais amplo, que extravasa a cidadela universitária. Não poderia ser diferente quando se trata de discutir o desenvolvimento, seu pensamento e sua prática no Brasil, em um momento em que ambos sofrem uma implosão por parte dos grupos que se apossaram do Estado para destruir qualquer perspectiva desenvolvimentista. A história aqui contada é um convite ao mergulho no nosso passado não tão longínquo para construir novos futuros possíveis.

Objetivos e enfoque metodológico

Nesta obra, procuro abordar como interagem entre si a trajetória de Rômulo Almeida e os dilemas e contradições do Brasil Desenvolvimentista – conceito por mim formulado e que será aprofundado adiante. Se o personagem não pode ser abordado fora da história, a concepção sobre o Brasil Desenvolvimentista não teria sido possível sem o acompanhamento desta trajetória específica, que funcionou como ponto de partida da pesquisa.

O objetivo é destrinchar a trama complexa que envolve, não apenas Rômulo, mas também outros intelectuais – como atores históricos que compuseram os vários fragmentos de uma geração – e o drama de uma coletividade nacional, nos seus conflitos políticos e sociais, a partir do debate em torno do desenvolvimento e das políticas voltadas para a superação do subdesenvolvimento.

Trata-se de compreender, em um primeiro plano, como este servidor público, a partir da sua posição social, construiu a sua interpretação engajada sobre a realidade brasileira. Engajada, pois a reflexão por si mesma não lhe parecia suficiente, soava a mero exercício retórico. Apenas fazia sentido se pudesse repercutir sobre a realidade que a nutrira. Em um segundo plano, examina-se, para além da dimensão econômica, o desenvolvimento (capitalista) nacional, de 1945 a 1964, com suas rupturas e continuidades, por vezes dilatando o período para trás (desde 1930) e para frente (até 1980).

Situar Rômulo Almeida no seu tempo em mutação é o nosso desafio. A trajetória de Rômulo serve também como recurso para recontar uma parte da história que se perdeu. Daí a necessidade de centrar o foco no papel e na visão de mundo desta camada de servidores públicos que ocuparam posições estratégicas no aparato estatal entre os anos 1940 e 1960. Atuando a partir deste lugar, eles lograram orientar sob novos moldes os rumos do desenvolvimento nacional, mesmo enfrentando forças sociais e políticas contrárias aos seus anseios.

Faz-se necessário assim compreender os fatores que explicam não só a emergência da posição social ocupada por Rômulo Almeida e alguns de seus coevos, mas também o seu rápido ofuscamento, levando junto consigo a concepção de mundo por eles compartilhada. É por meio dessa opção metodológica que me pus a compreender os desafios enfrentados por um "fragmento daquela geração", nascida entre 1905 e 1925, para tomar um intervalo de tempo suficientemente amplo.

Fragmento de geração, pois "uma geração é como um saco de gatos; pelo menos, tem gatos de todas as cores", como nos lembra Florestan Fernandes, quando se arvora a contar a história de um "fragmento significativo" da sua geração, a partir de uma de suas "cidadelas", a da sociologia acadêmica desenvolvida em São Paulo.[1]

---

[1] FERNANDES, Florestan. "A geração perdida". In: FERNANDES, Florestan. *A sociologia no Brasil*. Petrópolis: Vozes, 1977c, p. 215-216.

Cabe ressaltar que o conceito de geração é tomado de modo a captar não apenas os "cortes transversais", mas também o seu movimento "em sentido longitudinal",[2] situando os protagonistas desta história com relação aos que os precederam e aos que vieram em seguida.

Rômulo Almeida encarna, de maneira emblemática, como se verá ao longo do livro, o grupo de burocratas-intelectuais-militantes, provenientes dos quatro cantos do território brasileiro, que se lançaram na tarefa de promover o desenvolvimento nacional a partir da cidadela estatal.

Creio ter tomado as precauções para não cometer o equívoco apontado por Mannheim,[3] qual seja o de "eleger um homem como critério e considerá-lo como a encarnação de todas as mudanças que ocorreram" em um determinado espaço e tempo. "Não existe uma transformação uniforme que se produza invariavelmente em toda uma nação". Torna-se assim estratégica "uma análise concreta dos mecanismos sociais" que operam nos vários âmbitos da vida coletiva, levando à ascensão (ou queda) de grupos dotados de visões compartilhadas do processo que lhes confere sentido.

Este ensaio de interpretação histórica carrega uma leitura posicionada, no sentido de que também ocupo um posto de observação delimitado no tempo e no espaço. Um intelectual que se sente pouco à vontade com a forma pela qual o conceito de desenvolvimento, ou de "desenvolvimentismo", é operacionalizado hoje por boa parte da academia brasileira, não só, mas especialmente nos departamentos de Economia.

A partir desta desta posição, pretendo perscrutar a história daquele período, com seus projetos, utopias e traumas, sob novas luzes. Para tanto, adentro o terreno da história munido pelo olhar romuliano, a partir do qual procuro re-situar os agentes sociais, intelectuais e políticos e suas perspectivas sob um enfoque totalizante. Paralelamente, realizo um movimento em sentido contrário, ao buscar um paulatino distanciamento do personagem, ele próprio virado do avesso. Durante este percurso, as próprias análises históricas produzidas no passado e no presente se tornam objeto de avaliação. E uma nova totalidade vai emergindo, ela também provisória.

Como o empreendimento encontra-se inserido, em alguma medida, no campo recente da "história intelectual", não poderia fugir do dilema apontado por Sirinelli, quando destaca a "proximidade do campo de estudo" e o seu "forte teor ideológico".[4] Em vez se ocultar a "simpatia", a melhor saída é problematizá-la metodologicamente.

---

2   Seguimos, mais adiante, outras sugestões de cunho metodológico que nortearam a elaboração da obra clássica de Antonio Candido (CANDIDO, Antonio. *Formação da literatura brasileira: momentos decisivos – vol. 1*. São Paulo, Livraria Martins, 1959, p. 29).

3   MANNHEIM, Karl. *Libertad y planificación*. 2ª edição. Cidade do México: Fondo de Cultura Económica, 1946, p. 30-32.

4   SIRINELLI, Jean-François. "Os intelectuais". In: RÉMOND, René. *Por uma história política*. 2ª. edição. Rio de Janeiro: Editora FGV, 2003, p. 232-234, 239.

Se não me proponho a fazer uma biografia, existem elementos de natureza biográfica neste trabalho. Isso é o bastante para levar em conta as críticas de Bourdieu[5] sobre os "relatos de vida", que partem, a priori, de "um conjunto coerente e orientado que pode e deve ser apreendido como expressão unitária de uma intenção subjetiva e objetiva de um projeto". Neste caso, assume-se de antemão o "postulado do sentido da existência narrada". Ora, se existe uma coerência na trajetória de Rômulo Almeida, ela apenas se constitui a partir das "particularidades circunstanciais" e "acidentes individuais", enquanto expressões de um universo social mais amplo em constante mutação. O sentido é fruto "do conjunto de relações objetivas que uniram o agente considerado ao conjunto de outros atores envolvidos no mesmo campo e confrontados com o mesmo espaço dos possíveis", tal como insiste Bourdieu. De maneira ainda mais enfática, Todorov[6] aponta que "conferir sentido a uma existência vivida" significa "impor o fechamento ao que cada um sempre viveu como abertura".

Desta forma, procuro articular as posições ocupadas por Rômulo nos vários momentos da sua trajetória ao papel que estas exerceram na totalidade social também em movimento. Quais Rômulos foram emergindo e quais se viram abortados ou reciclados, antes, durante e depois do ciclo histórico do Brasil Desenvolvimentista? É importante ressaltar que o nosso personagem serviu como a porta de entrada de uma história em que outros intelectuais vinculados às suas respectivas posições sociais também assumem papel de destaque.

Paralelamente, para fisgar "a situação temporal" do autor/ator, e de sua "obra", é preciso escavar mais fundo de modo a revelar "a síntese das condições de interdependência" a partir de um sistema articulado de "obras" e concepções de mundo, que firmam uma tradição e originam o "estilo do tempo".[7] Esta atitude metodológica não desconsidera as preferências pessoais (gosto), onde entra o elemento de arbítrio que mobiliza a "intuição", mas o seu resultado é o "juízo crítico" (diferente de julgamento). O giro dialético se completa por meio da mediação com o sistema mais amplo de "obras" dos autores/atores, de modo a fornecer uma "avaliação" (reconhecimento e definição de valor),[8] jamais definitiva. Mesmo sem saber se consegui me colocar à altura deste desafio metodológico, ele norteou a presente pesquisa.

---

5   BOURDIEU, Pierre. "A ilusão biográfica". In: ARAÚJO, Janaína & FERREIRA, Marieta de Moraes (orgs). *Usos e Abusos da História Oral*. 8ª edição. Rio de Janeiro: Editora FGV, 2006, p. 184-187, 190.
6   TODOROV, Tzvetan. *A beleza salvará o mundo*. São Paulo: Difel, 2011, p. 18.
7   Empresto aqui, com certa liberdade, as categorias e o método de Antonio Candido, sabendo da diferença entre a sua empreitada, captar a formação da literatura brasileira a partir de um conjunto de obras que conformam um sistema literário delimitado historicamente; e o objetivo mais modesto de captar o debate sobre o desenvolvimento, inserindo-o no sistema cultural de seu tempo (CANDIDO, 1959, p. 18, 23, 30-31).
8   Os trechos em parênteses e entre aspas procuram sintetizar os passos essenciais da metodologia de Antonio Candido (CANDIDO, 1959, p. 9, 24-25).

Pretende-se, assim, resgatar a história de um segmento da elite dirigente que teve em Rômulo um de seus expoentes. Portanto, nosso personagem não é o único foco da câmera, que se desloca para outros "boêmios cívicos"[9] – Ignácio Rangel, Jesus Soares Pereira e Cleanto de Paiva Leite; e também para técnicos e intelectuais do setor público como Celso Furtado, Roberto Campos, Lucas Lopes, San Tiago Dantas, Hélio Jaguaribe e Guerreiro Ramos; sem deixar de fora da trama os "intelectuais críticos da academia", especialmente os sociólogos liderados por Florestan Fernandes; ou os "intelectuais independentes" como Caio Prado Jr. e Mário Pedrosa; além dos "intelectuais das classes populares", que entram em cena nos anos 1960.

O que une estes vários fragmentos desta geração é o debate em torno do desenvolvimento nacional e das potencialidades e contradições do capitalismo no Brasil, por mais que o concebessem sob diversos ângulos, a partir das cidadelas que ocupavam. Ou posto de outro forma, suas distintas "formas de pensamento" se interpenetram e se influenciam reciprocamente, permitindo inclusive que "alianças intelectuais" sejam tecidas entre autores com posições ideológicas diversas.[10]

Durante a pesquisa, trabalhei com a ideia de círculos concêntricos em torno do nosso personagem: o círculo mais próximo engloba os técnicos, geralmente concursados – a maioria dos quais economistas de orientação nacionalista – que se socializavam no aparato estatal; o outro círculo abarca os intelectuais, não apenas economistas, que atuavam a partir do setor público, criando um "capital cultural" coletivo a embasar um projeto de nação. Esses dois círculos compõem os "intelectuais orgânicos do Estado".

O economista baiano preenche uma posição social geralmente subestimada pela literatura que se deteve sobre o período: a do intelectual que forjou um projeto-interpretação-utopia de desenvolvimento nacional ao ocupar lugares estratégicos do aparato estatal. Tais protagonistas do processo histórico funcionavam como pontos de irradiação e de conexão entre amplos segmentos não só da intelectualidade, mas da sociedade em processo de transmutação.

Neste sentido, Rômulo Almeida desempenha aqui o mesmo papel que o mestre Antonio Candido[11] atribuiu ao Conselheiro Tolentino no seu intuito de elucidar, a partir da perspectiva do "burocrata", o Brasil Monárquico. De fato, eram outros tempos, outros dilemas, outras posições sociais.

---

9   São poucos os estudos da academia sobre o papel e a atuação dos boêmios cívicos. Um exemplo é a contribuição de LIMA, Marcos da Costa (org.). *Os boêmios cívicos: a assessoria econômico-política de Vargas (1951-1954)*. Coleção Pensamento Crítico, 3. Rio de Janeiro: Centro Internacional Celso Furtado de Políticas Para o Desenvolvimento, 2013.
10 BRANDÃO, Gildo Marçal. *Linhagens do pensamento político brasileiro*. São Paulo: Aderaldo & Rothschild Editores, 2007, p. 36-39.
11 CANDIDO, Antonio. *Um funcionário da Monarquia: ensaio sobre o segundo escalão*. Rio de Janeiro: Ouro sobre Azul, 1985, p. 9-13.

Ao qualificar o funcionário público do Brasil oitocentista como alguém que estava perto dos "donos do poder", e "de maneira crescente à medida que se dava a subida na escada", Candido "sublinha aspectos profundos da sociedade brasileira daquele tempo", onde ser funcionário equivalia a "ter uma posta", simbolizando renda, prestígio e garantia. Neste contexto, mérito e favor conviviam quase harmonicamente. Dando um salto no tempo, Candido refere-se ao funcionário público do período mais recente como alguém "solto na massa da sociedade urbanizada e industrializada, que não se destaca no panorama".

Nosso personagem, Rômulo Almeida, situa-se entre estes dois extremos temporais, permitindo-nos acompanhar o fluxo da história a partir desta nova posição social, preenchida pelo burocrata-intelectual-militante empenhado em erguer pontes entre o Estado e a nação. Ao participar da estrutura de poder, atuando de maneira decisiva sobre as contradições sociais e econômicas, procurou orientar o desenvolvimento durante o processo de industrialização no Brasil.

É a partir de seu olhar privilegiado – em virtude dos lugares que ocupou na cena nacional, junto aos seus pares e a outros protagonistas que lhe sucederam no serviço público – que hoje se pode recuperar a concepção de projeto nacional de desenvolvimento. E que, seguindo de perto os seus passos, mas sem deixar de aproveitar a perspectiva fornecida pelo distanciamento histórico, torna-se possível esboçar uma interpretação alternativa sobre o Brasil Desenvolvimentista.

A dinâmica desse período é modulada pela história desse projeto-interpretação-utopia – que apesar de predominante no período 1945-1964 jamais se mostrou hegemônico – e de sua interação contraditória com o desenvolvimento das forças produtivas do capitalismo e a correspondente transformação da estrutura social e de poder. Mas o quadro não se completa se não formos capazes de mostrar como outros fragmentos daquela geração se viram às voltas com os dilemas oriundos desta contradição. Não à toa, no triênio 1961-1963, o "desenvolvimento" cede lugar a novos termos, "crise" e "revolução",[12] fazendo-se acompanhar de diferentes projetos-interpretações-utopias.

O método adotado, especialmente no que se refere aos "intelectuais orgânicos do Estado", não se contenta com a verificação do seu "destino de classe", como se este determinasse os móveis dos atores de modo a valorizar a posição conquistada. Por isso, distancio-me do enfoque de Miceli,[13] pois o discurso e a posição social não

---

12 PERICÁS, Luiz Bernardo. PERICÁS, Luiz Bernardo. "Introdução". In: PERICÁS, Luiz Bernardo (org.). *Caminhos da revolução brasileira*. São Paulo: Boitempo, 2019, p. 42. O autor faz uma síntese das principais obras produzidas no período, quando os termos "desenvolvimento", "crise" e "revolução" aparecem muitas vezes associados, mas assumindo diversos significados, conforme a orientação política e ideológica.

13 MICELI, Sergio. *Intelectuais à brasileira*. São Paulo: Companhia das Letras, 2012, p. 347-349. Justiça seja feita ao sociólogo que menciona a necessidade de uma "construção analítica do perfil do grupo

se encontram plenamente definidos no momento da disputa por espaço de poder, e nem devem ser vistos a partir de um confortável ponto de chegada, como se dissociados estivessem da própria sociedade em ebulição. A posição social é fim por ser meio, assim como o discurso não é mero ornamento.

Apesar de não partir da abordagem de Brandão – [14] que concebe o pensamento político brasileiro por meio de "famílias intelectuais" que se recompõem historicamente –, concordo com o autor que as ideias e as formas de pensamento são "cristalizações do social" e, neste sentido, permitem "interpelar inusitadamente a sociedade e a história que os produz". A posição social não pode servir como elemento suficiente e determinante da análise. Simultaneamente, faz-se necessário um mergulho na "obra" em si, em sua forma e conteúdo.

A singularidade da inserção social de Rômulo – partilhada por vários de seus companheiros de fragmento de geração – permite um novo olhar sobre o passado, desde que se revele a pluralidade conflituosa de posições sociais, projetos políticos, interpretações e utopias. Se este passado se "resolveu" em um determinado sentido, com o golpe de 1964, tal ruptura ainda se encontra mal compreendida tanto no movimento do real, como nas ideias a ele subjacente. De fato, enquanto empreendia a revisão crítica da literatura sobre o processo de desenvolvimento no Brasil, percebi que o presente ficara enclausurado em fórmulas gastas – em virtude do obscurecimento das concepções e alternativas, dos diálogos e confrontos do passado –, adiando assim uma perspectiva coerente de futuro.

Concepção de história

Ao longo desta pesquisa, escorei-me na concepção de Reinhart Koselleck,[15] para quem "o historiador pode se dar ao luxo de 'produzir' história". No seu entender, qualquer releitura do passado deve captar o "caráter processual das estruturas" que se "integram aos eventos cotidianos no período de uma geração", articulação realizada de maneira distinta por cada geração subsequente de historiadores. Do contrário, predomina a "ficção do factual" e se estreitam, em vez de se alargarem, as "condições de possibilidade" e os "horizontes de expectativa" de um determinado "futuro passado".

---

em questão, em termos quer de sua posição relativa na estrutura social, quer de sua contribuição para a gênese e a continuidade/ruptura do sistema de poder". Porém, na minha percepção, a utilização da dicotomia cooptação/autonomia para os intelectuais em geral – cujos tipos ideais não são investigados em profundidade – impede o autor de executar o seu projeto tal como proposto.

14 BRANDÃO, 2007, p. 15, 23, 43-44.
15 KOSELLECK, Reinhart. *Futuro passado: contribuição à semântica dos tempos históricos*. Rio de Janeiro: Contraponto/Editora PUC Rio, 2006, p. 134-138, 141, 169-170.

Não se trata de remover a poeira do passado, mas de presentificá-lo de maneira "refletida": tal opção significa assumir que "o espaço contemporâneo da experiência é o centro de todas as histórias". Neste sentido, o perspectivismo em história permite a "redenção da parcialidade". Por sua vez, a síntese necessária entre parcialidade e objetividade apenas pode ser empreendida por meio de um duplo exercício que envolve a análise crítica das fontes – as quais têm "poder de veto" –, assim como a construção de uma "teoria da história possível". Uma remete dialeticamente à outra.[16]

Partindo desta concepção[17], não existe historiografia sem uma teoria da história subjacente ao objeto/sujeito ou à realidade/processo que se procura destrinchar. Importa, pois, explicitá-la, o que apenas pode ser feito por meio da criação de "imagens mais novas" da história. No mesmo diapasão, William Sewell Jr. afirma que a História, diferente das Ciências Sociais, tende a reservar um espaço menos relevante à discussão teórica, muitas vezes fugindo da reflexão sobre as "estruturas" e das grandes questões históricas. [18] Não poderia, o autor se pergunta, a História participar deste debate mais amplo, por meio do seu conhecimento acerca da "complexa temporalidade" da vida social de cada momento histórico caracterizado pela "heterogeneidade causal"?

De fato, são várias as temporalidades da História. Seja porque "um único decurso de tempo" é vivido diferencialmente pelas várias gerações políticas e posições sociais, seja porque não se adentra novamente o "futuro passado" – no nosso caso o período demarcado pelo Brasil Desenvolvimentista –, sem cavoucar a história da sua recepção nos vários momentos posteriores àquele passado.

Adicionalmente, cada trecho de tempo enfeixa processos de diferente duração que interagem entre si à maneira braudeliana. Conforme o historiador francês,[19] se no tempo curto do evento, "vê-se apenas a sua chama", "as estruturas comandam-lhe o escoamento", podendo servir ao mesmo tempo como "sustentáculos" ou "obstáculos". O seu método, elaborado com o intuito de apreender a dialética das durações, parece-nos uma inovação na forma de captar a dinâmica e os ritmos do processo histórico. Porém, o peso que Braudel confere à longa duração pode limitar a possibilidade de interpretação do movimento dialético entre continuidade e ruptura em contextos específicos.[20]

---

16   Ibidem, p. 168, 174, 184-187.
17   Ibidem, p. 13-14, 133, 184-185, 320.
18   SEWELL Jr., William. *Logics of History: social theory and social transformation*. Chicago: The University of Chicago Press, 2005, p. 5-9, 14-15.
19   BRAUDEL, Fernand. "História e Ciências Sociais: a longa duração". In: *Escritos sobre a História*. 2ª edição. São Paulo: Perspectiva, 1992, p. 43-51.
20   AGUIRRE ROJAS, Carlos Antonio. *Fernand Braudel y las ciencias humanas*. Barcelona: Montecinos, 1996, p. 43-46. Aproveito a sugestão deste autor que, depois de apontar o "original

"Aprender a escutar os objetos de estudo": eis a chave fornecida pelo historiador Alexander Gerschenkron.[21] Também para este autor, a "escuta" da história apenas é possível se mediada por uma "teoria geral", capaz de organizar e interpretar os processos e o papel dos sujeitos da história. Neste sentido, se, por um lado, o juízo de valor participa da escolha do tema e do enfoque; por outro, um esforço de distanciamento deve assegurar que as próprias hipóteses de partida sejam questionadas por meio da avaliação das fontes e das leituras alternativas sobre as relações complexas entre os atores sociais e o processo histórico mais amplo. Indo diretamente ao ponto, se o livro começa com a identificação de Rômulo e seus colegas de serviço público e militância, por outro lado, ao flagrá-los em ato, a partir da sua posição social no processo histórico, ele deve permitir também relativizar as suas premissas e convicções.

É, portanto, na relação dinâmica entre a ideologia e os sujeitos que a encampam por meio de projetos declarados, especialmente durante os momentos de mudança substantiva,[22] que se encontra o eixo de nossa metodologia. Mas ela não se restringe a estes burocratas-intelectuais-militantes, já que se propõe a alcançar, na medida do possível e de maneira sintética, outras posições sociais ocupadas pelos intelectuais que compunham os demais fragmentos daquela geração. Inclusive para recuperar os debates e confrontos esquecidos pelas demais leituras do futuro passado.

Tal perspectiva metodológica exigiu uma revisão crítica da literatura sobre a burocracia e o papel do Estado; o desenvolvimento econômico e a dinâmica das classes sociais; e a história das ideias e dos intelectuais no Brasil. Por lidar com processos históricos, esta ampla literatura também se tornou história. A marca de suas armaduras conceituais é evidente. Suas categorias necessitam ser "desprovincializadas" do contexto que as originou, para se encharcarem do universal em suas várias manifestações particulares. Para que possam fugir do eurocentrismo do "ainda não", "negador da contemporaneidade" periférica, e sintetizado na afirmação "primeiro no Ocidente, depois nos demais lugares".[23]

---

determinismo histórico" em Braudel, indica a possibilidade de novas formas de operacionalizar "as relações complexas entre as distintas durações". Também SEWELL Jr. (2005, p. 100-103), sem partir de Braudel, propõe uma nova perspectiva metodológica informada pela "eventful temporality", uma temporalidade "agitada" pelos eventos na sua complexa interação com as várias estruturas da vida social.

21 GERSCHENKRON, Alexander. "Reflexões sobre a ideologia como problema metodológico e histórico. In: *O atraso econômico em perspectiva histórica e outros ensaios*. Rio de Janeiro: Contraponto, 2015a, p. 387-390, 400.
22 Ibidem, p. 393-394, 397-399.
23 CHAKRABARTY, Dipesh. *Al margen de Europa: pensamiento poscolonial y diferencia histórica*. Barcelona: Tusquets Editores, 2008, p. 33-35.

Com o intuito de situar a clivagem que o debate sobre desenvolvimento opera no pensamento brasileiro a partir dos 1940 e 1950, procurei me proteger contra a "mitologia das doutrinas". Este é o termo utilizado por Skinner[24] para criticar a "sabedoria perene" que pretensamente "evolui" pelo debate em torno de algumas ideias-força ao longo do tempo e do espaço. No entender do autor, o pensamento apenas pode ser elucidado por meio de uma filosofia da ação que permita descortinar o seu propósito em um tempo e local específicos. Portanto, a história deve estar voltada prioritariamente para a compreensão analítica do que os sujeitos "queriam dizer quando disseram o que foi dito". Skinner recomenda que o historiador se fie menos na contribuição dos autores/atores para o pensamento ocidental sobre determinado tema, ou na suposta "incoerência" em relação ao que existia antes ou veio depois. Deve ele focar nos recursos de linguagem utilizados pelos protagonistas do drama com o intuito de convencer os seus contemporâneos de que o seu propósito continha um potencial de verdade.

Dessa forma, ao transplantar essa discussão metodológica para o nosso objeto/sujeito de pesquisa, não se pretende limitar a análise a qual papel o desenvolvimento jogou no sistema de ideias dos técnicos nacionalistas e dos intelectuais orgânicos do Estado; mas especialmente apontar "o que estavam fazendo e o que almejavam" com o desenvolvimento quando a ele se referiam. O texto (no caso de um pensador), ou o conceito (tal como operacionalizado por um intelectual atuante, como no caso de Rômulo e do seu fragmento de geração) são vistos como "atos intencionais de comunicação", utilizados no seu contexto linguístico; e também em certo contexto social, já que este último contribui para definir "os significados convencionalmente reconhecidos" do que se pode pretender comunicar.[25]

Se, neste ponto, Skinner nos serve de auxílio, não adotamos a sua abordagem na íntegra. Isso porque a sua crítica aos anacronismos termina por levar a uma "cisão entre história e teoria", em virtude da sua aposta na "incomensurabilidade dos tempos históricos".[26] Os conceitos podem viajar no tempo e no espaço, e de fato o fazem. Essa viagem conceitual é um dos objetivos da história, como indicaremos adiante, apoiados na interpretação de Koselleck.

Sigo, também, as pegadas de Albert Hirschman,[27] para quem os cientistas sociais na sua pretensão de fazer da "análise da mudança social" algo universal, se ol-

---

24 SKINNER, Quentin. *Visions of Politics: regarding method – Vol. 1*. Cambridge: Cambridge University Press, 2002, p. 3-7, 57-59, 67-68, 79.
25 Ibidem, p. 85-87.
26 BRANDÃO, 2007, p. 30-33.
27 HIRSCHMAN, Albert. *A bias for Hope: essays on development and Latin America*. New Haven: Yale University Press, 1971, p. 26-29.

vidam da desordem criativa e da multiplicidade de manifestações que caracterizam a aventura humana. Acabam, assim, empurrando a história para o reino da irredutibilidade. Ao contrário, a busca do original serve como estímulo – uma espécie de lastro subjetivo – para aqueles autores/atores que possuem uma perspectiva transformadora. Resgatar o componente utópico da história não significa recorrer ao campo do contrafactual, mas recompor a totalidade feita das várias rotas possíveis, inclusive as interditadas.

Esta perspectiva "possibilista", segundo a definição do próprio autor, parte de um enfoque em que política e economia aparecem integradas, incorporando assim as propostas consideradas não realistas para "tempos normais", mas que assumem viabilidade potencial em "constelações históricas favoráveis à mudança". O período em tela pode ser encarado como uma dessas constelações, cuja compreensão é essencial inclusive para destrinchar o curso posterior tomado pelo processo histórico, ou nas palavras de Koselleck, para investigar e questionar a história que, em seu momento, foi dada como "real".[28]

Trata-se de encarar como e porque esta história pôde se realizar, sobretudo para fisgar os elementos de descontinuidade, assumindo uma perspectiva de "continuidade como periodicidade", tal como proposta por Gerschenkron. O segredo estaria, portanto, em investigar "as interrelações entre os elementos estáveis e cambiantes no processo histórico",[29] descartando a visão economicista que foca a continuidade apenas por meio de uma alteração na "taxa de mudança".

Em outras palavras, o desenvolvimento nacional, ao menos enquanto projeto-interpretação-utopia, não está contido no "desenvolvimentismo" do regime militar, porque este acelerou a taxa de acumulação de capital no território nacional e promoveu a diversificação produtiva. Tampouco o desenvolvimento capitalista no Brasil estava condenado a se transformar em um "caso exemplar de mau desenvolvimento",[30] conforme o veredito de Celso Furtado no início dos anos 1980. Algumas rupturas se processaram no meio do caminho.

Em oposição a um olhar que encara a história como uma "acumulação gradual de conquistas", onde cada momento traz a sua contribuição para o destino que se conhece e, portanto, inelutável, por que não partir do enfoque de Walter Benjamin nas "teses sobre os conceito de história"? O mote de "escovar a história a contrapelo" permite revelar a unidade contraditória do passado tal como iluminada pelo

---

28   KOSELLECK, 2006, p. 142.
29   GERSCHENKRON, Alexander. "Sobre o conceito de continuidade na História". In: *O atraso econômico em perspectiva histórica e outros ensaios*. Rio de Janeiro: Contraponto, 2015b, p. 215-226.
30   FURTADO, Celso. *Cultura e desenvolvimento em época de crise*. Rio de Janeiro: Paz e Terra, 1984, p. 10.

presente. Isso é possível não apenas em virtude do distanciamento histórico que o presente oferece, mas também, e principalmente, porque ele nos permite apoderar da "imagem histórica que lampeja fugaz".[31] Para Benjamin, a história não vive apenas no passado, devendo ser rememorada.

O "tempo-de-agora" daquele passado, com suas possibilidades de ruptura em vários sentidos, pode ser recuperado apenas se o tempo qualitativo (heterogêneo e pleno) substituir o tempo quantitativo (homogêneo e vazio). Este último, para seguir na linguagem metafórica de Benjamin, significa tão somente "acariciar o pelo muito luzidio da história", tal como contada pelos que vieram em seguida. Em contraposição à "história aditiva", Benjamin defende a "história construída" que se detém no "tempo das possibilidades", concebido como "um aleatório aberto à irrupção imprevisível do novo". Essa perspectiva justifica a abertura de "dossiês históricos fechados", redescobrindo combates esquecidos e considerados "utópicos", "anacrônicos" ou na "contracorrente do progresso", conforme a síntese de Löwy.[32]

Se na perspectiva de Benjamin, trata-se de fazer do passado uma força do presente, substituindo o "cortejo triunfal dos vencedores" pela união dos oprimidos vencidos nos vários combates ao longo da história; cogito se tal aposta metodológica se torna factível, não para resgatar a perspectiva revolucionária, mas para lançar luz sobre o fosso existente entre a variedade de capitalismo existente no país hoje e o projeto-intepretação-utopia de desenvolvimento nacional, concebido naquele passado como meio de superação do passivo colonial.

A peculiaridade daquela quadra histórica reside no fato de que a defesa da industrialização não se fazia sem o questionamento dos seus pressupostos limitadores. Travava-se a luta a favor dos vencidos do passado e em prol dos quase-vencidos do presente, mas sem deixar de enfrentar os quase-vencedores no seu campo, eles mesmos favorecidos pela dinâmica transformadora acionada por esses sujeitos históricos não revolucionários. A perspectiva reformista dos nossos protagonistas não faz desta leitura transformada em práxis naquele "tempo-de-agora" menos "derrotada". Cabe a nós retirá-la do "dossiê fechado da história".

O desenvolvimentismo neste trabalho

É possível afirmar que nação e desenvolvimento se complementavam de modo a fornecer uma estrutura cognitiva ao processo sobre o qual esses intelectuais singulares procuravam atuar. Como menciona Cândido Mendes de Almeida, importante quadro do Instituto Superior de Estudos Brasileiros (ISEB) e parceiro de Rômulo

---

31   LÖWY, 2005, p. 58-61, 64-82.
32   Ibidem, p. 116-120, 130-131, 140-141, 157-158.

desde o início dos anos 1950, o nacionalismo e o desenvolvimento eram "movimentos germinados", visando a "substituição da situação colonial".[33]

Vale lembrar que estes burocratas-intelectuais-militantes se autoproclamavam nacionalistas.[34] O depoimento do companheiro de Rômulo na Assessoria Econômica do segundo governo Vargas, Cleanto de Paiva Leite, de 1988, é elucidativo a esse respeito: "eu não gosto da palavra, para mim 'desenvolvimentismo' é corruptela de 'desenvolvimento', como 'populismo' é corruptela de 'popular'".[35] O próprio Rômulo,[36] à semelhança de Cleanto, confere um sentido crítico ao termo. Em entrevista dos anos 1980, ele se refere a uma "psicologia desenvolvimentista" criada no governo Juscelino Kubitscheck (JK), "até certo ponto positiva", mas que teria levado a um "otimismo irresponsável", especialmente quando retomada "depois de 1967 de uma maneira furiosa". Para completar, Furtado,[37] escreve em 1974, nos seus diários, depois de passar cinco semanas no Brasil, que no Nordeste, "mais do que em qualquer outra parte", "o vício essencial do desenvolvimentismo salta à vista".

Em contraposição, Lucas Lopes – presidente do Banco Nacional de Desenvolvimento Econômico (BNDE) e ministro da Fazenda de JK – refere-se a um período na história do Brasil, em que teria havido uma "orientação desenvolvimentista", definida como "uma vocação para crescer e era preciso crescer de qualquer forma". Lopes diferencia Vargas, que dava prioridade ao problema político e social, de JK, mais "desenvolvimentista",[38] em entrevista concedida no final dos anos 1980.

---

33   ALMEIDA, Cândido Mendes de. *Nacionalismo e desenvolvimento*. Rio de Janeiro: Instituto Brasileiro de Estudos Afro-Asiáticos, 1963, p. VII.
34   Sobre a autodefinição de Celso Furtado, que raramente utilizou a alcunha de "desenvolvimentista", ver depoimento de Rosa Freire d'Aguiar (apud FONSECA, Pedro Cezar Dutra. "Desenvolvimentismo: a construção do conceito". In: CALIXTRE, André Bojikian; BIANCARELLI, André Martins & CINTRA, Marcos Antonio Macedo (orgs.). *Presente e futuro do desenvolvimento brasileiro*. Brasília: IPEA, 2014, p. 37). Ver também FURTADO, Celso. *O capitalismo global*. São Paulo: Editora Paz & Terra, 1998, p. 12. Ao referir-se à *Revista Econômica Brasileira* fundada, em 1955, Furtado menciona que ela reunia "pessoas de orientação de 'esquerda' ou simplesmente 'nacionalista'".
35   LEITE, Cleanto de Paiva. "Depoimento de 1988, concedido a Plínio de Abreu Ramos e Anamaria Ladeira Aragão no contexto do projeto 'Memória do setor de energia elétrica: fase pré-operacional' da Eletrobras". Transcrição de Maria Cristina Braga de Bastos e Marilza Fernandes Almeida. Rio de Janeiro: Acervo CPDOC-FGV, 1988, p. 32.
36   ALMEIDA, Rômulo. "Entrevista". In: *São Paulo Energia*, ano I, n. 3, abr. 1984, p. 18.
37   FURTADO, Celso. *Diários Intermitentes: 1937-2002*. Organização, apresentação e notas de Rosa Freire d'Aguiar. São Paulo: Companhia das Letras, 2019, p. 239.
38   LOPES, Lucas. *Memórias do desenvolvimento*. Rio de Janeiro: Centro de Memória da Eletricidade no Brasil, 1991, p. 147, 219.

Percebe-se que, para os participantes do processo, especialmente Cleanto, Rômulo e Furtado – com a exceção de Lopes que associa o termo a uma época, partindo de um julgamento favorável –, o "desenvolvimentismo" marca uma ruptura. Aparece carregado de "vício" ou "irresponsabilidade", além de "corromper" a concepção e práxis do desenvolvimento por eles esposada. Na sua visão, o desenvolvimento não se traduz facilmente em "desenvolvimentismo", revelando assim uma perda ou desvio.

Portanto, utilizaremos a alcunha de técnicos nacionalistas para os boêmios cívicos e Furtado, dentre outros, pois assim eram chamados e se definiam ao demarcar a sua posição no debate sobre o desenvolvimento. Por sua vez, tanto o período histórico no qual estes atores jogaram um papel decisivo, como o seu ideário, podem ser definidos como desenvolvimentistas, desde que, neste último caso, se explicite a tríade projeto-intepretação-utopia que lhes serve de alicerce e a sua relação de tensão com o movimento mais amplo da história. Isso permite estabelecer uma linha divisória com relação aos usos que o termo adquire nas leituras subsequentes do futuro passado. Mas nos pouparemos de fazer referência aos autores/atores por meio de um termo que não fazia parte de seu idioma conceitual.

No caso específico de Roberto Campos e Lucas Lopes, dentre outros, nos permitimos cunhar um neologismo – o de técnicos "mercadistas" –, de modo a ressaltar que o desenvolvimento estava mais relacionado à dinamização do mercado, não figurando a nação como um fim em si mesmo, ou quando muito estando subsumida a esse movimento mais amplo. Essa categoria, explicitada ao longo deste livro, longe de ser um demérito para estes autores/atores, pretende ser o mais fiel possível à forma como pensavam e atuavam.

A opção pela delimitação/ressignificação do conceito deve-se a dois motivos básicos. Em primeiro lugar, o "desenvolvimentismo" orienta o debate do Brasil contemporâneo a partir dos anos 2000, além de figurar na literatura acadêmica desde os anos 1960. Apesar dos seus múltiplos significados, ele faz parte do intercâmbio linguístico na academia e na imprensa, tornando-se, assim, incontornável.[39]

Mas o "desenvolvimentismo", tal como é mobilizado por grande parte dos meus colegas acadêmicos, tende a ocultar a complexidade das formulações sobre o desenvolvimento produzidas pelo fragmento de geração do qual faziam parte Rômulo, Furtado e Rangel. Para tais autores/atores, o desenvolvimento possuía

---

[39] Segundo André Singer, "a julgar pelo debate econômico atual, o termo desenvolvimentismo ainda guarda valor heutístico" (SINGER, André. "A (falta de) base política para o ensaio desenvolvimentista". In: SINGER, André, LOUREIRO, Isabel (orgs.). *As contradições do lulismo: a que ponto chegamos*. São Paulo, Boitempo, 2016, p. 24-26).

uma matriz econômica, mas não ficava restrito ao seu perímetro. O seu eixo central girava em torno da nação. A expansão do mercado interno, a industrialização e a transformação das relações externas eram meios. Em síntese, estes intelectuais pensavam o desenvolvimento a partir da sua experiência histórica que projetava desafios em várias frentes. A economia talvez fosse o alicerce. Mas não era tudo.

Em segundo lugar, trata-se de recuperar a força cognitiva que o desenvolvimento enquanto processo de construção nacional conferiu àquele passado, partindo da perspectiva de um fragmento de geração que logrou tomar a frente do processo histórico, por mais que tenha sido por ele superado. Em síntese, o Brasil Desenvolvimentista ganha sentido a partir de um mergulho nas contradições que esse projeto-interpretação--utopia julgou capaz de processar no sentido da superação do subdesenvolvimento.

Mais uma vez, é em Koselleck que podemos encontrar uma reflexão sobre a história dos conceitos enquanto parte integrante da pesquisa social e histórica. No seu entender, um mesmo conceito, "desenvolvimento" ou "subdesenvolvimento", por exemplo, ao ser usado ao longo do tempo, pode refletir "processos de permanência, alteração ou ineditismo dos seus significados lexicais".[40]

Assim, ao contrastarmos o "núcleo conceitual do passado" com o "núcleo conceitual contemporâneo", são as permanências ou alterações estruturais que estão em jogo. Elementos tidos como comuns a um conceito em um determinado momento podem aparecer dissociados em um momento posterior. Desta forma, um conceito pode perder "capacidade de rendimento" ao fim de um ciclo de transformação das estruturas econômicas, sociais e políticas. No nosso caso, por exemplo, ao menos para os técnicos nacionalistas, o desenvolvimento associava industrialização à inclusão social e ao aprofundamento da democracia nos anos 1950, elementos que passam a ser dissociados no "desenvolvimentismo" dos anos 1970.

No caso do "desenvolvimentismo", ao empreendermos uma "elucidação de trás-pra-frente", tal como sugerida por Koselleck, nos deparamos com uma situação peculiar. O seu significado no contexto contemporâneo torna-se também objeto de investigação, pois o encurtamento do seu significado lexical, restrito ao campo econômico, indica camadas de sentido daquele passado que ficaram encobertas.

Ora, o "desenvolvimentismo" não existia enquanto tal no passado, assumindo novo significado lexical apenas no futuro passado que o sucedeu. Se fizermos a roda da história girar no outro sentido, por meio de uma elucidação "de frente para trás", o novo conceito ressignificado – desenvolvimentismo – pode se enraizar em nosso futuro passado, com a devida precaução e apenas porque o desenvolvimento atuou de forma decisiva na "constituição linguística" daquela experiência temporal.

---

40   KOSELLECK, 2006, p. 104-107, 114-117.

Adicionalmente, é importante ressaltar que o sufixo "ismo" cumpre o papel de apontar "uma sociedade em movimento", saltando para além das "possibilidades finitas de auto-organização humana", e projetando um horizonte de expectativa para além do espaço de experiência, na medida em que indica uma ruptura no sentido de um futuro possível.[41] Esse procedimento permite recuperar a noção de desenvolvimento como um processo de autotransformação nacional, tal como concebido por nossos burocratas-intelectuais-militantes.

Portanto, ao ressignificar o desenvolvimentismo para um novo futuro passado, procuro restringir e delimitar o seu alcance histórico, tornando-o menos elástico do que o adotado por parte expressiva da literatura acadêmica. Ao inserir esta ideia no seu devido lugar, ela passa a assumir o significado de uma aposta utópica, embasada em uma perspectiva crítica da história e empunhada por determinados sujeitos situados em uma posição social que atua – tendo por eixo norteador o desenvolvimento – nos planos estratégicos da economia, da sociedade e da cultura.

Por sua vez, ao classificar o período 1945-1964 como Brasil Desenvolvimentista, o objetivo é captar o seu andamento contraditório, ressaltando a especificidade dos seus vários momentos; bem como elucidar o projeto-interpretação-utopia esposado pelos técnicos nacionalistas, geralmente economistas, e dos intelectuais orgânicos do Estado, categoria mais ampla que abarca a primeira. Isso sem perder de vista as concepções formuladas por outros técnicos e intelectuais que, ao participarem do debate e das políticas para o desenvolvimento, a partir de suas respectivas posições sociais, moldaram os conflitos políticos ao longo do período.

Resgatar esta concepção de desenvolvimento implica "uma leitura filológica ativa", pois supõe uma visão da linguagem em que as palavras deixam de ser "significantes passivos que representam despretensiosamente uma realidade mais elevada". Para Edward Said,[42] a realidade presumida pode, ao contrário, ofuscar como "certas estruturas de atitude, sentimento e retórica" se articulam em determinado contexto histórico. Esta proposta humanista reivindica um duplo esforço de recepção e resistência.

"Recepção" ao valorizar a posição dos autores/atores que perseguem o desenvolvimento nacional para além da sua matriz econômica. E "resistência" no sentido de libertar a sua visão – contida nos seus textos, projetos e opções políticas – das estruturas intelectuais erguidas e transformadas em tradição, conforme um cânone estabelecido. Em vez de um exercício purista de extrair o significado mais profundo do conceito a partir de uma análise discursiva, trata-se de dar vida, como leitor-

---

41 Ibidem, p. 325-326.
42 SAID, Edward. *Humanismo e crítica democrática*. São Paulo: Companhia das Letras, 2007, p. 82-86, 90-91, 99.

-historiador-humanista, ao "como e porque foi dito" em determinado contexto, por meio de um "ato modesto de emancipação e esclarecimento".

O "desenvolvimentismo" na literatura acadêmica e no debate político

A discussão conceitual realizada acima possui um significado estratégico. Braudel,[43] na sua obra clássica sobre o capitalismo, afirma que "as palavras-chave do vocabulário histórico só devem ser utilizadas depois de interrogadas". Quer saber o historiador "de onde vêm elas", "como chegaram até nós", se "não irão nos confundir". Kosellek endossa o coro, quando discorre que nos momentos de transformação política e social, "a luta pelos conceitos 'adequados' ganha relevância social e política".[44]

No campo acadêmico, os termos "desenvolvimentismo" e "nacional-desenvolvimentismo" se revestiram de várias camadas de sentido, dando origem a interpretações não necessariamente convergentes e, às vezes, até mesmo com o sinal invertido. Apontaremos aqui alguns autores que se constituíram em referências para o debate, além das leituras contemporâneas que se tornaram corriqueiras.

Em 1962, Hélio Jaguaribe[45] caracteriza, pela primeira vez, o "nacionalismo desenvolvimentista" como uma ideologia das forças que, no seu entender, empurravam o processo de industrialização, em diálogo e em confronto com o "cosmopolitismo desenvolvimentista", que defendia maior participação do capital estrangeiro. Logo em seguida, o "nacional-desenvolvimentismo" aparece com o sinal trocado, conforme a formulação crítica da escola uspiana, que via no produto – a ideologia do ISEB – uma forma de mascarar as contradições de classe e chancelar uma visão positiva sobre o papel da burguesia industrial no processo de desenvolvimento do país. No primeiro caso, o "desenvolvimentismo" apresenta-se como campo de disputa entre os técnicos de diversas ideologias; já na leitura subsequente, todo o governo JK passa a encarnar um só "desenvolvimentismo" por meio da política econômica que ofusca a sua falsa consciência "nacionalista".[46]

Conforme veremos adiante, a simbiose entre nacionalismo e desenvolvimento, presente no mundo das ideias e dos projetos, foi esgarçada pela literatura ao se

---

43 BRAUDEL, Fernand. "Os jogos das trocas". In: *Civilização material, economia e capitalismo, Séculos XV-XVIII – volume 2*. São Paulo: Martins Fontes, 1996, p. 201.
44 KOSELLECK, 2006, p. 101.
45 JAGUARIBE, Hélio. *Desenvolvimento econômico e desenvolvimento político*. Rio de Janeiro: Editora Fundo de Cultura, 1962, p. 204-205, 208-209.
46 Em 1964, no trabalho clássico de Fernando Henrique Cardoso, os termos "desenvolvimentismo" e "nacionalismo" ainda aparecem geralmente separados entre si, apesar de comporem um todo articulado, porém contraditório (CARDOSO, Fernando Henrique. *Empresário industrial e desenvolvimento econômico no Brasil*. 2ª edição. São Paulo: Difel, 1972, p. 94-98).

isolar o governo Vargas, apresentado como simplesmente "nacionalista", ou "nacionalista-populista"; enquanto o governo JK era apodado de "desenvolvimentista" ou "nacional-desenvolvimentista".[47] Perdeu-se de vista a ruptura, e o "quando", "onde" e "como" ela se processou.

Nos anos 1980, alguns trabalhos acadêmicos, embasados em robusta pesquisa documental e teórica, utilizaram o conceito "desenvolvimentismo" para qualificar a ideologia dos economistas ou técnicos do Estado no período 1945-1964, tomando o cuidado de revelar a convergência e a diversidade de projetos, interpretações e valores dos seus integrantes.[48]

Por outro lado, neste momento, muitos "economistas heterodoxos da academia" estavam empenhados em acompanhar a dinâmica interna de acumulação de capital, que se aproveitou da estrutura produtiva e das instituições estatais criadas nos anos 1950. O "desenvolvimentismo" transformara-se no desenvolvimento das forças produtivas e a democratização emergia como o novo eixo central do debate, como pré-condição para a gestação de um padrão de desenvolvimento alternativo e includente.

Daí a concepção de um "desenvolvimentismo militar e conservador", erigido a partir do Estado Novo e que teria se mantido "dominante no Estado brasileiro até 1985",[49] como na síntese de José Luiz Fiori. O "nacional-desenvolvimentismo" surge, com todas as letras, como um "desenvolvimentismo conservador", na medida em que o Estado era utilizado para satisfazer política e economicamente, de forma heterogênea e fragmentada, as várias frações de classe burguesas. E mais, passa a se referir a um período de tempo mais longo.

A partir dos anos 1990, quando fica evidente a mudança de orientação da política econômica, os termos "nacional-desenvolvimentismo" e o "desenvolvimentismo" sofrem nova mudança. Para os "economistas ortodoxos da academia", o "nacional-desenvolvimentismo" aparece marcado pela associação entre "intervencionismo" e "inflacionismo", tal como na síntese (autópsia) apressada e com escassa

---

[47] Essa distinção pode aparecer de forma sutil, como se percebe no livro de SCHWARZ, Lilia Mortiz & STARLING, Heloísa. *Brasil: uma biografia*. 2ª edição. São Paulo: Companhia das Letras, 2019. O segundo governo Vargas é deixado "para trás", enquanto o capítulo 16, intitulado "Os Anos 1950-1960: a bossa, a democracia e o país desenvolvido", começa com o governo JK, referindo-se a uma outra história.

[48] Destaco, especialmente, as obras clássicas de BIELSCHOWSKY (1995), SOLA (1998) e DRAIBE (1985), utilizadas de maneira exaustiva ao longo deste trabalho.

[49] FIORI, José Luís. *História, estratégia e desenvolvimento: para uma geopolítica do capitalismo*. São Paulo: Boitempo, 2014, p. 217-218. Tal concepção é desenvolvida em sua tese de doutorado (FIORI, José Luís. *O voo da coruja: para reler o desenvolvimentismo brasileiro*. Rio de Janeiro: Record, 2003, p. 11-12, 154-155), concluída em 1984 e discutida ao longo do livro.

base empírica realizada para o período 1930-1980.[50] A política econômica atuara na contramão do desenvolvimento, fazendo com que se deteriorassem os ganhos de produtividade. Esta leitura histórica forneceria o lastro teórico para a ascensão deste grupo ao poder nos anos 1990.

Após os anos 2000 – e graças ao fracasso dos formuladores do Plano Real em desencadear um novo modelo de desenvolvimento em tudo diferente ao que acontecera no passado –, o "nacional-desenvolvimentismo" aparece agora sob sinal positivo. Mesmo realçando o caráter desigual, heterogêneo e dependente do desenvolvimento capitalista no Brasil, para Bresser-Pereira,[51] a construção da nação e a consolidação do capitalismo no Brasil resultaram de processos potencialmente convergentes. Ao menos em tese, as contradições poderiam ser superadas no longo prazo, por meio de uma estratégia econômica e de novas coalizões que dessem continuidade à "construção interrompida".

Interessa observar que esta análise se distancia da esposada, em 1968,[52] quando o mesmo autor ainda segue a seara aberta por Jaguaribe. Então, no momento de virada da onda, ele observa que o "nacionalismo desenvolvimentista" é, apesar de sua reduzida "probalidade política", a única "ideologia capitalista capaz de superar o ciclo do subdesenvolvimento brasileiro". Tal afirmação é uma espécie de depoimento de como certo fragmento de geração pensava o desenvolvimento naquela quadra histórica. O fato de ter sido escrita há mais de cinquenta anos não a torna ultrapassada. Ao contrário, parece-nos que a leitura recente do autor, ao ampliar o seu ângulo de visão, o impede de captar aquilo que intuíra quando o processo histórico transcorria à sua frente.

A interpretação que encara o período 1930-1980 como um "avanço" para o país contou com o endosso de parte dos "economistas heterodoxos da academia" nos anos 2000. Era quase como um revide do passado ao presente "neoliberal". A nova caracterização do futuro passado preparou o cenário para a conversão do governo Lula em "desenvolvimentista", e inclusive para as novas adjetivações no campo da heterodoxia, bifurcada entre os "novo-desenvolvimentistas e os social--desenvolvimentistas".[53]

---

50   Ver FRANCO, Gustavo. *O Desafio Brasileiro: ensaios sobre o desenvolvimento, globalização e moeda*. São Paulo: Editora 34, 1999, p. 68-70.
51   BRESSER-PEREIRA, Luiz Carlos. *A construção política do Brasil: sociedade, economia e Estado desde a Independência*. 3ª edição. São Paulo: Editora 34, 2016, p. 10, 15-21, 30-31. O autor associa o "ciclo Nação e Desenvolvimento" à "revolução capitalista brasileira" para dar conta do período 1930-1980.
52   BRESSER-PEREIRA, Luiz Carlos. *Desenvolvimento e crise no Brasil: entre 1930 e 1967*. Rio de Janeiro: Zahar Editores, 1968, p. 12-13, 214-215.
53   Para a recuperação histórica destes conceitos ver BASTOS, Pedro Paulo Zahluth. "A economia política do novo-desenvolvimentismo e do social-desenvolvimentismo". In: *Economia e Sociedade*, número especial (Desenvolvimento e desenvolvimentismo(s) no Brasil), dez. 2012a, p. 784-800.

Como quem dá o troco, no auge da crise cíclica pós-2015, André Lara Rezende elegeu como culpado o "nacional-desenvolvimentismo estatizante que pauta, ainda hoje, o imaginário político brasileiro",[54] fazendo coro aos economistas ortodoxos da academia, para quem o problema é o Estado e o passado sempre retorna sem alterar o seu figurino.

Era como se o debate nacional, travado sobre o passado e o presente, ficasse circuncrito às categorias econômicas e à retórica que heterodoxos e ortodoxos desfraldavam, cada qual entoando loas aos respectivos magos da ciência econômica, misturadas às frases feitas mais sintonizadas com as suas filiações políticas. Não havia mais os técnicos em fins – nacionalistas e mercadistas – procurando a partir do Estado delinear os sentidos do desenvolvimento. Novos personagens entravam em cena: os economistas dotados de sólida formação acadêmica. Este processo tem origem nos anos 1970 e 1980, quando se consolidam os cursos de Mestrado e Doutorado em Economia no país e se solidificam as conexões com as novidades do pensamento ocidental, provenientes das universidades estrangeiras.

Esta rápida incursão sobre os usos dos conceitos "desenvolvimentismo" e "nacional-desenvolvimentismo" nos últimos cinquenta anos nos revela que os termos assumiram a conotação mais ao gosto do freguês. O monopólio da mídia impressa e televisiva no Brasil contribuiu inclusive para a confecção de uma imagem sobre o "desenvolvimentismo" como "algo do passado", "ou que foi bom enquanto durou, porém não serve mais", especialmente no período pós-2015, quando este livro foi escrito. Paralelamente, a apropriação economicista do conceito pela academia, tanto pelos seus defensores como pelos detratores, dá vazão às fortes críticas provenientes de segmentos da esquerda não econômica, para quem o "desenvolvimentismo" significa desprezo pelas questões sociais e ambientais.

Ao fim e ao cabo, o "desenvolvimentismo" tende a ser caracterizado como uma ideologia econômica ahistórica assimilada a qualquer intervencionismo para os ortodoxos; ou como uma estratégia de política econômica ainda capaz de ativar a acumulação de capital com inclusão social para os heterodoxos. Já o "nacional-desenvolvimentismo" aparece como uma designação ou denominação histórica genérica, referenciada a um longo período (1930 a 1980), e geralmente desprovida de conteúdo conceitual ou processual preciso, podendo ser lida de maneira pejorativa ou entusiástica, conforme a orientação ideológica.

O processo de descaracterização do "desenvolvimentismo" pela imprensa e pelos "novos neoliberais",[55] auxiliados por alguns economistas autoproclamados

---

54   RESENDE, André Lara. "À mesa com o *Valor*". Entrevista com Robinson Borges. In: *Valor Econômico*, 23 jun. 2017, p. 18.
55   A designação "novos neoliberais" justifica-se em contraposição aos neoliberais que, ao estilo de Gudin, atuaram antes e durante o processo de industrialização. Os "novos" emergem em um

"desenvolvimentistas", chegou a tal ponto que o historiador e economista Pedro Cezar Dutra Fonseca teve que comparecer em um jornal de grande circulação para recuperar o que considera ser o seu núcleo conceitual, qual seja: "um intervencionismo bem peculiar, cuja razão de ser - expressa por seus ideólogos ou por governos que geralmente lhes são associados - é a reversão do subdesenvolvimento". O autor completa: "o desenvolvimentismo é fenômeno rico e complexo demais para comportar simplificações apressadas".[56] Neste ponto, estamos de acordo. Por isso, este livro foi escrito.

O debate com os historiadores e cientistas sociais

Conforme exposto acima, existe um fosso entre o conceito de desenvolvimento, tal como pensado e praticado pelos burocratas-pensadores-militantes do período 1945-1964, e as várias concepções, especialmente as mais recentes (pós-1990), produzidas por economistas acadêmicos, todas a fincarem a estaca do "desenvolvimentismo".

O "desenvolvimentismo" aparece como objeto de crítica por quem mal conhece o que foi dito, o que foi feito, por quem e com qual intenção, como no caso dos economistas ortodoxos; ou então como recurso de autoridade, especialmente para alguns economistas heterodoxos que se reivindicam herdeiros dos "herois desenvolvimentistas", mesmo quando abdicam dos seus métodos de análise e estilos de interpretação. Em ambos os casos, a referência ao conceito sugere uma conexão histórica perdida.

Ressalva seja feita aos trabalhos de historiadores econômicos e cientistas sociais que realizaram densas pesquisas sobre o pensamento econômico deste período, especialmente Ricardo Bielschowsky, Lourdes Sola, Sônia Draibe e Pedro Cezar Dutra Fonseca, sem os quais este livro não teria sido escrito.

Já as intepretações clássicas dos anos 1970, tanto da Escola de Economia da Universidade Estadual de Campinas (UNICAMP), tendo à frente Maria da Conceição Tavares, como a produção do Centro Brasileiro de Análise e Planejamento (CEBRAP), sob a liderança de Francisco de Oliveira e Paul Singer, escassamente recorriam ao conceito de "desenvolvimentismo". O seu objetivo era compreender as contradições da industrialização periférica sob uma ótica pós-cepalina e marxista. Ambas as vertentes procuraram se deter sobre as novas formas de articulação entre Estado e desenvolvimento capitalista no Brasil e os seus impactos sobre a estrutura social.

---

outro contexto histórico, quando o país já se destaca pelo vulto do seu parque industrial e pela complexidade da sua estrutura social.

56 A caricatura em que se transformou o conceito, pela associação direta entre o "desenvolvimentismo" e a "nova matriz econômica" do governo Dilma, compromete o entendimento não só do passado, mas do presente. Ver FONSECA, Pedro Cezar Dutra. "Desenvolvimentismo não é sinônimo de intervencionismo". In: *Folha de São Paulo*, 6 mar. 2016.

Portanto, sem reificar os técnicos nacionalistas e os intelectuais orgânicos do Estado, procuro entender o porquê de sua crescente perda de relevância, o que se evidencia já antes dos governos militares. No período pós-1959, surgem novas posições sociais. De um lado, os "intelectuais estadistas" do campo nacionalista, como Celso Furtado, San Tiago Dantas e Darcy Ribeiro, que procuram realizar os consensos políticos possíveis para a manutenção de uma agenda do desenvolvimento. De outro, os técnicos mercadistas – reconvertidos em "elites modernizadoras do capital" – aderem a um padrão de atuação do Estado tendencialmente tecnocrático e a uma nova aliança de classes. Ao assumir o poder, em abril de 1964, o segundo grupo trata de azeitar as engrenagens do processo de acumulação, desenvolvendo as forças produtivas e dando um tranco nas relações de produção.

Se quisermos resgatar o sentido crítico do (sub)desenvolvimento enquanto conceito, e da sua adjetivação propositiva (desenvolvimentismo) – não de maneira abstrata, mas enraizando-os na vida social e política –, faz-se necessário mergulhar na história que se perdeu, para compreender o projeto "derrotado" ao menos como então (pré)concebido, pois talvez sequer tenha sido formulado e executado em sua plenitude antes de ter tido a sua sorte selada.

Ora, o "nacional-desenvolvimentismo", na sua leitura linear, realiza uma opção pela continuidade e pela "acumulação de conquistas", perdendo de vista a ruptura – menos na condução da política econômica, e mais na "economia política das reformas" – ocorrida entre distintos projetos civilizacionais. Neste sentido, não há como associar Rômulo Almeida e Celso Furtado com Roberto Campos e Antônio Delfim Netto, como se fossem partícipes do mesmo projeto. A quem pode interessar essa história que encara o acontecido como necessário, escamoteando os projetos alternativos que ficaram pelo caminho, conforme a concepção de história de Benjamin?[57]

Neste sentido, nossa interpretação se encontra justificada pelas circunstâncias que fundamentaram aquele passado, quando "uma mesma leitura do real se transformou em uma referência compartilhada de historicidade"[58] para aqueles burocratas-intelectuais-militantes. O seu projeto-interpretação-utopia surge como parte integrante de uma realidade econômica, de uma cultura política e de uma estrutura social peculiares, todas em movimento e submetidas ao seu esforço de teorização e à sua perspectiva transformadora, por mais que esta tenha sido abortada. Investigar a ruptura em processo significa também perscrutar os limites desse fragmento de geração em perspectiva histórica.

---

[57] LÖWY, 2005, p. 65.
[58] PÉCAUT, Daniel. *Os intelectuais e a política no Brasil: entre o povo e a nação*. São Paulo: Ática, 1990, p. 184.

Finalmente, ao enraizar historicamente o conceito de desenvolvimentismo, não procuro me posicionar de maneira confortável em um novo futuro passado, como quem desfere a sua artilharia contra todos e quaisquer neologismos que, se bem temperados, podem e devem fazer parte do cardápio do cientista social que se pretende leitor-historiador-humanista.

Concordo, portanto, com Pedro Cezar Dutra Fonseca[59] acerca da dupla natureza do conceito "desenvolvimentismo", filiado tanto ao "mundo material" (conjunto de políticas e de atributos reais de um sistema econômico) como ao "mundo do pensamento", na medida em que se transforma em um guia de ação a partir de ideias e valores comuns. O meu propósito é abrir a couraça econômica – mas não economicista – que o reveste para revelar a sua complexidade valorativa. Para tanto, incorporo as dimensões social e política ao mundo material, pois são elas que explicam, junto aos mecanismos econômicos, como certas ideias e valores adquirem concretude.

Eis o nosso desafio: acompanhar a experiência brasileira do desenvolvimento enquanto pensamento, prática e processo para conferir-lhe novo sentido. Ao fugir das narrativas lineares e expor as suas contradições, este esforço exigiu a elaboração de uma periodização histórica alternativa sobre o desenvolvimento capitalista no país.

Para tanto, fez-se necessário explicitar a relação dialética entre o mundo material e o mundo do pensamento. Ora, é justamente essa dupla natureza do conceito que dá margem a mal-entendidos, especialmente quando se fixa apenas nos eventos (ou no rol de políticas) e nos seus resultados imediatos. Perscrutar a interação entre esses dois lados da moeda é pré-condição para que possamos avançar rumo a uma "imagem mais nova da história" que liberte o passado do peso avassalador da "acumulação de conquistas". Da mesma forma que "não se pode depreender a realidade do conceito", tampouco este é mera derivação daquela, havendo processos de mútua interação. Para Koselleck,[60] a "tensão produtiva" oriunda dessa "co-incidência" revela-se fundamental para a compreensão da história.

Partindo deste pressuposto, procuramos enfrentar as seguintes questões: pode o conceito "desenvolvimentismo" ser elaborado a partir de um núcleo comum oriundo das diversas leituras teóricas erigidas em torno dele?[61] E mais, governos tão diversos podem ser alcunhados de "desenvolvimentistas", a partir de uma avaliação de suas

---

59 FONSECA, 2014, p. 30, 44, 48-49.
60 KOSELLECK, 2006, p. 114.
61 FONSECA (2014, p. 41-42) caracteriza o "núcleo comum" do "desenvolvimentismo" a partir dos seguintes componentes: "projeto nacional deliberado", "intervenção consciente do Estado" e "aposta na industrialização". Assume ainda como pressuposto geral a intenção de alterar o *status quo* sem sair do perímetro do sistema capitalista. Para o nosso propósito, esta definição revela-se sobremaneira elástica.

políticas econômicas ou de seus projetos de nação correlatos? É ao nível dos governos que se deve buscar o nexo que dá sentido ao "desenvolvimentismo"? E o que dizer dos projetos em disputa na sociedade que levam a resultantes secundárias e, por vezes, a rupturas históricas, geralmente ocultadas pelo aparente véu de continuidade existente entre governos que recorrem a instrumentos de política econômica similares?

Neste livro, seguimos um caminho metodológico alternativo: em vez de alargar o conceito (opção pela extensão),[62] de modo a abarcar as variantes ou subtipos de "desenvolvimentismo", a partir da combinação entre o seu "núcleo comum", bastante amplo, e algumas características específicas de cada governo ou país; optamos por restringi-lo, a partir de uma delimitação própria, elaborada para uma conjuntura histórica específica (opção pela intensidade).

O passo lógico subsequente é avaliar se o curso posterior da história (pós-1964) conforma um subtipo de "desenvolvimentismo", ou se as transformações econômicas, sociais e políticas validam a tese aqui esboçada de que já estaríamos adentrando o perímetro do pós-desenvolvimentismo. É neste ponto específico que me diferencio das interpretações dos principais autores que se debruçaram sobre a questão.[63]

Tratar o período 1945-1964 em toda a sua intensidade implica recuar e avançar para além dele, encontrando pontos de continuidade e ruptura. O elemento que fornece o eixo da narrativa, e da empreitada metodológica, é a construção neste período histórico de um projeto-interpretação-utopia – girando em torno do desenvolvimento e da nação – que não se vincula especialmente a este ou aquele governo. Mas a importantes segmentos sociais e intelectuais que procuram orientar a "mentalidade utópica" da coletividade, no sentido proposto por Mannheim[64]; ou fazer uso da ideologia enquanto concepção de mundo capaz de viabilizar uma "reforma intelectual e moral" antecedida por uma "reforma econômica", nos termos de Gramsci.[65] Utilizaremos, portanto, a concepção de utopia de Mannheim e de ideologia de Gramsci ao longo do livro por entendermos que

---

62 Sobre o *trade-off* entre extensão e intensidade do conceito, ver FONSECA, 2014, p. 32-36, 61-62. Esta distinção mostrou-se imprescindível para a a perspectiva adotada no livro, apesar (ou) justamente pelo fato de ter optado pelo caminho inverso.

63 É o caso de SOLA (1998), FONSECA (2014) e de BIELSCHOWSKY & MUSSI (2005).

64 Para o autor, a utopia compreende um projeto de transformação da realidade, a partir de uma determinada concepção do desenvolvimento histórico e de suas potencialidades. Já a ideologia é composta das ideias que não logram ou não almejam viabilizar o seu conteúdo virtual. A utopia se transforma em mentalidade utópica quando se mostra capaz de impregnar a coletividade em um determinado período histórico (MANNHEIM, Karl. *Ideología y utopía: introducción a la sociología del conocimiento*. Cidade do México: Fondo de Cultura Económica, 2004, p. 231-232, 241, 246-247).

65 GRAMSCI, Antonio. *Cadernos do cárcere: Maquiavel – notas sobre o Estado e a política*. Vol. 3. 8ª edição. Rio de Janeiro: Civilização Brasileira, 2017, p. 16-19, 37.

elas não se opõem, mas antes se referem a diversas manifestações da esfera da "cultura" na vida social.

Quanto ao nosso objeto/sujeito de pesquisa, importa salientar que, durante o Brasil Desenvolvimentista, alguns elementos decisivos emergem de maneira imbricada, a saber: uma utopia sobre as potencialidades nacionais que se confronta com um sistema hierarquizado no plano internacional e um conjunto de desigualdades amplificadas no plano interno; um estilo próprio de interpretação sobre o andamento assincrônico das estruturas econômicas, sociais e políticas a partir da interpretação do subdesenvolvimento; e um projeto de atuação do Estado na economia (mas não somente) ancorado em diversos segmentos da sociedade.

Esta combinação mostrou-se poderosa ao articular uma visão de mundo que originou políticas inovadoras relacionadas às várias dimensões do desenvolvimento: infraestrutura econômica, planejamento estatal, educação, cultura, federalismo, política externa, questão agrária e urbana, desenvolvimento regional, dentre outras. Aliás, uma das peculiaridades de Rômulo, Furtado e de outros intelectuais do período foi a de terem fundido várias destas dimensões nos seus projetos, quando da sua atuação no âmbito do Estado, sem subsumi-los à primazia da dimensão econômica.

A utilização do conceito de Brasil Desenvolvimentista não implica comprar a tese historicista que parte da "singularidade dos eventos" tomados em si, como se dotados fossem de uma "unidade imanente de sentido". Ao contrário, apenas se pode conceber a "singularidade histórica" de um passado específico a partir da investigação das estruturas dinâmicas e de como elas interagem com as alternativas cambiantes e entrecruzadas de resolução das contradições na sua manifestação conjuntural. Paralelamente, esta aposta metodológica permite verificar como e porque uma determinada "dinâmica estrutural" pôde prevalecer.[66] Ou como e porque determinados eventos acarretaram uma mudança estrutural.[67] Por levar em conta a complexa temporalidade do processo histórico, desprovido de qualquer teleologia implícita, o conceito de Brasil Desenvolvimentista se reveste de potencial analítico.

Tal opção metodológica encontra-se apenas sugerida por Ricardo Bielschowsky.[68] Ao final da sua obra clássica, o autor "suspeita" que a sociedade brasileira da "Era Desenvolvimentista" (o termo é seu) ainda não estava "política-

---

[66] A interpretação acima, assim como os conceitos em aspas, que constam no parágrafo, foram formulados a partir de KOSELLECK, 2006, p. 115, 118, 142-145, 159-160.

[67] Para SEWELL Jr. (2005, p. 100-102), os eventos têm o poder de alterar estruturas. O seu enfoque parte da "dependência do padrão" (*path dependency*), mas destoando do uso feito pelos economistas. Isso porque as estruturas causais são mutáveis ao longo do tempo, afetando o conjunto das relações sociais.

[68] BIELSCHOWSKY, 1995, p. 431, 433-434.

mente preparada" para uma "ideologia de capitalismo alternativo (reformista) ou de socialismo", no contexto da estrutura social e política existente. Esta conjectura sugere a existência de um curto-circuito entre o mundo do pensamento e o mundo material, que até então apareciam associados na obra do autor.

O conceito de Brasil Desenvolvimentista encontra eco na formulação não aprofundada de Bielschowsky sobre a Era Desenvolvimentista. Por mais que possamos concordar ou não, em tese, com o fato de que a sociedade brasileira "não estivesse preparada", este juízo de valor não deve nortear a priori o esforço de pesquisa. Ora, o "privilégio imenso" do historiador, tal como afirma Braudel,[69] está no fato de saber de antemão, "das forças em luta, quais hão de prevalecer". Mas esta comodidade não torna mais fácil o seu ofício, que não se deve conformar com os "eventos vencedores", buscando antes as "possibilidades múltiplas e contraditórias", sem as quais não se compreende o movimento da onda.

A argumentação de Bielschowsky, ao situar o "desenvolvimentismo" como um mínimo denominador comum de várias correntes ideológicas – como se estes autores/atores apesar de divergirem entre si, se aliassem no principal – perde de vista que o período por ele caracterizado como "auge do desenvolvimentismo" (1956-1961)[70] também marca o início do seu ocaso. Antes do fim do período, os expoentes das correntes nacionalista e mercadista (Furtado e Campos) já se situavam em polos opostos no Estado e na sociedade.

No nosso entender, a classificação/periodização empreendida por Bieslchowsky não leva dois fatores em consideração: as mudanças nas posições sociais ocupadas por estes economistas no período, que espelham os movimentos na estrutura de poder mais ampla; e o fato de que o desenvolvimento era pensado e praticado para além da matriz econômica.

Adicionalmente, este livro pretende confrontar a tese da "inexorabilidade" do golpe de 1964, no sentido de condição necessária para o processo de desenvolvimento do capitalismo e para a resolução das contradições de classe, que aparece, de maneira implícita, em boa parte dos trabalhos produzidos pela sociologia acadêmica dos anos 1960 e 1970.[71] Conforme o seu argumento central, a falta de compreensão da dinâmica de classes – em boa medida responsável pelas práticas, crenças e ilusões do "nacionalismo", "populismo" e "desenvolvimentismo" – cumpre papel decisivo para a não elaboração de um projeto alternativo de desenvolvimento de-

---

69 BRAUDEL, 1992, p. 116-117.
70 BIELSCHOWSKY, 1995, p. 401, 406, 408-409, 432.
71 A análise desta produção encontra-se no capítulo "A sociologia acadêmica e a anatomia da derrota", cujo foco é a Escola de Sociologia da USP.

mocrático e potencialmente socialista. Como veremos, tais conceitos generalizantes aparecem muitas vezes desprovidos de fundamentação histórica.

Alternativamente, a abordagem mais recente, desenvolvida por professores e pesquisadores de História da Universidade Federal Fluminense (UFF) e do CPDOC/FGV,[72] enfatiza a pluralidade dos atores sociais e políticos e de suas manifestações durante o período em questão (1945-1964), renomeado como "Terceira República".[73] O eixo norteador dessa abordagem é o projeto de transformação das estruturas econômicas e sociais a partir do Estado, quando o trabalhismo e o nacionalismo se destacam como ideologias crescentemente enraizadas na sociedade. Este projeto é abortado pela aglutinação de esforços dos "liberais-conservadores" em oposição aos "nacional-estatistas".[74] Neste caso, a "culpa" passa a recair nas elites e classes dominantes, que teriam obstruído um projeto cuja explicitação, contudo, não vai muito além de uma listagem das reformas e das forças sociais e políticas que aparentemente as apoiavam.

Essas interpretações são seguramente mais complexas do que o quadro estilizado acima sugere, além de não esgotarem toda a gama de interpretações sobre o período em questão. Ainda assim, fazem parte do patrimônio da "história em geral", do qual devem partir as novas "histórias singulares" possíveis, como sugere Koselleck.[75]

O que está fora do foco das histórias acima apontadas é o papel do intelectual orgânico do Estado, que almeja construir novas pontes com a sociedade, no intuito de conformar uma nova coalizão de poder contra-hegemônica, conferindo-lhe novas bases de sustentação e orientando em um sentido peculiar os interesses das classes dominantes. Para tanto, imaginavam contar estes atores estrategicamente posicionados com o respaldo de segmentos importantes da sociedade civil – burguesia nacional, classes médias e trabalhadores – por meio de uma estrutura ideológica que extravasa o aparato estatal.

---

[72] Uma coletânea representativa de artigos produzidos segundo essa abordagem encontra-se em FERREIRA, Jorge & DELGADO, Lucilia de Almeida Neves (orgs.). *O Brasil republicano: o tempo da experiência democrática: da democratização de 1945 ao golpe civil-militar de 1964: Terceira República*. 8ª edição revista e atualizada. Rio de Janeiro: Civilização Brasileira, 2019. Ver também o livro organizado por Ângela de Castro Gomes (GOMES, Ângela de Castro. *Olhando para dentro (1930-1964)*. Rio de Janeiro: Objetiva, 2013a), especialmente a sua introdução.

[73] A "Primeira República" (1889-1930) é seguida do Primeiro Governo Vargas (1930-1945), que marca a transição para a "Terceira República" (1945-1964). A "Ditadura Civil-Militar" (1964-1985), por sua vez, é sucedida pela "Nova República" (1985-2016).

[74] FERREIRA, Jorge. *O imaginário trabalhista: getulismo, PTB e cultura política popular 1945-1964*. Rio de Janeiro: Civilização Brasileira, 2005, p. 375-377.

[75] KOSELLECK, 2006, p. 184-185.

Compreender o "fracasso" desta estratégia – que reside no campo das ideias, bem como no campo da estrutura social e de poder – é condição para uma análise que dispense a figura dos "culpados", e passe a situar os sujeitos do drama a partir da compreensão condicionada que tinham do seu tempo. Neste sentido, ambas as interpretações apontadas acima seguem fornecendo pistas valiosas, mesmo quando se percebe o que lhes falta (no caso de temas e atores esquecidos) ou o que elas possuem de sobra (o determinismo no primeiro caso, e o historicismo no segundo).

Como explicar que o período que se inicia em 1945 – com o novo Código Eleitoral, a anistia política, a liberdade de imprensa, a organização de partidos de base nacional, agora inclusive com o Partido Comunista do Brasil (PCB) de volta à legalidade, expandindo de maneira exponencial seu número de filiados; e durante o qual, além de aprovada a Constituição de 1946, são realizadas quatro eleições presidenciais e seis para o Congresso, além das estaduais e municipais; contando ademais com um conjunto de novas políticas de desenvolvimento, acionadas a partir do Estado; e combinando rápida expansão econômica com crescente mobilização social – fosse culminar no anticlímax de 1964?

Não se tratava de uma democracia plena, especialmente se levarmos em consideração suas três principais feridas: a ilegalidade do PCB, decretada em 1947, a proibição do voto dos analfabetos e a presença constante do poder moderador militar. Mas estava longe de ser uma democracia restrita ou elitista. O projeto de desenvolvimento nacional ergueu a chama da utopia, empolgando mentes e corações, por meio de uma interpretação inovadora da sociedade brasileira. Mas o capitalismo dependente deu a volta por cima, passando feito enxurrada e deixando os destroços pelo caminho. Ao longo do livro, procuramos costurar os vários fios que dão sentido a esta história.

Sobre o personagem (codjuvante) Rômulo Almeida

Quando acompanhamos o percurso de Rômulo Almeida e de outros personagens que, ocupando a mesma posição social, atuaram durante os governos da Terceira República, tendo como pano de fundo as transformações estruturais processadas no período, é a dinâmica do Brasil Desenvolvimentista – nos seus vários ritmos – que procuramos desvendar. E quando contrastamos esses atores/autores com intelectuais vinculados a outras posições sociais, pretendemos recuperar não apenas os debates e embates travados ao longo do período, mas também como eles produziram história.

Igualmente, ao situar Rômulo Almeida nos distintos contextos históricos, o primeiro quando o "personagem entra em cena" e o segundo quando "vive na pele os dilemas do Brasil Desenvolvimentista"; por mais que ele apareça como agente e fruto da história, é esta que adquire precedência, assumindo o papel de grande personagem. Percebi que o impasse vivido ao longo do livro, guardadas as devidas proporções, se assemelha ao de Braudel, quando seu mestre Lucien Febvre sugere, em carta de 1927, que ele substitua o tema central, pois o confronto entre Filipe II e o Mediterrâneo não lhe parece "equilibrado".[76] Portanto, Rômulo Almeida é o meu Filipe II. Já o Mediterrâneo cruzou o Atlântico para se transformar em Brasil Desenvolvimentista e assumir o papel de protagonista da história.

O cotejamento da trajetória deste burocrata-intelectual-militante – que compõe um fragmento de geração e preenche uma posição social – com o contexto econômico, sociopolítico e cultural em transformação, exigiu a elaboração de novas categorias e hipóteses de pesquisa. Ao longo do livro, os dois planos – o das ideias/ações dos vários personagens e o do contexto histórico mais amplo – aparecem interpenetrados. Esta interação potencialmente dialética é prenhe de estranhamentos e revelações, não só para os nossos autores/atores que surgem sob novos figurinos, mas também do ponto de vista de parte da literatura, que cunhou uma narrativa segundo a qual o nacional-desenvolvimentismo tem o seu "coroamento natural" com o desenvolvimento do capitalismo durante o regime militar.[77]

O foco sobre a figura de Rômulo permitiu também captar a sua singularidade no conjunto das possibilidades abertas à sua posição social. Pode-se assim saltar do jovem dublê de historiador econômico e geógrafo no início dos anos 1940 ao técnico cuja reflexão já se orienta para a ação no final desta década; e, logo em seguida, ao planejador trazendo a reflexão na retaguarda entre o período de 1950 a 1966; para chegar ao servidor público isolado da "repartição", quando os projetos de consultoria revelam o pensador redivivo (1966-1978); e, finalmente, ao organizador do partido, no caso o Partido do Movimento Democrático Brasileiro (PMDB), quando procura redefinir a sua utopia e a sua práxis durante o processo de "abertura" (1978-1988). Infelizmente, nem todas essas facetas puderam ser captadas ao longo do livro, que realiza apenas breves incursões na sua trajetória depois de 1966. Mas este percurso é parte constitutiva desta obra.[78]

A periodização da sua trajetória funciona como ferramenta analítica para acompanhar o "ritmo do pensamento em desenvolvimento" ao longo das várias posições que ocupa no universo social em transformação. Assim, os seus "períodos

---

76   DAIX, Pierre. *Fernand Braudel: uma biografia*. Rio de Janeiro: Record, 1999, p. 95-97.
77   Ver, por exemplo, MANTEGA, Guido. *A economia política brasileira*. Petrópolis: Vozes, 1984, p. 64.
78   Uma tentativa preliminar de acompanhamento da trajetória do personagem, encontra-se em BARBOSA, Alexandre. "Pensando, planejando e executando o desenvolvimento: a trajetória de Rômulo Almeida". In: *Cátedras para o desenvolvimento: patronos do Brasil*, CALIXTRE, André Bojikian & ALMEIDA FILHO, Niemeyer (orgs.). Rio de Janeiro: IPEA, 2014.

críticos-cronológicos" não são contrapostos de maneira mecânica, antes servem como pontos de referência para o estabelecimento de "comparações válidas" entre os vários modos de pensar e agir imersos em sua historicidade.[79]

Gramsci nos fornece algumas "questões de método" para o estudo de uma concepção de mundo não exposta de maneira rigorosa, como é o caso de nosso personagem: "sua coerência essencial deve ser buscada não em cada escrito particular ou série de escritos, mas em todo o desenvolvimento do trabalho intelectual". Somente assim, podemos "identificar os elementos estáveis e permanentes".[80] No caso de Rômulo, eles giram em torno de uma concepção sistêmica de desenvolvimento, fundada no processo histórico e enraizada no território, em que a economia desloca e potencialmente incorpora a sociedade e a cultura, em novas bases, por meio da ação consciente do Estado planejador e democrático.

Tal concepção sistêmica não era um atributo exclusivo de Rômulo, mas de um fragmento de geração composto por técnicos e intelectuais que viam na atuação do Estado, conjugada à da sociedade em movimento, a via possível para a "superação do subdesenvolvimento". Ao buscar a trajetória de um protagonista menos conhecido, travei novamente contato com as análises, interpretações e projetos formulados por Celso Furtado, Ignácio Rangel, Florestan Fernandes, Josué de Castro e Anísio Teixeira, dentre outros. Os textos destes autores (re)conhecidos, além de rigorosos e disciplinados enquanto intelectuais, também passaram a ser lidos sob nova chave, como se os estivesse lendo pela primeira vez. O objetivo foi "presentificar" aquele passado, agora rememorado por meus contemporâneos.

No caso específico de Rômulo, sua trajetória e pensamento não são de conhecimento das novas gerações. Por várias vezes, ao longo da pesquisa, tive que explicar quem foi Rômulo Almeida, armando até mesmo uma pequena ladainha para ressaltar a sua importância e, por conseguinte, a da própria pesquisa, ambas por vezes recebidas com descrédito. Mas o mesmo vale para muitos que conheceram o personagem ou aspectos da sua "obra", corporificada nos vários projetos por ele coordenados. Nas várias entrevistas que realizei, ao longo da pesquisa, com pessoas que trabalharam ou conviveram com o economista baiano, a resposta à questão – "existe um pensamento romuliano sobre o Brasil?" –[81] foi, na maioria dos casos, negativa.

Os entrevistados não deixaram de mencionar a sua contribuição para o desenvolvimento nacional, apontando as suas realizações, assim como a visão totalizante

---

79 GRAMSCI, Antonio. *Cadernos do cárcere: temas de cultura, ação católica, americanismo e fordismo*. Vol. 4. 3ª edição. Rio de Janeiro: Civilização Brasileira, 2011, p. 18-20.
80 Ibidem, p. 18-20.
81 BARBOSA, Alexandre de Freitas. "Existe um pensamento romuliano sobre o Brasil?". In: *Informativo IRAE*, ano 3, n. 4, jan./mar. 2016, p. 4.

e dialética sobre o planejamento, uma das marcas do seu pensamento. Mas, no seu entender, Rômulo não possuía uma "contribuição teórica". Tal, ao que parece, era inclusive a "opinião" do nosso personagem. Todos eles parecem partir do pressuposto de que essa contribuição, quando existe, se faz presente por meio de livros de circulação no mercado editorial.

De fato, apesar de ter alguns poucos livros publicados (geralmente coletânea de artigos ou de entrevistas, todos esgotados), nosso intelectual não deixou uma "obra" no sentido clássico do termo. Pode-se até mesmo dizer que Rômulo jamais foi "lido", a não ser em textos elaborados no calor da hora, ou talvez tenha sido sem que se o soubesse, pois vários dos seus escritos não contam com a sua autoria. Não obstante, o acompanhamento de sua trajetória permitiu catalogar mais de uma centena de artigos publicados em livros e na imprensa, entre as décadas de 1930 e 1980, além das exposições de motivos que acompanham projetos de lei e dos discursos e textos mimeografados jamais publicados.

O pensamento romuliano carrega o olhar crítico de participante do processo histórico e pode ser dissecado por meio desse material inédito. Optamos por chamá-lo de intelectual "praxista", pois ele próprio se autodefinia como um "homem de práxis".[82] Partindo da sua posição no setor público, elaborou um sistema coerente de ideias – apropriando-se à sua maneira de conceitos e teorias de autores nacionais e estrangeiros, muitos dos quais fizeram parte do seu convívio – para atuar sobre a realidade que ele interpretava, ao empreender uma espécie de "ciência em ato", conforme o termo de seu colega, o sociólogo Guerreiro Ramos.

Mesmo nos anos 1970 – quando ele se recolhe para trás da ribalta (ou para lá é empurrado), e a dinâmica que estuda, e sobre a qual ainda procura interferir, se distancia da utopia esposada pelos vários fragmentos de sua geração –, a sua reflexão praxista não bate em retirada. Antes ressurge ancorada no presente concreto, no seu entender, repleto de possibilidades dialéticas.

Rômulo Almeida, o burocrata-intelectual-militante, que entra e sai do palco do Brasil Desenvolmentista, luta até o último momento. Recusa-se a aceitar a alcunha de "derrotado", ou talvez não o tenha sido em sua totalidade. Não seria este livro uma prova de sua resistência?

Digo isso porque vários livros foram escritos sobre a guerrilha no Brasil, mas nenhum sobre este guerrilheiro de "terno e gravata" que entrava nos gabinetes da tecnocracia e corajosamente terçava as suas armas intelectuais com os defensores do regime militar. Nos anos 1970, participou ativamente de reuniões, encontros,

---

82 ALMEIDA, Rômulo. *Discurso de recepção do Título de Doutor Honoris Causa da Universidade Federal do Ceará*, mimeo, 14 set. 1982. Salvador: Acervo IRAE.

conferências, e até de comícios, com alunos, empresários, líderes sociais, funcionários públicos e o "povão", buscando criar as condições para uma democracia, na época vista como burguesa para muitos da esquerda, mas que para ele era a única forma concebível de se construir uma contra-hegemonia no país.

Neste sentido, o "fracasso" dos intelectuais orgânicos do Estado também é o dos intelectuais críticos da academia, dos intelectuais das classes populares e dos intelectuais independentes,[83] como Caio Prado Jr. e Mário Pedrosa, pois já é tempo de "socializar a derrota" por meio de um escrutínio do processo histórico.

Os vencedores desta história são Roberto Campos, Antônio Delfim Netto e Mário Henrique Simonsen, dentre tantos outros personagens, que forjaram alianças de classe e interpretações condizentes com as necessidades do regime que procuravam legitimar. Forneceram as condições subjetivas para a consolidação do capitalismo monopolista no Brasil, que lograria erguer novas desigualdades sobre as velhas, agora recicladas.

No momento em que os vitoriosos pontificavam, nosso personagem, situado à margem da história, parece se tornar um homem de outro tempo. Sequer pode reivindicar, à semelhança de Furtado, "a consciência de ser hoje uma 'herança cultural', de já não pertencer a si mesmo".[84] O seu resgate se faz possível hoje, não por meio da geração que o sucedeu, mas pela subsequente, movida pela missão de recuperar e atualizar essa "herança cultural" comum, feita de trajetórias e contribuições tão diversas.

A estrutura do livro

Nesta introdução, apresentamos de maneira sintética o escopo metodológico, o quadro conceitual e as referências teóricas que embasaram a escrita do livro, que se encontra organizado conforme a seguinte estrutura.

Na primeira parte, focamos o período que vai de 1914 a 1950, acompanhando a trajetória de Rômulo Almeida e as transformações históricas que se processam na primeira metade do século XX. As mudanças econômicas e sociais são costuradas junto às condicionantes culturais e políticas, pois é neste cenário mais amplo que se formam Rômulo e o seu fragmento de geração.

Descrevemos, na segunda parte, a trajetória de Rômulo Almeida a partir do momento em que ele assume, em 1951, a chefia da Assessoria Econômica do segundo governo Vargas. São então apresentados os vários personagens que, com ele,

---

[83] Essa classificação dos vários tipos de intelectuais, vinculados a diversas posições sociais, a partir das quais o seu pensamento é formulado e ganha sentido, permite contrapor as várias concepções de desenvolvimento que se constituem e se transformam ao longo do período.

[84] FURTADO, 2019, p. 241. Trecho de seu diário no exílio, datado de 18 out. 1975.

contracenam dentro e fora da máquina pública. Procuramos destacar como pensavam e agiam estes personagens protagonistas, e a partir de quais posições sociais, assumindo uma perspectiva dinâmica deste tempo curto acelerado (1951-1964).

Na terceira parte, nosso personagem fica nos bastidores e outros atores ingressam no palco, para dar prosseguimento ao enredo da peça. Apresentamos, no capítulo "A matriz econômica do desenvolvimento", os debates travados no campo econômico em formação, especialmente entre os técnicos nacionalistas e mercadistas; e como se transformam em verdadeiros embates, em virtude do deslocamento dos seus discursos e das próprias posições sociais na estrutura de poder, refletindo, de maneira não linear, as mudanças econômicas de envergadura. No capítulo "A sociologia acadêmica e a anatomia da derrota" procuramos resgatar a concepção dos intelectuais críticos da academia que comparecem com novas abordagens sobre o desenvolvimento, questionando as análises da Comissão Econômica para a América Latina (CEPAL) e do ISEB. Pretendemos, sem deixar de ressalvar sua importante contribuição teórica, inseri-los no debate a partir da sua posição social, colocando-os no mesmo patamar dos intelectuais aninhados na cidadela estatal.

A quarta parte inicia-se com o fim do segundo governo Vargas, encarado como momento em que continuidade e ruptura se unem para promover um novo andamento da história. Rômulo volta ao palco por meio de um rompante contado no breve capítulo "O rompante ou 'não serei o poeta de um mundo caduco'". No capítulo "As várias trincheiras (1951-1954)", fazemos um recuo, voltando à Assessoria Econômica, agora analisada por meio dos vários projetos elaborados por Rômulo e seus colegas de trincheira, de modo a revelar como as dimensões internacional, social, regional e econômica do desenvolvimento se articulavam a partir do Estado, muitas vezes contando com a participação de outros atores sociais. Em seguida, no capítulo "Bahia, Brasil e América Latina (1954-1966)", acompanhamos a atuação de Rômulo no governo da Bahia (1955-1961), sua concepção sobre o desenvolvimento do Nordeste, as várias idas ao governo federal, o trânsito pela política, até a sua experiência internacional em Montevidéu e Washington (1961-1966), quando ele embarca no trem da integração latino-americana, até o seu regresso definitivo à Bahia em pleno regime militar.

O Epílogo "(Re)pensando e (re)periodizando o desenvolvimento no Brasil" funciona como uma espécie de último ato, ainda indefinido, pois a história que se inicia no nosso futuro passado é contada a partir do presente marcado pelo golpe desferido em 2016. Pretendo aqui a título de síntese, partindo de algumas hipóteses preliminares, traçar em longas pinceladas as linhas mestras, entrecruzadas e de diversas durações, que dão forma e sentido ao desenvolvimento do capitalismo no Brasil no período pós-1930. Enfim, um afresco repleto de indagações e inquietações, portanto, com mais dúvidas que certezas.

A título de depoimento, posso dizer que o livro foi escrito e vivido intensamente quando do auge do nosso último ciclo histórico (1985-2016) restavam tão somente os escombros. Esta vivência cotidiana dividiu o meu tempo com as incursões sobre um outro passado, e muito provavelmente imprimiu a sua marca sobre o livro. Mas o contrário também é verdade: lá eu busquei o material para construir um futuro diferente, feito da matéria viva do presente.

Parte I
O personagem entra em cena

Nesta primeira parte, acompanhamos Rômulo Almeida e suas batalhas ideológicas, filiações políticas e motivações culturais, até o seu ingresso no serviço público nos anos 1940. Impossível separá-lo do seu tempo. Mas como compreender o seu tempo sem investigar o parto da utopia que se faria práxis durante a sua atuação no Brasil Desenvolvimentista? Por mais que as estruturas econômicas, políticas e sociais do país tenham percorrido outras veredas a partir de 1964 – bem diversas do que fora projetado por seu fragmento de geração –, o momento vivido não foi uma ilusão. O horizonte se descortinava repleto de possibilidades e o futuro parecia estar do outro lado da esquina.

Aqui não se pretende fazer a história do que não foi, mas do que foi podendo ter sido diferente. As transformações econômicas empurravam a sociedade em processo de mutação e vice-versa. Uma fenda se abria, tornando factível uma perspectiva desenvolvimentista. Por que mais adiante o projeto-interpretação-utopia de desenvolvimento nacional e o processo histórico se separariam de maneira quase irreconciliável, transformando-se o desenvolvimento em expansão do capitalismo amplificador de desigualdades? A resposta exige uma revisão conceitual e historiográfica que procuramos empreender ao longo deste livro.

Exige também reconhecer o papel desses servidores públicos – burocratas-intelectuais-militantes que compunham um segmento da elite dirigente – inclusive para fazer a sua crítica. Os intelectuais orgânicos do Estado interagem com outras frações da elite burocrática e também com os atores sociais e políticos, buscando forjar consensos sempre provisórios, sem perder de vista o longo prazo. A história de Rômulo é única, mas existe um chão social e cultural comum a alicerçar as trajetórias desses homens[1] que ocuparam uma posição de destaque e lograram conceber a nação enquanto projeto coletivo.

---

1   Na época, eram ainda poucas as mulheres que exerciam funções técnicas e de chefia na máquina estatal, o que também se verificava nas várias dimensões da vida coletiva: econômica, política, social e cultural.

O foco da câmera se volta agora para o nosso personagem durante a sua juventude e início da vida adulta – dos 16 aos 36 anos –, e depois se amplia para dar conta da trajetória do país entre a Revolução de 1930 e o início do experimento democrático no pós-1945. Acompanhamos a sua trajetória política e o início da sua carreira como servidor público, além de nos debruçarmos sobre a posição social emergente que ele iria ocupar, decisiva para se compreender o período histórico subsequente. Ao longo dos capítulos desta parte, comparecem outros personagens, protagonistas desta história no campo do pensamento e da política.

Primeiros passos

Rômulo Almeida veio ao mundo prematuro e pelas mãos de uma parteira,[1] em 1914, quando os exércitos rasgavam o território da Europa. Casualmente nascera em Salvador, tendo passado a infância em Santo Antônio de Jesus, no Recôncavo Sul, que ele considerava sua terra, pois como dizia: "o menino é o pai do homem".[2] Seria o primogênito de uma prole de oito rebentos.

Como tantos meninos de seu tempo, jogara futebol nas ruas de terra com bolas confeccionadas com meia ou bexiga de boi,[3] fora punido na escola por suas traquinagens e enfrentara a rígida disciplina paterna. Frequentara a igreja com a mãe, tendo inclusive acalentado a sacristia.[4] Provavelmente brincara de pião, papagaio, peteca e de queda-de-braço, lera a *Tico-Tico* e aprendera a cultuar os herois nacionais do seu tempo, Santos Dumont e Rui Barbosa.[5]

No dizer de seu conterrâneo e contemporâneo Manuel Pinto de Aguiar, a revista *Tico-Tico*, idealizada por Manoel Bonfim, influenciara o imaginário das crianças de sua geração, colocando-as em contato com a história nacional. Quanto a Rui Barbosa, era rara a residência que não tivesse um retrato seu estampado na parede e raro o jovem que não soubesse de cor trechos de discursos do Águia de Haia.[6]

Não tiveram ele e os irmãos bicicleta – "obsessão que a gente sonhava 24 horas por dia" e que, na época, "novinha em folha, vinha do Rio" –, como nos conta o mineiro Otto Lara Resende.[7] Isto porque "todo o dinheirinho do pai era

---

1 MOURA, Antônio Jorge. *Rômulo Almeida: um perceptor de ideias*. Salvador: Assembleia Legislativa, 2014, p. 30-31.
2 ALMEIDA, Rômulo. *Rômulo: voltado para o futuro*. Série de entrevistas realizadas pela Associação dos Sociólogos do Estado da Bahia, sob organização de Joviniano Soares de Carvalho Neto. Fortaleza: Banco do Nordeste do Brasil, 1986, p. 13.
3 MOURA, 2014, p. 34.
4 Ibidem, p. 14.
5 FREYRE, Gilberto. *Ordem e Progresso*. 5ª edição. Rio de Janeiro: Record, 2000, p. 171-172, sobre o universo infantil no início dos 1900.
6 SAMPAIO, Consuelo Novais. *Pinto de Aguiar: audacioso inovador*. Salvador: Press Color Gráficos Associados, 2011, p. 50-51, 57-58, 95-96, 153.
7 RESENDE, Otto Lara. "Bicicletai, meninada! (18/12/1991)". In: *Bom dia para nascer*. São Paulo: Companhia das Letras, 2011, p. 40-41.

direcionado para a educação dos filhos".[8] Rômulo veria o primeiro automóvel aos nove anos de idade.[9]

Seu Eduardo, o pai caixeiro-viajante, e Dona Almerinda, a mãe dona de casa, compunham uma típica família de baixa classe média do interior nordestino, beneficiada pela condição de "ponta de trilho". As tropas de burro chegavam em Santo Antônio de Jesus para descarregar a produção rural das redondezas, café e fumo, enquanto por trem vinham as importações da capital do estado. Ser ponta de trilho fazia toda diferença. Hermes Lima, outro homem público, que aparece adiante na nossa narrativa, nascera no sertão baiano, em 1902, gastando quatro dias a cavalo até a mais próxima estação de trem.[10]

A autobiografia do pai,[11] escrita entre 1961 e 1962, quando tinha 84 anos, revela uma Bahia, ao final do século XIX, predominantemente rural, "onde se levava uma vida precária, os meninos e a gente grande viviam amarelos e embaciados e mesmo mal passados". Adquiriam bichos de pé e todo o tipo de verminoses.

Depois de saltar com a família de uma fazenda para outra,[12] o menino Eduardo se estabeleceria em Santo Antonio de Jesus, aos dez anos de idade, na casa de seu tio Aprígio. Era então já uma "povoação grande, com gente mais limpa e civilizada".[13] Aí ele estuda, chegando a cursar o primeiro ano de Contabilidade na antiga Escola Comercial e a frequentar aulas de inglês e francês, enquanto se emprega em várias casas comerciais, atuando como caixeiro ou ajudante de guarda-livros.[14]

Parece uma saga a deste homem arrojado e inconformado, que vai à Amazônia da borracha trabalhar como empregado de barracão, onde contrai impaludismo; para depois voltar à Bahia, agora para Salvador, quando se vira à custa de "negocinhos e biscates"; até que monta uma sociedade com seu irmão no comércio de

---

8   ALMEIDA, Aristeu Barreto de. *Entrevista de Aristeu Barreto de Almeida concedida a Alexandre Freitas Barbosa, Ana Paula Koury, Daniel Ferrer de Almeida e Alessandra Soares de Oliveira*. Salvador, 04 ago. 2011. Áudio disponível no Acervo Pessoal de Alexandre de Freitas Barbosa.
9   ALMEIDA, Rômulo. "Depoimento", 1984. Áudio disponível no Acervo CPDOC-FGV. Rio de Janeiro: Acervo CPDOC, 1984.
10 LIMA, Hermes. *Travessia (memórias)*. Rio de Janeiro: José Olympio Editora, 1974, p. 5.
11 ALMEIDA, Eduardo de Souza. *Memórias de um pária*. Salvador: Adipro, 2006, p. 11-12.
12 Ibidem, p. 20. Seu Eduardo provinha de uma família de pequenos produtores rurais: produziam para o mercado e para o autoconsumo, contando com alguns poucos ex-escravos e agregados. Ainda assim, a sua posição sobre a escravidão era taxativa: "a Lei 'Áurea' não foi bem uma lei humana, foi na maioria dos casos uma lei 'madrasta'".
13 Ibidem, p. 28.
14 Ibidem, p. 40-48.

fumo, vitimada pela crise de 1929.[15] Seu relato, como ele mesmo aponta, "uma vindita das inumeráveis derrotas sofridas no meio social".[16]

Outra seria a realidade vivida por Rômulo. A modernização econômica e a estruturação do aparelho estatal trariam novas oportunidades de ascensão. O espírito humanista e a formação como autodidata poderiam agora florescer, ao invés de murcharem no deserto de ideias e de perspectivas econômicas e de ascensão social.

Como era comum na época, Rômulo aprende as primeiras letras em escolas fundadas pelos próprios professores.[17] Em 1925, muda-se para Salvador, quando se torna ateu e passa a estudar, com uma bolsa parcial – primeiro como aluno interno, e depois como externo – no importante Ginásio Ipiranga, de propriedade do seu primo Isaías Alves de Almeida.[18] O colégio localizava-se no mesmo sobrado onde Castro Alves dera o último suspiro, e por onde passaram Jorge Amado e parte da elite baiana.[19] É quando Rômulo extirpa o "de" do seu nome, informado por um professor de que tal preposição denotava origem aristocrática.[20] Participaria ativamente do grêmio Barão de Rio Branco, onde os alunos se envolviam em acaloradas discussões, das quais tomava parte o educador Isaías, futuro secretário da Educação da Bahia durante o Estado Novo.[21]

Na Biblioteca Pública de Salvador, a mais antiga do Brasil, Rômulo lê, sobretudo, "literatura e história política". Já no último ano do ginásio, influenciado por um curso de sociologia aplicada, frequenta o Departamento de Estatística e Bem-Estar Público do estado para compilar dados. É então que fica "encantado" com as pesquisas socioeconômicas.[22]

O discurso do orador de dezesseis anos,[23] quando da formatura da sua turma, permite um mergulho no universo do jovem, cioso do potencial de sua geração,

---

15   Ibidem, p. 74-85, 95-100.
16   Ibidem, p. 9.
17   MOURA, 2014, p. 34.
18   ALMEIDA, 1986, p. 19.
19   Havia como alternativa o Ginásio da Bahia, futuro Colégio Central, que era público, e se destacava pela qualidade do ensino, recebendo desde filhos da elite, como os Góis Calmon, a alunos provenientes da baixa classe média. Guerreiro Ramos e Milton Santos por lá passaram, assim como quadros importantes do PCB, como Fernando Sant'anna, Carlos Marighella e Jacob Gorender (RISÉRIO, Antonio. *Adorável Comunista: história política, charme e confidências de Fernando Sant'anna*. Rio de Janeiro: Versal Editores, 2002, p. 50,66,67).
20   SOUZA & ASSIS, 2006, p. 39.
21   ALMEIDA, Aristeu Barreto de. *Rômulo Almeida:* Construtor de Sonhos. Salvador: Corecon-Bahia, 1995, p. 7.
22   ALMEIDA, 1986, p. 20-21.
23   Ibidem, p. 20. O ginásio na época de Rômulo tinha duração de seis anos.

onde se entrecruzam várias tradições da cultura brasileira: o parnasianismo no estilo, repleto de "ahs" e "ohs"; o positivismo arraigado; e a crença na sensibilidade da "aristocracia" do pensamento e da "seiva da juventude" para moldar os destinos da nação. Não faltam as citações a Castro Alves, Machado de Assis, Guerra Junqueiro e Raul Pompeia, dentre outros.[24]

O seu discurso revela os anseios de alguns rebentos da juventude formada nas escolas de elite no final dos anos 1920. Referindo-se aos professores, nosso orador parnasiano alça a voz:

> A vós cabem as melhores flores desta festa e a glória de um florescer daquilo que preparastes com o carinho de quem afronta todas as negações do meio, aquilo que cuidastes na estufa de vossa fé para um dia dominar o ambiente todo – esse carvalho da cultura nacional e do pensamento brasileiro, do qual seremos um humilde caulículo.[25]

A influência positivista transparece no trecho abaixo:

> E vem o tempo, porque o caminho que nos apontaram estes mestres desvelados se baseia no culto da ciência, na análise da sociedade, no princípio da ordem para o progresso [...] Ordem, ponderação e consciência, agrupamento e seleção. Sistematização que produz e cria, com a complexidade maior de funções, maior perfeição. Ordem, portanto, nas ideias, nos sentimentos e na vontade.[26]

E, por fim, a ênfase na sensibilidade, como forma de matizar o intelectualismo descolado da consciência:

> A ciência, para nós, não trará a ilusão de que tudo é inteligência, não postergará a consciência que dormita na nossa sensibilidade, porque a ciência alcança tudo. E neste – tudo, os fenômenos mais imateriais que se sintam e observem ainda que com uma introspecção obstinada. Não ficando na volúpia das esterilidades, nas loucuras do utilitarismo e do intelectualismo estéreis que, sem controlar, procuram antes estropiar e anular os impulsos da criação e do sentimento.[27]

---

24 ALMEIDA, Rômulo. *Discurso como orador da turma do Ginásio Ipiranga*, mimeo, 21 jul. 1931. Salvador: Acervo IRAE. Vale ressaltar que, em 1930, Rômulo cursa o sexto ano de ginásio de forma concomitante ao primeiro de Faculdade de Direito (ALMEIDA, 1986, p. 24).
25 ALMEIDA, 1931, p. 9.
26 Ibidem, p. 11-12.
27 Ibidem, p. 10.

Rômulo inicia a sua formação em Direito em 1930, concluída em 1933, com apenas 19 anos. Escolhera esta carreira porque Engenharia era um curso mais "exigente de dinheiro".[28] Então já trabalhava como professor no Ginásio Ipiranga e ministrava aulas particulares. Trabalharia também no *Diário de Notícias*, do grupo Diários Associados, a convite do redator-chefe Manuel Pinto de Aguiar,[29] importante intelectual da vida baiana e colega de Faculdade, tendo nesta ingressado dois anos antes do que Rômulo. Seria depois por breve período repórter do jornal *Estado da Bahia*, dirigido por Aliomar Baleeiro, seu futuro adversário político, e cujo redator-chefe era, mais uma vez, Pinto de Aguiar.[30]

Quando entra na universidade, a Economia não era sequer uma profissão. Havia apenas um curso, de nível médio na tradicional Escola de Comércio,[31] fundada no início do século XX por uma instituição privada, a Fundação Visconde de Cairu, com o objetivo de qualificar os empregados do comércio.[32] Apenas em 1934 seria criada a Faculdade de Ciências Econômicas, por Pinto de Aguiar e um grupo de diplomados pela Escola de Comércio.[33]

Mais adiante, a Economia se tornaria uma opção ao conjugar a formação generalista com a busca por uma atividade mais prática, lapidada nas funções exercidas no setor público. Conforme depoimento de Pinto de Aguiar,[34] também ele advogado transformado em economista, naquela época, o bacharel em Direito era um "técnico de ideias gerais", sendo-lhe franqueado um "amplo leque de possibilidades". O geógrafo Milton Santos,[35] que não exerceu a advocacia, nos fornece a melhor definição: "a formação jurídica era, então, a porta de entrada para todas

---

28 Na Salvador de então, além da Faculdade Livre de Direito, criada em 1891 – a primeira do país depois das escolas tradicionais do período imperial –, havia também a Escola Politécnica e a Federal de Medicina da Bahia (OLIVEIRA, Lucia Lippi. *Sociologia do Guerreiro*. Rio de Janeiro: Editora da UFRJ, 1995, p. 16-18). Ver também LEITE, Cleanto de Paiva. "Depoimento de 1983 concedido a Valentina da Rocha Lima e Plínio de Abreu Ramos". Transcrição de Ester da Silva. Rio de Janeiro: Acervo CPDOC-FGV, 1986, p. 7. Para o paraibano, futuro colega de Rômulo, dos cursos acima, o de Direito "era o mais barato".
29 ALMEIDA, Aristeu Barreto de, 1995, p. 8.
30 ALMEIDA, 1984; SOUZA & ASSIS, 2006, p. 47; SAMPAIO, 2011, p. 99.
31 SOUZA & ASSIS, 2006, p. 42.
32 SANTOS, Roberto Figueira. *Vidas paralelas (1894-1962)*. 2ª edição. Salvador: EDUFBA, 2008, p. 93.
33 SAMPAIO, 2011, p. 113, 171.
34 Ibidem, p. 101.
35 SANTOS JÚNIOR, Waldomiro. *Milton Santos: reflexões póstumas de um livre pensador*. Salvador: Assembleia Legislativa do estado da Bahia, 2012, p. 95.

as funções de direção social". Ignácio Rangel,[36] Cleanto de Paiva Leite[37] e Celso Furtado[38] optam pelo Direito, pelos mesmos motivos, acalentando desde a graduação o interesse pela Economia.

No início dos anos 1930, o Brasil contava com 21 Faculdades de Direito, 11 Faculdades de Medicina e 9 Faculdades Politécnicas. Era o resultado de uma importante expansão realizada na Primeira República, quando novas escolas surgiram financiadas pelo governo federal, estadual ou pelo setor privado.[39]

É importante frisar que, apenas a partir dos anos 1940, com a criação das Faculdades de Economia na Universidade do Brasil do Rio de Janeiro e na USP – em 1945 e 1946, respectivamente –, o seu ensino se implantaria de forma efetiva. Até então, o curso restringia-se, à exceção de algumas poucas faculdades privadas,[40] a disciplinas de cultural geral oferecidas nos cursos de Direito e Engenharia, ou aos cursos, geralmente precários, ministrados nas Escolas de Comércio e Contabilidade.[41]

Entretanto, já nos anos 1930, emergia uma competência técnica adquirida nas novas agências estatais, ainda não monopolizada pelos economistas de formação.[42] Estas agências cumpriam o papel de centros de formação econômica para engenheiros, advogados e outros funcionários da administração pública.[43] Jesus Soares Pereira, futuro companheiro de trabalho de Rômulo na Assessoria Econômica de Vargas, relata que o Conselho Federal de Comércio Exterior (CFCE) – criado, em 1934, e reformulado em 1937 –, seria "a sua grande escola ativa no trato dos problemas econômicos nacionais".[44]

---

36 RANGEL, Ignácio. "Entrevista concedida por Ignácio Rangel a Armem Mamigonian, Maria Dolores Buss, Raquel Fontes do Amaral Pereira, Everton Vieira Machado e José Messias Bastos, em outubro de 1987". In: *GEOSUL*, n. 12/13, ano VI, 2º sem. 1991/1º sem. 1992, p. 103.

37 LEITE, 1986, p. 7, 13.

38 MALLORQUIN, Carlos. *Celso Furtado: um retrato intelectual*. São Paulo/Rio de Janeiro: Xamã/Contraponto, 2005, p. 29.

39 MICELI, 2012, p. 115-116.

40 É o caso da Faculdade de Ciências Econômicas Álvares Penteado (FECAP) de São Paulo e da Faculdade de Ciências Econômicas e Administrativas do Rio de Janeiro (FCEARJ), ambas criadas em 1938, ainda mais próximas da Contabilidade do que do ensino propriamente dito da Ciência Econômica (MOTTA, Marly Silva da. "Economistas: intelectuais, burocratas e 'mágicos'". In: GOMES, Ângela de Castro (org.). *Engenheiros e economistas: novas elites burocráticas*. Rio de Janeiro: Editora FGV, 1994, p. 94-96).

41 LOUREIRO, Maria Rita. *Os economistas no Governo: gestão econômica e democracia*. Rio de Janeiro: Editora FGV, 1997, p. 33-37.

42 MOTTA, 1994, p. 91.

43 LOUREIRO, 1997, p. 24.

44 LIMA, Medeiros (org.). *Petróleo, energia elétrica, siderurgia: a luta pela emancipação, um depoimento de Jesus Soares Pereira sobre a política de Getúlio Vargas*. Rio de Janeiro: Paz e Terra, 1975, p. 46-47.

Durante seu período de estudante, o perfil militante de Rômulo se faz sentir. É quando participa da criação, em 1932, da Associação Universitária da Bahia (AUB) – futura UEB (União dos Estudantes da Bahia) –, que tinha como bandeiras a criação da própria universidade federal do estado (a UFBA, de 1946) e da UNE (União Nacional de Estudantes, de 1937). Procuravam ele e seus colegas promover conferências, debates e atividades de integração dos estudantes do interior na vida soteropolitana, sempre no "sentido político não partidário", o que exigia um enfrentamento às tentativas de ingerência do interventor Juracy Magalhães.[45] Muito provavelmente conhecera na graduação, seu "calouro" Edison Carneiro, o futuro etnólogo baiano que participaria adiante da gestão da UEB, então mais afinada com os comunistas.[46] Com Pinto de Aguiar e outros colegas, Rômulo cria o jornal da entidade estudantil.[47]

Na Faculdade de Direito, trava contato com Clemente Mariani, também futuramente convertido em economista. Mariani, com quem nosso personagem manteria relação cordial ao longo da vida, apesar das divergências ideológicas, ocupava então a cadeira de Professor Livre Docente de Direito Comercial.[48]

Do ginásio à faculdade, a trajetória de Rômulo não fora muito diversa da seguida por vários dos seus colegas de geração. Se tomarmos os futuros "economistas" provenientes do Nordeste, que se encontrariam quase todos "do mesmo lado" no Rio dos anos 1950, alguns traços comuns podem ser realçados. Em primeiro lugar, o ginásio realizado em "escolas de elite", que serviam de trampolim para a Faculdade de Direito, escolhida por opção pela coisa pública e/ou pela falta de dinheiro. Em seguida, vinham a biblioteca pública como forma de acesso ao conhecimento; o trabalho em jornal para financiar os estudos e treinar o estilo; a militância política, mais ou menos explícita a depender do caso; e o acesso ao emprego público, muitas vezes antes de terminar a Faculdade.

Enfim, ginásio de elite, Faculdade de Direito, biblioteca pública, jornalismo, militância política e emprego no Estado, geralmente pela via do "sistema de mérito"[49] a partir dos anos 1940, atuavam como mecanismos de socialização deste fragmento de geração que passava então a compartilhar o mesmo universo cultural.

Os paraibanos Celso Furtado e Cleanto de Paiva Leite, nascidos em 1920 e 1921, respectivamente, estudaram no Ginásio Pernambucano em Recife. Cleanto,

---

45   ALMEIDA, 1986, p. 29-30.
46   TALENTO, Biaggio & COUCEIRO, Luiz Alberto. *Edison Carneiro: O mestre antigo, um estudo sobre a trajetória de um intelectual*. Salvador: Assembleia Legislativa do Estado da Bahia, 2009, p. 70.
47   SAMPAIO, 2011, p. 98.
48   ALMEIDA, 1984.
49   Ao longo da vida, Rômulo não apenas menciona, como defende inúmeras vezes o "sistema de mérito", que nos parece mais adequado do que "meritocracia", em virtude do significado pejorativo que este termo adquiriu no Brasil contemporâneo.

antes de ingressar na Faculdade de Direito, já trabalha no *Diário de Pernambuco* como repórter, tradutor de telegramas e cronista de teatro. Durante o curso de Direito, atua como primeiro secretário do "daspinho" da Paraíba, até passar no concurso do DASP, em 1942, agora no Rio, para o cargo de assessor de organização e métodos, e um ano depois, para técnico de administração, daí saltando, por indicações reconhecedoras da sua competência e dedicação, ao secretariado permanente da Organização das Nações Unidas (ONU) em 1946. Filho de professores primários, Cleanto estudava administração enquanto lia avidamente na biblioteca pública da Paraíba a *Revista do Serviço Público* do DASP e a *Revista do IDORT* (Instituto de Organização Racional do Trabalho).[50]

Já Celso Furtado chega no Rio em 1940, quando ingressa na Faculdade Nacional de Direito do Rio de Janeiro. Logo consegue um emprego de redator auxiliar na Seção de Publicidade da *Revista da Semana*, onde também começa a publicar seus próprios artigos; e outro como suplente de revisor no *Correio da Manhã*. Antes de obter o canudo, está trabalhando primeiro como assistente de organização e depois como técnico de organização no "daspinho" do estado do Rio de Janeiro. É quando almeja criar um "centro de pesquisas em Administração" e emplaca alguns artigos na *Revista do Serviço Público*, sobre a administração de pessoal no governo federal dos Estados Unidos e os princípios gerais do planejamento. Ingressa no Centro de Preparação de Oficiais da Reserva, para se tornar segundo tenente e, depois, combater em terras italianas. Com os recursos dos ordenados da Força Expedicionária Brasileira (FEB), custeia a estadia em Paris, quando obtém, em 1948, seu Doutorado em Economia, fato raro na época. Na sua volta da Europa, troca o cargo no setor público pela função de pesquisador na FGV, a qual também abandona para seguir rumo à CEPAL.[51]

Ignácio Rangel, assim como Rômulo nascido em 1914, possui uma trajetória peculiar em virtude de sua militância política. Alfabetizado pelo pai, juiz de oposição, ele passa a residir em São Luís quando cursa o ginásio no Liceu Maranhense. Depois inicia o curso de Direito, até a Faculdade ser fechada durante o Estado Novo. Em 1931, funda a célula da juventude comunista no Maranhão. Preso no Rio de Janeiro de 1935 a 1937, amargaria por mais oito anos uma prisão domiciliar no seu estado de origem. Em 1945, volta ao Rio de Janeiro, para participar do Congresso das Classes Produtoras, como enviado da Associação Comercial do Maranhão, e por aí fica. O enviado do "capital" participa de reuniões do PCB até 1947, quando abandona o partido e passa a publicar seus artigos nos jornais cariocas. É somente

---

50 LEITE, 1986, p. 1-48.
51 D'AGUIAR, Rosa Freire. "Introdução". In: *Anos de formação 1938-1948: o jornalismo, o serviço público, a guerra, o Doutorado*. Rio de Janeiro: Contraponto/Centro Internacional Celso Furtado, 2014b, p. 7-28.

então que termina o seu curso de Direito no Rio de Janeiro, para depois ser convidado a trabalhar com Rômulo em duas ocasiões, na Confederação Nacional da Indústria (CNI) e, depois, na Assessoria Econômica de Vargas.[52]

As trajetórias individuais destes e de tantos outros servidores públicos revelam o processo mais amplo de tomada de consciência da nação, a partir de uma posição social localizada no aparato do Estado. O espaço público aparecia em todos os lugares que circulavam: na biblioteca, nos debates na faculdade, na experiência jornalística e na atividade política ao longo dos anos 1930 e 1940.

Terminado o curso de Direito, Rômulo vai, em 1934, para o Rio "cavar o que fazer", segundo suas próprias palavras.[53] Antes de partir para a capital federal, faz uma viagem pelo interior da Bahia, custeada com os recursos que recebera do tio para comprar o anel de formatura.[54] Viaja a Juazeiro de trem, e depois toma o vapor da Viação do São Francisco até Pirapora. Antes de desembarcar no destino final, desce em vários portos com alguns colegas, para acompanhar as festas e romarias de Bom Jesus da Lapa. Carrega consigo *Os Sertões* e vários mapas.[55]

No Rio, mora por um tempo em uma das tantas pensões do Catete – outro espaço de socialização para os recém-chegados à capital com diploma. Trabalha como professor no prestigiado Colégio Jacobina, frequentado por moças da alta classe média;[56] faz "bicos" como jornalista e atua na Secretaria de Educação e Cultura do Distrito Federal e na Câmara de Reajustamento Econômico,[57] então com pouco mais de 20 anos, entre 1934 e 1937.

Conseguira o emprego na Secretaria provavelmente por intermédio de Anísio Teixeira – que a comandara entre 1931 e 1935 – e a quem escreve, em março de 1934,[58] por recomendação de Inocêncio de Góis Calmon, da família baiana proprietária do Banco Econômico, e de Nestor Duarte, então jurista de renome nacional,

---

52 RANGEL, Ignácio. *Depoimento de 1987 concedido a Anamaria Aragão e Margareth Guimarães Martins*. Transcrição de Maria Cristina Braga de Bastos e Marilza Fernandes Almeida. Rio de Janeiro: Acervo CPDOC-FGV, 1991, p. 1-3; BRESSER-PEREIRA, Luiz Carlos & REGO, José Márcio. "Um mestre da Economia brasileira". In: REGO, José Márcio & MAMIGONIAN, Armen (orgs.). *O pensamento de Ignácio Rangel*. São Paulo: Editora 34, 1998, p. 15-16; RIBEIRO, Silvio Wanick, "O pensamento de Ignácio de Mourão Rangel". In: REGO, Jose Márcio & MAMIGONIAN, Armen (orgs.). *O pensamento de Ignácio Rangel*. São Paulo: Editora 34, 1998, p. 79-80.
53 ALMEIDA, 1986, p. 21.
54 MOURA, 2014, p. 50.
55 ALMEIDA, 1986, p. 33-34.
56 DUTRA, Pedro. *San Tiago Dantas: a razão vencida, 1911-1945 – Volume 1*. São Paulo: Singular, 2014, p. 106.
57 SOUZA & ASSIS, 2006, p. 55.
58 ALMEIDA, Rômulo. "Carta de Rômulo Almeida a Anísio Teixeira", 21 mar. 1934. Rio de Janeiro: Acervo CPDOC-FGV/Fundo Anísio Teixeira.

além de deputado estadual pela Bahia em 1934 e depois deputado federal constituinte de 1946. Inocêncio de Góis Calmon apresenta-o como "um moço de talento, recém-formado, cujo futuro é francamente promissor".[59]

Já o emprego na Câmara de Reajustamento Econômico fora obtido por indicação de Bernardino de Souza, ex-diretor da Faculdade de Direito da Bahia.[60] As conexões baianas de Rômulo não lhe vinham de contatos familiares, mas do reconhecimento que granjeara durante o curso de Direito. A inexistência de carreira no setor público, além de sua intensa militância política, explicam as constantes mudanças de emprego.

Nesta época, as cartas de apresentação eram uma das principais vias de acesso a cargos públicos.[61] Foi provavelmente por esse expediente que Jorge Amado entrou em contato com o mesmo Anísio, que o contratara para auxiliá-lo na Secretaria. Os poucos meses que trabalharam juntos renderam ao educador baiano uma dedicatória em *Capitães de Areia*.[62]

Ocorria então, no início dos anos 1930, uma transformação no mercado de postos privados e públicos, especialmente para os "bacharéis livres", cujo único "trunfo social" era a posse de um diploma. Podendo ser considerado "um primo pobre" – literalmente, em virtude do parentesco com Landulfo e Isaías Alves de Almeida –, a estratégia de sobrevivência de Rômulo passa pela realização de "bicos culturais" como professor e jornalista, pelo acesso a empregos no setor público por meio de "pistolões" obtidos junto à Faculdade de Direito e pelo engajamento em atividades políticas como o integralismo.[63] O diploma deixava de funcionar como garantia segura de emprego. Por sua vez, a sua proveniência social e regional o colocava de maneira desfavorável em um mercado crescentemente competitivo, pois inundado pelos migrantes egressos dos setores em declínio dos grupos dominantes.[64]

Entre uma atividade e outra, Rômulo procura dar continuidade aos seus estudos. Chega a ingressar no curso de Ciências Sociais da Universidade do Distrito Federal, criada durante a gestão de Anísio Teixeira, em 1935, mas não o conclui pela dificulda-

---

59　CALMON, Inocêncio de Goes. "Carta de I. M. de Góis Calmon a Anísio Teixeira", 16 mar. 1934. Rio de Janeiro: Acervo CPDOC-FGV/Fundo Anísio Teixeira.
60　SOUZA & ASSIS, 2006, p. 55.
61　COSTA PINTO, Luiz Aguiar. *Sociologia e desenvolvimento: temas e problemas do nosso tempo*. Rio de Janeiro: Civilização Brasileira, 1963, p. 222.
62　Em carta, o escritor justifica a homenagem "ao senhor, um homem para quem o grande amor e a única ambição têm sido as crianças do Brasil" (AGUIAR, Joselia. *Jorge Amado: uma biografia*. São Paulo: Todavia, 2018, p. 103, 123).
63　Os termos em aspas foram retirados de MICELI (2012), que analisa os processos de reconversão das elites decadentes durante o período.
64　MICELI, 2012, p. 119, 135.

de de conciliar o trabalho com as atividades acadêmicas. A própria Universidade seria extinta pela ofensiva da direita católica em 1939, levando Anísio de volta ao sertão baiano.[65] Ainda assim, nosso jovem consegue cursar as disciplinas de Heloísa Alberto Torres (Antropologia) e de Pierre Deffontaines (Geografia Humana).[66]

Rômulo é preso, em dezembro de 1937, pelo Estado Novo, em virtude de sua militância integralista. Passa três meses na prisão, na mesma cela de Abdias do Nascimento. Depois volta para Salvador, pois "a cana estava dura no Rio" e de lá trabalha como correspondente do jornal *A Notícia*, da capital federal. Quando do regresso ao Rio, provavelmente em 1939, recebe-o a polícia marítima, já que era vigiado em Salvador por suas ligações com Otávio Mangabeira,[67] adversário de Getúlio, ex-ministro das Relações Exteriores de Washington Luís e futuro governador da Bahia em 1947, além de deputado e senador pela União Democrática Nacional (UDN).

Diante deste cenário conturbado, muda-se para o Acre, em abril de 1940, tendo por incumbência a organização do Censo Demográfico neste território.[68] Torna-se, aos 27 anos de idade, delegado seccional do Recenseamento de 1940, e depois diretor do Departamento Territorial de Estatística do Acre. O mistério da região amazônica – esmiuçado nos escritos de Euclides da Cunha – o chamava para o Norte.[69] Era então "a sonhada oportunidade de ver o mundo amazônico por dentro".[70] A viagem de hidroavião, pela Panair e Condor, dura cinco dias, saindo do Rio de Janeiro – onde havia se casado com Francisquinha Werneck de Aguiar, cujo avô pertencera à oligarquia fluminense do café–,[71] aterrissando em Salvador e Belém, para depois subir os rios Amazonas e Madeira até chegar a Rio Branco.[72]

Apesar de impedido formalmente de exercer, por dez anos, qualquer cargo público pelo Tribunal de Segurança Nacional,[73] Rômulo assume o cargo a convite do seu conterrâneo Mário Augusto Teixeira de Freitas, secretário-geral do recém-criado Instituto Brasileiro de Geografia e Estatística (IBGE), cujo lema positivista era "faça o Brasil a estatística que deve ter, e a estatística fará o Brasil como deve ser". O esfor-

---

65 VIANA FILHO, Luís. *Anísio Teixeira: a polêmica da Educação*. 3ª edição. São Paulo/Salvador: Editora UNESP/EDUFBA, 2008, p. 88-90.
66 ALMEIDA, 1984.
67 ALMEIDA, 1986, p. 34-35, 38-39.
68 O convite a Rômulo partira de Mario Augusto Teixeira de Freitas, com quem ele convivera nos tempos da Sociedade Alberto Torres. Teixeira de Freitas lhe dera, além do Acre, duas opções: Alagoas e Santa Catarina (ALMEIDA, 1984; ALMEIDA, Rômulo, 1986, p. 40).
69 SOUZA & ASSIS, 2006, p. 64.
70 ALMEIDA, 1986, p. 40.
71 MOURA, 2014, p. 65-67.
72 ALMEIDA, Aristeu Barreto de, 1995, p. 11.
73 ALMEIDA, 1986, p. 39-40

ço de organização do primeiro "verdadeiro" Censo do país envolveria um consórcio interadministrativo de base municipalista, reunindo os vários entes da federação.[74]

Nesta experiência, provavelmente Rômulo teve o primeiro contato com uma concepção de planejamento capaz de integrar os diferentes níveis de governo. A necessidade de combinar o desenvolvimento de um sistema para entender o Brasil com a coordenação de energias, por meio das novas instituições, para revolver os problemas nacionais –[75] presente na visão de Teixeira de Freitas – seria de extrema importância para a futura trajetória romuliana.

Em texto publicado em junho de 1943,[76] podemos acompanhar as suas reflexões durante o seu exílio acreano. O jovem Rômulo inicia seu artigo ressaltando o papel da ciência e da educação: "conhecer é a primeira forma de dominar", pois "são os sapadores da ciência que abrem o caminho". Depois devem se generalizar os conhecimentos básicos de forma a criar "o clima para o desenvolvimento da sua tarefa". Qual o desafio? O desconhecimento da geografia brasileira leva ao ceticismo, e deste à decadência moral ou à desonestidade.[77]

O herdeiro de Euclides, atualizado pelo convívio com Anísio Teixeira, conclui que "nosso sistema educacional é destinado a manter a supremacia de uma casta citadina, estranhamente indiferente ao mundo no qual floresceu, e de cuja seiva fraca parteja a parte de leão".[78] Para, em seguida, formular a seguinte reflexão: se o sistema educacional vive para "recrutar as elites que pode alcançar para desentranhá-las do meio", como aplicar a ciência ao meio, partindo da sua especificidade, e colhendo os louros da "democratização fundamental, ligada à própria ordem industrial"? O pesquisador, munido de seu caderno de campo, transplanta Mannheim,[79] a quem cita, para os trópicos.

A estrutura econômica deve mudar para que se possa avançar na reforma educacional, eis o seu argumento central. O primeiro aspecto ressaltado é a necessidade de um sistema de transportes, para permitir a conexão do Sudeste Amazônico com o Centro-Oeste do país e com a porção hispano-americana do continente, que lhe abre o Pacífico – "devemos apressar este abraço", vaticina o jovem economista.

---

74 GOMES, Ângela de Castro. "População e sociedade". In: GOMES, Ângela de Castro (coord.). *Olhando para dentro: 1930-1964 – Vol. 4*. Coleção História do Brasil Nação: 1808-2010, organizada por Lilia Moritz Schwarcz. Rio de Janeiro: Objetiva, 2013c, p. 44-48.

75 DÁVILA, Jerry. *Diploma de brancura: política social e racial no Brasil – 1917-1945*. São Paulo: Editora UNESP, 2006, p. 99-100.

76 ALMEIDA, Rômulo. "O Sudeste Amazônico". In: *O Observador Econômico e Financeiro*, ano VIII, n. 89, jun. 1943.

77 Ibidem, p. 95.

78 Ibidem, p. 95.

79 Ibidem, p. 95.

Junto aos núcleos extrativos, deve se organizar uma agricultura agregadora de valor, como se diz hoje, sem a qual os núcleos coloniais não possuem vida produtiva.[80] Vejamos abaixo a sua síntese:

> racionalizar a indústria extrativa, que ainda se arrasta na fase indígena, completá-la com o cultivo de espécies locais e exóticas, para exportação e abastecimento, e consolidar esta economia com a indústria. Sem isto, mormente, naquela distância, estes centros continuarão a viver a sorte efêmera das indústrias extrativas, desperdiçando-se periodicamente fabulosos sacrifícios nacionais, e as fases de prosperidade deixarão apenas algumas fortunas e alguns edifícios em Belém e Manaus.[81]

Rômulo defende ainda o artesanato, a indústria doméstica e a construção civil com materiais próprios, instaurando e desenvolvendo escolas profissionais agrícolas-industriais. Estratégico para tanto é dotar essas iniciativas de crédito, amputando "o crime histórico da mais vil traficância com os índios e os núcleos brancos do interior". O economista mais uma vez rouba a cena, sugerindo o controle dos preços e dos mercados e a expansão do crédito regional via Banco do Crédito da Borracha, o que exigiria uma rede de organizações de produtores, de preferência sob o sistema cooperativado, "naturalmente" assistido pelo Estado. Conclama ainda os institutos de previdência a financiarem "o equipamento das cidades e dos seringais com boas casas".[82] O artigo esboça um "plano" completo para a região, cujo destino seria o esquecimento.

Rômulo retorna à capital federal em agosto de 1941, depois do interregno acreano, para trabalhar no escritório de advocacia de San Tiago Dantas, que atuava como uma espécie de consultoria empresarial, onde fica por três anos e meio. Segundo Rômulo, é então que ele passa a se "encaminhar para a carreira de economista profissional".[83] Conhecera o jovem e renomado advogado – professor de quatro cátedras: na Faculdade Nacional de Direito, na Escola Nacional de Belas Artes, na Pontifícia Universidade Católica e na FCEARJ – nos tempos de integralismo.

O escritório de San Tiago possuía importantes clientes, dentre os quais Luís Aranha, Augusto Frederico Schmidt e João Neves da Fontoura, que haviam criado a Sociedade de Expansão Comercial (SEPA), de modo a aproveitar as suas conexões políticas.[84] Luís Aranha, mais conhecido como Lulu e irmão do Ministro

---

80 Ibidem, p. 104,109.
81 Ibidem, p. 110.
82 Ibidem, p. 112, 114.
83 ALMEIDA, 1984.
84 DUTRA, 2014, p. 405-406, 432-433.

das Relações Exteriores Oswaldo Aranha, conseguia vantagens junto à Carteira de Exportação e Importação do Banco do Brasil (BB) para os seus negócios de importação, estabelecendo já então parceria com Walter Moreira Salles - o banqueiro que se tornou embaixador nos Estados Unidos em diversas ocasiões e que exerceu importantes cargos públicos.[85]

Entre 1943 e 1944, Rômulo ministra cursos na FCEARJ, substituindo seu chefe, que agora exerce a diretoria da Faculdade Nacional de Filosofia da Universidade do Brasil.[86] Em depoimento de 1984, nosso personagem descreve San Tiago – com quem cruzaria adiante em diversas ocasiões – como uma das figuras de "cabeça mais brilhante" que conhecera ao longo de sua trajetória.[87] San Tiago Dantas, no início dos anos 1940, passa por uma fecunda transformação no terreno das ideias, deixando para trás os tempos de jovem ideólogo do fascismo, quando sofrera influências de Alceu Amoroso Lima, Plínio Salgado e Francisco Campos, apesar da independência que lhe era característica.

Seu vocabulário conceitual se renova com as mudanças processadas no cenário nacional e internacional.[88] A crítica à democracia liberal é mantida, mas agora – em vez de supor a completa autonomia do Estado para agir conforme a realidade social em mutação – assume a necessidade de que "o direito se harmonize com as prerrogativas inerentes ao desenvolvimento humano e ao convívio social". Está pavimentado o caminho para a defesa de uma "reforma do direito público", sintonizada com a "democracia essencial", combinando planificação com soberania popular.[89] A nova síntese seria elaborada no momento em que Rômulo atua em seu escritório.

Neste período, Rômulo se entusiasma com as experiências de planejamento dos Estados Unidos e da União Soviética e se dedica ao estudo da economia de guerra que, no seu entender, "é o planejamento em si mesmo".[90] Logo, era um economista antenado com as tendências da época, sem se deixar afetar pelos extremismos que se acirrariam no contexto da Guerra Fria. Assimila a técnica econômica então disponível, quando inexistiam universidades para fragmentar o econômico, isolando-o da vida social e política, ou para catequizar por meio de modelos abstratos os jovens infensos às utopias.

Cabe aqui um parêntese sobre a regulamentação da profissão de economista

---

85 NASSIF, Luis. *Walther Moreira Salles: o banqueiro-embaixador e a construção do Brasil*. Barueri: Companhia Editora Nacional, 2019, p. 90-91.
86 DUTRA, 2014, p. 409-410.
87 ALMEIDA, 1984.
88 Ibidem, p. 93, 116, 161-166, 243, 371-376.
89 DUTRA, 2014, p. 408-409, 452, 500-501.
90 ALMEIDA, 1986, p. 45.

na época. Como havia uma evidente escassez de oferta em um contexto de forte demanda por quadros desta área, o reconhecimento profissional podia prescindir do diploma. No caso de Rômulo, os artigos sobre a economia amazônica,[91] publicados na Revista *Observador Econômico e Financeiro* no início dos anos 1940, franquearam o acesso ao registro de que necessitava para dar aulas.[92] No mesmo diapasão, Rangel escreve de chofre, em 1953, o clássico *Dualidade básica da economia brasileira* para ser reconhecido como economista, tornando-se apto para obter a bolsa de estudos e ingressar no curso da CEPAL.[93]

Tal fato revela como o campo científico da economia estava ainda em processo de maturação. Mas o debate econômico avançava e, já em meados dos anos 1940, como vimos, emergiam centros de excelência de graduação para essa carreira, que mais à frente procuraria ampliar os seus recursos de poder, como forma de legitimação e até de exercício de hegemonia sobre os técnicos de outras áreas. Não sem uma ponta de orgulho, em depoimento de 1986, Rômulo afirma que como economista da CNI, no final dos anos 1940, recebia "um bom salário, o melhor salário de economista na época no Brasil".[94] Mas isso, explica, devia-se ao fato de os salários de classe média serem "muito modestos" no país: uma época em que os economistas recebiam salários e eram de classe média.

Apesar de formarem um grupo diminuto, os técnicos economistas não possuíam homogeneidade interna[95] nos anos 1940 e 1950, até porque este campo se mesclava com o próprio aparato estatal, e com os demais campos científicos e culturais. Não eram "economistas para si", mas para os assuntos do Estado, possuindo ainda suas próprias visões sobre os destinos da nação e as coalizões de classe a lhe darem sentido, as quais por sua vez não estavam estruturadas em torno de uma matriz teórica exclusivamente econômica.

Em síntese, o "campo do pensamento econômico" e o "campo intelectual", de um lado, e o "campo do poder", de outro, em vez de apenas se justaporem ou se manterem em raias distintas, aparecem mesclados durante todo o período que vai de 1930 a 1964.[96] Segundo Brandão, essa "indiferenciação", marca do capitalismo retardatário, fazia com que a ciência e a arte assumissem uma inequívoca dimensão política, derivada da "relação urgente que se estabelecia entre formação da cultura e

---

91 Entre 1941 e 1943, Rômulo publica três artigos sobre o tema nesta revista.
92 ALMEIDA, 1986, p. 24.
93 RANGEL, 1991/1992, p. 106-107.
94 ALMEIDA, 1986, p. 42.
95 MOTTA, 1994, p. 108-109; LOUREIRO, 1997, p. 18-19, 24, 28, 49.
96 PÉCAUT, 1990, p. 7, 18, 89.

formação da nação".[97] Porém, qual o sentido desta mescla? Havia hierarquia de um campo sobre outro?

No entender de Miceli,[98] "a esfera política adensada fazia valer seus constrangimentos sobre as demais instâncias da formação social", especialmente sobre "o campo intelectual institucionalizado em bases precárias". Entretanto, a socialização dos intelectuais no aparato estatal não impedia que levassem para este campo as suas batalhas internas. A esfera política não pode ser vista de maneira estática, como mero espaço de atenuação do pendor crítico dos intelectuais. Se houve "subalternização da atividade intelectual", o contrário também parece ter ocorrido, já que as disputas políticas se viam, em alguma medida, informadas pelos projetos concorrentes elaborados pelos técnicos e intelectuais operando por dentro das malhas do Estado, especialmente a partir de 1945.

Neste sentido, não havia no caso brasileiro a oposição, apontada por Mannheim,[99] entre as "elites políticas e organizadoras" e as "elites intelectuais, estéticas e morais". Segundo o sociólogo, enquanto as primeiras tratariam de integrar em um determinado sentido um grande número de vontades individuais, caberia às demais sublimar as energias psíquicas da sociedade. Como veremos adiante, a própria noção de desenvolvimento, ao se articular com a noção de identidade/projeto nacional na experiência brasileira, impedia tal separação entre as elites.

Rômulo ingressa, em 1944, no DASP –[100] a seleção fora feita por meio da apresentação de títulos e de trabalhos realizados na área –, quando tem início a sua trajetória no serviço público federal, que o lançaria a posições de destaque, imprimindo a sua marca nos rumos tomados pelo país nos dez anos seguintes. Ainda que as relações pessoais tenham contado para a sua ascensão no aparato estatal, importa ressaltar que havia um grupo mais ou menos coeso de servidores concursados, motivados por um "espírito de corpo" e um "senso de missão".

A relativa "proteção" de que dispunham esses servidores nos seus empregos tornou-os menos propensos a práticas clientelistas, criando as condições para que soldassem entre si um compromisso voltado para a mudança cultural, social e econômica. O sistema de mérito não dispensava as relações pessoais, que pesavam em determinados cargos que exigiam um perfil mais técnico, transformando alguns setores da máquina pública em "bolsões de eficiência".[101]

---

97 BRANDÃO, 2007, p. 22.
98 MICELI, 2012, p. 376-377.
99 MANNHEIM, 1946, p. 86.
100 ALMEIDA, 1986, p. 24.
101 GEDDES, Barbara. "Building State Autonomy in Brazil: 1930-1964". In: *Comparative Politics*, n. 22, vol. 2, jan. 1990, p. 218-226.

Seu primeiro cargo como funcionário público federal concursado foi o de assessor econômico do Ministro do Trabalho, Indústria e Comércio, Alexandre Marcondes Filho, por recomendação de San Tiago Dantas, com quem já trabalhara. Esse fato indica, mais uma vez, a existência de uma rede de relações sociais que extravasava o aparato estatal, criando o que Peter Evans[102] chamou de "elementos não burocráticos da burocracia".

Em uma de suas primeiras atividades, Rômulo é lançado no olho do furacão. Deveria fazer a exposição de motivos sobre parecer de Roberto Simonsen, de agosto de 1944, elaborado para o recém-criado Conselho Nacional de Política Industrial e Comercial (CNPIC) – do qual participava como conselheiro seu ex-chefe San Tiago Dantas. Intitulado "A planificação da economia brasileira", o texto de Simonsen inaugurou, junto à réplica de Eugênio Gudin, seguido de tréplica e de réplica à tréplica,[103] "as duas linhas de pensamento que constituem uma espécie de dicotomia do pensamento nacional", como constata Rômulo em meados dos anos 1980.[104] Estas linhas seriam redefinidas sob novas bases nos anos subsequentes, conforme veremos adiante.

Nosso proto-economista trabalha no final de semana, varando a noite sobre um documento que deixa o ministro surpreso. Marcondes Filho sugere que o jovem Rômulo o revise, assinando ele mesmo a sua análise do parecer.[105] Simonsen, além de presidente da Federação das Indústrias do Estado de São Paulo (FIESP), era o consagrado autor de *História Econômica do Brasil*, publicado em 1937, destacando-se como o mais combativo e coerente líder industrialista do país.[106] O resto da história quem nos conta é o próprio Rômulo:

> Um dia, então, surpreendi-me com uma visita, em uma sala coletiva. Eu não tinha nem uma sala especial. Era um assistente de Ministro, mas funcionava em uma sala com muita gente. De repente, chegou lá, à minha procura, um poderoso senhor: era o Dr. Roberto Simonsen. Era uma figura imponente, mesmo fisicamente; de grande simpatia, de grande irradiação, um homem poderoso como personalidade. Ele chegou lá e me

---

102 EVANS, Peter. *Autonomia e parceria: Estados e transformação industrial*. Rio de Janeiro: Editora UFRJ, 2004, p. 37-38, 82.

103 Os textos da controvérsia encontram-se em SIMONSEN, Roberto & GUDIN, Eugênio. *A controvérsia do planejamento na economia brasileira*. 3ª edição. Brasília: IPEA, 2010. A resposta de Gudin viria em março de 1945.

104 ALMEIDA, Rômulo. "Depoimento". In: BANCO DO NORDESTE DO BRASIL (BNB). *O Nordeste no segundo governo Vargas*. Fortaleza: Banco do Nordeste do Brasil, 1985, p. 26.

105 ALMEIDA, 1985a, p. 28; ALMEIDA, 1986, p. 44.

106 LIMA, Heitor Ferreira. *História do pensamento econômico no Brasil*. 2ª edição. São Paulo: Companhia Editora Nacional, 1978, p. 159.

convidou para ir a São Paulo fazer uma conferência sobre o meu parecer. Disse que divergia de mim porque tinha feito umas restrições ao processo de industrialização como ele estava se dando, e com as quais ele não concordava totalmente, mas que havia gostado muito.[107]

Esta história, por ser fundamental para o percurso do nosso personagem, merece maior detalhamento. Entre o texto de Simonsen e a contribuição de Rômulo ocorre um debate no âmbito da CNPIC.[108] É quando o conselheiro Ari Torres expõe a necessidade de uma concentração de esforços na planificação industrial, "a qual se impõe logicamente" pelo estado em que se encontra o país. No seu entender, a discussão genérica da planificação corre o risco de suscitar "pontos doutrinários em que os técnicos e administradores brasileiros podem divergir".[109] No debate entre Simonsen e Torres, podemos antever as futuras diferenças de posição entre a Assessoria Econômica e a Comissão Mista Brasil/Estados Unidos (CMBEU) –[110] Torres seria integrante desta última, antes de se tornar o primeiro presidente do BNDE.

Rômulo produz, ainda em agosto, o "Estudo da Seção Técnica da Secretaria do Conselho", antes da elaboração da proposta final da CNPIC, de outubro de 1944, submetida pelo Ministro do Trabalho, Indústria e Comércio ao presidente Vargas; que por sua vez a envia ao Ministro da Fazenda, Arthur da Souza Costa; responsável por encaminhá-la a Eugênio Gudin, então presidindo a Comissão de Planejamento Econômico, e o responsável por seu engavetamento definitivo.[111]

Tal fato revela tanto as contradições internas do governo em declínio, como o predomínio das "forças conservadoras e tradicionais" agrupadas em torno do ministro Souza Costa, que queria, segundo a interpretação de Rômulo, "anular" o ministro Marcondes Filho,[112] adepto do queremismo. A proposta final levara em conta, além dos pareceres dos dois engenheiros economistas já célebres, Roberto Simonsen e Ari Torres, o estudo do jovem e desconhecido Rômulo, advogado aprendiz de economista.

---

107 ALMEIDA, 1985a, p. 28-29.
108 Todos os textos abaixo citados encontram-se publicados em CONSELHO NACIONAL DE POLÍTICA INDUSTRIAL E COMERCIAL (CNPIC). *A planificação da economia brasileira: estudos e anteprojeto*. Rio de Janeiro: Imprensa Nacional, 1945a. Devo a descoberta deste precioso documento à professora e pesquisadora Ana Paula Koury.
109 CONSELHO NACIONAL DE POLÍTICA INDUSTRIAL E COMERCIAL (CNPIC). "Os primeiros debates da planificação". In: CNPIC. *A planificação da economia brasileira: estudos e anteprojeto*. Rio de Janeiro: Imprensa Nacional, 1945c, p. 38.
110 Estas diferenças são recuperadas no capítulo "A matriz econômica do desenvolvimento".
111 O percurso do projeto pelo aparato burocrático é descrito pelo próprio Rômulo (ALMEIDA, 1988, p. 68-70).
112 Idem, ibidem.

Já na introdução do seu texto, o assessor do Ministério do Trabalho afirma que a planificação reflete "não apenas um estilo administrativo", mas também um mecanismo com a intenção de "mobilizar a opinião pública para a construção do futuro do país". Trata-se, enfim, de "educar a democracia brasileira para um funcionamento sadio".[113] Em virtude do encarniçado debate ideológico da época, Rômulo esclarece: "o plano tende a ser hoje uma técnica neutra, sem compromisso com qualquer ideologia". O seu viés antiliberal decorre do desenvolvimento da tecnologia e da racionalização da intervenção estatal, ancorada nos instrumentos de observação e previsão disponíveis. Escudando-se em Mannheim, o jovem servidor defende que a planificação autêntica seja "a compaginação, articulada e vigiada, dos processos vitais regulados e dos de livre criação". Daí optar pelo termo "estratégia", "que dá a perfeita ideia política de plano",[114] em contraponto à "técnica", que sugere a prefixação geral de todos os elementos e efeitos.

A conclusão certeira vem em seguida: "o plano não é domínio da tecnocracia, mas uma tecnologia econômica e social a serviço da política". Esta subordinação, em vez de empobrecer o elemento técnico, confere plasticidade ao plano "no seu papel de instrumento do progresso cultural, e não de paralização das forças criadoras".[115]

Após a digressão sobre o "significado político do plano", Rômulo desenvolve a sua argumentação da seguinte maneira: primeiro, elenca as condições que impõem e favorecem o plano; e, depois, discorre sobre a estrutura do órgão encarregado da planificação.

No que concerne às condições, ele apresenta oito fatores: a necessidade de "guerra ao pauperismo", conceito emprestado de Simonsen; a pobreza de recursos do país, o que exige o rigoroso planejamento no seu uso e distribuição; a necessidade de desenvolvimento no país de uma "cultura técnica", a partir das suas características geográficas sem menosprezo dos avanços alcançados em outros povos; o enfrentamento aos problemas da extensão do território, que levam muitas vezes ao "desperdício e dispersão dos fatores de trabalho e capital"; a "falta de uma consciência política geral", geradora de "improdutividade coletiva", pois "a emergência de forças centralizadoras, num contexto de precariedade do sistema representativo, expandem a sua influência perturbadora"; a herança do protecionismo que leva à "ilusão industrial" e empobrece a grande maioria agrária; os efeitos do fim da guerra que levam a transformações na economia internacional; e a inflação,

---

113 CONSELHO NACIONAL DE POLÍTICA INDUSTRIAL E COMERCIAL (CNPIC). "o estudo da planificação pela seção técnica da secretaria do Conselho". In: CNPIC. *A planificação da economia brasileira: estudos e anteprojeto*. Rio de Janeiro: Imprensa Nacional, 1945b, p. 61.
114 Ibidem, p. 62, 66-67.
115 Ibidem, p. 68.

tomada aqui não como fenômeno meramente financeiro, mas como problema de produção e de produtividade.[116]

Sobressai, desde logo, a sua concepção sobre os elos intersetoriais da economia brasileira em processo de "reestruturação" e de "reequipamento". Defende a proteção temporária do mercado interno e a industrialização que opera como um "ativo válido"; mas desde que se processe a alteração das relações técnicas e sociais entre a indústria e a agricultura, por meio das melhorias nos transportes e comunicações, no sentido do aumento do poder aquisitivo das populações rurais, em um contexto de barateamento dos custos de produção e distribuição.[117]

Este diagnóstico, além de ampliar a visão simonseniana, fornece o pano de fundo para a ação política de planejamento. O órgão planificador – "Escritório Central de Planificação", conforme o organograma proposto – "não delibera e nem executa". Essa função seria exercida pelo Conselho de Economia Nacional, criado a partir dos vários conselhos existentes e atuando de maneira sintonizada com os vários ministérios.[118]

Caberia ao órgão planificador monitorar a execução do plano, acompanhar os seus resultados, interferindo excepcionalmente para adequar as metas às condições reais. Para tanto, deve fornecer embasamento técnico e elaborar projetos referentes ao tratamento das questões setoriais e regionais, de modo a adaptar o plano às várias dinâmicas produtivas e territoriais. A qualificação dos "técnicos" aparece aqui como gargalo estratégico, pois "são estes que estudam, projetam, resolvem, intervêm, administram".[119]

Os técnicos projetados por Rômulo se assemelham aos "sensores" (que revelam os "pressupostos" do processo) e aos "assessores" (que acompanham a sua eficácia), os quais em sintonia com os "executores" (que alteram comportamentos) por meio de uma "rede de comunicações", introduzem "mecanismos de controle" sobre o conjunto das "instituições disciplinadoras"[120] do comportamento da economia. O Brasil, como veremos, jamais implementou em sua integralidade esse esquema básico de planejamento.

Na visão de Rômulo, em 1944, o Escritório Central de Planificação deveria divulgar junto à opinião pública "o debate sobre as ideias centrais e o desenvolvi-

---

116   Ibidem, p. 70-77.
117   Ibidem, p. 73-74.
118   Ibidem, p. 80, 83-84, 98. O Conselho de Economia Nacional estaria vinculado a um Conselho Superior, de natureza estritamente política.
119   CNPIC, 1945b, p. 82, 86, 92.
120   AMSDEN, Alice. *A ascensão do "resto": os desafios ao Ocidente de economias com industrialização tardia.* São Paulo: Editora UNESP, 2009, p. 38-40. Os termos em aspas são utilizados pela autora em sua análise das experiências de Coreia do Sul e Taiwan na segunda metade do século XX.

mento do plano", "a fim de que todas as classes e todas as regiões sintam que estão participando do projeto coletivo, em que, afinal de contas, tomarão parte direta ou indiretamente".[121] Enfim, um ensaio sobre o planejamento democrático, enraizado social, setorial e regionalmente, e com distribuição de funções: os técnicos assumem as tarefas de monitoramento e suporte, enquanto a deliberação e execução encontram-se sob a alçada política. Nada mais longe do *ethos* tecnocrático.

Rômulo daria um salto, ao ser convidado, no final de 1945, para organizar o Departamento Econômico da CNI, então presidida por Euvaldo Lodi – cargo que demoraria dois anos para assumir –, agora por recomendação de Simonsen.[122] E outro mais, quando desembarca na Assessoria Econômica de Vargas em 1951. Uma mistura de *fortuna* e *virtú*. Caberia a ele provar que Gudin havia perdido o bonde da história.

Rômulo sabia de que lado estava. Teixeira de Freitas, Anísio Teixeira, Roberto Simonsen e San Tiago Dantas haviam lhe preparado o caminho. As experiências que tivera no IBGE, no DASP e no Ministério do Trabalho, Indústria e Comércio, interagindo com outros servidores públicos, foram estratégicas. Mas nada disto frutificaria se a sua utopia nacionalista não tivesse sido calibrada durante duas décadas de intensa atuação política. Em texto datilografado, sem data, mas provavelmente dos anos 1970, ele não deixa margem a dúvidas:

> Cheguei a ser economista em uma trajetória que partia do desafio político. Fiz o curso de Direito. Depois dediquei-me a estudos de educação e sociologia. Mas era preciso chegar ao âmago da estrutura social: tornei-me então economista.[123]

O depoimento acima revela o perfil do burocrata-intelectual-militante que ocuparia uma posição social com crescente destaque no Brasil Desenvolvimentista. Segundo a afirmação de Loureiro, o objetivo do "economista-dirigente político" não é a política enquanto tal, encarada como meio para a valorização da sua carreira. Isto parece funcionar para o economista formado na universidade e que atua como consultor e eventualmente como tecnocrata, nova posição que emerge no pós-1964, mas não se encaixa no perfil de Rômulo e de muitos dos seus colegas servidores públicos. Neste caso, não cabe dizer que "apenas passam pela política",[124] por eles considerada instância decisiva para se viabilizar a nação. Ora, seus conhecimentos técnicos precisavam ser acionados a partir dos lugares estratégicos do aparato estatal.

---

121 CNPIC, 1945b, p. 97.
122 ALMEIDA, 1984.
123 ALMEIDA, Rômulo. *As opções do economista*, mimeo, s/d, p. 1. Acervo IRAE.
124 LOUREIRO, 1997, p. 18. Ao recuperar a "história" dos economistas como "elites dirigentes", a autora parece perder de vista a ruptura social que se processa na passagem do técnico para o tecnocrata.

Esses intelectuais orgânicos do Estado se encaixam na concepção sobre o "novo intelectual" formulada por Gramsci. Segundo o pensador marxista, por meio de sua "inserção ativa na vida prática", eles atuavam como "construtores, organizadores e persuasores permanentes", unindo as duas facetas do "especialista" e do "dirigente político".[125] Embora se alojassem no Estado, ou talvez precisamente por isto, mostravam-se capazes de estabelecer conexões com outros segmentos da sociedade.

Neste sentido, a trajetória de Rômulo é emblemática, podendo servir de baliza para se compreender outros intelectuais e servidores públicos, daspianos ou não, que ascenderam na estrutura do aparato estatal. Paralelamente, permite revelar alguns traços da experiência brasileira: a maleabilidade no processo de formação das elites dirigentes e o papel voluntarista destes novos burocratas.

A questão do engajamento político aparecia como um pré-requisito para parcela expressiva dos intelectuais – que se colocavam, perante a sociedade, em posição homóloga à do Estado –, imbuídos da vocação de conduzir a nação ao encontro de si mesma.[126] Tal traço, marcante no período 1945-1964, era ainda mais saliente no caso destes burocratas-intelectuais-militantes. Seu itinerário coletivo permite marcar diferenças, esclarecer processos de formação política, além de fornecer uma intepretação sobre a sua "localização" e "deslocamento" no seio da sociedade, sem a pretensão de se captar a "direção conjunta da paisagem ideológica".[127]

Portanto, para além das "panelas burocráticas" ou das "clientelas intelectuais", por meio das quais as elites do pensamento "só se sentiam credoras de lealdade ao poder central",[128] conforme a leitura unívoca de Miceli, podemos observar, de maneira conjugada, a gestação de laços de lealdade horizontais estruturados no âmbito do serviço público. Isso lhes assegurou certa diferenciação, fazendo com que inclusive se aproveitassem das brechas abertas pelas divisões internas à estrutura de poder. O Estado aparece enquanto espaço de veiculação de suas utopias e projetos de transformação, o que não significa dizer que as "panelas burocráticas" tivessem perdido poder.

Havia, de fato, uma disputa sobre o papel da burocracia, resultante dos diversos padrões de estratificação que se sobrepunham, gerando uma difícil coexistência entre elites "decadentes" e "emergentes".[129] Já em 1946, o jovem Furtado percebera

---

125　GRAMSCI, Antonio. *Cadernos do cárcere: os intelectuais. O princípio educativo. Jornalismo.* Vol. 2. 2ª edição. Rio de Janeiro: Civilização Brasileira, 2001, p. 53.
126　PÉCAUT, 1990, p. 5-6, 8, 59.
127　SIRINELLI, 2003, p. 245, 247, 257-258. Conforme a sugestão metodológica deste autor.
128　MICELI, 2012, p. 198, 215.
129　COSTA PINTO, 1963, p. 231-232.

os conflitos em torno do papel do Estado. Seguem dois trechos de um artigo publicado na *Revista do Setor Público*:

> O poder político que fora, anteriormente, um patrimônio inalienável de determinada classe constituída de grupos sociais estáveis e detentora exclusiva de certas técnicas de mando, passou a ser disputado por grupos provenientes de camadas cada vez mais amplas da sociedade.
>
> Esse entrechoque de grupos sociais concorrentes ao poder tornou profundamente dinâmica a arena política, emprestando ao Estado uma nova importância como instrumento de moderação entre forças antagônicas.[130]

Mesmo não sendo este fenômeno exclusivamente brasileiro, aqui ele apresentava configurações distintas de outras experiências históricas. Sem entrar no mérito do caso dos Estados Unidos, mas partindo dos conceitos elaborados por Wright Mills[131] para este país, não se pode dizer que houvesse, no Brasil do período em questão, uma separação entre a "pseudoburocracia dos intrusos políticos", que conforma a "elite do poder", e a burocracia em si, que "não faz política" e geralmente se encontra situada nos escalões inferiores.

O outro tipo ideal extremo, construído por Bourdieu[132] para o caso francês, tampouco parece útil para a compreensão do serviço público brasileiro. Para o sociólogo, o ingresso na Escola Nacional de Administração francesa assegura o acesso incondicional aos altos postos da burocracia do país. Entretanto, mais que o conteúdo ministrado nas "escolas de elite preparatórias", o que se ensina à futura "nobreza de Estado", sob o manto da justificativa racional, é um "conformismo lógico" e um "espírito de corpo" que constituem um "capital simbólico" apartado de qualquer atitude voltada para a investigação ou para a vida intelectual criativa. Instaura-se, assim, um ritual de consagração, responsável pelo estabelecimento de uma fronteira rígida entre a "massa" e as "elites". A legitimidade do processo de seleção estaria fundamentada em um processo de ruptura social.

Nada mais diverso do processo de socialização de Rômulo e do seu fragmento de geração antes do ingresso no serviço público. Estavam encharcados de política

---

130 FURTADO, Celso. "Teoria do Departamento de Administração Geral". In: D'AGUIAR, Rosa Freire (org.) *Anos de formação 1938-1948: o jornalismo, o serviço público, a guerra, o Doutorado*. Rio de Janeiro: Contraponto/Centro Internacional Celso Furtado, 2014c, p. 179-180.

131 WRIGTH MILLS, Charles. *La elite del poder*. 2ª edição. Cidade do México: Fondo de Cultura Económica, 1960, p. 223-224.

132 BOURDIEU, Pierre. *La nobleza de Estado: educación de elite y espíritu de cuerpo*. Buenos Aires: Siglo Veintiuno Editores, 2013, p. 107-118, 145-152.

da cabeça aos pés. O percurso do nosso personagem, da adolescência à juventude, transcorrera entre a Revolução de 1930 e o ocaso do Estado Novo. Momento de transição, em que caminhos se abriam, para logo depois se fecharem, antes de serem reabertos novamente, pois o aparentemente descartado ontem pode ser reprocessado sob a forma de utopia amanhã.

O cenário intelectual: positivistas, modernistas e nacionalistas

Jorge Amado, nascido em 1912, apresenta seu relato das insatisfações que acometiam alguns jovens da elite nos anos 1930. Ao publicar *O país do carnaval*, em 1931, afirma logo no prefácio: "a geração que chega combate as atitudes céticas". E completa: "este livro tem um cenário triste: o Brasil. Natureza grandiosa que faz o homem de uma pequenez clássica".[1]

Para o prefaciador e editor do livro, Augusto Frederico Schmidt, o jovem escritor captara o espírito de sua geração "desesperada pela nacionalidade". "O país em que nascemos pesa sobre nós", dizia Schmidt. Caberia à nova geração se posicionar "frente a uma nação adormecida e indiferente",[2] de modo a despertá-la.

Um ano antes, o jovem estudante de Direito San Tiago Dantas, nascido em 1911, publicava artigo no mesmo tom: "no Brasil, ainda não temos verdadeiramente a consciência da Universidade. Ainda não sentimos a sua existência nacional", pois a "formação cultural ainda não tem verdadeiramente um sentido concreto e brasileiro".[3]

O livro de Jorge Amado traça um panorama da elite intelectual baiana, espremida entre bispos, senadores e diplomatas senis e colonizados, enquanto os "garotos" buscavam a felicidade no amor, na pátria, na religião ou no comunismo, tentando romper com o ceticismo da intelectualidade dominante. Perdidos, sem utopia e sem projeto.

Segundo o seu relato, na capital do país, "rapazes fundavam legiões fascistas, o partido comunista tomava vulto. Materialistas e católicos discutiam decretos do governo, tocantes ao ensino".[4] Em Salvador, o personagem principal, filho de fazendeiro do cacau que fora para Paris estudar Direito, flagra, no seu regresso, uma cidade em decadência, "onde tudo morre aos poucos, em uma tristeza enorme de deixar a vida".[5]

---

1 AMADO, Jorge. *O país do carnaval*. São Paulo: Companhia das Letras, 2011, p. 13-14.
2 SCHMIDT, Augusto Frederico. "Prefácio à 1ª edição". In: AMADO, Jorge. *O país do carnaval*. São Paulo: Companhia das Letras, 2011, p. 10.
3 DUTRA, 2014, p. 177. O artigo é de maio de 1930, publicado na *Revista de Estudos Jurídicos*.
4 AMADO, 2011, p. 145.
5 Ibidem, p. 38.

Outro contraste: enquanto São Paulo seguia no embalo da expansão industrial, ganhando fôlego e conquistando outros mercados regionais, a Bahia se convertia em remansoso reduto de uma economia ainda pré-industrial.[6] De forma a marcar o descompasso da Bahia com o núcleo dinâmico do país, Antônio Risério elege o ano de 1941 como o divisor de águas. Neste ano é criada a Companhia Siderúrgica Nacional (CSN) e gravada a composição de *A jangada voltou só* de Dorival Caymmi.[7]

Nas capitais nordestinas percebia-se no máximo uma "modernização epidérmica", condenada por Gilberto Freyre[8] na "arquitetura quase sempre de confeitaria" recifense. Câmara Cascudo refere-se à "mania de remodelação", do século XIX, quando sequer as fachadas das igrejas foram preservadas. Apenas os portões dos cemitérios teriam sido poupados pela "fúria modernizadora dos estetas".[9] Mas o exemplo mais paradigmático fica por conta do "urbanismo demolidor" do governador baiano J. J. Seabra nos anos 1910 e 1920, culminando adiante com a destruição da Igreja da Sé, em Salvador, para fazer escoar o trânsito na cidade alta. Havia que se extirpar o quisto da "feia e suja e colonial cidade de Thomé de Souza", como vituperava a imprensa local, defensora do "calafrio do progresso".[10]

Quando da demolição da igreja, em 1933, Rômulo provavelmente se juntara a seu colega Pinto de Aguiar na denúncia contra a Companhia Circular, de capital canadense e estadunidense, que controlava então o serviço de bondes de Salvador.[11] Seu artigo sobre a "arquitetura nova", escrito em 1939, para uma revista baiana, nos fornece uma pista, na medida em que pensa o moderno a partir das "raízes" nacionais:

> É tranquilizador que há na arte e no pensamento uma procura de fontes, uma volta ao Brasil, um largo ensaio de soluções funcionais. Porque o mais grave e expressivo da desfuncionalidade nacional estava ou está nas elites declamatórias, posudas, doutorais, elite de parasitas e feitores da nação.[12]

---

6   RISÉRIO, Antônio. *Uma história da cidade da Bahia*. 2ª edição. Rio de Janeiro: Versal Editores, 2004, p. 460-461.
7   Ibidem, p. 512.
8   FREYRE, Gilberto. *Região e Tradição*. 2ª edição. Rio de Janeiro: Gráfica Record Editora, 1968, p. 126.
9   CÂMARA CASCUDO, Luís da. *Viajando o Sertão*. 4ª edição. São Paulo: Global, 2009.
10 PERES, Fernando da Rocha. *Memória da Sé*. Salvador: Secretaria da Cultura e Turismo do Estado, 1999, p. 36-37, 46-51, 140, 151.
11 SAMPAIO, 2011, p. 100.
12 ALMEIDA, Rômulo. "Um sentido para a arquitetura e o mais". In: *América – Revista de Divulgação e Cultura*, Salvador, n. 2, fev. 1939, p. 22. Devo essa referência ao professor. Nivaldo Vieira de Andrade Junior, da Faculdade de Arquitetura da UFBA, que gentilmente me forneceu uma cópia digital desse artigo.

Na virada de 1928 para 1929, o modernista Mário de Andrade realizara sua viagem etnográfica para o Nordeste, com o intuito de "amadurecer" seu projeto nacionalista. A ênfase que antes recaía sobre o aspecto estético, passa agora a abranger o projeto ideológico, capaz de assimilar as "soluções populares".[13] O mergulho no Nordeste lhe permite ampliar o foco do modernismo, tensionando a relação entre o moderno e o tradicional para além da estética. Nas suas crônicas de viagem, ele relata:

> Dizem que sou modernista e... paciência! o certo é que nunca neguei as tradições brasileiras, as estudo e procuro continuar a meu modo nelas. [...] O que a gente carece é distinguir tradição e tradição. Tem tradições móveis e tradições imóveis.[14]

Por sua vez, os modernistas baianos da revista *Arco & Flecha*, em seu manifesto de 1928, pregavam um "tradicionalismo dinâmico, sem primitivismo antropofágico, nem dinamismos desembestados". Reconheciam os livros vigorosos produzidos pelos modernistas de São Paulo, mas denunciavam "o brilho excessivo, a pantomima". Ao contrário, a revista *Arco & Flecha*

> é uma senha de independência, liberdade e autonomia. No gosto e no ritmo. No pensamento e na arte. No caráter e no coração. Memória da pátria verde, virgem e vibrante. Sem demagogia, sem ênfase, sem artificialismos, sem retórica, espontânea, natural e sincera. Arco do céu, flecha do sol.[15]

Provavelmente, estavam mais próximos de Mário de Andrade que, já em 1923, acusava Oswald de Andrade, Sérgio Milliet e Tarsila do Amaral de se haverem "parisianizado na epiderme". Ele prometia, em carta, "briga, na certa" aos amigos modernistas, assumindo-se "matavirgista".[16]

Pinto de Aguiar era o editor de *Arco & Flecha*, que tivera o crítico literário Carlos Chiacchio como inspirador.[17] O "tradicionalismo dinâmico" da revista cami-

---

[13] LOPES, Telê Porto Ancona. "'Viagens etnográficas' de Mário de Andrade". In: ANDRADE, Mário de. *O turista aprendiz*. 2ª edição. São Paulo: Duas Cidades, 1983, p. 15-16.

[14] ANDRADE, Mário de. *O turista aprendiz*. Edição de texto apurado, anotada e acrescida de documentos por Telê Ancona Lopes, Tatiana Longo Figueiredo, Leandro Raniero Fernandes. Brasília: IPHAN, 2015, p. 297.

[15] SAMPAIO, 2011, p. 87.

[16] JARDIM, Eduardo. *Mário de Andrade: eu sou trezentos – vida e obra*. Rio de Janeiro: Edições de Janeiro, 2015, p. 68.

[17] SAMPAIO, 2011, p. 78, 83. Em oposição à Revista *Arco & Flecha*, o grupo de Jorge Amado, da "Academia dos Rebeldes", fundara outras duas revistas, *Samba* e *Meridiano*, identificando-se com temas e formas populares. Mas o projeto era, em essência, o mesmo: "uma literatura que seja universal por ser nacional". Ver também AGUIAR, 2018, p. 30-34.

nhava no mesmo sentido do Manifesto Regionalista de Gilberto Freyre, de 1926.[18] Era neste contexto que o adolescente Rômulo se formava. O adulto, por sua vez, sempre desconfiara que a modernização pudesse, por si mesma, servir de sustentáculo à nação, na medida em que remodelava (desorganizando) dinâmicas regionais, estruturas sociais e tecidos culturais. Em outras palavras, as tradições móveis poderiam perecer ou sobreviver como meras caricaturas.

Aos 70 anos de idade, durante o discurso de posse daquele que seria o seu último cargo público, o de diretor da Área Industrial do Banco Nacional de Desenvolvimento Econômico e Social (BNDES), Rômulo revela a sua visão sobre o processo de desenvolvimento brasileiro sob uma perspectiva histórica:

> Eu quero dizer que formei a minha vida de servidor público federal dentro de uma consciência nitidamente nacional. Antirregionalista no momento em que era preciso unir o país, unificar o mercado. Mas considerávamos isto um passo necessário no processo de desenvolvimento autônomo do país. Entretanto, nunca esqueci de que era preciso que esse desenvolvimento, que no sistema de mercado levaria a uma concentração talvez insanável, e seguramente insanável, necessitaria ser compensando por uma política lúcida de desconcentração. Ou seja, para que o movimento imperial interno de ocupação dos espaços e da unificação territorial e econômica do país a partir do centro não resultasse em um país dual.[19]

Acrescente-se ainda que essa dualidade espacial a que ele se refere não se circunscreve ao aspecto econômico, podendo engendrar efeitos ainda mais perversos sobre a estrutura social e a diversidade cultural. O médico Josué de Castro, formado pela Universidade do Brasil, de regresso à sua cidade natal, já percebia, no estudo de 1932, que o quadro com o qual se deparava "não é mal de raça, mas de fome".[20] A modernização das usinas levara à "mocambização" da capital pernambucana.[21]

---

18 O Manifesto é lançado durante o I Congresso de Regionalismo, no Recife, "a seu modo também modernista, mas modernista e tradicionalista ao mesmo tempo", como nos relata o mestre de Apipucos (FREYRE, Gilberto. "Sobre o 'Manifesto Regionalista' de 1926 (Depoimento de 1941)". In: COHN, Sergio (org.). *Gilberto Freyre*. Coleção Encontros. Rio de Janeiro: Azougue Editorial, 2010, p. 63).

19 ALMEIDA, Rômulo. *Discurso de posse como diretor da Área Industrial do BNDES*, 1985b, p. 4-5. Salvador: Acervo IRAE.

20 CASTRO, Josué de. *As condições de vida das classes operárias de Recife: estudo econômico de sua alimentação*. Rio de Janeiro: Departamento de Estatística e Publicidade, Ministério do Trabalho, Indústria e Comércio, 1935, p. 7. A primeira versão deste estudo data de 1932.

21 MARTINS, André Luiz de Miranda. *Notícia dos famintos: os anos formativos de Josué de Castro (décadas de 1930 e 1940)*. 2018. Relatório Final de Pesquisa (Pós-Doutorado em Culturas e Identidades Brasileiras). Instituto de Estudos Brasileiros, Universidade de São Paulo, São Paulo, 2018, p. 14-15, 27-29.

O que o jovem médico denunciava – "os mocambos não são fruto exclusivo de simples costumes regionais, mas têm suas fundas raízes econômicas" –,[22] o poeta da Pauliceia havia experimentado ao ver "os mocambos tão numerosos como os coqueiros", para então proferir o veredito: "nem é pitoresco, é triste ...".[23] Mais adiante, Mário desconta em Euclides, cuja obra de "boniteza genial", representa uma "falsificação hedionda". Em vez de heroísmo, "miséria mesquinha, insuportável, medonha".[24]

Bem longe dos mocambos recifenses e da Bahia "onde tudo morria aos poucos", o Rio de Janeiro, dos anos 1930 até o final dos anos 1950, encantador com sua cultura urbana, funcionava como um ímã, uma "espécie de namorada" dos brasileiros das várias regiões, especialmente os de classe média, na sua condição de centro principal de atividades intelectuais e artísticas.[25] Mesmo a São Paulo da efusão modernista e do progresso econômico, ainda era "bastante provinciana". De longe, "a cidade culturalmente mais importante do país, com traços cosmopolitas" era a capital federal, por onde todos tinham que passar, como nos relata Antonio Candido.[26] Era então um cosmopolitismo que alcançava uma estreita camada social.

Não à toa o jovem editor paulista José Olympio – que nos 1920 passa de balconista a gerente e sócio da importante livraria Casa Garraux –, ao fundar a sua própria editora, em 1931, logo a transfere para a capital federal, em 1934. O volume de vendas dos seus livros sobe de maneira vertiginosa, transformando-se, em 1936, na maior editora do país, aquela que funcionaria como a "casa" de boa parte dos escritores e intelectuais brasileiros.[27]

O Rio aparecia, então, como a "demonstração da capacidade brasileira para caminhar rumo à civilização". Deixara de ser a "Paris dos trópicos", para se afirmar como o próprio "paraíso tropical", moderno e não colonial. Além de integrar o urbano à natureza, apresentava a figura mítica do carioca, por meio da ideologia da mestiçagem, agora transformada em propaganda oficial. Essa construção, geralmente incorporada pelos recém-chegados, fazia da cidade "o ponto de confluência do olhar de todos os brasileiros". Os vários tipos regionais viam-se como variantes

---

22 CASTRO, 1935, p. 13.
23 ANDRADE, 2015, p. 271.
24 Ibidem, p. 334.
25 BRUNO, Ernani Silva. *Almanaque de Memórias*. São Paulo: Hucitec/Instituto Nacional do Livro, 1986, p. 94-96.
26 CANDIDO, Antonio. "Entre duas cidades". In: MARRAS, Stelio, (org.). *Atualidade de Sérgio Buarque de Holanda*. São Paulo: IEB/EDUSP, 2012a, p. 14-15. Depoimento sobre Sergio Buarque de Holanda.
27 Aí teve lugar, na sede da rua do Ouvidor, a primeira reunião de autógrafos do Brasil, quando do lançamento de *Menino de engenho* de José Lins do Rego (VILLAÇA, Antônio Carlos. *José Olympio: o descobridor de escritores*. Rio de Janeiro: Thex, 2001, p. 58-62, 67, 77-79).

da bonomia do carioca. Para completar, a capital não esmagava as suas "províncias", pois o dinamismo regional vinha das suas atividades de cúpula da nação, conforme a síntese de Carlos Lessa.[28]

No dizer de Rômulo, "havia o fascínio do Rio, das oportunidades que o Rio oferecia".[29] Mesmo para os mais abonados, como o artista plástico Cícero Dias, a capital se afirmava como destino inevitável: "todos nós, primos, irmãos, primas, deixamos o engenho para estudar nos colégios do Rio de Janeiro".[30] Cleanto de Paiva Leite, proveniente de outro estrato social, completa: "para, nós, do Nordeste, a grande viagem era ir do Recife ao Rio, para os paulistas já era ir à Europa".[31]

A capital emergia como espaço de socialização das elites estaduais desgarradas, carreadas para sua máquina burocrática, que além de assimiladora, significava para muitos a mobilidade social. Com a expansão das atividades sob o comando estatal, o Rio de Janeiro transforma-se no ponto de acumulação e palco das inteligências,[32] processando e ecoando as promessas de renovação nacional. Ou, posto de outra forma, se as "suficiências cariocas" não fossem capazes de libertar o país das "insuficiências nacionais", ao menos lograria a capital "nacionalizar os brasileiros"[33] nesta quadra histórica privilegiada, a partir do intercâmbio fecundo entre muitos intelectuais de classe média aí sediados e os de fora, recém-chegados.

Para lá se dirigiam os jovens recém-formados em Direito e Engenharia nos vários rincões do país, muitos deles nordestinos, ávidos por erguer os alicerces da nação. O que tinham em comum não era uma região ou um passado atávico, mas uma origem de classe semelhante: boa parte deles provinha da baixa classe média ou da oligarquia decadente. Desprovidos de herança, entravam para o serviço público. Para os mais engajados, a federação aparecia como uma exigência, uma condição para superar o atraso regional, conforme o relato de Francisco de Oliveira.[34]

---

28   LESSA, Carlos. *O Rio de todos os Brasis (uma reflexão em busca de autoestima)*. Rio de Janeiro: Record, 2000, p. 238, 246, 263, 267, 271, 273-274.
29   ALMEIDA, Rômulo. "Depoimento de 1988, concedido a Plínio de Abreu Ramos, Maria Celina Soares d'Araújo e Maria Ana Qualigno no contexto do projeto Memória da Petrobras". Transcrição de Márcia de Azevedo Rodrigues. Rio de Janeiro: Acervo CPDOC-FGV/Sercom/PETROBRAS, 1988, p. 3.
30   DIAS, Cícero. *Eu vi o mundo*. São Paulo: Cosac Naify, 2011, p. 33.
31   LEITE, 1986, p. 20.
32   LESSA, 2000, p. 270.
33   RODRIGUES, José Honório. *Vida e História*. Rio de Janeiro: Civilização Brasileira, 1966, p. 125.
34   OLIVEIRA, Francisco de. *Entrevista de Francisco de Oliveira concedida a Alexandre de Freitas Barbosa, Ana Paula Koury, Daniel Ferrer de Almeida, André Gilberto da Silva Fróes, Felipe Marineli e Alessandra Soares de Oliveira*. São Paulo, 29 abr. 2011. Áudio disponível no Acervo Pessoal de Alexandre de Freitas Barbosa.

Rômulo e seus conterrâneos representavam "o pensamento da elite histórica do Nordeste empobrecido que não se acostumara a ter virado região pobre".[35] Não eram pobres intelectualmente. Ao contrário: "havia um certo resíduo cultural que vinha da colônia".[36] Referindo-se ao baiano Pinto de Aguiar, Rômulo faz a seguinte distinção: "ele não veio como migrante como nós".[37] De fato, Pinto de Aguiar, nascido no seio da burguesia comercial baiana, se dirige à capital primeiro em 1924, para cursar o ginásio no Aldridge College, e depois em 1930, quando ensaia ingressar na carreira diplomática,[38] fixando residência definitiva apenas em 1960. Hermes Lima, referindo-se à vida cultural em Salvador dos anos 1920 e 1930, afirma que "as perspectivas de trabalho intelectual resumiam-se ao jornalismo e professorado". Naquele horizonte "provinciano", "editar livro era façanha pessoal e rara".[39] Abaixo encontramos o relato do nosso personagem:

> A razão é a seguinte: desemprego na província. Falta de oportunidades intelectuais também. Mas, sobretudo, desemprego. No meu caso, por exemplo, eu era adversário do governo estadual, era de uma família muito pobre, não tinha a menor chance de obter emprego, seja no setor privado, seja no setor público. Então, vim para o Rio. Já tinha concluído o curso de Direito e vim pra cá. E assim mesmo passei desempregado muito tempo.[40]

Ignácio Rangel fornece um relato da vida de ginasiano em São Luís do Maranhão, onde estudara os autores clássicos, História Geral, Filosofia e francês. A sua turma, a única de todo o estado, com 24 alunos, representava "uma elite muito restrita de uma sociedade muito pobre". Ele seria o rebento tardio daquela capital de província rica, econômica e culturalmente, mais conectada com a Europa, e que no início do século XX pode ser descrita como a "cidade do já teve".[41] Conforme seu depoimento: "São Luís era um meio muito estreito, não tinha um livro para ler, não tinha nada, não tinha pessoas com quem conversar. Eu saí, vim pra o Rio, me instalei aqui mesmo".[42]

---

35 PEDRÃO, Fernando. *Entrevista concedida a Alexandre de Freitas Barbosa, Daniel Ferrer de Almeida e Alessandra Soares de Oliveira*. Salvador, 5 ago. 2011. Áudio disponível no Acervo Pessoal de Alexandre de Freitas Barbosa.
36 ALMEIDA, 1988, p. 5.
37 Ibidem, p. 2.
38 SAMPAIO, 2011, p. 66-67, 116-117.
39 LIMA, 1974, p. 38.
40 ALMEIDA, 1988, p. 2-3.
41 RANGEL, 1991/1992, p. 112-113.
42 RANGEL, 1991, p. 3.

Esses "intelectuais pau-de-arara" se diferenciavam dos contingentes migratórios que vinham encher o mercado de trabalho em consolidação, sediado no centro dinâmico do país. Não eram tradicionalistas no sentido de passadistas. Ao contrário, muitos deles – provenientes de uma elite empobrecida ou de segmentos médios sem possibilidade de ascensão social no lugar de origem, além de dotados de diplomas ou de alguma qualificação adquirida como autodidatas –, possuíam uma atitude modernizante. Isso, em grande medida, por ocuparem uma nova posição social no âmbito do poder estatal, movidos pelo anseio de incorporar dinamicamente regiões e setores sociais "atrasados". Conferir unidade ao Brasil significava lutar contra o meio que os havia expulsado. Portanto, não podem ser classificados como "intelectuais tradicionais", no sentido conferido por Gramsci.[43]

Para o marxista italiano, tal conceito pretende captar os segmentos intelectuais preexistentes à emergência de uma nova estrutura econômica. Em virtude de sua "ininterrupta continuidade histórica", os intelectuais tradicionalistas tendem a se opor ao grupo social dominante e aos "intelectuais orgânicos" vinculados às classes econômicas fundamentais, a burguesia e o proletariado. Entretanto, os intelectuais orgânicos não haviam despontado em um país, como o Brasil, ainda marcado pela débil diferenciação de classes.

A contribuição de Gramsci, para o nosso caso, reside na sua orientação de analisar os intelectuais, não a partir do que lhes é intrínseco, mas inserindo-os no sistema de relações que suas atividades estabelecem com as relações sociais mais amplas.[44] Essa abordagem metodológica permite destrinchar o papel da intelectualidade, e dos seus vários fragmentos, no contexto de transformações por que passa o Brasil a partir dos anos 1930.

A nova geração, no dizer de Carlos Lessa, "vai rasgar a utopia europeia, destroçada com a Primeira Guerra". O "movimento de redescoberta do Brasil"[45] remonta ao positivismo militar durante a Primeira República, que influencia Euclides da Cunha, e, depois, aos esforços empreendidos por Capistrano de Abreu, Oliveira Lima, Manuel Bonfim e Alberto Torres, dentre outros, para depois desembocar em Mário de Andrade e nos modernistas. Cícero Dias sintetiza esta preocupação coletiva, capaz de soldar as perspectivas de uma geração nas suas várias frentes: nas Artes Plásticas, na Literatura, na Música, na Arquitetura e, mais adiante, nas Ciências Sociais e na Economia:

---

43 GRAMSCI, 2001, p. 17-18.
44 Ibidem, p. 18.
45 LESSA, Carlos. *Entrevista de Carlos Lessa concedida a Alexandre de Freitas Barbosa e Ana Paula Koury*. Rio de Janeiro, 25 maio 2011. Áudio disponível no Acervo Pessoal de Alexandre de Freitas Barbosa.

> Que diferença de um europeu que tinha tudo às mãos! Porque há no europeu a preexistência plástica, nas tradições seculares e no seu estilo de vida. Uma experiência criativa. Para nós, a arte era um mundo a ser descoberto, outros sistemas solares. Nós tínhamos tudo a criar. Que diferença enorme dos europeus![46]

A obra de Mário de Andrade representa a plena expressão desse desafio. Depois da caravana modernista rumo às cidades históricas de Minas Gerais, durante a Semana Santa, em 1924, o escritor procura orientar em um novo sentido a experiência estética do modernismo. Se até então o foco – simbolizado pela Semana de Arte Moderna de 1922 – estava na incorporação das linguagens artísticas modernas, o "segundo ciclo do modernismo" trata de afirmar os traços nacionais da cultura feita no país.[47] Sem a integração interna como inserir a arte moderna brasileira no cenário internacional? Essa mediação fazia-se estratégica. No trecho abaixo, de 1925, Mário explicita como a "Raça", face interna da sensibilidade nacional, era condição, para o surgimento da "Nação", a face externa:

> Ora, o maior problema atual do Brasil consiste no acomodamento de nossa sensibilidade nacional com a realidade brasileira, realidade que não é só feita de ambiente físico e dos enxertos de civilização que grelam nele. Porém comportando também a nossa função histórica para conosco e social para com a humanidade. Nós só seremos deveras uma Raça no dia em que nos tradicionalizarmos integralmente e só seremos uma Nação quando enriquecermos a humanidade com um contingente original e nacional de cultura.[48]

Mas onde procurar os traços distintivos da nacionalidade? O intelectual modernista vai encontrá-los na cultura popular, na música e no folclore, no seu entender, capazes de alicerçar o "caráter unitário da identidade nacional". A "ausência" de caráter do seu anti-herói Macunaíma estaria na indeterminação própria dos povos novos.[49] Cabe ao artista um papel ativo nesse processo de soldagem criativa, ao romper os diques entre o erudito e o popular, o moderno e o tradicional.

A ideologia negativa do caráter nacional dava agora lugar à afirmação da identidade nacional como pré-condição para o desenvolvimento, vocábulo que irrompe, mais adiante, nos anos 1950, prenhe de novos significados e utopias, permitindo

---

46   DIAS, 2011, p. 40.
47   JARDIM, 2015, p. 61.
48   Ibidem, p. 80.
49   Ibidem, p. 80-82, 92-93.

incorporar o "povo" à "nação".[50] É então que desenvolvimento, povo e nação aparecem coligados, conformando um idioma conceitual comum.

Ocorre uma sutil, não obstante importante, ruptura com o quadro vigente nas primeiras décadas do século XX. Então os "intelectuais cientistas" – médicos, sanitaristas, educadores, engenheiros e geógrafos – se empenhavam em identificar "os males" do povo a fim de "tirar o país do atraso", ciosos de que a República "não" havia vingado.[51] Merecem destaque os médicos Arthur Neiva e Belisário Pena quando, em sua expedição pelo interior do país, em 1917, propõem a criação do Ministério da Educação e Saúde; bem como Afrânio Peixoto, a partir de 1916, à frente do Departamento de Educação do Rio de Janeiro; e Edgard Roquette-Pinto, o diretor do Museu Nacional de Antropologia, e depois do Instituto Nacional de Cinema Educativo, já nos anos 1930. Na concepção de todos eles, a degeneração do povo brasileiro era uma condição adquirida do meio social. Portanto, era passível de ser remediada.[52]

Havia ainda os tradicionais juristas e bacharéis, que aparecem na coleção de depoimentos organizada pelo engenheiro Vicente Licínio Cardoso, em 1924, buscando apurar como pensava a primeira geração de rebentos do novo regime republicano, nascida entre 1878 e 1895. Já na "nota do editor"[53], Cardoso pede que "acreditemos no Brasil", saudando em seguida a memória dos "lusos ousados", dos "bandeirantes intemeratos" e dos "jesuítas magníficos". No prefácio,[54] refere-se a si e aos demais autores da coleção como "Prometeus acorrentados pela opinião pública", que os "esmaga com o maior dos castigos dos homens livres", qual seja: "o silêncio horrível de uma nacionalidade sem consciência ainda" em virtude do "'peso morto' aterrador dos milhões de analfabetos".

A maioria destes "intelectuais juristas" parecia ressentir-se do povo, submetido à situação de miséria material e moral – a mesma herdada do Império, como eles insistem –, inviabilizando assim os seus nobres ideais para a nação. Para Gilberto Amado,[55] que fornece um dos testemunhos do livro: "povo propriamente não o temos. Sem contar a das cidades que não se pode dizer seja uma população culta, a

---

50   LEITE, Dante Moreira. *O caráter nacional brasileiro*. 3ª edição. São Paulo: Livraria Pioneira Editora, 1976, p. 145, 310-311.

51   BOMENY, Helena. *Um poeta na política – Mário de Andrade, paixão e compromisso*. Rio de Janeiro: Casa da Palavra, 2012, p. 57, 60.

52   DÁVILA, 2006, p. 12-14, 22-28.

53   CARDOSO, Vicente Licínio. "Nota do Editor". In: CARDOSO, Vicente Licínio (org.). *À margem da História da República*. Brasília: Editora da UNB, 1981a, p. 13.

54   CARDOSO, Vicente Licínio. "Prefácio". In: CARDOSO, Vicente Licínio (org.). *À margem da História da República*. Brasília: Editora da UNB, 1981b, p. 17.

55   AMADO, Gilberto. "As instituições políticas e o meio social no Brasil". In: CARDOSO, Vicente Licínio (org.). *À margem da História da República*. Brasília: Editora da UNB, 1981, p. 55.

população do Brasil politicamente não tem existência". Por isso, "os propósitos mais fecundos e as atitudes mais benéficas resultam afinal estéreis e se perdem na amplidão do ambiente". Em síntese, o povo inculto era a chaga da nação.

Em vez de "consertar" a nação, incompleta e miserável, como imaginavam seus antecessores positivistas, dotando-a de "cultura", os novos queriam construí-la a partir da matéria bruta existente, atualizando a tradição nacional, removendo o atraso e construindo uma nova modernidade.

O Estado era visto como "o" caminho possível para a viabilização desse projeto, tal como se depreende da atuação de Mário de Andrade na diretoria do Departamento de Cultura da Prefeitura de São Paulo, entre 1935 e 1938, e na elaboração do anteprojeto do Serviço do Patrimônio Histórico e Artístico Nacional (SPHAN), de 1936. Mário chega a se referir à "ilusão de homem útil" que o movera até então. Essas "fantasmagorias gostosas" – romances, contos, poemas e artigos – pareciam não valer muito se comparadas às "alegrias, as soluções e os triunfos que nascem da coletividade e a ela se dirigem".[56] Sua nova obra era feita dos concertos gratuitos no Teatro Municipal, dos inúmeros alunos do curso de Etnografia, da Biblioteca Infantil, da Discoteca Pública e da Biblioteca Ambulante que circulava dentro de um furgão.[57]

Os novos "intelectuais artistas",[58] para além da proposta estética das suas obras individuais, se empenhavam na afirmação de um projeto coletivo para a cultura nacional, buscando por meio de sua atuação institucional preservar, resgatar do esquecimento e tornar públicas as tradições, assim como as novas manifestações culturais.

Anísio Teixeira, conterrâneo de Rômulo e catorze anos mais velho que nosso personagem, descobre a utopia na Escola Nova. Também o ex-seminarista formado em Direito no Rio de Janeiro buscava "uma oportunidade para emigrar" – para o Rio, é claro – desejo que "por mais que abafemos acorda no fundo de todo baiano idealista".[59] A utopia que o mobiliza durante os cinco anos nos quais fora Secretário de Educação e Cultura do Distrito Federal, nos anos 1930, aparece resumida abaixo:

> Procurei elevar a educação à categoria do maior problema político brasileiro, dar-lhe base técnica e científica, fazê-la encarnar os ideais da República e da democracia, distribuí-la por todos na sua base elementar e aos mais capazes nos níveis secundários e superiores e inspirar-lhe o

---

56 TÉRCIO, Jason. *Em busca da alma brasileira: biografia de Mário de Andrade*. Rio de Janeiro: Estação Brasil, 2019, p. 378.
57 Ibidem, p. 368-378, 381-384.
58 BOMENY, 2012, p. 66, 75, 81.
59 VIANA FILHO, 2008, p. 51.

propósito de ser adequada, prática e eficiente, em vez de acadêmica, verbal e abstrata.[60]

O projeto de Anísio de expandir a educação e conectar o conhecimento universitário às necessidades de aprendizagem no ensino primário e secundário guarda sintonia com o esforço de Mário de Andrade no Departamento de Cultura: promover o intercâmbio sadio entre a cultura erudita e a cultura popular. Utopia semelhante traria para a capital do país, em 1950, o antropólogo Darcy Ribeiro – oito anos mais moço que Rômulo –, agora de volta das tribos indígenas e dos ensinamentos do Marechal Rondon.

Darcy Ribeiro trocaria, após o suicídio de Vargas, o comunismo pelo nacionalismo. No seu entender, tratava-se de "ir construindo, geração após geração, cada qual como pode, o edifício do autoconhecimento nacional",[61] por meio da independência intelectual e da criatividade, conforme lhe haviam ensinado Gilberto Freyre, Josué de Castro e Anísio Teixeira. O conhecimento científico e o método de pesquisa dos professores estrangeiros aqui radicados, de nada valeriam se "antepuséssemos tão somente ponto e vírgula nos seus textos", se não "conhecêssemos o ciclo de romances regionalistas, Sílvio Romero, Capistrano de Abreu, Oliveira Vianna, Manuel Bonfim, Roquete-Pinto, dentre outros".[62] Este ciclo do conhecimento nacional seria assimilado e superado por meio de novos entrecruzamentos entre forma e conteúdo de modo a provocar tensões no sistema político.

O jornalista Sebastião Nery, também baiano como Rômulo, mas de uma geração posterior, descreve a sua juventude dos anos 1950, mudando de letras, entre a Juventude Universitária Católica (JUC) e a União da Juventude Comunista (UJC). Já em plena atuação, a UNE funcionaria como "a grande universidade livre da juventude brasileira".[63] Daria respaldo às grandes batalhas públicas do país, mais nacionalistas e reformistas do que revolucionárias ou socialistas. A popularização da arte e da cultura brasileira não se fazia sem o PCB, mesmo quando o partido se curvava a caricaturas instrumentais, censurava seus membros mais proeminentes ou se arvorava a porta-voz do processo histórico.[64]

---

60   Ibidem, p. 69.
61   RIBEIRO, Darcy. *Confissões*. São Paulo: Companhia das Letras, 1997, p. 122.
62   Ibidem, p. 121, 142-143.
63   NERY, Sebastião. *A nuvem*. São Paulo: Geração Editorial, 2010, p. 109, 149.
64   RIDENTI, Marcelo Siqueira. "Brasilidade vermelha: artistas e intelectuais comunistas nos anos 1950". In: BOTELHO, André; BASTOS, Elide Rugai; VILLAS BÔAS, Glaucia (orgs.). *O moderno em questão: a década de 50 no Brasil*. Rio de Janeiro: TopBooks, 2008, p. 194.

Enfim, um longo percurso iria confluir para a trajetória daqueles jovens encharcados de nacionalismo e que passam a participar da vida coletiva entre os anos 1950 e 1960, justamente quando Rômulo e outros burocratas-intelectuais-militantes ocupam lugar estratégico no Estado e esboçam seu projeto-interpretação-utopia que articula nação e desenvolvimento.

Nos anos 1950, o nacionalismo ainda se apresenta como uma ideologia vaga, sem formulação teórica precisa e projeto político definido. Havia se tornado "uma força operante antes de haver organizado os seus planos de ação", conforme o diagnóstico de Hélio Jaguaribe.[65] No seu entender, era preciso revesti-lo de "uma formulação racional", pois do contrário corria-se o risco de resvalar para a "esterilidade do topicismo".

A trajetória de Mário Pedrosa – proveniente de uma geração anterior à de Rômulo – parece indicar que a questão fundamental não residia tanto nas diferentes filiações ideológicas de cada intelectual, mas antes na forma de conceber o Brasil de maneira inovadora, a partir de uma perspectiva totalizante e dialética.

Mário Pedrosa, nascido em 1900, abandona o comunismo ortodoxo e idealista, como ele o apelidava, já no final dos anos 1920, para aderir à crítica trotskista, sendo inclusive delegado do Comitê Executivo da IV Internacional, em 1938, quando se encontra no exílio. Na volta ao Brasil, ingressa na Esquerda Democrática e edita o jornal *Vanguarda Socialista*, quando migra para a crítica literária e artística. A dialética estava na superação do capitalismo pelas forças vivas nacionais, que ele capta bem adiante quando do nascimento do Partido dos Trabalhadores (PT). O movimento trazia a seguinte promessa:

> Só mesmo no Brasil, neste país novo, grande, ignorante e bárbaro, é que se poderia produzir um proletariado novo, ignorante, bárbaro, mameluco ou cafuzo, capaz de propor ao Brasil burguês, rico e branco um partido deles, com que esperam confiantes e cheios de fé, refazer o Brasil.[66]

Estes pensadores tão diversos – Rômulo Almeida e Mário Pedrosa – se nutrem da mesma perspectiva de um salto dialético no sentido da afirmação nacional, independentemente dos meios que advogassem. Pouco importa que o futuro não tenha seguido o curso das potencialidades por eles aventadas. O nacionalismo – no sentido de soberania cultural e de integração das massas à nação – era condição para se atingir o desenvolvimento, comportando várias estratégias, todas igualmen-

---

65 JAGUARIBE, Hélio. *O nacionalismo na atualidade brasileira*. Rio de Janeiro: ISEB, 1958b, p. 12-13.
66 PEDROSA, Mário. "O futuro do povo (1980)". In: MARQUES NETO, José Castilho (org.). *Mário Pedrosa e o Brasil*. São Paulo: Editora Fundação Perseu Abramo, 2000, p. 173.

te genuínas, desde que pensadas não em termos mecânico-formais, mas segundo uma formulação histórico-dialética, de acordo com Hélio Jaguaribe.[67]

Tal era a proposta teórica e prática do historiador marxista Caio Prado Jr.":[68] buscar no seio das contradições do "sistema colonial da economia brasileira" o espaço para ativar a "política de construção de uma economia verdadeiramente nacional", por meio da "libertação das forças anticolonialistas". Não se tratava de "apressar o capitalismo", mas de criar as condições para o enfrentamento democrático das classes sociais no espaço político ampliado e revigorado por uma economia nacional dinamizada. Desta forma, a superação do passado colonial no presente aparece como uma peculiaridade do nacionalismo brasileiro.[69]

Não podemos perder de vista, aliás, que todo e qualquer nacionalismo é "um produto cultural específico". Tal peculiaridade transparece no "estilo" como essa comunidade política é imaginada, segundo Benedict Anderson.[70] Porém, se o autor inglês ressalta o pioneirismo dos nacionalismos latino-americanos do início do século XIX, ele peca por não enquadrá-los também na sua "última onda", que se inicia no pós-Segunda Guerra Mundial, quando geralmente se confrontam um "nacionalismo oficial" e um "nacionalismo popular" em boa parte dos países do Terceiro Mundo.

Ora, é precisamente neste momento que a nação até então apenas "imaginada", passa a ser "modelada, adaptada e transformada". Para tanto, contudo, faz-se necessário o estudo concreto da transformação social enquanto processo, bem como das várias formas de consciência nacional, algo que o autor sugere, mas não desenvolve.[71]

No caso brasileiro e latino-americano, não seria o caso de esboçar a hipótese de que em vez de produzir "amnésias coletivas", o nacionalismo – nas suas vertentes reformistas ou revolucionárias – se escora, ao contrário, em um esforço de anamnese? Daí a proposta de superar o passado colonial reciclado pelas novas formas de dependência externa.

---

67 JAGUARIBE, 1958b, p. 52.
68 PRADO JR., Caio. *Diretrizes para uma política econômica brasileira*. São Paulo: Gráfica Urupês, 1954, p. 77, 82, 204, 236-237.
69 A ideia de superação do passado colonial parte da premissa de que as relações sociais daquele presente ainda eram marcadas por um "acentuado cunho colonial". Não se trata de recurso retórico, mas de uma constatação histórica transformada em recurso analítico (PRADO JR., Caio. *Formação do Brasil contemporâneo*. São Paulo: Martins, 1942, p. 7).
70 ANDERSON, Benedict. *Comunidades imaginadas: reflexões sobre a origem e difusão do Nacionalismo*. São Paulo: Companhia das Letras, 2009, p. 30-32, 87-89, 164-167, 191.
71 Ibidem, p. 199.

Fernando Novais[72] revela que os relatos corriqueiros da "história nacional que quer ser eterna" sofrem, no nosso caso, o inconveniente de que "a história do Brasil é a história de uma colônia que se transformou em nação", ou que busca se transformar em nação, melhor dizendo, se quisermos ser fidedignos às aspirações desta geração, a despeito das diferentes posições sociais ocupadas por seus intelectuais protagonistas. Tal hipótese parece contida no arcabouço teórico de Anderson, quando o autor se refere aos Estados latino-americanos do século XIX como "fracos, descentralizados e modestos em termos pedagógicos", além de contarem com fraturas sociais e raciais profundas.[73] Em síntese, para os novos intelectuais, a nação existe enquanto aspiração e projeto, um vir a ser que não está dado de antemão. E a história da nação aparece como o resultado de suas incompletudes e da tentativa de superá-las.

Sintetizando: apesar das diferenças ideológicas e dos distintos espaços e arenas de atuação, existia uma utopia comum que desaguaria no Brasil Desenvolvimentista, quando vários técnicos e intelectuais se preparam para por em prática o seu projeto de nação. Enfim, quando uma comunidade imaginada direcionada para o futuro, por meio da compreensão crítica das permanências coloniais, transforma o desenvolvimento no eixo em torno do qual a nação poderia se firmar.

O percurso que vai de Rômulo adiante, esboçado acima, também pode ser traçado no sentido inverso, pois havia um substrato cultural comum a soldar a sua geração com alguns expoentes daquela que ingressara na vida adulta nas primeiras décadas do século XX.

Nos anos 1930, encontramos Monteiro Lobato superando o mito por ele mesmo criado do "Jeca Tatu". É então que ele afirma categórico: "nosso problema não é político, nem racial, nem climatérico, mas pura e simplesmente econômico".[74] No seu artigo de 1939 sobre arquitetura, Rômulo não deixa de salientar a influência do escritor paulista, quando menciona a "distância calamitosa" que "nem na Índia Luc Durtain viu entre o letrado metropolitano e o jeca do sertão".[75]

Monteiro Lobato fora o primeiro defensor do "Petróleo é nosso". É nele que Rômulo e seus colegas da Assessoria Econômica do segundo governo Vargas se inspiram, mais na audácia da solução nacional do que nos detalhes da fórmula adotada. Não se trata de uma associação arbitrária. Jesus Soares Pereira – parceiro de Rômulo na Assessoria Econômica e que havia trabalhado no Conselho Nacional do

---

72   NOVAIS, Fernando. "Entrevista". In: PRADO JR., Caio. *Formação do Brasil contemporâneo*. São Paulo: Companhia das Letras, 2011, p. 412.
73   ANDERSON, 2009, p. 275, 278-280.
74   LOBATO, Monteiro. *O escândalo do petróleo e ferro*. 9ª edição. São Paulo: Brasiliense, 1959, p. 246. O trecho acima é parte de artigo publicado em 1931.
75   ALMEIDA, 1939, p. 22.

Petróleo (CNP) ao final dos anos 1930 – afirma que sem o escritor paulista e outros "empiristas", lutando então contra os relatórios técnicos do Departamento Nacional de Produção Mineral (DNPM), a descoberta do petróleo teria sido postergada. Entretanto, Lobato "errara" ao insistir em uma solução privada e nacional para o problema, pois o seu enfrentamento requeria, no entender de Soares, a presença do Estado em escala compatível com os meios ao seu alcance.[76]

Antes de Monteiro Lobato, o grande inspirador de Rômulo, Alberto Torres, criticara o patriotismo "litúrgico" e "oficial", ao qual opunha o "patriotismo do povo brasileiro", de forma a injetar "nacionalidade na nação". O seu diagnóstico é simples: ausência de organização nacional, pois subordinada intelectual e politicamente. Em 1914, o pensador fluminense fala do Brasil "como museu vivo de etnologia e esplêndido laboratório de experimentação étnica". E vai direto à raiz do problema: "nunca tivemos política econômica, educação econômica, formação de espírito industrial".[77] Vale ressaltar que Alberto Torres atua, para a geração de Rômulo, mais como uma visão de mundo a ser lapidada, pois tendia a valorizar as "indústrias da terra", adotando uma visão, no geral, anti-industrialista.[78]

Podemos recuar mais um pouco no tempo até chegar a Euclides da Cunha, outro pensador que moldou o universo intelectual de Rômulo e de tantos outros de sua geração. Em resposta aos críticos da sua época, o escritor reage da seguinte maneira:

> era natural que admitida a arrojada e animadora conjectura de que estamos destinados à integridade nacional, eu visse naqueles caboclos o núcleo de força de nossa constituição futura, a rocha viva de nossa raça.[79]

Lamenta o escritor de *Os Sertões* a ausência de tradições uniformes nacionais, enquanto denuncia a matança dos "extraordinários patrícios" pelos "mercenários inconscientes" de uma civilização de empréstimo. O martírio secular do sertanejo não pode ser entendido fora do contexto da "economia geral da vida". "A evolução biológica reclamava a garantia da evolução social", impossível em um país fragmentado, governado pelo litoral, de onde partiam "todos os vícios de uma nacionalidade em decomposição insanável". Se "estamos condenados à civilização", ela não

---

76 PEREIRA, 1975, p. 60-66.
77 TORRES, Alberto. *O problema nacional brasileiro*. 3ª edição. São Paulo: Nacional, 1978, p. 123-129.
78 FONSECA, Pedro Cezar Dutra. "Gênese e precursores do desenvolvimentismo no Brasil". In: FONSECA, Pedro Cezar Dutra & BASTOS, Pedro Paulo Zahluth (orgs.). *A Era Vargas: desenvolvimentismo, economia e sociedade*. São Paulo: Editora UNESP, 2012, p. 20.
79 CUNHA, Euclides da. *Os Sertões*. 23ª edição. Rio de Janeiro: Livraria Francisco Alves, 1954, p. 547 (nota V).

virá pelo simples soterramento dos vários "desconhecidos singulares" do sertão, da Amazônia e dos "demais patrícios", distribuídos pelo país afora, em uma situação de profunda miséria social e moral.[80]

Euclides fora, efetivamente, o grande "abridor de caminhos", embora, à medida que chegamos ao último ato da sua obra magna, os vejamos todos fechados. Nele podemos encontrar as raízes do modernismo, do romance regionalista de 1930 e das Ciências Sociais dos anos 1940 e 1950.[81] Apenas meio século adiante, a contradição entre as teorias científicas utilizadas pelo escritor e o seu estilo arrojado na descrição da vida do sertanejo seria passível de superação. Isto é, quando emergem novas concepções estéticas e teóricas, mais capazes de adentrar a realidade nacional, fornecendo assim sustentação a projetos alternativos e inclusivos de desenvolvimento.

O eco de Euclides aparece de forma mais ou menos explícita na geração de intelectuais que nasceram nos anos 1910 e ocuparam cargos no setor público entre 1945 e 1964. O crítico literário pernambucano Álvaro Lins – futuramente chefe da Casa Civil no Governo JK e embaixador em Portugal – relata em crônica o que vira, em 1946, ao percorrer várias cidades do interior do seu estado natal. Revela ter adotado então "a linguagem e as preocupações do interior, bem diferentes daquelas que são as nossas na grande cidade". No seu entender, o grande problema da civilização brasileira continua sendo o mesmo descortinado pelo escritor de Os Sertões "em toda a sua intensidade dramática": "a separação entre o mundo rural e o urbano". Após narrar a existência desses "homens fortes, porém, abandonados e desgraçados", Lins se pergunta: "somos um povo em crescimento ou em decadência?".[82]

Vimos acima o contraste entre as duas qualificações extremas – "boniteza genial" e "falsificação hedionda" – de Mário de Andrade sobre a obra magna de Euclides da Cunha. A sua leitura também desencadearia reações ambíguas em Caio Prado Jr. Em carta de 1960, o historiador responde a um questionamento sobre a entrevista por ele concedida a um jornal de Porto Alegre.[83] Confirma então a sua assertiva sobre a "visão deformadora" da obra que, em vários aspectos, se diferencia dos "sertões reais" que ele conhecera nas suas viagens de campo ao Nordeste. De forma semelhante a Mário de Andrade, refere-se a "um mundo em decomposição",

---

80 Ibidem, p. XI-XII, 55, 63, 76, 100. Realizamos aqui uma leitura própria a partir de trechos da obra de Euclides da Cunha.
81 GALVÃO, Walnice Nogueira. *Euclidiana: ensaios sobre Euclides da Cunha*. São Paulo: Companhia das Letras, 2009, p. 28.
82 LINS, Álvaro. "À maneira de epílogo: depoimento sobre a morte próxima do Nordeste". In: LINS, Álvaro & MAIA, Eduardo Cesar (orgs.). *Sete escritores do Nordeste*. Recife: Cepe, 2015, p. 135-138.
83 FAVIANO, Giovana Beraldi; COLLACIO, Talita Yosioka; LONGO, Viviane Vitor; BARBOSA, Alexandre de Freitas; RIBAS, Elisabete Marin. "Caio Prado Júnior e *Os sertões*, de Euclides da

onde se encontra "a miséria mais sórdida, na extensão da palavra". Em vez de "uma sociedade apartada e segregada do resto do Brasil", observa-se "uma diferenciação e uma discriminação vertical e social".[84] Não obstante, conclui destacando "o impacto emocional" do livro de Euclides, que ensinara "as novas gerações a olharem diferentemente para o Brasil e as suas coisas". Foi então que o pensamento brasileiro adquiriu maioridade.[85]

Em entrevista de 2002, Celso Furtado[86] se recorda de sua primeira leitura de *Os Sertões*, ainda jovem, na Paraíba, quando os ecos de Canudos ainda se faziam sentir. Pergunta-se sobre o porquê da "permanência da obra", escrita em "estilo anacrônico" e "cientificismo superado".[87] No seu entender, o livro havia escancarado a "miopia ideológica das elites" e as "contradições da nossa formação histórica". Graças ao "gênio intuitivo" do escritor, a mensagem que ficou foi a do "crime cometido". A complexidade da narrativa explica "a influência difícil de circunscrever, assumindo formas por vezes contraditórias". Permite revelar não só "o Brasil como um mundo em construção", mas também "as resistências à mudança".[88]

Recapitulando: os intelectuais de orientação nacionalista da geração de Rômulo possuíam uma visão de mundo marcada por algumas experiências compartilhadas: a leitura de alguns clássicos como *Os Sertões*, a formação em Direito, a influência do positivismo, a curiosidade pelo modernismo, a prática do jornalismo como forma de incursão na vida política, o gosto pela pesquisa aplicada, o autodidatismo desenvolvido nas bibliotecas públicas e a mudança para o Rio de Janeiro, tendo as pensões do Catete como destino. Para muitos deles, o emprego no serviço público por meio de concurso – possibilitando a conversão em burocratas-intelectuais-militantes – daria a liga final, soldando suas trajetórias antes dispersas.

As leituras – de Euclides da Cunha a Mário de Andrade, passando por Alberto Torres e Monteiro Lobato, dentre tantos outros – conformavam uma herança comum, a exigir intermediação e agregação de valor, pois não se propunha uma rup-

---

Cunha". In: *Revista do IEB*, n. 54, 2012, p. 189. O documento publicado na íntegra encontra-se no Fundo Caio Prado Jr. do IEB.

84 Ibidem, p. 190-191.
85 Ibidem, p. 192-193.
86 LEITE, 1986, p. 8. Cleanto, outro paraibano, lê a obra em exemplar da biblioteca do pai, com 14 anos de idade. Rômulo, como vimos, a carregara junto consigo pelo sertão baiano.
87 FURTADO, Celso. "Entrevista a Antonio Fernando de Franceschi (2002)". In: *Cadernos de Literatura Brasileira: Euclides da Cunha*. São Paulo: Instituto Moreira Salles, 2002, p. 119-120. Devo à Rosa Freire d'Aguiar a descoberta desta entrevista.
88 Ibidem, p. 120, 123.

tura completa com os que vieram antes. As formas de sociabilidade estabelecidas entre esses jovens – por meio da "interpenetração entre o ideológico e o afetivo" – propiciavam a emergência de "microclimas" no seio de um "ecossistema" mais amplo, conforme a proposta conceitual de Sirinelli.[89] Uma nova consciência política inscrita no tempo e no espaço aprumava sua forma e conteúdo.

Vale lembrar que as gerações anteriores – a positivista e a modernista – guardavam entre si dissonâncias, mas também semelhanças expressivas, geralmente menos realçadas.[90] Do lado das diferenças, percebe-se que enquanto a primeira buscava "agir de cima", dando "forma à sociedade", a segunda não punha em dúvida à existência do povo, que aparecia inclusive como cimento da unidade nacional.

Por outro lado, em ambas existia uma espécie de "perpétua contradança entre 'realismo' e voluntarismo construtivista". Esta ginga apresentava diferentes configurações, de acordo com as coalizões de poder, escorando-se sempre na "inventividade ideológica dos intelectuais", que se identificavam com o Estado, ou então se apresentavam como contra-Estado. O "real" possuía uma ascendência sobre o "político", geralmente entendido de maneira pejorativa, como sinônimo da manutenção do *status quo*.[91]

Potencialmente autoritária uma, tendencialmente democrática a outra, mostram-se solidárias na construção de uma "cultura política" que encara o Estado nacional como representante do social – fosse para moldá-lo, fosse para libertar as forças vivas da nação –, mas sempre acenando para a sua "regulação racional". Em síntese, o imperativo nacional incorporava o "povo" por meio de um "terceiro indispensável",[92] os intelectuais, que assumiam legitimidade perante a sociedade operando a partir das entranhas do Estado.

A nova geração, nos seus vários fragmentos, acompanha as rupturas processadas pelos modernistas em relação aos positivistas, mas amplia o foco de atuação desse movimento, até então restrito à esfera cultural. Os economistas e cientistas sociais emergentes podem ser qualificados como "modernistas" no sentido de que absorvem de maneira "criteriosa"[93] os cânones do pensamento ocidental, realçando a particularidade da experiência brasileira no quadro universal do qual ela é partícipe. Caio Prado Jr., Josué de Castro, Ignácio Rangel, Celso Furtado e Florestan

---

89　SIRINELLI, 2003, p. 252-255, 258.
90　PÉCAUT, 1990, p. 8-9,15-17, 39-40, 56, 125, 181-183.
91　Ibidem, p. 6, 49-55.
92　Idem, Ibidem.
93　FERNANDES, Florestan. *Sociedade de classes de subdesenvolvimento*. 3ª edição. Rio de Janeiro: Zahar, 1975, p. 16-19.

Fernandes representam os frutos desse modernismo que, depois de "rotinizado",[94] se alastra para outros terrenos da atividade intelectual.

Um exemplo antecipa o movimento que desponta nos anos 1950. No seu texto de 1932, publicado em 1935 pelo Ministério do Trabalho, Josué de Castro desbrava novos territórios analíticos na sua "tentativa de interpretação histórica e econômica à luz da biossociologia".[95] Na sua obra clássica de 1946 – dedicada, entre outros, a Euclides da Cunha, apodado de "sociólogo da fome" –, o autor amplia o alcance do estudo da fome coletiva por meio do "método interpretativo da moderna ciência geográfica", de modo a fisgar o "problema em sua realidade total", investigando os efeitos gerados sobre a "estrutura socioeconômica". De Recife, o recém-convertido geógrafo salta ao Brasil "como campo de observação e experimentação diretas do problema", a partir da delimitação de cinco diferentes áreas alimentares, que permitem mapear "o estudo ecológico das correlações entre os grupos humanos e os quadros regionais".[96]

Dialogando com as linhagens do pensamento político cunhadas por Gildo Marçal Brandão – que procura desvendar suas "continuidades subterrâneas de longa duração" –, percebe-se, a partir de uma leitura diversa do autor, mas utilizando-se dos seus próprios termos, que o "idealismo orgânico" e o "idealismo constitucional" aparecem não necessariamente em polos opostos, mas por vezes integrados de diversas maneiras. Isso é facilitado pela emergência das novas concepções "antiaristocráticas", tanto no "pensamento radical de classe média" como no "marxismo de matriz comunista".[97]

Se o pensamento nacionalista dos anos 1950 recusa o formalismo liberal, "tampouco subordina todo dever-ser à estreita métrica do existente". Ou melhor, se o "real" predomina, tal não significa o abandono de uma "utopia ética".[98] Ao contrário, esta aparece como o móvel por trás da transformação social que exige reformas de estrutura, por vezes acionadas pela via constitucional. A soldagem é operaciona-

---

94　Nos termos de Candido, o que era "excepcional" nos anos 1920, passa a ser "usual" em seguida, como se a revolução tivesse sido entronizada na prática cultural, nas instituições e no terreno das ideias (CANDIDO, Antonio. "Prefácio". In: DUARTE, Paulo. *Mário de Andrade por ele mesmo*. 2ª edição. São Paulo: Hucitec, 1977, p. XIII/XIV). Tomo a liberdade de usar o termo "rotinização do modernismo", pensado por Candido para os anos 1930, para o contexto dos anos 1950, além de ampliar o seu alcance. Uso semelhante ao aqui adotado pode ser encontrado em BRANDÃO, 2007, p. 36.

95　CASTRO, 1935, p. 9.

96　CASTRO, Josué de. *Geografia da fome*. 5ª edição. São Paulo: Brasiliense, 1957, p. 24-25, 32. As citações entre aspas se referem ao prefácio escrito em 1956.

97　As categorias em aspas compreendem as linhagens do pensamento político brasileiro, tal como concebidas pelo autor. Os termos "idealismo orgânico" e "idealismo constitucional" são emprestados de Oliveira Vianna (BRANDÃO, 2007, p. 37-38, 46-50).

98　Ibidem, p. 144-146.

lizada pelos radicais de classe média e por muitos marxistas, ligados ou não ao PCB, alojados ou não no Estado. Como se as linhagens políticas se reorganizassem em torno de projetos-interpretações-utopias, capazes de aglutinar os marxistas independentes, como Caio Prado e Mario Pedrosa, e os radicais de classe média atuando no setor público, como Anísio Teixeira e Celso Furtado.

Desta forma, se para Brandão, "nem todos os 'pensadores político-sociais' se enquadram nesta ou naquela linhagem",[99] no nosso entender, os anos 1950 propiciam um corte histórico a partir do qual os vários fragmentos da nova geração passam a estabelecer entre si conexões profundas. Engendram-se "processos de substituição cultural de importações" em vários sentidos, tendo por resultado um "fundo comum" de problemas, métodos e propostas que fazem parte do repertório desta geração, mesmo quando operacionalizado a partir das suas diversas posições sociais.

Esta perspectiva renovada do modernismo, conforme a feição conferida pelos técnicos e intelectuais nacionalistas, além de totalizante, passa a incorporar de maneira dinâmica a história como herança passível de superação por meio do enfrentamento do quadro de dependência econômica e cultural. Portanto, potencialmente dialética, ainda que fossem várias as vias de superação, nem todas convergentes entre si. O "sulco aberto pelo modernismo nos anos 1920 e 1930",[100] e interrompido pelo enrijecimento do sistema político durante o Estado Novo, volta agora com força renovada, espraiando-se e adensando-se.

A frustração de Mário de Andrade, na sua conferência de 1942, quando realiza a sua revisão crítica do movimento modernista, está relacionada à sua incapacidade para "atualizar a arte com o espírito do tempo, que era essencialmente político".[101] O escritor, convidado pela Casa do Estudante do Brasil para proferir palestra sobre tema de sua escolha, fala para um auditório no Palácio Itamaraty, repleto de escritores, diplomatas, estudantes e jornalistas. Depois de ressaltar "o espírito revolucionário modernista", que preparou a "ruptura" dos anos 1930, não deixa de mencionar "o abstencionismo que teria mantido os modernistas à margem da realidade social do país". E termina com a convocatória: "marchem com as multidões".[102]

O contexto político ajuda a explicar porque o livro de Stefan Zweig – *Brasil país do futuro*, escrito no seu exílio brasileiro, em 1941 – tenha sido recebido com ceticismo pela intelectualidade brasileira, antes tão ciosa da identidade nacional em processo de renovação. De fato, um corte no tempo se processara. O tom por vezes

---

99   Ibidem, p. 38-39, 56-57.
100   CANDIDO, 1977, p. XIII/XIV.
101   JARDIM, 2015, p. 197-199.
102   TÉRCIO, 2019, p. 451-458.

apologético de Zweig, perseguido pelo nazismo, se justifica pelo aniquilamento dos valores da civilização europeia, que ele vivenciara de camarote na Viena da sua juventude. Como enfatiza na introdução de sua obra, deixara a "presunção europeia na bagagem", para projetar o Brasil "em uma posição especial entre todas as nações do mundo no que respeita ao espírito e à moral".[103]

Ao estabelecer uma ponte entre o passado europeu e o futuro sublime descortinado pela civilização brasileira, Zweig parece tropeçar no presente.[104] Sutil inversão de perspectivas. Ele se socorre do Brasil, enquanto o país, depois da primeira euforia modernista, vive o seu próprio inferno astral. A sua observação tem o seguinte pano de fundo: os acontecimentos dos últimos anos alteravam essencialmente o valor das palavras "civilização" e "cultura", não sendo mais possível equipará-las à ideia de "organização" e "conforto". Seria possível combinar o dinamismo econômico e a diversidade cultural com o que ele chama de "espírito de conciliação", desprezando os seus significados políticos antidemocráticos?

Conforme seu diagnóstico, falta apenas aproveitar "essa grande multidão obscura de maneira produtiva, pois que ainda não transformada pelo trabalho". O resto, parece dizer Zweig, "o espírito de humanidade", já está ali.[105] Sem querer, a sua certeza idílica resvala naquilo que seria futuramente problematizado pela geração posterior.

Seu ostracismo no país, acentuado pelos rumores de que o livro havia sido escrito sob encomenda do governo Vargas,[106] revela o reconhecimento por parte da intelectualidade de que a nação não poderia ser construída sem o concurso das forças sociais em um espaço democrático; de que o caldeamento de raças era uma construção ideológica; e de que o "pauperismo", como se dizia à época, não poderia ser mantido sob a justificativa de carregar consigo a "cultura popular". Novos conflitos emergiam no caminho da nação.

O modernismo renovado pelas Ciências Sociais e pelo pensamento econômico nos anos 1950 e 1960 teria que se enfrentar com as estruturas de poder e com a própria dinâmica do capitalismo, tornando o processo de afirmação nacional mais complexo do que o fora no terreno estético. As novas obras de interpretação confrontariam-se diretamente com as estruturas do "sistema", que poderia não seguir o caminho das sínteses analíticas projetadas para transformar a realidade social e econômica. Agora, o "atraso", depois recunhado como "subdesenvolvimento", surge entrelaçado com o moderno, mas em um sentido diverso, por revelar uma socieda-

---

103   ZWEIG, Stefan. *Brasil país do futuro*. Rio de Janeiro: Guanabara, 1941, p. 10-12.
104   DINES, Alberto. *Morte no paraíso: a tragédia de Stefan Zweig*. Rio de Janeiro: Nova Fronteira, 1981, p. 253-254, 334.
105   ZWEIG, 1941, p. 17-21, 162, 164.
106   DINES, 1981, p. 290-298.

de rígida e desigual. Se na arte a justaposição entre o pré-burguês ou colonial com o moderno se mostra eficaz esteticamente, como no caso de Oswald de Andrade, apontado por Roberto Schwarz,[107] a mesma operação não parece fazer sentido no processo social mais amplo, podendo descambar inclusive para a cilada da modernização conservadora.

Qual o sentido da busca por uma "cultura nacional orgânica, passavelmente homogênea e com fundo popular",[108] em um momento de crescente diferenciação do território e das relações sociais, inclusive levando ao aprofundamento das desigualdades? Paralelamente, novos tipos populares emergiam, especificamente urbanos, enquanto o campo era acometido pelo êxodo rural gerado pela concentração fundiária. Tais dilemas ultrapassavam a perspectiva dos modernistas, cujo tempo histórico exigia outras batalhas.

Tratava-se então de lograr a expansão da base material com progresso social, mas dilatando as raízes culturais redefinidas. A geração nacionalista embarca em um positivismo mais aberto graças às fontes de inspiração modernistas. Consegue assim minar as suas raízes autoritárias e impedir que o apego ao rigor científico se fizesse em detrimento da criatividade, ou que se descuidasse dos desafios impostos por uma sociedade profundamente desigual.

O projeto-interpretação-utopia de Rômulo e de seus colegas de trincheira trazia consigo o conceito de desenvolvimento como elemento articulador. Não adiantava mais afirmar que a nação já existia no povo. No próprio processo de transformação da nação consciente do seu destino, o povo surgia reconfigurado. Mas como incorporá-lo ao desenvolvimento, fazendo jus ao novo e multifacetado substantivo?

---

107 SCHWARZ, Roberto. *Que horas são? Ensaios*. São Paulo: Companhia das Letras, 1989, p. 11-13, 21-23, 47-48.
108 Ibidem, p. 37-40.

A trajetória política

Montado o cenário cultural em que transita o nosso personagem, a câmera pode focar agora na trajetória política do jovem Rômulo, que tivera uma "formação muito irrequieta",[1] segundo suas próprias palavras. Como vimos, o "desespero pela nacionalidade" e a crença na "animadora conjectura da integridade nacional" compunham o traço comum de sua geração, como se estivesse, entre 1930 e 1950, em busca de algum ponto de apoio, quando "a irrealização do presente dificultava a incorporação do passado na perspectiva do futuro".[2]

Já nos anos 1950, muitos intelectuais – empenhados em alargar as perspectivas abertas pelos modernistas, e agora em busca de uma interpretação própria do processo econômico e social em curso – ultrapassam os pressupostos limitadores dos positivistas. Auxiliados pela concepção keynesiana, que incorpora o Estado como agente econômico decisivo, formulam propostas concretas de intervenção estatal e transformação da sociedade. Os técnicos nacionalistas se concentram na dimensão econômica, que interage com as demais dimensões da vida nacional.

Neste sentido, eram pós-keynesianos na veia, pois na periferia o planejamento deveria ir além das políticas anticíclicas. O desafio era mudar as estruturas em função do novo quadro político e a partir de objetivos definidos pela sociedade, conforme a síntese de Furtado. Como o planejamento nos países capitalistas avançados se dava no contexto das destruições da guerra, o economista, para ressaltar a especificidade brasileira, ao final dos anos 1940 e início dos anos 1950, comparava o subdesenvolvimento a uma "espécie de devastação".[3]

As novas lideranças intelectuais – católicas, estudantis, socialistas e trabalhistas – além das classes sociais emergentes e das elites tradicionais, bem como o frag-

---

1 ALMEIDA, 1984.
2 ALENCASTRO, Luiz Felipe. "Introdução". In: FURTADO, Celso. *Formação econômica do Brasil*. Edição Comemorativa dos 50 Anos, organizada por Rosa Freire d'Aguiar Furtado. São Paulo: Companhia das Letras, 2009, p. 24.
3 FURTADO, Celso. "Mensagem aos jovens economistas". In: FURTADO, Celso. *O longo amanhecer: reflexões sobre a formação do Brasil*. Rio de Janeiro: Paz e Terra, 1999, p, 77-78.

mento de geração dos intelectuais críticos da academia teriam que se posicionar em face do projeto nacional, parido no âmbito do aparato estatal. Mas antes de situar Rômulo e o seu fragmento de geração como protagonistas do processo histórico, cabe acompanhar a sua rica trajetória de engajamentos políticos até o ano de 1950.

Nosso personagem alista-se, em 1930, como voluntário das forças revolucionárias, sob o comando do tenente Agildo Barata, na Bahia, mais precisamente na cidade de Alagoinhas, no norte do estado, onde houve o confronto com as forças legalistas.[4] O coronel Ataliba Osório – comandante da 6ª Região Militar, que abarcava o estado – havia passado para o lado dos revoltosos e contava com o apoio dos estudantes de Salvador e de vários coronéis do sertão que organizavam os "batalhões patrióticos".[5] Depois da morte de João Pessoa, os tenentes Agildo Barata, Juarez Távora, Bizarria Mamede, Juracy Magalhães e Paulo Cordeiro, a partir da capital da Paraíba e com o apoio do civil José Américo de Almeida, arquitetaram a estratégia do movimento armado no "Norte", como ainda se dizia à época.[6]

Logo em seguida Rômulo apoia a Revolução de 1932,[7] não em si, mas por que "a legalidade permitiria fazer a nossa revolução". A crítica ao governo Vargas faria com que fosse preso três vezes na Bahia, em 1932, 1933 e 1934, durante a interventoria de Juracy Magalhães.[8] Na primeira vez, junto a outro baiano, três anos mais velho e que atendia pelo nome de Carlos Marighella, então estudante da Escola Politécnica da Bahia. Na época, unia-os a luta contra o "presidente traidor".[9]

Mais precisamente no dia 22 de agosto de 1932, os secundaristas em greve do Ginásio da Bahia se dirigem em passeata à Faculdade de Medicina, quando são cercados pelo Exército, Força Pública, Corpo de Bombeiros, Guarda Civil e Legião Acadêmica. Os estudantes estão "armados" com fuzis *Mauser*, dos tempos da campanha de Canudos, e com bombas artesanais fabricadas nos laboratórios. Não houve confronto graças ao armistício selado pelos professores, mas 514 estudantes foram encarcerados na Penitenciária do estado.[10] Rômulo fica em um cubículo com

---

4   ALMEIDA, 1986, p. 25.
5   SAMPAIO, 2011, p. 123-124, 126-128.
6   CAMARGO, Aspásia; RASPOSO, Eduardo & FLAKSMAN, Sérgio. *O Nordeste e a política: diálogo com José Américo de Almeida*. Rio de Janeiro: Nova Fronteira, 1984, p. 181.
7   Os estudantes paulistas contaram com apoio de seus pares em outros Estados do país, inclusive da Bahia. A bandeira do constitucionalismo e o noticiário sobre a "vitória fácil" de São Paulo, veiculada por parte da imprensa, contribuíram para tal apoio (RISÉRIO, 2002, p. 71).
8   ALMEIDA, 1986, p. 24-25, 31.
9   MAGALHÃES, Mário. *Marighella: o guerrilheiro que incendiou o mundo*. São Paulo: Companhia das Letras, 2012, p. 60.
10 Ibidem, p. 54-60.

outros dez manifestantes por duas noites,[11] o que também deve ter acontecido com Marighella. A história do Brasil faria com que seguissem rumos diversos, cada um conforme a sua cartilha, cada um na sua guerrilha.

Em dezembro de 1933, Rômulo segue com uma "embaixada" de estudantes baianos para homenagear a Revolução Constitucionalista, a convite do jornal *A Gazeta*, dirigido por Casper Líbero. De São Paulo, eles rumam para Ribeirão Preto, saudados como herois por foguetórios em cada parada do trem.[12] Tudo indica que remonta a esse tempo sua amizade com Otávio Mangabeira, exilado na Europa, então uma espécie de líder dos jovens baianos defensores da Constituinte. Esse movimento levaria à criação da Liga de Ação Social e Política (LASP) baiana, em 1934, provavelmente contando com a participação de Rômulo.[13]

Em 1935, Rômulo adere ao integralismo, sendo preso novamente ao final de 1937, em pleno Estado Novo. Em 1938, de volta à Bahia, ajuda a estruturar o Departamento da Cultura do estado, não sem antes conversar com Mário de Andrade.[14] Recusa-se a participar ativamente do governo do interventor Landulfo Alves. Recruta, porém, a seu pedido, "as inteligências moças de Salvador", dentre as quais estava o futuro sociólogo Guerreiro Ramos, que mais adiante também seguiria para o Rio com uma bolsa do governo estadual. Em 1943, Guerreiro Ramos assume uma vaga no DASP como técnico de administração interino.[15]

As contribuições "de ordem intelectual" que Rômulo fornecera para a criação do Departamento de Cultura da Bahia, entretanto, foram "adaptadas" aos interesses do interventor, que recebera "instruções do Rio" para criar uma sucursal do Departamento de Imprensa e Propaganda (DIP) no estado. Conforme relata Rômulo, "não topei mudar a posição e fiquei firme".[16] O Estado Novo matava qualquer tentativa de institucionalização de uma perspectiva modernista. Vale lembrar ainda que o secretário de Educação do estado Isaías Alves de Almeida, irmão do interventor Landulfo, durante a sua passagem pela instrução pública do Rio de Janeiro, havia acusado Anísio e demais educadores do movimento da Escola Nova de "bolchevistas".[17]

---

11   ALMEIDA, 1986, p. 31.
12   Ibidem, p. 32-33.
13   SAMPAIO, 2011, p. 134-135.
14   ALMEIDA, 1986, p. 39. Não se sabe o teor desta conversa e nem o seu local, já que, em junho de 1938, Mário de Andrade se transfere de São Paulo para o Rio de Janeiro.
15   GUERREIRO RAMOS. "Entrevista". In: OLIVEIRA, Lucia Lippi. *Sociologia do Guerreiro*. Rio de Janeiro: Editora da UFRJ, 1995, p. 132-133, 137, 143-144.
16   ALMEIDA, 1986, p. 39.
17   DÁVILA, 2006, p. 259-260.

Findo o Estado Novo, em 1945, Rômulo vota no brigadeiro Eduardo Gomes "dentro da ideia de democratizar",[18] tal como vários socialistas que se integram à Esquerda Democrática, criada no mesmo ano, e que em 1947 fundam o Partido Socialista Brasileiro (PSB). Apenas adiante, em 1950, nosso personagem decide se filiar ao Partido Trabalhista Brasileiro (PTB).

No início da Terceira República, a intelectualidade brasileira encontrava-se dividida entre democratas liberais (os futuros udenistas), pecebistas e vários grupos de esquerda antivarguista, como ficara patente durante a realização do I Congresso Brasileiro de Escritores, em São Paulo, no ano de 1945. A Declaração de Princípios, finalmente aprovada, resultara do consenso arduamente costurado entre grupos bastante diversos em termos de orientação política. Defendia a liberdade de expressão, o retorno das eleições para todos os níveis e a soberania popular.[19]

O piauiense Carlos Castelo Branco, o "Castelinho", antes de se mudar para a capital federal e se destacar como repórter, editor e colunista político, transitava, em Belo Horizonte, entre os udenistas da Faculdade de Direito e os comunistas do jornalismo. Tinha apreço pelo "liberalismo político" da UDN, mas "os exemplos diários de dedicação à luta contra a ditadura vinham do PCB", do qual se tornou simpatizante, por ter iniciado a sua carreira de jornalista sob o reinado da censura prévia.[20]

Enquanto isso, Jorge Amado, no seu exílio de junho de 1941 a setembro de 1942 em Montevidéu e Buenos Aires, escreve a biografia de Prestes com aval do PCB e acesso a vários documentos, além de sua poderosa imaginação criadora empolgada em heroicizar o "cavaleiro da esperança", tal como já fizera antes com Castro Alves. A primeira edição sai em espanhol, em 1942, traduzida ao português por Tomás Pompeu Acioli Borges, seu companheiro de militância no exílio e, mais adiante, o boêmio cívico encarregado de elaborar o projeto de reforma agrária do segundo governo Vargas.

A aproximação dos comunistas com Vargas, iniciada em 1943, seria consumada em julho de 1945, com o discurso de Prestes no estádio do Pacaembu e o apoio expresso de Monteiro Lobato, que envia sua saudação por escrito. Neste momento, o livro do escritor baiano chega ao Brasil, sensivelmente revisado por biógrafo e biografado, para atenuar as críticas ao "ditador", com uma tiragem inicial de 50 mil exemplares.[21]

O ziguezague político também caracteriza a trajetória do jovem Rubem Braga. Um ano mais velho que Rômulo, o jovem de 17 anos, anticlerical até a medula, critica

---

18   ALMEIDA, Rômulo. "Política Econômica no segundo governo Vargas". In: SZMRECSÁNYI, Tamás & GRANZIERA, Rui Guilherme (orgs.). *Getúlio Vargas & a Economia Contemporânea*. Campinas: Editora da Unicamp, 2004, p. 125, 129.
19   TÉRCIO, 2019, p. 484, 487-488.
20   MARCHI, Carlos. *Todo aquele imenso mar de liberdade: a dura vida do jornalista Carlos Castelo Branco*. 2ª edição. Rio de Janeiro: Record, 2015, p. 100-108.
21   AGUIAR, 2018, p. 160-165, 168-172, 210-213.

a Aliança Liberal e defende Júlio Prestes, para depois flertar com a Aliança Nacional Libertadora, quando escreve crônicas sociais para a *Folha do Povo* de Recife e para o jornal comunista *A Manhã*. Perseguido, em 1936, sob a alcunha de Roberto M. Couto publica *A Questão do Ferro*, um libelo contra a Itabira Iron. O seu mote era "o ferro do Brasil precisa ser explorado para o Brasil, mesmo que não seja pelo Brasil". Correspondente da "guerra nacional", em 1932, e da Segunda Guerra Mundial, em 1945, Braga retorna ao país para fundar o PSB capixaba. Nos anos 1950 e 1960, desilude-se da política, apesar do apoio a Jânio Quadros, a quem acompanha em viagem a Cuba, em 1960, para depois ser brindado com a Embaixada em Marrocos. Recusa o rótulo de intelectual e não esposa qualquer dialética. Acomoda-se ao papel de "cronista trivial lírico variado", narrando as coisas da terra e de sua gente, ou como ele próprio dizia, desse "Brasil tão grande e desigual".[22]

Como definir essas personalidades sujeitas a tantos vaivéns ideológicos? Ou posto de outra maneira, não seria a vida política brasileira deste interregno caracterizada pela extrema volatilidade? Olhando para trás, o Rômulo setentão descreve o jovem de vinte anos da seguinte maneira:

> Um nacionalista, dotado de tremenda preparação cívica, cujo negócio era o Brasil, queria empurrar o Brasil para frente; mas também socialista no sentido da distribuição de oportunidades iguais e da participação do povo. Mas não era comunista, o fraseado deles me deixava meio tonto.[23]

Seu colega de trabalho na futura assessoria econômica de Vargas, Ignácio Rangel, padecia da mesma inquietação, mas suas preferências ideológicas eram outras nos anos 1930 e 1940. Crescera ouvindo estórias da mítica Coluna Prestes, que jamais teria terminado; para então pegar em armas em outubro de 1930 a favor da Aliança Liberal; e tornar-se militante comunista, indo de vez para o Rio em 1945, quando passa a integrar a célula Theodore Dreiser do PCB, a mesma de Graciliano Ramos. O maranhense desnorteava os líderes do partido, ao discorrer sobre o potencial de expansão industrial do país, inclusive ampliado pelo papel adaptativo da agricultura que respondia aos estímulos do mercado. Para completar, dizia embasar-se na obra de Lênin sobre o capitalismo na Rússia.[24]

---

22 CARVALHO, Marco Antônio de. *Rubem Braga: um cigano fazendeiro do ar*. 2ª edição. São Paulo: Biblioteca Azul, 2013. Realizo acima uma síntese de alguns marcos da trajetória do escritor relatados ao longo da biografia.
23 ALMEIDA, 1986, p. 25.
24 Sobre a trajetória de Rangel, ver RANGEL, 1991/1992, p. 115-118, assim como os artigos contidos na coletânea REGO, Jose Márcio & MAMIGONIAN, Armen (orgs.). *O pensamento de Ignácio Rangel*. São Paulo: Editora 34, 1998, p. 15-16, 57-62, 79-80.

Rangel, em entrevista ao final da vida, faz a seguinte declaração, como se carregasse a própria história do país nas veias: "O que importa não é a minha vida, o que importa é o Brasil no qual eu estive vivendo nesses últimos quinhentos anos no mínimo, que a minha idade é de pelo menos quinhentos anos".[25]

Vejamos o relato, no mesmo tom, escrito após o golpe de 1964, de outro companheiro de todas as horas de Rômulo – ao menos a partir de 1946, quando se conhecem –,[26] o cearense Jesus Soares Pereira, nascido em 1910 e que chega ao Rio de Janeiro em 1932:

> Considero-me um privilegiado da sorte, por haver nascido no Brasil e por ter tido ensejos de contribuir para a sua construção econômica e social, em período marcante da história de meu país; e por ter conseguido isso, não obstante a minha origem humilde, de tal modo que só tenho motivos de orgulhar de minha atuação consciente.[27]

Os três depoimentos acima compõem o retrato coletivo de um fragmento de geração que faria história a partir de uma posição social e de uma utopia compartilhadas. Furtado se soma ao coro. Durante o regime militar, quando é demitido do DASP, "a bem do serviço público",[28] e exilado, o economista paraibano escreve nos seus diários: "aquela paixão pelos problemas sociais, que nos infectou a todos mais de um quarto de século atrás, a mim correspondia a alguma necessidade de tipo quase fisiológico".[29]

Além de Euclides da Cunha, Alberto Torres era outra referência marcante dos técnicos nacionalistas. Rômulo, desde a sua chegada ao Rio, frequentara a Sociedade de Amigos de Alberto Torres, criada em 1932, onde se reuniam intelectuais para a discussão dos problemas brasileiros. Era uma associação que congregava intelectuais dos mais variados naipes ideológicos, promovendo cursos e organizando publicações e debates. Em 1935, já contava com vários núcleos estaduais. Dentre os integrantes da sociedade, além de Teixeira de Freitas, um de seus líderes, estavam Luís Simões Lopes, Belisário Pena, Oliveira Vianna, Edgard Roquette-Pinto, Fernando de Azevedo, Juarez Távora, Plínio Salgado, dentre tantos outros.[30]

---

25 RANGEL, 1991/1992, p. 111.
26 ALMEIDA, Rômulo. "Prefácio". In: LIMA, Medeiros (org.). *Petróleo, energia elétrica, siderurgia: a luta pela emancipação, um depoimento de Jesus Soares Pereira sobre a política de Getúlio Vargas*. Rio de Janeiro: Paz e Terra, 1975, p. 16.
27 PEREIRA, Jesus Soares. *O homem e sua ficha*. Rio de Janeiro: Civilização Brasileira, 1988, p. 44.
28 Conforme nota elaborada por Rosa Freire d'Aguiar, organizadora dos seus diários (FURTADO, 2019, p. 219).
29 Ibidem, p. 224. Trecho escrito no seu diário em New Haven, datado de 15 out. 1964.
30 LIMA, Augusto Sabóia. *Alberto Torres e sua obra*. São Paulo: Companhia Editora Nacional, 1935, p. 312-314; DÁVILA, 2006, p. 105-106.

Em um dos seus relatos, Rômulo chega a declarar-se um "torreano",[31] por sua defesa do patrimônio natural como base para a nacionalidade. Hermes Lima, doze anos mais velho que Rômulo – professor da Faculdade de Direito do Rio de Janeiro nos anos 1930, e futuramente ativo quadro do PSB e do PTB – menciona, dentre outras, a "influência abrasileirante de Alberto Torres", impedindo que "o veneno autoritário afogasse meu pensamento na abstração sectária dos conceitos".[32] Podemos imaginar o transe do jovem Rômulo ao ler estas passagens:

> Na economia – eis uma verdade que não temo submeter à contraprova das mais rigorosas e profundas investigações da estatística e análise social – toda nossa aparente vitalidade consta, de extremo a extremo do país, de extração de produtos e de limitado esforço da exploração extensiva, em que a nossa terra vai cedendo tudo quanto possui em riqueza natural, ao alcance da mão ou de rudimentaríssimos processos de trabalho, com vertiginosa desvalorização.
>
> Toda nossa fictícia circulação econômica é obra, assim, de uma federação de feitorias, que, desde as vendas do interior até as casas de importação e exportação, as estradas de ferro, as fábricas, o comércio intermediário e os bancos – em mãos, quase totalmente, de estrangeiros – não fazem senão remeter para o exterior, em produtos, lucros comerciais, industriais e bancários, rendas de várias naturezas, a quase totalidade dos frutos de nossa terra.[33]

De fato, este é o autor mais citado por Rômulo nos seus artigos de juventude. No trecho abaixo, podemos acompanhar a sua própria leitura de Alberto Torres:

> Torres mostrou como não temos uma economia que *funcione* para o Brasil, pois ela, desde a colônia, é de saque sobre "as fontes de vida e energia". Economia extrativa e exportadora, de "fazenda ultramarina". Até hoje tributária. Desorganizada. Desfuncional.[34]

O futuro economista dizia "ser muito afeito ao problema cultural", indispensável para a afirmação da autonomia intelectual do país. Chega a escrever um "artiguinho", segundo a sua definição, sobre a capela de São José do Jenipapo no sertão baiano, perto de Curralinho (hoje Castro Alves (BA)), onde esmiúça os elementos característicos do barroco brasileiro. Depois de lê-lo, San Tiago Dantas o remete a

---

31 ALMEIDA, 1975, p. 16.
32 LIMA, 1974, p. 25.
33 TORRES, 1978, p. 16-17.
34 ALMEIDA, 1939, p. 22.

Rodrigo Mello Franco de Andrade, que decide publicá-lo no segundo número da *Revista do Patrimônio Histórico e Artístico Nacional*.[35] No primeiro número, Mário de Andrade, seu conselheiro artístico, apresentara um artigo sobre a capela de Santo Antônio, localizada no interior paulista.[36]

Neste texto,[37] Rômulo revela sua capacidade de pesquisador, que aflora nos anos 1940, quando publica os artigos sobre a "economia amazônica", para depois ficar sutilmente "soterrada", em virtude das tarefas mais urgentes que lhe consomem toda a energia criativa. Em 1938, escreve: "suscito a hipótese de que seja construção dos jesuítas, com o rico dinheiro da forte família do Aporá. Será que descobri a pólvora?". O cronista, travestido de arquiteto, revela os caracteres da construção da "capelinha sertaneja": "severa no exterior", com o "alpendre que completa um harmonioso e original conjunto", enquanto "as curvas e os rabiscos barrocos vão entrando pelos ornatos". Procura apontar a história do povoamento do sertão baiano, "à margem da trilha" que levou os antigos bandeirantes do estado com suas tropas para a Minas do ouro e dos diamantes. Cita Capistrano de Abreu e revela conhecimento das obras clássicas de Gilberto Freyre e Sérgio Buarque. O viajante acompanha o historiador: "entramos na povoação por detrás da igrejinha, que assume aspecto majestoso entre o casario esparso e humilde, como os fiéis e os catecúmenos de outrora ajoelhados no largo".[38]

O texto do jovem Celso Furtado, publicado na *Revista da Semana* em abril de 1942, sobre a Semana Santa em Ouro Preto parece um eco da caravana de 1924 – quando Mário, Oswald e Tarsila do Amaral, dentre outros, junto ao poeta Blaise Cendrars aí estiveram para a mesma festividade. A cultura age como um traço unificador da visão de mundo destes novos intelectuais do econômico e do social. O relato sucinto do repórter paraibano não deixa de revelar certas sutilezas modernistas:

> Em uma viela estreita e semicircular que, não fora um negro poste de iluminação elétrica, daria uma visão do Brasil setecentista, entra um carro moderno de linhas dinâmicas assombrando magros cabritos que faziam a sesta em um telheiro baixo [...].[39]

---

35 ALMEIDA, 1984.
36 TÉRCIO, 2019, p. 391.
37 ALMEIDA, Rômulo. "A Capela de S. José do Genipapo". In: *Revista do Serviço de Patrimônio Histórico e Artístico Nacional*, Rio de Janeiro, n. 2, 1938, p. 225-228.
38 ALMEIDA, 1938, p. 226.
39 FURTADO, Celso. "A Semana Santa em Ouro Preto". In: D'AGUIAR, Rosa Freire (org.). *Anos de formação 1938-1948: o jornalismo, o serviço público, a guerra, o Doutorado*. Rio de Janeiro: Contraponto/Centro Internacional Celso Furtado, 2014b, p. 72.

Caio Prado Jr. fizera a mesma viagem dois anos antes de Furtado, procurando reviver "as mais antigas tradições do Brasil Colônia".[40] O relato de viagem de Caio Prado a Ouro Preto nos apresenta um olhar sobre o passado que compreende as dimensões da geografia, da história, da economia, da arquitetura e da cultura. Passado que ele penetra munido de sua concepção de mundo forjada em sua temporalidade.

No seu entender, "o espírito dos poetas de Vila Rica uniu-se aí à arte do Aleijadinho, Ataíde e tantos outros para constituir o único exemplo que possuímos em nossa história, pode-se dizer até os dias de hoje, de uma verdadeira cultura própria, no sentido integral da palavra". Mas não se trata de idealização ou defesa do tradicionalismo, até porque depois do fausto, o Brasil teria que "recomeçar em outra parte". Como se estivesse se dirigindo à nação, anota: "aproveite as lições que Ouro Preto lhe fornece, e não construirá sobre as frágeis bases do empréstimo que usurariamente o mundo de fora lhe quer fazer".[41]

Portanto, a cultura não tinha nada de ornamental para esses intelectuais. Fazia parte, junto com a economia e a estrutura social, de uma totalidade sem a qual não se adentrava na trama do processo histórico de transformação da realidade nacional. O dualismo tampouco era uma ferramenta do seu imaginário, como se insistiu tanto adiante. Havia dualidade dinâmica entre o "moderno" e "tradicional". Para além de uma relação de oposição estática, o conflito se dava em relação às estruturas sociais "coloniais" que filtravam o avanço do moderno, também ele heterogêneo, até porque muitas vezes associado ao "arcaico".

Sobre a passagem de Rômulo pelo integralismo, vale lembrar que boa parte dos jovens nacionalistas, muitos dos quais depois bandeariam para a esquerda, flertara com as hostes de Plínio Salgado, tal como Helder Câmara, Guerreiro Ramos, Câmara Cascudo, Ernani Silva Bruno, San Tiago Dantas, Roland Corbisier, Luís Saia, Abdias do Nascimento e tantos outros.

A participação de Rômulo neste movimento, apesar de engajada, não se assemelha à de San Tiago Santas, que se muda para São Paulo em 1931, antes mesmo da criação da Ação Integralista Brasileira, para ser redator-chefe, junto a Plínio Salgado, do jornal *A Razão*. Havia sido também designado por Francisco Campos e Oswaldo Aranha para escrever com Lourival Fontes – o sergipano futuro diretor do DIP no Estado Novo e chefe de gabinete de Vargas entre 1951 e 1954 – o manifesto de criação da Legião Revolucionária do Rio de Janeiro. Neste documento, apesar de

---

40 IUMATTI, Paulo Teixeira. "Um viajante e suas leituras". In: *Revista do Arquivo Público Mineiro*, ano XLIII, n. 1, jan./jun. 2007, p. 110.
41 PRADO JR., Caio. "Viagem a Ouro Preto", mar. 1940. São Paulo: Acervo IEB-USP/Fundo Caio Prado Jr.

rejeitar o fascismo italiano, a dupla vê em Mussolini uma espécie de guia para "fazer da 'Nova República' um governo nacionalista, contando em vez de um legislativo de políticos palavrosos, com um legislativo de técnicos".[42]

Mas a divergência de San Tiago com Plínio Salgado era evidente. Em vez de apostar em uma revolução espiritual, ancorada nos valores do catolicismo, como o chefe do integralismo, ou em uma aliança entre o conservadorismo nativo e o fascismo, como professava Miguel Reale – Secretário Nacional de Doutrina da Ação Integralista Brasileira (AIB) entre 1933 e 1937 –, o futuro quadro do PTB defendia "a pureza e o finalismo doutrinário", no sentido de um "super-integralismo", capaz de revolucionar de alto a baixo as bases da vida nacional.[43] Em 1935, com a ascensão da Aliança Nacional Libertadora, no entender de San Tiago, a AIB deveria se posicionar contra o comunismo e almejar a conquista do poder, superando a tríade "Deus, pátria e família", por ele considerada desgastada. Tal como no caso do fascismo italiano, o movimento não deveria ser anticapitalista, mas essencialmente anticomunista.

Contudo, San Tiago não encara o integralismo em oposição ao modernismo. Em janeiro de 1937, quando inicia o seu distanciamento do movimento, menciona dois tipos de tradicionalismo, que nos remetem às tradições imóveis e móveis de Mário de Andrade. O primeiro "consiste na perda do poder inventivo e da faculdade metódica". O segundo, defendido por ele, caracteriza-se pela "assimilação de toda experiência, na fixação de toda riqueza adquirida para sem cessar reinvertê-la no fluxo da criação". Há, portanto, "uma Arte moderna que é tradicionalista neste último e grande sentido. Só ela é Arte moderna, a outra não sendo mais que uma imbecilíssima pasquinada".[44] Não à toa, na controvérsia em torno do projeto arquitetônico para o prédio do Ministério da Educação e Cultura (MEC), o professor da Escola Nacional de Belas Artes fica ao lado de Lúcio Costa e não de Arquimedes Memória, importante quadro da AIB.[45]

Podemos encontrar o mesmo tom no artigo de Rômulo de 1939. Fugindo da dicotomia entre os "arquitetos materialistas" e os "tradicionais passadistas", ele critica "a volúpia novo-rica do enfeite", a interpretação equivocada do conceito de "funcionalidade" – salvo no caso de Lúcio Costa, que ele cita e elogia – e a cópia de fórmulas estéticas desambientadas, "com seus artifícios e pernosticismos", que vieram depois da abertura dos portos. Já então desligado do integralismo, ele aponta que, tanto no "coletivismo capitalista" como no "proletarista", a casa funcional não

---

42   DUTRA, 2014, p. 215-216, 220-222. O texto é de abril de 1931.
43   Ibidem, p. 262, 291-293, 301-304, 329.
44   Ibidem, p. 338.
45   Ibidem, p. 339-340.

é pensada "em função das necessidades humanas".[46] O trecho seguinte ilustra como política e cultura aparecem interligadas, para além das ideologias de ocasião:

> Pois, a funcionalidade implica na variedade. É um método rigorosamente cultural, nesse sentido de sujeito às condições de espaço e de tempo, e de repelir a imitação e o decalque, porque é essencialmente criador. É a arte, e a cultura em geral, individualizada. Nacionalizada.[47]

A liderança de Plínio Salgado no integralismo tampouco era inconteste. Havia intensas pelejas internas entre as várias facções do movimento. Rômulo era vinculado à ala da república sindicalista e ao grupo boitatá, que se confrontavam com o grupo da milícia, dirigido por Gustavo Barroso.[48] Nosso personagem cedo se desencanta com a "mística integralista", mantendo-se no movimento com o intuito de alterar a sua orientação ideológica. O que o mantém ali é a defesa dos valores comunitaristas e antiliberais, e não a pregação fascista.[49]

Portanto, a retórica integralista cumpria o papel de soldar os fios de uma postura nacionalista ainda telúrica e ingênua, mas que canalizara as energias em torno de um movimento organizado em todo o território nacional. A ausência de diretriz coerente, e depois a perseguição pelo Estado Novo, faria com que esses jovens futuramente reciclassem seus ideais, de modo a enfrentar novas batalhas quando se abrisse o espaço político.

Aliás, a oposição entre comunistas e integralistas era mais de forma que de conteúdo. Aristeu, irmão mais novo de Rômulo, conta que quando este estivera preso na Casa de Detenção da rua Frei Caneca, no Rio de Janeiro, no primeiro trimestre de 1938, estabelecera contato com Agildo Barata e outros quadros do PCB. Travaram um fértil intercâmbio de ideias, por meio de seminários que organizavam sobre os problemas nacionais.[50] E Ignácio Rangel, quando preso por sua militância na Aliança Nacional Libertadora (ANL), fora "reitor de uma universidade popular" em um presídio do Rio.[51]

---

46   ALMEIDA, 1939, p. 17-20.
47   Ibidem, p. 21.
48   ALMEIDA, 1986, p. 37.
49   BRUNO, 1986, p. 113, 255.
50   ALMEIDA, Aristeu Barreto de, 2011.
51   PALHANO, Raimundo. "O centenário da Usina do Pensamento: Ignácio Rangel, a capacidade de decisão e o Santo de Casa". In: HOLANDA, Felipe Macedo de; ALMADA, Jhonatan & AFFONSO DE PAULA, Ricardo Zambrão (orgs.). *Ignácio Rangel, decifrador do Brasil*. São Luís: EDUFMA, 2014, p. 52.

A militância política, independente do lado do espectro ideológico em que estivessem estes jovens intelectuais, surgia associada à necessidade de uma solução nacional para os desafios do país. A cultura, a economia e sociedade surgiam imbricadas. Não custa lembrar que o jovem Furtado recém-egresso do palco da guerra, em 1945, planejara criar no Rio uma revista intitulada *Luta – pela cultura do povo*.[52]

Um documento encontrado no acervo do historiador Ernani Silva Bruno no IEB – que substituiria Miguel Reale na Secretaria de Doutrina Nacional da AIB – nos fornece algumas pistas sobre o Rômulo integralista. Publicado no jornal *A Ofensiva*, e escrito provavelmente entre 1935 e 1937 pelo jovem baiano, o artigo é intitulado "A mocidade e os Estudos Brasileiros".[53] O escriba inicia seu texto definindo a atual mocidade: "ela quer interferir nos fatos, clinicar, trazer remédios para os problemas urgentes", deixando as "discussões acadêmicas e doutorais para segundo plano". Existe, pois, uma demarcação geracional entre os "velhos" e os "novos".

Se em outros povos, dotados de "grande estratificação cultural" e de "um amplo quadro de especialistas e executores", além de um "levantamento cadastral" das condições geográficas, sociais e ecológicas, o problema nacional seria apenas de "direção"; no nosso caso, para além da direção, ou como pré-condição a esta, falta, diz-nos Rômulo, "uma organização de quadros, de estudos da geografia, física e humana, que leva à história, à etnografia, à descoberta de nossa fisionomia, ao levantamento do campo topográfico onde agir".

O "trabalho imaginativo, planejador, com dados reais", vem em seguida. Reitera, porém, o jovem militante que o "verbo" de uma "filosofia ética" encontra-se embutido. Conforme Ortega y Gasset, por ele citado, o "técnico é um epígono do místico". Se a utopia e o diagnóstico são fundamentais à direção, a primeira possui a primazia.

A ação deve, portanto, ser precedida pelo conhecimento do Brasil, como se percebe no seguinte trecho: "para vencer esta mania de falar e discutir, é preciso uma atitude radical, de pesquisa, de descoberta do Brasil". O jovem ideólogo defende-se contra possíveis acusações de xenofobia e explicita o seu ponto de vista: "a nova geração não tem horror pelas viagens transatlânticas, que são o encanto dos 'exilados', que ainda mandam nesta terra". Apoiando-se em Alberto Torres, seu mestre, conclui: "queremos aprender com americanos, alemães ou japoneses, mas a ser brasileiros".

---

52 D'AGUIAR, Rosa Freire (org.). *Anos de formação 1938-1948: o jornalismo, o serviço público, a guerra, o Doutorado*. Rio de Janeiro: Contraponto/Centro Internacional Celso Furtado, 2014, p. 20.
53 ALMEIDA, Rômulo. "A mocidade e os Estudos Brasileiros". In: *A Ofensiva*, s/d. Recorte de jornal. São Paulo: Acervo IEB-USP/Fundo Ernani Silva Bruno.

"Viajar para ver", mantendo "a perspectiva da distância", já que "a terra é diferente", afirma o jovem Rômulo, para em seguida convocar a mocidade ao próximo encontro do Centro Universitário Sigma, na esperança de que a "Revolução Integralista libertará da exploração e do abandono milhões de irmãos, revelando ao mundo o continente inédito".

No mesmo sentido, apesar de bem distante do integralismo, o jovem Furtado, em trabalho para o Ginásio Pernambucano, de 1938, escreve o seguinte:

> Humanidade para a filosofia do século XX é um conceito zoológico ou uma palavra vã, na expressão de Spengler. Assim como as condições de vida exigidas por mim não se confundem com as exigidas por um estudante chinês, o complexo de vida de cada nação possui suas características próprias.[54]

A importância da defesa da nação, e da cultura brasileira capaz de lhe dar sentido, aparece com toda a força quando Rômulo discorre, no mesmo artigo, sobre a situação do negro no Brasil. Apesar da influência de Gilberto Freyre ser evidente, ele vai além, transformando-a em um dilema que compromete a própria nacionalidade:

> Há quem diga ainda que é esnobismo estudar o negro, quando este comanda o Carnaval, a mais complexa das manifestações populares da metrópole, e, na modéstia da cozinha enegrecida de fumaça, encheu de muita denguice, de muita superstição, de muita coisa estranha, o coração do branco pretensioso. Quando ele mesmo, o negro é em grande parte criminosamente abandonado pela nação.[55]

Próximo da época em que tal artigo é escrito, o etnólogo Edison Carneiro, calouro de Rômulo na Faculdade de Direito, organiza, em janeiro de 1937 o II Congresso Afro-Brasileiro, em Salvador, contando com a participação de personalidades do candomblé da Bahia e de pesquisadores como Manuel Diegues Júnior e Donald Pierson. Realizado dois anos depois da publicação de *Jubiabá* de Jorge Amado, o congresso é sediado no prestigioso Instituto Histórico Geográfico da Bahia, obtendo apoio do interventor Juracy Magalhães e contando com ampla difusão na imprensa do estado. Os comunistas locais, Edison Carneiro e Aydano do

---

54 FURTADO, Celso. "Liberalismo econômico". In: D'AGUIAR, Rosa Freire (org.). *Anos de formação 1938-1948: o jornalismo, o serviço público, a guerra, o Doutorado.* Rio de Janeiro: Contraponto/Centro Internacional Celso Furtado, 2014a, p. 43.
55 ALMEIDA, "A mocidade e os estudos brasileiros".

Couto Ferraz, conferem assim dignidade aos cultos de origem africana, uma vez que samba, candomblé e capoeira se fizeram presentes no evento.[56]

Um ano depois, o escritor Mário de Andrade não pouparia esforços para organizar o cinquentenário da Abolição na cidade de São Paulo. O estado possui novo interventor, mas o prefeito Fábio Prado, ao qual o Departamento da Cultura está vinculado, ainda não foi substituído. Era uma questão de tempo para que o intelectual artista também virasse carta fora do baralho. Ainda assim, consegue realizar as conferências de Roberto Simonsen e Arthur Ramos, no fim de abril, assim como presidir uma sessão solene com a direção da Frente Negra Brasileira no início do mês seguinte, até ser exonerado no dia 10 de maio.[57] O ambicioso projeto previa cinco conferências sobre os "negros em São Paulo", concerto sinfônico de música negra, exposição iconográfica afro-brasileira e reconstrução infantil do bailado dos congos. Ao final, um cortejo de reis do Congo com a coroação do Rei do Congo de São Paulo pelo Prefeito, "se ele tiver coragem", conforme consta de documento em seu acervo.[58]

Do seu exílio em Paris, nos anos 1970, Celso Furtado refere-se ao período de 1930 a 1937 como a primeira vez que o país tomara contato "abertamente com as grandes correntes de ideias da época". Sobre o seu significado no período pós-1945, ele capta de maneira lúcida os dilemas da sua geração: "as ideias absorvidas na fase anterior passam, assim, por um período de hibernação e de amadurecimento, o que, para uns, significaria sedimentação e triagem, e, para outros endurecimento mental e cristalização dogmática".[59]

Sedimentação e triagem, assim Rômulo consegue reconstruir a sua orientação nacionalista sob uma perspectiva desenvolvimentista, libertando-se das idiossincrasias do integralismo. Se algo unificava os vários fragmentos desta geração, cujas posições ideológicas e áreas de interesse se diversificariam com o tempo, era a certeza de que o Brasil conformava uma civilização tropical e mestiça, mas também viável econômica e socialmente, desde que encontrasse seu caminho próprio para

---

56   RISÉRIO, 2002, p. 162-164.
57   TÉRCIO, 2019, p. 394-395, 398-399.
58   ANDRADE, Mário de. "Plano para a comemoração do cinquentenário da Abolição em São Paulo (1938)". In: ANDRADE, Mário de. *Aspectos do folclore brasileiro*. Estabelecimento do texto, apresentação e notas por Angela Teodoro Grillo. São Paulo: Global, 2019, p. 205-206. O escritor modernista também fica encarregado de um plano para a comemoração do governo federal, por solicitação do ministro Capanema. O projeto, de escopo ainda maior, seria completamente desvirtuado pelo governo Vargas (Ibidem, p. 17-18).
59   FURTADO, Celso. "Aventuras de um economista brasileiro" (1973). In: D'AGUIAR, Rosa Freire (org.). *Essencial Celso Furtado*. São Paulo: Penguin Classics Companhia das Letras, 2013.

a modernidade. Porém, sabiam que as velhas elites não promoveriam o desenvolvimento nacional, sendo importante – e urgente – fazê-lo.[60]

Apesar de se autodenominar um "praxista", e de não fazer "teoria", Rômulo se encaixa nas duas acepções que caracterizam um intelectual, conforme Sirinelli:[61] a "ampla", que engloba os criadores e mediadores culturais, e outra mais estreita, derivada da "noção de engajamento". O desafio está em captar os "campos magnéticos", em torno dos quais giram as trajetórias de certos tipos de intelectuais do período, sem a preocupação de oferecer "explicações globalizantes" ao tomar cada grupo como síntese do todo.

Daí a importância do conceito de fragmento de geração, aqui utilizado para estabelecer as clivagens sociais e de formas de pensamento. Dessa forma, pode-se flagrar os "acontecimentos fundadores" que permitiram a um estrato demográfico adquirir existência autônoma. A gestação desta "bagagem genética" assegura a formação de uma ou de várias "memórias coletivas".

A trajetória de Manuel Pinto de Aguiar[62] reflete também a combinação entre essas duas acepções de intelectual. Ele se destaca como redator-chefe de vários jornais, diretor da revista literária *Arco & Flecha* e editor da Livraria Progresso Editora entre os anos de 1945 e 1960, uma espécie de "José Olympio baiana". Nos anos 1930, atua como professor da Faculdade de Administração e Finanças de Salvador e diretor da Caixa Econômica do estado, contribuindo para o planejamento da expansão urbana de Salvador e para o processo de interiorização do banco, além de ter sido deputado constituinte estadual, eleito em 1935. Participa ainda da criação do Instituto de Economia e Finanças da Bahia (IEFB), que cumpriria um papel estratégico durante os anos 1950, quando Rômulo assume a Secretaria da Fazenda estadual.

Quanto ao nosso personagem, ele se encontra, no fim do Estado Novo, devidamente concursado e trabalhando no Ministério do Trabalho, Indústria e Comércio. Quando o Partido Comunista volta à legalidade e os novos partidos são criados, em 1945, Rômulo está mais próximo à UDN que ao PTB. Diz-se antigetulista, mas mantém-se próximo da orientação teórica de Roberto Simonsen, precursor do "desenvolvimentismo"[63] na sua matriz econômica e líder empresarial reconciliado com Vargas.

Por mais paradoxal que possa parecer, os ministros do Trabalho, Indústria e Comércio do final do Estado Novo (Alexandre Marcondes Filho, de 1941 a 1945) e do recém-eleito Eurico Gaspar Dutra (Morvan Dias Figueiredo), eram vinculados à

---

60 LESSA, 2011.
61 SIRINELLI, 2003, p. 242, 247, 255.
62 SAMPAIO, 2011, p. 99-101, 114-115, 129-131, 142-146, 171-173, 186-192.
63 BIELSCHOWSKY, 1995, p. 81-82.

FIESP. A entidade consegue alterar aspectos do decreto corporativista de 1939, elaborado por Oliveira Vianna, conseguindo maior raio de ação, além de atuar como órgão consultivo do setor público.[64]

Com a morte de Simonsen em 1948, Euvaldo Lodi, presidente da CNI, assume a liderança incontestes dos industriais, que passam a estabelecer relações mais estreitas com a burocracia civil e militar. Parece haver agora maior coerência entre as várias ações recomendadas de política econômica, especialmente a partir da I e II Conferências das Classes Produtoras realizadas, respectivamente, em Teresópolis (1945) e Araxá (1949).

Rômulo acompanha a primeira conferência e participa da organização da segunda, já como Diretor do Departamento Econômico da CNI. Porém, no que se refere ao projeto queremista de Marcondes Filho, guarda distância política, por mais que soubesse "estar servindo tecnicamente a um projeto mais amplo".[65]

Como explicar a sua filiação ao PTB, em 1950, e que o tenha feito por meio de uma carta dirigida a Landulfo Alves de Almeida, seu primo ex-interventor do estado da Bahia e agora presidente do PTB baiano? Na própria missiva, ele reitera que "vinha há tempos relutando" em aceitar o convite, e que decidira, finalmente, anuir por considerar um dever "a atuação política por parte daqueles que se consideram capazes e dignos, e têm vocação pública".[66] Critica sutilmente o personalismo do partido, não sem deixar de lançar o seu "programa de ação". Não estaria se colocando à disposição do candidato, possivelmente vitorioso, às eleições presidenciais que se realizariam dois meses adiante?

Impossível responder à questão acima. O que vale é o reconhecimento da carta de Rômulo como valioso documento histórico. Em sete páginas datilografadas, ele analisa o cenário político, o potencial do PTB como partido popular e os desafios da nação. Ressalta inclusive que se trata de um novo ingresso na vida partidária, "depois de um longo período desde uma variada experiência de juventude".[67]

Logo ao início, nosso personagem aponta a necessidade de contar com o "apoio da massa trabalhadora e da pequena classe média" para qualquer projeto democrático de transformação social. Contudo, é impossível prescindir do "apoio também das camadas progressistas do patronato e da alta classe média", por meio de uma "obra de concórdia". As clivagens sociais lhe parecem bem evidentes, exigindo um projeto ar-

---

64   LEOPOLDI, Maria Antonieta Parahyba. *Política e interesses na industrialização brasileira: as associações industriais, a política econômica e o Estado*. São Paulo: Paz & Terra, 2000, p. 82-87, 132.
65   ALMEIDA, 1984.
66   ALMEIDA, Rômulo. "Carta dirigida ao Dr. Landulpho Alves, presidente do diretório do PTB na Bahia", 5 ago. 1950, p. 7. Salvador: Acervo IRAE.
67   Ibidem, p. 7.

rojado que tenha consciência dos limites políticos. Caracteriza os partidos de centro como meras "sobrevivências das oligarquias eleitorais", "conquanto reflitam um limitado progresso político resultante do desenvolvimento econômico e social do país".[68] O tom é ponderado. Parece movido pela concepção de que o servidor público não existe sem atuação política, e que esta se funda na construção de consensos.

Depois de defender o "funcionamento regular das instituições democráticas", pois "abrem caminho ao progresso da consciência ideológica", ressalta o outro lado da questão: "mais do que os liberais supõem, o progresso das instituições políticas depende da política econômica, da política educacional, da reforma administrativa, em suma, de uma série de medidas estratégicas no desenvolvimento econômico e social".[69]

É então que se refere ao líder do partido – que "continua a ser o seu grande esteio", além de dotado de "uma clara visão de estadista" – para afirmar que o PTB deve "superar a fase personalista", não podendo ancorar na figura dele a sua sorte.[70] Feita a ressalva, declara que "nenhuma organização política pode disputar com o PTB em atualidade e eficácia potencial". Lembremos que o PCB estava proscrito, desde 1947, tendo alterado em 180 graus a sua posição, do pacifismo e do frentismo para a pregação revolucionária, conforme o Manifesto de Agosto de 1950. Para os comunistas, Vargas, de antigo aliado, se transformava num "traidor nacional".[71]

No entender de Rômulo, além de partidos atuantes, o sistema democrático exige a participação popular e o estabelecimento de uma "verdadeira política federativa", capaz de conferir autonomia local, desde que se assegure "certa concentração de recursos para as realizações básicas e planejadas" da União.

Depois de enfatizar a necessária combinação entre "o alargamento do nível de emprego produtivo" e "a evolução segura dos salários", de um lado, e o aumento da produtividade, de outro, seguindo a lição simonseniana, ele traça a agenda de reformas para as décadas seguintes:

> Reformas administrativas, tributárias e bancárias, que requerem consciência e apoio populares, devem realizar o duplo objetivo de canalizar para empreendimentos públicos de interesse econômico, como estradas, educação, saúde, indústrias básicas, crédito à produção, colonização, o

---

68 Ibidem, p. 1.
69 Ibidem, p. 2.
70 Ibidem, p. 3.
71 GORENDER, Jacob. *Combate nas trevas, a esquerda brasileira: das ilusões perdidas à luta armada*. Edição revista e ampliada. São Paulo: Editora Fundação Perseu Abramo/Expressão Popular, 2014, p. 24-25.

máximo de recursos, e de corrigir a tremenda distorção de rendas, neste pobre país, para consumo supérfluo e edificações suntuárias.[72]

Percebe-se, portanto, que as reformas de base não foram uma criação de Jango ou dos movimentos sociais dos anos 1960: já estavam na agenda antes de Vargas tomar posse como presidente eleito. O nacionalismo, sob o prisma romuliano e do seu fragmento de geração, é indissociável delas.

Sobre a educação, o seu enfoque transcende a "teoria do capital humano", que apenas floresceria no final da década de 1950 nos Estados Unidos. Um "sistema adequado de bolsas" deve permitir a "todos os jovens de famílias pobres, onde quer que morem, dotados de recursos intelectuais e vontade de estudar, o acesso a todos os níveis de formação e aperfeiçoamento". Complementa dizendo que a "organização cultural do país" não é um problema "simplesmente de escola primária", mas "de estruturação de um sistema de escolas e institutos de pesquisa capazes de elaborar ideias e soluções para o futuro". Para, por fim, destacar que essas instituições estatais devem ser regidas pelo "sistema de mérito", levando à "democratização das elites", além de se enraizar regionalmente de modo a "refletir os problemas do povo nas suas variações locais".[73]

"Uma justa reforma agrária, que compreenda o apoio creditício e técnico essencial, também aos atuais médios e grandes proprietários que querem trabalhar as suas terras", completa o cardápio de seu programa de ação, não sem antes afirmar que "estamos na infância em termos de fomento agrícola", e que "não é a simples divisão de terras que virá automaticamente trazer o milagre da nossa salvação".[74]

Não deixa de impressionar que a "agenda" por ele defendida – fruto do convívio com vários segmentos da burocracia estatal, da intelectualidade e da sociedade – incorporasse, com sensibilidade política, os grandes temas da vida nacional durante o período que se iniciava.

É neste momento que se procede a uma reinterpretação do ex-ditador como estadista por esses servidores lançados a posições públicas de relevo. O Estado, antes autoritário, poderia se revelar também modernizador das estruturas, inclusive no plano social. Se Vargas havia procurado direcionar as contradições em um novo sentido, mas sem a pretensão de superá-las, os boêmios cívicos pensavam poder virar de cabeça para baixo o legado do Estado Novo.

---

72   ALMEIDA, Rômulo. "Carta dirigida ao Dr. Landulpho Alves, presidente do diretório do PTB na Bahia", 5 ago. 1950, p. 4.
73   Ibidem, p. 5.
74   Ibidem, p. 6.

Não precisamos aqui discorrer sobre a legislação econômica e social empreendida pelo regime autoritário, fruto de uma concessão da burguesia industrial no plano político, aliás, largamente compensada pela ação controladora e repressiva da estrutura corporativa, de modo a expurgar a questão salarial do mercado.[75]

Basta lançar a mirada para a gestão Capanema no Ministério da Educação e Saúde (1934-1945), tão repleta de contradições. Ideologias se confrontavam, já que a educação e a cultura eram vistas como o terreno privilegiado de ação. O projeto autoritário vence ao estabelecer o culto ufanista aos herois e instituições nacionais e instaurar os cursos de moral e cívica, além de chancelar o ensino religioso facultativo e a expansão subvencionada das escolas privadas para a elite.

Paralelamente, Capanema reorganiza a Universidade do Brasil, promove a reforma do ensino secundário, a implantação do ensino industrial e os grandes programas de saúde pública.[76] Dotado de um Serviço de Estatística de Educação e Saúde (SEES), o Ministério monitorava os dados de educação de todo o país e desenvolvia análises sobre as carências dos sistemas escolares municipais por meio do Instituto Nacional de Estudos Pedagógicos (INEP).[77]

Portanto, mesmo na área da educação, o movimento conservador não se fizera totalmente hegemônico. Se nem todos os esforços de modernização educacional foram engavetados, decerto eles perderam seu papel renovador. Teixeira de Freitas, próximo a Vargas e influente no MEC, logra indicar Manoel Lourenço Filho para o INEP, mas não é capaz de se opor ao veto de Alceu Amoroso Lima à indicação de Fernando de Azevedo para o Departamento Nacional de Educação, e tampouco de assegurar um lugar a Anísio no setor de estatística do Ministério.[78]

No meio do fogo cruzado, oscilando entre o conservadorismo autoritário e a corrente modernista, ficava o ministro "malabarista do Estado Novo",[79] síntese máxima das contradições do governo autoritário de Vargas, ora impondo de cima um padrão educacional e de cultura, ora abrindo arestas aos modernistas defensores de uma cultura nacional pautada pela diversidade de expressões artísticas, eruditas e populares.

---

75 VIANNA, Luiz Werneck. *Liberalismo e sindicato no Brasil*. 3ª edição. Rio de Janeiro: Paz e Terra, 1978, p. 35, 51, 149.
76 SCHWARTZMAN, Simon; BONEMY, Helena & COSTA, Vanda Maria Ribeiro. *Tempos de Capanema*. São Paulo/Rio de Janeiro: Paz & Terra/Editora FGV, 2000, p. 23, 28-29, 70, 98-99, 111-112, 156.
77 DÁVILA, 2006, p. 100-102, 108-111.
78 Ibidem, p. 260, 264-265.
79 A expressão é de CASTRO, Moacir Werneck de. *Mário de Andrade: exílio no Rio*. Rio de Janeiro: Rocco, 1989, p. 38.

Se o ministro era um malabarista, isso acontece porque os intelectuais não se mostravam facilmente cooptáveis.[80] Em geral, participavam de maneira ávida das disputas em torno de projetos culturais e educacionais. Para isso, contavam com o fato de ele, Capanema, ser também um "intelectual no poder". Criara o SPHAN, o Instituto Nacional do Livro (INL) e incentivara o processo de criação de uma Enciclopédia Brasileira, jamais concluída. Essa segunda alma culmina no projeto arquitetônico de Lúcio Costa para o edifício-sede do Ministério de 1945, quando uma "nova monumentalidade" se entrosa com a fluidez, a leveza e a transparência, abrigando no seu interior os painéis de Candido Portinari sobre as raízes brasileiras.[81]

Se o modernismo da empreitada revela a conexão do ministro com os intelectuais artistas, por outro lado, não há como negar as múltiplas concessões ao nacionalismo autoritário, escorraçando os ideólogos do movimento da Escola Nova e criando uma visão uniformizada da cultura nacional, supostamente formada por um povo "heroico e pacífico".

O Estado Novo, de fato, quebrara ao meio a figura do intelectual artista. Heitor Villa-Lobos e Candido Portinari seriam tachados de adesistas, tal o clima de luta ideológica instaurado.[82] O MEC passa a funcionar como uma caixa de ressonância dos projetos conflitantes. No caso do primeiro, o canto orfeônico é visto como uma forma de criar "gerações renovadas pela bela disciplina da vida social, cantando e trabalhando e, ao cantar, devotando-se à pátria", segundo palavras do maestro,[83] promovido em 1938 a diretor da Superintendência de Educação Musical e Artística (SEMA) do MEC.

Quanto a Portinari, o pintor aparentemente aceita as diretrizes do ministro sobre os painéis do MEC, tal como consta da correspondência de Capanema.[84] Mas cabe a seguinte pergunta: isso é suficiente para comprovar que a sua expressividade foi tolhida, ou que predomina nos afrescos um olhar triunfalista sobre o povo? O prestígio do modernista – com seus quadros sobre os retirantes, os colonos e os vários trabalhadores urbanos – parece explicar o convite para que pintasse os ciclos econômicos nacionais, e não o contrário. Cioso de sua arte e dos seus tipos humanos, depois de aderir ao comunismo em 1946, o pintor recebe algumas recomendações para "carregar" no tom revolucionário das suas obras. Ao que responde: "que

---

80   Ibidem, p. 37.
81   SEGRE, Roberto. *Ministério da Educação e Saúde: ícone urbano da modernidade brasileira*. São Paulo: Romano Guerra Editora, 2013, p. 304-305, 308, 406-410.
82   CASTRO, 1989, p. 44-45.
83   SCHWARTZMAN, BOMENY & COSTA, 2000, p. 108.
84   Ibidem, p. 113.

fique o partido com as suas regras e eu com a minha dignidade". E mais: "sou um pintor do meu povo, é para ele que pinto".[85]

A desenvoltura com que Mário de Andrade manifesta o seu repúdio pela "destruição" da Universidade do Distrito Federal ao amigo ministro, sem a menor cerimônia, dizendo "não se curvar às razões dadas por você para isso", ou seja, "por ter apagado o único lugar de ensino mais livre, mais moderno, mais pesquisador";[86] parece não ter significado diverso dos elogios de Lúcio Costa ao mesmo Capanema por ter topado avançar com o projeto do Palácio da Cultura. O arquiteto descreve a obra como uma "flor do espírito", prenúncio de "um mundo não somente mais humano e socialmente mais justo, senão, também mais belo", apesar das "previsões agourentas do saudosismo reacionário".[87]

Neste sentido, a gestão Capanema não se encaixa no "paradigma de um círculo de intelectuais subsidiados para a produção de uma cultura oficial",[88] ao protegê-los da sanha do regime autoritário. Este talvez tenha sido o intento do "intelectual no poder", ao contar com colaboradores de todos os matizes ideológicos – católicos, integralistas, comunistas e modernistas. Mas a síntese esboroara-se, pois os intelectuais não formavam uma frente única em busca de nacos de poder e tampouco "negociavam" suas concepções de nação, embutidas nos seus projetos estéticos e nas suas concepções de cultura.

Se no campo da arte o debate sobre a identidade nacional enveredou para o impasse – em virtude da impossibilidade de uma síntese que revelasse a diversidade cultural do país, justamente pela obra centralizadora e autoritária –; no campo da economia o planejamento, que havia avançado como um experimento ainda sem organicidade durante o Estado Novo, passa a ser encarado como uma técnica cujo sentido político poderia ser alterado.

Reinstaurada a democracia, a experiência de Rômulo durante o governo Dutra lhe revela a falta de audácia do "liberalismo paralisante".[89] Conforme sua definição, "o que havia era uma opinião pública nacionalista, mas havia também um governo não nacionalista".[90] Ignácio Rangel, recém-chegado ao Rio de Janeiro, recebe convite para trabalhar na assessoria do presidente Dutra, mas o recusa por se convencer de que "isto não fosse sério".[91]

---

85   BALBI, Marilia. *Portinari, o pintor do Brasil*. São Paulo: Boitempo, 2003, p. 42-43, 72-73, 89.
86   SCHWARTZMAN, BOMENY & COSTA, 2000, p. 386.
87   Ibidem, p. 373.
88   MICELI, 2012, p. 217-218.
89   ALMEIDA, 2004, p. 127-129.
90   ALMEIDA, 1985a, p. 21.
91   RANGEL, 1991, p. 3.

Dois exemplos mencionados por Rômulo atestam os motivos de sua reticência em relação ao governo Dutra: a proposta do Estatuto do Petróleo, que permitia a concessão a empresas independentemente de sua nacionalidade; e o projeto de redução das tarifas alfandegárias apresentado ao Congresso, quando da segunda conferência preparatória do *General Agreement on Trade and Tariffs* (GATT), de forma unilateral e sem reciprocidade.[92]

Um terceiro exemplo é relatado por Maria da Conceição Tavares:[93] os jovens ligados à CNI, dentre os quais Rômulo figura como o expoente, se enfrentam com os técnicos do alto escalão do Ministério da Fazenda, comandado por Correia e Castro, por conta do relatório da missão Abbink produzido por Otávio Gouveia de Bulhões em 1948. Este relatório enfatiza a necessidade de controle inflacionário a partir da contenção do crédito, admitindo a criação de um banco de desenvolvimento com a condição de que fosse privado.

Sobre a decepção com a UDN, que ele apoiara no sentido de destronar a ditadura Vargas, Rômulo afirma em depoimento dos anos 1980: "era impressionante a falta de atualização daquelas lideranças, um pessoal que tinha horror à ideia de planejamento".[94] Menciona conversas que mantivera com Otávio Mangabeira e Afonso Arinos, para enfatizar a sua "decepção": "eu falava em planejamento, eles achavam estranho".[95] Para, então, arrematar:

> a UDN, perdida no nefelibatismo bacharelesco e corrompida pelo adesismo, reduzida a uma facção disputando o bolo ao PSD, apesar da lucidez e da dignidade pessoal de algumas de suas figuras, se revelara plenamente como um instrumento naquele processo tradicional de mistificação em que se mascara com liberalismo a reação social e até o entreguismo.[96]

O economista baiano, que por pouco topara com Graciliano Ramos na Casa de Detenção no Rio, provavelmente concordaria lá atrás com o escritor alagoano acerca do "nosso pequenino fascismo tupinambá", "cujo presidente da república era um prisioneiro como nós; puxavam-lhe os cordões e ele se mexia, títere, paisano movido por generais".[97]

---

92 ALMEIDA, 2004, p. 127-129.
93 TAVARES, Maria da Conceição. "O Papel do BNDE na industrialização do Brasil – os Anos Dourados do Desenvolvimentismo, 1952-1980". In: *Memórias do Desenvolvimento*, Centro Internacional Celso Furtado de Políticas para o Desenvolvimento, Rio de Janeiro, ano 4, n. 4, set. 2010, p. 15-16.
94 ALMEIDA, Rômulo, 1988, p. 88.
95 Ibidem, p. 50.
96 ALMEIDA, Rômulo. *Presença de Vargas*, s/d, mimeo. Salvador: Acervo IRAE, p. 2.
97 RAMOS, Graciliano. *Memórias do cárcere*. Vol. 1. São Paulo: Livraria Martins Editora, 1960, p. 8, 271.

Alguns de seus depoimentos indicam uma mudança de percepção não apenas sobre a personalidade do presidente Vargas, mas principalmente quanto às mudanças operadas no país durante o Estado Novo, abrindo novas potencialidades, desde que processadas pela nova burocracia dotada de maior liberdade de formulação. A criação do DASP, durante o Estado Novo, teria trazido um "histórico e paradoxal papel democratizante":[98]

> Uma coisa me havia impressionado: durante a ditadura do Estado Novo, apesar do sacrifício de uma geração para a vida política, se efetivara uma abertura da administração pública, reduzindo-se substancialmente o nepotismo e o clientelismo tradicionais do "regime democrático", em benefício de gente dos estratos sociais baixos, até em carreiras outrora aristocráticas, como a da diplomacia.[99]

Apesar de possuir outro diagnóstico sobre o presidente, Roberto Campos também presencia a transformação dos mecanismos de acesso ao setor público durante o Estado Novo:

> Eu não era particularmente afeiçoado a Getúlio, não o achava uma forte inspiração intelectual, conquanto reconhecesse que ele tinha sido um modernizador, particularmente no tocante ao serviço público. Eu próprio entrei no serviço público por concurso do Itamaraty, sem conhecer ninguém, sem ter nenhum "pistolão". Os exames eram objetivos, não havia realmente clientelismo ou filhotismo no recrutamento. O DASP era uma organização importante para o serviço público.[100]

Em síntese, se olharmos o Brasil a partir do prisma de Rômulo, o Estado Novo parece um mal menor em perspectiva histórica. Deturpara a Revolução de 1930, mas dera novo fôlego às instituições estatais, que poderiam se adaptar ao novo contexto democrático, contando agora com apoio popular às políticas nacionalistas de expansão da infraestrutura econômica e social.

Era como se nosso personagem reinventasse um novo Vargas, no seu entender, o único líder capaz de levar adiante a utopia nacionalista do seu fragmento de geração. Por sua vez, Vargas via na sua Assessoria Econômica a manifestação do seu positivis-

---

98 ALMEIDA, Rômulo. *O sistema de mérito*, s/d, mimeo. Salvador: Acervo IRAE.
99 ALMEIDA, Rômulo. *Presença de Vargas*, p. 2.
100 CAMPOS, Roberto. "Entrevista". In: BIDERMAN, Ciro; COZAC, Luis Felipe & REGO, José Marcio (orgs.). *Conversas com economistas brasileiros I*. São Paulo: Editora 34, 1996, p. 37. A entrevista foi concedida em outubro de 1995.

mo atualizado para um ambiente democrático. Conta o economista Ignácio Rangel[101] que Vargas por vezes ficava a olhar as luzes acesas do Palácio do Catete, onde "seus" boêmios cívicos varavam noites, debruçados sobre projetos e pareceres. Fora ele quem assim apelidara carinhosamente Rômulo e os demais integrantes da Assessoria.

Cleanto de Paiva Leite também percebera o "sentido democratizante" da expansão do concurso público para o preenchimento dos cargos da burocracia estatal, permitindo "livre acesso" para segmentos alijados em termos sociais e regionais, mas dotados de capacidade técnica adquirida fora das universidades. O teste na máquina pública servira como requisito para que fossem guindados à cúpula do poder.

Esta reinterpretação do legado varguista por Rômulo e outros técnicos nacionalistas seria confirmada a partir da convivência diária com o presidente na Assessoria Econômica. Não negavam o clientelismo de Vargas, mas saudavam a sua capacidade "de distinguir as áreas em que ele podia permitir o clientelismo, daquelas consideradas estratégicas".[102] Para os boêmios cívicos, Vargas se transformara em uma espécie de "superburocrata", concedendo-lhes mais espaço na agenda do que aos políticos tradicionais.

Rômulo, que despachara com o presidente por mais de três anos, em reuniões de cerca de duas horas, de duas a três vezes por semana, o define como

> um homem muito de horário. Quer dizer, ao contrário da imagem que é muito comum, de que ele era um homem essencialmente político, preocupado com conversa e tal; ele era um homem muito burocrata no sentido funcional.[103]

É de Guerreiro Ramos, que integrava o time da Assessoria, o seguinte depoimento: "o governo de Getúlio foi muito importante para eu compreender o Brasil".[104] Ingenuamente ou não, eles se sentiram "refundidos" no segundo governo Vargas.[105] Se vários dos técnicos nacionalistas haviam sido perseguidos antes ou durante o Estado Novo, considerando-se na melhor das hipóteses não getulistas, a sua adesão teria como pré-requisito o estabelecimento de um corte explícito: "o Getúlio que veio em 1951 não era o Getúlio do Estado Novo, que foi deposto em 1945".[106]

---

101   RANGEL, Ignácio. "Especial para a Folha de São Paulo". In: ALMEIDA, Aristeu Barreto de (org.). *Rômulo Almeida: construtor de sonhos*. Salvador: Corecon-Bahia, 1995, p. 79.
102   ALMEIDA, 1985a, p. 37.
103   ALMEIDA, Rômulo, 1990 [1980], p. 5.
104   GUERREIRO RAMOS, 1995, p. 147.
105   A afirmação encontra-se em depoimento de RANGEL, 1991, p. 6-7. Ver também MOTTA, Marly Silva da. "Os 'boêmios cívicos' da Assessoria Econômica: saber técnico e decisão política no Governo Vargas (1951-54)". In: *História Oral, Cultura e Poder*, Juiz de Fora (MG), 2005, p. 11.
106   LEITE, 1986, p. 146.

O caso mais paradigmático é o de Ignácio Rangel. Vejamos seu depoimento: "Comecei sob o comando de Getúlio, e a essa altura estava contra Getúlio. Na minha opinião, ele tinha mudado; não era eu que tinha mudado de opinião, era ele".[107] Nesta entrevista, Rangel se refere ao período de 1935, quando estava preso. Interessante notar que, em 1952, quando ingressa na Assessoria Econômica, ele estaria mais uma vez "do lado de Getúlio". E provavelmente diria que Vargas mudara mais uma vez, já que a reorganização das forças sociais e políticas conferia novo sentido ao processo histórico, exigindo do presidente eleito o enfrentamento de outros desafios.

Os boêmios cívicos concebiam "Getúlio" como o personagem capaz de acionar o movimento da história, por meio da agência do Estado, até há pouco tempo cerceado pelas forças da velha ordem. No seu entender, ele encontrava-se agora amparado por novas forças sociais que apontavam para um sentido reformista e democrático.

Pareciam inverter os termos de Afonso Arinos. Na visão do intelectual conservador, ao final dos anos 1940, antes de emergir como líder da oposição udenista na Câmara dos Deputados no segundo governo Vargas e no governo JK, a "ordem" – liderada por uma elite composta de estadistas "preparados", em um sentido mais moral do que político, e consubstanciada na obra moderna da Constituição de 1946 – seria capaz de canalizar, de maneira prudente e paulatina, o "movimento" de transformação da sociedade "por meio de uma democracia liberal mínima, com planejamento e (alguma) socialização econômica".[108]

Para os boêmios cívicos, ao contrário, era o movimento da sociedade, protagonizado pelo Estado, que impunha uma nova (ordem) nacional, surgida dos escombros da Primeira República oligárquica. Segundo a avaliação de Rômulo, não havia alternativa ou as existentes eram muito piores: giravam em torno do "democratismo udenista"[109] ou das palavras de ordem do PCB. Sobre o Estado Novo, ele diria, no fim da vida, o seguinte:

> O processo de afirmação de uma política nacional não caminhava muito pela linha do processo democrático. Caminhava, eu suponho, mais neste diálogo entre os tecnocratas e a burguesia industrial, de um lado, e de outro, nas grandes forças ligadas ao sistema de comunicações e a todos os interesses tradicionais que estavam associados sempre à ideia do capital estrangeiro como salvador da pátria.
>
> Um Estado que fosse capaz de fazer coisas, de associar-se à burguesia industrial e mobilizar também as massas, para que esta representação

---

107 RANGEL, 1991, p. 2.
108 LATTMAN-WELTMAN, Fernando. *A política domesticada: Afonso Arinos e o colapso da democracia em 1964*. Rio de Janeiro: Editora FGV, 2005, p. 28-32, 60-66.
109 A expressão é de PEREIRA, 1988, p. 30.

> dos trabalhadores representasse, por um lado, o apoio que faltava pela via eleitoral e, por outro, o contrapeso da tendência concentradora da burguesia industrial.
>
> Esse era realmente o projeto que foi sustentado, inclusive utilizando os instrumentos de repressão, dos quais eu fui até vítima.[110]

Esses depoimentos ilustram a sua avaliação de ator privilegiado sobre um "futuro passado", e apenas assim pode ser interpretados, ou seja, como reflexão posicionada sobre um tempo histórico que lhe foi dado viver.

Caio Prado em seus *Diários políticos*, conforme anotação de dezembro de 1937 – recém-chegado à França[111] e ainda sob a influência do golpe de Estado de novembro – se pergunta como uma revolução, que se pretendia liberal, levara ao advento do autoritarismo presidencial inscrito na própria lei orgânica do país.

Em densa análise, o texto inédito traça uma evolução da Primeira República, quando "o governo federal é uma superestrutura sem bases próprias no país", para o novo contexto em que "os problemas fundamentais, tanto políticos, como econômicos e sociais, tinham um caráter eminentemente nacional, e só no plano nacional poderiam ser resolvidos".[112] Entretanto, a estrutura da vida político-partidária ainda apresentava os vícios anteriores do regionalismo; ou então, surgia ancorada em movimentos nacionais – AIB e ANL –, com propostas radicais, de difícil enraizamento. Entre a volta ao passado e o autoritarismo artificial, acabou vingando a segunda fórmula. Não deixa porém de cogitar se a "ditadura atual", instável e transitória, poderia evoluir para uma "política nacional moderada" – algo que o historiador paulista efetivamente acreditara, em março de 1945, em pleno clima de abertura democrática, apesar de se ressentir do abismo existente entre as forças sociais e as instituições políticas.[113]

Rômulo trataria de converter tal conjuntura em possibilidade concreta a partir da eleição de Vargas. De qualquer modo, as pontes entre 1930, 1937 e 1951 são complexas e as interpretações variam conforme os personagens, cada qual com seu enredo.

---

110 ALMEIDA, Rômulo. "Depoimento 1982". In: *Memórias do Desenvolvimento*, Rio de Janeiro, Centro Internacional Celso Furtado de Políticas para o Desenvolvimento, Rio de Janeiro, ano 3, n. 3, out. 2009, p. 196.

111 Caio Prado estivera preso entre dezembro de 1935 e setembro de 1937 (PERICÁS, Luiz Bernardo. *Caio Prado Júnior: uma biografia política*. São Paulo: Boitempo, 2016, p. 103-109).

112 PRADO JR., Caio. "Diários políticos de Caio Prado Jr.", dez. 1937. São Paulo: Acervo IEB-USP/Fundo Caio Prado Jr. Este texto se encontra também no volume 4 de seus *Diários políticos*.

113 IUMATTI, Paulo Teixeira. *Diários políticos de Caio Prado Jr.: 1945*. São Paulo: Brasiliense, 1998, p. 33-34, 73-78. A desilusão viria, logo em seguida, com o movimento queremista e a adesão de Prestes a Vargas.

Nem 1937 seria uma decorrência da necessidade de superação do liberalismo renitente herdado de 1930, como cogitaram os intelectuais estadonovistas,[114] desalojados do poder em 1945; nem teria o período pós-1951 representado a simples ressurreição do "caudilhismo personalista", em desacordo com o movimento histórico de afirmação dos valores democráticos, e pautado exclusivamente por uma relação "emotiva" com "as massas atraídas pelo carisma demagógico ou pelo benefício urgente", como sugere o Afonso Arinos dos anos 1960;[115] e tampouco 1951 pode ser visto como um salto dialético em relação ao Estado Novo, como acreditaram Rômulo e muitos técnicos nacionalistas, em uma espécie de justificativa para prosseguirem no campo de batalha, ocupando posições estratégicas no aparelho estatal, enquanto empunhavam seus projetos de desenvolvimento e transformação social.

---

114 GOMES, Ângela de Castro. *A invenção do trabalhismo*. 3ª edição. Rio de Janeiro: Editora FGV, 2005, p. 191-193. Os teóricos do pensamento autoritário, cujo principal expoente é Francisco Campos, veriam esta continuidade como forma de impedir a "lenta decomposição do país".
115 LATTMAN-WELTMAN, 2005, p. 117-124.

Os intelectuais orgânicos do Estado

As novas elites compostas por intelectuais e técnicos que exercem funções de gestão social, cultural e econômica no aparato estatal surgem nos anos 1930 e 1940, assumindo maior relevância e capilaridade a partir dos anos 1950. Mas como se inserem na estrutura social e de poder? Compõem um grupo específico dotado de relativa autonomia? Ou são vários grupos? Qual a importância da sua origem social e regional? Existem mudanças na sua forma de atuação, durante o período de 1945 a 1964, com a ampliação das agências estatais? Em que medida o contexto democrático, trazendo a concorrência entre os partidos e maior participação das organizações sociais, altera a posição e o alcance das ideias destes intelectuais e técnicos?

Para Bottomore,[1] em vez de possuírem seus próprios interesses de classe, as elites intelectuais encontram-se divididas conforme suas alianças com as classes sociais. Geralmente pouco coesas, predomina a variedade de opiniões em questões culturais e políticas. Sua diferenciação interna se amplia com a expansão da educação universitária e das novas ocupações científicas, técnicas e profissionais. No entanto, para o autor, a experiência dos países subdesenvolvidos sugere que "os intelectuais em geral conseguem formar uma elite coesa e radical que participa significativamente da vida política".

Tomando o quadro brasileiro como referência, pode-se aventar a hipótese de que esta coesão seja, na melhor das hipóteses, relativa e limitada. Porém, de fato, estando situados em posições-chave da estrutura de poder, certos segmentos das elites intelectuais almejam costurar os interesses diversos das classes sociais em processo de consolidação. Atuam, assim, diretamente no processo de organização social e política, imprimindo a sua marca. Segundo Gramsci,

> à mais refinada especialização técnico-cultural, não pode deixar de corresponder a maior ampliação possível da difusão da educação primária e

---

1   BOTTOMORE, Thomas Burton. *As elites e a sociedade*. Rio de Janeiro: Zahar, 1965, p. 68-71.

o maior empenho ao favorecimento do acesso aos graus intermediários do maior número.[2]

Tal especialização parece menos acentuada no caso brasileiro, mesmo no período 1945-1964, justamente pelo reduzido alcance tanto da educação primária quanto da secundária. Isso pode ter contribuído para que alguns segmentos da elite intelectual, especialmente os posicionados no aparato estatal, cumprissem um papel diretivo peculiar. Em vez de se curvarem ao clientelismo, que nunca deixou de existir, ou de disputarem entre si os espaços existentes da estrutura de poder – conforme o tipo de conhecimento de que dispunham –, muitos objetivaram reduzir o fosso entre o povo analfabeto e miserável e o restante da nação por meio da formulação de propostas reformistas.

O que está por trás da emergência dos intelectuais orgânicos do Estado, e como o seu sistema de valores pôde se disseminar, em alguma medida, abarcando segmentos da máquina estatal e da sociedade? – por mais que tal não ocorresse de maneira uniforme e generalizada, em virtude das barreiras expressivas que se colocaram no meio do caminho.

Segundo a nossa perspectiva, o processo de crescente diferenciação das elites deve levar em conta o seu componente crítico e simbólico. Do contrário, às elites intelectuais apenas restaria converter o capital cultural em capital econômico, por meio da obtenção de vantagens pecuniárias; ou então juntar-se ao "acordo entre elites", de modo a elevar o seu *status* em relação ao restante da sociedade.

Rômulo e seus colegas de ofício estariam advogando em causa própria, pois favorecidos pela ascensão social no âmbito do aparato estatal? Teriam sido cooptados pelo acesso às carreiras e aos novos postos burocráticos criados? Isto não explicaria a defesa que muitos fizeram do projeto de Vargas nos anos 1950 e o apoio conferido ao governo de JK? Ou, ao contrário, teriam logrado preservar certa autonomia em face das oligarquias estaduais ainda representadas no Estado e na estrutura partidária, procurando fortalecer sua posição na burocracia para viabilizar o projeto de nação por eles concebido?

Ambas as hipóteses são cogitadas por Sergio Miceli,[3] quando investiga a reconversão social de segmentos da oligarquia decadente, de maneira simultânea ao processo de ampliação de posições no mercado de postos do setor público e privado, em um contexto de mercado inflacionado pelos diplomas superiores, especialmente para as profissões liberais tradicionais.

---

2   GRAMSCI, 2001, p. 19-20.
3   MICELI, 2012, p. 76-77, 115-120, 197-199.

Entretanto, Miceli faz o pêndulo oscilar para o lado da cooptação e do privilegiamento, enfatizando como os intelectuais, alçados aos escalões superiores da burocracia, passam a se identificar com a coalizão de poder estruturada no âmbito do Estado centralizado e autoritário ao final dos anos 1930. Neste sentido, apesar de as reformas administrativas terem ampliado o número de postos e estabelecido critérios para a sua diferenciação interna, não deixaram, segundo o autor, de conceder oficialmente "benefícios", "regalias" e "vantagens" aos segmentos de técnicos e especialistas.

Um seleto grupo de intelectuais teria conseguido ocupar cargos de destaque no setor público, na aparência meritocrático, já que a estrutura patrimonialista se mantinha por meio das limitadas possibilidades de ascensão no âmbito do "estamento burocrático".[4] Carlos Nelson Coutinho segue a mesma toada generalizante ao apontar o "transformismo molecular" de "um grande número de intelectuais" que se curvaram às posições estatais de prestígio, deixando de representar, real ou potencialmente, os interesses das classes subalternas.[5]

A tese acima simplifica excessivamente os processos superpostos de formação das elites burocráticas e intelectuais no Brasil moderno. O burocrata tende a submeter e silenciar o intelectual. Mas o inverso também não teria ocorrido, o intelectual abrindo caminho para o burocrata militante?

No caso do segmento da burocracia em que transitam Rômulo e os demais técnicos, a sua mudança de posição acerca de Vargas parece confirmar a hipótese de que os intelectuais "eram habilidosos em ajustar os contornos doutrinários de seus programas ao receituário de prioridades da coalizão de forças no poder". Porém, tal ajustamento não significava necessariamente cooptação, já que em vez de se curvarem ao "pedágio político",[6] muitos exigiam garantias para a efetiva viabilização de "seus" projetos, especialmente quando galgavam posições de maior prestígio.

Como sugere Antonio Candido em prefácio ao livro de Miceli, falta distinguir entre os intelectuais que "servem" e os que "se vendem". Em síntese, a "verificação" de determinada origem social ou da inserção burocrática alcançada é insuficiente como critério de "avaliação".[7] Ou, para usar os termos de Mannheim, se o processo intelectual é produto de situações concretas, não custa custa lembrar que "o produto é mais que a situação".[8]

---

4   Ibidem, p. 200-209, 215.
5   COUTINHO, Carlos Nelson. *Gramsci: um estudo sobre seu pensamento político*. 5ª edição, ampliada. Rio de Janeiro: Civilização Brasileira, 2014, p. 206.
6   MICELI, 2012, p. 375-376.
7   CANDIDO, Antonio. "Prefácio". In: MICELI, Sergio. *Intelectuais à brasileira*. São Paulo: Companhia das Letras, 2012b, p. 73-74.
8   MANNHEIM, Karl. *Sociologia da cultura*. 2ª edição. São Paulo: Perspectiva, 2013, p. 139.

O caso de Rômulo e do seu fragmento de geração apresenta-se mais complexo. Como vimos, o economista baiano lutara contra o Estado Novo, ressentia-se de ser utilizado pela máquina queremista do Ministério do Trabalho, votara no "brigadeiro", já concursado, até se sentir "decepcionado" com o governo Dutra. A adesão ao projeto varguista tampouco se dera sem condicionantes. Estes técnicos, "ao ascenderem ao status de elite dirigente", não procuravam promover um "cancelamento do social",[9] como fica evidente na sua carta de filiação ao PTB, quando defende uma maior conexão do partido com suas bases sociais.

Apesar de descrever os vários segmentos das elites intelectuais[10] que se reproduzem no âmbito do aparato estatal – entre os quais figuram o grupo seleto da cúpula burocrática, os "homens de confiança", os administradores da cultura, as carreiras tradicionais (o Magistério Superior, o Judiciário e a Diplomacia), as novas carreiras técnicas, os educadores profissionais, os ex-militantes sindicais, os escritores-funcionários e os funcionários-escritores – e de enfatizar que o acesso a essas posições dependia do volume de capital cultural e da origem social (elite tradicional, oligarquia decadente ou "classe média pobre e abastada"[11]) dos seus integrantes –, o resultado, para Miceli, parece ser sempre o mesmo: a cooptação pelo estamento burocrático.

Supõe-se, de antemão, que os "mandantes do estamento"[12] cooptam os ocupantes de cargos, estes movidos pelo desejo da reconversão social em elites de novo tipo e, desta forma, dispostos a estender a dominação sobre os demais grupos sociais. A elite burocrática em bloco se comportaria como "uma fração não econômica da classe dominante".[13] Não seria o caso de conferir menos peso às "estratégias" do Estado e das elites intelectuais, de maneira genérica, para conferir destaque ao contingente e histórico, investigando assim as "engrenagens complexas do meio intelectual"?[14]

Tudo se passa como se os segmentos da oligarquia – e os grupos médios estabilizados ou empobrecidos, estes quase não citados pelo autor – se socorressem do estamento burocrático, concentrando aí seus "investimentos", em troca de uma cadeia de "servidões", com o objetivo de subjugar a nação e o povo inerte.[15] Celso Lafer parece estar de acordo quando afirma que no regime militar-burocrático de

---

9   MICELI, 2012, p. 377.
10 Ibidem, p. 209-237.
11 CANDIDO, 2012b, p. 72. Antonio Candido refere-se desta forma à classe média que empresta seus integrantes à elite burocrática. O "abastada" provavelmente se refere ao seu capital cultural e simbólico.
12 MICELI, 2012, p. 209.
13 Ibidem, p. 133.
14 SIRINELLI, 2003, p. 248.
15 MICELI, 2012, p. 242-244.

Vargas se adota, por meio do emprego público, uma política de clientela favorável às classes médias.[16]

Os argumentos empíricos utilizados são frágeis, já que houve uma expansão não tão expressiva em termos percentuais do emprego público com relação à população economicamente ativa (PEA): de 1,5% a 2,4% entre 1920 e 1940,[17] especialmente quando se considera que este foi um momento de centralização do aparelho administrativo central, voltado para a execução de novas funções econômicas e sociais.

Ao conceber de maneira apriorística o processo de legitimação elitista do Estado em formação, sem analisar as exigências de funcionamento de um aparato burocrático voltado para a racionalização da gestão pública, o sociólogo deixa de lado a seguinte pergunta: com quem mais poderia contar o Estado para preencher os seus cargos de direção? Miceli tampouco percebe mudanças expressivas no período pós-1945. A única diferença seria "a intensificação no recrutamento de novas categorias de especialistas" (economistas, sociólogos e técnicos em planejamento e administração), alçados a postos-chave da administração central, enquanto se excluem os intelectuais e especialistas que resistiram à coalizão de poder dominante durante o Estado Novo,[18] sobre os quais nenhuma pista é fornecida pelo sociólogo.

A síntese de Miceli não esmiúça tampouco as estratégias de reconversão social e simbólica dos diversos tipos de intelectuais no contexto de ampliação do aparato estatal, inclusive com significados contraditórios, especialmente a partir do segundo governo Vargas. Aqui procuramos lançar a seguinte hipótese: para além da existência de "clientelas intelectuais" de um "Estado cartorial",[19] havia novos espaços de atuação, que exigiam a participação dos intelectuais, justamente em virtude dos seus conhecimentos específicos no âmbito da Cultura, das Ciências Sociais e da Economia. Inclusive contando com aqueles, como no caso dos boêmios cívicos, que não haviam sido poupados pelo regime ditatorial anterior.

Lafer, por sua vez, ressalta que o contexto pós-1930 é marcado pela necessidade de maior controle das relações externas do Brasil, bem como das atividades orientadas para o novo centro dinâmico da economia, impondo assim novas tarefas administrativas. Entretanto, isso não lhe parece suficiente para abrir mão da tese do empreguismo da classe média no setor público.[20] O autor acaba optando pela

---

16   LAFER, Celso. *JK e o programa de meta (1956-1961): processo de planejamento e sistema político no Brasil*. Rio de Janeiro: Editora FGV, 2002, p. 35, 67.
17   Ibidem, p. 34-35.
18   MICELI, 2012, p. 197.
19   Ibidem, p. 215.
20   LAFER, 2002, p. 67, 70.

hipótese do "lado a lado", como se a demanda e o oferta de posições no setor público não fossem interdependentes.

O brasilianista Nathaniel Leff[21] ressalta a necessidade de ampliação dos quadros técnicos em um contexto de criação de novas instâncias institucionais. Engenheiros e administradores se faziam cada vez mais necessários. Provenientes de diferentes estratos sociais, ascendiam no setor público em virtude de suas capacidades adquiridas na universidade, no mercado ou no próprio aparato estatal. De forma mais categórica, Ianni[22] encara a ascensão dos setores de classe média, com maior participação no aparato estatal em formação, como um dos mecanismos de ruptura com o Estado oligárquico.

Em vez de se conformar com a mão protetora do Estado, vários burocratas se lançam de peito aberto no processo de recriação institucional, mantendo relativa autonomia ideológica e fazendo notar o seu diferencial: o "conhecimento científico do social". Daí a pergunta: por que focar apenas na decadência social de segmentos das oligarquias como determinante da ação estatal, deixando de lado o processo de "mobilidade ascendente coletiva" dos intelectuais, como ressalta Pécaut?[23]

Não teria havido uma mutação sociológica, afetando o tamanho e "o lugar do grupo social dos intelectuais",[24] de modo a gerar novas fricções internas? O mesmo aspecto é destacado por Martins,[25] quando realça a natureza estratégica do insumo técnico-científico para "a dinâmica dos processos de modernização nas sociedades empolgadas pelas aspirações desenvolvimentistas".

A despeito das vantagens auferidas por estes intelectuais – mais simbólicas do que pecuniárias, diga-se de passagem –, as suas responsabilidades na elaboração de novos projetos econômicos, sociais e culturais foram incrementadas. As iniciativas provenientes da "máquina pública" inclusive contaram, muitas vezes, com o apoio do governo central.

Dessa forma, a administração pública não apenas "serve" à organização estatal, já que "não é apolítica, nem desprovida de objetivos próprios", podendo reagir ao Estado, detonando "um processo dinâmico de ajustamento".[26] Existente, portanto,

---

21 LEFF, Nathaniel. *Economic Policy-Making and Development in Brazil, 1947-1964*. New York: John Wiley & Sons, 1968, p. 145-146.
22 IANNI, Octavio. *Estado e planejamento econômico no Brasil (1930-1970)*. Rio de Janeiro: Civilização Brasileira, 1971a, p. 18-22.
23 PÉCAUT, 1990, p. 20-22, 30-33, 59.
24 SIRINELLI, 2003, p. 240, 243.
25 MARTINS, Carlos Estevam. *Tecnocracia e capitalismo: a política dos técnicos no Brasil*. São Paulo: Brasiliense, 1974, p. 18-19.
26 CUNHA, Mário Wagner Vieira. *O sistema administrativo brasileiro, 1930-1950*. Rio de Janeiro: INEP, 1963, p. 6-7.

duas dimensões contidas no conceito de burocracia: uma de natureza administrativa, e outra de natureza política.

No primeiro caso, o funcionalismo aparece como profissão, por estar submetido a uma cadeia de comando. No segundo, existe um grau de "emancipação burocrática", pois o funcionário pode ocupar funções da elite dirigente, em virtude – mas não apenas – do seu "patrimônio" cultural e científico. Esta tensão é constitutiva da burocracia e assume significados relevantes para a compreensão do caso brasileiro no período em questão.

Portanto, não se trata de fazer o pêndulo oscilar para o sentido contrário, qual seja, o da participação propositiva dos intelectuais "em geral" no processo de transformação social – privilegiando apenas os conteúdos substantivos das suas propostas –, na medida em que muitos deles se arvoram a artífices e construtores da nação a partir do Estado. Se essa atitude tampouco se mostra generalizada para o conjunto do setor público, é inegável que alcança algumas posições-chave no aparelho burocrático em formação.

Tal postura militante mostra-se capaz de ao menos atenuar, em alguns setores da administração pública, o tradicional "vinco burocrático". Conforme a definição crítica do poeta Carlos Drummond de Andrade,[27] ele próprio funcionário público,[28] este vinco indica uma atitude de estratos médios da burocracia, marcados pelo "humilde e empapelado destino", em que o "drama" se resume a "um simples caso de hierarquia".

Parece-nos mais proveitoso mudar os termos do debate, criando categorias mais abertas e elucidativas da realidade histórica investigada. Se não há um estamento burocrático monolítico, também não se pode falar de uma infinita multiplicidade de comportamentos. Daí a importância de se localizar uma posição social não rigidamente demarcada no seio da máquina estatal – até porque alcança entidades emergentes da sociedade civil –, mas vocacionada para a implementação de projetos alternativos que transcendem o horizonte dos grupos dominantes.

Neste sentido, podemos nos aproveitar, em alguma medida, dos modelos de estratificação social elaborados pela sociologia contemporânea,[29] que vão além dos

---

27 ANDRADE, Carlos Drummond de. *Passeios na Ilha: divagações sobre a vida literária e outras matérias*. São Paulo: Cosac Naify, 2011, p. 170-175.

28 Vale lembrar que, na gestão Capanema, o seu chefe de gabinete não parece ter sido podado na sua capacidade expressiva, tendo escrito três livros de poesia profundamente políticos: *Sentimento do mundo, José* e *A rosa do povo* (WISNIK, José Miguel. *Maquinação do mundo: Drummond e a mineração*. São Paulo: Companhia das Letras, 2018, p. 242-245).

29 Para a discussão mencionada acima, ver SCALON, Maria Celi. *Mobilidade social no Brasil: padrões & tendências*. Rio de Janeiro: Revan, 1999, p. 3-46; SANTOS, José Alcides Figueiredo. *Estrutura de posições de classe no Brasil: mapeamento, mudanças e efeitos na renda*. Rio de Janeiro/Belo Horizonte: Iuperj/Editora da UFMG, 2002, p. 46-68.

concebidos por Marx e Weber para o século XIX. A complexidade da estratificação social nas sociedades capitalistas desenvolvidas, bem como naquelas em processo de consolidação do capitalismo – como a brasileira do período analisado – exige um enfrentamento do problema das "classes intermediárias" e das suas relações com as outras classes.

O sociólogo neomarxista Erik Olin Wright, por exemplo, ressalta algumas "posições contraditórias nas relações de classe", especialmente naqueles segmentos onde o controle de recursos organizacionais (autoridade) e o acesso a credenciais/qualificações é mais importante que o acesso aos meios de produção. É o que ocorre com os técnicos e especialistas assalariados exercendo funções de gerência no setor privado e também no setor público com a crescente burocratização do capitalismo. Olin Wright detecta ainda um nível mais desagregado, as "localizações de classe", que revelam as possibilidades e os limites dos indivíduos "ao fazerem escolhas e agirem no mundo" a partir de suas respectivas posições. Portanto, a posição social possui um vínculo com as formas de consciência, uma espécie de lastro subjetivo por meio do qual os indivíduos "passam a entender socialmente as suas capacidades e opções". Segundo essa concepção, ao se saltar do âmbito individual para o coletivo, uma série de mecanismos institucionais entra em operação.[30]

No caso dos nossos burocratas intelectuais, a subjetividade é um componente essencial da sua própria atividade, contribuindo para a existência de exageros e mitificações quanto ao seu papel na sociedade, uma vez que os interesses relacionados à sua posição social e ao desenvolvimento da nação tendem a ser vistos como convergentes.

Pretendemos, portanto, demonstrar a relevância desta posição social no Brasil Desenvolvimentista, não empiricamente, até porque o seu tamanho era diminuto em termos relativos e absolutos; além de destacar a dimensão simbólica e cultural, que confere a sua especificidade. Enfim, uma posição efetivamente contraditória, não diretamente vinculada ao sistema produtivo, mas incrustada no aparato estatal crescentemente estratégico, em cargos que exigem qualificação e confeream autoridade, emprestando aos seus ocupantes um papel de destaque na vida social, política e cultural da nação. E inclusive permitindo-lhes, ao menos no âmbito da intenção, direcionar os interesses das classes econômicas fundamentais, a burguesia e o operariado, ainda em processo de consolidação.

Como ressalta Martins, o intelectual na burocracia encontra-se imerso num território repleto de ambiguidades. Se, de um lado, é "o serviço que faz o burocrata", no caso do técnico a sua base de poder é autônoma e não derivada da organização.

---

30   SANTOS, 2002, p. 46-68.

No entender do autor, a vinculação à burocracia envolve um "ato prévio de renúncia", pois o poder emana da organização e não de fora dela. Porém, nada impede que ele possa afirmar a sua potência intelectual, quando assume "o poder que os burocratas possuem enquanto burocratas"[31].

A ampliação/diversificação da máquina pública passa a exigir novos quadros em que o serviço faz o burocrata, mas não um burocrata qualquer, desde que dotado de determinados conhecimentos técnicos, científicos e culturais. Trata-se de um poder duplo, acumulado, e que vai além do *status* de intelectual "no" Estado. Não à toa, Martins concebe a possibilidade de que os técnicos possam se tornar "burocratas influentes".[32] Porém, isto apenas acontece quando ocupam posições que demandam um conhecimento não estritamente burocrático.

Martins diferencia entre "gestão secularizada" e "gestão tecnocrática".[33] A primeira envolve a superação de métodos tradicionais de gestão por outros mais dinâmicos e efetivos de elaboração das decisões, vinculados ao estabelecimento de coleta de dados e informações, de metas e de cursos alternativos de ação. Isto implica uma superposição entre as instâncias administrativa, política e técnica, ou seja, uma fusão entre o técnico e o burocrata. Já na gestão tecnocrática, o que está em jogo é o comando do processo decisório em busca de uma fonte de poder autônoma, tal como aconteceu no país no pós-1964. Enfim, quando os meios passaram a ser fornecidos para atender aos fins definidos nas instâncias políticas da cúpula, à qual teriam acesso *apenas* se demonstrassem sua plena conformidade com elas.

Os técnicos, ao contrário dos tecnocratas, disputam os meios e também os fins por dentro da malha burocrática, associando conhecimento com a busca por intervenção nos rumos da nação, cujo resultado se define a partir da disputa aberta entre projetos. Portanto, o ingresso na burocracia significa uma renúncia parcial, já que como burocratas influentes podem utilizar o seu conhecimento de forma transformadora. Tal fato talvez explique porque Martins destaca nos "burocratas modernos" "a tentativa de recompensar a debilidade resultante de sua heterogeneidade por meio da formação de sistemas de alianças" dentro e fora da burocracia, as quais aparecem vinculadas a totalidades sociais mais abrangentes.[34] Eis o nexo, ao mesmo tempo frágil e potente, que dá sentido à posição social do intelectual orgânico do Estado.

A ruptura entre o técnico e o tecnocrata é decisiva para se entender outras rupturas econômicas e políticas que se processam em vários terrenos no pós-

---

31   MARTINS, 1974, p. 39-40.
32   Ibidem, p. 35-36.
33   Ibidem, p. 20-21.
34   Ibidem, p. 34-45.

1964, permitindo assim a caracterização do Brasil Desenvolvimentista, como também do período pós-desenvolvimentista, uma vez que esses períodos não interagem entre si de maneira estanque, apenas podendo ser compreendidos por meio de uma relação dialética.

Cabe ressaltar que os técnicos dispunham de um *status* relacionado aos seus atributos educacionais, ao conhecimento amealhado nas suas áreas específicas e por desempenharem funções públicas de prestígio. Faziam sempre questão de destacar a retidão na conduta e o padrão de consumo de classe média. Adicionalmente, se a maioria – neste caso, Rômulo é a exceção que comprova a regra – não possuía filiação partidária, eles sabiam que o seu saber técnico apenas faria sentido no contexto democrático. Os fins da nação eram passíveis de disputa, e os valores republicanos e democráticos inalienáveis, até porque sem eles sua posição estaria ameaçada. É isto o que explica porque não caíram na cilada de uma "solução técnica para a vida política brasileira", como Leff[35] chega a sugerir.

Cabe acompanhar agora a estrutura de funcionamento da máquina pública a partir das reformas promovidas com a criação do DASP. Já vimos o relato de Rômulo e de seus colegas daspianos sobre o potencial democratizante do acesso aos postos via concurso público.

A avaliação de Miceli[36] aponta para a clivagem entre os funcionários de carreira e o pessoal extranumerário incorporado sem concurso, geralmente nos escalões inferiores do serviço público. Mário Wagner Vieira da Cunha refere-se aos últimos como os "párias do trabalhismo brasileiro".[37] Havia, ainda, os "cargos isolados", equivalentes aos comissionados de hoje, gozando de altos vencimentos e, muitas vezes, recrutados sob bases clientelistas.

De fato, a estrutura burocrática erigida ao longo dos anos 1940 – e que permaneceria sem mudanças substantivas durante o período democrático – assegurava a combinação entre bolsões de eficiência e interesses particularistas, levando a uma "diluição do sistema de mérito" ou da competência administrativa na burocracia federal. Conforme a síntese de Celso Lafer,[38] o aprimoramento da capacidade administrativa não fora nem sistemático e tampouco unilinear.

O DASP chegou a criar um importante grupo de técnicos especialistas nos problemas da administração pública, do qual Rômulo, Furtado e Cleanto fizeram parte no início de suas carreiras. No caso específico de Rômulo, as atividades de-

---

35 LEFF, 1968, p. 148-149.
36 MICELI, 2012, p. 202.
37 CUNHA, 1963, p. 93.
38 LAFER, 2002, p. 77, 80, 83.

sempenhadas no serviço público se deram prioritariamente em cargos comissionados. Primeiro como assessor do Ministro do Trabalho, Indústria e Comércio e, mais adiante, como oficial de gabinete do segundo governo Vargas, além de ter participado de várias comissões em entidades públicas recém-criadas, e exercido funções de direção em órgãos públicos nacionais, estaduais e internacionais. Agia como o burocrata influente de Martins: um concursado ocupando cargos que não exigiam concurso, mas conexão política e conhecimento técnico.

Como salienta Cunha,[39] o serviço civil no Brasil cresceu mais intensamente no segmento dos extranumerários, que ficava à margem dos "esforços de tecnificação da nova administração de pessoal". Em 1958, os extranumerários representavam quase 50% dos postos dos servidores federais civis, compreendendo o "chão de fábrica" do funcionalismo federal, enquanto os cargos efetivos representavam cerca de 30%.[40] Lafer, ao comparar os dados de 1943 e 1952, aponta para uma taxa de participação dos funcionários públicos concursados na burocracia federal de 37%.[41]

Paralelamente, o DASP se caracterizou por estabelecer uma disciplina contábil na execução orçamentária tanto para o governo central como para os governos estaduais. Cunha afirma, em seu estudo clássico, que a gestão do pessoal concursado se dava de maneira muitas vezes dogmática, criando um "divórcio" com a realidade social a que deveria servir. Havia mais formalização da estrutura do que definição dos propósitos que deveriam norteá-la.

O jovem Furtado,[42] em artigo de 1946, ressalta o avanço promovido com a criação de departamentos de administração junto aos ministérios, que estariam articulados à Presidência da República, sob o comando do DASP. Entretanto, já aponta para o risco de falta de articulação dessas agências entre si e com os órgãos às quais estavam vinculados. A sua "submersão na atividade administrativa" impedia que se conferisse uma "unidade de direção" à máquina pública, que deveria se voltar a prioridades mais substantivas. Neste contexto, fazia-se necessário "um plano geral de estudos", contendo diagnósticos sobre as carências do país nos vários setores e regiões.

Como resultado, havia a segmentação entre, de um lado, um corpo técnico mais estratégico, bem preparado, vinculado a cargos e carreiras, porém voltado mais a meios do que a fins; e, por outro, um corpo burocrático mais numeroso, instável, cético, além de pouco disciplinado e mal pago. A esses devem se somar "os cargos isolados de provimento efetivo", geralmente preenchidos com funcionários

---

39 CUNHA, 1963, p. 92-94.
40 Ibidem, p. 129-130.
41 LAFER, 2002, p. 72, 77.
42 FURTADO, 2014c, p. 192-195. O artigo foi publicado anteriormente na *Revista do Setor Público*, ano 9, v. 2, n. 2, maio 1946.

não concursados. Neste caso, e ao contrário dos extranumerários, encontramos os altos salários da estrutura administrativa do Estado brasileiro.

Por mais inadequada que fosse a estrutura burocrática para a elaboração e implementação do planejamento, a descrição de Robert Daland –[43] de que a burocracia brasileira pós-1940 funcionava como uma simples fachada, ao reproduzir a fragmentação e diversidade do sistema político por meio de relações clientelistas – nos parece pouco nuançada. O autor termina caindo nas generalizações fáceis de que a função da burocracia era, em grande medida, assegurar vantagens pessoais, mantendo o mínimo possível de serviços.

Por outro lado, como o autor bem aponta, as diretorias e departamentos não funcionavam como unidades de trabalho organicamente integradas com funcionários qualificados e estáveis. Se essa burocracia não condiz com o modelo weberiano, não se trata tampouco de uma estrutura administrativa necessariamente "atrasada". O dilema estava em fazer, com que, apesar das limitações existentes, as iniciativas de planejamento e/ou gestão fossem além dos esquemas formalistas, transformando-se em sistemas efetivos de controle.[44]

No fim do Estado Novo, já ficara patente, segundo Cunha,[45] a tensão entre "o que o DASP propunha e exigia" e "aquilo que a administração considerava necessário realizar". Se havia um vasto campo para as demandas clientelistas, isso não significa a existência de um estamento burocrático rígido, pois o DASP também "propunha e exigia".

Durante o governo Dutra, apesar dos estudos que levaram à criação da Comissão do Vale do São Francisco, em 1948, do Plano Rodoviário Nacional e do Plano Saúde, Alimentação, Transporte e Energia (Plano SALTE), todos realizados pelo DASP, a instituição foi esvaziada e teve o seu prestígio abalado, sofrendo críticas do Congresso e da imprensa.[46]

Procurou-se então deslocar a máquina pública, ou ao menos o segmento mais propositivo, de modo a abrir espaço para demandas particularistas. Leis dissolveram as distinções entre funcionários concursados e não concursados. As diferenças salariais entre os aprovados pelo sistema de mérito e os demais foram reduzidas. O próprio Congresso assumiu as tarefas de criação de funções, alocação de pessoal e avaliação profissional.[47] Durante o segundo governo Vargas, o DASP voltou a exer-

---

43 DALAND, Robert. *Brazilian planning: development politics and administration*. Chapel Hill: The University of North Carolina Press, 1967, p. 198-199, 210.
44 Ibidem, p. 10-11, 126, 133-134.
45 Ibidem, p. 100.
46 Ibidem, p. 108-109.
47 LAFER, 2002, p. 79-80.

cer um papel mais estratégico, antes reposicionando a sua tensão constitutiva do que superando-a.

Como demonstra Miceli,[48] ao menos no caso dos concursados, ao estabelecer critérios de seleção e requisitos para a ocupação dos cargos, o Estado transformara-se na instância suprema de legitimação das competências ligadas ao trabalho cultural, técnico e científico, criando uma "reserva de mercado" para os portadores de diplomas de curso superior, além de permitir a ocupação, fora de concurso, das funções de secretário, chefe, oficial e auxiliar de gabinete. Vale lembrar, contudo, que os concursos não se realizavam apenas para quem tivesse curso superior, e que mesmo para os cargos isolados, isentos de preenchimento via concurso, havia um padrão de vencimentos único para as mesmas funções.

O argumento do autor peca ao sugerir que a exigência de critérios para a faixa maior de vencimentos salariais – prova de títulos, por exemplo – tinha por objetivo precípuo assegurar "refúgio" aos que possuíam um diploma de bacharel, transformando-os assim em uma "aristocracia de burocratas", que comandava os escalões inferiores e dispunha de diversos tipos de gratificação e subsídios pecuniários, além de benefícios indiretos como a especialização no exterior e a participação em comissões.[49]

Tal visão pressupõe que os diplomas fossem tão somente credenciais para o acesso a sinecuras, o que provavelmente ocorreu em vários casos.[50] Mas o autor sequer cogita que os diplomas cumprissem a função de delimitar os atributos mínimos necessários à tarefa de organização do Estado. Talvez seja o caso de inverter a causalidade: o problema não estaria no fato de que os detentores de diplomas proviessem apenas da oligarquia decadente ou das classes médias?

Os concursos e a estrutura de vencimentos, especialmente para os diplomados recrutados pelo sistema de mérito, se justificavam pela necessidade de conferir estabilidade a certos quadros da máquina pública. O mesmo pode ser afirmado sobre os cursos voltados ao aprimoramento técnico dos funcionários de carreira. Paralelamente, a escassez de quadros de alto nível técnico fazia com que muitos ser-

---

48   MICELI, 2012, p. 203-205.
49   Ibidem, p. 206-208.
50   O "amanuense Belmiro", personagem do romance de Cyro dos Anjos, apesar de caricatural, não deixa de revelar o empreguismo estatal, especialmente para os diplomados. Em uma passagem da obra, o personagem-narrador opõe a "burocracia triunfante" que manda, onde "o homem não é mais que um conjunto de fórmulas e praxes", à "burocracia militante e inconformada", que não obedece, "recusando-se a por o espírito em função do ofício que lhe parece tão contrário à vocação e preferências" (ANJOS, Cyro dos. *O amanuense Belmiro*. 6ª edição. Rio de Janeiro: Livraria José Olympio Editora, 1966, p. 28-29).

vidores fossem recrutados para exercer funções especializadas em outros departamentos do aparato burocrático ou para participar de comissões de caráter interministerial. Neste quesito, Rômulo era uma espécie de tipo ideal de servidor público a ocupar cargos simultâneos – muitos inclusive sem remuneração específica, como abordaremos na Parte IV deste livro.

Para os defensores da obra racionalizadora do DASP, a diferenciação de vencimentos e a existência de atributos específicos relacionados aos vários cargos – elementos que compunham uma carreira coerente no serviço público – não eram encarados como indicadores de privilégio. Mas, ao contrário, como pré-condição para a superação do clientelismo. O "retrocesso de 1945", vivenciado pela instituição logo após a saída de Vargas, foi interpretado, por estes grupos, como um "golpe contra o sistema organizador penosamente implantado".[51]

Como requisito para o bom funcionamento da burocracia, o DASP defendia a manutenção de relações diretas e imediatas entre os níveis de chefia e execução, permitindo um fluxo de ordens de cima para baixo, e de informações no sentido contrário, o que era viabilizado pelo *staff* administrativo intermediário. Tratava-se de assegurar "a coordenação sistemática das múltiplas atividades administrativas a partir de um único centro de controle"; a "crescente multiplicação das interações burocráticas entre o setor público e o privado"; além do "contato assíduo entre um sem-número de pontos nodais das extensas redes burocráticas que penetram as várias esferas da vida social".[52] Tal objetivo jamais foi alcançado no âmbito do DASP, apesar das reformas administrativas propostas pelos intelectuais orgânicos do Estado.[53]

De fato, a tensão entre privilegiamento e eficiência na gestão pública era generalizada, especialmente a partir dos anos 1940, mas atingia outros espaços para além da administração direta. A título de ilustração, basta mencionar o exemplo de San Tiago Dantas na sua função de diretor da Faculdade de Filosofia da Universidade do Brasil, onde enfrentara duas batalhas no final do Estado Novo.

A primeira para conceder "gratificação de tempo integral" aos professores catedráticos, desde que desenvolvessem pesquisas de origem experimental e especulativa. A segunda exigia a realização de concursos para provimento de suas cadeiras, haja vista que a sua maioria era composta por professores interinos e contratados. Para San Tiago, essa medida visava banir da universidade "o sequioso bando de semi-intelectuais e verbalistas", aos quais se seguiria um segundo "bando", "o dos que consideram as cátedras compensadoras sinecuras, de vencimentos reduzidos, é cer-

---

51 VIANA, Arízio. *DASP: instituição a serviço do Brasil*. Rio de Janeiro: Imprensa Nacional, 1953.
52 MARTINS, 1974, p. 29-34.
53 SILVA, Benedicto. *Uma teoria geral do planejamento*. Rio de Janeiro: Edições FGV, 1964, p. 141-142.

to, mas atraentes pela ociosidade que de fato proporcionam aos que não conhecem a responsabilidade intelectual". A vitória do seu pleito chegaria, em agosto de 1944, não sem antes o jovem professor apelar ao Ministro da Educação.[54]

Que vários desses intelectuais a serviço do setor público fossem utilizados de maneira instrumental pela estrutura estatal centralizada e autoritária, erguida durante o período 1930-1945 e também durante o período democrático (1945-1964), muitas vezes inclusive estando conscientes disso, não significa que se curvassem ao "estamento burocrático". Ou que não tivessem exercido as suas atividades inspirados por valores impessoais. Ambos, poder estatal e elite intelectual, precisavam um do outro, e as interações se revelaram múltiplas durante o período, sujeitas a todo o tipo de acomodações e conflitos.

O que importa destacar aqui é a emergência, durante a Terceira República, junto ao intelectual orgânico do Estado, de novas formas de engajamento intelectual em outras esferas da vida coletiva, como no caso dos partidos e sindicatos, universidades e organizações profissionais. Técnicos, burocratas, intelectuais e novas elites dirigentes assumiam crescente protagonismo no Brasil Desenvolvimentista. Se a estrutura administrativa do setor público fora herdada do Estado Novo, as mudanças econômicas e sociais mais amplas produziam agora tensões que se alojavam nesses novos segmentos da burocracia.

O debate teórico pode apontar algumas possibilidades analíticas desde que examinadas sob o prisma da experiência histórica do Brasil Desenvolvimentista. Neste sentido, a referência, corriqueira na literatura, a Karl Mannheim sobre a posição dos intelectuais como um "grupo socialmente desvinculado", deve ser interpretada com cautela. O sociólogo utiliza essa qualificação, emprestada de Alfred Weber, para apontar a complexidade do tema em questão, pois logo em seguida afirma ser "impossível sequer esboçar a dificuldade do problema sociológico relacionado à existência do intelectual".[55]

O seu intuito é averiguar, na medida em que o pensamento político está enraizado socialmente, a possibilidade de emergência de uma "síntese válida" da própria dinâmica social, captando seu ponto de inflexão. Neste sentido, Mannheim menciona uma "classe especialíssima" – não identificada diretamente com as classes que participam diretamente do processo econômico –, cuja marca principal está na heterogeneidade em termos de origem social, profissão e renda. Não obstante, um vínculo unificador sociológico perpassa essas diferenças: a cultura.

---

54   DUTRA, 2014, p. 446-447, 465, 491-492.
55   MANNHEIM, 2004, p. 191.

Tal substrato comum permite, em tese, ao intelectual vivenciar, a partir de um posto de observação peculiar, as tendências opostas da realidade social, especialmente se sua base de recrutamento se expande de maneira expressiva. Portanto, a sua "desvinculação" não advém de uma posição que "flutua sobre o vazio". Em vez de terem posições políticas "independentes", os intelectuais encontram-se mais propensos a atuar sobre a trama social, a partir de uma perspectiva totalizante, conferida pela visão panorâmica da estrutura do cenário político.[56]

Em *Sociologia da cultura*[57], Mannheim rebate as simplificações em torno de sua concepção, realçando que "relativamente" é bem diverso de "completamente" desvinculado. A intelectualidade conforma um "agregado situado entre e não acima das classes sociais". Trata-se de uma "camada intersticial sem características de classe", incapaz por si mesma de realizar "ações articuladas". Para completar, por vezes, alguns de seus integrantes optam por assumir o papel de "satélite" de uma das classes ou partidos existentes.

Ao analisar os países industrializados, o autor discorre sobre o processo de concentração e centralização de capital, capaz de engendrar a monopolização do conhecimento por meio da concentração da atividade administrativa na burocracia, cada vez mais isolada dos demais estratos sociais e assumindo um "caráter quase que de casta".[58] Entretanto, a "planificação para a liberdade" surge como possível contra-tendência, pois a técnica social abre espaço para formas mais elásticas de organização em larga escala, embasadas em uma concepção multidimensional da sociedade. No seu entender, trata-se de ocupar as "posições dominantes", de modo a orientar as diretrizes mestras do processo social em um determinado sentido. Uma burocracia "vivificada" aparece como ator potencial, substituindo a consciência de classe das antigas classes dirigentes. Os integrantes das novas "elites dirigentes" e "intelectuais" figuram, em tese, como pensadores e precursores de uma nova sociedade.[59]

A obra de Mannheim revela como o autor capta as várias dimensões (contraditórias) do processo de transformação social das sociedades industriais, todas elas imbricadas com a noção de planejamento, que pode assumir feições muito particulares no tempo e no espaço. Não há uma teoria abstrata sobre os intelectuais e a burocracia, mas uma metodologia para fisgar os distintos papéis que podem desempenhar em cada realidade social.

---

56   Ibidem, p. 192-201.
57   MANNHEIM, 2013, p. 80-82.
58   MANNHEIM, 1946, p. 49-52.
59   Ibidem, p. 196-197, 246-247, 326-327, 332, 372-373.

A mesma tensão pode ser vislumbrada em Gramsci, ainda que o autor priorize o sentido oposto da tensão entre a autonomia relativa das elites dirigentes e intelectuais e a rigidez do aparato de dominação política a partir do Estado. Para o pensador italiano, a relação entre os intelectuais e o mundo da produção não se exerce de maneira imediata, como no caso dos "grupos sociais fundamentais", mas "mediatizada, por todo o tecido social, pelo conjunto das superestruturas, das quais os intelectuais são funcionários".[60]

Funcionários de quem, seria o caso de perguntar? No entender de Gramsci, os intelectuais críticos parecem apenas existir no âmbito da sociedade civil, ainda que ele conceba alguns casos em que "os intelectuais pensam ser o Estado", o que acarreta "desagradáveis complicações ao grupo fundamental econômico que realmente é o Estado".[61] Neste caso, eles se ligariam "apenas mediocremente ou nunca" ao grupo do qual fazem parte. Ao fim e ao cabo, as "imponentes massas de intelectuais", criadas pelo "sistema social democrático-burocrático", se justificam "menos pelas necessidades sociais de produção, e mais pelas necessidades políticas do grupo fundamental dominante".[62]

Em boa parte das interpretações de Gramsci,[63] os intelectuais estão encarregados de exercer ou questionar a hegemonia burguesa na sociedade civil – por meio de uma série de espaços (com destaque para a imprensa e outras atividades culturais) – ou então funcionam como representantes do aparelho estatal coercitivo nas funções de "domínio direto". Portanto, ora os intelectuais são orgânicos às classes fundamentais – burguesia e operariado –, ora professam ideologias arbitrárias. A ausência de vínculo orgânico faz com que se percam em "elocubraçõezinhas individuais".

Não obstante, o marxista reconhece que "o problema dos funcionários coincide com o problema dos intelectuais". Chega a sugerir que cada nova forma social e estatal requer um tipo de "funcionário" e destaca a novidade dos de "carreira", assim como a unidade do trabalho intelectual e manual na nova burocracia, mencionando por fim que os "funcionários eleitos" tendem a se preocupar menos com o controle (caráter coercitivo) e mais com os negócios do Estado. Para concluir que se a carreira burocrática (civil e militar) não é "monopólio de nenhum estrato social", o seu papel enquanto refém do grupo dominante depende de cada situação histórica.[64]

---

60   GRAMSCI, 2001, p. 20.
61   Ibidem, p. 24-25.
62   Ibidem, p. 22.
63   PORTELLI, Hugues. *Gramsci e o bloco histórico*. Rio de Janeiro: Paz e Terra, 1977, p. 31, 86-87.
64   GRAMSCI, 2017, p. 90-91.

No mesmo diapasão de Gramsci, Benjamin[65] contesta o possível ativismo de uma "logocracia", caracterizada pelo "reinado dos intelectuais". No seu entender, assumir tal hipótese implica "desconsiderar o papel da inteligência no processo produtivo" e aceitar, de maneira ingênua, uma concepção do intelectual "como um tipo definido por suas opiniões, convicções e disposições". O intelectual se mostra incapaz de "abastecer" um aparelho produtivo e "modificá-lo" ao mesmo tempo. Deve se transformar em um "escritor revolucionário rotineiro", rompendo os diques entre o intérprete e o ouvinte, entre o conteúdo e a técnica. As "opiniões" dos intelectuais apenas fazem sentido "quando tornam úteis aqueles que as defendem". A visão de Benjamin está, portanto, associada a uma postura de "rompimento com a classe dominante em benefício do socialismo".

O debate acima permite realizar um conjunto de indagações frutíferas para a análise do caso brasileiro. Não seria factível conceber a emergência de burocratas rotineiros e não revolucionários, abastecendo o aparelho produtivo de modo a modificá-lo? Quais as condições em termos de estrutura social e de poder capazes de viabilizar essa potencialidade?

Neste sentido, é possível cogitar se o Estado – no tempo e espaço a que se dedica este livro – se mostra, em alguma medida, capaz de sediar uma posição social que atua criticamente sobre a estrutura de poder? Quais as condições para que ela se comporte de maneira relativamente autônoma, ainda que dinamicamente enraizada na sociedade e agindo sobre as suas potencialidades – no sentido de identificar as suas tensões e participar das suas polaridades, como cogita Mannheim –,[66] e não mais como simples "preposto" do grupo social hegemônico, como sugerem Gramsci e Benjamin.

Uma segunda alma de Gramsci[67] pode nos auxiliar nesta empreitada. A reviravolta teórica que o pensador marxista trouxe está relacionada ao fato de que a relação entre infraestrutura e superestrutura não está dada a *priori*, devendo ser buscada no seio de cada bloco histórico. E mais, cabe à superestrutura promover o "vínculo orgânico" entre estas duas dimensões. Os intelectuais cumprem um papel de destaque ao se responsabilizarem pelas tarefas ideológica, jurídica e política. São eles que travam a "batalha pela opinião pública". Os interesses econômicos não são deixados de lado. Antes pelo contrário, pois aparecem fundidos no momento éti-

---

65 BENJAMIN, Walter. *Magia e Técnica, Arte e Política: ensaios sobre Literatura e História da Cultura*. 8ª edição. São Paulo: Brasiliense, 2012, p. 135-141.
66 MANNHEIM, 2013, p. 92.
67 GRAMSCI, Antonio. *Obras escolhidas*. São Paulo: Martins Fontes, 1978, p. 152-154; PORTELLI, 1977, p. 14-15, 32-36, 53, 63-64; COUTINHO, 2014, p. 112-116. Além do próprio Gramsci, recorremos às análises de estudiosos da sua obra.

co-político, que cuida de assegurar homogeneidade, autoconsciência e organização dos interesses coletivos. É assim que se engendra uma "nova esfera pública consensual e liberta da coerção" capaz de protagonizar "um real e efetivo drama histórico".

A "teoria ampliada do Estado" de Gramsci permite abarcar a sociedade civil e a sociedade política: a primeira, espaço da hegemonia, a segunda, da coerção. Mas aqui cabe uma indagação: o que acontece se o aparato do Estado possui não apenas um caráter de classe e coercitivo, mas também se encontra permeado pelas disputas que emanam da sociedade civil? E se o Estado não é apenas de uma classe específica, mas promove a expansão do desenvolvimento nacional (capitalista), contra as "forças do atraso", apoiando-se nas classes sociais fundamentais ainda em processo de consolidação, por meio da costura realizada por técnicos e intelectuais, estes voltados mais para a composição de interesses do que para a superação das contradições de classe?

Tal aposta metodológica significa saltar para além das possibilidades entrevistas por Gramsci, sem abrir mão do seu universo conceitual. O que dá sentido a esta hipótese é a compreensão de que ao longo do período 1945-1964 vão se criando as condições para uma disputa por hegemonia não apenas na esfera da sociedade civil, mas também na sociedade política – crescentemente alargada ao abarcar um conjunto de posições chave na gestão pública (não circunscritas apenas no plano da economia). Trava-se então uma verdadeira "guerra de posições",[68] em ambas as esferas, sujeitas a variações conforme a conjuntura.

Uma breve imersão na obra magna de Max Weber, especialmente no que se refere à burocracia, também contribui para lapidar algumas categorias aqui utilizadas. Nosso intuito é precisar o papel específico de Rômulo e de outros servidores públicos, a partir de uma posição social relevante no contexto do Brasil Desenvolvimentista.

Para o sociólogo alemão, o tipo de funcionário da organização burocrática possui uma formação profissional de acordo com o cargo ocupado, pressupondo contrato e rendimento fixos, além do direito à promoção conforme a estrutura de cargos da máquina pública. Os fundamentos que regem o funcionário são os seguintes: a disciplina do serviço – sobre o qual deve prestar contas aos seus superiores –, a objetividade e o caráter impessoal. Nenhuma organização, entretanto, é exclusivamente burocrática, e nem todas as funções exercidas por "funcionários contratados".[69]

Weber aponta algumas questões de difícil resolução acerca do papel da burocracia nas sociedades modernas, que experimentam um intenso processo de racio-

---

68 Sobre esse conceito ver GRAMSCI, 2017, p. 265-266.
69 WEBER, Max. *Economia y sociedad: esbozo de Sociología comprensiva*. 13ª reimpressão. Cidade do México: Fondo de Cultura Económica, 1999, p. 706-708, 718-720.

nalização e incremento da divisão social do trabalho. Se, por um lado, o funcionário público goza de "estima social 'estamental'" frente aos dominados; por outro, a perpetuidade do cargo assegura proteção e independência contra transferências arbitrárias e também contra a prevalência de critérios pessoais sobre critérios técnicos e objetivos. Este fator atenua, ao menos em parte, o dito caráter "estamental", localizado especialmente nos altos cargos, onde as vantagens oferecidas podem se transformar em "prebendas".[70] Desta forma, a dominação burocrática tende a nivelar a "honra estamental", fazendo com que os funcionários públicos – especialmente os técnicos de nível intermediário – ocupem uma "situação de classe" no sistema social mais amplo.

Para Weber, uma "situação" aparentemente ou potencialmente "estamental", oriunda da "apropriação monopolista de situações privilegiadas" conferidas pelo cargo, pode existir em uma "sociedade regida por classes", assumindo, contudo, funções diferentes das vigentes em uma sociedade estamental fundada sobre o privilégio. A própria noção de igualdade jurídica, subjacente à organização burocrática, e contrária ao estilo de "avaliação de acordo com cada caso", seria uma prova do aspecto nivelador das diferenças econômicas e sociais.[71]

Paralelamente, se a burocracia favorece a expansão do capitalismo – em virtude dos interesses que pautaram o nascente mecanismo burocrático –, nada impede que ela se ponha a serviço de interesses bem distintos, "de tipo puramente político, econômico ou de outra índole". Isto acontece porque toda burocracia tende a valorizar seu saber profissional, por meio do segredo de seus conhecimentos e intenções, de modo a definir o espaço de sua relativa autonomia,[72] afirmação que se reveste de extrema relevância no caso dos nossos intelectuais orgânicos do Estado.

Também a relação entre burocracia e democracia se revela bastante complexa. Se a "democracia" – as aspas são de Weber, no intuito de ressaltar a competição eleitoral que caracteriza esse regime político – engendra a burocracia, ela também encontra aí um "inimigo", ao criar uma "casta privilegiada", selecionada pelo mérito, em oposição à livre distribuição de cargos pelas coalizões políticas que assumem, em diversos momentos, o poder.[73]

Em síntese, as relações entre capitalismo, democracia e burocracia apresentam-se sob formas bastante mutáveis para se cristalizarem em afirmações com alto nível de abstração, devendo ser analisadas concretamente para cada momento his-

---

70   Ibidem, p. 721-723.
71   Ibidem, p. 732, 738, 242-246.
72   Ibidem, p. 742-743.
73   Ibidem, p. 743-744, 750.

tórico. Tanto a democracia, a depender do funcionamento dos partidos políticos em disputa, assim como a autonomia relativa da burocracia, ao processar os interesses contraditórios no capitalismo, não necessariamente favorecem de forma exclusiva os grupos sociais dominantes. Adicionalmente, as reflexões acima revelam que o caso brasileiro no período analisado, apesar da sua especificidade, é menos excepcional do que pode parecer à primeira vista.

Para encerrar este parêntese conceitual, faz-se necessário recuperar algumas categorias operacionalizadas por Bottomore. O autor procura integrar dois conceitos – "elites" e "classes" – provenientes de marcos teóricos aparentemente divergentes.[74] No seu entender, as elites só podem emergir a partir de estruturas de classe específicas. E as classes, por sua vez, não se confrontam sem a presença de elites dirigentes e intelectuais.

Bottomore apresenta a seguinte estratégia metodológica, que tomamos a liberdade de desenvolver de modo a expandir o seu potencial analítico. Há uma "classe política" composta por todos aqueles que exercem poder e influência política, incluindo os representantes da elite governante e os grupos dominantes em termos econômicos. No seio dela, encontra-se a "elite política" – "elite governante", ou ainda "classe dirigente" – responsável por exercer diretamente o poder político, o que compreende os altos membros do governo, bem como os postos importantes da burocracia civil e militar; além de uma "subelite" que ocupa os postos intermediários e de baixo escalão. Dentro ou fora do governo, podem emergir "contraelites" bem posicionadas, que representam interesses sociais ou projetos de desenvolvimento não contemplados pela coalizão de poder vigente.[75]

A questão reside, portanto, em avaliar o tamanho, a composição e a estrutura das elites, em consonância com a estrutura de classes de uma determinada sociedade.[76] Em vez de partir da existência de uma "consciência de elite coletiva", parece mais eficaz, em termos teóricos, supor a competição no seio das elites com o objetivo de levar a uma restrição (ou projeção) do poder de uma classe sobre as demais,[77] ou então de captar o conflito de classes na sua complexidade, direcionando-o para além dos seus interesses econômicos imediatos.

A trajetória de Rômulo e do seu fragmento de geração no serviço público, durante o Brasil Desenvolvimentista, permite aprimorar estas categorias, destacando o papel de algumas "elites dirigentes"[78] – com o potencial de contraelites – sedia-

---

74 BOTTOMORE, 1965, p. 26-34, 61.
75 Ibidem, p. 11-16.
76 Ibidem, p. 57.
77 Ibidem, p. 82-83.
78 Este termo parece mais adequado para os nossos objetivos.

das na burocracia estatal. Isso não significa transformá-las em tipo ideal, já que a sua posição social convive com outras que também compõem o variegado quadro dos grupos dirigentes no Brasil desse período. No caso em questão, os intelectuais orgânicos do Estado não tendem a se colocar plenamente a favor e nem contra nenhuma das classes econômicas fundamentais, à exceção dos interesses oligárquicos ou "anacrônicos" que devem ser deslocados ao longo do processo. Tampouco defendem uma conciliação de classe em termos abstratos. Procuram antes calibrar os diversos interesses, sabendo-os apenas potencialmente convergentes.

O desenvolvimento nacional autônomo, tal como se concebia na época, pressupunha a manifestação política das classes sociais no espaço democrático. Tal fato não impedia que os intelectuais orgânicos do Estado, especialmente os técnicos nacionalistas, tivessem ressalvas com relação ao "populismo" e conhecessem o perfil conservador do empresariado. Nenhum outro segmento social do Brasil Desenvolvimentista se relacionou de forma tão aberta e propositiva com todas as classes e suas frações. A despeito do seu "sucesso" ou "fracasso", esta nos parece uma justificativa suficiente para investigar o papel que esses burocratas-intelectuais-militantes exerceram durante a Terceira República.

Rômulo era o intelectual orgânico do Estado por excelência. O seu perfil técnico não pode ser dissociado da estrutura de poder mais ampla. Do contrário, não chegaria aos postos de destaque que ocupou, os quais exigiam, simultaneamente, comando da máquina pública, livre trânsito junto à classe política, conhecimento como "especialista" e comprometimento com os princípios norteadores nacionalistas então predominantes. Se isto vale seguramente para outros integrantes do seu fragmento de geração, alguns deles – seja por suas qualidades, seja pelas mudanças do cenário histórico – vão se projetar como intelectuais estadistas do campo nacionalista, quando assumem posições políticas de maior envergadura no triênio 1961-1963. Celso Furtado, San Tiago Dantas e Darcy Ribeiro são alguns dos casos emblemáticos.

Se, no início de sua carreira, Rômulo recorre a indicações de personalidades de relevo da política baiana para obter empregos temporários e, depois, ascende na máquina estatal, já concursado, por meio das recomendações de San Tiago Dantas e Roberto Simonsen; aos poucos, ele se insere em uma rede de relações sociais estruturadas no seio da burocracia. Mesmo o prestígio alcançado junto à classe política nos vários governos do período 1945-1964 não o afastou do compromisso estabelecido, ao longo de sua carreira de servidor público, com seus parceiros de militância. Recusaria cargos no governo de Jânio Quadros e de JK, tendo ainda entregue a Presidência do Banco do Nordeste do Brasil (BNB) a Café Filho quando este assume o poder, como acompanharemos com mais detalhe na Parte IV deste livro.

Nosso personagem se encaixa, em alguma medida, na categoria de "intelectual político",[79] formulada por Lattman-Weltman para destrinchar o perfil de Afonso Arinos, seu antípoda em termos de pensamento, origem social, trajetória e forma de inserção na vida pública. A combinação entre a situação do intelectual – caracterizada por formulações teóricas e princípios normativos e éticos – e a sua inserção política concreta fazia com que esses seres híbridos sofressem pressões provenientes dos dois campos.[80]

Afonso Arinos – membro de uma família tradicional da elite mineira, além de professor de Direito Constitucional da Universidade do Brasil e integrante da Academia Brasileira de Letras (ABL) – ocupa o centro da vida política nacional nos anos 1950 como deputado e senador eleito pela UDN. Trata-se de um intelectual reconhecido como literato, jurista e historiador, e que participou ativamente da política partidária.

Tudo indica, a partir do acompanhamento da trajetória de Arinos, que o intelectual servia como um "ornamento de tribuna", pois o seu "valor de troca" se realizava na esfera política – em favor do grupo que liderava, a UDN – ou seja, por meio dos discursos inflamados contra os "governos populistas". Já o seu "valor de uso", as ideias em si, não parece ter obtido grande alcance no período.[81]

Este contraponto nos parece elucidativo, pois as "alternativas vocacionais" do economista baiano mostram-se mais limitadas, tanto pela origem social como por seu espaço de socialização na máquina pública, a partir das redes sociais que passam por ela e extravasam para o campo da política. Sua formação intelectual na área do Direito não fazia dele um jurista. Ele a amplia para outras áreas do conhecimento, especialmente a Economia, em virtude das posições que ocupa enquanto servidor público. Neste sentido, o seu valor de uso intelectual se transforma em políticas públicas concretas, assumindo um alcance que não teria se agisse apenas enquanto intelectual.

Ao contrário de Afonso Arinos, Rômulo atua nos bastidores, onde o valor de troca de suas ideias jamais se efetiva completamente, pois elas não são diretamente socializadas no campo político. Quando isso acontece, ele não aparece como o seu formulador, mas apenas como o servidor encarregado de executá-las, em nome dos "interesses do Estado" ou de grupos sociais que apoiam a coalizão de forças no poder. Com Furtado, San Tiago e Darcy, no momento seguinte, o valor de troca e o valor de uso das ideias passam a ter peso equivalente.

---

79   LATTMAN-WELTMAN, 2005, p. 14-16.
80   Ibidem, p. 17-19.
81   Ibidem, p. 20-24.

Cabe mencionar aqui a hierarquia entre os intelectuais concebida por Gramsci.[82] Na cúpula estão os criadores da nova concepção de mundo e de seus diversos ramos (Ciência, Filosofia, Arte, Direito e Economia). No escalão inferior os mais modestos "administradores" e "divulgadores da riqueza intelectual já existente e acumulada". Mas há também níveis intermediários, com importante papel na assimilação operacional do estoque de ideias.

Rômulo encontra-se melhor situado neste escalão intermediário, apesar de ter exercido posições de comando na máquina estatal às quais não chegaram alguns dos "grandes intelectuais" da época. A versatilidade no uso de formulações teóricas e conceitos elaborados por muitos dos seus colegas – como Celso Furtado, Ignácio Rangel, Hélio Jaguaribe, Anísio Teixeira e Josué de Castro – assegurava a sua apropriação e transformação criativa sob a forma de novos projetos.

Resumindo: o nosso personagem pode ser descrito como um burocrata intelectual ou intelectual político de tipo específico, que age a partir da posição social do intelectual orgânico do Estado. Muitos integrantes do seu fragmento de geração, por conta desta inserção na estrutura social e de poder da época, imprimem a sua marca na história brasileira, o que não apenas invalida a tese genérica do "estamento burocrático"; mas – o que é mais importante – torna necessário qualificar como estes atores se vinculam aos vários projetos de transformação nacional. Inclusive para avaliar o seu potencial de irradiação e o porquê de esta posição social, incrustada no Estado, ter sido paulatinamente desarticulada.

Regressando ao cenário histórico que se desenrola a partir da Revolução de 1930, as oligarquias sairiam deslocadas, se não como classe dominante, ao menos enquanto classe dirigente.[83] O Estado Novo procura incorporar, por cima, novas camadas sociais heterogêneas ao aparelho estatal, redefinindo inclusive a forma de operação dos interesses regionais particularistas. Esta é a saída encontrada para lidar com desafios que emergiam coligados, e não sequencialmente como nos países industrializados, quais sejam: a integração nacional, a participação política e a redistribuição de riqueza.[84] Conforme os termos de Ianni, o desenvolvimento do Estado burguês, viabilizando novas alternativas de expansão no "subsistema brasileiro do capitalismo", leva não tanto à liquidação das oligarquias, mas ao menos à derrota do Estado oligárquico.[85]

A síntese feita no calor da hora por Hermes Lima, quando do suicídio de Vargas, nos parece aqui apropriada. Jamais esteve o líder gaúcho em toda sua carreira política

---

82   GRAMSCI, 2001, p. 21-22; PORTELLI, 1977, p. 96-97.
83   PENNA, Lincoln de Abreu. *República brasileira*. Rio de Janeiro: Nova Fronteira, 1999, p. 150-151.
84   SANTOS, Wanderley Guilherme. *O ex-leviatã brasileiro*. Rio de Janeiro: Civilização Brasileira, 2006, p. 18-21.
85   IANNI, 1971a, p. 13-14.

tão próximo dos ideais nacionalistas propagados pela Revolução de 1930. O destino trágico se explica por não ter logrado organizar politicamente um conjunto de forças sociais em torno de seu projeto de desenvolvimento.[86] Por que não o fez?

O Rômulo "cientista político" nos dá algumas pistas, quando reflete sobre o segundo governo Vargas: "não seriam o populismo e o espírito conciliatório uma transição necessária, ainda que insuficiente para vencer velhos obstáculos?". Cogita que, "talvez", "Vargas não tivesse a percepção clara dos partidos políticos como obra política em si"; para, em seguida, afirmar: "mas seria possível que conseguíssemos alcançar os êxitos que obtivemos com o apoio dos partidos de então?". Para então concluir, com a seguinte indagação: "a instabilidade do governo Vargas decorreu da precária relação entre governo e os partidos ou da fragilidade dos partidos e do sistema representativo"?[87]

O "cientista político" se ampara no "sociólogo-historiador", que perscruta a relação dialética entre o passado colonial e o acontecer nacional a partir dos anos 1930. Assim, ele situa a figura simbólica de Vargas em um contexto repleto de contradições:

> Muito se devia, é certo, à evolução econômica interna e externa, à expansão urbana e à ampliação dos quadros, a impulsos anteriores como a Semana de Arte Moderna, o pensamento dos intelectuais da geração do centenário da Independência e afinal o debate modernizador entre comunismo, integralismo e liberalismo, em termos ineditamente doutrinários, embora por vezes descambando na emoção e na violência.
>
> Porém, pesando as resistências seculares e o primarismo da estrutura social brasileira, me dei conta da importância da presença de Vargas partejando a história.[88]

O estandarte nacionalista – prenhe de potencialidades imprevistas, pois o alargamento das suas conquistas parecia viável, assim como a superação dos entraves por meio de novas instituições e projetos – seria empunhado por esses burocratas-intelectuais-militantes, que faziam política a partir da sua experiência técnica. Se o aval dado por Vargas aos boêmios cívicos não era pleno, contavam eles com maior margem de manobra se os comparamos com os técnicos dos governos subsequentes. Isso porque a industrialização criara novas forças sociais poderosas, redefinindo o raio de atuação do Estado e minando o projeto-intepretação-utopia que informava o sentido de atuação destes servidores públicos.

---

86 LIMA, Hermes. *Lições da crise*. Rio de Janeiro: Livraria José Olympio Editora, 1954, p. 12-17.
87 ALMEIDA, Rômulo. "Prefácio". In: D'ARAÚJO, Maria Celina Soares. *O segundo governo Vargas 1951-1954: democracia, partidos e crise política*. 2ª edição. São Paulo: Ática, 1992, p. 9, 13-15.
88 ALMEIDA, Rômulo. *Presença de Vargas*, p. 3.

No pós-1964, o Estado passa paulatinamente de demiurgo a coadjuvante. A estrutura econômica se complexifica, catapultando mecanismos de acumulação de capital mais robustos. Por mais que ainda sujeita a ziguezagues contínuos em virtude das tensões sociais e das crises internacionais, afigura-se menos sujeita a reordenamentos profundos, como se tivesse adquirido uma segunda natureza.

O olhar dos intelectuais orgânicos do Estado é conformado pelo lugar que ocupam no aparato estatal e na estrutura de poder – em constante transformação –, nutrindo a sua consciência do processo histórico, como também as expectativas de reorientar o seu sentido. Enfim, uma ideologia coletiva estabelece a conexão de sentido com o passado e se arvora a um projeto de futuro, nos termos do filósofo isebiano Álvaro Viera Pinto.[89] Aí reside um dos sustentáculos desta perspectiva desenvolvimentista, não como uma consciência falsa do real, mas como o eixo a partir do qual o vir-a-ser nacional se incorpora ao seu presente.

Ao descartar o determinismo físico e recusar a divisão internacional do trabalho, o projeto nacional concebe o processo histórico de maneira qualitativa e não linear. O fator econômico, impulsionado pela industrialização, aparece como causa e consequência da transformação das estruturas sociais. Ao apontar a dualidade entre o moderno e o arcaico – que se encontrava na economia, na sociedade, na política e na ideologia –, o projeto-interpretação-utopia de desenvolvimento nacional não se faz necessariamente dualista, conforme a afirmação usual que concebe o arcaico como obstáculo à expansão do moderno. Ao contrário, o moderno deveria também se "desarcaicizar" para injetar transformações estruturais mais amplas, acionado pela política e pela sociedade, de modo a inaugurar uma modernidade própria, dinâmica e socialmente inclusiva.

Portanto, não se busca a proteção e nem tampouco a eliminação das atividades de baixa produtividade. Mas a sua reincorporação a partir de "uma perspectiva antinativista e antifolclórica". Em um contexto de ampliação da soberania, haveria inclusive espaço para o ingresso do capital estrangeiro e para a progressiva "descentralização e desestatização da função empresarial". A ideologia nacionalista, na síntese de Hélio Jaguaribe,[90] seria a ferramenta disponível para acelerar e racionalizar este processo, cimentando a composição entre os diversos segmentos sociais.

Se existe, portanto, uma associação evidente entre industrialização e nacionalismo, como defende Ernest Gellner,[91] a sua compreensão não se faz possível sem a

---

89   PINTO, Álvaro Vieira. *Ideologia e desenvolvimento nacional*. 4ª edição. Rio de Janeiro: ISEB, 1960, p. 18-22.
90   JAGUARIBE, 1958b, p. 54-62.
91   GELLNER, Ernest. *Nações e nacionalismo: trajetos*. Lisboa, Gradiva, 1993, p. 44-46, 66, 77, 87, 166-167.

mediação histórica. Se o autor acerta ao criticar o nacionalismo como o despertar mágico e irracional de "uma velha força adormecida", o seu foco economicista reduz o fenômeno ao avanço do processo de "divisão do trabalho, complexo, persistente e cumulativamente em mudança". Superadas as tensões da fase inicial de emergência da "sociedade industrial", uma "sociedade móvel e homogênea" se instaura, reduzindo o fosso social em virtude do crescimento econômico e da generalização das inovações. O modelo eurocêntrico de Gellner perde de vista aquilo que era o ponto de partida dos técnicos nacionalistas: o caráter problemático e peculiar do processo de industrialização na periferia.

Aqui a contribuição de Mannheim mais uma vez permite precisar os termos do debate. De acordo com a sua definição, ideologia e utopia assemelham-se no sentido de que ambas transcendem a ordem social existente. No seu entender, e ao contrário do senso comum, as ideologias não buscam realizar o seu conteúdo virtual, ao passo que as utopias, por meio de uma contra-atividade, almejam transformar a realidade histórica de acordo com as suas concepções. Portanto, as utopias afiguram-se "irrealizáveis apenas do ponto de vista da realidade vigente".[92]

No sentido empregado por Mannheim, a utopia leva em consideração o aspecto dinâmico da vida social, reconhecendo a "plenitude concreta da transformação histórica" em determinado período. Trata-se de uma relação "dialética", pois "toda época permite que surjam, em grupos situados em diferentes lugares, ideias e valores que contêm de forma condensada as tendências irrealizadas", que representam possíveis desdobramentos do devir social.[93] Por sua vez, a "mentalidade utópica" emerge quando a utopia predominante em determinado período logra estabelecer uma noção de "destino", que articula o passado ao futuro, fundando uma totalidade dotada de sentido e capaz de atuar sobre os acontecimentos.[94]

Prosseguindo na seara aberta por Mannheim, não seria o caso de assumir que esta perspectiva desenvolvimentista – depois de desestruturada a tríade que lhe conferia a sua razão de ser no pós-1964 –, se tornou ideologia em virtude de não ter transformado a realidade no sentido desejado? Tal hipótese parece confirmada pelo sociólogo, quando afirma ser o curso da história o responsável por demarcar a fronteira que separa a ideologia da utopia.[95]

Gramsci, por sua vez, operacionaliza a ideologia como força real capaz de alterar a vida humana. No seu entender, a própria ciência "sempre aparece revestida

---

92   MANNHEIM, 2004, p. 229-233.
93   Ibidem, p. 235-236.
94   Ibidem, p. 245-247.
95   Ibidem, p. 241-242.

de uma ideologia".[96] Assim se explica a interação necessária, para Gramsci,[97] entre política, filosofia e ideologia, "os elementos constitutivos de uma mesma concepção de mundo", e portanto, necessariamente traduzíveis entre si.

O mesmo vale para a tríade desenvolvimentista composta por projeto, interpretação e utopia. Se a sua soldagem foi articulada pelos intelectuais orgânicos do Estado durante a Terceira República, a sua viabilização dependia do enraizamento social. Por isso, além de compreender "como as ideias vêm aos intelectuais", por meio das redes de sociabilidade e das engrenagens complexas que unem a trajetória individual às instâncias institucionais, é igualmente relevante percorrer o seu "movimento de descida" à sociedade.[98]

Quando surge o intectual estadista falando diretamente ao "corpo da nação", especialmente no triênio 1961-1963, a sociedade civil já dispõe de maior autonomia relativa, reivindicando a sua participação na sociedade política, e agravam-se as tensões na estrutura de poder, de onde brotam as novas elites modernizadoras do capital, conforme veremos adiante. O intelectual orgânico do Estado sai de cena no momento preciso em que as contradições do tecido social mudam de patamar e a política perde a sua capacidade de construir consensos.

Vale mencionar que Gramsci associa o "espírito de partido" ao "espírito estatal", no sentido de movimento que não seja "mera expressão de individualismos" e, portanto, apto a articular a tradição ao futuro, por meio de uma "duração concreta" – definida como o horizonte de uma geração menos em termos cronológicos do que históricos. Poderíamos conceber o "partido" como movimento a conciliar uma "concepção de mundo" e "atitudes práticas", tal como concebe Gramsci, para além de uma forma historicamente configurada, o partido revolucionário da classe operária?

Se isto funciona para o nosso objeto/sujeito, como é a nossa pretensão, então "a história de um partido não poderá deixar de ser a história de um determinado grupo social", mas jamais de forma isolada, devendo focar seus "amigos, afins, adversários e inimigos", e abarcar o "quadro global de todo o conjunto social e estatal", de modo a averiguar se "um partido teve um maior ou menor significado e peso na determinação da história de um país".[99]

Portanto, não se trata de edulcorar o desenvolvimentismo, aqui ressignificado no seu sentido a partir de uma posição social e de seu projeto-interpretação-utopia,

---

96 GRAMSCI, Antonio. *Cadernos do cárcere: Introdução ao estudo da Filosofia. A filosofia de Benedetto Croce.* Vol. 1. Rio de Janeiro: Civilização Brasileira, 1999, p. 175. Ver também COUTINHO, 2014, p. 103-105, 113-115.
97 GRAMSCI, 1999, p. 209.
98 SIRINELLI, 2003, p. 248, 258-259.
99 GRAMSCI, 2017, p. 88-89.

mas também dos seu impactos contraditórios sobre o desenvolvimento do capitalismo no Brasil.

A crítica a este movimento histórico relevante deve partir da sua concepção totalizante e utópica, por meio da qual se imaginou ser possível remodelar a estrutura de poder, de modo a dirigir o processo de expansão econômica e transformação social em novas bases. Tratava-se então de conferir materialidade à nação, cumprindo o desenvolvimento o papel de elemento aglutinador das diversas dimensões da vida coletiva.

Parte II

Vivendo na pele os dilemas do Brasil Desenvolvimentista (1945-1964)

Durante o período que abarca a Terceira República (1945-1964), Rômulo Almeida inscreve a sua marca no cenário nacional. Ainda hoje é difícil olhar para o organograma das agências estatais sem que nos deparemos com o espectro de Rômulo a nos mirar de maneira humilde e bonachona, mal escondendo certa amargura pelo que poderia ter sido. Pois a construção foi "interrompida", segundo Celso Furtado,[1] ao sintetizar o drama de diversos fragmentos de uma geração.

Talvez seja mais preciso dizer que o processo sofreu uma transfiguração, uma vez que o sistema econômico no pós-1964 se aproveitaria das instituições gestadas durante o Brasil Desenvolvimentista, adaptando-as ao seu objetivo precípuo de turbinar o processo de acumulação de capital, expandido agora para todo o território nacional, amplificando as desigualdades sociais e regionais.

Como explicar, então, que a figura quase onipresente de Rômulo Almeida no aparelho do Estado em vias de consolidação – especialmente durante a primeira metade dos anos 1950 – ocupe, ressalvadas algumas poucas exceções, tão somente notas de rodapé nas obras que tratam dos vinte anos que antecedem o golpe militar? Ou que ele desapareça da "comunidade de economistas" no período pós-1990, como indica o fato de contar o nosso personagem com apenas uma menção nos dois volumes do livro *Conversa com economistas brasileiros*?[2]

Parte da explicação se encontra na quase obsessão dos estudos sobre o período com o governo JK, concebido como a aurora do "desenvolvimentismo", e que teria levado quase por necessidade histórica ao "colapso do populismo" no governo de João Goulart, segundo a interpretação corrente produzida pelos intelectuais críticos da academia. O segundo governo Vargas entrou para a história como uma prepa-

---

1   FURTADO, Celso. *Brasil: a construção interrompida*. Rio de Janeiro: Paz e Terra, 1992.
2   BIDERMAN, Ciro; COZAC, Luis Felipe & REGO, José Marcio (orgs.). *Conversas com economistas brasileiros I*. São Paulo: Editora 34, 1996; MANTEGA, Guido & REGO, José Marcio. *Conversas com economistas brasileiros II*. São Paulo: Editora 34, 1999, p. 102. A menção está na entrevista com Francisco de Oliveira, que cita Rômulo por conta de um convite que recebera deste para ser professor na UFBA no final dos anos 1960. Não deixa Oliveira de fazer, contudo, uma ressalva: "outra grande figura que deve ser relembrada".

ração para o que haveria de vir; e não a partir dos seus conflitos e projetos, apenas compreendidos se localizarmos os atores decisivos e como se transformaram e se rearticularam nos dez anos que se sucedem ao suicídio do presidente.

A título de ilustração, na sua síntese sobre a história do Brasil, Boris Fausto realiza um relato ponderado e criterioso, nem oficialista e tampouco "interpretativo", postando-se de fora da história, em busca de isenção. Como não se trata de obra teórica, mas de divulgação, ele economiza "conceitos". Porém, quando o faz, confere sentido ao que narra. O "nacionalismo", por exemplo, é reservado para o segundo governo Vargas, "quando a política de substituição de importações estava associada a uma postura nacionalista". No Governo JK, o "nacional-desenvolvimentismo" emerge como uma "operação de política econômica" que permitiu a internalização do capital estrangeiro, em associação com o Estado e o setor privado nacional. No governo Jango, o "regime populista" retorna, mas tem os seus dias contados, pois as transformações econômicas e sociais "haviam esgotado as suas possibilidades de existência".[3]

Rômulo, no período JK, apesar de ter sido eleito deputado federal pelo PTB (1955-1958), praticamente some da cena nacional. O interlúdio baiano como secretário da Fazenda do estado, e depois no exterior, durante os governos Jânio e Jango, como funcionário indicado pelo governo brasileiro, conforme veremos na Parte IV deste livro, o retiram do debate mais amplo, deixando de figurar como protagonista, especialmente a partir dos anos 1960.

O esquecimento de nosso personagem não parece ser algo deliberado. Ele se deve, em grande medida, às leituras empreendidas sobre o futuro passado. De um lado, os sociólogos parteiros do "elitismo populista"[4] conceberam o nacionalismo como mera arma de retórica, mostrando-se assim incapazes de acompanhar a ruptura que se processou entre o Estado Novo e a Terceira República nos vários níveis da vida coletiva.

De outro lado, alguns economistas heterodoxos passaram ao largo da ruptura processada entre os técnicos em fins e os tecnocratas do Brasil potência, toman-

---

3   FAUSTO, Boris. *História do Brasil*. 2ª edição. São Paulo: EDUSP/FDE, 1995, p. 13, 426-427, 462.
4   Estas visões foram influenciadas pela interpretação seminal de WEFFORT, Francisco. *O populismo na política brasileira*. 4ª edição. Rio de Janeiro: Paz e Terra, 1980, p. 15-16, 30, 34, 38-39. O primeiro artigo desta obra, intitulado "Política de massas", foi publicado pela primeira vez em 1963. Tal obra será analisada na Parte III deste livro. Ver a leitura crítica desta tradição inaugurada por Weffort em FERREIRA, Jorge. "Os conceitos e seus lugares: trabalhismo, nacional-estatismo e populismo". In: FONSECA, Pedro Cezar & BASTOS, Pedro Paulo Zahluth. *A Era Vargas: desenvolvimentismo, economia e sociedade*. São Paulo: Editora UNESP, 2012, p. 317-319. Segundo Ferreira, para esta tradição, tanto as "elites" como o "povo" estariam envolvidos por um "pacto perverso", carentes de aributos positivos.

do o período 1930-1980 como se fosse um bloco feito da mesma argamassa. Para Mantega, "não só a estratégia econômica do nacional-desenvolvimentismo foi posta em prática pelo segundo governo Vargas e pelo de JK", "como teve o seu coroamento natural no modelo do 'milagre'".[5] Ou então, de maneira alternativa, a "necessidade futura" do sistema – ancorada na renovação dos pactos do passado entre as várias frações de classe e também entre as frações regionais – teria se imposto, de modo a afastar o risco da entropia a que seria inevitavelmente levado pela inclusão dos anseios populares. Conforme a leitura de Fiori, o "desenvolvimentismo conservador" cuidaria de homogeneizar o tempo histórico brasileiro em um longo ciclo.[6]

Ficavam, assim, para o segundo plano as alianças sociais e políticas – assim como os projetos de desenvolvimento alternativos – que marcaram a emergência de uma perspectiva desenvolvimentista no período aqui analisado, já que o seu "fracasso" fazia parte das leis ineclutáveis do capitalismo dependente, por definição, autoritário e conservador.

Com a criação da denominação de "nacional-desenvolvimentismo", procurou-se caracterizar o período de expansão econômica, sujeito a crises periódicas, e empurrado aparentemente por uma motivação única: a industrialização voltada para o mercado interno entre 1930 e 1980. Logrou-se soterrar a perspectiva utópica e crítica esposada por Rômulo e seus companheiros de trincheira.

Parece fazer sentido que Rômulo e os intelectuais orgânicos do Estado tenham sido – mesmo aqueles que produziram obra de vulto, como Furtado, Rangel e outros não economistas – "esquecidos".[7] Especialmente à medida que se extinguia a utopia nacional enquanto processo criativo e democrático de formulação de alternativas políticas para o desenvolvimento, levando junto consigo a inovadora interpretação histórico-estruturalista sobre o subdesenvolvimento. Do seu exílio, Furtado continua "vendendo" seus livros no Brasil, que ganham inclusive novas edições em outras línguas. Mas se pergunta se não deveria se acostumar com "o fim da ilusão da responsabilidade histórica". É quando decide "desviar o pensamento para a problemática do Terceiro Mundo como um todo".[8]

---

5   MANTEGA, 1984, p. 64.
6   FIORI, 2003, p. 11-12, 120-123.
7   Por "esquecimento", queremos dizer que a sua perspectiva de desenvolvimento nacional baseada na tríade projeto-interpretação-utopia foi abandonada. Não se promoveu a recuperação do seu legado como totalidade capaz de fazer sentido para o "presente". Ficaram rigorosamente "datados". Neste sentido, para Francisco de Oliveira, mesmo a obra de Furtado corre o risco "de ser apenas citada", numa espécie de "modismo cultural" (OLIVEIRA, Francisco de. *A navegação venturosa: ensaios sobre Celso Furtado*. São Paulo: Boitempo, 2003d, p. 37).
8   FURTADO, 2019, p. 241, 244. Citações dos seus diários de outubro de 1975.

Insistimos: o conceito de Brasil Desenvolvimentista funciona como chave explicativa para investigar criticamente o período 1945-1964 em virtude do enraizamento da utopia da transformação nacional, alicerçada em uma interpretação própria da realidade brasileira e em um projeto de composição entre diversos segmentos de classe. Neste sentido, os intelectuais orgânicos do Estado procuraram produzir uma inflexão no sentido da história, ao integrarem de maneira ativa as várias coalizões de poder, ocupando postos avançados no aparato estatal, na sociedade civil, e em menor medida, nos partidos políticos. Se jamais foram hegemônicos, disputaram a hegemonia do processo histórico.

O projeto-interpretação-utopia de desenvolvimento nacional é aqui concebido como a luta pela internalização dos centros de decisão, ativação das forças produtivas e execução de reformas sociais no contexto de transição para uma "civilização industrial e moderna" com particularidades geográficas e culturais. Em síntese, a dialética dos tempos históricos, de raiz braudeliana[9] ilumina o nosso esforço de reinterpretação deste período. A dinâmica dos acontecimentos empurrou os segmentos mais dinâmicos em termos econômicos a um pacto com as forças da ordem, longamente sedimentadas, travando o movimento "conjuntural" de transformação das estruturas sociais e políticas que pretendiam romper com o "passado colonial".

Durante este período, observa-se uma aceleração do tempo histórico e a abertura de várias trajetórias possíveis. De modo a captar o seu andamento contraditório, esta Parte II do livro encontra-se organizada da seguinte maneira. Começa descrevendo o funcionamento da Assessoria Econômica de Vargas, bem como o modo de atuação dos boêmios cívicos, procurando resgatar este momento do Brasil Desenvolvimentista em toda a sua complexidade.

Em seguida discorre sobre os técnicos em fins nacionalistas e mercadistas, seu padrão de atuação no âmbito do Estado e as suas alianças mais amplas. Procuramos mostrar como as diferenças entre eles extravasavam a ideologia econômica. Sobretudo entre 1959 a 1964, eles assumem novos figurinos: os primeiros ocupam a cena política como intelectuais estadistas, enquanto os mercadistas se transformam em elites modernizadoras do capital, ao aprofundarem suas conexões com os novos segmentos de classe. Celso Furtado e Roberto Campos são interpretados como personagens emblemáticos, que preenchem estas posições sociais emergentes. A construção destas categorias cumpre o papel de mostrar como os atores intelectuais, ao interagirem com grupos sociais e políticos mais amplos, se atualizam para enfrentar o drama histórico que se apresenta sob novas configurações.

---

9   BRAUDEL, 1992, p. 42-43, 48-50.

Direcionamos agora a máquina do tempo para o servidor público baiano, que tirara suas lições do convívio mantido com Teixeira de Freitas, Anísio Teixeira, Roberto Simonsen e San Tiago Dantas; se inspirara na ideia de nação contida nas obras de Euclides da Cunha, Alberto Torres e Mário de Andrade; e, depois de respirar política por todos os poros nos agitados anos 1930 e 1940, se vê guindado ao posto de principal técnico do segundo governo Vargas. No auge da sua vida adulta, havia processado essas referências no sentido de uma reflexão própria sobre os desafios do desenvolvimento no Brasil e o papel do planejamento democrático e nacionalista. Tal como na Parte I, se a câmera aponta inicialmente para Rômulo Almeida, aos poucos ela vai ampliando o seu foco para permitir o cortejo de outros personagens, e assim penetrar de cheio no Brasil Desenvolvimentista e suas contradições.

A Assessoria Econômica de Vargas e os boêmios cívicos

No dia 11 de fevereiro de 1951, Rômulo Almeida recebe a incumbência de redigir a mensagem do recém-empossado presidente Getúlio Vargas para o Congresso. No dia 15 de março, ela deveria estar impressa, assinada pelo novo mandatário e distribuída aos deputados e senadores.[1] Nosso personagem conta com uma legião de servidores públicos, cerca de cinquenta pessoas. A equipe básica é composta por ele, Jesus Soares Pereira e Saldanha da Gama,[2] este último técnico de administração do DASP. A "aventura" deveria partir praticamente do nada, pois a administração passada não havia "deixado uma folha de papel escrita sobre os dados do exercício de 1950".[3]

A mensagem procura atender a dois objetivos: fazer uma prestação do estado de contas da nação e conter a visão programática do ex-ditador, convertido em presidente eleito. Rômulo tivera acesso aos discursos do então candidato por intermédio de Lourival Fontes, ex-chefe do DIP, e agora chefe de gabinete do presidente, que lhe trazia instruções de Vargas e levava de volta consultas da equipe de escribas.[4]

Segundo seu relato, "a única saída era recrutar a toque de caixa uma equipe de sujeitos que sabiam as coisas em cada um dos setores", o que não lhe fora difícil, pois "possuía a vantagem de ter certo conhecimento dos quadros públicos e um bom relacionamento com o pessoal".[5] À sua capacidade de arregimentar o pessoal técnico e de organizar o trabalho de uma equipe motivada por um senso de missão,[6] deve-se somar a existência de um novo tipo de funcionário público, plantado pelo sistema de mérito do DASP, e encarregado de planejar os destinos da nação. Neste período, o Banco do Brasil, a Superintendência da Moeda e do Crédito (SUMOC),

---

1 ALMEIDA, 1990, p. 2.
2 Idem, ibidem. Rômulo menciona também a presença de Ignácio Rangel na equipe. Trata-se de um lapso de sua memória: Rangel participa de forma ativa na Assessoria Econômica, porém seu ingresso remonta ao mês de novembro de 1952, quando esta já se encontrava a pleno vapor (RANGEL, 1991, p. 3-4).
3 ALMEIDA, 1990, p. 2.
4 Idem, ibidem.
5 Idem, ibidem.
6 ALMEIDA, 1990, p. 4; Ver entrevistas de OLIVEIRA, 2011; PEDRÃO, 2011; LESSA, 2011.

o Ministério da Fazenda e a FGV já se destacavam pela elevada qualidade do seu corpo técnico.[7] A estas instituições deve se agregar o BNDE, criado no segundo governo Vargas.

Boa parte do pessoal recrutado – como, por exemplo, Américo Barbosa de Oliveira, Tomás Pompeu Acioli Borges e Jesus Soares Pereira – [8] já havia assessorado a Comissão de Investigação Econômica e Social da Assembleia Nacional Constituinte, de 1946, presidida pelo deputado Horacio Lafer. No dizer de Rômulo, este grupo havia elaborado um retrato da vida social brasileira.[9]

Agora eles voltavam a se reunir em um novo contexto político, algo que não seria possível sem as redes que permeavam a burocracia, tecendo laços pessoais em torno de uma mesma posição social. Era chegado o momento de arregaçar as mangas. Como não dispunham de computadores, acesso a internet ou *powerpoints* miraculosos, começaram por coligir as informações dos vários setores da administração nas pastas "Geka".[10] Em seguida, minutas eram redigidas pelos especialistas em cada tema, futuramente revisadas pela equipe básica.[11] O sociólogo Guerreiro Ramos trabalhara em capítulos da mensagem, ou "reescrevera coisas que outros escreviam". Ele conta: "o Rômulo vinha e dizia: 'isto aqui você completa'",[12] o que confirma o caráter coletivo que permeara a elaboração da mensagem. Otolmy Strauch, outro integrante da Assessoria e técnico de administração pelo DASP, atuava como o redator final.[13]

A primeira versão ficara três vezes maior do que o que fora inicialmente estipulado. A versão posterior, da qual participaram oito pessoas, excedera em 50% o tamanho padrão. A definitiva fora produzida pela equipe básica.[14] A culminação do intenso mês de trabalho deu-se da seguinte maneira, segundo o relato de Rômulo, em uma época em que inexistiam aparelhos de fax ou correio eletrônico:

> Na última hora, fomos dormir na Imprensa Nacional, porque todo o trabalho era também chegar a imprimir na Imprensa Nacional e ir fazendo as revisões lá. Eles nos acordavam para rever e tal, todo esse negócio. Afinal no dia 15 de março, eu saí de manhã estremunhado de sono, fui

---

7   LEFF, 1968, p. 144-145.
8   ALMEIDA, 1988, p. 75-76.
9   ALMEIDA, 1990, p. 3.
10 Referência ao nome da empresa que já na época confeccionava as pastas para arquivamento de documentos.
11 ALMEIDA, 1990, p. 2-3.
12 GUERREIRO RAMOS, 1995, p. 147-149.
13 ALMEIDA, 1990, p. 3.
14 PEREIRA, 1988, p. 65.

dormindo na estrada para Petrópolis, levando os autógrafos, colhi a assinatura do Presidente e desci para o Lourival entregar na Câmara.[15]

Assim nasceram os boêmios cívicos. A leitura da mensagem, passados quase setenta anos, revela a dimensão da empreitada. Um documento técnico, capaz de incorporar o nacionalismo getulista, agora em moldes democráticos. Ao mesmo tempo, "tinha que deixar a coisa um pouco fluida para evitar que as palavras comprometessem o governo".[16] Entraria para a história do pensamento econômico como "o mais amplo documento de afirmação da industrialização integral até então escrito no Brasil".[17]

Por mais que essa assertiva esteja correta, pois a industrialização funcionava como o novo eixo estruturante do processo histórico, um conjunto de políticas regionais e reformas deveria assegurar o sentido inclusivo do processo de desenvolvimento. A mensagem presidencial é um documento representativo, servindo inclusive para matizar a tese de que o pensamento "desenvolvimentista" apenas incorporaria os problemas institucionais e sociais no início dos anos 1960, por meio de uma "reavaliação do processo de desenvolvimento em curso".[18] Ela já continha, em forma de embrião, uma discussão sobre o padrão de desenvolvimento e a sua relação com a distribuição de renda, ou com o "progresso social". Os termos eram outros, mas a visão reformista das estruturas já estava na ordem do dia.

O trecho abaixo reflete a maneira criteriosa e inovadora – combinando a defesa da produção interna como necessária para a diversificação das relações comerciais – que norteara a redação da mensagem. Bem ao contrário da defesa da adoção de uma postura autossuficiente ou autárquica[19] da economia brasileira, conforme a crítica que receberiam adiante dos novos neoliberais.[20] O texto não deixa margem a dúvidas:

> Sem que a produção nacional se expanda e fortaleça, com o emprego dos processos de ação que a técnica moderna instituiu e vem aperfei-

---

15   ALMEIDA, 1990, p. 3.
16   ALMEIDA, 1985a, p. 48.
17   BIELSCHOWSKY, 1995, p. 339.
18   Ibidem, p. 415-417.
19   FRANCO, 1999, p. 68-69.
20   O termo "novos neoliberais" serve para diferenciá-los do pensamento "neoliberal" de Eugênio Gudin, conforme a definição de Bielschowsky (1995, p. 33). O termo "neoliberal" adquiriu nova conotação após os anos 1990, funcionando como *slogan* de denúncia utilizado pela esquerda, o equivalente ao "entreguista" dos anos 1950 e 1960. Procuramos destacar a diferença entre o pensamento neoliberal formulado durante a industrialização daquele esposado pelos "novos neoliberais", que ingressam na cena política quando o parque industrial já estava montado. A sua pretensão era inaugurar um "novo modelo de desenvolvimento". Os "novos neoliberais" são, em grande medida, compostos pelos "economistas ortodoxos da academia".

> çoando dia a dia, não é possível assegurar ao comércio exterior do país a amplitude e a diversificação indispensável à satisfação das necessidades nacionais, no que concerne aos suprimentos estrangeiros.[21]

O documento, depois da introdução de cunho político, aborda a questão internacional, o quadro administrativo, a situação econômico-financeira, a produção, com destaque para as indústrias básicas, a sagrada dupla "transporte e energia", a questão regional, o papel dos capitais estrangeiros, para terminar com um amplo capítulo sobre o "progresso social" nas suas diversas dimensões. Portanto, a industrialização não era a "meta prioritária" da "ideologia desenvolvimentista", como sugere Mantega,[22] mas antes o mecanismo para assegurar a dinamização do mercado interno e promover os encadeamentos setoriais e territoriais, parindo durante o processo uma nova estrutura social e transformando as relações com o sistema internacional. Era antes meio do que fim, e jamais um fim em si mesma.

Logo na introdução, aparece a menção ao "Estado-serviço" que, por meio de uma remodelação da administração e dos métodos, deveria implantar uma "atitude democrática de serviço público". A próxima diretriz trata da "efetiva realização da igualdade de oportunidade na competição social", já que as dificuldades econômicas e o sistema educacional travam as possibilidades de ascensão e a emergência de uma "saudável circulação das elites".[23] Mais adiante, encontramos a defesa do potencial de capitalização, sem os qual não existem "maiores e mais amplas oportunidades de emprego e de salários". Os técnicos nacionalistas parecem se antecipar às futuras acusações de "distributivismo prematuro":

> A elevação dos níveis de vida, num país como o Brasil, depende, assim, muito menos da justa distribuição de riqueza e do produto nacional, que do desenvolvimento econômico. A verdade é que temos pouco para dividir. Devemos, portanto, por um lado, atender ao problema da justiça, corrigindo os abusos e a ostentação de uma minoria, e ainda elevar a produtividade através de melhores níveis de consumo, mas, por outro lado, não devemos permitir que uma distribuição insensata venha prejudicar o potencial de capitalização.[24]

---

21 VARGAS, Getúlio. *Mensagem ao Congresso Nacional: apresentação pelo Presidente da República por ocasião da abertura da Sessão Legislativa de 1951*. Rio de Janeiro: Departamento de Imprensa Nacional, 1951, p. 99.
22 MANTEGA, 1984, p. 12.
23 VARGAS, 1951, p. 10.
24 Ibidem, p. 12-13.

A mensagem traz ainda novidades que passam a compor a pauta da agenda nacional nos anos subsequentes. Por exemplo, a defesa de uma "nova diplomacia", moldada a partir da "concepção de cooperação visando ao desenvolvimento econômico". Além de defender as relações hemisféricas, ressalta a novidade que acomete o continente africano, para concluir de forma taxativa: "todo e qualquer colonialismo deve ser entendido como uma sobrevivência indesejável nos quadros da vida internacional de hoje".[25]

Se a indústria acarretava mudanças na agricultura, esta ainda se caracterizava pelo "ultrapassado rotineirismo". Apesar de não mencionar a reforma agrária – a coalizão de poder o permitiria? – a mensagem defende a mecanização do campo, a expansão do crédito, os centros de comercialização e a formação de cooperativas de produtores. No seu entender, o homem do campo – "depositário secular das características fundamentais da nossa nacionalidade" – pode ser ameaçado pelo "impacto da civilização industrial".[26]

O documento defende a implantação da indústria de base e ressalta a necessidade de uma "sadia" política de comércio exterior, "sem liberalidades excessivas em relação à concorrência estrangeira", de modo a não comprometer a produção de bens de consumo essenciais, que já conta com suprimento considerável de máquinas e equipamentos produzidos internamente. Uma proposta de política industrial coerente é esboçada, inclusive apontando a necessidade de ampliação dos mercados externos para as manufaturas brasileiras.[27]

A defesa do aproveitamento dos recursos naturais, da energia e dos combustíveis e da sua articulação com os meios de transporte e comunicações – cujos equipamentos podem e devem ser produzidos internamente – revela-se estratégica para interligar o território nacional. Neste contexto mais amplo, encaixam-se os programas regionais de desenvolvimento da Amazônia e do Nordeste. O território deveria dar guarida ao escoamento da produção ampliada e permitir a diversificação das fontes de renda.

O tema do capital estrangeiro é enfrentado sem revanchismos. As disposições da Constituição de 1946, neste aspecto, são "plenamente satisfatórias", cabendo "aos países exportadores de capitais facilitar as inversões em países como o Brasil". Estes devem ser apoiados pelo governo brasileiro, "sobretudo em associação com os nacionais, uma vez que não firam interesses políticos fundamentais do nosso país". Mas sem vantagens excessivas, pois "o esforço enérgico

---

25   Ibidem, p. 18-22.
26   Ibidem, p. 100-102.
27   Ibidem, p. 120-130.

e sistemático de desenvolvimento econômico será um fator de confiança para o capital alienígena".[28]

A última parte da mensagem não procura ocultar as mazelas do país. Recheada de dados estatísticos, ela revela como a economia não integra a sociedade. Aposta na cooperação de esforços e na livre iniciativa, além de rejeitar a atuação de um "Estado hipertrófico e onipresente".[29] Mas teme pela fragmentação das elites diretoras do desenvolvimento, como a sugerir o papel de destaque da máquina pública para a gestação dessa diretriz unificadora:

> Atravessamos um período de formação, em que atuam mais vivamente influências que tendem a diluir a nossa homogeneidade substancial e comprometer a vitalidade e o equilíbrio de nossas elites e a firme consciência da missão que lhes compete.[30]

O combate à desigualdade transparece na defesa da centralização da gestão dos recursos previdenciários, a serem expandidos para os trabalhadores do campo. Mais ainda, o Estado em vez de contribuir com um terço dos benefícios previdenciários para as diversas categorias, mantendo a desigualdade entre elas, deveria estabelecer um plano básico.[31]

Várias das diretrizes antecipadas na mensagem presidencial se transformariam em projetos concretos: alguns implantados durante o governo Vargas ou de seus sucessores, outros apenas parcialmente, em virtude das condições políticas, enquanto outros tantos seriam engavetados.

Elaborada a mensagem, Rômulo é confirmado na Chefia da Assessoria Econômica como oficial de gabinete, mas continua recebendo o seu salário como diretor do Departamento Econômico da CNI, órgão que o coloca à disposição do governo.[32] Muitos dos técnicos da Assessoria trabalham como consultores, mantendo-se nos cargos que exercem na máquina pública. Outros são remanejados, contando

---

28 Ibidem, p. 187.
29 Ibidem, p. 209.
30 Ibidem, p. 214.
31 Ibidem, p. 226-227.
32 ALMEIDA, 1990, p. 1. Conforme Rômulo, também acontecia com frequência o governo colocar seus quadros à disposição da CNI. Ver também MAGALHÃES, João Paulo de Almeida. *Entrevista de João Paulo de Almeida Magalhães concedida a Alexandre de Freitas Barbosa*. Rio de Janeiro, 25 maio 2011. Áudio disponível no Acervo Pessoal de Alexandre de Freitas Barbosa. João Paulo de Almeida Magalhães ingressa como estagiário da CNI em 1950. Depois de se formar em Direito pela Pontifícia Universidade Católica do Rio de Janeiro (PUC-RJ), segue para o Doutorado na Sorbonne, completado em 1953. Durante o seu Doutorado, continuaria recebendo o seu salário.

com "mísera gratificação".[33] Era comum à época requisitar funcionários públicos de outros órgãos, expediente utilizado para superar a fragmentação da competência no âmbito da burocracia.[34] Portanto, a Assessoria atua com uma equipe restrita, valendo-se do apoio de quadros que praticam uma espécie de "dupla jornada".

O gabinete do Presidente "era de uma pobreza franciscana".[35] Posteriormente, conforme depoimento de Rômulo, conseguiria uma "contribuição mensal do Banco do Brasil para o pessoal não morrer de fome". Outro exemplo indica a "ausência de mordomia": "a Assessoria possuía apenas um carro e dez litros de gasolina por dia".[36]

Inicialmente, os integrantes da Assessoria são alocados em um anexo do Palácio do Catete, para depois se instalarem no próprio palácio. Rômulo substitui a mobília então existente por estantes para livros e documentos, além de mesas para a sua equipe. O espaço se mostra tão exíguo que muitas vezes os boêmios cívicos realizam suas reuniões em um restaurante no Largo do Machado.[37] Sem ter como receber na sua sala, o economista baiano transforma seus almoços em reuniões de trabalho onde se encontra com gente de todas as posições políticas.[38]

Quando perguntado pelo próprio Rômulo sobre a razão de sua escolha para o cargo, Vargas teria se aberto na sua "risada generosa" e respondido: "por que seu nome constava em todas as listas; então resolvi fazer a experiência". Como apuraria mais tarde, fora indicado por Luís Simões Lopes, João Carlos Vital e San Tiago Dantas, além do próprio chefe de gabinete Lourival Fontes, tendo contado provavelmente com o apoio de Landulfo Alves de Almeida, seu primo-tio, importante quadro do PTB baiano e recém-eleito senador.[39] Em avaliação posterior, ele diz: "receio que fui recrutado mais como um tecnocrata[40] com orientação política consentânea".[41]

---

33 ALMEIDA, 1990, p. 1.
34 LAFER, 2002, p. 109-110.
35 ALMEIDA, 1990, p. 1.
36 ALMEIDA, Rômulo. "Com o II PND tudo mudou". Entrevista de Rômulo Almeida concedida a Luís Nassif e Miriam Lage. In: *Veja*, 15 set. 1976, p. 4.
37 PEDRÃO, 2011.
38 ALMEIDA, Gabriel Barreto de. *Entrevista de Gabriel Barreto de Almeida concedida a Alexandre de Freitas Barbosa*. Salvador, 5 jun. 2013. Acervo Pessoal de Alexandre de Freitas Barbosa.
39 ALMEIDA, 1986, p. 47.
40 O termo "tecnocrata" é usado diversas vezes por Rômulo, pois especialmente a partir dos anos 1960, passa a substituir a alcunha de "técnico", mais afinada com o modo de atuação e a posição social do nosso personagem. Conforme veremos adiante, esta diferença de terminologia reflete transformações profundas da relação entre os economistas e a política. Portanto, Rômulo faz uso do termo mais em voga no momento da entrevista.
41 ALMEIDA. *Presença de Vargas*, p. 4. O texto data provavelmente dos anos 1970.

O relato de Cleanto de Paiva Leite – recém-chegado de Nova York, de onde o *political affairs officer* da ONU voltava para reassumir o seu cargo no DASP, com o intuito de se "reinscrever na vida nacional" – confirma o modo de recrutamento dos membros da Assessoria de Vargas. O presidente procurava selecionar servidores que possuíssem "uma lealdade inclusive ideológica em relação aos seus propósitos".[42]

Cleanto é chamado ao Catete pelo subchefe da Casa Civil, Moacir Briggs. Na entrada, topa com Rômulo, "velho amigo que tinha conhecido em Nova York", que então lhe comunica: "você vai ficar aqui no Catete". Segundo o paraibano, provavelmente Luis Simões Lopes e Lourival Fontes, por meio dos contatos do Itamaraty, além de Rômulo, haviam indicado o seu nome.

Uma nomeação de critério estritamente profissional, já que não mantinha relações de proximidade com os principais assessores políticos do presidente. Cleanto narra sua primeira entrevista com Getúlio, para quem já havia preparado pequenas notas sobre política externa, entregues ao presidente por Rômulo ou Lourival durante o primeiro ano de trabalho. O presidente fez-lhe uma extensa sabatina, indagando sobre a sua trajetória. Ao final da conversa, se sentindo depositário da confiança de Vargas, informa não haver votado nele, ao que seu interlocutor responde: "isso não importa, o importante é que você estude os assuntos com cuidado e me ajude nas minhas decisões".[43]

O grupo que orbitava em torno da Assessoria destacava-se pela diversidade de orientações ideológicas, ainda que o núcleo duro fosse formado por técnicos nacionalistas. A Casa Militar havia relutado em aceitar a nomeação de supostos "comunistas", como no caso de Jesus Soares Pereira e Tomás Pompeu Acioli Borges. No caso de Soares, a acusação era falsa, como Rangel[44] procuraria demonstrar a um coronel responsável pelo Inquérito Policial Militar (IPM) do BNDE, em uma insólita cena ocorrida em meados de 1964, quando discorrera, não sem um quê de ironia, sobre a diferença entre um comunista e um positivista.

A perseguição a Soares se dera por suas atividades no Instituto Nacional do Pinho, quando se confrontara com os interesses das madeireiras. O problema foi resolvido com Alzira Vargas, filha de Getúlio.[45] Ao contrário do governo anterior de seu pai, quando fora auxiliar de gabinete, agora Alzira atuava "espontaneamente", sem nomeação.[46]

---

42   LEITE, 1986, p. 58.
43   Ibidem, p. 39, 42, 49-57, 64.
44   RANGEL, Ignácio. "Prefácio". In: PEREIRA, Jesus Soares. *O homem e sua ficha*. Rio de Janeiro: Civilização Brasileira, 1988, p. 11-12.
45   ALMEIDA, 1990, p. 3.
46   AMARAL PEIXOTO, Alzira Vargas do. *Getúlio Vargas, meu pai*. Rio de Janeiro: Objetiva, 2017, p. 417. Edição definitiva, incluindo segundo livro inédito.

Mas a solução não fora imediata. Dois militares do Conselho de Segurança Nacional, quando Soares já estava contratado, insistiram em fazer-lhe algumas perguntas, pedindo permissão ao próprio Vargas, que acedera com a condição de que estivesse presente. Constrangidos com a sua presença, perguntaram a Soares se era verdade que ele nutria ideias "avançadas", ao que foram surpreendidos com a resposta: "acaso deveria ter ideias atrasadas?". Vargas, ao menos é o que reza a lenda, sorrira soltando uma longa baforada do seu charuto.[47]

Já no caso de Acioli Borges, a ressalva veio do general-chefe da Casa Militar, Ciro Espírito Santo Cardoso. Rômulo peita o general, enfatizando a sua qualificação técnica – um engenheiro que prestara serviços de alta relevância no Departamento Nacional de Obras contra as Secas (DNOCS) e que atuava, no momento, como economista da FGV, onde participara da fundação da revista *Conjuntura econômica*.[48] Para depois arrematar: "o pessoal que admite trabalhar com espírito de missão é geralmente quem tem uma posição política. Pessoal neutro quer a ficha, quer o dinheiro, não é?". Depois remete o caso a Vargas, que responde: "diga ao Ciro que é melhor ele trabalhar aqui para nós do que lá fora contra".[49]

Os técnicos não nacionalistas[50] também foram acionados em virtude de suas qualificações, tal como no caso de Glycon de Paiva e Mário da Silva Pinto, engenheiros provenientes do Departamento Nacional de Produção Mineral, tendo inclusive contribuído para a elaboração do Plano do Carvão Nacional[51] durante a gestão de Vargas. Outro engenheiro, Lucas Lopes, também não vinculado ao grupo nacionalista, se recorda de uma reunião no Catete relacionada à elaboração da

---

47   CAMPOS, Domar. "Prefácio". In: PEREIRA, Jesus Soares. *O homem e sua ficha*. Rio de Janeiro: Civilização Brasileira, 1988, p. 21.
48   ALMEIDA, 1986, p. 59.
49   ALMEIDA, 1990, p. 3-4.
50   A qualificação de "desenvolvimentistas não nacionalistas do setor público" é de BIELSCHOWSKY (1995, p. 34, 103). O próprio autor indica que a utiliza por falta de "outro termo melhor" para demarcar a sua posição em defesa dos capitais estrangeiros, mas expressa no âmbito do setor público, do qual eram servidores. Já Lourdes Sola (1998, p. 140) prefere diferenciar os "técnicos desenvolvimentistas" em "nacionalistas" e "cosmopolitas". Sola enfatiza que ambos os grupos participavam ativamente da vida política, basicamente, a partir de posições ocupadas no aparelho estatal (Ibidem, p. 52-53, 196). A opção de Sola origina-se da divisão proposta por Hélio Jaguaribe, em 1962, quando diferencia o cosmopolitismo, com duas variantes, a liberal e a desenvolvimentista, do nacionalismo, também com duas variantes, a socializante e a desenvolvimentista (JAGUARIBE, 1962, p. 201-210). Ao longo deste capítulo, introduziremos uma nova classificação entre os "técnicos nacionalistas" e os agora renomeados "técnicos mercadistas". Os dois grupos de técnicos travam entre si um debate em torno da matriz econômica do desenvolvimento, tal como aprofundado no capítulo "A matriz econômica do desenvolvimento".
51   LEITE, 1986, p. 67-68.

mensagem presidencial, para a qual redigira a seção sobre planos regionais, sem saber, ao final, o que fora aproveitado do seu texto.[52] De fato, havia uma filtragem dos argumentos técnicos essenciais de modo a adaptá-los à "orientação dominante" de cunho nacionalista.[53]

Ignácio Rangel nos fornece um relato sobre o funcionamento da equipe técnica de Vargas. Ele havia recebido um convite para comparecer ao gabinete da Casa Civil da Presidência da República. Ao chegar à sala do Catete onde ficava a Assessoria, Rangel conta que vira uma pilha de seus artigos e uma mesa grande onde todos trabalhavam e "não havia segredo algum, tudo estava aberto". Assim descreve Rangel o cenário por ele flagrado:

> Aquilo era um grupo formado por engenheiros, economistas, advogados, onde cada qual discutia o parecer em que estava trabalhando com os outros – por cima da mesa, todo mundo dava o seu palpite.[54]

Ao saber que ali fora chamado para se juntar ao time, ele assim reage ao seu interlocutor:

> Dr. Rômulo, não me parece razoável isso. Eu sinto que aqui é um lugar onde o que há de importante, realmente, é esta empresa em que trabalham, ou seja, eu estava aqui, sou um estranho, e os senhores estavam discutindo o despacho do presidente amanhã. Isto é muito importante! O que vale em dinheiro saber qual vai ser o despacho do presidente em determinado processo, com 24 horas de antecedência!? Eu não me sinto em condições de fazer isto, porque eu não sou getulista...[55]

Rômulo encarrega-se de sondar o presidente, que responde dizendo que a polícia política já lhe havia passado "a ficha do Dr. Rangel". Eis o recado transmitido por Rômulo a Rangel: que estivesse à vontade, "porque aduladores eu tenho, homens capazes de dizer que eu estou errado, isto é muito raro". O mantra tantas vezes repetido pelo presidente era uma espécie de arma para facilitar a "cooptação" – termo que o próprio Rangel utiliza, não sem antes ressaltar que o processo de escolha era eminentemente técnico.[56]

---

52 LOPES, 1991, p. 117, 124.
53 LEITE, 1986, p. 68.
54 RANGEL, 1991, p. 4.
55 Idem, ibidem.
56 Ibidem, p. 5.

O termo "cooptação" é também utilizado em diversas ocasiões por Rômulo,[57] não no sentido clientelista, mas de convocação para fazer parte de um projeto, para participar da "conspiração assessorial"[58] na qual estavam todos engajados. Se cooptação, no linguajar dos integrantes da Assessoria Econômica, significava o ato de incorporar novos integrantes a uma missão, cujo eixo norteador era o projeto nacional de transformação social e política; a conspiração assessorial implicava a sua atuação coligada no sentido de desalojar os interesses de natureza clientelista. Mas a conspiração também se dirigia aos adversários "internos", que atuavam no âmbito do Estado, vinculados a ideologias e projetos concorrentes. Era exercida de maneira democrática por meio da influência em posições estratégicas do aparato estatal e do debate intra e extraburocrático, recorrendo, por vezes, ao apoio de outras forças sociais.

Integrado à Assessoria, Rangel conta que muitas vezes vira o dia nascer no Catete: "encostava a cabeça, dormia um pouquinho e recomeçava". Ou então, como morava "para lá da Penha", por vezes descia nas segundas e voltava aos sábados para casa. Dormia nos sofás do Catete, especialmente no verão, quando o presidente estava em Petrópolis.[59]

A Assessoria Econômica possuía dois tipos de atividades. De um lado, havia a administração econômica de curto prazo, realizada por meio de despachos cotidianos com o presidente, que pedia vista de processos provenientes das diversas pastas. A outra atividade, mais estratégica e de longo prazo, visava um "planejamento informal" para atacar os principais gargalos, sob uma orientação nacionalista que associava eficiência econômica e social.[60]

É também Rangel quem nos relata o funcionamento da Assessoria. Eram duas secretárias. O pessoal todo, incluindo os assessores a tempo parcial, no máximo uma dúzia. No seio do grupo, imperava uma "confiança firmada na base da competência" e que, com o tempo, fora fortalecida pelo respeito mútuo. Segundo suas palavras, "depois de entrar ali não havia segredo algum"; "difícil era dar o pulo para dentro"; "quando se tratava de chamar alguém novo, nós examinávamos os antecedentes com cuidado".

Rangel menciona também que "não havia nenhum laivo burocrático", o que pode ser interpretado pelo fato de que, entre eles, não existiam hierarquias e praxes. Ao contrário da submissão às modorrentas rotinas administrativas, havia uma militância burocrática. E completa: "em vez de passar a manhã pesquisando uma infor-

---

57   ALMEIDA, 1990; ALMEIDA, 1986; ALMEIDA, 1985a.
58   ALMEIDA, 1985a, p. 36-37.
59   RANGEL, 1991, p. 5, 9.
60   ALMEIDA, 1990, p. 5.

mação, eu fazia a pergunta por cima da mesa; se alguém sabia, respondia".[61] Rômulo chega a descrever a equipe da Assessoria como uma "ordem de cavaleiros".[62] Tal como Furtado, que ao se referir ao Clube dos Economistas, criado em 1955, fala de uma espécie de "franco-maçonaria", com a diferença de que não era "secreta", pois o momento exigia uma intervenção mais forte na cena política.[63]

Para Cleanto, Vargas organizara a Assessoria Econômica para fugir do "cerco político" a que tinha sido obrigado pela escolha dos ministros, quando buscara ampliar a base de sustentação no Congresso. Funcionava como uma espécie de governo paralelo. Os oficiais de gabinete da Assessoria, todos os que despachavam com o presidente, como Rômulo desde o início, e mais adiante Soares e Cleanto, "colhiam seu pensamento e transmitiam a ele as suas sugestões".[64]

Cleanto nos oferece uma descrição detalhada sobre o cotidiano da gestão administrativa do presidente Vargas em seu depoimento para o CPDOC/FGV e no minucioso documento sobre "o Assessoramento da Presidência da República",[65] uma espécie de herança deixada aos historiadores do futuro passado.

As realocações no seio da máquina pública ocorriam com frequência, embora pouco afetassem a Assessoria. As duas subchefias da Casa Civil foram inicialmente ocupadas por Almir Andrade, que cuidava das relações com a imprensa e das minutas de discursos, enquanto Moacir Briggs se encarregava da parte administrativa do Catete. Eram quatro os oficiais de gabinete vinculados ao presidente: Afonso César cuidava da correspondência e dos pedidos de emprego; Sá Freire Alvim tratava dos problemas administrativos dos ministérios, tais como nomeações e liberação de verbas; Roberto Alves, das relações políticas; enquanto Rômulo era o encarregado dos "temas mais substantivos".[66] De fato, segundo depoimento de Rangel, "Getúlio depositava uma confiança ilimitada em mestre Rômulo".[67]

Nas suas memórias, Alzira Vargas menciona que seu pai, em fins de 1950, lhe confidenciara estar há muito tempo afastado da capital, não conhecendo mais "os homens mais novos nem sua posição". Pede a ela que pense em alguns nomes para compor o seu gabinete civil. Menciona que "pretende levar consigo" os "dois rapazes que lhe acompanharam no exílio", os paulistas Afonso César e Roberto Alves,

---

61 RANGEL, 1991, p. 6-7.
62 ALMEIDA, 1975, p. 25; ALMEIDA, 1976, p. 4.
63 Depoimento de Celso Furtado em SOLA, 1998, p. 150.
64 LEITE, 1988, p. 2-4.
65 LEITE, Cleanto de Paiva. *O assessoramento da Presidência da República*. Série Cadernos de Administração Pública. Rio de Janeiro: FGV/Escola Brasileira de Administração Pública, 1959.
66 LEITE, 1986, p. 65-67; LEITE, 1959, p. 31-32.
67 RANGEL, 1995, p. 80.

acima citados por Cleanto. Alzira sugere alguns nomes, mas o único que relata no seu depoimento é o de Lourival Fontes.[68]

Outras pessoas a quem Vargas frequentemente consultava eram Válder Lima Sarmanho, cunhado do presidente, diplomata e segundo presidente do BNDE; e José Soares Maciel Filho, superintendente da SUMOC no início do segundo governo Vargas e, depois, superintendente do BNDE. Maciel Filho era um antigo quadro político leal a Getúlio, tendo participado do Conselho Nacional de Imprensa, órgão ligado ao DIP nos tempos do Estado Novo e servido como emissário do presidente deposto junto ao governo Dutra.[69]

A Assessoria Econômica, mesmo estando subordinada a Lourival Fontes, possuía autonomia, despachando diretamente com Vargas.[70] O chefe de gabinete, segundo Cleanto, "em certa medida comungava do nosso pensamento nacionalista".[71] Mas era "o homem da política geral, não se metia, não se incomodava com detalhes e coisas adjetivas".[72] Rômulo o descreve como um "boêmio intelectual" que tinha horror à técnica. Passava a noite em conchavos políticos e por isto era o último a ser recebido na parte da manhã.[73]

O sistema de despachos funcionava da seguinte maneira:[74] o presidente se reunia com dois assessores na parte da manhã, uma hora e meia com cada um. Na parte da tarde, recebia dois ou três ministros ou presidentes de importantes órgãos estatais (Banco do Brasil, Companhia Hidroelétrica do São Francisco (CHESF), CSN, dentre outros). Uma vez por semana, à tarde, era a vez dos congressistas. No sábado, recebia os líderes do governo no Senado e na Câmara e algumas personalidades políticas. Os ministros eram recebidos isoladamente, sem a presença de ninguém. Então o presidente tomava conhecimento dos assuntos, "mas não assinava nenhum documento".

Terminado o expediente, o contínuo levava as pastas com os documentos – exposições de motivos, minutas de projetos, decretos e mensagens ao Congresso e notas informais sobre temas em discussão nos ministérios – para o escritório do segundo andar no Catete, próximo ao seu quarto de dormir. Depois do jantar, o presidente aprovava algumas exposições de motivos e decretos, que seguiam

---

[68] AMARAL PEIXOTO, 2017, p. 415.
[69] LIRA NETO. *Getúlio: da volta pela consagração popular ao suicídio (1945-1964)*. São Paulo: Companhia das Letras, 2014, p. 66, 95-96.
[70] LEITE, 1986, p. 65-66.
[71] LEITE, 1988, p. 3.
[72] ALMEIDA, 1985a, p. 49.
[73] ALMEIDA, 1985a, p. 48; ALMEIDA, 1986, p. 64.
[74] LEITE, 1988, p. 5-7; LEITE, 1959, p. 26-30.

à Diretoria do Expediente e, depois, conforme o caso, para publicação no *Diário Oficial*. Ele colocava de 60% a 70% destes documentos em pastas cinzentas individuais, destinadas a quatro ou cinco assessores diretos, nas quais "botava um clipe com um pequeno papel de bloco", onde anotava "Lourival", "Rômulo, "Cleanto", "Soares Pereira". Estas pastas eram levadas pelo contínuo e madrugavam à espera de seus destinatários.

As decisões estratégicas sobre os projetos encaminhados pelos ministros eram tomadas por Vargas e seu círculo restrito de assessores.[75] Cleanto conta também que não havia nenhum protocolo interno que registrasse o envio dos papéis aos assessores, como forma de protegê-los das possíveis pressões dos ministros.[76] Segundo o próprio Vargas, em conversa relatada por Rômulo, assim o fazia por ter cometido erros durante o primeiro governo, assinando decretos sem o devido respaldo técnico. Mantinha seus assessores sob constante supervisão. Por vezes tirava o caderno da gaveta e dizia: "vamos ver como está a sua conta corrente".[77]

Cabia aos assessores estudar o material contido nas pastas, coletar informações adicionais e elaborar diretamente projetos de decretos e mensagens, envolvendo às vezes contato com os parlamentares e os próprios ministros. Os relatórios dos assessores possuíam um cunho formal e não eram assinados, já que poderiam ser submetidos aos ministros. Nas reuniões com o presidente, os assessores eram sabatinados, e por vezes, consultados sobre as suas opiniões. Alguns discursos, geralmente preparados por Lourival Fontes, chegavam à Assessoria, a depender do assunto em questão. Eram minuciosamente revistos por Vargas, que reescrevia parágrafos inteiros, ou então mandava refazer várias páginas, de modo a que estivessem mais adequados às suas ideias e estilo.[78]

Havia também uma distribuição do trabalho entre os assessores. Os temas da política externa e agricultura, além da relação com a Comissão Mista Brasil-Estados Unidos, ficavam com Cleanto; enquanto Rômulo e Soares Pereira se responsabilizavam pela agenda com a Fazenda e pelos planos do petróleo e da energia elétrica, além da questão regional, inclusive BNB e Comissão do Vale do São Francisco.[79] Rangel, convidado para trabalhar na lei sobre o babaçu, também se vinculara às discussões referentes à Petrobras, ao setor elétrico e ao Plano Nacional do Carvão.[80]

---

75 LEITE, 1988, p. 7; LEITE, 1959, p. 29.
76 LEITE, 1959, p. 45-46.
77 ALMEIDA, 1986, p. 62.
78 LEITE, 1959, p. 33-40, 43-45.
79 LEITE, 1988, p. 4; LEITE, 1959, p. 31-32.
80 RANGEL, 1991, p. 5-6.

Rômulo e sua equipe tinham, portanto, liberdade propositiva. Atuavam dando concretude aos projetos presidenciais e dos ministros, muitos dos quais chegavam às mãos da Assessoria de maneira "bem imatura".[81] Em alguns casos, eles assumiam a negociação política de projetos, sempre sob delegação do presidente Vargas, mas jamais participavam dos louros. Depois da contenda, retiravam-se de volta aos bastidores.[82]

Cabe aqui um parêntese: os membros da Assessoria conheciam os documentos sobre o funcionamento da Comissão Presidencial de Especialistas, criada em 1936, pelo então presidente dos Estados Unidos, Franklin Roosevelt.[83] O primeiro chefe dessa Comissão, Louis Brownlow, havia preparado um documento, em 1937, sugerindo a institucionalização da chefia executiva por meio de uma divisão especial voltada ao trabalho de formulação de políticas. O intuito era poupar o presidente dos assuntos mais rotineiros, concentrando seus esforços na agenda administrativa, de modo a conferir maior coesão e eficácia à gestão.[84]

As qualidades essenciais dos assistentes imediatos do presidente, conforme a proposição de Brownlow, parecem ter sido incorporadas pelos boêmios cívicos. Eram elas: alta competência, grande vigor físico e paixão pelo anonimato.[85] Não custa comentar a resposta em forma de chiste de Vargas, quando informado pelo assessor sobre as tais qualidades: "essa terceira é a mais difícil, Cleanto".[86] Segundo o assessor, apenas excepcionalmente participavam de cerimônias oficiais, festas e recepções, para não ficarem identificados com certas iniciativas e projetos.[87]

Mesmo assim, causavam ciumeira. Conta Rômulo[88] que Vargas raramente o levava consigo nas viagens pelo Brasil. A natureza do seu trabalho exigia uma presença assídua no gabinete. Certa vez, contudo, levou-o para a usina de Paulo Afonso e depois para a refinaria de Mataripe, quando se lambuzara de óleo, na cena que entraria para a história. Pedira então ao seu assessor que falasse em seu nome

---

81   ALMEIDA, 1990, p. 5-7.
82   Ibidem, p. 11. Ver também ALMEIDA, 2009, p. 199.
83   A Lei de Serviço Civil dos Estados Unidos, de 1883, era uma espécie de referência para todos eles. O técnico de administração Celso Furtado a analisara com afinco, como se pode perceber nos artigos por ele escritos e publicados na *Revista do Serviço Público*, do DASP, em 1944 (D'AGUIAR, 2014, p. 121-141).
84   SILVA, Benedicto. "Prefácio". In: LEITE, Cleanto de Paiva. *O assessoramento da Presidência da República*. Série Cadernos de Administração Pública. Rio de Janeiro: FGV/Escola Brasileira de Administração Pública, 1959, p. 13-14.
85   LEITE, 1959, p. 47.
86   LEITE, 1986, p. 103.
87   LEITE, 1959, p. 47.
88   ALMEIDA, 1986, p. 63.

para a imprensa. No entender de Rômulo, Vargas queria projetá-lo, mas Ernesto Simões Filho – proprietário do jornal *A Tarde*, ministro da Educação e importante quadro do Partido Social Democrático (PSD) baiano – fizera questão de apagar o assessor das páginas de seu periódico.

O contrário também acontecia. Podiam servir os boêmios cívicos de fiéis da balança em disputas de natureza clientelista. Como durante a criação da Superintendência de Valorização Econômica da Amazônia (SPVEA), quando o nome de Rômulo foi cogitado para o cargo de superintendente para amainar as pelejas locais.[89] Mas Vargas preferiu nomeá-lo presidente do Banco do Nordeste, com o intuito de defender a nova instituição de "assaltos políticos".[90] O depoimento abaixo de Rômulo é esclarecedor sobre o modo de atuação da Assessoria na máquina pública:

> Inclusive nós fazíamos coisas e entregávamos aos ministros. Primeiro vendíamos a ideia ao ministro, e o ministro ficava satisfeito, porque a gente dava uma boa ideia que ele ia brilhar, ele ia faturar, entendeu? Apresentava a exposição de motivos ao presidente, apresentava o decreto dele e tal e pronto.[91]

A Assessoria atuava no cerne do aparelho de Estado, imprimindo os princípios nacionalistas de seus integrantes e articulando atividades que corriam o risco de se fragmentar. Por meio da conspiração assessorial, procuravam blindar a máquina pública contra as demandas centrífugas e imediatistas dos poderosos rerpresentantes de grupos sociais e regionais. Tinham pleno conhecimento de que haviam sido selecionados por sua competência técnica e que não seriam desalojados dos seus cargos, ao passo que a nomeação dos ministros e dirigentes de autarquias levava em consideração critérios partidários. Ao contrário dos boêmios cívicos, a permanência destes dependia da atmosfera política e da base de apoio do governo no Congresso.[92]

Esse espírito de solidariedade em torno de um projeto comum independia de quem fosse o chefe de Estado. No governo Dutra, por exemplo, Rômulo menciona que Bittencourt Sampaio logrou, por meio de sua liderança no DASP, impedir a queima total de reservas internacionais, lançando o Plano SALTE, o que teria sido – no seu entender – "uma conspiraçãozinha tecnocrática em face da insânia do governo Dutra".[93] Sob este aspecto, havia certa continuidade entre os governos

---

89   Ibidem, p. 63.
90   Ibidem, p. 79-80.
91   ALMEIDA, 1990, p. 11.
92   LEITE, 1959, p. 46.
93   ALMEIDA, 1988, p. 76.

Dutra e Vargas, no sentido de que "saber e experiência técnica foram gradualmente acumulados e sedimentados pelos técnicos nacionalistas".[94]

Como vimos, os técnicos nacionalistas situavam-se nos escalões intermediários da burocracia. Para além de alguns princípios norteadores, estavam atados por laços de lealdade pessoal. Essa relação de confiança mútua permitia o ágil recrutamento de quadros, dispersos por vários setores da máquina pública, quando um de seus integrantes assumia posição de destaque. Embora não institucionalizado, esse mecanismo de agregação funcionava como antídoto à sabotagem de seus projetos. Por isso, as informações intercambiadas entre eles não extravasavam o seu círculo restrito.[95] De fato, os contatos pessoais diretos entre quadros bem posicionados na burocracia do Estado funcionavam como um canal interno de comunicação.[96]

Furtado fornece um depoimento ilustrativo sobre um período imediatamente anterior.[97] Em 1948 ele trabalhara, por breve período, na revista *Conjuntura econômica* da FGV, então localizada no Ministério da Fazenda, em uma sala próxima à da equipe da missão Abbink, chefiada por Otávio Gouveia de Bulhões. Neste momento, não parecia haver alternativa fora da "sociedade secreta", cuja missão era "defender a coisa pública contra o assalto sempre renovado de grupos de interesses organizados".

No final dos anos 1940, especialmente em um contexto de esvaziamento do DASP, era ainda difícil para um técnico "ocupar as mais altas posições da administração". Quando isso ocorria, e a "pessoa subia ao tombadilho", "logo era olhada com desconfiança pelos demais tripulantes". O jovem paraibano ex-integrante da FEB se sentia fazendo parte de "um Exército empenhado na defesa de uma cidade que sabia para sempre sitiada". Assim se explica o salto rumo à CEPAL, para "escapar do cerco".

Outras sociedades secretas reproduziam-se, em menor escala, nos governos estaduais. Lucas Lopes, ainda nos anos 1940, assumira a Secretaria de Agricultura, Indústria, Comércio e Trabalho do governo de Minas Gerais, como quadro técnico, já que não tinha pretensões políticas. Ao deixar o governo, organizara uma coletânea de trabalhos intitulada *Contribuição para o planejamento industrial de Minas Gerais*, sob influência, tal como os jovens Rômulo e Furtado, tanto dos *new dealers* como dos planejadores soviéticos.[98] O seu relato sobre o papel do técnico na administração pública revela um traço geracional: "o grande problema dos técnicos no

---

94   SOLA, 1998, p. 77-78.
95   Ibidem, p. 146-149.
96   LEFF, 1968, p. 133.
97   FURTADO, Celso. *A fantasia organizada*. 5ª edição. Rio de Janeiro: Paz & Terra, 1985, p. 49-50.
98   LOPES, 1991, p. 65-70, 80-81, 114.

governo nunca é obedecer aos superiores, mas procurar educá-los, encaminhá-los para o bom sentido, dar sugestões que não os levem a caminhos sem saída".[99]

O quadro muda na década de 1950, quando vários tripulantes assumem o tombadilho. Paralelamente, surgem entidades dotadas de maior institucionalidade, incorporando diversos segmentos de intelectuais situados ou não na esfera burocrática.

Os técnicos da Assessoria, por exemplo, participaram da criação do Grupo de Itatiaia (1952-1953) e, depois do Instituto Brasileiro de Economia, Sociologia e Política (IBESP) (1953-1955) – de onde saíram os cinco volumes da publicação *Cadernos do Nosso Tempo* –, e que viria a ser o embrião do ISEB (1955-1964). O Grupo se encontrava no Parque Nacional de Itatiaia, situado a meio caminho entre o Rio de Janeiro e São Paulo, em local cedido pelo Ministério da Agricultura, provavelmente por interferência de Rômulo,[100] que menciona o apoio discreto do presidente às suas reuniões.[101]

O Grupo de Itatiaia contava com a liderança de Hélio Jaguaribe – advogado formado pela PUC-RJ e integrante do Instituto Brasileiro de Filosofia (IBF) – que aglutinava em torno de si os "cariocas", assim denominados por morarem na capital federal. Era o caso de Cândido Mendes de Almeida e alguns boêmios cívicos – especialmente Rômulo, Rangel e, de maneira mais ativa, Guerreiro Ramos. Os paulistas, encabeçados por Roland Corbisier da USP, eram na maioria filósofos e ex-integralistas. As reuniões se realizavam no último final de semana de cada mês para conversas sistemáticas acompanhadas de relatorias.[102]

Os boêmios cívicos conseguiam, assim, combinar as atividades da assessoria com a reflexão crítica dos problemas nacionais. Conforme salienta Rangel, isso fornecia "um lacre ideológico para o nosso trabalho".[103] O IBESP seria o resultado natural do Grupo de Itatiaia, agora englobando apenas os "cariocas" mais o paulista Roland Corbisier. Ainda que alguns textos dos *Cadernos do Nosso Tempo* fossem assinados, sua grande maioria era elaborada coletivamente, indicando uma certa organicidade de pensamento. Parcos em citações e desprovidos de preocupações acadêmicas, os textos de construção e combate procuravam intervir na realidade

---

99   Ibidem, p. 80.
100   PEREIRA, Alexsandro Eugenio. "Organização, estrutura e trajetória do ISEB". In: TOLEDO, Caio Navarro (org.). *Intelectuais e política no Brasil: a experiência do ISEB*. Rio de Janeiro: Revan, 2005, p. 254.
101   ALMEIDA, 1992, p. 15.
102   JAGUARIBE, Hélio. "O ISEB e o Desenvolvimento Nacional". In: TOLEDO, Caio Navarro (org.). *Intelectuais e política no Brasil: a experiência do ISEB*. Rio de Janeiro: Revan, 2005, p. 31-33.
103   RANGEL, 1991, p. 7.

brasileira.[104] Para Rangel,[105] a participação na elaboração dos *Cadernos* foi "uma das coisas mais marcantes" da sua vida. O economista maranhense pôde então "criar um estilo" ao escrever textos a serem debatidos pelo seleto grupo de intelectuais. O intuito era desenvolver um pensamento próprio e influente sobre a sociedade em transformação. Elaboravam análises, diagnósticos e propostas para o desenvolvimento nacional, buscando um público mais amplo de modo a abarcar as classes médias, especialmente os segmentos que compunham as entidades da sociedade civil (profissionais liberais e empresários) e o setor público (com seus quadros civis e militares), em virtude da reduzida dimensão do mundo universitário daquele tempo. Este era o público-alvo dos seminários promovidos pelo IBESP, criados em parceria com a Coordenação de Aperfeiçoamento de Pessoal de Nível Superior (CAPES), graças ao apoio de Anísio Teixeira, que assumira a direção desta entidade também surgida no âmbito da Assessoria.

Mais adiante, vieram os cursos ministrados pelo ISEB, ao nível de pós-graduação, além dos cursos extraordinários sem a necessidade de diploma,[106] que contaram no seu último período com a presença de lideranças estudantis e sindicalistas. Em 1959, em plena batalha pela criação da Superintendência do Desenvolvimento do Nordeste (SUDENE), Furtado fez uma palestra no ISEB para duas centenas de oficiais do Exército e da Aeronáutica. Impressionara-o a "tremenda participação" da entidade nas Forças Armadas.[107]

Estruturava-se então um projeto capaz de integrar política externa independente e ação diretiva do Estado sobre o setor produtivo, a infraestrutura econômica e social e o desenvolvimento regional. Tratava-se de cooptar, no sentido romuliano, setores do empresariado, da burocracia e das camadas médias e populares por meio da ação do Estado em torno de políticas concretas. Partia-se de uma concepção ainda embrionária sobre o subdesenvolvimento e a estrutura social do país em processo de transformação. A interpretação era informada pela utopia e a sua viabilização encontrava respaldo no projeto que se exprimia pela "práxis do mudancismo pela política pública".[108]

Em outras palavras, o Estado era o eixo estratégico de onde partiriam as reformas, repercutindo sobre a sociedade civil. Em uma curiosa inversão dos termos da

---

104 BARIANI JR., Edison. "Uma *intelligentsia* nacional: Grupo de Itatiaia, IBESP e os *Cadernos do Nosso Tempo*". In: *Cadernos CRH*, v. 18, n. 44, maio/ago. 2005, p. 250.
105 RANGEL, 1991, p. 7-8.
106 PEREIRA, 2005, p. 256-257.
107 FURTADO, 2019, p. 164. Anotação no seu diário de 13 jun. 1959.
108 ALMEIDA, Cândido Mendes de. "ISEB: fundação e ruptura". In: TOLEDO, Caio Navarro (org.). *Intelectuais e política no Brasil: a experiência do ISEB*. Rio de Janeiro: Revan, 2005, p. 14-15.

formulação gramsciana, era a sociedade política – ou alguns de seus segmentos bem posicionados – que convocava a sociedade civil, na expectativa de gerar novas fontes de hegemonia. O cientista político Francisco Weffort afirma sobre esse período que "a ideologia nascia dentro do Estado, ou em associação com ele".[109] Isso parecia um problema ao seu "modelo" que procurava impor determinações exógenas ao quadro histórico brasileiro, não obstante o caráter certeiro de algumas de suas análises.

Poderiam os intelectuais assumir uma liderança na política nacional por seus próprios meios?[110] Quais as condições para tanto? Isso dependia do seu alcance junto ao Estado e à sociedade civil – e não apenas da originalidade do ideário concebido –, de modo a viabilizar um projeto coerente, que não fosse esvaziado pelas forças políticas dominantes.

O IBESP funcionava no escritório de advocacia de Hélio Jaguaribe, financiado com seus próprios recursos, até ser convertido ao ISEB, em 1955, quando passa a estar vinculado ao Ministério da Educação, ainda no governo Café Filho. O engajamento de alguns dos seus quadros na campanha presidencial de JK, conferindo conteúdo às forças democráticas reunidas ao seu redor, lhe permitiu ter acesso a uma sede – no prédio da Rua das Palmeiras, no bairro de Botafogo – e dispor de uma verba mínima para viabilizar seus cursos e publicações. Mas a heterogeneidade dos seus integrantes levou à internalização dos conflitos do novo governo e à cisão do grupo inicial já em 1958.[111]

Em síntese, os técnicos nacionalistas acreditavam-se membros de uma "elite intelectual nova", que atuava organicamente por dentro e a partir do Estado. Apesar de menosprezarem a política tradicional, eram tudo menos apolíticos. Ao participarem de instituições como o IBESP, o ISEB ou do Clube dos Economistas, almejavam difundir uma "ideia mais rica de nação". Desta forma, e graças ao seu caráter suprapartidário, constituíam-se em uma "fonte alternativa de influência política", usando a ideologia como "cimento aglutinador" de sua ação indireta.[112]

Esses técnicos em fins se viam como representantes legítimos do Estado, reivindicando "um espaço autônomo tanto fora quanto dentro das arenas decisórias". Carregavam consigo a problemática construída por seu fragmento de geração, qual

---

109   WEFFORT, 1980, p. 40.
110   SCHWARTZMAN, Simon. "Introdução". In: *O Pensamento nacionalista e os "Cadernos do Nosso Tempo"*, Biblioteca do Pensamento Político Republicano, Brasília, Editora UNB, v. 6., 1979, p. 4-5. Transformamos essa afirmação de Schwartzman em pergunta, tendo em vista a dimensão da empreitada. Entretanto, cabe apontar que ela pode ensejar uma interpretação equivocada de que se pretendia lançar um "partido intelectual".
111   SODRÉ, Nelson Werneck. *A verdade sobre o ISEB*. Rio de Janeiro: Avenir Editora, 1978, p. 12-20.
112   SOLA, 1998, p. 143-163.

seja: "o que somos e para onde vamos, a partir de uma visão retrospectiva [e, portanto, histórica] do período formativo da nacionalidade".[113]

Conforme exposto na Parte I, optamos por inserir os técnicos nacionalistas no grupo mais amplo dos intelectuais orgânicos do Estado, e de diferenciá-los dos demais técnicos do setor público, os mercadistas, que não comungavam da mesma utopia nacional e do mesmo estilo de interpretação, já que a sua concepção de desenvolvimento se circunscrevia, em grande medida, à matriz econômica.

Os técnicos mercadistas também possuíam uma postura missionária e esposavam concepções políticas e ideológicas. Diferentemente dos nacionalistas, contudo, o objetivo era criar e operacionalizar instituições que permitissem o funcionamento sadio e eficiente de uma "economia de mercado" no Brasil. O Estado entrava como catalisador necessário nos países em condições de subdesenvolvimento – geralmente encarado como um estágio, conforme a sua interpretação –, mas tendia a se mostrar menos relevante à medida que os automatismos do mercado se generalizassem.

Portanto, nem todos os intelectuais orgânicos de Estado eram economistas e nem todos economistas eram intelectuais orgânicos do Estado. Muitos destes não economistas inclusive forneciam novas chaves para a interpretação dos problemas econômicos. Os técnicos nacionalistas se nutriam de aportes de natureza sociológica, política e cultural que emanavam dos seus escritos, ampliando a sua concepção de projeto nacional, que jamais estivera circunscrita à política econômica.

Em outras palavras, para que a sua conspiração assessorial funcionasse era importante que se resguardassem das forças conservadoras, bem posicionadas na sociedade civil e na burocracia estatal mas, especialmente, na imprensa, que representada pelos grandes jornais do Rio de Janeiro – *Correio da Manhã*, *O Globo* e *O Jornal* – possuía um papel decisivo. Além de formarem a opinião pública das classes médias urbanas, tais jornais eram lidos pelas elites políticas e intelectuais. Os intelectuais nacionalistas tinham aqui uma presença limitada. Por vezes logravam atingir a opinião pública, mas de maneira difusa.[114] Apenas o *Jornal do Brasil* assumia uma linha mais "desenvolvimentista",[115] no sentido de não liberal, apoiando algumas das teses nacionalistas.

Mas, em geral, a grande imprensa do Rio e, seguramente, o jornal *O Estado de São Paulo* possuíam uma postura antigetulista e antinacionalista.[116] O único poder

---

113   Ibidem, p. 143-163.
114   LEFF, 1968, p. 133-134.
115   JAGUARIBE, 1962, p. 203.
116   SKIDMORE, Thomas. *Brasil: de Getúlio Vargas a Castelo Branco (1930-1964)*. 4ª edição. Rio de Janeiro, Paz e Terra, 1975, p. 118, 161.

capaz de rivalizar com a grande imprensa da época era o Executivo.[117] Durante o segundo governo Vargas, o presidente contava apenas com a Rádio Nacional e o jornal Última Hora, que lhe conferia apoio, em um período que o jornal *Tribuna da Imprensa*, sob o comando de Carlos Lacerda, se empenhava na campanha de desestabilização do governo. Esse cenário mostrou-se mais nuançado durante o governo JK. No governo Jango a imprensa voltaria a assumir um papel de oposição, apesar de ter recebido bem o Plano Trienal no momento do seu lançamento.

Rômulo se ressente, em seus depoimentos dos anos 1980, do "desarmamento publicitário do governo". A comunicação direta com o povo, em um quadro de cerceamento dos partidos políticos parecia ser a única saída para "firmar os projetos de impacto".[118] No seu entender, o "populismo", mesmo que "condenável", parecia o último recurso na ausência de uma "política urbana de massa estruturada".[119] Para ele, "como os movimentos de opinião não chegaram a ter uma cristalização maior, foram interrompidos ou pelo populismo,[120] ou pelas forças que operavam nos bastidores".[121]

Por outro lado, Vargas jamais procurou usar a Assessoria, que elaborava seus "projetos de impacto", para produzir "efeitos multiplicadores a nível político".[122] Não poderiam os técnicos assegurar essa mediação entre o líder e as classes populares em termos que fossem para além da retórica personalista, assegurando uma maior conscientização acerca dos projetos do governo? Ao que tudo indica, esta alternativa foi podada pelo próprio presidente. Os técnicos estavam "protegidos" da artilharia política oposicionista, cujo alvo central era a figura do presidente. O depoimento de nosso personagem é revelador:

> Entrevistas não dávamos, não aparecíamos na rádio, só aparecemos quando fomos forçados, para defender pontos básicos que outros políticos não sabiam defender. Então nos pediam e nos exigiam a presença. Fora daí, não. Então a gente se manteve na sombra exatamente para poder operar.[123]

Isso não quer dizer que não tenham tentado. Um documento encontrado no Fundo Jesus Soares Pereira no CPDOC, intitulado "Esboço do plano", revela que

---

117   LEFF, 1968, p. 133-134.
118   ALMEIDA, 1990, p. 13, 20.
119   ALMEIDA, 1986, p. 158.
120   Rômulo utiliza o "populismo" sob o registro de uma política de massas não-estruturada, referindo-se geralmente ao peleguismo que marcava a relação do PTB com o movimento sindical.
121   ALMEIDA, 2009, p. 195-196.
122   D'ARAÚJO, Maria Celina Soares. *O segundo Governo Vargas 1951-1954: democracia, partidos e crise política*. 2ª edição. São Paulo: Ática, 1992, p. 154-155.
123   ALMEIDA, 1990, p. 20.

os boêmios cívicos procuraram sair do cerco e partir para o ataque. O plano esboçado articula a política econômica propriamente dita com uma política nacional de energia, programas de infraestrutura, instalação de indústrias básicas, ações de fomento agrícola (inclusive reforma agrária) e programas econômicos-sociais "com projeção popular".[124]

Atemo-nos aqui aos "pressupostos políticos" do plano, primeiro item do documento. Elaborado pela Assessoria Econômica de Vargas ao longo de 1952, ele dá continuidade às mensagens presidenciais de 1951 e 1952. O objetivo era lançá-lo em 1953, para "antecipar-se ao período de crescente agitação e negociação pré-eleitoral no Congresso" e ao mesmo tempo "resistir quanto possível ao retalhamento de recursos públicos e à barganha de favores". No entender dos assessores, "a crise presente só se fará agravar sem a solução dos problemas de base". Ao apresentar "o encadeamento de diferentes e sucessivos programas", o presidente pode "afastar desconfianças e possibilitar alianças políticas", sobretudo se contar com a divulgação adequada do trabalho do governo junto à opinião pública.[125]

Vale ressaltar o papel que estes economistas, dotados de sensibilidade política, conferem à "opinião técnica", composta por "quadros estáveis da elite do funcionalismo, das forças armadas e das grandes organizações representativas privadas", capazes de assumir papel de relevo em face dos "intermediários políticos nas decisões eleitoriais" cujo poder é "declinante". Paralelamente, ressalta-se a necessidade de "libertar-se o governo da pressão política e da influência envolvente dos centros metropolitanos e das instituições tradicionais", em um momento em que "a consciência política dos estados, dos municípios e dos meios rurais se emancipou e está militante".[126]

O "Plano Vargas" não veio à luz e tampouco a estratégia dos técnicos de retirar o presidente do cerco político,[127] ampliando a sua legitimidade ao empolgar a opinião pública, os técnicos, os novos segmentos sociais e os entes federativos marginalizados pelo pacto de poder. Na Parte IV deste livro, voltaremos a algumas das iniciativas que jamais vieram a público, pois Vargas optara pelo apoio dos partidos políticos tradicionais, abrindo mão do maior enraizamento social das propostas

---

124 "Esboço do Plano", 1953. Rio de Janeiro: Acervo do CPDOC-FGV/Fundo Jesus Soares Pereira. Devo a descoberta de tal documento a Robson Luiz Adami de Campos. Neste documento, percebe-se a caligrafia inconfundível de Rômulo em algumas notas do texto. Em depoimento ao CPDOC/FGV, Rômulo afirma: "esse arquivo que estava comigo eu entreguei todo ao Soares, e ao arquivo do Soares até aqui" (ALMEIDA, 1990, p. 6).
125 "Esboço do Plano", 1953, p. 1, 3, 8.
126 Ibidem, p. 4-5.
127 LEITE, 1986, p. 77, 80.

elaboradas pela Assessoria Econômica. Corria o risco de perder os aliados pouco confiáveis e de não conquistar em tempo hábil os novos atores, ainda não plenamente capazes de assumir a direção do processo político.

Tal situação de relativo isolamento dos técnicos do quadro político se alteraria, em alguma medida, depois da queda de Vargas. A Assessoria já fora apelidada de "antro de comunistas" por Assis Chateubriand e Carlos Lacerda.[128] Em dezembro de 1956, no governo JK, a *Tribuna da Imprensa* publicaria uma série de reportagens com o intuito de desmoralizar o recém-criado ISEB e seus intelectuais que conformariam uma "aliança neototalitária de burocratas e técnicos".[129] A disputa acirrada no governo João Goulart faria com que alguns técnicos, agora convertidos em intelectuais estadistas, exercessem funções de cunho político, sem necessariamente assumir vestimentas partidárias, de modo a participar ativamente do debate público.

Porém, enquanto vigorou a Assessoria Econômica, seus trabalhos eram conduzidos sob o mais estrito sigilo. Este foi o caso do projeto da Petrobras. Não mais do que meia dúzia de técnicos e assessores conheciam o projeto na íntegra. As consultas políticas de praxe também foram realizadas. E, não apenas, pois segundo Rômulo, "procuramos nos informar, pelos meios possíveis, da política das grandes companhias internacionais".[130]

O primeiro documento, ainda sem detalhamento dos termos do projeto, apenas com as premissas gerais e uma estimativa preliminar de custos que equivalia a três vezes a usina de Volta Redonda (RJ), foi respondido por Vargas com a seguinte marginália no corpo do texto: "prossigam-se os estudos sem temor quanto ao vulto dos investimentos, desde que os fundamentos do programa sejam objetivos e as possibilidades de mobilizar recursos sejam efetivas".[131]

Logo em seguida, a equipe avançou em duas frentes: a elaboração do texto da lei e a preparação de um plano para a empresa nos seus cinco primeiros anos de atuação, tarefa sob a incumbência de João Neiva de Figueiredo,[132] o engenheiro da equipe que se tornaria um dos primeiros diretores da empresa. Apenas depois de submetida a terceira versão do documento ao presidente, em outubro de 1951, nossos escribas se tornaram efetivamente articuladores, imbuídos agora da tarefa

---

128 AGUIAR, Ronaldo Conde. *Vitória na derrota: a morte de Getúlio Vargas: quem levou Getúlio ao suicídio?* Rio de Janeiro: Casa da Palavra, 2004, p. 115.
129 SODRÉ, 1978, p. 20-23.
130 ALMEIDA, 1975, p. 23.
131 PEREIRA, Jesus Soares. "Getúlio Vargas e o petróleo brasileiro". In: VARGAS, Getúlio. *A política nacionalista do petróleo no Brasil.* Rio de Janeiro: Tempo Brasileiro, 1964, p. 91.
132 Ibidem, p. 92.

de consultar "vinte personalidades de alto conceito do cenário político e técnico nacional".[133]

Além da equipe diretamente envolvida na sua elaboração, apenas Plínio Cantanhede, presidente do CNP, conhecia todos os seus detalhes. Consultas foram realizadas junto a Hélio Beltrão e vários outros técnicos,[134] além de terem passado pelo crivo jurídico de San Tiago Dantas, Seabra Fagundes e do procurador-geral da República Carlos Medeiros da Silva.[135] A equipe estabeleceu diálogo com militares de distintas tendências como Horta Barbosa, Estillac Leal e Juarez Távora.[136] Oswaldo Aranha e Amaral Peixoto fizeram chegar suas preocupações, tendo fornecido também informações políticas.[137]

Vejamos alguns detalhes referentes à elaboração da exposição de motivos que acompanha o envio do projeto de lei de número 1.516, publicado no *Diário Oficial* no dia 6 de dezembro de 1951.[138] Soares, encarregado desta tarefa, relata a importância que Vargas concedera a tal projeto, além da cautela para não detonar um barril de pólvora. Rômulo conta que, mesmo não sendo economista, Vargas se informara sobre cada detalhe do projeto nos vários despachos que tiveram ao longo do período de sua elaboração: "estava sempre checando e acompanhando".[139]

Três versões da mensagem foram escritas: a primeira, o presidente achara "demasiado cuidadosa". Por meio de despacho ao escriba, sugere "elevar o tom, ferir de maneira mais incisiva as questões apenas afloradas"; quanto à segunda, pecara por "excesso de vigor", solicitando o presidente em novo despacho que convinha "reduzir o tom demasiadamente alto, além de 'eliminar as matérias assinaladas'"; a terceira levara em consideração as anotações pessoais que o presidente fizera no corpo do texto: uma delas pedia que fosse cortado o advérbio do trecho "ainda não é oportuno tratar desse assunto", relacionado ao setor de distribuição de petróleo. Finalmente satisfeito, deixou o texto seguir adiante, apesar de ter demandado no dia anterior à sua publicação a mudança de dois dispositivos de modo a "guardar armas para a batalha parlamentar".[140]

---

133 PEREIRA, 1988, p. 68.
134 ALMEIDA, 1990, p. 15-16
135 PEREIRA, 1975, p. 95; ALMEIDA, 1975, p. 19.
136 LEOPOLDI, Maria Antonieta. "O difícil caminho do meio: Estado, burguesia industrial e industrialização no segundo Governo Vargas (1951-1954)". In: SUZIGAN, Wilson & SZMRECSÁNYI, Tamás (orgs.). *História econômica do Brasil contemporâneo*. 2ª edição. São Paulo: Edusp/Hucitec, 2002, p. 51.
137 ALMEIDA, 1975, p. 19.
138 VARGAS, Getúlio. "Mensagem ao Congresso Nacional propondo a criação da Petrobras". In: VARGAS, Getúlio. *A política nacionalista do petróleo no Brasil*. Rio de Janeiro: Tempo Brasileiro, 1964.
139 ALMEIDA, 1988, p. 14; PEREIRA, 1975, p. 97-98.
140 PEREIRA, 1964, p. 43-44.

Seguindo o mesmo padrão de atuação, Soares, ao assumir a frente dos projetos sobre o setor elétrico, trocara informações com a Light.[141] Rômulo, por sua vez, relata a sua participação na Semana da Energia Elétrica, quando enfrentara a "fina flor da intelectualidade técnica de São Paulo". A FIESP e o Clube de Engenharia de São Paulo questionavam a criação da Eletrobras, então em discussão na Assessoria.[142]

Conforme o relato de Cleanto,[143] eram quatro os projetos atinentes ao setor elétrico, fatiados para facilitar a sua negociação política no Congresso.[144] O primeiro referia-se à criação do Imposto Único de Energia. Na prática, regulamentava um artigo da Constituição de 1946. O segundo consistia no Fundo Federal de Eletrificação, que ficaria sob a alçada do BNDE, tendo sido aprovado por Café Filho logo após a morte de Vargas. Os outros dois – o Plano Nacional de Eletrificação e a criação da Eletrobras – eram mais polêmicos, pois a definição de grandes investimentos públicos de produção de energia contava com a resistência dos distribuidores estrangeiros, a Light e a Bond and Share. Tal como no caso da Petrobras, os projetos foram elaborados sob completo sigilo pela Assessoria Econômica em parceria com técnicos do BNDE e da Divisão de Águas do Ministério da Agricultura.

Portanto, a chamada conspiração assessorial não significava um distanciamento dos atores econômicos e sociais, e tampouco um alheamento do debate público. Ao contrário, os projetos elaborados pela Assessoria iniciavam com um extenso levantamento de todas as alternativas disponíveis, selecionando dentre as viáveis – com base em estudos sobre o mercado potencial e existente, e também sobre os efeitos em cadeia nos outros setores –, aquelas que se encaixavam na linha política nacionalista. Depois tinha início a segunda etapa, o convencimento público. No caso da Petrobras, por exemplo, depois de enviado o projeto de lei, houve um longo processo de tramitação, exigindo assistência técnica constante de Rômulo e Soares junto aos congressistas, sem contar o debate travado com as lideranças políticas.[145]

O relato de Celso Furtado[146] sobre o voto do Brasil a favor da continuidade da CEPAL, em 1951, permite ilustrar como funcionava a conspiração assessorial movida por fins. O representante brasileiro na Conferência da entidade no México, Miguel Osório de Almeida, estava subordinado à embaixada do país junto à ONU,

---

141 LEITE, 1988, p. 14.
142 ALMEIDA, 1988, p. 47.
143 LEITE, 1988, p. 11-18.
144 RANGEL, 1991, p. 25-26. Rangel estivera, junto a Soares, à frente dos projetos do setor elétrico. O aprendizado decorrente do lento trâmite do projeto da Petrobras no Congresso fez com que optassem por várias leis encadeadas, "por sugestão do Dr. Rômulo, um político muito hábil".
145 PEREIRA, 1988, p. 68-69.
146 FURTADO, 1985, p. 112-116.

que por sua vez esperava uma posição da delegação brasileira junto à Organização dos Estados Americanos (OEA). Como esta não chega, Osório de Almeida utiliza como último recurso o contato com Cleanto. O boêmio cívico, no último instante, fornece o aval de que precisa por meio de telegrama emitido diretamente do Palácio do Catete, com a anuência de Vargas, que pouco sabia sobre a recém-criada e quase natimorta organização latino-americana, não fosse o voto de minerva do Brasil.

Furtado possivelmente travou contato com Rômulo, em 1949, quando foi ao Brasil divulgar o "Manifesto dos Periféricos", e depois, seguramente, quando participou, em 1950, junto com Prebisch, de debates na CNI, que contava, de acordo com seu relato, com "brilhantes assessores".[147] Em dois anos, as tropas haviam minado o cerco que Furtado encontrara quando Bulhões pontificava no Ministério da Fazenda. Dispunham agora de um posto avançado de artilharia, a CEPAL, único centro independente de pesquisas econômicas dirigido por latino-americanos, e que já despontava como uma "usina de ideias",[148] capaz de rivalizar com o Núcleo de Economia da FGV, criado sob a batuta da dupla Gudin e Bulhões.

Durante os anos 1950, antes de voltar ao Brasil, para se integrar ao BNDE e, depois à SUDENE, Furtado foi uma espécie de "boêmio cívico" em posto avançado. Os estudos da CEPAL reverberam sobre os técnicos nacionalistas e segmentos importantes da burguesia industrial. Com antenas para o mundo, captando a realidade nacional em movimento, Furtado regressaria ao Brasil para dar prosseguimento ao projeto que seus conterrâneos nordestinos haviam iniciado no segundo governo Vargas.

No documentário de José Mariani,[149] Ricardo Bielschowsky faz uma interessante afirmação: "Roberto Simonsen 'passa o bastão' da liderança do pensamento desenvolvimentista a Rômulo Almeida", dando a entender que o "bastão" seria adiante "passado" a Celso Furtado, que se transforma "na grande referência do pensamento desenvolvimentista de orientação nacionalista". Em perspectiva histórica, ela se apresenta acertada. Porém, se analisada mais detidamente, parece perder de vista um fato relevante: entre o segundo governo Vargas e o governo João Goulart, quando Furtado assume o Ministério do Planejamento, não só a posição social que os técnicos nacionalistas ocupavam havia se alterado dentro e fora do aparato

---

147 Ibidem, p. 73, 106. Além de Rômulo, ele se refere a Ewaldo Correia Lima e Heitor Lima Rocha.
148 DOSMAN, Edgar. *Raúl Prebisch (1901-1986): a construção da América Latina e do Terceiro Mundo*. Rio de Janeiro: Contraponto/Centro Internacional Celso Furtado, 2011, p. 325.
149 O LONGO amanhecer: uma cinebiografia de Celso Furtado. Direção: José Mariani. Produção: João Vargas, José Mariani. José Mariani. Fotografia: Guy Gonçalves. Trilha Sonora: Aluísio Didier. Andaluz, 2007. 73 min. Disponível em: https://archive.org/details/Longo.Amanhecer.Furtado. Acesso em: 01 ago. 2017.

estatal. A própria dinâmica econômica e política, em virtude das transformações processadas durante o governo JK, reduzira substancialmente a sua margem de manobra. Essa história virá em seguida, na Parte III deste livro.

O primeiro contato direto de Vargas com Prebisch se dá em 1951,[150] graças uma vez mais a Cleanto, que abre um espaço na agenda do presidente. O economista argentino faria, na reunião, uma de suas "sínteses magistrais", que Vargas ouvira com "inequívoco interesse". Ao final, lamentaria que Perón não tivesse se dedicado como Vargas a "formar quadros, dar estrutura moderna ao Estado brasileiro", deixando assim a máquina estatal argentina desaparelhada.[151] Rômulo, em entrevista de 1976, tinha consciência dessa particularidade, ao afirmar que "a administração pública brasileira se caracteriza por uma muito maior estabilidade que em qualquer outro país latino-americano".[152]

Prebisch falava por experiência própria. No período de 1925 a 1943, formar quadros e conferir uma estrutura administrativa ao Estado argentino foi a sua tarefa principal nos vários cargos que ocupou: desde o de diretor-adjunto do Departamento Nacional de Estatísticas, em 1925, e depois como diretor do Banco de La Nación – quando cria um departamento de pesquisas econômicas –, e como assessor dos Ministérios da Fazenda e da Agricultura para, finalmente, a partir de 1935, se tornar gerente geral do Banco Central, com legislação por ele concebida. Conta então com o apoio do seu "cartel de cérebros" – quadros técnicos selecionados com base no mérito e movidos pela missão de promover o desenvolvimento nacional.[153] O exílio imposto por Perón o empurraria para a atividade internacional, na CEPAL e na UNCTAD, impedindo-o de dar continuidade à construção das bases institucionais do Estado argentino.

No caso brasileiro, ao contrário, a construção do Estado nacional saíra fortalecida durante o segundo governo Vargas. São vários os exemplos da atitude politicamente engajada dos boêmios cívicos, sempre embasados em argumentos técnicos e geralmente contando com o endosso de Vargas, que via neles uma espécie de escudo ético contra as posições não nacionalistas existentes dentro do próprio governo.

É mais uma vez no campo da política externa que encontramos outro caso típico de conspiração assessorial. João Neves de Fontoura, ministro das Relações Exteriores, era nitidamente pró-Estados Unidos. Mas o presidente conta com Cleanto para lhe podar as asas. Conforme recomendações de Vargas, Cleanto al-

---

150 Mais precisamente em 27 de agosto de 1951. Vargas, durante o encontro, demonstrou possuir apenas "uma vaga ideia da CEPAL e pouca memória da intervenção decisiva do Brasil na Conferência do México" (DOSMAN, 2011, p. 321-322).
151 FURTADO, 1985, p. 120-121.
152 ALMEIDA, 1976, p. 4.
153 DOSMAN, 2011, p. 86-89, 114, 121-128.

tera as instruções para a delegação do Brasil nas assembleias da ONU de 1951, 1952 e 1953, no intuito de defender uma política contrária ao colonialismo. E procede da mesma maneira, em 1952, com as instruções para o novo embaixador do Brasil nos Estados Unidos, Walther Moreira Salles. Ao mostrar a Vargas o documento proposto por Fontoura, indica "algumas distorções com a sua posição". Enquanto o ministro cobra o documento revisado a Cleanto, este decide levá-lo diretamente ao novo embaixador no Galeão, antes do seu embarque. Segundo o assessor, o presidente costumava se referir às "pequenas traições ideológicas do João Neves".[154]

Algo semelhante ocorre quando da criação do Banco do Nordeste. O ministro da Fazenda Horácio Lafer fizera uma primeira proposta para o banco, revisada pela Assessoria com o aval de Vargas, apesar da discordância do ministro, que avaliava o projeto como muito oneroso ao Tesouro.[155] Tanto a exposição de motivos, como a mensagem presidencial enviada ao Congresso e o projeto de lei para a criação do BNB, possuíam o carimbo de Rômulo e equipe,[156] como veremos com mais detalhe na Parte IV do livro.

Da mesma forma, ao propor o Plano Federal do Nordeste, Rômulo tivera que "acertar os ponteiros" com José Américo de Almeida – que, segundo nosso personagem era "um homem abespinhado e cheio de nove-horas"[157] – e o novo Ministro da Fazenda, Oswaldo Aranha[158], outra indicação de que o técnico precisava surfar no mundo da política. Essas incursões, contudo, apenas aconteciam com o aval do presidente. Neste casos, os assessores de Vargas apareciam como legítimos tomadores de decisão.[159]

Por vezes, contudo, tais incursões traziam problemas. Em depoimento no final de sua vida, José Américo de Almeida, Ministro de Viação de Obras Públicas entre 1953 e 1954, refere-se da seguinte forma a Rômulo e equipe: "eles se metiam em todos os ministérios, mas eu não permitia que se metessem no meu". Para então completar: "Rômulo Almeida embaraçou um pouco. Eu tive aí uma certa dificuldade no ministério e pedi demissão a Getúlio duas vezes".[160]

---

154 LEITE, 1986, p. 60, 71-77, 79.
155 ALMEIDA, 1990, p. 11.
156 SMITH, Roberto. "O centenário de Rômulo Almeida". In: *2º Congresso Internacional do Centro Celso Furtado*, Rio de Janeiro, 18 ago. 2014, mimeo, p. 9-10. Acervo Pessoal de Alexandre de Freitas Barbosa. Este documento foi gentilmente entregue a mim pelo autor, com quem tive a honra de dividir a mesa, coordenada pelo professor Marcos da Costa Lima, no referido evento.
157 ALMEIDA, 1990, p. 11-12.
158 Ibidem, p. 11-12.
159 LEOPOLDI, 2002, p. 50-51.
160 CAMARGO, RASPOSO & FLAKSMAN, 1984, p. 338.

Cabe ressaltar que Vargas fazia pouco uso de reuniões ministeriais. Não lhe parecia o melhor modo de obter consenso entre os responsáveis por várias pastas sobre temas que eram transversais a muitas delas. Segundo a interpretação de Cleanto,[161] talvez isso se devesse à "tendência para a verbosidade" da parte dos ministros ou mesmo às suas desavenças políticas. Os assessores ficavam encarregados de fazer a triangulação entre a Presidência e os ministros.

Outro exemplo diz respeito às reformas do setor elétrico, quando os boêmios cívicos tentaram dobrar Horácio Lafer, que "era muito reverencial à Light",[162] no dizer de Rômulo. Neste caso, o enfrentamento envolvera alguns técnicos mercadistas, como Lucas Lopes, que integrava a Comissão Mista Brasil-Estados Unidos e, ao mesmo tempo, presidia a Companhia Energética de Minas Gerais (CEMIG) - *holding* criada no governo estadual de JK para o fornecimento ao estado de Minas Gerais, além de funcionar como ponto-chave de interligação energética do Centro-Sul do país.[163]

O engenheiro mineiro havia sido contrário à criação da Eletrobras nos moldes propostos pela Assessoria que, no seu entender, buscava incluir um plano no projeto de lei. Para ele, "isso era puro Jesus Soares Pereira!".[164] No mesmo sentido, Roberto Campos, em suas memórias, qualificaria Soares como mais "nacionalisteiro" que Rômulo Almeida.[165]

O depoimento de Lucas Lopes sobre a Assessoria Econômica de Vargas revela a divergência de perspectivas: "A Assessoria de Vargas não tinha experiência de projetos e de obras, de administração de empresas de eletricidade, de modo que ficou muito in vitro, fez um trabalho, eu diria, muito superficial".[166] Fica evidente, portanto, a divergência entre nacionalistas e mercadistas sobre o papel do Estado, dos técnicos e do planejamento no processo de desenvolvimento. Estas clivagem, ainda que pouco relevante no segundo governo Vargas, iria se aguçar ao longo do período histórico analisado.

Os exemplos colhidos acima revelam a necessidade de "manejo político", "molejo" e "manejo tático" [167] por parte dos integrantes da Assessoria Econômica, a fim de "ganhar" os ministros para os seus projetos, mas sem ferir suscetibilidades. Nem sempre tiveram êxito.

---

161 LEITE, 1959, p. 41.
162 ALMEIDA, 1990, p. 11.
163 LOPES, 1991, p. 103-105, 111-114, 118, 127-140.
164 Ibidem, p. 156.
165 CAMPOS, Roberto. *A lanterna na Popa: memórias*. Rio de Janeiro: Topbooks, 1994, p. 197.
166 LOPES, 1991, p. 152.
167 ALMEIDA, 1990, p. 11 e 20. Aparentemente, os termos usados por Rômulo, em entrevista, possuem o mesmo significado de habilidade política.

Havia ainda o intuito de assegurar que as instituições estatais – as antigas e as recém-criadas – avançassem de maneira coordenada, pavimentando o caminho para um planejamento mais orgânico no longo prazo. As novas instituições – BNB, BNDE, Petrobras, Conselho Nacional de Pesquisa (CNPq), CAPES, além das várias comissões temáticas criadas entre 1951 e 1954 –[168] foram o expediente encontrado por Vargas para contornar as resistências políticas provenientes dos grupos de tendência conservadora. Buscava assim avançar na sua estratégia global de dinamização do papel do Estado, elaborada de maneira gradual junto aos seus assessores.

Como aponta Maria Antonieta Leopoldi, cada um dos projetos de infraestrutura levava à criação de empresas e instituições públicas reguladoras, que traziam consigo "uma reforma administrativa e fiscal pela via incrementalista", por meio da criação de fundos específicos. A Petrobras e os projetos do setor elétrico, neste sentido, são emblemáticos. Mas não apenas, pois uma política industrial geralmente vinha na cola, estimulando a montagem ou expansão de empresas de insumos e máquinas sob a responsabilidade da Comissão de Desenvolvimento Industrial, vinculada ao Ministério da Fazenda.[169] Portanto, a estratégia do governo JK de se aproveitar da administração paralela para deslanchar o Plano de Metas, deixando a outras esferas as demandas de cunho clientelista e partidário, tal como descrito no estudo de Lafer,[170] já fora esboçada e implantada no segundo governo Vargas.

Se não havia um processo formal de planejamento – em virtude do reduzido raio de manobra do governo junto ao sistema político, do seu relativo distanciamento em relação aos vários segmentos da sociedade e da atitude crítica por parte da imprensa e de segmentos da própria burocracia –, a Assessoria logrou lançar vários projetos e frentes de atuação, com elevado potencial de complementaridade. Contudo, a integração entre essas iniciativas ficava apenas na "cabeça" dos técnicos, conforme indica a proposta engavetada do "Plano Vargas".

Rômulo tinha plena consciência destas dificuldades. Em depoimento de 1988, ele tece o seguinte relato da sua experiência na Assessoria Econômica:

> Bom, aí talvez esteja uma ideia que, vamos dizer, nós não explicitamos que eu me lembre na época, mas depois interpretamos a própria diretriz implícita que continha. Era a ideia de que em uma estrutura econômica muito incipiente, inclusive desprovida de informações, o planejamento

---

168 Sobre as comissões temáticas, a Comissão Nacional de Política Agrária (CNPA) e a Comissão Nacional de Bem-Estar Social (CNBES) se mostraram especialmente relevantes, conforme abordaremos na Parte IV.
169 LEOPOLDI, 2002, p. 36, 60-62.
170 LAFER, 2002, p. 107-114.

formal, além de ser politicamente oneroso, era também pouco eficiente. Então, o que nos parecia mais importante era estabelecer programas básicos, projetos de impacto e, sobretudo, agências capazes de operação dinâmica. Ainda que essas agências contivessem um risco, o risco de cada uma delas, como entidade autônoma, puxar a sua política, então isso poderia representar uma dificuldade de coordenação *a posteriori*.[171]

Portanto, ao atuarem por dentro das malhas do Estado, Rômulo, Rangel, Soares e Cleanto percebiam a dificuldade prática e política do planejamento formal. Ainda assim, Rômulo menciona a necessidade de "operação dinâmica das agências" e, quando possível, de coordenação entre os seus projetos. Cleanto,[172] por sua vez, refere-se a uma espécie de "governo paralelo", montado na Assessoria, que procurava soldar as várias iniciativas, que possuíam "um poder próprio de gerar solidariedade", mesmo quando os projetos não vinham acompanhados da "infraestrutura institucional necessária". A avaliação destes atores sociais privilegiados – realizada várias décadas depois do período em que estiverem abancados no centro decisório estatal – coincide com a formulação teórica de Peter Evans sobre o caso brasileiro. No seu entender, a reforma do Estado se deu "por adição", tornando a seletividade estratégica mais difícil e resultando geralmente em uma expansão descoordenada.[173]

Já para a historiadora Maria Celina Soares D'Araújo, a Assessoria funcionava como "um órgão permanente de planejamento encarregado de estudar e formular projetos sobre os principais aspectos da economia do país".[174] Dentre as várias obras existentes sobre o período, seu livro foi a primeiro a conferir a devida importância à Assessoria Econômica no segundo governo Vargas.

Conforme a sua análise, ao trazer para si a "crise", Vargas teria assegurado a sobrevivência das instituições políticas e estatais no período imediatamente subsequente.[175] O que não deixaria, todavia, de reduzir cada vez mais a margem de manobra do Executivo, que necessitava de bases de apoio: uma na sociedade política e outra na sociedade civil. O problema residia justamente na reduzida interpenetração entre ambas.

No governo JK, enquanto essa margem de manobra era preservada apenas na área econômica, cabia ao vice-presidente Jango amortecer as tensões sociais. Já no

---

171 ALMEIDA, 1990, p. 10.
172 LEITE, 1988, p. 3-4, 26-28, 31-32.
173 EVANS, 2004, p. 96.
174 D'ARAÚJO, 1992, p. 152-155. A primeira edição da obra é de 1982.
175 ALMEIDA, 1992, p. 11-13. O argumento de D'Araújo é respaldado por Rômulo no seu prefácio para o livro.

governo João Goulart o problema passa a ser o oposto: a excessiva politização da máquina pública resultava das disputas acirradas na sociedade civil, mas sem contar o governo com poder de direção. A instabilidade fora introjetada no âmbito do governo por meio da rotatividade dos titulares de pastas ministeriais e de agências estatais com o objetivo de angariar apoio político,[176] desalojando muitos dos intelectuais orgânicos do Estado das suas posições de destaque.

Também Octavio Ianni destaca o segundo governo Vargas "não apenas pela criação de órgãos para o desenvolvimento econômico", mas também pela "realização de estudos sobre os problemas econômicos brasileiros" no âmbito da própria máquina pública. No seu entender, "o pensamento técnico-científico permite que se aperfeiçoe, desenvolva e especialize a burocracia", que passa a atuar como "tecnoestrutura estatal".[177]

O depoimento acima de Rômulo permite nuançar essa interpretação, pois, na melhor da hipóteses, tratava-se de um "planejamento informal", que não permeava os demais órgãos do aparelho estatal, e não era difundido para a sociedade civil, justamente pela "atuação não ostensiva" da Assessoria, tal como apontado por Maria Celina Soares D'Araújo.[178]

Ficava assim restrito o planejamento à triangulação entre os assessores, o presidente e cada um dos ministros em separado. Mais uma vez Lucas Lopes – que neste período estava vinculado à Comissão Mista Brasil-Estados Unidos – ressalta, em depoimento dos anos 1980, que a atuação da Assessoria era "um pouco fluida",[179] não tendo havido "um grupo formal e bem estruturado destinado especificamente ao planejamento". E completa: "eles tinham que trabalhar em tudo lá dentro".

Portanto, ao fim e ao cabo, o papel diretor do Executivo era vasto, mas desde que atuasse como o "principal líder do Legislativo", modulando o seu voluntarismo propositivo, para que não ultrapassasse o mínimo denominador comum que mantinha a coesão das forças políticas.[180] A hegemonia do Executivo precisava ser negociada com as forças de comando, atrofiando a capacidade de ação da organização burocrática.

Uma das principais contribuições de Sônia Draibe está em apontar que a burocracia na qual os técnicos se moviam não era nada homogênea.[181] A união em torno

---

176   SANTOS, Wanderley Guilherme. *Sessenta e quatro: anatomia da crise*. São Paulo: Vértice, 1986, p. 10-11, 35-36.
177   IANNI, 1971a, p. 4, 116, 128-129.
178   D'ARAÚJO, 1992, p. 152-155.
179   LOPES, 1991, p. 150.
180   SANTOS, 1986, p. 41-42.
181   DRAIBE, Sônia. *Rumos e metamorfoses*. Rio de Janeiro: Paz e Terra, 1985, p. 252-256.

da industrialização tendia a ofuscar as várias alternativas sobre como encaminhar outros temas, tais como a presença do capital estrangeiro, o papel do Estado e a questão social. Havia, contudo, limites para enfrentá-los de uma maneira integrada. O Estado era, de um lado, centralizado e poderoso; de outro, desarticulado e fraco, conforme sintetiza a autora. Portanto, funcionava mais para umas coalizões de poder do que para outras.

Como não havia "um plano" no sentido usual,[182] mas ações interligadas conforme "uma orientação nacionalista para funcionar" – essa fora a incumbência dada por Vargas a Rômulo quando da elaboração do projeto da Petrobras –,[183] parte da literatura acadêmica sequer enquadra o segundo governo Vargas na história do planejamento do país.

Roberto Daland,[184] por exemplo, realiza uma análise sobre o planejamento no Brasil do Plano SALTE ao Plano de Ação Econômica do Governo (PAEG), que salta o período de 1951 a 1954.[185] Sua metodologia parte do idealizado para o real. No seu entender, os planos concebidos imaginavam o desenvolvimento como uma panaceia, pois cobriam todos os objetivos econômicos e sociais. Pouca atenção era dada ao processo de implementação. No seu entender, o planejamento preenchia no Brasil quase um papel de "relações públicas" do presidente no intuito de mobilizar sua influência política sobre a sociedade.

O saber técnico cumpria assim o papel de viabilizar uma fórmula de consenso – por meio de uma diretriz unificadora, suficientemente maleável –, que deveria passar pelo crivo das forças sociais e políticas. Neste sentido, para Daland, uma agência central de planejamento poderia exercer uma função estratégica como "centro de comunicação", assegurando um mínimo de transversalidade entre as iniciativas, e enfrentando os obstáculos de ordem política.

Ora, era mais ou menos assim que funcionava a Assessoria Econômica. Apesar dos limites inerentes à máquina estatal, procurava fazer com que os novos projetos e instituições "operassem de maneira dinâmica" e, se possível, "coordenada", conforme os depoimentos Rômulo e Cleanto. Mas a gestão integrada da mudança

---

[182] Como visto anteriormente, ele existia "apenas" no papel, pois não foi apresentado à nação, provavelmente por cálculo político do presidente. Ver "Esboço do Plano", 1953.
[183] ALMEIDA, 1986, p. 70.
[184] DALAND, 1967, p. 74, 124, 198, 207-209, 214, 217.
[185] É importante ressaltar que, no segundo governo Vargas, foram implementados o Plano Nacional de Reaparelhamento Econômico (ou Plano Lafer), que se origina dos projetos da Comissão Mista Brasil-Estados Unidos, que por sua vez se entrosava com o Plano Geral de Industrialização, formulado com o apoio da Assessoria Econômica de Vargas e da Comissão de Desenvolvimento Industrial. Mas não eram planos de mobilização nacional.

ficava travada pela inexistência de metas e prioridades públicas que fossem acompanhadas, pois sequer eram de conhecimento dos ministros e da sociedade. Essa foi a opção encontrada para se proteger do fogo cerrado contra o governo, desfechado pelo Parlamento e pela imprensa.

Fazendo uso da abordagem hirschmaniana,[186] havia uma integração entre os "problemas privilegiados" (petróleo, energia elétrica, criação de novos ramos da indústria, seca no Nordeste) – geralmente mais urgentes em virtude do seu apelo junto à opinião pública –, que surgiam articulados aos "problemas negligenciados" (novas fontes de financiamento, geração de emprego, habitação popular, questão agrária, desenvolvimento regional, formação de recursos humanos).

A ação dos intelectuais orgânicos do Estado partia de uma compreensão dos desafios do desenvolvimento e das alternativas disponíveis para forjar um "elo causal plausível" entre os problemas distintos. O "plano amplo", jamais divulgado por Vargas e sua Assessoria, cuidava de assegurar esta conexão. O seu objetivo era ampliar o escopo e o alcance das políticas públicas, criando novos instrumentos capazes, no limite, de alterar as relações de forças entre os grupos sociais. Porém, o nacionalismo dos projetos dinâmicos, integrados e enraizados na sociedade cairia no esquecimento, entrando para a história como mera peça de retórica.

Para Hirschman,[187] nos países da América Latina o estilo de tomada de decisões geralmente faz com que a "motivação" avance à frente da "compreensão". Na ânsia de resolver os problemas, importam-se fórmulas não adequadas à problemática real, visando uma "solução plena, integrada e definitiva"; ou então se opta, na linha oposta, por iniciativas "tapa-buracos" de caráter provisório e fragmentado. No seu entender, o estilo mais adequado para as reformas – o qual depende também do tipo de problema e de sociedade em questão – é aquele em que "a compreensão regula o passo da motivação". Um dos exemplos fornecidos pelo autor é a SUDENE. Os projetos da Assessoria também se encaixam neste estilo.

Em depoimento à revista *Veja*, em 1976, Rômulo afirma como e quando, no seu entender, o Estado deveria atuar como empresário: "ele tem que cobrir os vazios setoriais, espaciais e temporais".[188] Essa assertiva sintetiza as concepções de Rômulo, dos seus colegas boêmicos cívicos e dos técnicos nacionalistas em geral. Ao Estado caberia desatar os nós em pontos estratégicos, não apenas como empresário, mas bancando as novas atividades estratégicas e inacessíveis ao setor privado. Também

---

186 HIRSCHMAN, Albert. *Política econômica na América Latina*. Rio de Janeiro: Fundo de Cultura, 1965, p. 262-268.
187 Ibidem, p. 268-275.
188 ALMEIDA, 1976, p. 4.

deveria exponenciar o efeito destas atividades sobre o emprego e a renda, ampliando os elos entre setores produtivos, regiões e segmentos sociais. Tais elos – uma vez desperdiçados – geram assimetrias e desigualdades cumulativas, cada vez mais difíceis de serem superadas, à medida que o rio caudaloso do mercado se expande de maneira concentrada no sentido do capitalismo.

Essa visão já se encontra ao menos esboçada na defesa que nosso personagem faz do planejamento, em texto de 1950,[189] pouco antes de ingressar no governo. Dirigindo-se aos críticos, o economista da CNI afirma que o planejamento, tido por arriscado ou de baixa eficácia, encontra respaldo no "espírito nacional". Entretanto, "até o presente momento", "o intervencionismo tem florescido em atividades ou setores isolados ou ocasionais".[190]

Caberia ao Estado detonar mudanças irreversíveis, "se soubermos atinar com seu método", que permite integrar planejamento de prioridades, definição de metas, localização de interdependências, controle dos resultados e revisão sistemática das metas.[191] O economista então eleva o tom: "nesta acepção, nunca houve no Brasil planejamento econômico em escala nacional". Um dos obstáculos pode ser localizado no atraso das ideias econômicas, que contribui para a falta de conhecimento dos problemas do país: o liberalismo leva a uma "psicologia do conformismo com a limitação das possibilidades de capital e de técnica". Em vez de "enfrentarmos o ônus do território e transformá-lo em ativo", as aplicações públicas são desperdiçadas em virtude da ausência de uma "política econômica integrada".[192]

As limitações ao planejamento aparecem elencadas um ano antes do seu ingresso na Assessoria Econômica. O quadro é marcado pela ausência: de coordenação entre os órgãos da administração federal; de coordenação entre estes e os equivalentes das esferas estaduais e locais; de informações notadamente estatísticas; de pessoal qualificado nas atividades de gestão; de reformas em várias das instituições nacionais (sistema bancário, administrativo, de comércio exterior, institutos de previdência e outros).[193]

Paralelamente, não se poderia descuidar das "bases para um compromisso duradouro entre os vários ramos das classes patronais, e entre estas, o operariado e a classe média localizada nos centros de decisão política", de modo a se traduzir

---

189 ALMEIDA, Rômulo. "Experiência brasileira de planejamento, orientação e controle da economia". In: *Estudos Econômicos* (Separata), CNI, Rio de Janeiro, n. 2, jun. 1950.
190 Ibidem, p. 16-17.
191 Ibidem, p. 18.
192 Ibidem, p. 16-17, 36, 42-44.
193 Ibidem, p. 40-50.

numa política econômica que pudesse contar com o apoio dos partidos.[194] Em um documento de natureza estritamente técnica, nosso personagem vai deslindando os percalços da estrutura econômica, encarada também sob o prisma histórico e das diferenças geográficas do país, além de navegar pelo terreno das instituições e das ideias. Isso sem se esquecer da viabilidade política e da necessidade de enraizamento social das propostas. Ele já se posiciona como um servidor público que almeja interferir nos destinos da nação.

Rômulo defende, neste texto, a necessidade de um "levantamento razoável da estrutura das áreas econômicas em que se divide o país", pois estas se mostram ainda influenciadas pela dependência na exportação de monoculturas, o que exerce, por sua vez, impacto sobre a economia nacional como um todo.[195] É neste sentido que propõe "um inventário de recursos". Os excertos abaixo são certeiros no ataque ao senso comum neoclássico:

> Os recursos não valem isolados, mas na medida em que se completam, em fórmulas alternativas, de diversas produtividades. Aqui nos referimos evidentemente a todos os recursos: o patrimônio produtivo ou capital nacional, os recursos naturais mobilizáveis, o potencial de trabalho e os recursos correntes apurados na renda nacional e no balanço de pagamentos.[196]
>
> A produtividade indireta de uma parcela adicional de capital e de técnica (inclusive mão de obra qualificada), possibilitando a absorção em emprego mais produtivo da massa subempregada e do potencial natural, não parece ter sido ainda avaliada devidamente nas circunstâncias de um país como o Brasil.[197]

Em vez de uma única função de produção, coexistiam, portanto, várias economias ou subsetores econômicos, distribuídos de diversas maneiras nos espaços regionais, e capazes de serem acionados com distintas aplicações de capital. Isto desde que houvesse um planejamento integrado, de modo a priorizar as inversões intensivas em capital e as economias externas, mas sem descuidar das intensivas em trabalho, recursos naturais e capacidade técnica.

O desenvolvimento econômico deveria desde o início enfrentar as desigualdades sociais e regionais. A economia é vista como um grande sistema que, por meio de mudanças estruturais, dinamiza e é dinamizada pelos vários tecidos sociais e

---

194   Ibidem, p. 51.
195   Ibidem, p. 53-54.
196   Ibidem, p. 54.
197   Idem, ibidem.

regionais. Este pensamento sistêmico seria lapidado ao se deparar com os meandros da máquina pública nos governos federal e da Bahia, mas não a partir de uma pegada teórica. O pensador praxista navegaria na seara aberta por Furtado, Rangel, Jaguaribe e outros intelectuais do seu fragmento de geração que desenvolveram obras de fôlego também atuando por dentro da cidadela estatal.

Em texto produzido para a conferência realizada no ISEB, no segundo semestre de 1955, após a sua aventura na Assessoria Econômica, Rômulo nos dá algumas pistas relevantes sobre esse tipo de intelectual bissexto, onde a práxis e a militância burocrática se sobressaem em relação à produção de textos. Depois de se lamentar perante a plateia por não ser um "erudito" e não "ter tranquilidade para rebuscar as fontes", destacando no seu currículo o fato de haver "pisado em todos os estados do país",[198] Rômulo finaliza assim o preâmbulo de seu artigo:

> Esta experiência é o melhor, senão o único material de que disponho, porque a própria atração pelos estudos acadêmicos foi sempre traída pela ansiedade de viver os problemas e de procurar, na própria leitura, solução para as questões formuladas pela vida.[199]

Apesar do introito, o autor apresenta as suas leituras, com destaque para Kurt Mandelbaum, Hans Singer e Arthur Lewis, referências para o debate econômico da época, além das citações aos relatórios de Roberto Campos para a CMBEU e de Celso Furtado para o Grupo Misto CEPAL-BNDE. Não se detém nas análises dos autores citados, pois o move uma questão rangeliana[200] até a medula: como avaliar "o problema das relações agricultura-indústria" em um caso como o brasileiro, "em que coexistem vários estágios, várias épocas de economia agrícola, ao lado de uma fronteira avançada de economia industrial"?[201]

O "suposto conflito" entre agricultura e indústria não passa de um "fantasma desmoralizado". Isso porque a industrialização significa, na sua essência, "a intensificação dos processos agrícolas", implicando, portanto, "um programa unitário de desenvolvimento". Se existe conflito, este deve ser buscado entre duas mentalidades: "a tecnológica, representada pela industrialização e pela agricultura diversificada e intensa", de um lado; e "a mentalidade de exploração do braço

---

198 ALMEIDA, Rômulo. "Industrialização e base agrária". In: *Introdução aos problemas do Brasil*. Rio de Janeiro: ISEB, 1956, p. 89.
199 Idem, ibidem.
200 Rômulo tivera conhecimento do texto de Rangel, "A dualidade básica da economia brasileira", escrito em 1953, durante o período em que este trabalhara na Assessoria Econômica. Seria publicado em livro apenas em 1957.
201 ALMEIDA, 1956, p. 92-93.

fácil e abundante", gerando uma agricultura espoliativa de exporação altamente lucrativa, de outro.[202]

Portanto, a industrialização cria as condições necessárias, mas não suficientes, para o desenvolvimento da agricultura, que por sua vez retroage sob a forma de maior eficiência e estabilidade da indústria. Mas o processo não tem nada de automático, possuindo raízes históricas e exigindo pré-requisitos institucionais. A maior instabilidade da economia agrícola no Brasil resulta da falta de industrialização. Se esta permite ampliar a consciência tecnológica da agricultura, não deixa de ser retardada por fatores culturais e sociológicos. Ainda assim, não se pode negar a vantagem da demanda nacional, mais estável que a estrangeira. Adicionalmente, como consequência da concentração do subemprego rural em determinadas regiões – "o espetáculo dos paus de arara" exagera a mobilidade da mão de obra nacional –, "a industrialização regional ou local" deve resultar do "processo unitário de desenvolvimento".[203]

Esboçada a dinâmica do processo e os seus nexos potenciais, nosso autor reinvindica os investimentos nas indústrias de meios de produção agrícolas, o desenvolvimento de políticas de extensão e fomento agrícola e a "alteração substancial da estrutura agrária", dentre outras políticas, como parte de uma "planificação econômica mais rigorosa".[204] Apenas assim a industrialização se caracterizaria como "um programa de desenvolvimento econômico, essencialmente integral e unitário". Esta era, em boa medida, a visão de mundo dos técnicos nacionalistas e dos intelectuais orgânicos do Estado antes de JK assumir o poder com o seu vendaval dos "50 anos em 5".

---

202   Ibidem, p. 93-94
203   Ibidem, p. 94-102.
204   Ibidem, p. 102-105.

Os técnicos em fins nacionalistas e mercadistas e a sua transformação

O panorama acima traçado sobre o funcionamento da Assessoria Econômica procurou elucidar como Rômulo e os técnicos nacionalistas atuaram de dentro e a partir do Estado durante o segundo governo Vargas. A partir dessa posição social, os intelectuais orgânicos do Estado conceberam e executaram projetos de relevo, impactando as instituições e políticas públicas dos governos subsequentes.

Pretendemos mostrar agora como os técnicos nacionalistas foram deslocados pelo confronto no campo econômico com os técnicos mercadistas e pela predominância de arranjos clientelistas nas áreas não econômicas durante o governo JK; e enfraquecidos pela crescente politização do Executivo durante o governo Jango, marcado pela fragmentação das forças no Congresso e pela ascensão dos movimentos populares.

Neste capítulo, também caracterizaremos os técnicos nacionalistas, assim como seus pares e adversários, os técnicos mercadistas, para depois indicar a ruptura ocasionada pela emergência do tecnocrata durante a ditadura militar. Antes desta ruptura, novas posições sociais emergem, de maneira transitória, entre 1959 e 1964, quando os intelectuais estadistas do campo nacionalista e as elites modernizadoras do capital buscam apoio da sociedade civil mais ativa e da sociedade política crescentemente polarizada. Ao final, procuramos realizar uma síntese do movimento coligado de estruturas, ideias e posições sociais, mergulhando nos conflitos do Brasil Desenvolvimentista, e procurando entender como e porque eles selaram o seu fim.

Duas questões-chave para o objetivo desta pesquisa merecem uma avaliação mais detalhada. Como emerge este novo ator social, atuando por dentro das malhas do Estado e empenhado em assegurar o "desenvolvimento nacional autônomo"? Em seguida, como situá-lo dinamicamente em um cenário em transformação, que levaria ao seu auge e depois ocaso?

A compreensão deste novo ator não pode prescindir da sua inserção na totalidade social. Do contrário, estaríamos reificando-o ou então condenando-o por meio de um juízo de valor exógeno à história vivida. Em primeiro lugar, ele não emerge de chofre, de uma única fonte. Seguramente, o DASP é uma delas: criado em 1938, fora presidido pelo gaúcho Luiz Simões Lopes – primeiro chefe de gabinete de Vargas depois da Revolução de 1930 –, que já elaborara o projeto de lei para o seu antecessor, o Conselho Federal de Serviço Público Civil, de 1936. É quando tem lugar a primeira iniciativa de classificação de cargos do governo federal baseado no sistema de mérito.[1]

Em 1934, entra em cena o CFCE, onde Jesus Soares Pereira trabalhara, entre 1937 e 1945, como secretário técnico-administrativo. Sob a liderança do chefe de Estado e de um colegiado composto por ministros e representantes de entidades de classe, esta instituição funcionou como a "câmara técnico-econômica deliberativa do Estado brasileiro". Ao deixar o CFCE, Soares encontrara nos seus fichários mais de 1.500 estudos realizados sobre os mais variados aspectos da vida econômica e social brasileira.[2]

Paralelamente, o Conselho Técnico de Economia e Finanças (CTEF), criado em 1937 e vinculado ao Ministério da Fazenda, forneceu o instrumental analítico para a política econômica, além de contar com um secretariado técnico e um colegiado com oito membros de livre nomeação do presidente. O Banco do Brasil, por sua vez, já nos anos 1930, passara por reformas administrativas de modo a instaurar a seleção por concurso.

Segundo Gerson Moura,[3] durante o Estado Novo o aparelho estatal assumira uma crescente diferenciação na sua base, com expansão burocrática e proliferação de órgãos técnicos, apesar de no seu ápice contar com um reduzido número de agentes decisórios. Em vez de uma exclusão da política, tratava-se de uma mudança da forma como ela era exercida e legitimada.

Para Luciano Martins, a política se deslocava para a órbita do aparelho estatal,[4] ao incorporar no seio dos "órgãos técnicos" representantes das "classes produtivas". Uma nova burocracia qualificada, composta de quadros civis e militares, adquiria "novos recursos de poder", ao participar de maneira ativa das instâncias privilegiadas que concentravam o fluxo de informações.

O papel de segmentos da burocracia militar se revela estratégico durante todo o período em questão. Edmundo Macedo Soares, na questão siderúrgica; Horta Barbosa e Ernesto Geisel, membros do Conselho Nacional do Petróleo; o ex-tenen-

---

1   SILVA, Suely Braga da (org.). *Luiz Simões Lopes – fragmentos de memória*. Rio de Janeiro: Editora FGV, 2006, p. 62, 85-87, 97, 99-100, 108, 122. Segundo Luiz Simões Lopes, mais de 200 mil pessoas seriam submetidas aos concursos do DASP durante a sua gestão, de 1936 a 1945, e apenas 10% aprovadas. Logo em seguida à sua criação, foi elaborado o Estatuto do Funcionário Público.
2   PEREIRA, 1988, p. 50-52.
3   MOURA, Gerson. *Autonomia na dependência: a política externa brasileira de 1935 a 1942*. Rio de Janeiro: Nova Fronteira, 1980, p. 107-108.
4   MARTINS, Luciano. *Pouvoir et développement économique: formation et évolution des structures politiques au Brésil*. Paris: Éditions Anthropos, 1976, p. 116-118, 197-199.

te João Alberto que presidiria, em 1942, a Comissão de Mobilização Econômica, quando cria o Serviço de Proteção Industrial; o almirante Lúcio Meira, arquiteto da implantação da indústria automotiva nos anos 1950; e o almirante Álvaro Alberto durante a Presidência do CNPq, no segundo governo Vargas, são alguns exemplos de uma tradição que deixou marcas na história econômica brasileira.[5]

Entretanto, eles não atuavam em nome das Forças Armadas, que agrupava diversas orientações ideológicas ao longo de todo o período, mas enquanto participantes de um novo estrato burocrático, tal como seus equivalentes civis.[6] Não obstante, a participação dos militares em momentos decisivos da vida política brasileira (1930, 1945, 1954, 1955 e 1961) reforçava a necessidade de integrá-los à estrutura de poder, o que não quer dizer que tenham atuado unidos enquanto um "partido militar". Especialmente durante a gestão Lott no Ministério da Guerra do governo JK, militares de várias correntes exerceram funções técnicas relacionadas ao desenvolvimento econômico e à soberania nacional.

O estudo de caso sobre a criação da indústria siderúrgica, realizado por Luciano Martins,[7] revela como Vargas se utiliza do CTEF para sondar o clima junto ao setor privado, e depois designa uma Comissão Especial, subordinada ao CFCE, cujo parecer final é remetido a Edmundo Macedo Soares, militar com formação técnica no setor, que participa em seguida da Comissão Executiva do Plano Siderúrgico. Apenas depois de jogar os Estados Unidos contra a Alemanha e de comprovar a incapacidade e/ou desinteresse de participação efetiva do setor privado, nacional e externo, a opção estatizante – criação da CSN e da Companhia Vale do Rio Doce (CVRD) – é consumada. Vargas toma uma decisão apoiada em critérios técnicos: a produção de aço para o mercado interno, contando com o escoamento de minério de ferro e com créditos do Eximbank norte-americano para a importação de equipamentos modernos para a nova indústria.

Os ensinamentos tirados por Luciano Martins do minucioso e elucidativo relato da negociação em torno da implantação do setor siderúrgico são ricos em termos analíticos. Sob o manto da neutralidade técnica, o ditador se cerca de "homens de confiança", que se veem promovidos em termos de poder decisório, e logram impulsionar um "projeto racional de industrialização", justificado a partir de um diagnóstico acerca das limitações do setor privado nacional no capitalismo, ainda em processo de consolidação no Brasil naquele momento.[8]

---

5   Ibidem, p. 207-208, 292, 297; TAVARES, 2010, p. 41-42.
6   MARTINS, 1976, p. 241-242.
7   Ibidem, p. 204-214, 225-233, 238.
8   Ibidem, p. 239-240.

Martins pergunta-se então sobre a legitimidade destes novos segmentos da burocracia. No seu entender, ela dependia, em última instância, do líder carismático e personalista, que se aproveita do "elitismo" predominante no regime autoritário para distribuir recursos de poder às elites ascendentes, que agiam em benefício de seus interesses próprios ou pessoais. O seu poder advinha do monopólio da informação, canalizado a partir das recém-criadas instituições, redefinindo assim o espaço das antigas elites.[9]

No nosso entender, a interpretação acima não capta o papel dos técnicos em sua complexidade antes de 1945, e menos ainda no período posterior. Percebe-se a visão utilitarista que o autor confere aos novos segmentos sociais, como se quisessem apenas se favorecer do Estado em busca de poder e *status*. Inicialmente, o autor pressupõe uma atitude neutra por parte dos técnicos. Como estes não vestem o figurino, o autor lhes impõe a pecha de "interesseiros", o que é diferente de "interessados", ou seja, de movidos por fins.

O principal problema desse enfoque está em armar o palco para a modernização conservadora que, no entender de Martins, se mantém sem descontinuidades expressivas durante o "Estado populista", sucessor direto do "Estado corporativo". "Nacionalismo", "populismo" e "desenvolvimentismo" aparecem, na sua rica pesquisa empírica, como codinomes de "um regime de participação limitada", por meio do qual as elites tendem a controlar os segmentos sociais sem autorepresentação em nome de um conceito vago de nação.

O Estado aparece como "campo privativo das elites", já que os partidos políticos não cumprem o papel de mediação entre o poder público e a sociedade civil. No caso dos técnicos do Estado Novo, para Martins, eles vão simplesmente "buscar alianças do tipo populista para se manter em cena".[10] Ao ofuscar o papel desse ator social estratégico, perdendo as suas conexões com a história em movimento, esta linha de interpretação não consegue acompanhar o processo de desenvolvimento do capitalismo no país com todas as suas nuances.

Como vimos, os técnicos que se recompõem no segundo governo Vargas são, com frequência, concursados pelo DASP, e encontram-se alocados na FGV, no Banco do Brasil, na SUMOC, no recém-criado BNDE, ou distribuídos entre os vários ministérios, com destaque para o Itamaraty. Contam com novas fontes de legitimidade, como o reconhecimento das suas qualificações para a formulação de projetos para o desenvolvimento.

---

9   Ibidem, p. 198, 241-243.
10 Ibidem, p. 130-140.

No caso dos técnicos nacionalistas, eles dispõem de outras fontes de legitimidade. Ainda que a burguesia industrial estivesse composta por segmentos com inserções e interesses diversos, muitas vezes se dividindo com relação aos projetos do governo, ela se faz representar por meio de alguns de seus integrantes: Horácio Lafer, primeiro ministro da Fazenda do segundo governo Vargas, Ricardo Jafet, presidente do Banco do Brasil – ambos paulistas – e Euvaldo Lodi, presidente da CNI, que possui acesso livre ao gabinete do presidente Vargas. Os empresários participam ainda de maneira ativa das subcomissões vinculadas à Comissão de Desenvolvimento Industrial, parteira do Plano Geral de Industrialização de 1952.[11]

A CNI funciona então quase como um anexo do Estado, cumprindo papel estratégico na formulação da estratégia de desenvolvimento do país. O seu Departamento Econômico, que havia sido estruturado por Rômulo, ficara sob a chefia de Ewaldo Correia Lima, outro técnico nacionalista. Conforme relato de João Paulo de Almeida Magalhães,[12] os economistas da CNI integram delegações internacionais como membros do governo, "tomando conta dos caras", para assegurar que "os conservadores não vencessem a parada".

Como reflexo dessa atmosfera, Prebisch, na sua visita ao Brasil em 1951, seria ovacionado na FIESP e louvado nas páginas do jornal *O Estado de São Paulo* como "o símbolo vivo da industrialização latino-americana".[13] O apoio que os técnicos em geral gozavam junto à burguesia industrial não incluía temas controversos como a Petrobras; tendo sido inclusive abalado a partir do governo JK, quando a cisão entre os técnicos nacionalistas e mercadistas tem lugar e o tecido industrial passa por mudanças expressivas.

Havia também o crescente ativismo das classes médias e trabalhadoras. Se os técnicos nacionalistas se arvoravam a "representantes" do povo, não o faziam por serem lideranças iluminadas, mas porque o nacionalismo aparecia como instrumento de mobilização de massas, no sentido de incorporar as demandas sociais no projeto mais amplo de desenvolvimento.[14]

A falta de institucionalização destas alianças era evidentemente um problema. A busca de Vargas por uma conciliação que envolvesse o apoio difuso de grupos sociais, de um lado, e o dos vários partidos, de outro, forjando "uma espécie de caminho do meio"[15] pode ser questionada. Não obstante, ela permitiu, durante três

---

11 LEOPOLDI, 2002, p. 36-40.
12 MAGALHÃES, 2011. Em certa ocasião, conta o economista que "golpeara" proposta de José Garrido Torres, mais alinhado com os técnicos mercadistas.
13 DOSMAN, 2011, p. 325.
14 SOLA, 1998, p. 151.
15 LEOPOLDI, 2002, p. 34-35.

anos, que vários projetos estratégicos fossem aprovados, todos eles pelo Congresso, em um contexto de autonomia propositiva dos técnicos nacionalistas e de campanhas com destacada participação popular.

Entretanto, o mundo da política e da técnica não caminhavam juntos e tampouco os movimentos sociais conseguiam pautar a agenda dos partidos. Vale lembrar ainda que a proscrição do PCB, em 1947, a proibição do voto dos analfabetos e a presença crescente do poder moderador militar funcionavam como feridas abertas da democracia brasileira no período. O cenário mostrava-se ainda mais complexo em virtude do papel da imprensa,[16] contribuindo para ampliar o fosso entre a sociedade e a política. Neste sentido, vale lembrar a ofensiva dos Diários Associados contra as políticas estatais para o petróleo e para a energia elétrica.

Se o "caminho do meio" foi traçado e, em alguma medida, posto em marcha, o ator social que se procura trazer à tona neste livro cumpriu um papel de destaque, não apenas na formatação e execução de projetos de desenvolvimento, mas também, ainda que não explicitamente, na mediação entre as várias forças políticas e sociais em cada uma das frentes abertas.

Conforme depoimento de Rômulo Almeida, o governo se deixava "sitiar de um lado pela UDN e, por outro lado, pelo PCB, ainda com a malandragem do PSD, além da tonteria de muitos dos elementos do próprio PTB",[17] enquanto era nocauteado pela imprensa. A noção de "cerco", apontada anteriormente por Cleanto, e "de estado de sítio", utilizada por Rômulo, revelam que havia um curto-circuito entre o mundo da técnica e da política, por vezes alterado pelas mobilizações da sociedade em temas candentes como o do petróleo.

O prisma romuliano permite recompor a totalidade histórica, até para mostrar as limitações da posição social que ele e os boêmios cívicos ocupavam. Trata-se, assim, de dar voz a este segmento estratégico da sociedade em transformação, que procurava desalojar os segmentos oligárquicos, controlar a presença do capital externo e reorganizar as estruturas de poder econômico. O objetivo era conferir nova concretude social ao projeto político nacionalista vislumbrado por Vargas, que sofreria descontinuidades no período posterior.

Agora a segunda pergunta pode ser enfrentada. Como definir e situar este novo ator social? Desde já, não eram meros técnicos. Rômulo explicita este ponto em entrevista de 1980 para o CPDOC, transcrita e publicada dez anos depois: "eu era um técnico pela necessidade de informação e também de ganhar dinheiro, porque eu sempre tive preocupação política, mas também não tinha gana eleito-

---

16   Ibidem, p. 59, 70.
17   ALMEIDA, 1990, p. 13.

ral".[18] Havia, certamente, interesses pessoais em jogo, e busca de *status*, conferido pela posição na máquina estatal. Porém, a preocupação política era movida por um conjunto de valores relacionados a uma posição social específica, que lhe permitia atuar por fora e por dentro da burocracia, comandando a cadeia de informações.

Quando perguntando se, mesmo sendo um "excelente técnico", também "adorava fazer política", nosso técnico responde:

> Não, eu me sinto no dever de fazer política. É coisa diferente. Eu não adoro, não. Até pelo contrário. Uma das minhas fraquezas políticas é que não tenho gana de poder. Quero sossego, compreendeu? Quero que outros trabalhem, quero induzir outros a trabalharem, assumirem posições, e tal. Mas eu sinto o dever, porque senti que o setor fraco era esse. E como eu tinha alguma possibilidade [...] Agora, mesmo como tecnocrata, eu tenho que considerar que era condicionado. Condicionado pela conjuntura política.[19]

Rômulo utiliza mais uma vez a palavra "tecnocrata", que havia assumido uso corrente depois dos anos 1960, como indicamos anteriormente. Todavia, a melhor definição sobre o tipo social encarnado por Rômulo e outros servidores públicos que compunham o seu fragmento de geração seria a coletada por Lourdes Sola em entrevista com Celso Furtado. Vejamos seu depoimento:

> Não diga tecnocratas [...] sim, técnicos é correto. Tecnocratas não existiam naquele tempo [...] Foi só nos anos 50 (e não no primeiro governo Vargas) que se formaram *técnicos em fins* [...] O fato de que o homem tem objetivos não pode ser dissociado de sua capacidade de usar a razão [...]. É por isso que a distinção introduzida por Weber entre racionalidade dos meios e a racionalidades dos fins é tão importante.[20]

E Furtado não para por aí:

> O mais interessante é que esta gente no Brasil tinha uma ligação com o Estado que era considerada essencial: *se você fosse contra o Estado, você seria contra o povo*, já que não havia partidos com suficiente capacidade para defender o povo, então teria que ser o Estado.[21]

---

18   Idem, ibidem.
19   ALMEIDA, 1988, p. 53.
20   Depoimento de Celso Furtado para SOLA, 1998, p. 152.
21   Ibidem, p. 153-154.

Havia, portanto, um debate em torno dos fins e das alternativas para o desenvolvimento econômico, social e político do país. Os meios dependiam da formulação dos fins, que se revestiam de uma armadura utópica. Suas posições políticas eram suprapartidárias e suas ideias movidas por valores que impunham um filtro às soluções técnicas. Os técnicos em fins eram, antes de tudo, "produtores qualificados de ideologias".[22]

No caso dos nacionalistas, conforme a síntese de Furtado, a relação entre Estado e povo era intrínseca. Defender o "povo" não significava que este fosse visto como margem de manobra, apesar de ingressar na equação política geralmente como elemento, não necessariamente passivo, mas cuja ação e papel se encontravam previamente circunscritos. O povo era meio e fim do projeto nacional. A título de ilustração, Rômulo, quando convidado por Roberto Simonsen e Euvaldo Lodi para estruturar o Departamento Econômico da CNI, fizera questão de "explicitar suas posições independentes sobre relações de trabalho e regime social".[23]

Já no caso dos mercadistas, também eles técnicos em fins, o recurso ao povo era encarado como sinônimo de demagogia. No seu entender, o processo inflacionário originava-se da ampliação exagerada do consumo, por meio dos subsídios fiscais e dos aumentos do salário mínimo.

Os conflitos intrabruocráticos entre os dois grupos de técnicos espelhavam a sua vinculação a coalizões de classe distintas. Entretanto, por mais que se soubessem partícipes de seus respectivos arcos de alianças políticas, os técnicos nacionalistas e os mercadistas se conheciam, se frequentavam e se respeitavam. Havia uma concepção de que a burocracia econômica estava se formando, ocupando papel estratégico na construção da "ossatura material" do país,[24] articulada em torno de estruturas econômicas centralizadas pelo poder estatal. Possuíam um linguajar mais ou menos uniforme e comungavam das mesmas leituras.

Paralelamente, os neoliberais e os socialistas se mostravam menos influentes na tomada de decisões, por possuírem vínculos menos sólidos com o setor público, conforme aponta Bielschowsky.[25] De maneira sumária procedemos a uma comparação entre as várias nomenclaturas existentes. Os neoliberais[26] estão em sintonia

---

22 Ibidem, p. 151.
23 ALMEIDA, Rômulo. *Humor e Carrapicho*, s/d, mimeo, p. 2. Salvador: Acervo IRAE.
24 Este conceito é de DRAIBE, 1985, p. 83-84.
25 BIELSCHOWSKY, 1995, p. 33-35.
26 A utilização do termo "neoliberal" por Bielschowsky parece ter sido uma escolha para diferenciar os seus integrantes do liberalismo econômico clássico, já que incorporavam inclusive Keynes no seu escopo de análise. Antes deste autor, o termo aparece em SKIDMORE (1975, p. 117-123), para quem, no período 1945-1964, as "estratégias de desenvolvimento" se distribuíam de acordo

com os "liberais cosmopolitas" de Jaguaribe,[27] que por sua vez diferencia os "nacionalistas estatizantes" dos "nacionalistas desenvolvimentistas",[28] estes últimos aqui definidos como técnicos nacionalistas. Os "nossos" técnicos mercadistas são alcunhados por Jaguaribe de "cosmopolitas desenvolvimentistas".

Ao longo deste capítulo, apontaremos as principais diferenças entre os técnicos nacionalistas e mercadistas em termos de visão de mundo, deixando para o capítulo seguinte o debate sobre a matriz econômica do desenvolvimento. Parte-se, portanto, da concepção de que a absorção da teoria econômica dominante – que possuía um núcleo comum na época, mas repleto de variantes – era operacionalizada com base em fundamentos éticos particulares.[29]

Para os técnicos nacionalistas, a transformação social era o objetivo; a política, o terreno do qual não se podia fugir; e a economia, um instrumento estratégico, encarado como condição necessária, mas não suficiente, para acionar a mudança histórica. O conhecimento sobre a economia – eixo estratégico do processo de autotransformação – se obtinha, na maioria dos casos, por meio do autodidatismo, lapidado no exercício de funções públicas nesta área. Portanto, grande parte destes economistas não o era por formação, mas quase por destino. Muito provavelmente aí está uma das origens da sua concepção não economicista do processo de desenvolvimento. Mesmo Celso Furtado, que possuía Doutorado pela Sorbonne, escreveria, no exílio, não ter sido "apenas ou principalmente um intelectual", pois o conhecimento lhe permitia atuar com maior eficácia como agente da história, a partir de suas "convicções ideológicas".[30]

Comungavam da visão sintetizada pelo sociólogo Luiz Aguiar da Costa Pinto,[31] nascido em 1920, assim como Furtado e Florestan, segundo a qual "o desenvolvimento econômico deve ser encarado não apenas como uma operação técnica, mas como uma profunda experiência humana". Neste sentido, "os problemas sociais precisam ser entendidos no seu contexto estrutural", já que surgem "de dentro das

---

com "três formulas principais": neoliberais, nacional-desenvolvimentistas e nacionalistas radicais. A primeira edição brasileira deste livro é de 1968.
27 As denominações presentes na literatura sobre os vários tipos de técnicos ou sobre as correntes do "desenvolvimentismo" partem, em maior ou menor medida, de JAGUARIBE (1962, p. 201-210).
28 BRESSER-PEREIRA (1968, p. 206-211) amplia o alcance do conceito "nacionalismo desenvolvimentista", destacando para além da sua estratégia econômica, a ideologia democrática e social.
29 BARREIROS, Daniel de Pinho. *Estabilidade e crescimento: a elite intelectual moderno-burguesa no ocaso do desenvolvimentismo*. Rio de Janeiro: Lamparina/FAPERJ, 2010, p. 14-16. Apesar de concordamos com o autor neste ponto, ele compreende o "projeto desenvolvimentista" como um bloco, não diferenciando as duas correntes de técnicos, como optamos por fazer ao longo deste livro.
30 FURTADO, 2019, p. 222, 224. Textos escritos em setembro e outubro de 1964 em New Haven.
31 COSTA PINTO, 1963, p. 90-93, 97, 128-129.

estruturas sociais em transformação". Não são, portanto, meros resquícios do passado ou resultantes "naturais" do processo de desenvolvimento. O desenvolvimento como processo é fruto de uma estrutura social específica, a qual ele desorganiza e reorganiza de maneira dinâmica, em virtude da precedência que assume o fator econômico, deparando-se com "resistências e obstáculos novos", os quais refletem, por sua vez, interesses de classe concretos.

Para Costa Pinto, um dos fundadores da sociologia do desenvolvimento no Brasil:

> A estrutura social pode ser comparada a um edifício que tem por *base* uma forma histórica de produção, por *corpo* um sistema de estratificação social e por *cúpula* um conjunto de instituições cujo escopo e função fundamental é sancionar e manter, como um todo, o sistema conjugado dessas partes mutuamente dependentes.[32]

Os técnicos nacionalistas, portanto, acionavam a partir de sua posição privilegiada mudanças na base, por meio de ações minimamente coordenadas na cúpula, além de sofrerem, de maneira simultânea ao processo de desenvolvimento, as repercussões das transformações ocorridas no corpo da estrutura social.

Aos poucos, já entrado o governo JK, e de maneira mais evidente no triênio 1961-1963, perceberiam que "a estrutura social coloca diante de si uma categoria de problemas que ela não pode resolver sem se transformar". Frente à "situação de crise social", a única alternativa era a "transformação da própria estrutura social".[33] Mas, como fazê-lo, se seus recursos de poder se afiguravam cada vez mais limitados?

Viveram na pele os dilemas do Brasil Desenvolvimentista já no segundo governo Vargas, e de maneira cumulativa no restante do período. Ainda segundo Costa Pinto, em uma espécie de senha de toda uma geração, comungada por vários de seus fragmentos: "o desenvolvimento cria problemas que só mais desenvolvimento pode resolver",[34] desde que compareça ao enredo um projeto-interpretação-utopia capaz de articular as várias dimensões do desenvolvimento e assegurar a sua implementação política ao longo do tempo. Para tanto, a formação de novos quadros era um gargalo estratégico a ser superado.

De fato, na geração seguinte, em vez de recorrer ao autodidatismo, muitos teriam a sua segunda formação como "técnicos em desenvolvimento" em cursos fornecidos pela CEPAL desde meados dos anos 1950.[35] Quando se cria, em 1960,

---

32   Ibidem, p. 130.
33   Ibidem, p. 137-139.
34   Ibidem, p. 100.
35   BRAGA, Roberto Saturnino. "Entrevista". In: *Cadernos do Desenvolvimento*, Centro Internacional Celso Furtado de Políticas para o Desenvolvimento, Rio de Janeiro, v. 11, n. 18, jan./jun. 2016, p.

um escritório da entidade da ONU no Rio de Janeiro, os cursos se expandem e alcançam agências de desenvolvimento em várias cidades do Brasil.[36] O primeiro curso de "treinamento em problemas do desenvolvimento econômico" ministrado pela CEPAL com apoio do BNDE, em 1956, contou com a presença de vários técnicos do setor público brasileiro. Dentre eles, Rômulo Almeida na disciplina sobre "problemas regionais", e Roberto Campos discorrendo sobre as "características do desenvolvimento brasileiro".[37]

Carlos Lessa, presente desde a criação do escritório, dá o seguinte depoimento sobre o conteúdo cultural e político dos cursos: "se você forma alguém para ser em técnico em desenvolvimento, você está formando alguém para ser técnico em fazer a história.[38] Tratava-se de criar agentes qualificados e capazes de ocupar postos estratégicos na máquina pública com o objetivo de combater o subdesenvolvimento nas suas várias frentes.

Antes disso, houve a criação do Grupo Misto CEPAL-BNDE, em 1953, voltado para a introdução das técnicas de planejamento na análise da economia brasileira. Sob a direção de Furtado, os quadros pertencentes a este grupo foram treinados, muitos dos quais se integrando futuramente ao Departamento Econômico do banco.[39]

Em iniciativa pioneira, Rômulo organizou, com apoio da CAPES de Anísio Teixeira, um curso para "especialistas em desenvolvimento" de modo a recrutar uma equipe técnica interdisciplinar para o Escritório Técnico de Estudos Econômicos do Nordeste (ETENE), órgão técnico do recém-criado BNB.[40] O segundo curso foi realizado em parceria com o Instituto de Economia e Finanças da Bahia, contando com a presença de 22 pessoas, das quais 8 foram selecionadas para o ETENE.[41]

Esses cursos para formação de técnicos e especialistas em desenvolvimento justificavam-se pelo fato de as Faculdades de Economia estarem marcadas pela

---

140-141. Saturnino Braga, da primeira turma de concursados do BNDE, que ingressa no banco em 1956, frequentaria nos anos 1950 tanto o curso da CEPAL como o do ISEB..

36 TAVARES, Maria da Conceição. "Depoimento 1982". In: *Memórias do Desenvolvimento*, Centro Internacional Celso Furtado de Políticas para o Desenvolvimento, Rio de Janeiro, ano 3, n. 3, Rio de Janeiro, out. 2009, p. 178-179. A economista, que ingressou no BNDE em 1958, se transferiu para o escritório da CEPAL quando da sua criação.

37 KLÜGER, Elisa. *Meritocracia de laços: gênese e reconfigurações do espaço dos economistas no Brasil*. 2017. 855F. Tese (Doutorado em Sociologia). Faculdade de Filosofia, Letras e Ciências Humanas, Universidade de São Paulo, São Paulo, p. 55. O curso, em tempo integral, tinha duração de dois meses.

38 LESSA, 2011.

39 TAVARES, 2009, p. 178-179.

40 ALMEIDA, 1985a, p. 73-76.

41 ALMEIDA, Aristeu Barreto de, 1995, p. 31. Os cursos foram realizados em 1953 e 1955.

formação mais convencional. Carlos Lessa, que entrara na Faculdade Nacional de Ciências Econômicas (FNCE), junto com Antônio Barros de Castro, relata que não se fazia referência a Keynes, embora tivessem acesso aos autores da escola liberal no original, e não por meio dos manuais.[42]

Depois da criação da FNCE, sob a liderança de Gudin e Bulhões, seria criado em 1946 o Centro de Estudos Econômicos da FGV, depois intitulado Instituto Brasileiro de Economia (IBRE), que recrutava professores, diplomados e alunos da FNCE, tendo sido responsável pela elaboração das primeiras séries nacionais da economia brasileira. Paralelamente, duas revistas estavam sob responsabilidade do IBRE: a *Conjuntura Econômica* e a *Revista Brasileira de Economia* (RBE). A primeira assumira uma marca mais liberal a partir de 1952,[43] enquanto a segunda, mesmo quando recebia contribuições de Prebisch e Furtado, organizava uma legião de especialistas e professores estrangeiros para combatê-los.

Em um contexto de escassez de economistas de formação e de ausência de programas de Mestrado, outras iniciativas emergiram: o curso do Centro de Aperfeiçoamento de Economia da Fundação Getúlio Vargas (CAE/FGV), sob a liderança de Mário Henrique Simonsen, e o curso de aperfeiçoamento oferecido pelo Conselho Nacional de Economia,[44] ambos do final dos anos 1950. Dedicavam-se mais ao ensino de métodos e de teoria econômica, não dando atenção à temática do desenvolvimento como eixo central. Havia uma retroalimentação entre ensino, pesquisa e atuação em cargos de prestígio no setor público, além de uma conexão direta com as universidades norte-americanas onde se especializariam vários de seus integrantes. O contato com o Banco Mundial e o Fundo Monetário Internacional (FMI) também era assíduo em virtude da prioridade conferida às questões monetárias.[45]

Bulhões – por sua dedicação à formação de pesquisadores e à prática da economia no setor público, tendo participado da criação da SUMOC, da qual foi diretor-executivo por várias vezes, além de ter atuado no Conselho Nacional de Economia e na Divisão Econômica e Financeira do Ministério da Fazenda – aparece como figura-chave para este grupo de economistas. Ele aceitava o planejamento parcial e defendia a estruturação de um sistema financeiro de longo prazo, para alavancar a poupança interna junto ao ingresso do capital estrangeiro.[46]

---

42   KLÜGER, 2017, p. 66-67.
43   BIELSCHOWSKY, 1995, p. 129. Esta revista havia sido editada entre 1947 e 1952, por Américo Barbosa de Oliveira, Tomás Pompeu Acioli Borges e Richard Lewinsohn, todos de orientação nacionalista.
44   KLÜGER, 2017, p. 146-147.
45   LOUREIRO, 1997, p. 37-45.
46   BIELSCHOWSKY, 1995, p. 39-40.

Aliás, esta passa a ser a bandeira dos técnicos mercadistas depois de sua atuação no âmbito do BNDE, pois até então consideravam que o setor privado não podia andar com as suas próprias pernas sem o apoio estratégico do Estado. Lucas Lopes, Roberto Campos e Glycon de Paiva – que haviam participado da CMBEU como técnicos do serviço público – formavam o núcleo dos mercadistas, sendo apelidados de "os três mosqueteiros".[47]

Apesar das diferenças com Otávio Gouveia de Bulhões e Eugênio Gudin, o grupo de Roberto Campos – influenciado pela CEPAL, mas não propriamente cepalino – gozava de apoio destes que eram os principais veiculadores de ideias econômicas nos espaços acadêmicos em formação. Os laços pessoais estavam atados por uma densa rede institucional. Isso se refletia nas revistas especializadas como a *Conjuntura Econômica*, da FGV, a Carta Mensal da Confederação Nacional de Comércio (CNC), além da própria *Revista Brasileira de Economia*, do *Digesto Econômico* e do *Observador Econômico e Financeiro*, estas últimas mais plurais, não obstante a predominância de neoliberais e mercadistas.[48]

A presença dos neoliberais nas instituições de socialização do saber econômico – atuando em maior sintonia com os técnicos mercadistas, desde meados dos anos 1950 –, revela a ausência de um campo autônomo ou de uma "comunidade dos economistas".[49] Inexistia um espaço compartilhado para o debate econômico. Na prática, eram vários os espaços. Os técnicos nacionalistas, para se proteger do cerco, criariam os seus próprios cursos, clube e revistas, numa atitude quase de resistência, socorrendo-se da CEPAL, do BNDE, da CAPES e de outras instituições públicas.

Não procede, portanto, a avaliação de que o debate econômico até meados de 1960 foi marcado "por amplo amadorismo e pela ausência de círculos teóricos acadêmicos de destaque",[50] como trataremos de mostrar no capítulo "A matriz econômica do desenvolvimento". Até porque o debate econômico não se dava no meio acadêmico, mas nas instituições estatais. A disputa entre proposições de cunho político e ideológico não deixava de estar apoiada na objetividade e na análise das realidades econômicas e sociais. Esta era a marca consagrada dos dois grupos de técnicos.

Os técnicos nacionalistas não contavam com a chancela acadêmica, talvez em virtude de sua formação jurídica inicial ou pelo fato de que a "economia" fosse exercida como esforço de teorização sobre os problemas práticos que encontravam na burocracia estatal. Muitos sequer, como no caso de Rômulo, desenvolveram carreira

---

47   CAMPOS, 1994, p. 207-208, 293.
48   BIELSCHOWSKY, 1995, p. 407.
49   BARREIROS, 2010, p. 127.
50   Ibidem, p. 126.

acadêmica na área. A CEPAL, durante os anos 1950, forneceria a sustentação teórica às concepções deste grupo. A interação da Assessoria Econômica com outros importantes técnicos do aparelho estatal, o empresariado industrial (via CNI) e a própria CEPAL —[51] cujo poder de irradiação das suas ideias foi maior no Brasil do que nos demais países latino-americanos – permitiu aos técnicos nacionalistas enfrentar os neoliberais melhor posicionados nos meios acadêmicos e na grande imprensa.

Paralelamente, os técnicos nacionalistas desenvolviam alianças com outros segmentos da intelectualidade por meio de entidades, como o IBESP e o ISEB, com suas publicações *Cadernos do Nosso Tempo* e *Cadernos do Povo Brasileiro*, voltadas para a compreensão da realidade social brasileira e sua formação histórica.[52] Daí a sua veia ensaística e seus enfoques globalizantes, onde o econômico interagia com o não econômico, exigindo transformações estruturais e de longo prazo. Este enfoque mais generalista, não obstante o seu rigor técnico, cumpria o papel de estabelecer pontes entre os vários segmentos do setor público e da vida social, por meio da disseminação de uma ideologia nacionalista no país.

Estes técnicos se organizariam em torno do Clube de Economistas, com a sua revista *Econômica Brasileira*, criada em 1955, que funcionava como um meio alternativo de veiculação das suas ideias. Além de Celso Furtado, seu idealizador, fariam parte do Clube e do comitê de direção da revista Acioli Borges e Américo Barbosa de Oliveira, ambos expurgados da revista *Conjuntura Econômica*.

O objetivo da nova revista era justamente se contrapor à RBE. Logo no editorial do seu primeiro número, a revista defende "a complementação de um trabalho interpretativo no plano teórico" para a afirmação do economista brasileiro que "deve penetrar nos problemas gerais do desenvolvimento do subcontinente". Essa tarefa se torna mais complexa em virtude da "insuficiência de muitos dos instrumentos de análise", bem como dos "esquemas teóricos" vigentes. Pretende ainda derrubar as barreiras que "separam as pessoas interessadas no estudo dos problemas econômicos e sociais da prolixa produção acadêmica internacional neste setor".[53]

Por sua vez, a aliança dos nacionalistas com o empresariado industrial nacional fica evidente no conteúdo das revistas *Estudos Econômicos* e *Desenvolvimento e Conjuntura*, ambas da CNI.[54] Contudo, se esta aliança se origina de uma concepção comum sobre o desenvolvimento puxado pelo mercado interno e pela ação planejadora do Estado, não significa um apoio irrestrito da burguesia industrial

---

51 LEOPOLDI, 2002, p. 68-69.
52 LOUREIRO, 1997, p. 46-48.
53 ECONÔMICA BRASILEIRA. "Editorial". In: *Econômica Brasileira*, Clube dos Economistas, Rio de Janeiro, n. 1, vol. 1, jan./mar. 1955.
54 BIELSCHOWSKY, 1995, p. 89-90.

aos nacionalistas. Rômulo, por exemplo, em artigo dos anos 1970, lamenta a "infiltração do peleguismo no sistema sindical patronal", facilitada pela perda dos seus dois grandes líderes, Roberto Simonsen e Jorge Daudt de Oliveira, e pela "duvidosa identidade de um verdadeiro empresariado industrial", desde o início "confundido com a oligarquia rural e o comércio e a banca do velho estilo".[55]

Mas se não havia uma "comunidade dos economistas", até que ponto se pode falar de "uma identidade do economista como segmento da elite dirigente" no período, como se pergunta Maria Rita Loureiro?[56] Tudo indica que esta identidade – presente nos conceitos técnicos e no acompanhamento do debate econômico internacional – apresentava-se fraturada. Isto porque, não obstante estarem inseridos os dois tipos de técnicos no mesmo universo de atuação, seus diferentes enfoques, motivações, espaços de sociabilidade e alianças políticas lhes empurravam, na melhor das hipóteses, a aproximações temporárias. Pois o único objetivo que tinham em comum era criar um Estado capaz de ativar o processo de desenvolvimento econômico do país.

O desenvolvimento ficaria circunscrito à matriz econômica para os mercadistas, enquanto para os nacionalistas uma economia industrial apenas poderia se libertar do subdesenvolvimento por meio de um planejamento integral e coerente, envolvendo uma aliança com amplos segmentos da sociedade civil. Aí residia o pomo da discórdia.

Tudo indica que os técnicos nacionalistas e mercadistas, como integrantes das elites, procuravam aperfeiçoar as suas "armas retóricas" durante o embate, no sentido de assegurar a maior coerência dos seus pressupostos. Por outro lado, processavam de maneira diversa o "depositório intelectual da sociedade", até porque se filiavam a distintas tradições de pensamento (não apenas em economia) e estavam vinculados não a uma "comunidade genérica", mas a grupos sociais com interesses potencialmente divergentes. Portanto, ocupavam posições diversas enquanto segmentos das elites dirigentes, até porque as suas "plateias" divergiam,[57] por mais que buscassem cooptar, no sentido romuliano, a mesma superplateia do Estado. A economia era um meio que lhes permitia projetar fins, e não *um* "fim" em si mesmo.

Ao contrário dos técnicos em fins nacionalistas e mercadistas, Gudin e Bulhões faziam parte das elites intelectuais tradicionais cujo acesso ao Estado se dava sob

---

55 ALMEIDA, Rômulo. "Mito e realidade do empresário nacional – 1". In: *Folha de São Paulo*, 29 dez. 1978, p.1. Apesar de o artigo ser dos anos 1970, ele parece se originar de uma reflexão que Rômulo já realizara no passado (anos 1950 e 1960).
56 LOUREIRO, 1997, p. 23, 49.
57 Trata-se de uma leitura própria a partir da formulação instigante proposta por BARREIROS (2010, p. 90-95).

a condição de conselheiros e consultores. Exerciam por vezes funções públicas de grande destaque em virtude de suas credenciais simbólicas. Porém, jamais como quadros concursados, o que lhes deveria soar como uma heresia. Tampouco eram economistas teóricos com sólida pesquisa acadêmica ou professores que se dedicassem ao ensino com dedicação exclusiva.

Estes intelectuais polígrafos e provenientes de famílias abastadas tinham suas próprias colunas nos jornais da grande imprensa. Seu saber econômico era feito da assimilação das técnicas provenientes dos centros de prestígio do pensamento econômico. Resistiam a assimilar o fluxo incessante da realidade circundante, recorrendo muitas vezes a uma cultura de ostentação. Era como se tivessem os mecanismos corretivos para as síndromes nacionais e suas ideologias exóticas, em uma espécie de positivismo desambientado.

Ambos possuíam suas origens de classe vinculadas à aristocracia do poder e do dinheiro, tendo frequentado colégios estrangeiros no Rio de Janeiro. Gudin, com formação de engenheiro na Escola Politécnica da capital, trabalhara para várias empresas estrangeiras no setor de infraestrutura; Bulhões, nascido em 1906 e vinte anos mais jovem que Gudin, com formação em Direito, ingressara no serviço de Imposto de Renda por indicação familiar, em 1926.[58]

O universo cultural dos economistas neoliberais, e a sua posição social com relação ao Estado – jamais de vinculação como servidores – apontam para uma relação elitista e desconfiada com os quadros formados na cidadela estatal. Isto valia tanto para os técnicos mercadistas, ao menos no início de suas trajetórias, mas principalmente para aqueles que recorriam às ideias de "povo" e "nação", como era o caso dos técnicos nacionalistas.

Longe de ser uma ilha isolada, o restrito espaço dos economistas, desde o início fraturado, mostrava-se bastante permeável às principais correntes do pensamento econômico ocidental, muitas vezes amplificando as suas clivagens. Inseria-se, portanto, em um contexto mais amplo, no qual as novas formulações sobre desenvolvimento se expandiam de maneira vigorosa. Os anos 1950 se tornariam palco de uma verdadeira febre de missões para o planejamento do desenvolvimento nos países da América Latina.

É o caso, por exemplo, dos "missionários econômicos", que com o fim do Plano Marshall e a ameaça do comunismo aportaram nos países do Terceiro Mundo. Albert Hirschman foi um desses expoentes. Aterrissa na Colômbia no início dos anos 1950, como "assessor econômico" de um programa de desenvolvimento ela-

---

58 Sobre as origens sociais destes economistas e a sua forma de inserção no "campo da Economia", ver KLÜGER, 2017, p. 90-93.

borado pelo Banco Mundial, cuja implementação ficaria a cargo do Conselho de Planejamento Nacional do país. O economista, que não participara da confecção do plano, se ressente da sua visão generalizante, centralizadora e sem qualquer apreço pela realidade de um país que já estava se "desenvolvendo", e necessitava de novas oportunidades de investimento, não de abstrações voltadas para rapidamente superar "a armadilha do subdesenvolvimento".[59]

Também o padre Louis-Joseph Lebret viera ao Brasil por essa época, para ministrar cursos para "os agentes do desenvolvimento" (os *développeurs*), que deveriam formular estudos e projetos de planejamento urbano e democrático nas cidades brasileiras. Além de uma técnica de trabalho, havia uma perspectiva humanista, por ele lançada na revista francesa *Économie et Humanisme*. Formação técnica e sentido militante deveriam fazer com que os novos quadros cumprissem o papel de mediadores do aparelho de Estado, de modo a atacar os problemas sociais e urbanos sob uma perspectiva integrada. O foco estava na solução do "estrangulamento pós-pesquisa", que exigia a integração entre análise e intervenção prática e política. Depois de proferir um curso sobre "Economia humana" na Escola Livre de Sociologia e Política, em São Paulo, Lebret criaria a Sociedade para Análise Gráfica e Mecanográfica Aplicada aos Complexos Sociais (SAGMACS), responsável pela realização de cerca de trinta trabalhos de pesquisa entre 1947 e 1964.[60]

Respirava-se, então, o desenvolvimento das mais variadas formas e segundo enfoques os mais distintos partindo, às vezes, de premissas opostas. As experiências do Banco Mundial e do padre Lebret nos são úteis por revelarem a amplitude do conceito nos anos 1950. Diversas foram as iniciativas de formação de novos quadros e de elaboração de projetos para a superação do subdesenvolvimento, ainda não plenamente subordinados à "racionalidade" da Ciência Econômica.

Isso porque os cursos de pós-graduação em Economia no Brasil viriam depois, criados em 1965, como no caso do Instituto de Pesquisas Econômicas (IPE/USP) e da Escola de Pós-Graduação em Economia (EPGE/FGV/RJ), sob a liderança de Antônio Delfim Netto e Mário Henrique Simonsen, respectivamente.[61] Os economistas professores concebiam o desenvolvimento como subproduto da interação entre variáveis econômicas. Emprestariam o seu prestígio aos governos militares, distribuindo cargos de proa para os mestres e doutores recém-formados no exterior por meio de convênios firmados com a *United States Agency for International*

---

59 ADELMAN, Jeremy. *Wordly philosopher: the Odissey of Albert O. Hirschman*. Princeton: Princeton University Press, 2013, p. 297-305.

60 ANGELO, Michelly Ramos. *Louis-Joseph Lebret e a SAGMACS: a formação de um grupo de ação para o planejamento urbano no Brasil*. São Paulo: Alameda, 2013, p. 22-24, 39-49.

61 BIDERMAN, COZAC & REGO, 1996, p. 23.

Development (USAID). Um novo espécime, o tecnocrata, o economista-rei especialista em meios,[62] entrava em cena. Delfim representa de forma emblemática esta nova posição social, que pode ser definida como a antítese perfeita dos intelectuais orgânicos do Estado.

Enquanto a identificação Estado-povo-nação transformava a política em uma quase necessidade para aqueles burocratas-intelectuais-militantes, o novo espécime seguia o caminho universidade-governo-consultoria privada, intercambiando os papéis de elite intelectual, político-burocrática e empresarial.[63] Uma interação que acarretava a multiplicação dos capitais econômico, simbólico e cultural e o crescente acúmulo de *status* e poder aquisitivo.

Ora, os intelectuais orgânicos do Estado se colocavam como intérpretes dos anseios populares, buscando canalizá-los por meio de argumentos técnicos. Tampouco faziam uso de vantagens imediatistas, sob a forma de cargos de ocupação provisória como trampolim para um emprego no setor privado ou uma bolsa de Doutorado no exterior. Não apenas por uma questão ética, mas também em decorrência da posição social alcançada no sistema de mérito. Não almejavam nada além do que haviam se tornado ao longo do processo histórico: servidores públicos com influência política para interferir nos destinos da nação.

Portanto, parece-nos improcedente a analogia tecida por Maria Rita Loureiro entre estes dois antípodas, Rômulo e Delfim.[64] O que poderia haver em comum entre eles, se a súbita emergência do tecnocrata apenas se explica pela lenta extinção do técnico em fins? A pesquisa da autora cobre um período extenso – dos anos 1930 ao Plano Real –, quando o Estado, o capitalismo, o papel das elites dirigentes e o próprio ensino de economia sofrem intensas transformações. Apesar de tantas mudanças, existiriam, para a autora, traços comuns nos dois personagens: o insulamento do economista diante das pressões partidárias, o controle das arenas decisórias restritas e o recurso a fiéis colaboradores pessoais.[65] No nosso entender, o quadro impressionista impede que se vejam forma e conteúdo, mas tão somente um amontoado de cores.

O insulamento de Rômulo e da Assessoria Econômica, além de relativo, funcionava como uma forma de parir projetos que estavam sob fogo cruzado em uma democracia prenhe de conflitos, e sob os quais o técnico sempre que podia se posicionava em campo aberto, buscando forjar consensos. Seus fiéis colaboradores

---

62 SOLA, 1998, p. 45.
63 BARREIROS, 2010, p. 148-150.
64 LOUREIRO, 1977, p. 94-95.
65 Idem, ibidem.

eram recrutados na máquina pública por meio da seleção por mérito. O Estado deveria, a partir destes projetos, empolgar segmentos diversos da sociedade, por meio de um projeto-interpretação-utopia ainda embrionário.

No caso de Delfim, este foi escolhido para pilotar autocraticamente a economia brasileira, recebendo de brinde o AI-5, por ele assinado. Encontrava-se literalmente escudado das críticas provenientes de vastos segmentos da sociedade eliminados do processo político. Isso lhe permitia fazer conchavos com segmentos do capital, a portas fechadas, e eximir-se do contato com uma imprensa livre, então inexistente. Atuava por dentro dos palácios, distribuindo perdas e ganhos conforme seu modelo econômico e prestando subserviência aos generais de plantão. Finalmente, nenhum dos seus assessores era proveniente do setor público.

Ainda assim, o contraste entre esses dois personagens se faz útil ao revelar duas formas opostas de pensar e praticar a economia, a política e o planejamento. Mais importante ainda, um apenas pode vir à luz com o ocaso do outro, como numa passe de dialética armado pelas forças profundas da história.

Sejamos mais precisos. A "racionalidade do sistema econômico" exigia o estreitamento das possibilidades de atuação da sociedade. Como decorrência, o Estado tinha que recorrer à "coação política", conforme Delfim defende nos seus textos do início dos anos 1960. A interpretação do processo histórico é substituída pela "mecânica do desenvolvimento", compreendida e mensurada a partir de variáveis econômicas libertas da "confusão sociológica" dos nacionalistas. O subdesenvolvimento volta a ser um estágio ou um conjunto de obstáculos a serem enfrentados pela política econômica, em tese capaz de tornar o Brasil uma economia capitalista – senão desenvolvida, ao menos "normal" – enveredando para "o caminho ótimo do desenvolvimento", em uma espécie de adaptação forçada do referencial rostowiano.[66]

Ao contrário dos técnicos em fins, o tecnocrata é fruto da falsa dicotomia entre "técnicos" e "políticos", pois supõe um conhecimento especializado e neutro sobre os meios,[67] na medida em que os fins encontram-se definidos de antemão. Mas a política acaba entrando pela porta dos fundos. De um lado porque o objetivo é ativar "a poupança em detrimento do consumo"; e, de outro, por meio de vantagens oferecidas pela máquina administrativa às frações de classe que davam respaldo ao regime autoritário.

---

66   MARINELI, Felipe. *O pensamento de Antonio Delfim Netto e o milagre econômico brasileiro (1968-1973)*. 2017. 297F. Dissertação (Mestrado em História Econômica). Faculdade de Filosofia, Letras e Ciências Humanas, Universidade de São Paulo, São Paulo, p. 120-124, 135-136. Os trechos em aspas remontam a textos de Delfim escritos no início dos anos 1960, conforme a dissertação acima.

67   GOMES, Ângela de Castro. "Novas elites burocráticas". In: GOMES, Ângela de Castro (org.). *Engenheiros e economistas: novas elites burocráticas*. Rio de Janeiro: Editora FGV, 1994, p. 2, 6, 9.

No caso de Rômulo e dos seus companheiros, e também de servidores públicos do grupo dos técnicos mercadistas, como Roberto Campos, Lucas Lopes e Otávio Dias Carneiro, todos dispunham de seu arco de alianças políticas, de modo a disputar posições de poder e influência em um contexto democrático. É isso o que faz deles técnicos em fins.

Os mercadistas distanciam-se dos técnicos nacionalistas na segunda metade dos anos 1950, algo que já pode ser percebido no curto governo Café Filho, quando compõem com Eugênio Gudin, nomeado ministro da Fazenda. Roberto Campos e Glycon de Paiva haviam se demitido da diretoria do BNDE em julho de 1953, em virtude das discordâncias com José Soares Maciel Filho, diretor-superintendente do banco. Retornam, em agosto de 1954, promovidos depois da queda de Vargas – Paiva como presidente do BNDE e Campos como superintendente da mesma instituição. Já Lucas Lopes assume o Ministério de Viação e Obras Públicas.[68]

Neste momento, os técnicos mercadistas ainda não haviam se convertido em tecnocratas, até porque essa posição social inexistia. Chamá-los de tecnocratas significa incorrer em anacronismo histórico, tendo em mente o papel que viriam a exercer no pós-1964, quando se alteram a estrutura de poder, as alianças de classes subjacentes e o padrão de intervenção estatal.

A defesa do grande capital, privado e estrangeiro, para o qual vários dos mercadistas viriam a trabalhar no futuro, ainda era sobretudo ideológica. Esta ideologia condicionava a sua interpretação do processo histórico, mostrando-se decisiva para que ocupassem, adiante, nova posição social. Não obstante, atuariam no cenário político nacional como técnicos em fins – vinculados ao Estado – ao menos até o fim do governo JK. Mesmo quando em conferência proferida à Escola Superior de Guerra, em 1953, Campos afirma que "a Ciência Econômica é, essencialmente, uma disciplina de meios e não uma doutrina de fins",[69] tal assertiva parece mais um argumento retórico para desqualificar os técnicos nacionalistas, quando tem início, ainda de maneira velada, a disputa entre projetos de desenvolvimento.

Não obstante, em perspectiva histórica, os técnicos mercadistas, de fato, prepararam o terreno para a emergência do tecnocrata, o que apenas se consuma com o fim da disputa, consumada em 1964. No ano de 1959, eles desembarcam do governo para criar sua empresa de consultoria privada, a CONSULTEC. Ainda atuam como produtores de ideologias, mas já posicionados junto ao "mercado" e aos seus

---

68   CAMPOS, 1994, p. 167, 192, 197, 206-208, 246, 293. Importante notar que Campos também se refere aos três mosqueteiros como "tecnocratas", conforme o uso generalizado do termo no pós-1960.

69   CAMPOS, Roberto. *Ensaios de História Econômica e Sociologia*. 3ª edição. Rio de Janeiro: APEC Editora, 1976, p. 35. O livro é uma coletânea de artigos, a maioria dos quais escritos nos anos 1950.

interesses de classe. Portanto, não parece fazer sentido a tese de que alguns protagonistas da cena, como Campos, tenham rompido com seus "fundamentos éticos desenvolvimentistas" para se integrar a uma "nova elite intelectual".[70] A sua transformação seria gradual. Nesse sentido, Tavares põe o dedo na ferida, ao enfatizar a distinção entre estes dois tipos de atores sociais:

> Tecnocrata é aquele que, apesar de técnico, não pode fazer nada de errado, porque se botar o nome embaixo de um documento que diga o contrário do presidente do Banco Central ele roda. Então o sujeito é obrigado a viver da conspiração de gabinetes [...]. Já os técnicos recebiam pressões e tentavam traduzir tecnicamente. Depois isso se inverteu.[71]

A "conspiração" a que se refere Tavares é diferente da conspiração assessorial advogada por Rômulo e os técnicos nacionalistas. Estes atuavam – assim como os seus parceiros e depois adversários, os técnicos mercadistas – a partir de postos-chave da burocracia, concebendo projetos estratégicos e procurando assegurar politicamente a sua viabilização.

Os técnicos nacionalistas atuavam, como vimos, em espaços para-acadêmicos – IBESP, ISEB e Clube dos Economistas – onde tinham maior autonomia para formular os pressupostos que norteavam suas interpretações sobre o desenvolvimento e para ampliar suas respectivas bases sociais e políticas de apoio. O mesmo se pode dizer dos técnicos mercadistas, também integrantes da burocracia, que contavam com o respaldo das instituições e revistas acadêmicas – FNCE, FGV e IBRE – no campo da Economia. O conceito de desenvolvimento estava articulado a um contexto cultural e político específico, mas não conforme o método histórico-estrutural adotado pelos nacionalistas.

Quando da criação da CONSULTEC, Campos e Lopes trazem consigo quadros do setor público, basicamente do BNDE, do DNPM e do Itamaraty, como Mário da Silva Pinto, Miguel Osório de Almeida, Bulhões Pedreira, Dênio Nogueira, Garrido Torres e Alexandre Kafka, além de outros nomes do setor privado e da universidade.[72]

---

70   BARREIROS, 2010, p. 146-148, 153. Mais uma vez, o "projeto desenvolvimentista" – as políticas, as ideias, os fundamentos éticos e os resultados – aparece como um bloco indissolúvel, abarcando todos aqueles que atuaram no aparelho estatal no sentido de promover a industrialização e obscurecendo os projetos em disputa, as diferentes posições sociais e o arco de alianças políticas. Os "intelectuais desenvolvimentistas" não existiam como tais e, tampouco, poderiam ser liderados por Roberto Campos e Celso Furtado, como indica o autor, já que estes economistas passariam a atuar em campos opostos.
71   TAVARES, 2009, p. 171-172.
72   KLÜGER, 2017, p. 138-139.

O mecanismo de agregação do setor público permite agora o deslocamento dos técnicos mercadistas para o setor privado, naquelas atividades que viviam da interação entre o Estado e o mercado, agora já dotado de maior nível de diversificação.

Estes técnicos já haviam se aproximado da Escola Superior de Guerra (ESG) nos anos 1950. Nos anos 1960, muitos participariam do Instituto de Pesquisas e Estudos Sociais (IPES). O seu espaço de ação se movia para fora do Estado, mesmo que o objetivo fosse o desarmamento das propostas reformistas dos nacionalistas e a preparação de uma virtual "conquista do Estado".

Se o Instituto Brasileiro de Ação Democrática (IBAD) se destacava pela ação política, o IPES elaborava material ideológico para as campanhas de formação da opinião pública, com revistas e folhetos de produção própria. Mas este último possuía também um segmento de "elite", que cuidava da análise e discussão de temas controversos à época, como remessa de lucros, habitação popular, reforma agrária, planejamento e reforma fiscal, dentre outros, de modo a pautar os grupos mais conservadores do Congresso e da sociedade civil.

Vários economistas neoliberais formados pela dupla Gudin e Bulhões apareciam lado a lado agora com os técnicos mercadistas. Técnicos como Dênio Nogueira e Garrido Torres, além do professor Mário Henrique Simonsen, tiveram atuação marcante no IPES. Mas o grande arquiteto das ações do grupo de "tecnoempresários"[73] foi, sem dúvida, o ex-funcionário do DNPM, Glycon de Paiva.[74] Eleito "homem de visão" em 1968, sua participação no "movimento de 31 de março" recebe a seguinte descrição da revista: "graças ao contato pessoal com o empresariado do Rio e São Paulo", Glycon manteve "a classe permanentemente informada sobre o rumo dos acontecimentos", mostrando "a conveniência e oportunidade de uma atitude que a preservasse unida".[75]

O relato minucioso de René Dreifuss[76] indica como se gestou uma densa teia de interesses a partir destes "tecnoempresários" vinculados à CONSULTEC, trabalhando em projetos junto ao setor público e privado, ou a atividades de cunho mais militante no IPES, ou aos *think tanks* tradicionais, como o IBRE e a FGV. Como rebento da CONSULTEC, surgiria a Análise e Perspectiva Econômica (APEC), espécie de editora responsável pela publicação de textos de conteúdo técnico e político

---

73   O termo "tecnoempresários" é de DREIFUSS, René Armand. *1964 – a conquista do Estado: ação política, poder e golpe de classe*. 6ª edição. Petrópolis: Vozes, 2006.

74   TOLEDO, Caio Navarro. "ISEB: ideologia e política na conjuntura do golpe de 1964". In: TOLEDO, Caio Navarro (org.). *Intelectuais e política no Brasil: a experiência do ISEB*. Rio de Janeiro: Revan, 2005, p. 142-151.

75   "Glycon: mineiro com alma de bandeirante". In: *Visão*, 20 dez. 1968, p. 70.

76   DREIFUSS, 2006, p. 78-81, 84-88, 94-98, 112-113, 115-116, 246-247.

"a fim de defender interesses públicos e privados". Paralelamente, o próprio setor privado já começava a atuar com mais desenvoltura fora da estrutura corporativa, por meio do Conselho das Classes Produtoras (CONCLAP), criado em 1955, assumindo posição contrária aos governos JK e Jango, e contando com o apoio especialmente das Associações Comerciais.

No entender de Dreifuss, formava-se um "bloco de poder empresarial modernizante conservador", tendo como intelectuais orgânicos os tecnoempresários – geralmente economistas ou engenheiros –, que ocupavam cargos de destaque no setor público e no setor privado, por vezes atuando como professores nas universidades de Economia. Muitos empresários privados, como Antônio Galloti, assumiram cargos nas diretorias das empresas transnacionais, assim como os oficiais militares, a maioria deles vinculados à ESG. Criava-se uma nova rede de interesses e valores compartilhados. Suas engrenagens foram estruturadas a partir do Plano de Metas, por meio de maior integração entre empresas estrangeiras e nacionais.

Como bem demonstra Dreifuss, armavam-se como uma classe a "vir a ser" Estado. Mais que intelectuais orgânicos da burguesia, almejavam assumir postos de comando no Estado de modo a assegurar a continuidade do processo de acumulação em novas bases. Por isso, denominamos os tecnoempresários de Dreifuss de elites modernizadoras do capital.

Apesar de Dreifuss estar correto ao situar a criação da CONSULTEC[77] como importante marco da mudança que tinha lugar na sociedade, o autor comete um equívoco ao sugerir a participação da consultoria, quando ela ainda inexistia, na elaboração de projetos para empresas nacionais e transnacionais durante o período de Lopes e Campos no BNDE.[78] A prioridade conferida à conexão com o capital estrangeiro explica a sua mudança de lado, em 1959, do Estado rumo ao setor privado. Esta conexão se forjou por conta da sua concepção sobre os meios e fins do desenvolvimento. Porém, nada indica que interesses escusos tenham norteado a sua atuação no BNDE, onde a maior parte das decisões se dava de maneira colegiada. Lopes admite, contudo, que o fato de ter sido presidente do BNDE e de vários membros da CONSULTEC figurarem entre "os grandes formuladores de propostas para o desenvolvimento" contribuiu para a empresa se firmar no mercado.[79]

A desfiliação parcial ou integral do Estado por parte dos técnicos mercadistas, ao fim do governo JK, revela a frustração com a não aprovação do Plano de Estabilização Monetária. Tampouco se pode afirmar que todos os integrantes das

---

77 Ibidem, p. 98-101.
78 LOPES, 1991, p. 274-276.
79 Ibidem, p. 276.

elites modernizadoras do capital atuaram em favor do golpe de 1964. O exercício de funções de relevo durante o regime militar revela certa linha de continuidade com seus propósitos de apostar na "racionalidade capitalista".[80] Ainda assim, esta identificação nos parece insuficiente para caracterizar uma adesão irrestrita ao "bloco multinacional e associado",[81] como se este estivesse destinado de maneira inexorável a mudar os rumos da história, "devolvendo" o poder às classes dominantes.

Por outro lado, também a noção de que teria havido uma "implosão das elites", com o recrutamento de velhos e novos quadros para a "elite intelectual moderno-burguesa", como sugere Barreiros,[82] apenas faz sentido depois da retirada forçada da cena política e cultural dos técnicos nacionalistas, intelectuais orgânicos do Estado e intelectuais estadistas – posições sociais que se mesclam ou se sucedem umas às outras

O período 1959-1964 seria marcado pelo conflito – tanto na sociedade política como na sociedade civil – entre novas posições sociais transitórias: os intelectuais estadistas do campo nacionalista e as elites modernizadoras do capital. É também neste momento que se destacam os intelectuais oriundos das classes populares, associando o nacionalismo aos interesses dos trabalhadores.

A cunhagem deste novo segmento como elites modernizadoras do capital justifica-se da seguinte maneira: por mais que tivessem ascendência intelectual, exercem o seu poder pela capacidade de conceber políticas públicas para o capital. Suas concepções teóricas servem de lastro à sua condição de elites, agora sintonizadas com o projeto de modernização do capitalismo em território brasileiro, cada vez mais conectado com as estruturas de poder político e econômico internacionais. Seus princípios éticos fundamentais – visão de mundo utilitarista; crença na racionalidade, na técnica e na neutralidade dos valores da sociedade burguesa; e confiança na teoria econômica segundo os cânones neoclássicos e neokeynesianos –[83] permitem soldar a sua coesão interna como grupo. Isso apesar da sua atuação profundamente não liberal no âmbito do Estado, intervindo sobre todos os preços estratégicos. Trata-se de um "liberalismo intervencionista tecnocrático-militar", conforme a definição de Bresser-Pereira.[84]

Não existe, portanto, uma contradição necessária entre os seus princípios valorativos e políticos.[85] A adesão ao regime autoritário era racionalizada por sua

---

80   CAMPOS, 1994, p. 379-380.
81   DREIFUSS, 2006, p. 437-439, 501-505.
82   BARREIROS, 2010, p. 145-146.
83   Ibidem, p. 164-165.
84   BRESSER-PEREIRA, 1968, p. 203-204.
85   BARREIROS, 2010, p. 156, 271, 306-308, 314, 320, 338-339.

visão de mundo, empenhada em alargar o raio de manobra do "mercado". Inclusive por meio da "ação corretiva" do Estado, atuando sobre os "desvios" e "absurdos" da política econômica pré-1964, no sentido de ultrapassar sua "demagogia" e "indigência intelectual".

Mas quem eram os intelectuais estadistas, um aparente paradoxo, apenas possível no cenário político e social tão peculiar da época? Como veremos na Parte IV, Rômulo – que atuara nos bastidores enquanto Vargas comandava a orquestra – ficara órfão do processo histórico, assim como os demais boêmios cívicos.

Já mencionamos anteriormente os expoentes desta posição social: Celso Furtado, San Tiago Dantas e Darcy Ribeiro. Tomemos o caso de Furtado. Ele pode agora exercer o que não fora possível a Rômulo – a "unidade entre o técnico e o político", tal como se depreende da concepção norteadora da SUDENE:

> Essa unidade do técnico e do político permitiu à SUDENE comunicar-se diretamente com a opinião pública. Não estado vinculada a qualquer ação partidária, os seus objetivos podem sempre ser submetidos ao teste da discussão aberta. [...] Houvéssemos conservado em círculos herméticos a análise dos problemas objetivos da região, isolando o povo daquilo a que se convencionou chamar de problemas técnicos, e teríamos repetido o passado sem maiores possibilidades e sobrevivência.[86]

A política passa a ser vista como terreno a ser despido de sua irracionalidade. A técnica deveria permitir que interesses sociais fossem soldados, ultrapassando as contradições que se reproduziam na estrutura de poder. "Volta" com toda a força o projeto de desenvolvimento nacional, conceito cada vez mais ambíguo e genérico, a ser disputado por esses personagens junto às elites políticas e aos movimentos populares emergentes.

Neste novo contexto, as ideias, ao funcionarem como geratrizes de consensos, passam a ter o seu valor de troca incrementado. Entramos no convulsionado contexto político que se inicia ao fim do governo JK, precisamente no momento em que os técnicos mercadistas se transmutam em elites modernizadoras do capital; e os técnicos nacionalistas são impelidos a agir como intelectuais estadistas. Essas novas posições sociais transitórias compõem os dois lados da mesma moeda, originando-se do movimento conjugado de mudanças conjunturais e estruturais.

São transitórias porque marcam o terreno aberto de possibilidades antes que os técnicos em fins cedessem lugar aos tecnocratas. Procuramos captar agora o sentido desta ruptura. Fernando Henrique Cardoso e Octavio Ianni se destacam entre

---

86 FURTADO, Celso. *A pré-revolução brasileira*. Rio de Janeiro: Fundo de Cultura, 1962, p. 62.

os intelectuais críticos da academia, por terem captado a importância do técnico na máquina estatal sem cair na crítica de seu suposto "elitismo" e de seu distanciamento das massas.

O sociólogo Fernando Henrique Cardoso refere-se aos "'círculos de interessados' de planejamento", formados por "um segundo escalão de planejadores", responsáveis por conferir maior coerência ao desenvolvimento. Agindo por meio de "um processo de cooptação e contaminação da cúpula administrativa",[87] procuravam conferir racionalidade à intervenção estatal não apenas na esfera econômica. Tal assertiva se entrosa com a cooptação e conspiração assessorial, tal como acionada pelos técnicos nacionalistas, bem como pelos técnicos mercadistas, assumindo estes termos uma conotação diferente da corriqueira.

Ainda segundo Cardoso, estes "círculos de interesses" mobilizados pelos técnicos em fins criavam "anéis de resistência" em torno dos objetivos mais amplos do planejamento. Estes se atritavam com os "anéis de interesses coligados", por meio dos quais se faziam representar os vários segmentos da sociedade civil e das forças políticas, pressionado muitas vezes, embora nem sempre, por demandas clientelistas, e contando com a "inércia burocrática" de segmentos importantes da máquina administrativa.[88]

Tal era o fogo-cruzado no qual os técnicos em fins tinham que atuar. É, neste sentido, que Rômulo se lamenta da ausência de uma "política ideológica"[89] explícita por parte dos governos da Terceira República, condição para que os "anéis de resistência" partissem para a ofensiva. A luta de Campos contra o "nacionalismo" e o "distributivismo" segue o mesmo diapasão, pois estas "atitudes", no seu entender, deslocavam a racionalidade da sua concepção de projeto de desenvolvimento, por mais que ele fizesse questão de se aliar a certos "anéis de interesses coligados", mais propensos a referendar as suas propostas durante e depois do governo JK.

Desta forma, os técnicos mercadistas também comungavam, junto aos nacionalistas, durante os anos 1950, da mesma "ideologia de serviço público de Estado".[90] Nossa interpretação diverge, portanto, da formulada por Martins,[91] para quem o grupo que cria o BNDE já carrega o germe da suposta dissociação entre o técnico e o político, prenunciando o nascimento do tecnocrata, "o novo heroi dos anos 1950 e 1960". Talvez haja aqui uma diferença entre o discurso – crescentemente "tecno-

---

87   CARDOSO, Fernando Henrique. "Aspectos políticos do planejamento". In: LAFER, Betty Mindlin. *Planejamento no Brasil*. São Paulo: Perspectiva, 1970, p. 178.
88   Ibidem, p. 180.
89   ALMEIDA, 1988, p. 105. Como veremos diante, Rômulo empresta o termo de Hélio Jaguaribe.
90   Ibidem, p. 169-170.
91   MARTINS, 1976, p. 367-368.

crático" – e sua prática, pois ainda precisavam circular em um ambiente onde os adversários nacionalistas detinham recursos de poder importantes na sociedade política e na sociedade civil.

Muitos dos estudos sobre a burocracia brasileira pecam por sua falta de contextualização histórica. Vejamos o caso do cientista político Ben Schneider,[92] um dos mais qualificados analistas do tema. A pergunta central deste autor parece-nos bem colocada: por que um Estado tão pouco institucionalizado e tão afeito ao personalismo logrou desenvolver uma intervenção consciente e deliberada em prol da industrialização? Entretanto, o autor opta por uma "abordagem das carreiras", sugerindo que os laços personalistas no Brasil teriam levado à formação de uma "adhocracia". Essa escolha metodológica tira do seu foco as instituições estatais e como elas geram diversos tipos de quadros ao longo da história.

Não custa insistir: o tecnocrata que emerge do período militar não tem qualquer parentesco com os técnicos em fins dos anos 1950. Há uma ruptura, que não se circunscreve apenas ao terreno da burocracia, pois é percebida também em outras esferas da vida social, política e econômica, permitindo inclusive explicar a mudança de funcionamento da "tecnoestrutura estatal", conforme o conceito utilizado por Octavio Ianni.[93]

Segundo o sociólogo, a tecnoestrutura implica a expansão da divisão social do trabalho para o âmbito do sistema político-administrativo, acarretando a ascensão do técnico. Com esse conceito, o autor logra abarcar não só os técnicos (economistas, engenheiros, agrônomos, arquitetos, urbanistas, educadores, geógrafos e estatísticos), mas também os diversos órgãos e as novas formas de elaboração e execução dos projetos. É nesta esfera que se estabelece a "metamorfose do econômico", e das demais interpretações do real, "em político e vice-versa".

Esta metamorfose, até 1964, atua de maneira preponderante sobre os fins, e não apenas sobre os meios, como se dará em seguida, quando a máquina burocrática se isola da interação com os movimentos mais amplos da sociedade, ficando circunscrita à mediação com as forças do "sistema". Apenas então ela vai se tornar autorreferida, parindo este novo rebento social, o tecnocrata, que tem por objetivo precípuo a ascensão na hierarquia do Estado e do poder.[94] Neste sentido, o tecnocrata encontra-se desprovido, ao menos no plano do discurso, de concepções valorativas alheias às fornecidas por seus conhecimentos especializados, o que acarreta uma espécie de anorexia da concepção de "desenvolvimento".

---

92   SCHNEIDER, Ben. *Burocracia pública e política industrial no Brasil*. São Paulo: Sumaré, 1994, p. 27-31.
93   IANNI, 1971a, p. 313-316.
94   TAVARES, 2009, p. 168.

De qualquer forma, o mundo em que Rômulo e os seus companheiros de trincheira navegavam era bem diferente do descrito acima pelo professor Schneider. Era quase o oposto: suas carreiras estavam presas às instituições onde atuavam e no seio da qual se agrupavam os vários técnicos em fins, ainda que também saltassem entre as mesmas, não para obter ganhos materiais, vantagens políticas pessoais, promoção ou *status*, mas como forma de ampliar o alcance da conspiração assessorial.

A sua lealdade principal era para com o Estado, que deveria incorporar os anseios coletivos do desenvolvimento. As várias agências, na ausência de planejamento integral, realmente dependiam dos laços pessoais. Entretanto, esta comunhão afetiva estava alicerçada em torno de um projeto compartilhado em relação ao qual eles se portavam como lídimos servidores,[95] não como especialistas intocáveis, distanciados da política, e nem se aproveitando da mesma para auferir vantagens imediatistas para si ou para os segmentos que representavam. Faltou-lhes, porém, enraizamento social e orientação política.

O novo "técnico político", segundo a definição de Schneider – não mais um técnico em fins, mas um especialista em meios, para quem a carreira prevalece sobre a organização, pois tem a ambição de obter promoção e até de usar a "política" como trampolim para negócios privados – se move em um contexto de fechamento do espaço público democrático. Estamos já no regime militar, onde prolifera o que Schneider chama de um "Estado politizado",[96] pois o exercício da política se transfere para o interior do Estado na sua interação com algumas frações de classe e elites, dispensando a figura tradicional do partido.

Tal Estado se aproveita do saber tecnocrático, geralmente obtido por meio da passagem pela universidade – com seus recém-criados cursos de pós-graduação e a posterior especialização nas universidades dos Estados Unidos –, para assegurar a ocupação pelos novos quadros de cargos de prestígio. Na prática, porém, o tecnocrata se comporta como um ser híbrido capaz de intercambiar "eficiência" e clientelismo. Aqui já estamos no território dos "anéis burocráticos" do regime autoritário, tal como teorizado pelo sociólogo Fernando Henrique Cardoso[97] nos anos 1970.

---

95   Rômulo quisera dar o título de "Memórias de um servidor público" ao livro com suas entrevistas (ALMEIDA, 1986); CARVALHO NETO, Joviniano Soares de. *Entrevista concedida a Alexandre de Freitas Barbosa e Alessandra Soares de Oliveira*. Salvador, 5 ago. 2011. Áudio disponível no Acervo Pessoal de Alexandre de Freitas Barbosa. O termo servidor público era usado com frequência também por Rangel, Soares e Cleanto.
96   SCHNEIDER, 1994, p. 94-96, 101.
97   CARDOSO, Fernando Henrique. *Autoritarismo e democratização*. Rio de Janeiro: Paz e Terra, 1975, p. 182-184.

Cardoso percebe a diferença entre os técnicos em fins e os tecnocratas. No seu entender, no período pós-1964, "o papel do planejamento foi invertido". Se antes o planejamento fora um dos instrumentos políticos da administração pública – "por mais sinceros que os técnicos como planejadores possam ter sido" –, na sequência "a atividade política do regime foi voltada a serviço do plano",[98] ou melhor, da política econômica, cujos lineamentos gerais foram definidos pelos tecnocratas de modo a legitimar o regime.

Neste novo contexto, passa a existir uma redistribuição de poder a partir dos anéis burocráticos, responsáveis pela fusão de interesses públicos e privados. O detentor dos altos cargos na administração pública possui papel estratégico, ao assegurar a cooptação (clientelista) de membros das classes dominantes. Consegue, assim, exercer crescente poder junto ao setor privado, até porque encontra-se vedada a sua participação institucional, enquanto classe, nas decisões políticas e administrativas. O Executivo, na figura do presidente, assume um papel "moderador" e "tutelar", já que precisa se posicionar em face dos atritos que emergem nos vários pontos onde se localizam os anéis burocráticos.[99]

O diagnóstico sobre o Estado, após o regime militar, traçado por Rômulo, revela-se certeiro: "Bom, o Estado está parecendo que está destruindo, sistematicamente, todas as suas organizações [...] Ora, a ineficiência do Estado é um problema simplesmente relacionado com a atual estrutura do Estado brasileiro, com as condições políticas que o envolvem".[100]

Portanto, ao contrário do senso comum, "a prática eficaz do clientelismo requer o capitalismo", segundo a síntese de Wanderley Guilherme dos Santos, na sua interpretação do Brasil no pós-1964.[101] No regime militar, as resistências impostas pelos antigos técnicos – até porque eles não desaparecem do dia para a noite, muitos inclusive recusam uma adesão irrestrita ao novo estado de coisas – podem, no máximo, atenuar o intercurso generalizado e promíscuo entre o público e o privado.

Rômulo capta a ruptura na atuação da tecnoburocracia no pós-1964, sempre ressalvando que o país jamais lograra sair do "estágio pré-tecnoburocrático". Partindo de sua própria experiência, ele afirma que até 1964:

> Apesar de tratar-se de um regime ainda paleo-democrático e com fortes resíduos oligárquicos e clientelistas, desenvolveram-se na administração federal (não tanto nas estaduais), segmentos da tecnoburocra-

---

98   CARDOSO, 1970, p. 181.
99   CARDOSO, 1975, p. 205-209.
100 ALMEIDA, 1988, p. 60.
101 SANTOS, 2006, p. 59-61.

cia escolhidos pelo sistema de mérito, com estabilidade e considerável autonomia.[102]

"Instalado o regime autocrático", o quadro seria bem diverso:

> Eliminou-se a estabilidade, a administração pública passou ao regime de CLT [Consolidação das Leis do Trabalho]. Disso resulta a insegurança do funcionário técnico, sua submissão à intimidação e inquisição (para começar o prévio assentimento às investiduras pelo SNI [Serviço Nacional de Informações] e a manipulação do poder administrativo por levas de "invasores" sem nenhum compromisso com interesses gerais e permanentes da sociedade brasileira.[103]

Segundo o ex-técnico, isso ocorre porque "boa parte da elite tecnocrática oficial é de gente recrutada e mantida na administração em caráter provisório, de acordo com as tendências do mercado de empregos".[104] Celso Furtado,[105] escrevendo do exílio, destrincha as implicações sociais da emergência de "novos estamentos", que ampliam o "peso político da tecnoburocracia" e servem a "um sistema rígido de dominação". No seu entender, os altos burocratas não possuem mais "espírito público", pois se comportam como "managers". A aliança entre grande capital, grande imprensa e Forças Armadas "mantém contra a parede o que resta do antigo poder burocrático civil", geralmente confinado no segundo ou terceiro escalões.

Para Cardoso, a nova "ideologia do Estado" substitui a "ideologia nacionalista" do período anterior que, por ser mobilizadora,[106] soldava, ou ao menos buscava soldar, os interesses dos técnicos com os anseios variegados da sociedade. No novo contexto, a ideologia do crescimento e do Brasil-potência é acionada por um Estado desmobilizador e crescentemente privatizado. No lugar da utopia transformadora, há apenas a ideologia tecnocrática, viabilizada pela "expansão do Estado" – por meio da criação de novas empresas estatais ou da formação de conglomerados integrados verticalmente –[107] em sintonia com o mosaico de inte-

---

102   ALMEIDA, Rômulo. *Os economistas e a tecnocracia*. s/d, mimeo, p. 3. Salvador: Acervo IRAE. Vale lembrar que nos anos 1970 os conceitos de tecnoburocracia, tecnoestrutura estatal, tecnocracia e burocracia são utilizados quase como sinônimos.

103   Ibidem, p. 3-4.

104   ALMEIDA, 1976, p. 4.

105   FURTADO, 2019, p. 242-243, 248-249. Conforme anotações nos seus diários em outubro de 1975 e de 1976.

106   CARDOSO, 1975, p. 213-214.

107   MARTINS, Luciano. *Estado capitalista e burocracia no Brasil pós-1964*. Rio de Janeiro: Paz e Terra, 1985, p. 63-65.

resses de classe do setor privado. O embate entre os projetos de desenvolvimento se perdera no passado.

Neste sentido, Luciano Martins, em obra dedicada à compreensão do período pós-1964,[108] parece rever alguns pressupostos da sua tese de Doutorado de 1976 sobre o período anterior, já discutidos neste trabalho. A ideologia de intervenção do Estado no pré-1964, fosse por meio do "estatismo", "nacionalismo" ou "desenvolvimentismo", remetia à ideia de nação. A empresa estatal estava atada à noção de "administrador público", responsável pelo sistema de controles e por assegurar a sua finalidade social. No regime militar, emerge um novo tipo social, o "executivo de Estado". O seu surgimento não se explica apenas pelo "modo" ou "estágio" de desenvolvimento capitalista, já que a estrutura de poder joga um papel decisivo.

Os novos executivos de Estado se veem exercendo uma função tipicamente empresarial. Internalizam "pautas privadas de reconhecimento no exercício das funções públicas". Jactam-se das suas competências e dos seus níveis de remuneração, apesar de sua incorporação ao Estado se dar por canais essencialmente políticos. A sua autoimagem como executivos do Estado, por sua vez, torna-os mais maleáveis à "articulação e agregação de interesses do setor privado".[109] Tal fato está em sintonia com a afirmação de Rômulo sobre a "leva de invasores" e com a afirmação de Furtado sobre os "novos estamentos" que se apossam da máquina administrativa, já que são estranhos a essas organizações, como demonstra Martins.[110]

A cooptação, no sentido tradicional, prevalece sobre a seleção por concurso, conferindo um sentido peculiar à tecnocracia emergente. Um clientelismo de novo tipo assume o centro do palco, associando "reconhecimento de talentos, afinidades sociais e lealdades pessoais" em um contexto de fechamento político, que inclusive torna mais difícil a regulação pela administração direta das decisões tomadas nas autarquias e empresas estatais. Há, portanto, "uma nítida separação entre o Estado burocrático e o Estado empresarial", o que impõe limites crescentes à gestão das contradições do desenvolvimento capitalista no Brasil.

Esse debate sobre o papel do Estado e da burocracia ao longo do processo de desenvolvimento no Brasil cumpre o papel de delimitar a concepção de mundo dos intelectuais orgânicos do Estado e dos técnicos em fins, assim como os crescentes limites à sua atuação, e as rupturas que fariam com que saíssem de cena.

Para encerrar o presente capítulo, procedemos a uma recuperação das ideias principais dos técnicos nacionalistas e dos técnicos mercadistas, assim como dos

---

108   Ibidem, p. 59-62, 210.
109   Ibidem, p. 81, 210-213, 224.
110   Ibidem, p. 197-201.

elementos que as diferenciam, com o objetivo de oferecer uma interpretação histórica sobre os dilemas do Brasil Desenvolvimentista. Também ressaltamos as transformações operadas nestas posições sociais, as suas novas formulações ideológicas e o desenlace final da trama, que tem como pano de fundo o movimento mais amplo do mundo material, que incorpora a dimensão sociopolítica.

Por meio da disjuntiva mercado/nação podemos acompanhar as diferenças entre as ideologias econômicas, que concebem de maneira distinta o papel da economia como componente da dinâmica do desenvolvimento. No caso dos técnicos nacionalistas, a nação aparece como o objetivo último da expansão industrial. O Brasil é encarado como formação histórica típica, cujo desenvolvimento não segue as mesmas linhas da teoria convencional.[111] A diversificação do mercado interno prepara as condições para a autonomia nacional, que se completa com mudanças sociais e políticas internas, conjugadas a uma alteração das relações entre o centro e a periferia.

Já no caso dos técnicos mercadistas, por sua vez, o mercado – seja ele interno ou externo – surge como o ponto de referência básico. A dinâmica do mercado define inclusive o papel que se confere ao Estado em cada "estágio" de desenvolvimento e em cada conjuntura internacional. Por mais que admitam o papel supletivo do Estado, encaram a dotação de fatores produtivos como rígida, enfatizando o conjunto de "obstáculos" – em analogia com os países desenvolvidos – a serem enfrentados para se "chegar" ao desenvolvimento econômico.

Aprofundando o contraste, para os mercadistas a ordem internacional é vista como dada, priorizando-se a integração sob a órbita de influência dos Estados Unidos, inclusive como mecanismo para impulsionar o mercado interno com o apoio do Estado, especialmente por meio dos investimentos externos. Já para os nacionalistas, a própria ordem internacional deveria ser transformada como condição para a construção de uma nação soberana, economicamente dinâmica e socialmente menos desigual. Vale lembrar que, em termos de circulação internacional e conhecimento do debate nos centros do pensamento econômico, ambos os grupos eram igualmente cosmopolitas.

Para Bielschowsky, o período 1945-1955 – quando Rômulo e os boêmios cívicos ascendem na hierarquia do Estado e protagonizam a criação de projetos e instituições do setor público voltados para o desenvolvimento econômico e social – se caracteriza pelo "amadurecimento do desenvolvimentismo".[112] Já o período seguinte (1956-1964) é marcado pelo "o auge e crise do desenvolvimentismo". Tal periodização parece adequada se encararmos o "desenvolvimentismo" como manifestação do

---

111 SOLA, 1998, p. 133-142.
112 BIELSCHOWSKY, 1995, p. 247-248.

processo de desenvolvimento econômico, carreado pela transformação das relações intra e interindustriais, sob uma perspectiva cronológica. O governo JK, neste sentido, representaria o seu auge.

Mas se olharmos o Brasil Desenvolvimentista a partir dos projetos em disputa, pode-se aventar a hipótese de que auge e crise se associam no governo JK. Isso se percebe se saltamos da análise econômica e miramos a posição social dos técnicos em fins, já em campos opostos, e tecendo alianças bem diversas com as forças políticas existentes. O desenvolvimentismo como projeto-interpretação-utopia passa a ocupar os bastidores da cena histórica. O governo Jango, sob esta perspectiva, representa uma tentativa de retomada da tríade partida, mas agora em um contexto marcado pela perda de relevo dos técnicos em fins.

Neste momento, Celso Furtado emerge como a figura aglutinadora dos esforços dos nacionalistas. O seu livro *A pré-revolução brasileira*, de 1962, representa o intento de utilização do conhecimento técnico como guia de ação, a fim de transformar as estruturas econômicas e sociais, conferindo-lhes "mais elasticidade". Ali o autor, já se portando como intelectual estadista, afirma que "uma política deliberada de desenvolvimento" apenas se faz possível a partir de "uma lúcida tomada de consciência do problema do desenvolvimento".[113] O fracasso antecipado do Plano Trienal significa a derrota desta perspectiva, não apenas do ponto de vista econômico.

Bifurcam-se definitivamente as alternativas entre o "desenvolvimento nacional autônomo", que combina expansão das forças produtivas e redução das desigualdades, ao combinar planejamento com participação social; e o regime intensivo e excludente de acumulação de capital, ancorado na centralização autocrática da gestão econômica. Esta bifurcação não se dá de forma abrupta. Ela tem lugar quando muitos dos técnicos mercadistas migram para o setor privado com a criação da CONSULTEC. O depoimento de Mário da Silva Pinto sobre o seu recrutamento para a empresa de consultoria mostra-se revelador:

> Quando eu fui me despedir do Roberto Campos no BNDE, ele me disse assim: "Não se preocupe, Mario. Nós vamos continuar juntos. Vamos fazer aí uma firma de consultoria, com a qual é possível que a gente ganhe dinheiro, e que vai evitar que muita gente o perca". Eu digo: "Estou às ordens". Ele levou uns dez, quinze dias, e fez junto comigo o quadro das pessoas que iriam trabalhar conosco.[114]

---

113 FURTADO, 1962, p. 30-31, 68-69, 72-79.
114 PINTO, Mário da Silva apud KLÜGER, 2017, p. 139.

Fica evidente a necessidade de que eles "continuassem juntos", o que indica a teia de relações pessoais estruturada em torno de fundamentos éticos comuns também no âmbito dos técnicos mercadistas. Mas a sua conspiração assessorial não podia mais prosseguir no âmbito do Estado. Precisavam desembarcar do seu *locus* de atuação estratégico e se fundir aos interesses do mercado, significativamente transformado durante a efervescência do Plano de Metas. O seu principal ativo residia nesta conexão. O objetivo não era tanto os ganhos monetários dos novos consultores, mas "evitar que muita gente perca dinheiro" por não conhecer as entranhas do Estado. Partia-se, pois, da precedência da racionalidade do mercado na dinâmica do desenvolvimento.

Campos conta que trabalharia em caráter *part-time* na empresa, em virtude do seu vínculo com o Itamaraty. A mudança de posição social significava uma aposta na agregação "de alguns dos melhores cérebros tecnocráticos da época, imbuídos do espírito de 'racionalidade capitalista'",[115] não obstante fossem, em grande medida, recrutados nas organizações estatais. Portanto, era mais do que um "'bico' financeiro para funcionários mal-pagos",[116] como ele relata na sua autobiografia. A crítica à estrutura de remuneração do setor público, acima explicitada, revela o seu desconforto com relação à cidadela estatal. E comprova que os mercadistas jamais atuaram como intelectuais orgânicos do Estado.

Isso apenas reforça a nossa hipótese de que outros elementos, para além da ideologia econômica, diferenciavam os dois grupos de técnicos do setor público. O acompanhamento da trajetória de Rômulo e do seu fragmento de geração permite aprofundar esta diferenciação. Se todos os técnicos nacionalistas eram mannheinianos, como admitem Furtado[117] e Rômulo,[118] muitos dos pressupostos da obra do sociólogo de origem húngara funcionam também para os técnicos mercadistas, fossem ou não seus leitores.

No entender de Mannheim,[119] os intelectuais não exercem uma atividade política independente e nem o fazem por interesses próprios. Mas alguns segmentos de intelectuais se mostram capazes de realizar uma "mediação dinâmica", partindo dos

---

115 CAMPOS, 1994, p. 379.
116 Ibidem, p. 380.
117 FURTADO, 1998, p. 9. Furtado refere-se "ao homem da sociologia do conhecimento, que colocou o saber científico em seu contexto social". Afirma também ter lido Marx "por intermédio de Mannheim", cujo olhar em relação ao saber socialmente situado seria "o ponto de partida para o seu interesse pela História como objeto de estudo".
118 Rômulo Almeida relata que nos anos 1940, além de ler muito sobre economia de guerra, estudava Filosofia e Sociologia, tendo ficado "muito fascinado por Mannheim" (ALMEIDA, 1984).
119 MANNHEIM, 2004, p. 194-199.

interesses contraditórios entre as classes e apontando no sentido de uma perspectiva totalizante, motivada por uma missão transformadora. Chegariam a esta perspectiva por meio da compreensão/intervenção na realidade social, atuando como "centelhas em uma noite de trevas impenetráveis".

Como temos ressaltado, o traço singular dos técnicos nacionalistas estava na sua identificação enquanto intelectuais orgânicos do Estado promotor do desenvolvimento. Isto não significa que vissem o Estado como a tábua de superação do atraso, ou que subestimassem os conflitos de classe nele condensados. Ao contrário, eles os presenciavam de camarote. Percebiam-se como as "centelhas" de uma sociedade ainda em processo de estruturação, mas constantemente podada pelas "trevas" dos arranjos clientelistas e do populismo de lideranças personalistas.[120] Mas seriam capazes de superar a polarização da sociedade política e o seu limitado enraizamento na sociedade civil?

A sua leitura de Mannheim era balizada pela atribuição de "uma função histórica, política e pragmática do conhecimento", cujo monopólio pelas universidades ainda não havia se concretizado. Não à toa, antes de chegar sob a forma de livro, Mannheim apareceria já nos anos 1940, em artigos publicados na *Revista do Setor Público* do DASP,[121] lida com avidez pelos técnicos nacionalistas. Viam-se, ao contrário da interpretação corriqueira, como organizadores dos interesses sociais conducentes ao desenvolvimento nacional. Assumiam-se como servidores da nação porque lograram assumir posições privilegiadas na máquina burocrática, que lhes facultava uma diretriz unificadora.

Deve-se reiterar ainda que, mais do que nas sociedades capitalistas consolidadas, no Brasil as tensões de classe tendiam a convergir justamente para o aparato estatal. A noção mannheimiana de um "devir cheio de sentido" se encaixava como uma luva nos trópicos, onde o processo de desenvolvimento capitalista não possuía nada de automático. Se eles não colidiam com a dominação de classe encarnada pelo Estado do qual eram funcionários, como defende Coutinho,[122] encaravam, por outro lado, o desenvolvimento econômico como uma forma de reorganização das estruturas de classe e de poder. O trecho a seguir, de Hélio Jaguaribe, sumariza de maneira elucidativa a visão deste grupo:

---

120 Os substantivos em aspas são utilizados por Mannheim (Ibidem, p. 197) para exprimir a possível "perspectiva totalizante" dos intelectuais em face do contexto político.
121 VILLAS BÔAS, Glaucia. "Os portadores da síntese: sobre a recepção de Karl Mannheim". In: *Cadernos CERU*, série 2, n. 13, p. 131-132, 136, 138-141.
122 COUTINHO, Carlos Nelson. *Cultura e sociedade no Brasil: ensaios sobre ideias e formas*. 4ª edição. São Paulo: Expressão Popular, 2011, p. 27.

> Somente, portanto, uma ideologia global do nacionalismo, tendo por fim o desenvolvimento econômico-social, pode enquadrar, em função de tal fim, os interesses situacionais de todas as classes e conduzir à liderança, no âmbito de cada uma delas, de seus setores dinâmicos e produtivos. Tal ideologia resulta na composição dos interesses em jogo, para o fim em vista, no nível das exigências culturais de nosso tempo.[123]

Buscavam agir sobre a sociedade, plantando as sementes de uma democracia efetiva. O Estado assumia então o papel de catalisador da agenda do desenvolvimento econômico por meio de uma "composição de interesses". Tais técnicos pretendiam atuar sobre as classes sociais, cindindo-as, de modo a isolar os grupos "parasitários". Cândido Mendes de Almeida, outro isebiano, defendia, por exemplo, a autonomia da burguesia industrial com relação ao "vicioso compromisso" com a burguesia mercantil, ao mesmo tempo em que diferenciava a "verdadeira" classe proletária daquela regida pelo "clientelismo proletário".[124]

Em síntese, o desenvolvimento econômico não levaria ao desenvolvimento político e social de maneira unilateral. Tratava-se de uma via de mão dupla. Neste ínterim, os intelectuais orgânicos do Estado estabeleceram alianças táticas com os comunistas e os técnicos mercadistas defensores do capital estrangeiro, no intuito de somar forças na sociedade civil e na sociedade política para uma "saída nacionalista e democrática para o Brasil".[125]

De fato, tais alianças, além de provisórias, não engendraram uma economia política das reformas capaz de atrair a nova burguesia industrial – cada vez mais enfastiada das amplas coalizões e voltada para os problemas de curto prazo –; e tampouco as classes populares, que então ocupavam a cena política com as suas próprias demandas e propostas.

Se esse quadro já se fazia presente durante o governo JK, que conseguiu bloquear a pauta das reformas, a ausência de um consenso político e social mínimo emergiria com toda a força no governo Jango. De fato, o triênio 1961-1963 foi marcado pela imobilidade do Executivo. Em um contexto de crescente fragmentação das forças políticas, agravado pela sua radicalização, o Legislativo passou "a estar mais interessado na agitação de políticas do que na aprovação de propostas do Executivo". O sistema partidário assumia a feição de um pluralismo polarizado rumo à paralisia decisória.[126]

Se entendermos o ISEB como a síntese do desafio a que se propunham os

---

[123] JAGUARIBE, 1958b, p. 65.
[124] ALMEIDA, Cândido Mendes de, 1963, p. 128-131.
[125] FERREIRA, 2012, p. 302.
[126] SANTOS, 1986, p. 27-29, 37-41, 51-52.

intelectuais orgânicos do Estado do Brasil Desenvolvimentista, fica evidente que o seu intuito não era tanto o "de legitimar a sua ação política pelo saber", como defende Abreu,[127] mas o de antecipar a possibilidade de transformação a partir de uma compreensão crítica e ativa do processo social e político. Contudo, a ideologia (enquanto visão de mundo) não encontrara agentes bem posicionados na sociedade civil interessados em viabilizá-la, ao passo que as dissensões na sociedade política se acumulavam.

Neste sentido, por meio de uma releitura de Gramsci para o caso brasileiro,[128] podemos nos perguntar: em que medida os intelectuais orgânicos do Estado atuavam como "funcionários da superestrutura" – que englobava tanto a sociedade civil como a sociedade política –, de modo a viabilizar o vínculo orgânico com a infraestrutura, formada pelas relações econômicas? Ora, os intelectuais orgânicos do Estado almejaram uma "reorganização interna da superestrutura" – como segmentos das classes dirigentes que se autoimpuseram a tarefa de reorganizar o bloco histórico – em um momento que a própria infraestrutura passava por transformações expressivas.

Gramsci admite, tal como parece ter sido o caso brasileiro, que as relações internacionais possam se "intrometer", "incidindo sobre o jogo local das combinações". A passagem do "momento econômico" ao "momento ético-político" teria sofrido, já no governo JK, um curto-circuito, podando a possibilidade de emergência de uma "consciência positiva", forjada a partir de um "equilíbrio de compromisso", capaz de difundir-se sobre "toda a área social". A "consciência negativa" da homogeneidade de interesses das classes dominantes terminou por prevalecer.[129]

O esforço teórico do filósofo isebiano Álvaro Vieira Pinto,[130] ao conceber a ideologia do desenvolvimento como parte constitutiva do real em transformação, se reveste de especial importância para a nossa interpretação sobre as contradições que marcaram o Brasil Desenvolvimentista. Ele pretende colar a "teoria interpretativa da realidade brasileira" à consciência histórica despertada. Trata-se de "processo imanente, mas que admite aceleramento por influência exterior", desde que "a solução conjunta da contextura dramática em que o problema se apresenta", sob

---

127 ABREU, Alzira Alves. "A ação política dos intelectuais do ISEB". In: TOLEDO, Caio Navarro (org.). *Intelectuais e política no Brasil: a experiência do ISEB*. Rio de Janeiro: Revan, 2005, p. 97-98.
128 Para os conceitos de Gramsci expostos abaixo, ver GRAMSCI (1978, p. 178, 192-193) e PORTELLI (1977, p. 15-17, 31-33, 46-53).
129 Neste sentido, a "ideologia do desenvolvimento" pode ser lida como não sendo nem "irracional", nem "arbitrária", mas apenas incapaz de estabelecer o vínculo orgânico com a infraestrutura, conforme os termos de Gramsci.
130 PINTO, 1960, p. 26, 30, 35-37, 39, 43.

as suas várias formas, seja pensada a partir de quadros intelectuais engajados com os anseios populares, "o que não significa mera justaposição de interesses entre as classes dirigentes e o povo".

O filósofo isebiano propõe-se a realizar "uma densa ontologia do ser nacional", a se consolidar enquanto projeto de futuro, explorando "a liberdade dada pela mobilidade histórica". Desta forma, o novo conjunto de ideias apenas vicejaria como "expressão da autoconsciência dos conflitos nacionais", para além da ambição representacional e de certo essencialismo que norteara as concepções modernistas.[131] Se esta utopia, no sentido mannheiniano, está enraizada em uma interpretação do real e encontra respaldo em uma posição social, que se crê impregnada dos anseios populares como constitutivos da nação; a sua concretização, por outro lado, envolve um conjunto cruzado de determinações, que perpassam as estruturas do poder econômico e político, e sobre as quais estes intelectuais não têm controle.

Em síntese, o projeto de desenvolvimento nacional não surgiu pronto e acabado, dependendo antes de uma visão de mundo (ideologia) que lhe fornecia os alicerces, e a partir da qual se construíam as proposições para atacar os problemas específicos da realidade circundante. Esta interpretação renovadora apresenta-se como sujeito de um processo original e autêntico. Para Vieira Pinto, se "o Brasil é um corpo em crescimento", trata-se de adentrar a sua "complexidade desnorteante", assumindo "o ponto de vista do infinito", ou seja, ampliando as potencialidades nacionais. A noção de processo revela-se estratégica, pois parte de uma compreensão dinâmica e orgânica, e não de causalidades definitivas. Daí a necessidade de se conferir finalidade, unidade e especificidade ao processo por meio de uma ideia diretriz.[132]

Se, de fato, os técnicos nacionalistas participaram do Grupo de Itatiaia, do IBESP e do ISEB, existe certo exagero em situar o ISEB como *o local* de aglutinação destes técnicos. Participavam de maneira engajada dos seus cursos, atividades e publicações, e concordavam com muitos dos seus pressupostos. A crise de 1958 levou ao racha do ISEB, com a saída dos dois expoentes da disputa, Hélio Jaguaribe e Guerreiro Ramos, passando a direção a Vieira Pinto entre 1961 e 1964.[133] Neste último período, de maior engajamento político e vinculação com as organizações populares, os técnicos nacionalistas mostraram-se mais distantes do ISEB, premi-

---

131 CÔRTES, Norma. "Ser (É) tempo. Álvaro Vieira Pinto e o espírito de 1956". In: BOTELHO, André; BASTOS, Elide Rugai & VILLAS BÔAS, Glaucia (orgs.). *O moderno em questão: a década de 50 no Brasil*. Rio de Janeiro: TopBooks, 2008, p. 114-115, 119, 123, 126-128.
132 PINTO, 1960, p. 13-15, 21-22, 26-27, 45.
133 SODRÉ, 1978, p. 66.

dos que estavam por manter as suas posições na máquina estatal em um momento de crescente politização dos espaços de poder.

Segundo Furtado, a obra de Vieira Pinto, então novo diretor do ISEB, continha "uma forte dose de irracionalidade", ao defender "uma filosofia imanente das massas brasileiras".[134] Durante o período da SUDENE, ele relata em seu diário uma conversa mantida com outro isebiano, Roland Corbisier, que propunha uma reforma constitucional com apoio popular, em pleno governo JK, sob orientação dos "economistas nacionalistas". Porém, no entender de Furtado, o ISEB não teria se aparelhado para formular "uma doutrina orgânica, orientada para a ação".[135]

Não se trata aqui de discutir sobre o eventual "desvio esquerdista" do ISEB no governo Jango, mas de mostrar que o grupo dos intelectuais orgânicos do Estado se fragmentava: uns atuavam e resistiam no âmbito do Estado; os intelectuais estadistas assumiam funções políticas; enquanto outros, apoiados pela nova geração, buscavam o apoio popular como alternativa às tentativas de obter consenso no plano político.

Aqui reunimos os nomes e obras de alguns dos jovens intelectuais das classes populares, empolgados pela gestão de Paulo de Tarso no MEC, quando é lançado o Plano Nacional de Alfabetização (PNA):[136] Joel Rufino dos Santos, autor da *História Nova*, uma espécie de "reforma de base no ensino de História"; Wanderley Guilherme dos Santos, com *Quem dará o golpe no Brasil?*; Jorge Miglioli com *Como são feitas as greves no Brasil?* – os dois últimos livros da coleção *Cadernos do Povo Brasileiro*, do ISEB; além de Carlos Estevam Martins, então diretor do Centro Popular de Cultura (CPC) da UNE, e de Glauber Rocha e sua *Estética da Fome*.

A própria cisão no ISEB revela que os seus quadros – o que vale também para os técnicos nacionalistas – não foram capazes de enraizar a sua perspectiva desenvolvimentista. Agiram no âmbito da sociedade política e da sociedade civil, em uma espécie de vaivém entre os dois campos,[137] incapazes de elevar a comunicação entre ambos, de modo a obter consenso para as soluções políticas e econômicas.[138] Dispersavam-se e fragmentavam-se as forças capazes de engendrar um novo bloco histórico após a crise orgânica desencadeada em 1930, conforme a releitura da história proposta neste livro.

---

134 FURTADO, 1985, p. 198.
135 FURTADO, 2019, p. 164, 169-170. Trechos escritos em junho de 1959.
136 SANTOS, Joel Rufino dos. "História Nova: conteúdo histórico do último ISEB". In: TOLEDO, Caio Navarro (org.). *Intelectuais e política no Brasil: a experiência do ISEB*. Rio de Janeiro: Revan, 2005, p. 43-57; MIGLIOLI, Jorge. "O ISEB e a encruzilhada nacional". In: TOLEDO, Caio Navarro (org.). *Intelectuais e política no Brasil: a experiência do ISEB*. Rio de Janeiro: Revan, 2005, p. 171-176.
137 Ibidem, p. 189.
138 CARDOSO, 1970, p. 172-174.

Neste sentido, a interpretação do Brasil Desenvolvimentista, sob uma perspectiva gramsciana,[139] deve atentar para o fato de que as elites que se arvoram dirigentes – elas próprias divididas – não tinham comando da estrutura de poder, comprometendo a "direção política" do processo de desenvolvimento capitalista. Por outro lado, as classes econômicas fundamentais estavam em processo de consolidação e diferenciação – industriais e classe operária e suas respectivas frações de classe – enquanto os latifundiários, também sofrendo um processo de segmentação interna, resistiam às reformas no campo. Isso sem levar em conta as profundas diferenças regionais que tornam o cenário ainda mais complexo.

De todo modo, abre-se um terreno potencialmente fecundo, porém atribulado, para as elites dirigentes, negociando com os vários grupos sociais a partir da sociedade política. Paralelamente, os conflitos no âmbito da sociedade civil se aprofundam, dificultando a formação de um novo bloco histórico capaz de enfrentar a crise de hegemonia, apesar e por conta das transformações que se passam na infraestrutura.

O período 1945-1964 é marcado pela crise de hegemonia do bloco histórico oligárquico, que apenas se "resolve" por meio de uma "ditadura com hegemonia".[140] A burguesia e as suas várias frações optam, afinal, por um dos segmentos das elites dirigentes em disputa – as elites modernizadoras do capital – no intuito de reconquistar a sociedade política. Essa "solução" não se fez sem a eliminação dos seus adversários da cena política – aqui incluídos os intelectuais orgânicos de Estado, os intelectuais críticos da academia e os intelectuais das classes populares, assim como os segmentos de classe em que se apoiavam, exigindo uma completa remodelação do aparato estatal. Tratava-se agora de ampliar o potencial de acumulação de capital das frações de classe burguesa, reconfiguradas em termos setoriais e regionais.

Ao traçarmos esse panorama social, político e cultural mais amplo, procuramos delimitar o desenvolvimentismo como projeto-interpretação-utopia de uma temporalidade histórica da vida brasileira, esboçado pelos intelectuais orgânicos do Estado, do qual faziam parte os técnicos nacionalistas e também os quadros do ISEB, em um momento em que o enfrentamento com os técnicos mercadistas já se tornara evidente, especialmente do governo JK em diante. Procuramos, assim, recuperar os termos do debate entre mercadistas e nacionalistas, tendo como pano de fundo as posições sociais que ocupavam, como elas se transformaram, e quais eram os seus princípios éticos norteadores.

---

139   PORTELLI, 1977, p. 67-70, 104-114.
140   Por mais que essa hipótese não seja concebida por Gramsci, utilizamos os seus conceitos, mais uma vez, para destacar a especificidade desta sociedade capitalista subdesenvolvida em um momento decisivo de sua história.

Se, de um lado, a utopia[141] desenvolvimentista, associada a uma interpretação da dinâmica específica do subdesenvolvimento, permitira a estes intelectuais e técnicos nacionalistas se mover no lugar privilegiado que era o Estado, dissecando e atuando globalmente sobre as estruturas econômicas, sociais e políticas; por outro, o seu projeto jamais veio à luz em toda a sua complexidade e nem chegou a ser posto à prova, em virtude do seu insuficiente enraizamento na sociedade política e na sociedade civil.

Paralelamente, as transformações econômicas impuseram ao cenário elites mais "sintonizadas" com a nova configuração da estrutura social, marcada pela internacionalização do mercado interno e pela ação coligada dos interesses de classe no campo e na cidade, resistentes ao "desenvolvimento nacional". A utopia da racionalidade capitalista triunfou, reposicionando em um novo patamar os acordos clientelistas por dentro do Estado.

Ora, boa parte das interpretações sobre este período da história brasileira desconsidera os conflitos que permeavam a economia, as relações sociais, a estrutura de poder e as concepções de desenvolvimento. Toma o concretizado (depois de 1964 e a despeito dos técnicos e intelectuais nacionalistas) como síntese do sonhado. O "desenvolvimentismo" aparece como a designação de políticas e processos, perfazendo um bloco monolítico que concebe a expansão econômica como mecanismo de (não)-solução dos conflitos. No trecho abaixo, Alfredo Bosi expressa, de maneira lapidar, esta leitura do futuro passado:

> O alvo era a passagem, ou melhor, o "arranque" salvador graças ao qual teríamos uma infraestrutura nacional, sem passar pelo inconveniente do Estado opressor. Indústria pesada garantida pelo sufrágio universal. O resultado está aí, e é triste mas instrutivo: não temos a grande infraestrutura nacional, mas, para escarmento dos liberais, temos um Estado autoritário. Foi no que deu o desenvolvimentismo cego: ele nadava contra a maré, e a maré o levou para onde bem quis.[142]

Existiria, pois, um pecado original do "desenvolvimentismo", no sentido de que o seu final estava definido ao início do processo, a linearidade teleológica substituindo a ruptura efetiva no plano das forças produtivas e da estrutura social e de poder. Porém, se ele "se deixa levar pela maré", não deixa de "nadar

---

141 Utilizo aqui utopia, mais uma vez, no sentido mannheimiano, por mais que alguns coevos, em especial os isebianos, preferissem o conceito de ideologia (MANNHEIM, 2004, p. 229-233).
142 BOSI, Alfredo. "Testemunho do presente (Prefácio)". In: MOTA, Carlos Guilherme. *Ideologia da Cultura Brasileira (1933-1974)*. 4ª edição. São Paulo: Editora Ática, 1978, p. iv.

contra ela". Deslocado e depois descartado, após ter visto ceifada a utopia, segue sendo, não obstante, "desenvolvimentismo", agora transformado em "mito",[143] no sentido de "ideologia do progresso" para justificar o desenvolvimento "naturalizado" e concentrador do sistema econômico. A utopia, convertida em mito, se transforma no seu avesso, na dominação social. Recuperar essa ruptura é essencial para desmascarar o que está por trás da permanência do conceito, a sua armadura teleológica.

Pois bem, o mesmo Bosi,[144] trinta anos depois, refaz sua interpretação e descobre outro Furtado. O crítico literário concebe a ideologia como um "modo do pensamento condicionado, logo relativo". No seu entender, a experiência histórica brasileira da segunda metade do século XX se descortina a partir da "centralidade da ideia de desenvolvimento". Apesar da "latitude semântica do termo", o desenvolvimentismo se tornaria "um estilo de pensamento, um complexo de ideias e valores, uma visão de mundo peculiar a um determinado tempo social e cultural". A partir da dupla negação "nem...nem" – nem capitalismo liberal, nem socialismo –, articula-se na circunstância nacional do pós-Segunda Guerra "uma incipiente perspectiva contra-ideológica", ou melhor, utópica, no sentido mainnheimiano.

Ora, o Furtado dos anos 1970 não estava apenas repensando o conceito do desenvolvimento "em uma direção complexa", conferindo "pleno valor aos fatores não econômicos (culturais, políticos e sociais) do processo".[145] A noção de que "o desenvolvimento é a transformação do conjunto das estruturas da sociedade" já estava "lá atrás" em Furtado, em Rômulo e em outros intelectuais orgânicos do Estado, nem sempre economistas, pois esta concepção também ilustra o pensamento e a ação de Anísio Teixeira, Josué de Castro, Darcy Ribeiro, Hélio Jaguaribe e San Tiago Dantas, dentre tantos outros.

De fato, a perspectiva furtadiana ressurge radicalizada em virtude da ruptura que levaria à própria descaracterização do desenvolventio nacional no pós-1964, quando a potencialização das forças produtivas se encontra associada ao mimetis-

---

143 FURTADO, Celso. *O mito do desenvolvimento econômico*. Rio de Janeiro: Paz e Terra, 1974, p. 15-16. Na introdução desta obra Furtado caracteriza o "mito" como elemento decisivo na "concepção da realidade social", presente como "um sistema de valores" muitas vezes não explicitado. Funciona, assim, como "farol", a iluminar o campo de percepção, e também permitindo ocultar aspectos importantes da realidade objetiva. Em uma espécie de sutil autocrítica, ele mostra como o desenvolvimento como "processo de autotransformação social", sobre o qual ele se lançou com toda a força nos anos 1950 e 1960, se transformara nos anos 1970 em uma "prolongação do mito do progresso", "elemento essencial na ideologia diretora da revolução burguesa".

144 BOSI, Alfredo. *Ideologia e Contraideologia: temas e variações*. São Paulo: Companhia das Letras, 2010, p. 11, 233-241.

145 Ibidem, p. 245-246, 254-256.

mo cultural e às novas manifestações da exclusão social, em um contexto de represamento das energias democráticas e populares.

O discurso de San Tiago Dantas, proferido em outubro de 1963, quando recebe o prêmio "Homem de Visão", oferece uma síntese dos desafios da sociedade brasileira durante o auge e o ocaso[146] do processo de transformação nacional. No momento de virada da onda, ele oferece às elites o seu "ensaio de justificativa".

Cabe aqui ressaltar que o caso de San Tiago Dantas é *sui generis*, já que ele se torna um intelectual estadista do campo nacionalista sem ter sido um intelectual orgânico do Estado. Sua trajetória de professor de Direito de universidades de prestígio, combinando as atividades de empresário e de advogado de grandes empresas, o aproxima mais da posição dos técnicos mercadistas. Sua relação de amizade com muitos dos expoentes das elites modernizadoras do capital torna inclusive difícil explicar a sua filiação ao PTB no final dos 1950, quando se elege deputado pelo partido e assume funções de proa como ministro de diferentes pastas do governo João Goulart.

O vocabulário por ele utilizado permite evidenciar como se gestou, durante este período histórico, um repertório linguístico capaz de soldar uma visão de mundo norteadora da ação destes homens públicos, que ocuparam posição social equivalente a despeito de suas trajetórias peculiares. A opção pelo "povo" de San Tiago não é retórica, mas constitutiva do seu universo cognitivo. Assim, a democracia "depende da nossa capacidade estendermos a todo o povo e, não de forma potencial, os benefícios do mundo moderno, hoje reservados a uma classe dominante". Não pode estar circunscrita ao "apego a certos ideais jurídicos ou ao crescimento da renda nacional", pois existe uma correlação inevitável entre democracia e reforma social.[147]

Pergunta-se porque essa reforma social é "propositadamente informulada", servindo assim de "incentivo para reivindicações isoladas" ou como "contemporização consciente" para "preservar as estruturas atuais". As reformas devem "subir das próprias bases sociais" e não ser "outorgadas" pela classe dominante. Um nível mínimo de "confiança da viabilidade de um projeto brasileiro" deve pautar as ações das classes dirigentes, produtoras e trabalhadoras. O que ele propõe às classes dominantes é justamente a "conciliação", não a "concessão".[148] Operando uma sutil inversão, ele oferece a "conciliação" aos poderosos.

O tribuno também se dirige aos "pseudorrevolucionários", quando se refere ao "negativismo de certas atitudes ideológicas que se colocam contra o processo

---

146 Conforme nossa interpretação, o auge e o ocaso aparecem superpostos ao menos a partir de 1959, quando se abrem e depois se fecham as estratégias alternativas de desenvolvimento.

147 SAN TIAGO DANTAS, Francisco Clementino. "Discurso proferido em agradecimento ao prêmio 'Homem de Visão de 1963'". In: *Revista Brasileira de História*, vol. 24, n. 47, jul. 2004, p. 330-331.

148 Ibidem, p. 332-333.

dialético e retardam, em vez de acelerar, a superação das contradições".[149] É então que ele volta à complexa relação entre "elites" e "povo". Se existem nações em que "as elites se avantajam, às vezes, às intuições do povo"; outras há em que "o povo parece 'empurrar' a sociedade, talvez sem um roteiro de marcha definido, mas com um sentido inequívoco de renovação". O Brasil se enquadra neste segundo caso, pois o "futuro do país" depende da "eletrólise" entre as "elites capazes de se modernizarem" e o povo.[150]

Em vez de eletrólise predominou o curto-circuito. O "povo" e seus representantes não possuíam homogeneidade em termos de projetos, interpretações e utopias, enquanto as "elites" se bifurcaram ao longo do processo, uma parte delas fornecendo o instrumental teórico para a solução autoritária às classes dominantes novamente consorciadas. O discurso de San Tiago é também constitutivo desta história: revela uma forma de pensar e atuar sobre a sociedade a partir do Estado, forjando novos atores e consensos e explorando as fissuras intraelites, a fim de avançar rumo a um projeto de desenvolvimento ancorado nas reformas de base e na soberania nacional.

---

149   Ibidem, p. 335.
150   Ibidem, p. 337-338.

Parte III

Debates e embates sobre o desenvolvimento: os campos em formação

Nas partes anteriores deste livro, procuramos recuperar o projeto-interpretação-utopia de desenvolvimento nacional, tal como concebido no segundo governo Vargas, a partir de uma posição social situada no âmbito do Estado, e que se imaginava em sintonia com as transformações observadas e almejadas por importantes segmentos da sociedade brasileira. No governo JK, se no plano da superfície da história[1] essa perspectiva desenvolvimentista aparentemente encontra o auge da sua concretude; em um plano mais profundo novas posições sociais se consolidam e entram em atrito, erodindo a coerência interna dos elementos da tríade, o que aparece de forma mais explícita nos governos de Jânio e Jango.

Para tanto, pretendemos superar o relato isolado dos governos em si, alguns reificados e outros desprestigiados, para priorizar o movimento das estruturas econômicas, sociais e políticas subjacentes, entrosando-se e atritando-se ao longo do período, abrindo ou fechando oportunidades históricas.

Depois de ressaltar que o desenvolvimento possuía dimensões sociais, políticas e culturais, sem as quais eles não pode ser captado em sua totalidade, nosso intuito agora é acompanhar o debate em torno da matriz econômica do desenvolvimento. A economia, de fato, ocupava papel estratégico no pensamento e na prática do desenvolvimento. Por isso, Bielschowsky pôde definir o "desenvolvimentismo" como "o 'projeto' de superação do subdesenvolvimento através da industrialização integral, por meio de planejamento e decidido apoio estatal".[2]

Tal caracterização prende-se a um "ciclo ideológico" (1945-1964) que não deve ser concebido de maneira estática. Os principais protagonistas do debate "mudam" as suas ideias e também de "posições sociais", até porque a economia passa por

---

1   A simbiose é tal entre o personagem e o período que ele passaria a encarnar que, para o escritor Antônio Callado, além de emprestar sentido à palavra desenvolvimento, "teria JK criado, outra, derivada: o desenvolvimentismo" (BOJUNGA, Claudio. *JK: o artista do impossível*. Rio de Janeiro: Objetiva, 2001, p. 417). Trata-se de uma leitura a posteriori, já que Juscelino não se dizia e nem era chamado de "desenvolvimentista" durante o seu governo.
2   BIELSCHOWSKY, 1995, p. 7, 33.

transformações substantivas. Para dar conta desta empreitada, a política econômica aparece como uma espécie de pano de fundo, vindo à tona especialmente nos principais momentos em que se transforma em foco de disputa.

O capítulo "A matriz econômica do desenvolvimento" prioriza dois aspectos, analisados de maneira integrada. Em primeiro lugar, a atuação conjunta dos técnicos nacionalistas e mercadistas, não apenas, mas prioritariamente no âmbito do BNDE, onde se aglutinam movidos por objetivos aparentemente comuns. Estes técnicos, contudo, vão aos poucos se diferenciando até o ponto em que ocorre uma crescente segmentação dos seus espaços de atuação, assim como uma mudança na forma como articulam meios e fins. Isso se deve, em última instância, a uma tomada de posição com relação aos condicionantes políticos mais amplos. Em segundo lugar, as próprias ideias são escrutinadas na sua transformação temporal, de maneira articulada aos novos espaços de atuação.

Se o grupo dos técnicos nacionalistas no início do período é representado por Rômulo Almeida, Celso Furtado aparece ao longo da trama, quando se transforma no retrato mais fiel do intelectual estadista que busca forjar consensos políticos respaldado em argumentos técnicos. Por sua vez, Roberto Campos espelha de maneira emblemática o percurso das ideias e as mudanças de posição dos técnicos mercadistas, no momento em que estes, já atuando como elites modernizadoras do capital, atualizam inclusive a sua concepção política sobre a dinâmica do desenvolvimento. Estes dois atores privilegiados – Furtado e Campos – se destacam como técnicos que assumem compromissos na vida política nacional,[3] exercendo cargos de prestígio no momento em que o leito da história, depois de seguir seu curso repleto de acidentes, se transforma em uma enxurrada.

Se na Parte II deste livro acompanhamos de maneira mais detida a atuação e interpretação de Rômulo e dos boêmios cívicos sobre o processo de desenvolvimento em alguns momentos cruciais, especialmente no segundo governo Vargas, elegemos agora Celso Furtado e Roberto Campos como os protagonistas do debate posterior, o que não impede que recorramos a artigos e depoimentos de outros importantes nomes do pensamento econômico vinculados às correntes nacionalista e mercadista. Importa ressaltar ainda que as ideias de um polo não se desenvolvem de maneira isolada, mas muitas vezes apenas se explicam como resposta aos movimentos do outro polo.

As autobiografias de Furtado e Campos nos fornecem seus relatos sobre as instituições pelas quais passaram, as diversas conjunturas econômicas, políticas e intelectuais do Brasil e o contexto internacional ao longo do período. Apesar de serem

---

3   DALAND, 1967, p. 203-204.

leituras relativamente fiéis às suas perspectivas em cada momento, elas são condicionadas por suas futuras interpretações sobre o papel que, enquanto pensadores atuantes, exerceram naquele passado, ou seja, antes de seguirem suas trajetórias, opostas depois da ruptura de 1964. Estas também servem como corte a delimitar a maneira pela qual passaram a ser interpretados, reconhecidos e localizados, muitas vezes ocultando as suas posições anteriores ao momento de virada da onda.

Há diferença de estilos: Campos, mais eloquente, emite opiniões sobre tudo e todos; enquanto Furtado, seco e direto, se atém às suas ideias e à sua atuação pública. Estes relatos foram cotejados com outros depoimentos, como os de Cleanto de Paiva Leite (1986 e 1988) e Lucas Lopes (1991), além do próprio Rômulo Almeida (1988 e 1990) para o CPDOC/FGV, e com as entrevistas de ex-presidentes e ex-funcionários do BNDES contidas na publicação do Centro Internacional Celso Furtado de Políticas para o Desenvolvimento (2009), além de outras fontes.

Nossa releitura do processo histórico prioriza o BNDE, onde os principais embates entre os dois grupos de técnicos foram travados. Alguns momentos merecem destaque: a criação do BNDE (1951-1953); o período do Grupo Misto CEPAL-BNDE (1953-1955); o BNDE sob a gestão Lopes/Campos (1956-1959); e o BNDE no final da gestão JK (1959-1960), sob a liderança de Lúcio Meira e com o apoio dos técnicos nacionalistas. Se as divergências entre os dois grupos já aparecem no período 1953-1955, estas se aguçam no governo JK, ao final do qual se dá a ruptura irreversível, aprofundada nos anos seguintes.

As experiências frustradas de estabilização de 1959 e 1963 serão apresentadas ao final deste capítulo, de maneira sumária, de modo a indicar como os técnicos já ocupam efetivamente posições distintas, quando não opostas, apesar de se defrontarem com problemas semelhantes. Nesse momento, as opções políticas passam a ser cada vez mais decisivas, conformando o seu seu horizonte de expectativa. Apesar de o curto prazo assumir proeminência sobre o longo prazo, o debate sobre os meios passa a confrontar fins cada vez mais distintos.

O capítulo "A sociologia acadêmica e a anatomia da derrota" procede a uma revisão crítica da produção intelectual sobre o desenvolvimento realizada pelos sociólogos acadêmicos. Procuramos apontar como a sua posição social de intelectuais críticos da academia e a utilização dos seus esquemas metodológicos para enquadrar o caso brasileiro condicionam as análises produzidas, não obstante o seu caráter inovador. Sua estratégia analítica parte de uma interpretação do capitalismo brasileiro que não teria sido "percebida" pelos protagonistas da história. A "derrota" ficou para os "outros", os que estavam no campo de batalha e não "seguiam" as categorias formuladas pelos acadêmicos. Nosso intuito é retirá-los da sua posição, muitas vezes confortável, de quem empreende a "anatomia da derrota".

Iniciamos o capítulo apresentando este fragmento de geração[4] que travou o debate sobre o desenvolvimento a partir da cidadela acadêmica, atuando como professores e pesquisadores universitários. Se comparados aos intelectuais orgânicos do Estado, as diferenças avultam especialmente no que se refere ao espaço de socialização e aos métodos de trabalho, mas não destoavam deles em um ponto essencial: o sentido de missão na (re)construção da cultura brasileira e a luta pela compreensão e superação do subdesenvolvimento.

Por meio deste contraponto procuramos tecer um quadro mais complexo do Brasil Desenvolvimentista, conforme nosso esforço de interpretação histórica. Partindo do rigor científico e do labor sociológico, este fragmento composto pelos intelectuais críticos da academia[5] se lançou na empreitada de compreender os limites e contradições da emergente sociedade de classes no Brasil. A formação da nação não era o eixo central do seu esforço teórico. Ou melhor, apenas cabia falar de "sociedade nacional" se entendida como uma sociedade em que as clivagens de classe assumiam destaque no sentido do capitalismo, e que aqui apresentava feições próprias, conferindo maior complexidade ao drama histórico.

O personagem a emergir no centro da cena é Florestan Fernandes, empenhado em construir um conhecimento sociológico crítico e criativo, a partir de um setor específico da sociedade – "as Ciências Sociais na USP".[6] Este setor está inserido no contexto mais amplo do desenvolvimento da sociologia acadêmica no Brasil e na América Latina, no qual se destaca, por exemplo, seu colega Luiz Aguiar da Costa Pinto, professor do Instituto de Filosofia e Ciências Sociais da Universidade do Brasil e integrante do Centro Latino-Americano de Pesquisas Sociais (CENTRO), com sede no Rio de Janeiro.

O CENTRO e a Faculdade Latino-Americana de Ciências Sociais (FLACSO) – esta com sede em Santiago e ambas financiadas com recursos da Organização das Nações Unidas para Educação, Ciência e Cultura (UNESCO) – possuíam o desafio de realizar pesquisa sociológica integrando "descrição analítica" e "globalização sintética". Não se tratava, portanto, apenas de fazer ciência, mas de aprimorar os meios científicos por meio de uma reflexão sobre a própria teoria na sua aplicação sobre realidades sociais específicas.[7]

---

4   FERNANDES, 1977, p. 213-216.
5   O foco é a sociologia acadêmica desenvolvida a partir da USP, no Departamento de Sociologia e Antropologia, onde atuava Florestan Fernandes. Isso não significa que ela estivesse restrita a este grupo e a esta universidade. A escolha se deve ao alcance obtido por suas análises sobre o desenvolvimento no Brasil.
6   FERNANDES, 1977, p. 213-216.
7   IANNI, Octavio. *Sociologia da sociologia latino-americana*. Rio de Janeiro: Civilização Brasileira, 1971b, p. 13-15.

Florestan ingressa no início do ato, demarcando a sua posição no debate sobre o desenvolvimento, inclusive por servir de contraponto a Guerreiro Ramos, sociólogo que se encaixa na nossa definição de intelectual orgânico do Estado, por ter trabalhado na Assessoria Econômica de Vargas com Rômulo, e por ter assumido papel de destaque no IBESP e no seu sucedâneo ISEB ao menos até 1958. Em seguida, aparecem os pupilos do mestre – Fernando Henrique Cardoso e Octavio Ianni – fazendo uso das categorias "populismo", "desenvolvimentismo" e "nacionalismo", juntamente a Luciano Martins e Francisco Weffort; e mais adiante alguns trabalhos críticos sobre o ISEB e o "desenvolvimentismo" produzidos na academia durante os anos 1970. Ao longo de todo o texto, buscamos resgatar os termos do debate entre os vários fragmentos daquela geração.

Por vezes recorremos a Mário Pedrosa e a Caio Prado Jr., intelectuais marxistas independentes que circulam com desenvoltura pelas várias cidadelas sem se fixar em nenhuma, além de mencionarmos os intelectuais das classes populares, sem os quais não se compreende a crescente pluralidade de projetos-interpretações-utopias no período. No ato final, Florestan regressa com sua releitura do pré e do pós-1964, conforme o seu livro clássico de 1974.

Ao longo do capítulo "A sociologia acadêmica e a anatomia da derrota" mostraremos como, na sua tentativa de desqualificar o conhecimento no ISEB sob a alcunha de "ideológico", a sociologia acadêmica buscou chancelar a legitimidade do seu esforço intelectual, conforme a sua concepção de "pensamento científico". Tal era a obsessão que o adjetivo "científico" aparece catorze vezes no prefácio de Fernando Henrique Cardoso à primeira edição de obra do mestre Florestan, acompanhado dos substantivos "integridade", "espírito", "análise" e "conhecimento".[8]

O objetivo é enquadrar o espaço de atuação deste fragmento da geração que viveu e atuou durante o Brasil Desenvolvimentista, movido por outras aspirações que frutificaram em interpretações alternativas sobre a transformação da sociedade de classes no período 1945-1964. Por terem exercido uma ação política mais circunscrita, os intelectuais críticos da academia investigaram e questionaram os conceitos, as formulações e atuação do fragmento da mesma geração que se socializou no âmbito do Estado e sobre o qual nos detivemos até o presente momento. Neste sentido, a sua leitura da "derrota" de 1964 indica uma postura quase de expectadores do drama da história: ao se postarem estrategicamente fora da cena, não se colocaram como objeto de estudo sociológico.

---

8   CARDOSO. Fernando Henrique. "Prefácio". In: FERNANDES, Florestan. *Mudanças sociais no Brasil: aspectos do desenvolvimento da sociedade brasileira*. 3ª edição. São Paulo: Difel, 1979, p. 93-97.

A matriz econômica do desenvolvimento

A matriz econômica do desenvolvimento foi objeto de consensos e disputas entre os técnicos em fins, nacionalistas e mercadistas, que ocupavam muitas vezes as mesmas arenas burocráticas: SUMOC, Banco do Brasil, Itamaraty e BNDE. A qualificação técnica vinha acompanhada de valores culturais e compromissos políticos, ainda que não partidários, especialmente nos momentos cruciais, quando o sentido da trajetória se mostrava passível de redefinição.

Como temos insistido, o papel de técnicos em fins conferia a ambos os grupos autoridade e autonomia, ambas relativas, para formular ideologias que passavam a irradiar do aparelho estatal, exercendo força gravitacional[1] sobre as forças políticas e sociais. As ideologias, por sua vez, se modificaram ao longo do período, bem como a sua capacidade de exercer pressão no terreno das políticas públicas. Paralelamente, procuraram processar teoricamente as transformações observadas na estrutura econômica.

Nos anos 1950, pela primeira vez, correntes de ideias que haviam emergido de maneira fragmentária no passado – o nacionalismo, o industrialismo, o papelismo e o positivismo, este último no sentido de abrir novas pontes entre o Estado e a sociedade – [2] passam a se apresentar de maneira conjugada por meio de um diagnóstico coerente, acompanhado de um rol de políticas para alavancar o desenvolvimento. Para tanto, a CEPAL contribuíra de maneira decisiva, ao conferir racionalidade econômica aos projetos em vias de elaboração[3] pelos técnicos nacionalistas, além de funcionar como um guia para a ação no momento em que o desenvolvimento assume a configuração de uma utopia.[4]

Se inicialmente os técnicos mercadistas flertam com a CEPAL, já que dela retiram algumas de suas categorias de análise, depois se distanciam de forma paulatina do seu universo conceitual. Assimilam especialmente as teses da "economia do

---

1   SOLA, 1998, p. 46-47.
2   Esta é uma leitura própria das ideias desenvolvidas por FONSECA (2012, p. 22-24).
3   BIELSCHOWSKY, 1995, p. 29; SOLA, 1998, p. 63.
4   FONSECA, 2012, p. 23, 44-45.

desenvolvimento", formuladas por Ragnar Nuskse, Simon Kuznets, Arthur Lewis e Walt Rostow, sobre o "caso especial" dos países subdesenvolvidos. Segundo Albert Hirschman,[5] essa economia do desenvolvimento, elaborada a partir do centro, parte de duas premissas essenciais: a "recusa da monoeconomia", na medida em que as variáveis socioeconômicas, que servem de premissas para a elaboração de modelos, diferem nos países subdesenvolvidos das existentes nos países desenvolvidos; e "a aceitação das vantagens mútuas" entre os dois tipos de países, já que o segundo grupo poderia contribuir, por exemplo, com capital e fluxos de comércio para o primeiro. O próprio Hirschman atesta que a CEPAL não aceita facilmente a segunda hipótese,[6] como fica evidente na análise de Prebisch sobre as relações entre centro e periferia.

Estes dois planos, o das ideias – expressando teorias, concepções ou visões de mundo – e o do mundo material – conformado por um conjunto de práticas de política econômica propostas e/ou executadas –[7] não podem ser dissociados. Esse segundo plano, por sua vez, deve levar em conta a complexidade dos instrumentos da política econômica. Para além das políticas-meio tradicionais (monetária, fiscal, cambial), Fonseca ressalta a relevância de políticas-fins (industrial, agrária, tecnológica, educacional) e das políticas institucionais, que atuam sobre a regulação do sistema econômico ou promovem o surgimento de novas organizações, agências e empresas que dependem das decisões estatais.[8]

Consequentemente, a aplicação de algumas políticas-meio consideradas "ortodoxas" durante o segundo governo Vargas ou de políticas mais "heterodoxas" durante o governo JK não é suficiente para caracterizar um período como mais ou menos "desenvolvimentista". Isso porque a política econômica aparece dinamicamente constrangida por fatores exógenos ou endógenos que se acumulam ao longo do tempo e por respostas a pressões políticas, que transbordam o horizonte restrito da política fiscal-monetária-cambial. Neste sentido, as opções de política econômica do passado também se transformam em condicionantes estruturais do "presente", quando procuram atenuar, por exemplo, o conflito entre a limitada capacidade para importar no curto prazo e os objetivos de médio prazo voltados à diversificação industrial.[9] Muitas vezes o raio de manobra é encontrado nas políticas-fins ou institucionais.

---

5   HIRSCHMAN, Albert. "The rise and decline of development economics". In: HIRSCHMAN, Albert. *Essays in Trespassing: Economics to Politics and Beyond*. Cambridge: Cambridge University Press, 1981, p. 3-5.
6   Ibidem, p. 13.
7   FONSECA, 2014, p. 30.
8   Ver definição do mesmo autor e página citados na nota acima.
9   TAVARES, Maria da Conceição. *Da substituição de importações ao capitalismo financeiro: ensaios sobre economia brasileira*. 2ª edição. Rio de Janeiro: Zahar, 1973, p. 53-54.

Apenas a partir de uma "economia política da política econômica" é que podemos entender o sentido de algumas medidas tomadas. O que à primeira vista sugere "uma indecisão aparente entre ortodoxia e heterodoxia" pode ser interpretado como uma tática para "deixar as opções políticas em aberto" em um quadro marcado por interesses de classe não facilmente conciliáveis. Essa aposta metodológica, utilizada por Bastos[10] na análise do segundo governo Vargas, parece se adequar também aos demais governos pré-1964.

Neste sentido, talvez se possa afirmar que, para os técnicos nacionalistas, a política econômica – especialmente no caso das políticas-meio – emergia mais como um dado com o qual tinham que lidar, pois esta não atuava no sentido almejado para o desenvolvimento, mesmo quando eles ocupam o centro do palco.[11] Sabiam eles de antemão que uma mudança na política econômica exigia novas bases sociais, de modo a alterar a estrutura de poder. Chamá-los de "heterodoxos" – conforme a concepção que esta denominação assumiu na academia no pós-1980 – é empobrecer a compreensão da sua análise e do seu papel, reduzindo a sua atuação ao campo da política econômica convencional, sobre a qual possuíam menor influência. O seu espaço de atuação era, em grande medida, conformado pelas políticas-fins e institucionais.

Já no que se refere aos técnicos mercadistas, a mudança na política econômica se mostra cada vez mais urgente, especialmente a partir do governo JK, quando defendem, por exemplo, a mudança na política cambial, e quando Lopes e Campos arquitetam o Plano de Estabilização Monetária de 1958.[12]

---

10   BASTOS, Pedro Paulo Zahluth. "Ortodoxia e heterodoxia econômica antes e depois da Era Vargas". In: FONSECA, Pedro Cezar Dutra & BASTOS, Pedro Paulo Zahluth (orgs.). *A Era Vargas: desenvolvimentismo, economia e sociedade*. São Paulo: Editora UNESP, 2012b, p. 181-185.

11   É assim que interpretamos a visão de muitos técnicos nacionalistas sobre a "não intencionalidade" industrializante da política econômica antes dos anos 1950. Para Furtado, isso teria ocorrido no caso do estímulo do café dos anos 1930 e, depois, no governo Dutra, por meio das licenças de importação, adotadas em virtude das "contradições da política cambial". Tratava-se, no seu entender, de uma "industrialização de tabela" (FURTADO, 1962, p. 65-66). Afirmação semelhante pode ser encontrada em Rangel quando ele se refere a um "desenvolvimento espontâneo, acidental" (RANGEL, Ignácio. *Introdução ao estudo do desenvolvimento econômico brasileiro*. Salvador: Livraria Progresso, 1957, Prefácio). Se o primeiro autor menciona o avanço da indústria mais como uma "imposição histórica", o segundo descreve a economia como "cheia de energias desconhecidas" ou de "forças latentes", que precisam apenas de "algumas medidas factíveis" para aflorarem. Portanto, o "não intencional" existe em contraposição a uma estratégia "coerente", que eles projetam para adiante. Sobre a existência de uma política "intencional" de estímulo à industrialização já no primeiro governo Vargas, acionada por um conjunto de novas instituições e agências estatais, ver FONSECA, Pedro Cezar Dutra. "Sobre a intencionalidade da política industrializante no Brasil na década de 1930". In: *Revista de Política Econômica*, v. 23, n. 1 (89), jan./mar. 2003.

12   Roberto Campos relata como, já em 1954, tentara convencer, sem êxito, o então ministro da

Portanto, a noção de que durante o período havia um acordo entre as elites, formatado pelos técnicos e em torno de um núcleo comum de políticas de desenvolvimento, ficando as divergências para o tipo de planejamento a ser executado,[13] nos parece exagerada. O que também vale para a suposta estabilidade no processo de formulação da política econômica, relacionada a uma interpretação compartilhada dos problemas do país.[14]

O relato de Ignácio Rangel sobre o debate flagrado entre Jesus Soares Pereira e o subchefe da Casa Militar, Lúcio Meira, quando da aprovação da Instrução n. 70 da SUMOC, em outubro de 1953, é ilustrativo desta concepção sobre a política econômica como espaço de administração de restrições com o objetivo de assegurar a diversificação industrial. Soares, ao ver que Rangel adentra o recinto, afirma: "Caboclo, explique ao comandante como é que essa instrução vai de fato repercutir sobre nossa indústria em geral, e sobre a indústria pesada em particular".[15]

Rangel[16] aponta que a desvalorização escalonada do cruzeiro permitiria produzir internamente muitos bens que ainda eram importados em virtude da moeda apreciada, além de manter o câmbio relativamente valorizado para aqueles que não podiam ser supridos. Ora, a instrução contara com a assinatura do ministro Oswaldo Aranha, tendo sido arquitetada por ninguém menos que Eugênio Gudin, preocupado exclusivamente com o balanço de pagamentos. Tratava-se, na visão dos técnicos nacionalistas, de apenas um instrumento, que em si mesmo não era necessariamente "desenvolvimentista". Outras variáveis estariam em jogo, cabendo ao Estado e às forças políticas e sociais acioná-las.

Antes, porém, de entrar no debate em torno da matriz econômica do desenvolvimento nos anos 1950, cabe retomar o seu embrião. Como vimos, no documento produzido para o CNPIC e intitulado "A planificação da economia brasileira", de agosto de 1944 – e que detona a famosa controvérsia fundadora da economia política brasileira –, Roberto Simonsen associa planificação, industrialização e fortalecimento econômico nacional. Ao mesmo tempo em que sugere financiamento do governo dos Estados Unidos, teme a "competição alienígena", por conta de seu potencial perturbador para o processo de equipamento econômico da nação. Invoca

---

Fazenda, Eugênio Gudin, sobre a necessidade de se "unificar o câmbio e abolir a tributação sobre as exportações" (CAMPOS, 1994, p. 246-247). Nova tentativa de reforma cambial, também sem sucesso, fora intentada por Campos e Lopes logo após a posse de JK (LOPES, 1991, p. 231-232).

13 DALAND, 1967, p. 207.
14 LEFF (1968, p. 98-100) cita o debate em torno do papel dos investimentos estrangeiros como a única exceção.
15 RANGEL, 1988, p. 15-16.
16 Idem, ibidem.

ainda a presença de capital e da técnica de estrangeiros e confere papel de proa ao Estado em virtude da "incapacidade de a iniciativa privada por si só promover a elevação da renda nacional no território brasileiro".[17] Nação e mercado são os dois lados da mesma moeda.

Sem tomar partido na controvérsia, geralmente interpretada de maneira restrita como um confronto entre pensadores com distintas "vantagens comparativas" – Gudin, o "brilhante" economista; e Simonsen, o historiador "estrategista do desenvolvimento" –,[18] parece-nos que Simonsen põe o dedo na ferida ao destacar a necessidade de conquista do território nacional, transmudado em mercado interno por meio da edificação de "uma economia muitíssimo superior sob o aspecto material". Gudin, por sua vez, bate na tecla de que a inflação elevada se originava de uma "situação de hiperemprego e hiperinvestimento". E afirma que "não há plano possível sem ordem monetária", sendo a questão-chave "a busca de capital [escasso] para os investimentos 'proveitosos'".[19]

Importa ressaltar que o debate sobre os meios aparece vinculado aos fins apregoados, ambos ancorando-se em diferentes diagnósticos: subemprego (Simonsen) *versus* hiperemprego (Gudin). Estão assim postos os termos do debate dos anos 1950, quando cada um desses argumentos seria esmiuçado em todas as suas possibilidades pelos dois grupos de técnicos, no sentido de ampliar ou matizar a formulação inicial de Simonsen. Mesmo Campos – que procura adiante "recuperar" a influência de Gudin sobre o seu pensamento –,[20] no início dos anos 1950 está mais em sintonia com o diagnóstico de Simonsen, ao qual procura emprestar racionalidade econômica.

---

17 SIMONSEN, Roberto, "A planificação da economia brasileira". In: SIMONSEN, Roberto & GUDIN, Eugênio. *A controvérsia do planejamento na economia brasileira*. 3ª edição. Brasília: IPEA, 2010, p. 39-40, 44-47.

18 Ver, por exemplo, a síntese de Carlos Doellinger (DOELLINGER, Carlos. "Introdução". In: SIMONSEN, Roberto & GUDIN, Eugênio. *A controvérsia do planejamento na economia brasileira*. 3ª edição. Brasília: IPEA, 2010, p. 31).

19 GUDIN, Eugênio. "Rumos de política econômica". In: SIMONSEN, Roberto & GUDIN, Eugênio (orgs.). *A controvérsia do planejamento na economia brasileira*. 3ª edição. Brasília: IPEA, 2010, p. 87, 90-93, 109.

20 Em sua biografia, no capítulo intitulado "Eugênio Gudin, o profeta sem cólera", Campos procura se "curar" das suas inclinações cepalinas e estruturalistas, que marcam não apenas os seus primeiros artigos, mas também sua trajetória no BNDE, com a seguinte assertiva: "ninguém exerceu maior influência na minha formação de economista do que Eugênio Gudin" (CAMPOS, 1994, p. 237-239). No nosso entender, é mais a verve antinacionalista do pensador neoliberal e a sua concepção da economia como ciência positiva que passam, com o tempo, a lhe servir de inspiração. Para Bielschowsky (1995, p. 407-408), esta aproximação torna-se evidente ao final da euforia planejadora, quando o que passa a importar, para ambos, é a estabilidade monetária e a defesa do capital estrangeiro.

Não deixa de ser interessante o juízo diverso que Campos e Furtado fariam da controvérsia em suas respectivas biografias. Enquanto Campos afirma, de maneira algo irônica, que Simonsen "seduzia pelo *glamour* da industrialização como talismã para o crescimento",[21] Furtado vê Gudin "levando fácil vantagem na confrontação", em virtude de suas concepções "aparentemente científicas" por trazerem a "etiqueta" das universidades de prestígio.[22] Como se cada qual estivesse revisitando o futuro passado dos anos 1940 a partir dos duelos travados na virada dos anos 1950 para os 1960.

Como estão dispostos os dois grupos no início dos anos 1950? O primeiro, dos técnicos nacionalistas, gira em torno da Assessoria Econômica. O segundo encontra-se sediado no Ministério da Fazenda, onde se instala a CMBEU em julho de 1951, reunindo os técnicos mercadistas encarregados de estruturar os projetos que contariam com financiamentos externos.

O presidente recém-eleito opta por nomear Horácio Lafer para a Fazenda e João Neves da Fontoura para o Itamaraty, com o intuito de facilitar as negociações com os Estados Unidos. No dizer de Luciano Martins,[23] por meio da "cooperação internacional", lograva-se promover transformações internas à sociedade brasileira com o objetivo de inserir o país na nova configuração de poder, emergente no pós--Segunda Guerra Mundial. Sem romper com a "autonomia na dependência", mas redefinindo o seu escopo.

Apesar de os projetos estarem, em grande medida, condicionados à liberação de recursos por parte do Eximbank e do Banco Mundial, o grande trunfo da CMBEU foi a criação do BNDE. Isso permitiu a mobilização interna de recursos fiscais e fundos vinculados, o fornecimento de garantia aos empréstimos externos e o aval do Congresso para a execução dos projetos aprovados pela CMBEU, pois o financiamento externo dependia dessas contrapartidas. Tal estratégia, implantada no segundo governo Vargas, funcionaria a pleno vapor apenas no governo JK.

É importante enfatizar o contexto internacional marcado pela Guerra da Coreia. Vargas se recusa a enviar tropas para o *front*, apoiando os Estados Unidos por meio do fornecimento de materiais estratégicos em troca de financiamento para os projetos da CMBEU. Adicionalmente, em março de 1952, o presidente assina, a contragosto, o acordo militar com os Estados Unidos.[24]

---

21 CAMPOS, 1996, p. 37.
22 FURTADO, 1985, p. 161-162.
23 MARTINS, 1976, p. 367-368, 381, 391-392.
24 LEITE, 1986, p. 81-83.

Do lado brasileiro, a CMBEU é presidida por Ari Torres, contando com a participação ativa de Roberto Campos do Itamaraty, de Lucas Lopes da Companhia Energética de Minas Gerais (CEMIG) e de Glycon de Paiva do DNPM, tendo Victor da Silva Alves, do quadro da ONU, como secretário executivo. Valentim Bouças, presidente do Conselho Técnico de Economia e Finanças, e José Soares Maciel Filho completavam o grupo como assessores pessoais de Vargas.[25] San Tiago Dantas atuava na assessoria jurídica, além de muitos outros quadros técnicos que participavam dos seus subcomitês. Sidney Latini, um desses técnicos, comenta, em tom anedótico – revelando as trocas de posições corriqueiras no período – que San Tiago se destacava como advogado de empresas estrangeiras, enquanto Campos era tido, em certos círculos, como "esquerdista".[26]

Segundo Lopes,[27] a CMBEU não chega a se formalizar do lado estadunidense, recorrendo este país à contratação eventual de técnicos – uma demonstração da autonomia propositiva da equipe brasileira sobre os projetos elaborados. A Comissão geralmente pautava as decisões do embaixador estadunidense e do governo brasileiro, representado pelo Ministério da Fazenda. Possuía recursos apenas para a manutenção do escritório. Tal como no caso de vários técnicos da equipe da Assessoria Econômica, os seus integrantes, em geral, não recebiam remuneração própria, pois já ocupavam cargos na burocracia governamental.

Reconhecendo que o corpo técnico da CMBEU seguia uma "orientação liberal", Lopes reitera, contudo, que "nunca houve discussão ideológica dentro da Comissão Mista". Isso não significa que ela fosse neutra, pois havia uma visão de mundo compartilhada no grupo que estava à sua frente. Vale lembrar que o engenheiro mineiro lança a pecha de "filosóficos" e "ideológicos" aos nacionalistas, geralmente "bons para fazer planos", mas muitas vezes desprovidos de "realismo" ou de "vivência" nos setores em questão. Tendo construído sua trajetória no setor elétrico e sido responsável pela expansão da CEMIG, o principal alvo das críticas de Lopes era o "Jesus" – referindo-se a Jesus Soares Pereira da Assessoria Econômica – cuja "concepção do projeto [do setor elétrico] era totalmente centralizadora e autárquica".[28]

Paralelamente, Vargas decide organizar, conforme descrevemos anteriormente, uma assessoria direta de sua inteira confiança, a fim de propor soluções de longo prazo na área de infraestrutura econômica e social, que partissem de uma concepção de desenvolvimento nacional e contassem com participação destacada, ainda

---

25 TAVARES, 2010, p. 19.
26 LATINI, Sidney. *A implantação da indústria automobilística no Brasil: da substituição de importações à globalização passiva*. São Paulo: Alaúde Editorial, 2007, p. 66-67.
27 LOPES, 1991, p. 118-120.
28 Ibidem, p. 120, 154-156.

que não exclusiva, do Estado. A Assessoria Econômica deveria atuar ao "nível da decisão central", entrosando neste escopo mais amplo os projetos elaborados pela CMBEU.[29] Como não dispõe de "homens seus na política econômica", Vargas se rodeia de quadros que tinham fidelidade ao programa nacionalista.[30]

Em síntese, os dois grupos – um atuando no Palácio do Catete e outro no Ministério da Fazenda – eram complementares, o que reflete a cuidadosa engenharia institucional concebida pelo presidente. Se as divergências quanto aos fins do desenvolvimento ainda não haviam aflorado, o mesmo não se pode dizer dos meios. Mas inexistiam naquele momento disputas por espaços de poder, na medida em que estes se encontravam bem delimitados no seio da estrutura administrativa do governo.

A equipe da Assessoria inclusive participa de subcomitês da CMBEU, apoiando de maneira decisiva a criação do BNDE, que inicialmente funcionou como solução de consenso entre os dois grupos[31]. Já na delegação encarregada da negociação da CMBEU, em abril de 1951, além de representantes empresariais e de conselheiros militares (dentre os quais, Humberto Castelo Branco), e da presença dos técnicos mercadistas (Glycon de Paiva e Roberto Campos), encontram-se presentes Rômulo Almeida da Assessoria Econômica e Ewaldo Correia Lima[32] do Departamento Econômico da CNI. Por outro lado, muitos membros da Comissão Mista haviam subsidiado, com seus pareceres e informações técnicas, não apenas a mensagem ao Congresso de 1951, comandada por Rômulo, mas também vários projetos elaborados na Assessoria. O intercâmbio era de mão dupla.

Segundo o depoimento de Rômulo, "havia entre os dois segmentos da administração econômica certo entendimento, não havia conflito". A Comissão atuava mais como escritório de projetos, enquanto a Assessoria se concentrava no problema energético:[33] "Eles forneceriam excelente contribuição técnica, que confluía com o programa de trabalho da Assessoria".[34]

Entretanto, o próprio Rômulo admite que "a Assessoria obedecia a uma política, e a Comissão à outra". Apesar das relações amistosas, ele afirma: "o pessoal da Comissão Mista era um pessoal essencialmente antiestatista, privatista, a favor da Light e do setor privado [...] enquanto a nossa política era fazer um Estado atuante".[35]

Roberto Campos[36] também aponta a divergência de visões entre os dois grupos. No seu entender, o BNDE não deveria participar da montagem dos monopólios

---

29   ALMEIDA, *Presença de Vargas*, p. 5-6.
30   LEITE, 1986, p. 139.
31   ALMEIDA, 1985a, p. 42-43.
32   MARTINS, 1976, p. 370-371.
33   ALMEIDA, 2004, p. 131-132.
34   ALMEIDA, *Presença de Vargas*, p. 6.
35   ALMEIDA, 1990, p. 8.
36   CAMPOS, 1994, p. 197, 203, 331.

estatais no setor de energia, porque "favorecíamos o estímulo do desenvolvimento destas atividades através da iniciativa privada". Segundo sua avaliação, ele e Glycon de Paiva da CMBEU teriam "perdido a batalha para o nacionalismo petrolífero e no que tange à organização do sistema de eletricidade".

Na maior parte das vezes, as divergências eram deixadas de lado, em prol de uma administração eficiente e que não fosse engessada por embates ideológicos acirrados. Rômulo relata que muitas vezes conferiu apoio a Lucas Lopes e a Roberto Campos, nos tempos da CMBEU, mesmo discordando de algumas de suas "ideias liberais".[37]

Cleanto, assim como Rômulo, tinha plena consciência do papel vital do grupo da CMBEU. No seu entender, as prioridades da Comissão foram definidas por Vargas, pouco antes de tomar posse, antes mesmo de ela ser implantada. Os grandes problemas localizavam-se na infraestrutura de energia, transportes, portuária, de armazéns e silos. A Comissão passou a receber projetos semiacabados da Estrada de Ferro Central do Brasil, da Estrada de Ferro Santos-Jundiaí, da CHESF, da Companhia Nacional de Álcalis e de outras empresas estatais. Os projetos semiacabados eram reelaborados pela CMBEU a fim de se transformarem em projetos financiáveis pelos bancos estrangeiros.[38] E conclui: "esse foi o grande trabalho da Comissão Mista: transformar aquelas ideias, sugestões ou projetos semiacabados de organismos governamentais, e de uma ou duas empresas".[39]

Depois de elaborados os projetos, o ministro da Fazenda os levava ao presidente, quando voltavam a passar pelo crivo da Assessoria Econômica, no caso pela avaliação de Cleanto, encarregado desta tarefa. A partir de então, podiam ser enviados aos bancos internacionais.[40] A derrota a que Campos se refere provavelmente está relacionada à reduzida margem de manobra da CMBEU para decidir sobre os projetos a serem elaborados, grande parte dos quais envolviam empresas estatais.

Durante o período de trabalho na CMBEU, Roberto Campos escreveu três artigos: o primeiro em 1951 ou 1952, e os outros dois em 1953, publicados em coletânea de 1963.[41] É o momento em que defende com "ardor juvenil" palavras como "planejamento" e "desenvolvimentismo", que "causavam alergia a Gudin e Bulhões".[42]

---

37   ALMEIDA, 2009, p. 203.
38   LEITE, 1988, p. 8-9.
39   Ibidem, p. 9.
40   Ibidem, p. 9-10.
41   CAMPOS, Roberto. *Economia, planejamento e nacionalismo*. Rio de Janeiro: Apec, 1963. Ao publicar esta coletânea, Campos parece querer demonstrar como seus argumentos foram "amadurecendo", tornando-se mais assimiláveis à sua concepção de racionalidade econômica.
42   CAMPOS, 1994, p. 168-169. Ele jamais usa o termo "desenvolvimentismo" nestes artigos. Trata-se de uma tradução para o passado de termo surgido adiante.

O primeiro artigo[43] revela a sua dedicação aos "problemas do desenvolvimento nas nações subdesenvolvidas" e apresenta uma abordagem focada nos desafios do planejamento. Campos ressalta que o seminário, organizado pela ONU, para o qual o texto é produzido, dá sequência a uma série de atividades internacionais iniciadas em 1947, envolvendo especialistas de diferentes países. Ele recomenda inclusive o "excelente trabalho" de Rômulo Almeida sobre a "experiência do planejamento", apresentado na reunião de Porto Rico em maio de 1950. Por sua vez, na introdução deste trabalho, Rômulo afirma estar substituindo Roberto Campos, a quem qualifica como "um dos mais autorizados economistas do Ministério das Relações Exteriores e que há muito vinha participando dos trabalhos do Conselho Econômico e Social da ONU".[44] De fato, entre 1948 e 1949 Campos trabalhara nas delegações brasileiras junto a este Conselho e ao GATT.[45]

Mais do que troca de gentilezas, essas referências apontam para o fato de que Rômulo e Campos se veem e são vistos como técnicos de alta competência, conformando uma espécie de elite do setor público que participa dos fóruns internacionais sobre desenvolvimento. Na mesma época, Cleanto trabalha como técnico da ONU, tendo como uma de suas atribuições acompanhar o debate em torno da assistência técnica para o desenvolvimento. É então que trava conhecimento com Miguel Osório de Almeida e Roberto Campos, e também com Rômulo durante uma conferência em Nova York.[46]

O primeiro artigo de Roberto Campos da coletânea publicada em 1963, intitulado "Planejamento do desenvolvimento econômico dos países subdesenvolvidos" revela a sua visão à época sobre a economia, a especificidade dos países subdesenvolvidos e as opções de planificação existentes. Sobre a economia, ele se lamenta por vê-la "intoxicada pelo relativo sucesso obtido na quantificação dos seus teoremas". Ressente-se ainda do parco contato entre a ciência da Administração (Pública) e a Economia.[47]

Logo ao início do artigo, afirma que "a intervenção quase onipresente do Estado é um datum sociológico indisputável", ao ponto de "o grupo antiplanificador ter se tornado rapidamente uma minoria na atribulada fraternidade dos economistas". O debate deveria girar, no seu entender, "na forma e escopo deste planejamento". Em virtude da insuficiência do "desenvolvimento espontâneo" no grupo de países entre os quais o Brasil se encontra, a intervenção do Estado se justifica por quatro fatores: "debilidade da iniciativa privada", pois o seu poder fica "confinado a um círculo

---

43 CAMPOS, 1963.
44 ALMEIDA, jun. 1950.
45 CAMPOS, 1994, p. 231.
46 LEITE, 1986, p. 44, 49.
47 CAMPOS, 1963, p. 7-9.

demasiadamente pequeno"; "necessidade de concentração dos recursos", a fim de atender a "faixa de inversões necessárias" em um contexto de "alta propensão ao consumo ostentatório"; "faculdade telescópica do Estado" em face do imediatismo do setor privado; e necessidade de maior "velocidade de desenvolvimento", tendo em vista que se trata de processo cumulativo, envolvendo reações em cadeia. Sobre este último ponto, ele ressalta que o investimento na indústria básica é capaz de "provocar investimentos colaterais".[48]

Quanto ao escopo do planejamento, "em economias do tipo capitalista ou semicapitalista", "o planejamento deve levar em conta as decisões privadas e repousar sobre controles indiretos". Mas o obstáculo administrativo – a "ausência de administradores experientes" – é maior justamente nos países subdesenvolvidos. Em um contexto de meios escassos, há que se "transferir recursos dos setores privados para os governamentais". Se o critério de produtividade deve ser o elemento norteador dos investimentos, cabe a ressalva de que a produtividade de curto prazo pode retardar o ritmo do desenvolvimento econômico. Conforme sua avaliação, os investimentos de longo prazo e de rentabilidade diferida merecem "alta prioridade", o que não deve impedir a cooperação privada, vital para se desonerar as finanças públicas.[49] Impressiona o seu conhecimento sobre a literatura internacional dedicada à planificação, citando os textos clássicos de Hans Singer, Oscar Lange, Carl Landauer e James Meade.

Em seguida, Campos aponta as vantagens e desvantagens tanto do planejamento setorial como do integral. A primeira é de mais fácil exequibilidade, especialmente em um contexto de escassez de recursos financeiros e técnicos. Mas a segunda permite obter uma visão mais global das necessidades de capital da economia. A própria concepção de "pontos de crescimento ou germinativos" que, em face da sua postergação, teriam se tornado "pontos de estrangulamento" mostra-se "perfeitamente compatível" com o planejamento integral. Uma divisão de tarefas entre o setor público e o setor privado já aparece esboçada: o Estado se concentraria nos setores básicos, enquanto as demais atividades ficariam com o setor privado.[50]

A importância das atividades privadas para a execução dos planos governamentais é ressaltada por meio da referência ao Plano Monnet francês. Neste sentido, o autor destaca a necessidade de se conciliar a "estratégia de planejamento" com a estratégia de execução, com o intuito de reduzir a "resistência e inércia do setor

---

48   Ibidem, p. 11-18.
49   Ibidem, p. 24-27.
50   Ibidem, p. 29-34.

privado".⁵¹ Campos, citando Hans Singer, destaca ainda a importância do "capital intangível" – sob a forma de tecnologia, experiência administrativa e lastro cultural – pois, do contrário, pode-se correr o risco de cair na "modernização prematura", conforme a formulação de Prebisch, outro autor citado.⁵²

A preocupação institucional, traço forte do texto, revela a posição de quem atua de dentro do Estado e conhece os seus limites. No seu entender, diferentemente do caso da tecnologia, a importação de técnicas de administração encontra maiores dificuldades de transplantação por seu "coeficiente institucional".⁵³ Porém, este fato não deve impedir a busca de intercâmbio internacional.

A noção de subdesenvolvimento ainda aparece associada à elevada participação da população nas atividades primárias, com baixa renda *per capita*. Neste sentido, "o subdesenvolvimento é sinônimo de carência de capital".⁵⁴ No seu entender, o principal obstáculo ao desenvolvimento se encontra na "caprichosa margem internacional" composta de dois elementos: o insuficiente e instável influxo de capital estrangeiro e a evolução das relações de troca. Neste último ponto, ele se mantém fiel à tradição cepalina.⁵⁵

Já no texto de 1953, intitulado "A crise econômica brasileira" e apresentado à Associação Comercial do Rio de Janeiro, o técnico do setor público Roberto Campos se propõe a fazer uma "interpretação estrutural da crise econômica brasileira". Os desajustes de estrutura devem ser vistos sob o ângulo do longo prazo. Por meio desse enfoque, ele procura "expurgar do conceito de crise as conotações com que tanto se deleitam as Cassandras profissionais".⁵⁶ A pergunta seguinte é irrecusável: ele direciona a sua artilharia para Gudin e seu grupo da FGV?

O país estaria passando por uma "crise de crescimento". Em outras palavras, em vez da "agonia do marasmo", a "angústia da evolução". Para além dos sintomas, o economista deveria se dedicar a uma "diagnose" e, depois, a uma "terapêutica".⁵⁷ Neste momento, ele já utiliza os dados com os quais está trabalhando para o relatório geral da CMBEU.

Vários desequilíbrios estruturais são apontados: entre a estrutura industrial e a base agrária, gerando o problema da inflação; entre a superestrutura industrial e a base de recursos naturais, acarretando tensões no balanço de pagamentos; entre

---

51   Ibidem, p. 50-51.
52   Ibidem, p. 35-36.
53   Ibidem, p. 37.
54   Ibidem, p. 10, 38.
55   Ibidem, p. 38-44.
56   Ibidem, p. 53. O texto é publicado em novembro de 1953 na Revista *Digesto Econômico*.
57   Ibidem, p. 53-54, 58.

orientação e estrutura dos investimentos; além do ritmo diferencial do crescimento nas várias regiões do país.

O tema da inflação exige uma reflexão à parte. Para além de fenômeno monetário, ela apresenta um componente estrutural característico das "economias em processo de maturação industrial". O quadro é bem diferente nas "economias industriais maduras", onde existe uma "grande resistência anti-inflacionária" em virtude da "conhecida elasticidade da estrutura industrial". No Brasil, esse desnível expresso sobre o nível de preços, em um contexto de avanço industrial, "criaria as condições, em termos de mercado, consciência tecnológica e suprimento interno de insumos, capazes de reatacar com mais vigor o problema da dilatação da base agropecuária". É então que o autor conclui, "mesmo enfrentando a ira dos ortodoxos", que a inflação pode agir como "uma espécie de lubrificante da economia", para depois afirmar que "seus elementos negativos passam a predominar cada vez mais sobre os positivos".[58]

Refere-se ainda às "características positivas da política cambial pecaminosa". Isso porque a industrialização recente teria aberto espaço para "um esforço sério de desenvolvimento de recursos naturais" e, em futuro mais remoto, para "a possibilidade de diversificar a pauta de exportação".[59] Portanto, se a diagnose é parecida, a terapêutica vai se diferenciando do que era proposto pelos técnicos nacionalistas, na medida em que Campos passa a defender o "reajustamento cambial" e mecanismos de contenção anti-inflacionária, mas sem a penalização do crescimento.

O terceiro artigo da coletânea do "primeiro" Campos, intitulado "Observações sobre a teoria do desenvolvimento econômico", apresenta um enfoque mais global do processo de desenvolvimento, com uma defesa da "opção" setorial da CMBEU a ser adotada adiante no Plano de Metas. Fornece novos elementos que passam a fazer parte do seu vocabulário conceitual na segunda metade dos anos 1950. Apesar de diferenciar desenvolvimento de industrialização, citando casos de países que chegaram a se desenvolver sem se industrializarem – como Nova Zelândia, Dinamarca e Argentina –, no caso brasileiro essa associação é direta. Uma "industrialização intensiva"[60] fazia-se necessária, tanto pelo crescimento demográfico, como pelas potencialidades de um amplo mercado interno. O território vasto e a amplitude populacional criariam as condições para o desenvolvimento e diversificação do mercado.

A partir de uma discussão histórico-cultural sobre as ideias-força do capitalismo, ele aponta que a ativação do desenvolvimento econômico contemporâneo depende da cooperação internacional. Aqui fica evidente a sua filiação a uma eco-

---

58   Ibidem, p. 59-60, 66-70.
59   Ibidem, p. 72-74, 81.
60   Ibidem, p. 83-85. O texto é de março de 1953.

nomia do desenvolvimento que associa a recusa à monoeconomia com a aceitação das vantagens mútuas, segundo a definição hirschmaniana. Ou conforme as palavras do jovem economista diplomata:

> Destarte, ao invés de procurar solver, internamente, apenas os conflitos, digamos paroquiais, entre níveis de renda dentro de cada nação, lançar-se-ia o capitalismo no grandioso desígnio de procurar resolvê-los em escala internacional.[61]

Campos não deixa de tratar dos desníveis regionais internos. A coordenação do desenvolvimento deve predominar sobre a noção de que o mercado interno é conformado por um bloco econômico homogêneo.[62] A intervenção política, por meio de incentivos estatais, se faz necessária para que a resolução das desigualdades internas esteja pautada pelos mecanismos de mercado. A nação ainda não havia sido unificada pelo mercado, cumprindo o Estado um papel estratégico, embora supletivo, e tendencialmente decrescente à medida que avança o desenvolvimento. Neste sentido, a cooperação internacional sob a forma de empréstimos, investimentos externos e acordos internacionais assume importância preponderante.

Como "infelizmente" o país não conta com "suficiente puritanismo por parte da classe empreendedora", a captação de recursos pelo Governo, abrandando a concentração de renda em mãos privadas, é a opção "cuja dosagem é difícil de precisar". Isso porque a iniciativa privada "ainda é o elemento mais dinâmico de que dispomos para a aceleração do desenvolvimento econômico", especialmente "na falta de uma burocracia esclarecida, apostólica e alerta".[63] Essas conjecturas revelam que o economista ainda reluta sobre como proceder à melhor combinação entre Estado e mercado.

Se o autor continua defendendo o "desenvolvimento dirigido" em face da insuficiência do "desenvolvimento espontâneo", algumas pedras surgem no meio do caminho. O conceito de "efeito de demonstração", cunhado por Nurkse, passa a comprometer o processo de formação de capital. Agora, além da baixa propensão das classes empreendedoras a investir, o país tem que se haver com "a exagerada atração mimética de padrões de consumo externo". Daí a necessidade de abrir espaço para que o setor privado "generalize a força germinativa para o resto do sistema". Fica evidente no artigo a opção pelo planejamento setorial, que reduziria "as possibilidades de erro" decorrentes das "intervenções perturbadoras por parte de órgãos

---

[61] Ibidem, p. 86-87.
[62] Ibidem, p. 88.
[63] Ibidem, p. 90-91.

do governo inadequadamente aparelhados para o controle geral da economia".[64] Refere-se Campos à Assessoria Econômica de Vargas?

De maneira engenhosa, o economista mercadista se socorre de Schumpeter em seu artigo. A nova formulação da teoria do desenvolvimento – com a qual ele estava até o momento vinculado – teria invertido os termos do economista austríaco, para quem a dinâmica do desenvolvimento parte da ótica da oferta e da produção. Ao encarar o desenvolvimento no período recente pelo lado da demanda e a partir da imitação e da ação diretiva do Estado, "encurtara-se a esfera de atuação do capitalista privado".[65]

Campos opta pelo caminho do meio. Isso significa, com o auxílio do Estado, assegurar "o rompimento de sucessivos círculos viciosos", de modo a atingir a "suficiente velocidade de propulsão", por meio da qual "a economia [leia-se setor privado] logre escapar à força gravitacional da pobreza".[66] Seu foco recai agora nos automatismos econômicos, capazes de deixar para trás o contexto de insuficiente formação de capital.

A indefinição teórica de Roberto Campos parece ser a mesma vivenciada por Celso Furtado na primeira metade dos anos 1950. Mas este a resolveria em um sentido inverso. Para Mallorquin,[67] existe uma "tensão constante" no Furtado que se utiliza das categorias vigentes no pensamento econômico keynesiano e na "economia do desenvolvimento",[68] ao mesmo tempo em que se ressente da sua reduzida adaptabilidade às economias subdesenvolvidas. O recurso à história e ao papel situado das classes sociais lhe permite conceber a diferença e a transição entre sistemas econômicos (globais e coloniais/nacionais). Estamos ainda na antessala da "teoria do subdesenvolvimento", que se distancia da "economia do desenvolvimento" por não encarar os desequilíbrios estruturais como provisórios. O caminho de Campos é outro: vincula-se à teoria convencional do desenvolvimento e associa a trajetória da economia brasileira à inadequada compreensão dos limites econômicos existentes.

Enquanto Campos se atém aos requisitos necessários para a implantação de um setor privado capaz de emprestar dinamismo à máquina de crescimento,

---

64   Ibidem, p. 92-97, 101.
65   Ibidem, p. 98-100.
66   Ibidem, p. 104.
67   MALLORQUIN, 2005, p. 49-50, 60-73.
68   Para Hirschman, a conexão era evidente no contexto da época, pois Keynes se referia ao pleno emprego como o caso especial concebido pela "tradição clássica". O mais comum seria o "equilíbrio de desemprego" por ele diagnosticado. O "equilíbrio do subdesenvolvimento", relacionado ao subemprego rural, seria uma forma de alargar o universo conceitual keynesiano por meio de

apoiando-se inclusive em argumentos de ordem cultural, Furtado recorre aos cortes históricos transversais, associando a dinâmica expansiva, promovida por uma ruptura internacional, ao movimento de construção nacional. Os métodos se diferenciam e revelam os elementos valorativos divergentes, ainda não evidentes no ano de 1953, quando eles comungam do mesmo universo conceitual.

Dois textos, publicados em 1950 e 1952 na *Revista Brasileira de Economia*, comandada por Gudin, são ilustrativos desse primeiro Furtado. Em 1950, aparece sua primeira reflexão sobre a realidade brasileira, já sob influência da CEPAL, no artigo intitulado "Características gerais da economia brasileira".[69]

O enfoque histórico é predominante. A "economia colonial" pré-1930 gera crescimento enquanto aumenta o volume físico exportado, apesar da piora nas relações de troca. O mercado interno exíguo restringe o papel propulsor da indústria composta de grupos restritos. Estes não têm existência nacional e encontram-se distribuídos pelas diversas regiões que constituem mercados autônomos. Retarda-se assim "a formação de um autêntico espírito de empresa, condição básica do desenvolvimento de uma economia capitalista". Mesmo após a crise de 1930, persiste a "dualidade fundamental da economia brasileira": o setor tipicamente colonial aparece em contraposição ao núcleo que se desenvolve voltado para o mercado interno, que aos poucos se destaca no horizonte, não em virtude do aumento da produtividade, mas da redução da capacidade para importar. Desta forma, "forja-se a interdependência entre as várias regiões do país e uma consciência de unidade". Esta nova fase de desenvolvimento permite concluir "o processo histórico de formação nacional", como ele aprofundaria em *Formação econômica do Brasil* (1959), então munido de novos recursos metodológicos.

No artigo de 1952, intitulado "Formação de capital e desenvolvimento econômico", Furtado se lança na controvérsia com o Ragnar Nurkse, professor da Universidade de Columbia. O texto é escrito como resposta às seis conferências por ele proferidas e publicadas na Revista Brasileira de Economia (RBE) em dezembro de 1951.[70] Furtado escolhe um interlocutor da "economia do desenvolvimento" e o debate gira em torno das especificidades dos países subdesenvolvidos, que ambos

---

um novo caso especial, operação conduzida pela "economia do desenvolvimento" formulada no exterior (HIRSCHMAN, 1981, p. 6).

69 FURTADO, Celso. "Características gerais da economia brasileira". In: *Revista Brasileira de Economia*, ano 4, n. 1, mar. 1950, p. 8-12, 14, 16, 20-21, 27-31.

70 FURTADO, Celso. "Formação de capital e desenvolvimento econômico" (1952). Texto publicado anteriormente da *Revista Brasileira de Economia* (vol. 6, n. 3, 1952). In: *Memórias do Desenvolvimento*, Centro Internacional Celso Furtado de políticas para o desenvolvimento, Rio de Janeiro, ano 1, n. 1, jun. 2007.

– Furtado e Nurkse – admitem requerer formulações teóricas novas, assim como padrões peculariares de intervenção do Estado.

Furtado ressente-se do hábito dos economistas de "raciocinar por analogia" quando se deparam com os países subdesenvolvidos. Ressalta a necessidade de mais pesquisa estatística, para que as análises não pequem por "desconhecimento da sua realidade econômica". No seu entender, até então o desenvolvimento econômico não havia merecido estudo, sequer se constituíra em problema, pois o mecanismo de preços e a livre iniciativa pareciam suficientes para garantir o "progresso econômico". Apenas com as políticas anticíclicas pós-1930 se teria saltado de uma compreensão da economia como uma sucessão de ciclos para a formulação de "tendências seculares", com o intuito de orientar a dinâmica mais ampla dos investimentos.[71]

A crítica central de Furtado está na afirmação de Nurkse sobre a falta de estímulo às inversões nos países subdesenvolvidos em virtude da pequena dimensão do mercado. Esta seria resultante, por sua vez, da baixa produtividade, constrangendo qualquer esforço de investimento no sentido de ampliá-la. Daí porque os investimentos deveriam ser executados em bloco. Portanto, para Nurkse, a escassez de poupança (capital) não seria o elemento central do drama destes países, conforme a visão esposada pelos economistas liberais. Na sua formulação, o autor faz uma analogia entre estancamento dos países subdesenvolvidos e a concepção de "fluxo circular" de Schumpeter.

Furtado questiona a utilização do instrumental schumpeteriano em alto nível de abstração, como se o desenvolvimento se originasse deste ponto de equilíbrio hipotético, o fluxo circular, por meio de uma mudança detonada pelo empresário inovador. É então que ele se pergunta: "que fatores contribuem para que exista uma tal classe em uma sociedade?". Em vez de tomar a "estagnação" como um ponto de partida, por que não conceber o desenvolvimento econômico como "um aspecto do problema geral da mudança social"? Ora, isso exige que se lhe "devolva o conteúdo histórico".[72]

Em síntese, em uma economia subdesenvolvida, conceber que o desenvolvimento possa ser iniciado pela ação espontânea de seus próprios empresários seria o mesmo que "levantar-se pelos próprios cabelos". No seu entender, "a análise econômica não nos pode dizer por que uma sociedade se desenvolve e a que agentes sociais se deve esse processo. Não obstante, ela pode precisar o mecanismo do desenvolvimento econômico".[73]

No restante do texto, Furtado se enreda no debate teórico com Nurkse. Raciocina sempre por contraste. Os países desenvolvidos, "em uma simplificação

---

71   Ibidem, p. 195-196.
72   Ibidem, p. 197-200.
73   Ibidem, p. 201-202.

teórica", são aqueles que, não havendo desocupação de fatores, apenas podem aumentar a produtividade por meio da introdução de novas técnicas. Já nos países subdesenvolvidos, a problemática é outra: "o crescimento se dá com assimilação da técnica prevalecente e desocupação de fatores".

Furtado procura mostrar como acumulação de capital e elevação da produtividade se associam, utilizando exemplos das realidades históricas de países subdesenvolvidos. Se o processo se der pelo aumento do comércio externo, este pode se interromper e não gerar transformações estruturais; caso se logre elevar o salário real médio, ou a massa salarial do setor exportador, engendra-se uma diversificação da procura que rebate sobre a estrutura produtiva e a renda real.[74]

A questão central reside, portanto, na "orientação das inversões", cujo critério de seleção deve partir da "produtividade marginal social", tal como sugerido por Nurkse. Por esse critério, prioriza-se o impacto do investimento sobre a renda nacional, "abandonando o critério microanalítico da produtividade marginal", exclusivamente focado na rentabilidade da empresa. Pode-se assim admitir que, mesmo em uma economia com fator trabalho abundante, uma empresa pague maior soma de salários por unidade líquida de produto gerado. Paralelamente, substanciais reduções de custo podem ter lugar em outros setores da economia se o investimento for feito em um setor-chave como transporte ou energia. A conclusão é a seguinte: o ritmo de desenvolvimento pode ser intensificado na medida em que "se corrige a insuficiência de mercado como mecanismo diretor do processo econômico e se imprime às inversões uma orientação geral coordenadora".[75]

Paralelamente, é impossível que a oferta interna cresça e modifique a sua composição automaticamente em virtude da mudança na composição da demanda. Portanto, a inflação não deve ser vista "fundamentalmente, como um problema monetário", pois origina-se da baixa capacidade para importar. Para se corrigir esse desequilíbrio, há que se modificar a estrutura de produção "no sentido de aumentar as exportações ou de substituir as importações". Em síntese, "nas condições atuais da economia mundial", o "desenvolvimento espontâneo" não permite um crescimento compatível com as potencialidades nacionais e o avanço da técnica disponível.[76]

Depois dessa digressão, Furtado afirma que se não existe ausência de incentivos ao investimento, o problema da escassez de poupança não deixa de ser relevante. O equacionamento dessa questão não reside em uma "simples organização de mercado de capitais", devendo ser acionadas novas formas compulsórias de captação, via política tributária, ao que concorda com as formulações de Nurkse.

---

74   Ibidem, p. 202-203, 205-206.
75   Ibidem, p. 214-215.
76   Ibidem, p. 219-221.

Observa-se, portanto, que Campos e Furtado – tirando as nuances de seus respectivos métodos e as diferenças ainda pontuais a respeito da política econômica – esposam as mesmas prioridades e advogam um "desenvolvimento dirigido" pelo Estado em contraposição ao desenvolvimento espontâneo.

É justamente esse o papel que cabe ao BNDE, mobilizando recursos oriundos do adicional do imposto de renda de 15% sobre a pessoa física (atingindo basicamente a classe média) e de 3% dos lucros não distribuídos pelas empresas, ambos recolhidos como empréstimos compulsórios;[77] além dos recursos provenientes das obrigações de aplicação em projetos prioritários do banco por parte das empresas de seguro e capitalização, das Caixas Econômicas e dos Institutos de Aposentadorias e Pensões (IAP), o que não se efetivou no montante desejado, especialmente no caso das instituições públicas.[78] Na prática, parte expressiva dos recursos internos viria dos fundos específicos vinculados, já existentes ou criados adiante.

O BNDE é criado em junho de 1952, a partir da lei n. 1628, como uma autarquia bancária encarregada de administrar os recursos do Plano de Reaparelhamento Econômico. A elaboração da lei ficaria sob a responsabilidade de Guilherme Arinos, funcionário do Banco do Brasil e assessor do ministro da Fazenda, Valentim Bouças e Cleanto de Paiva Leite, esse último como representante da Presidência da República.[79]

Ari Torres, ex-presidente da CMBEU, assume a presidência do banco. Desta equipe são nomeados ainda dois diretores, Roberto Campos e Glycon de Paiva. Cleanto passa a fazer parte do Conselho de Administração do banco, sem se afastar da Assessoria Econômica. Lucas Lopes também integra o Conselho de Administração.[80]

A primeira crise do banco surge logo no seu nascedouro, quando Vargas decide nomear seu aliado político, José Soares Maciel Filho, como superintendente, em julho de 1953. Segundo Campos,[81] Maciel Filho procura aprovar projetos "de cunho político e sem embasamento técnico", além de se opor à contratação via concurso para 100% dos quadros. Na sua carta de renúncia, Campos e Paiva criticam as violações ao princípio da decisão colegiada.[82] Cleanto assume a diretoria econômica e Campos e segue trabalhando pela manhã na Assessoria.[83] Para ele, a saída da dupla

---

77 MARTINS, 1976, p. 382-384.
78 CAMPOS, 1994, p. 192.
79 LEITE, 1986, p. 125-127. Campos credita a confecção da lei exclusivamente a Guilherme Arinos (CAMPOS, 1994, p. 191-192).
80 CAMPOS, 1994, p. 192; LEITE, 1988, p. 20; TAVARES, 2009, p. 23.
81 CAMPOS, 1994, p. 193-194.
82 Ibidem, p. 206.
83 LEITE, 1988, p. 20-21.

da CMBEU não possuiu conotação ideológica – "ela viria depois", afirma – devendo-se antes a diferenças de condução administrativa interna do banco.[84]

Antes disso, em janeiro de 1953, Campos estivera em Santiago. Na reunião com Prebisch, convida Furtado para integrar a equipe do BNDE. Prebish sugere a criação do Grupo Misto CEPAL-BNDE, como forma de manter Furtado na instituição.[85] Na sua autobiografia, Campos revela que "o seu interesse pela metodologia cepalina misturava curiosidade intelectual e ceticismo pragmático".[86] Furtado apresentaria na 5ª Conferência da CEPAL, realizada no Rio de Janeiro em abril de 1953, a metodologia sobre "técnicas de programação", com a qual vinha trabalhando na instituição latino-americana.

Acertada a parceria com o BNDE, o economista da CEPAL chega ao Rio para implantar um "plano de trabalho ambicioso" que envolve a elaboração de um diagnóstico da situação econômica do país e de projeções de tendências para os anos seguintes,[87] com base "em hipóteses moderadas de crescimento", levando em conta o comportamento das exportações, a relação de trocas, a entrada líquida de capitais externos e a própria ação do governo. Tratava-se de mensurar as necessidades de investimento em alguns setores estratégicos.

É neste momento que entra Maciel Filho, "um homem totalmente estranho às preocupações que haviam levado à criação do banco [...] que não tinha nada a ver com o espírito daquele grupo que pensava o desenvolvimento". Ainda segundo Furtado, "Maciel Filho, que certamente me tinha como criatura de Campos, simplesmente ignorou nossa presença". Em carta a Prebisch, ele descreve a nova situação e consegue prorrogar o prazo até 1955 para concluir o seu trabalho, que contaria com o apoio do economista cubano da CEPAL, Regino Boti, de Américo Barbosa de Oliveira, que dirigia a seção de renda nacional do banco, e de José Pelúcio Ferreira.[88]

Os relatos de Campos e de Furtado demonstram que, neste momento, ambos estão aliados como técnicos dispostos a arregaçar as mangas para viabilizar um proje-

---

84   Ibidem, p. 22.
85   FURTADO, 1985, p. 154-155. No seu relato, Campos não menciona o convite a Furtado, mas apenas que fora "solicitar a assistência técnica da CEPAL para o planejamento brasileiro", "indicando expressamente o nome de Furtado" (CAMPOS, 1994, p. 164).
86   CAMPOS, 1994, p. 164.
87   As projeções compreenderiam o período de 1954 a 1962 (CEPAL/BNDE. *Analisis y projecciones del desarrollo económico: el desarrollo económico del Brasil*. México: CEPAL/BNDE, 1956). Outros estudos viriam em seguida, publicados pela CEPAL e seguindo a mesma metodologia para os demais países latino-americanos.
88   FURTADO, 1985, p. 170-171, 174; FURTADO, Celso, "Depoimento 1982". In: *Memórias do Desenvolvimento*, Centro Internacional Celso Furtado de Políticas para o Desenvolvimento, Rio de Janeiro, ano 3, n. 3, out. 2009, p. 106-107.

to de desenvolvimento comum. As divergências são mais de forma que de conteúdo. Furtado chega a mencionar a coesão do grupo técnico[89] como o elemento responsável para a defesa do banco e manutenção do projeto de "desenvolvimento dirigido". O caso de Maciel Filho permite estabelecer um contraponto entre dois personagens: o "técnico" e o "político".[90] Entretanto, este contraponto não significa uma aposta tecnocrática e apolítica, já que as diversas alianças, estabelecidas no seio e a partir do Estado enquanto técnicos, que levam ao aprofundamento da divergência de orientação, mais adiante, entre os nacionalistas e os mercadistas. Contudo, nesta primeira fase, conforme o depoimento de Maria da Conceição Tavares:

> O Banco era menor, era pequeno, e então havia uma comunhão de intenção nos debates. Todos estavam naquela altura, com o projeto de fazer do Brasil uma grande nação industrial. E essa era a mística da casa.[91]

Este depoimento de Tavares, que ingressa no banco em 1958, revela um dos principais capitais da instituição desde o início: o seu corpo técnico, dotado de coesão interna, e movido por uma "mística" ou por um "espírito comum" na maneira de pensar o desenvolvimento. Como o primeiro concurso para técnicos seria realizado apenas em 1955, até esse ano os cargos de carreira haviam sido preenchidos interinamente.[92]

Juvenal Osório Gomes[93] relata ter entrado no banco como economista, na condição de interino, até "baixar a ordem irrecorrível de Campos", já superintendente, de que para "continuar no BNDE era preciso fazer concurso". No seu entender, em seis meses de funcionamento, "o banco não se sentia mais cria da Comissão Mista, mas uma entidade com finalidades próprias, objetivas e bem definidas". O capital técnico foi se acumulando aos poucos. Referindo-se à análise de projetos, Juvenal afirma que "da parte técnica, ninguém entendia nada". E continua:

> Descobrimos que os franceses tinham um departamento que cuidava de serviços públicos e haviam elaborado um critério para análise de projetos. Foi um achado! Começamos a trabalhar com base naquilo para produzir nossos próprios roteiros e critérios. Depois, foi relativamente

---

89 FURTADO, 2009, p. 106.
90 KLÜGER, 2017, p. 123-125.
91 TAVARES, 2009, p. 163.
92 BNDE. *Exposição sobre o Programa de Aparelhamento Econômico: exercício de 1956*. Rio de Janeiro: BNDE, 1956, p. 33.
93 GOMES, Juvenal Osório. "Entrevista com Juvenal Osório Gomes". In: *Memórias do Desenvolvimento*, Centro Internacional Celso Furtado de Políticas para o Desenvolvimento, Rio de Janeiro, ano 3, n. 3, out. 2009, p. 139-141.

fácil partir para a análise de projetos industriais. Aos sábados, revisávamos informalmente, sem nada programado, o trabalho feito na semana, as dificuldades encontradas, as vitórias alcançadas, os problemas superados. Era muito estimulante, um desafio permanente para todos nós.[94]

Depois do primeiro financiamento aprovado à Estrada de Ferro Central do Brasil, em 1952, no ano seguinte o BNDE passa a funcionar a pleno vapor, assinando créditos para a Companhia Nacional de Álcalis, a Usina Rio Bonito, a Fábrica Nacional de Motores (FNM), a Viação Férrea do Rio Grande Sul e a Superintendência de Empresas Incorporadas ao Patrimônio Nacional (SEIPAN),[95] composta por empresas deficitárias do setor ferroviário, anteriormente sob controle estrangeiro. Portanto, no seu início, funciona basicamente como um banco público para empresas públicas de infraestrutura. Os projetos do setor privado eram poucos e relativamente modestos.[96]

Quando se observa o perfil dos empréstimos para o período 1953 a 1955, o foco prioritário eram os setores de energia elétrica e ferrovias, destinatários de 76% dos recursos, com gradual atenção para as indústrias básicas, com 20% do total.[97] As prioridades do BNDE caminhavam mais no sentido das diretrizes da Assessoria Econômica, ainda que muitos dos projetos tivessem sido elaborados pela equipe da CMBEU. Rômulo admite a influência da Assessoria Econômica na sua primeira etapa, "quando o banco tinha de apoiar a indústria de base porque era a sua obrigação, embora se dedicasse muito mais à infraestrutura".[98]

Nesse ínterim, longe do BNDE o debate esquentava, assim como o quadro político, às vésperas da mudança ministerial do governo Vargas. Em abril de 1953, por conta da 5ª Conferência da CEPAL, realizada no hotel Quitandinha em Petrópolis, a delegação brasileira, liderada pelo presidente da CNI, Euvaldo Lodi, conta com a presença de todos os representantes do pensamento econômico nacional: Eugênio Gudin, Otávio Gouveia de Bulhões e Valentim Bouças, os economistas de prestígio; Roberto Campos e Miguel Osório de Almeida, os técnicos do Itamaraty; e Rômulo Almeida e Cleanto de Paiva Leite da Assessoria Econômica.[99]

---

94   GOMES, Juvenal Osório. "Depoimento". In: BNDES. *BNDES: 50 anos de Desenvolvimento*. São Paulo: DBA Artes Gráficas, 2002, p. 44.
95   BNDES, 2002, p. 31, 35.
96   GOMES, 2002, p. 44.
97   TAVARES, 2010, p. 34-38.
98   ALMEIDA, 2009, p. 201.
99   KLÜGER, 2017, p. 119-120.

Prebisch trava então um acalorado debate com Gudin, respondendo pelo *Diário de Notícias* às críticas que recebera no *Correio da Manhã*, dando assim continuidade à polêmica que mantivera com Jacob Viner – então renomado professor de Princeton – em 1951, quando este publicara suas ácidas críticas à CEPAL, a convite do mesmo Gudin, na RBE. Em seguida Bulhões e Furtado continuariam o duelo no *Jornal do Comércio*.[100]

Em 1952, Gudin e Bulhões haviam partido para o ataque à CEPAL por meio de artigos na "sua" revista, na qual publicavam também os textos de Furtado, Prebisch e de outros técnicos nacionalistas. Gudin escreve então um artigo intitulado "O caso das nações subdesenvolvidas"[101], que deixa Furtado estarrecido.[102]

O economista neoliberal inicia seu texto delimitando "o campo de competência dos "economistas". O aspecto tecnológico do problema encontra-se sob a alçada dos engenheiros. Portanto, a atuação dos economistas deve ser "subsidiária", voltada para as técnicas relativas ao comércio internacional, instituições monetárias ou ciclos de negócios. Mais ainda, o "progresso econômico" transcende o universo dos economistas, pois "é primordialmente função do clima, dos recursos da natureza e do relevo do solo". Não à toa, a civilização ocidental se desenvolvera "invariavelmente fora da zona tropical". O Brasil "perde" no clima, na "inércia continental" – pois a eficiência da ação administrativa é inversa ao quadrado da distância – e na dimensão demográfica, na medida em que "os acréscimos de população absorvem toda provisão de capital no investimento extensivo, nada sobrando para o intensivo". Em síntese, "a generosidade divina" não fora uniforme para todas as regiões. Daí a a necessidade de "ajudar os mal-aquinhoados".[103]

Gudin considera "estéril" o debate em torno das "nações subdesenvolvidas". Ora, esses países apresentam "baixo nível de renda *per capita* em virtude da técnica rudimentar e do atraso", para então retornar ao determinismo geográfico. Questiona a CEPAL por pretender criar uma nova teoria econômica. Reconhece que as premissas da "velha teoria do padrão-ouro" pertencem aos "arquivos da história econômica", fornecendo não obstante "um vasto arsenal de conhecimentos teóricos". No seu entender, "as equações são as mesmas, apenas os parâmetros variam" no tempo e no espaço. Defende o estudo das economias dos países subdesenvolvidos, mas de modo a "promover a formação de capital e a melhoria de sua produtividade agrícola e industrial".

---

100 FURTADO, 1985, p. 158-160.
101 GUDIN, Eugênio. "O caso das nações subdesenvolvidas". In: *Revista Brasileira de Economia*, n. 3, vol. 6, 1952.
102 FURTADO, 1985, p. 156-157.
103 GUDIN, 1952, p. 49-53.

Depois de questionar empiricamente a tendência à deterioração dos termos de troca de Prebisch, ele aponta que o problema está na "forte elasticidade de suprimento dos produtos primários uma vez elevados seus preços". Descuidam-se estes países da diversificação da oferta agrícola. Tal fato é agravado pela "irritação e impaciência dos países pobres" ao emularem os padrões de consumo dos ricos, em vez de se concentrarem no "capital" e no "sacrifício".[104]

Aliás, a proposta de concentração dos investimentos nos pontos de estrangulamento, por meio da geração de economias externas – que constaria do relatório geral da CMBEU da qual Gudin participava – apenas se justifica, no seu entender, no caso de "países extremamente subdesenvolvidos". Admite a poupança compulsória – mas jamais a "poupança forçada através da inflação". E desde que salvaguardadas as seguintes condições – "atmosfera de paz política e social, relações de troca favoráveis e possibilidade de atração de capital estrangeiro". No caso brasileiro, contudo, predomina a "inflação desordenada" e o "hiperemprego", que reduz apreciavelmente o volume de produção em relação ao que se observa em um contexto de "desemprego moderado".

Seu diagnóstico em nada mudara sete anos depois da polêmica com Roberto Simonsen. Se a situação é a mesma, ela se mostra agora agravada pelo "nacionalismo" – "manifestação de burrice coletiva e de complexo de inferioridade" que dificulta "a colaboração do capital estrangeiro".[105] O seu tom acusatório parece indicar que o seu adversário se tornara mais robusto e ativo, influenciando as decisões do governo, não apenas no que tange à política econômica.

Em outro artigo, do mesmo ano, Bulhões[106] faz uma crítica contundente ao "nacionalismo" brasileiro, em um tom mais de *scholar*, sem os impropérios de seu colega. O artigo inicia-se com uma digressão filosófica. No seu entender, "o nacionalismo deveria ser um movimento favorável à cultura e à economia de um país; um meio de alcançar-se a melhoria do bem-estar dos indivíduos que se congregaram em nação".[107]

Entretanto, no Brasil, as manifestações nacionalistas se revelavam "nitidamente antieconômicas". A raiz da confusão estaria no fato de que o nacionalismo deixou "de ser um meio de ação para se transformar em finalidade última". No seu entender, não se poderia "fugir ao exame da finalidade dos atos econômicos". Recorrendo a Adam Smith, Bulhões professa que "o consumo é a finali-

---

104   Ibidem, p. 52-54, 57, 62.
105   Ibidem, p. 63-64, 66.
106   BULHÕES, Otávio Gouveia de. "Economia e nacionalismo". In: *Revista Brasileira de Economia*, n. 1, vol. 6, 1952.
107   Ibidem, p. 91.

dade dos atos econômicos". Em termos mais precisos, "a finalidade última da economia está na melhoria do bem-estar social". Como o maior lucro deriva da eficiência, assegura-se desta forma "a integração entre a economia e a ética". O nacionalismo deve partir desse desiderato. "Preservar a nação não é insular-se", vaticina. Para Bulhões, o nacionalismo coaduna-se melhor com o liberalismo ao assegurar a "dignidade da pessoa".[108] Em seguida, o autor critica Friedrich List: o equívoco do pensador alemão teria sido o de se arvorar a "descobridor de um novo sistema econômico", transformando "a economia nacional em finalidade de política econômica".[109]

Quanto às manifestações nacionalistas antieconômicas brasileiras,[110] Bulhões se refere especificamente à política do petróleo e à restrição às remessas de lucros conforme o Decreto 30.363 assinado por Vargas em fevereiro de 1952, que estabelecera um teto para as remessas de 10% sobre o capital investido, não contabilizando os lucros reinvestidos. No primeiro caso, percebem-se algumas nuances que o diferenciam de Gudin. Ele admite que a Constituição definiu "o direito de propriedade estatal como meio eficaz de acompanhar a produção em suas diferentes fases".[111] A sua crítica dirige-se à recusa de se estender a concessão a estrangeiros. Quanto à remessa de lucros, no seu entender, ao combater o reinvestimento de lucros, o país estaria restringindo a entrada de capitais estrangeiros.

Em síntese, para Gudin e Bulhões, os "fins" estariam se antecipando aos "meios" disponíveis para o desenvolvimento. Embora houvesse concordância sobre alguns destes "meios" no seio do grupo da CMBEU, Campos, como veremos em seguida, parte do pressuposto de que a industrialização do período anterior havia caminhado no sentido do desenvolvimento e da diversificação do capitalismo brasileiro. Os fins eram diversos e neste momento havia maior aproximação entre os técnicos nacionalistas e mercadistas.

Este era o contexto reinante quando Roberto Campos se empenha na elaboração do relatório geral da CMBEU durante o ano de 1953,[112] escrito em colaboração com

---

108 Ibidem, p. 91-95.
109 Ibidem, p. 96-101.
110 Ibidem, p. 103-104, 106-107.
111 Bulhões, na prática, não possuía um antiestatismo tão arraigado quando Gudin. Já no relatório da missão ABBINK de 1948 advertira contra os abusos da política monetária em países em rápido processo de expansão econômica, devendo esta se concentrar na coordenação dos investimentos, desde que a ação do Estado não fosse exorbitada. Ver MALAN, Pedro S.; BONELLI, Regis; ABREU, Marcelo de P. & PEREIRA, José Eduardo de C. *Política econômica externa e industrialização no Brasil (1939/52)*. Rio de Janeiro: IPEA/INPES, 1977, p. 56-59; BIELSCHOWSKY, 1995, p. 39.
112 O relatório geral foi concluído em dezembro de 1953 e os relatórios técnicos referentes aos projetos em julho do mesmo ano, quando a CMBEU encerrou oficialmente as suas atividades. A

Otávio Dias Carneiro, no Rio de Janeiro, e depois a quatro mãos, em Washington, com Philip Glaessner, economista chefe da seção dos Estados Unidos na Comissão.[113]

Segundo seu relato, procura imprimir no texto um "desintoxicante ecletismo", quando já despontavam "elementos de radicalização ideológica".[114] De fato, existem vários pontos – especialmente no tocante à política econômica e à defesa do capital estrangeiro – em que ele acena para uma possível reconciliação com a dupla Gudin/Bulhões, completada mais adiante. No geral, porém, o texto segue o tom dos artigos anteriores de Campos, ressalvado o fato de que se trata de um documento assinado pelos dois governos que compõem a CMBEU.

A principal diferença do relatório sob a liderança de Campos com relação aos textos da dupla Gudin e Bulhões está na compreensão de que a economia brasileira já se desenvolvia, fazendo-se necessária uma intervenção mais eficiente e orientadora do Estado no sentido de atacar os principais desequilíbrios estruturais. Em vez de estática e normativa, a análise é dinâmica e informada por uma vasta gama de informações empíricas, apenas passíveis de compreensão por meio de um mergulho neste processo dotado de características próprias. O documento combina análise técnica rigorosa com uma narrativa sucinta das transformações econômicas e sociais, além de recomendações de política econômica, contendo ainda no seu anexo os projetos para os setores considerados estratégicos.

O primeiro capítulo do relatório contempla um diagnóstico geral da situação da economia brasileira de 1939 a 1952, que teria crescido a uma média de 3,4% em termos *per capita*, puxada em grande medida pelos "efeitos de uma escala relativamente elevada de investimentos públicos e privados". A taxa de investimento se elevara a 18% ao final do período, representando o setor privado ¾ da formação bruta de capita fixo.[115] Portanto, o quadro era bem diverso do diagnóstico de Gudin. O relatório menciona ainda o vulto da indústria privada de construções, 60% da qual concentrada em São Paulo e no Distrito Federal, graças aos "investimentos especulativos por parte das classes de rendimentos elevados".

---

      versão em português foi publicada em novembro de 1954 em 17 volumes (MALAN, BONELLI, ABREU & PEREIRA, 1977, p. 60-61). O relatório geral foi divulgado pela revista *Observador Econômico e Financeiro*, nos números de abril e maio de 1955 e fevereiro/março de 1956. Ver a sua íntegra em "Relatório da Comissão-Mista Brasil-Estados Unidos" [1953]. In: *Memórias do Desenvolvimento*, Centro Internacional Celso Furtado de Políticas para o Desenvolvimento, Rio de Janeiro, ano 2, n. 2, jul. 2008.

113   CAMPOS, 1994, p. 163.
114   Ibidem, p. 169-170.
115   "Relatório da Comissão-Mista Brasil-Estados Unidos" [1953], 2008, p. 285-289.

Sobre os fatores estruturais decisivos que explicam esse crescimento, o relatório aponta a existência de um grupo crescente de vigorosos empresários industriais; a emergência de uma nova mentalidade na agricultura, em algumas culturas e estados; e a consciência cada vez maior por parte de determinados setores do governo das "necessidades e problemas do desenvolvimento econômico". A esses fatores devem se agregar os melhoramentos em tecnologia, educação e saúde, com a expansão de rodovias-tronco e a ligação entre as redes ferroviárias, a elevada mobilidade de capital e mão de obra pelo território brasileiro, inclusive expandindo a fronteira agrícola.

Entretanto, existem também "fatores de retardamento" – geralmente ligados ao clima e ao relevo, na linha de Gudin – aos quais se somam as instituições sociais e culturais, como as "tradições herdadas de uma agricultura devastante e feudal, os hábitos especulativos do comércio e um sistema de governo paternalístico" e a "relutância em admitir participação externa na exploração de recursos naturais do país", como no caso do petróleo.[116]

Apesar desses fatores "negativos", o ritmo de industrialização havia se mostrado robusto, deparando-se, contudo, com "pontos de estrangulamento" – especialmente nos setores de energia e transportes – que podem se mostrar cumulativos caso não sejam enfrentados. Os desequilíbrios regionais são também apontados, mesmo que certa dose de "polarização" seja vista como necessária. Mas a concentração da produção industrial em São Paulo em 1949 (50% do total) parece exagerada, gerando uma distribuição regional da renda bastante desigual.

A indústria, por outro lado, se expandiu sobremaneira, encontrando "oportunidades incomuns de investimento lucrativo", especialmente nos setores onde as restrições à importação se mostraram mais severas. Mesmo mantendo dúvidas sobre "a sabedoria da orientação da política econômica ao longo prazo" – leia-se moeda sobrevalorizada com licenças à importação – teria havido uma "considerável" melhoria da qualidade da produção industrial. Esta evoluíra por meio de um "razoável equilíbrio" entre indústrias básicas e de consumo, apesar de predominarem "instalações de reparos e oficinas surpreendentemente grandes",[117] o que mais tarde Ignácio Rangel[118] descreveria como um departamento de bens de produção não capitalista e altamente intensivo em trabalho. Ao final do período, contudo, o país lograra internalizar alguns importantes ramos na produção de bens intermediários e de capital.

---

116   Ibidem, p. 290-306.
117   Ibidem, p. 306-308.
118   RANGEL, Ignácio. "Economia: milagre e anti-milagre [1985]". In: RANGEL, Ignácio. *Obras reunidas – volume 1*. Volume organizado por César Benjamin. Rio de Janeiro: Contraponto, 2005b, p. 716-717. Para Rangel, este Departamento I "primitivo" já era importante durante a Primeira Guerra

No setor agrícola, os volumes de exportação teriam se mantido elevados, em virtude da característica destes produtos de "mercado do vendedor", ainda que de maneira insuficiente face à elevação da demanda de divisas. Na produção para a subsistência, houve importante dinamismo, ainda que abaixo do ritmo de expansão da população urbana que respondeu por 2/3 do crescimento da renda nacional. Este desequilíbrio seria agravado pela deficiência dos transportes e pela "posição--chave de que gozam os atacadistas".[119]

O período foi marcado ainda pelos elevados níveis de inflação. Ainda assim, os salários acompanharam os custos de vida, embora não em todas as regiões e ocupações. O diagnóstico da inflação refere-se a fatores externos durante a Segunda Guerra Mundial e a fatores internos no período posterior, tendo a expansão do crédito servido como "resposta à espiral de preços e salários".[120]

Não obstante a expansão creditícia pudesse ter sido controlada, apoiada por uma reforma fiscal no sentido de "desencorajamento excessivo do consumo" – de modo a amortecer a expansão inflacionária, com a criação de mecanismos de estímulo à poupança voluntária –, a elevação do nível de preços criou novas oportunidades e deu forte impulso a novos empreendimentos. O setor público avançou ao investir nos setores onde havia gargalos, mas o controle das tarifas tornou essas atividades menos lucrativas. Apesar dos reparos feitos a certos elementos da política econômica, ocorrera um salto industrial, abrindo novas potencialidades setoriais e regionais, que do contrário se mostrariam adormecidas. Paralelamente, a renda monetária – e mesmo a renda real – da população que migrou para as cidades aumentou substancialmente.[121]

Criaram-se simultaneamente "indústrias complementares e interativantes", acarretando a "disseminação de métodos modernos de manufatura e organização". Isso fora possível pela conjugação de três efeitos: subvenção, pelo barateamento dos produtos importados (máquinas, matérias-primas e combustíveis); protecionista, pela eliminação dos produtos concorrentes nas atividades já instaladas; e lucratividade, ao elevar a rentabilidade da produção para o mercado interno, em contraposição à das exportações, drenando assim recursos internos ociosos.[122]

O tom do relatório é pragmático e nada apologético. Conforme a sua argumentação, o país encontrava-se em uma situação mais favorável do que antes para

---

Mundial, por meio das oficinas de manutenção anexas a estabelecimentos industriais ou dos serviços de utilidade pública, permitindo assim "duplicar a vida útil normal de um equipamento".

119 "Relatório da Comissão-Mista Brasil-Estados Unidos" [1953], 2008, p. 309-314.
120 Ibidem, p. 337-347.
121 Ibidem, p. 347-354.
122 Ibidem, p. 387-388.

atacar os seus desequilíbrios estruturais e readequar a política econômica. Um "mercado interno avantajado e estável" já se encontrava instalado. Seria um "raciocínio especulativo", aponta o relatório, saber se outro conjunto de políticas poderia ter assegurado tal resultado, o que dependeria, por sua vez, de uma avaliação da sua exequibilidade política e institucional. A perda do incentivo à exportação – que deveria ser revista – foi um preço menor frente à "flexibilidade de uma economia mais amplamente diversificada".[123]

Estavam dados, assim, os pré-requisitos "em termos de mercado", para o aproveitamento das fontes nacionais de recursos e do suprimento de novos bens a partir do território nacional. Nesta análise caracterizada pelo "sopesamento de fatores estruturais e monetários", cobra-se maior coordenação entre a política cambial e as políticas monetárias, fiscais, de investimento e de salários, de modo a atacar os "pontos de estrangulamento", "com um grau tolerável de estabilidade no balanço de pagamentos". A saída estava no maior dinamismo nas exportações e no ingresso de capital estrangeiro para se alcançar o objetivo de "um alto nível de produto e de investimento com um mínimo de inflação".[124]

Sobre os efeitos dos projetos da CMBEU, eles representariam menos de 10% do investimento bruto nos cinco anos seguintes, além de não comprometerem a capacidade de atendimento dos encargos da dívida externa em dólares.[125] Tal esforço permitiria:

> Primeiramente, uma utilização mais efetiva da capacidade de produção existente na indústria e na agricultura e, assim, melhorar a situação de abastecimento e, em segundo lugar lançaria as bases para a criação de novas faculdades produtivas com vistas a uma futura expansão da produção. Em ambos os casos, a capacidade da nação para produzir bens de consumo e produção seria significativamente aumentada, com o que se poderia, no futuro, tornar compatíveis crescentes níveis de consumo com uma taxa continuamente alta de inversões.[126]

Dessa forma, fica evidente que a "nação" em termos de dotação de fatores produtivos estava prestes a atender o "mercado" em expansão no curto e no médio prazo, desde que as políticas econômicas fossem redefinidas. O elenco de projetos prioritários permitia a continuidade do processo de industrialização, desde que assegurada

---

123 Ibidem, p. 389-394.
124 Ibidem, p. 386, 389, 394-395.
125 Ibidem, p. 412-416.
126 Ibidem, p. 411.

maior racionalidade econômica, por meio do ingresso do capital externo e do abandono do "pessimismo exportador". Portanto, a diferença com relação aos nacionalistas que partem de uma relação inversa entre os meios e os fins – o desenvolvimento do mercado (interno) para se chegar à nação – já estava colocada em 1953.

Neste sentido, talvez seja um exagero a afirmação de Furtado, quando aponta que Roberto Campos, ao voltar de Los Angeles, em 1955, "era um outro homem".[127] O Brasil é que havia mudado. Se antes as formulações dos técnicos de ambos os lados, apesar das várias nuances, mais os uniam que os dividiam, depois passariam a revelar diferenças ideológicas e de orientação política crescentes.

Enquanto Campos retorna ao serviço diplomático, Furtado coordena a elaboração do documento do Grupo CEPAL-BNDE a ser apresentado na 6ª. Conferência da CEPAL, em maio de 1955 na Colômbia. Mais interessante que o estudo em si é a metodologia que lhe serve de base.[128] Vale ressaltar que estes documentos não possuem autoria, apresentando um linguajar técnico sob o guarda-chuva de uma instituição internacional.

O texto sobre "introdução à técnica de programação" inicia-se com uma discussão teórica sobre a relação entre "programa para o desenvolvimento econômico" e "controle estatal rígido da economia".[129] O objetivo é desbastar o elevado conteúdo ideológico que norteava o debate, para firmar uma posição própria no âmbito dos especialistas das Nações Unidas. Revela, portanto, um cosmopolitismo enraizado na experiência latino-americana e o comprometimento com a assistência técnica aos países da região, interessados em assimilar a metodologia de programação. Há até mesmo um exagero de sistematização e formalização, o que se explica pela necessidade de legitimar o esforço da CEPAL em escala mundial.

Para Furtado, o Estado pode abarcar um amplo rol de atividades econômicas, inclusive suplantando o setor privado, sem que haja qualquer programação. Paralelamente, um programa pode ser implantado em um contexto de intervenção estatal mínima. Ou ainda seu raio de ação pode ser maior, fazendo uso de políticas fiscais, monetárias, tarifárias, de crédito doméstico e externo, além de direcionar investimentos para as indústrias básicas fora do alcance do setor privado. Um "bom programa" seria aquele capaz de criar condições favoráveis para uma intensificação do crescimento da economia, abrindo espaço para os investimentos do setor privado. Para tanto, deve estabelecer algumas metas prioritárias,

---

127 FURTADO, Celso, "Entrevista". In: BIDERMAN, Ciro; COZAC, Luis Felipe & REGO, José Marcio (orgs.). *Conversas com economistas brasileiros I*. São Paulo: Editora 34, 1996, p. 87.
128 ECLA. "An introduction to the tecnique of programming". In: UNITED NATIONS. *Analyses and projections of economic development*. New York: United Nations, 1955.
129 Ibidem, p. 1-3.

embasado em um diagnóstico do passado recente e no prognóstico de tendências futuras. No caso dos países latino-americanos, o desafio era acelerar a taxa de crescimento e ao mesmo tempo assegurar uma melhor organização e distribuição dos recursos existentes.[130]

Com base em uma taxa de crescimento esperada, o economista avalia as necessidades globais de investimento, levando em consideração as relações de troca, a capacidade para importar, os requisitos para substituição de importações e a entrada líquida de recursos externos. Paralelamente, realiza estimativas setoriais de investimento, as quais devem ser contrapostas ao nível global de investimento obtido por meio do primeiro exercício analítico.

Duas hipóteses genéricas são cogitadas. A primeira exige uma elevação do coeficiente de investimento em detrimento do consumo, de modo a elevar o nível de renda e, em um segundo momento, recuperar o crescimento do consumo. Mas o consumo não deve ser visto como uma variável de fácil agregação, já que os grupos de alta renda, não obstante serem aqueles com maior propensão a poupar, se mostram mais afeitos ao consumo luxuoso. Reformas fiscais e instrumentos creditícios poderiam transformar esta poupança em investimento. Outra hipótese requer um expediente temporário: a contribuição do capital externo, que permitiria um ritmo de crescimento mais elevado e sem contenção da demanda. A partir de um determinado ponto, a poupança doméstica se mostraria capaz de irrigar os fluxos de investimento necessários. A viabilidade de cada opção depende de opções não só econômicas, mas também políticas e sociais.[131]

Observa-se, assim, que Campos e Furtado, neste momento, possuem visões muito similares sobre o papel do planejamento na economia brasileira, além de comungarem do mesmo jargão técnico. Inclusive a combinação entre planejamento global e setorial parece ser bem aceita por ambos, já que o global se refere mais à coordenação das políticas econômicas e à definição das metas prioritárias, as quais devem ser sempre esmiuçadas setorialmente.

Finalmente, o documento ecoa o mantra dos primeiros planificadores latino-americanos na sua controvérsia com os economistas neoliberais: "a técnica de programação é neutra".[132] Para Furtado, cabe ao técnico "apresentar as várias alternativas em termos de crescimento com objetividade, apontando para os seus pré-requisitos e possíveis consequências". Os meios utilizados – a depender dos fins (ritmo e perfil do crescimento) – também merecem cautelosa avaliação, assim como os seus impactos sobre o consumo e o nível de renda dos vários estratos so-

---

130 Ibidem, p. 3-4.
131 Ibidem, p. 4-5.
132 Como indicado na Parte I deste livro, Rômulo já se pronunciara nesse sentido nos anos 1940.

ciais. Tal atitude transparente fortalece a "autoridade moral do planejador" e a sua "capacidade de persuasão", já que a "programação exige a colaboração de forças sociais poderosas".[133] Neste ponto, reside a senha da divergência futura com Campos. Furtado partilha do mesmo sistema de valores dos técnicos nacionalistas.

O relatório do grupo CEPAL-BNDE, além de fornecer uma análise técnica mais pormenorizada do que o da Comissão Mista para o período de 1939 a 1952, apresenta projeções para o período de 1954 a 1962. Segundo Furtado, os países "pouco desenvolvidos" teriam à sua disposição a "técnica acumulada pelas nações adiantadas". O crescimento aparece como resultante da "disponibilidade de recursos para acumular", o que depende "da existência de recursos naturais disponíveis, de uma oferta elástica de mão de obra e de uma classe empresarial em formação", elementos disponíveis no caso brasileiro. No seu entender, para além do "crescimento espontâneo", pode-se atuar no sentido de acelerar o desenvolvimento, agindo sobre alguns pontos do sistema (estímulo a investimentos privados e estatais, entrada líquida de recursos externos e gestão da capacidade para importar).[134]

Segundo as projeções mais realistas, o prognóstico aponta para um crescimento da renda *per capita* de 1,5% entre 1955 a 1962, portanto duas vezes inferior ao observado no período 1939-1952. Furtado opta por trabalhar com a estimativa de 2%, mas não deixa de cogitar a tese otimista de 3,8% – um ponto percentual abaixo do efetivamente verificado –, o que exigiria uma elevação da taxa de poupança e da relação produto/capital, além de uma substantiva entrada líquida de recursos externos.[135] Em seguida, com base nestes dados agregados, a projeção desce para o nível e composição dos vários segmentos da demanda projetada ao longo do período, bem como da oferta para o mercado interno e externo, com destaque para o problema do café e as necessidades de transportes e energia. Ao fim, o autor analisa a estrutura tributária e o perfil de gastos do setor público.

Se nesta formulação esquemática transparece o Furtado funcionário das Nações Unidas, um ano antes ele havia lançado seu livro *A economia brasileira* (1954). Aqui o técnico nacionalista já deixa entrever a complexidade da tarefa de pensar o desenvolvimento em alto nível de abstração. Diferencia o feudalismo das economias comerciais e estas das economias industriais, quando ocorre a transformação do papel social do empresário, cuja atividade tem como efeito o aumento da renda de um grande número de pessoas no seio da coletividade. Passa a existir então "uma articulação entre a técnica de produção e a acumulação de capital". "O

---

133 ECLA, 1955, p. 9.
134 CEPAL/BNDE, 1956, p. 11-23.
135 Ibidem, p. 27-31.

lucro não pode ser entesourado", pois resulta do aumento da produtividade, que gera "uma expansão em profundidade".[136] Mas isso é pouco para se formular uma "teoria do desenvolvimento", caracterizada por uma duplicidade fundamental – caráter abstrato e histórico –, que geralmente não se integram no plano analítico.

Do ponto de vista dos países subdesenvolvidos, se as variáveis são diversas, as equações também se alteram. Portanto, "cada economia que se desenvolve enfrenta uma série de problemas que lhe são específicos", os quais dependem do "complexo de recursos naturais, das correntes migratórias, da ordem institucional, do grau relativo de desenvolvimento das economias contemporâneas e do padrão de inserção externa".[137] Esses elementos estão "congelados" no documento da CEPAL, que indica a margem de manobra racional possível, partindo do instrumental econômico existente, mas tomando o cuidado de deixar de lado os condicionantes sociais e políticos.

A principal crítica ao esforço de Furtado viria do campo nacionalista. No texto em que reúne as conferências realizadas no IBESP em meados de 1955 – quando Furtado já havia publicado o seu documento sobre o planejamento –, Ignácio Rangel menciona a "polêmica que durou oito meses, em Santiago, e espalhou cinzas ainda quentes por estas páginas".[138] O economista maranhense refere-se ao curso de capacitação da CEPAL realizado em 1954.

No seu entender, o problema reside em pretender "programar", sem ter "o comando das alavancas essenciais do organismo econômico". Portanto, não questiona o planejamento em si, mas o esforço de projetar um nível de crescimento, para depois estimar e calcular como se comportariam os agregados econômicos, descendo inclusive ao nível setorial. Após ressaltar a "beleza da construção, suas linhas geométricas sólidas, a singeleza da concepção", desfere o ataque:

> O edifício é uma pirâmide assente sobre o vértice – posição que, evidentemente, não convém a uma pirâmide. Que razão teríamos nós, com efeito para começar o planejamento supondo certo crescimento da renda nacional? Por que não relacionamos antes os recursos disponíveis, em função do efetivo comando que tenhamos sobre eles, para depois, como coroamento desse trabalho, chegarmos à previsão de certo aumento da renda nacional, se esses recursos são usados de certo modo ou de outro?[139]

---

136 FURTADO, Celso. *A economia brasileira – contribuição à análise do seu desenvolvimento*. Rio de Janeiro: A Noite, 1954, p. 26-47.
137 Ibidem, p. 211-214.
138 RANGEL, 1957, Prefácio.
139 Ibidem, p. 109.

Em contraposição, Rangel defende uma análise que se detenha sobre o "verdadeiro promotor do desenvolvimento [...] que utiliza o desequilíbrio existente para resolvê-lo mediante desenvolvimento, mas tendo o cuidado de gerar outro desequilíbrio, que substitua o primeiro". Rangel prenuncia assim a fórmula hirschmaniana decodificada a partir da experiência planejadora frustrada na Colômbia. O economista naturalizado estadunidense percebera então que a abordagem do "ataque generalizado ao subdesenvolvimento" por parte dos técnicos do Banco Mundial inibia a elaboração de uma "estratégia de desenvolvimento" a partir da "mudança que já estava acontecendo".[140]

Conforme sua avaliação,[141] para que o desenvolvimento prosseguisse, especialmente nos países subdesenvolvidos, o objetivo almejado era "manter as desproporções, tensões e desequilíbrios", que se apresentam sob diversas formas. "O investimento possuiria um caráter promotor de novos investimentos", algo que transcende a discussão abstrata sobre a necessidade de elevação da poupança.

Para Hirschman, um planejamento centralizado poderia ofuscar estes desequilíbrios, sinalizadores de novas fórmulas de alocação de recursos públicos e privados. Neste sentido, a sua tese de encadeamentos para trás e para frente está mais próxima da noção de planejamento setorial de Campos, por meio de pontos de estrangulamento e pontos de germinação, os quais ele caracteriza, respectivamente, como "investimentos autônomos" e "investimentos induzidos".[142] Mas, tal como Rangel, ele encara o desenvolvimento nestes países como um processo, no limite, interminável, jamais tendendo ao equilíbrio.

Rangel não deixa de louvar o esforço da CEPAL ao fornecer "intensa consciência dos problemas das relações interindustriais", elucidando fatos essenciais da "nossa anatomia e da nossa fisiologia econômicas",[143] mas insiste que precisamos de "soluções concretas, não de modelos perfeitos". A técnica do planejamento deveria ter como objetivo "a pesquisa dos desequilíbrios existentes". Onde o custo unitário de produção tende a cair quando se eleva o volume, tem-se um "elo forte" do sistema econômico. A solução, neste caso, está no aumento da demanda. Quando ocorre o contrário, novas inversões se fazem necessárias. O desenvolvimento é obtido quando o produto dos elos fortes é usado para criar o capital adicional de que ncessitam os elos débeis. Deste modo, se amplia "duplamente" a produtividade social da economia.

---

140 ADELMAN, 2013, p. 300-308; HIRSCHMAN, Albert. *The strategy of economic development*. 3rd edition. New Haven: Yale University Press, 1962, p. 10-11.
141 HIRSCHMAN, 1962, p. 66-70.
142 RANGEL, 1957, p. 70-75.
143 Ibidem, p. 109-110.

Paralelamente, existem "claros" no sistema, "onde as indústrias inexistem", exigindo ao planejador que se conheça os itens a serem priorizados pelo esforço de substituição de importações. Em vez de distribuir a capacidade para importar para todos os setores, deve-se focar em projetos, levando em conta a sua divisibilidade e as demandas derivadas, de modo a sistematizar o esforço substitutivo. A agrupação de projetos é estratégica – pois o "projeto isolado nada significa" –, de modo a antecipar as pressões futuras sobre o balanço de pagamentos. Do contrário, corre-se o risco de "encher o país de fábricas aparentes", atuando como "linhas de montagem de partes importadas".[144]

Para tanto, a autoridade planejadora precisa "fixar o câmbio a se aplicar a cada caso específico", de modo a cuidar da substituição de importações, bem como da elevação da capacidade para importar. Isso significa que as divisas não são dos exportadores ou dos importadores, mas do Estado, responsável por definir os produtos específicos e suas quantidades a serem compradas ou vendidas. Novas formas jurídicas devem, assim, emergir no intuito de criar as "condições institucionais" para um planejamento que afete a "direção geral dos processos básicos".[145]

Rangel, desse modo, amplia a noção de pontos de estrangulamento e germinação de Campos, mas reitera também a necessidade de se apoiar nos elos fortes (capacidade produtiva não plenamente ocupada), generalizando o esforço de internalização da estrutura produtiva, por meio de um comando mais acentuado das variáveis econômicas, especialmente no que diz respeito ao câmbio. Cabe assim administrar as relações da economia brasileira com a mundial. Seu enfoque está longe de antiprivatista, pois endossa uma relação de maior entrosamento com o setor privado. O Estado deve apoiá-lo, sempre que possível, na superação dos desequilíbrios.

A proposta de Rangel seria provavelmente rechaçada por Campos. Já Furtado provavelmente retrucaria que o seu "modelo" de planejamento não inviabiliza as considerações de Rangel. Ao contrário, a defesa do maior "comando das alavancas essenciais do organismo econômico" encontra-se no escopo do planejamento cepalino. Depende, no entanto, de forte respaldo político e social.

O debate acima girava, em alguma medida, em torno da melhor forma de compatibilizar o sistema de taxas múltiplas de câmbio com outras ferramentas de política econômica. Para Campos, este sistema se esgotara, gerando retornos cada vez mais decrescentes, ao contrário da visão de Furtado e Rangel.

---

144   Ibidem, p. 111-117, 120-121.
145   Ibidem, p. 118-124.

A polêmica sobre o planejamento não foi equacionada em nenhuma direção, ficando restrita aos altos quadros técnicos da máquina administrativa brasileira, ao menos até o governo JK. Em março de 1955, Campos volta ao Brasil para assumir a superintendência do BNDE no governo Café Filho. Glycon de Paiva já é então o novo presidente da instituição e Eugênio Gudin encontra-se devidamente instalado no Ministério da Fazenda. Como se não bastasse, Bulhões está à frente da SUMOC e Clemente Mariani – professor, político e banqueiro baiano –, do Banco do Brasil. Um verdadeiro *dream team*,[146] conforme Campos o define décadas depois na sua autobiografia.

Mas, antes disso, outro tema candente entrava na agenda: a contribuição internacional para o desenvolvimento dos países latino-americanos. Em novembro de 1954 tem lugar a Conferência Econômica Interamericana, no hotel Quitandinha, em Petrópolis. Os países são representados pelos seus ministros da Fazenda. O evento não está entre as prioridades do governo Eisenhower e do secretário de Estado John Foster Dulles, que procuram botar "panos quentes" no clima tenso em que vive a região após a deposição de Jacobo Arbenz na Guatemala, com apoio dos Estados Unidos.

Prebisch aceita a incumbência de organizar a reunião a pedido da OEA. O corpo técnico da CEPAL se dedica à elaboração do documento "Cooperación internacional en una política de desarrollo latinoamericano". O economista argentino – mestre em forjar acordos e se livrar de confrontos – agora muda de tática. Um contraponto à ação dos Estados Unidos lhe parece saudável à região naquele momento conturbado. O documento, distribuído aos governos e à sede da ONU apenas quatro dias antes da conferência, conta com o apoio de um grupo paralelo de representantes de prestígio de seis países – Argentina, Chile, Colômbia, Costa Rica, México e Brasil –, este representado por Cleanto de Paiva Leite, na condição de diretor do BNDE.[147]

O intuito de Prebisch é causar impacto com uma série de propostas que exigem um maior comprometimento dos Estados Unidos ao esforço de desenvolvimento da região. No seu discurso, apesar de ressaltar que a tarefa do desenvolvimento cabe aos "próprios países latino-americanos", estes não devem "ser criticados por adotarem medidas só factíveis com o apoio do crédito internacional". A agenda inclui a criação de um banco de desenvolvimento regional, o reforço do planejamento econômico, a estabilidade para os preços de exportação das matérias-primas, uma cooperação técnica ampliada, além de reformas fiscal e agrária. Paralelamente, in-

---

146 CAMPOS, 1994, p. 233, 246.
147 DOSMAN, 2011, p. 333-335.

dica uma meta mínima de US$ 1 bilhão, recurso a ser disponibilizado pelo Banco Mundial à região como auxílio à industrialização,[148] além de substancial acréscimo no montante do Eximbank e dos investidores privados daquele país.

O confronto com George Humphrey, secretário do Tesouro dos Estados Unidos, parece inevitável. Um abismo separa as posições dos Estados Unidos e da América Latina. Campos é convidado por Café Filho para se juntar à delegação brasileira comandada por Gudin. Em troca de correspondência com o embaixador dos Estados Unidos no Brasil, Mervin Bohan, Campos adverte que os Estados Unidos deveriam ser mais arrojados, uma vez que se dispunham no máximo a aumentar de maneira modesta os recursos via Eximbank. No seu entender, o país do Norte não poderia transferir todo o peso da cooperação internacional para o setor privado estrangeiro, mensagem contida no discurso do presidente Café Filho por ele elaborado.[149]

O fracasso da conferência foi rotundo. Humphrey não fizera, de fato, nenhuma concessão além daquela já prevista antes da sua partida de Washington. Mencionara inclusive que a América Latina já tinha acesso "mais do que adequado" ao capital.[150] O "Plano Marshall mirim", conforme a definição de Campos, falhara. O "fundo interamericano de investimentos" viria apenas cinco anos depois, com o Banco Interamericano de Desenvolvimento (BID), no contexto pós-Revolução Cubana. A conferência se resumira a "um diálogo de surdos entre três fortes personalidades" – Gudin, Humphrey e Prebisch – que defendiam, respectivamente, "o privatismo, o absenteísmo e o intervencionismo".[151]

Enquanto isso, o BNDE avança conforme o previsto quando da sua fundação, financiando os projetos elaborados pela CMBEU e tendo como prioridades energia e transportes, de modo a permitir que a capacidade industrial não ficasse subutilizada, conforme a premissa de que o Estado deveria complementar e não substituir a iniciativa privada.[152] Utiliza-se tanto do trabalho do grupo CEPAL-BNDE sobre técnicas de programação, como dos estudos da CNI – onde estavam Heitor Lima Rocha e Ewaldo Correia Lima, sucessores de Rômulo no seu departamento econômico – e da Comissão de Desenvolvimento Industrial criada por Vargas. Mercadistas e nacionalistas seguem atuando em conjunto, ainda que os primeiros conflitos já emergissem.

Roberto Campos e Glycon de Paiva se mantêm em seus cargos mesmo com a substituição de Gudin por José Maria Whitaker em abril de 1955. Cleanto prosse-

---

148 Ibidem, p. 335-336.
149 CAMPOS, 1994, p. 227-229.
150 DOSMAN, 2011, p. 336-337.
151 CAMPOS, 1994, p. 228-230.
152 Ibidem, p. 257.

gue na diretoria, apesar de Gudin ter recorrido a Bulhões para convencer o boêmio cívico a renunciar ao seu cargo. Seu depoimento sobre essa conversa revela a consciência que tinha do seu papel como quadro administrativo vinculado a um projeto de desenvolvimento:

> Queriam me tirar do BNDE. Eu respondi ao dr. Bulhões que não renunciaria ao mandato que me havia sido confiado pelo presidente Vargas, e para dizer ao professor Gudin que provavelmente eu ainda estaria lá, como diretor do BNDE, quando ele saísse do Ministério da Fazenda.[153]

De fato, assim aconteceria. E quando se ausenta para servir como chefe de gabinete de Lúcio Meira, nomeado Ministro de Obras Públicas por JK, quem o substitui no cargo é ninguém menos que Ewaldo Correia Lima, do grupo nacionalista, como forma de se assegurar um equilíbrio no BNDE, já agora pilotado por Lucas Lopes e Roberto Campos.

Vale lembrar que Campos, enquanto superintendente da instituição, recusa-se, em 1956, a admitir a perseguição a quadros recém-admitidos no primeiro concurso para técnicos do BNDE. No caso em questão, o Conselho de Segurança Nacional havia questionado os "antecedentes ideológicos duvidosos" de Juvenal Osório Gomes, Ignácio Rangel e Saturnino Braga, tidos como "comunistas".[154]

No geral, predominava um empate técnico no BNDE. Segundo o depoimento de Tavares,[155] havia, no máximo, um "desenvolvimentismo stricto sensu". A pergunta "a quem serve o desenvolvimento" jamais foi colocada concretamente, nem tampouco se fazia a ligação entre produção material de bens e a distribuição de renda. Para Tavares, Ignácio Rangel teria sido "o mais ilustre marginal que o banco já teve". Como vimos, a sua concepção de planejamento exigia um consenso social e político de difícil costura.

Até então, durante o segundo governo Vargas, e mesmo no breve interregno de Café Filho, a despeito das divergências, observa-se "uma fertilização recíproca entre os dois grupos de técnicos". Aglutinavam-se em torno do desenvolvimento acelerado como prioridade essencial.[156] Cabia ao BNDE viabilizar o Plano de Reabilitação Econômica e Reaparelhamento Industrial, aprovado pelo Congresso. Contava, para tanto, com o aval do FMI a chancelar a política macroeconômica brasileira, o que deixaria de existir na segunda metade dos anos 1950. Tudo isso

---

153 LEITE, 1986, p. 176-177.
154 CAMPOS, 1994, p. 255.
155 TAVARES, 2009, p. 168-169, 173, 181.
156 SOLA, 1998, p. 110-111.

contribuía para o impulso industrializante no quadro instável marcado pela "autonomia na dependência".

Entretanto, se esta coexistência entre os dois grupos de técnicos é mantida durante o governo JK, o empate técnico se resolve em prol dos mercadistas. Com a internacionalização do mercado interno, a hegemonia pende para os grupos sociais aos quais estes se encontram vinculados. Ocorre, assim, um deslocamento da sua condição de técnicos do aparato estatal. No limite, compõem uma prototecnocracia civil, pois ainda disputam os fins do governo. Ainda não possuem o pleno controle na formulação da política econômica, tendo inclusive perdido várias batalhas.

Neste sentido, não podemos concordar com Sola[157] sobre a inexistência de "paradoxo" entre a nova associação com o capital estrangeiro e "o papel hegemônico do nacional-desenvolvimentismo" ao longo da década de 1950. Os termos do debate nos parecem mal colocados, pois a autora toma o "nacional-desenvolvimentismo" como um bloco, sem esmiuçar o debate em torno do desenvolvimento na sua matriz econômica, e os confrontos internos ao governo, que extravasam para outras dimensões da vida coletiva.

Em vez de imprimir um selo conceitual generalizante para o período, não seria mais apropriado investigar o misto de continuidade e ruptura que perpassa o segundo governo Vargas e o governo JK, quando tomados em conjunto?

De um lado, o Brasil de JK não existe sem a Petrobras, o Fundo Federal de Eletrificação, o Plano Nacional do Carvão, a CAPES, o BNB e seu ETENE – que desembocariam na SUDENE – e a SPVEA. E tampouco sem a Comissão de Desenvolvimento Industrial (CDI) e a Subcomissão de Jipes, Tratores, Caminhões e Automóveis, que se transformariam, respectivamente, em Conselho de Desenvolvimento, agora com a máquina do BNDE por trás, e no Grupo Executivo da Indústria Automotiva (GEIA).[158] De outro lado, há um conjunto de iniciativas abortadas entre os dois governos, no âmbito da CNPA e da CNBES, articuladas por sua vez a políticas setoriais e regionais.[159]

Rômulo carrega nas tintas ao estabelecer as linhas divisórias entre os governos de Vargas e JK, o que se explica inclusive pelos papéis diversos que tivera em ambos – central no primeiro e marginal no segundo. Ainda assim, seu depoimento serve como contraponto à concepção que associa "desenvolvimentismo" ao mandato do presidente mineiro:

---

157 Ibidem, p. 46-47.
158 LATINI, 2007, p. 97-107.
159 Algumas dessas iniciativas serão retomadas na Parte IV do livro.

> Getúlio era a consciência da limitação dos recursos e da inflação, JK não. Getúlio, criando no Conselho de Desenvolvimento Industrial o grupo da indústria automotiva, preocupava-se mais com caminhões e ônibus, JK, com o automóvel privado; Getúlio priorizava o transporte coletivo e de massa, JK, o rodoviarismo; Getúlio era suspicaz com a invasão do capital estrangeiro, embora tivesse estimulado a Manesmann e a Mercedez na indústria de base e desejasse capitais europeus e japoneses para compensar o americano; JK era aberto. Por último, Getúlio tinha uma obsessiva preocupação pelo progresso social, pela redução dos desequilíbrios sociais e regionais, o que na ideologia e na prática de JK era um problema para depois.[160]

Portanto, por mais que questionemos a forma como Rômulo e outros componentes de seu fragmento de geração idealizaram a figura de Vargas, o importante é que esta mitificação fora criada a partir de iniciativas concretas e de um padrão de gestão da máquina pública, na qual estes técnicos nacionalistas possuíam papel, senão preponderante, ao menos de destaque.

A avaliação de Rômulo parece indicar não tanto um distanciamento com relação ao governo JK, mas a sua substituição por outros técnicos nas posições de relevo, os quais tinham outras prioridades, além de uma concepção alternativa de desenvolvimento econômico. Rangel parece expressar com perfeição a visão do grupo da Assessoria: "muitas das nossas iniciativas e estudos ou não tiveram seguimento ou foram frutificar em pomar alheio".[161]

A própria noção de ruptura – apesar das linhas de continuidade – entre os dois governos expressa as divergências entre os grupos nacionalista e mercadista, e também a sua maior ou menor predominância nos espaços reservados ao corpo técnico encarregado da tomada de decisões estratégicas: em um governo. a Assessoria Econômica; no outro, o Conselho de Desenvolvimento (leia-se a cúpula do BNDE) e os seus Grupos Executivos.

Portanto, enquanto o foco dos nacionalistas recai sobre o salto no processo de transformação do país – apenas possível pela "infraestrutura de recursos e de instituições" montada sob o governo Vargas –, o teor crítico tende a se localizar ao crescimento rápido e profundamente desequilibrado do governo JK. Aqui a ênfase – especialmente nos depoimentos de Rômulo, Cleanto e Rangel – se concentra no âmbito limitado do planejamento e no foco exclusivo à expansão industrial, e menos nas opções de política econômica.

---

160   ALMEIDA, 2004, p. 140.
161   RANGEL, 1995, p. 79.

Portanto, se existe no segundo governo Vargas certa concatenação entre as atividades da Assessoria, da CMBEU, do plano de industrialização sob o comando do Ministério da Fazenda e dos órgãos mais diretamente relacionados à política econômica (SUMOC e Banco do Brasil), esta mediação era geralmente feita pelo presidente que fazia "a harmonização geral da política de desenvolvimento", gerando "um *push* que se manteve" no governo seguinte, conforme Cleanto.[162] E se havia a necessidade de um órgão central de planejamento em face da expansão fragmentada das agências estatais, esta não era a visão dos segmentos mais favorecidos pela industrialização em curso. O processo deslanchado ficara no meio do caminho na visão dos técnicos nacionalistas, abortando várias iniciativas nos planos social, urbano, agrário e industrial, além de travar as reformas administrativa e tributária.[163]

Já para os mercadistas, o governo JK avançara justamente por internacionalizar a economia brasileira, mantendo-se relativamente distante do "nacionalismo radical" predominante no governo Vargas. Seus equívocos se circunscreviam ao plano da política econômica. O "modelo distorcido de desenvolvimento" se devia à incapacidade de se realizar a reforma cambial e à não implementação do Plano de Estabilização Monetária (PEM) de 1958,[164] culminando no descontrole inflacionário e na crise do balanço de pagamentos. Lopes ressalta, por exemplo, que o "nacionalismo" criava obstáculos ao objetivo maior que era o de "criar estruturas para garantir a presença do Brasil no mercado mundial".[165] No seu entender, a nação, em oposição ao "nacionalismo", era um trampolim para o dinamismo do mercado interno e a sua integração no quadro mundial do capitalismo.

Porém, mesmo antes do governo JK o debate econômico, por mais que travado em termos técnicos, já se caracteriza por posições nitidamente diversas entre os dois grupos. Se o Plano de Metas sai do BNDE, onde ambos se fazem representar, o mesmo se passa com o ISEB, no qual participam, em maior número, os técnicos nacionalistas, mas contando também com a presença assídua dos mercadistas. Lucas Lopes e Ari Torres figuravam no Conselho Consultivo e Roberto Campos no Conselho Curador.

Em 1956, o ISEB publica com um título "sonoro" o livro *Introdução aos problemas do Brasil*, com introdução de Guerreiro Ramos sobre "a problemática da realidade brasileira", acompanhado de conferências ministradas no segundo semestre de 1955, distribuídas da seguinte forma: "análise econômico-social", "análise

---

162 LEITE, 1986, p. 85; LEITE, 1988, p. 26, 31-32.
163 DRAIBE, 1985, p. 231-234.
164 CAMPOS, 1994, p. 295-298, 310-312.
165 LOPES, 1991, p. 294.

política-social" e "análise cultural". Na parte econômica, além do texto de Rômulo, sobre "industrialização e base agrária", aparecem as contribuições do mercadista Alexandre Kafka e do nacionalista Ewaldo Correia Lima.[166]

Nascido na Tchecoslováquia, Kafka imigra para o Brasil em 1940, com 23 anos, após passagem pela Universidade de Oxford. No Brasil, é incumbido de organizar o Instituto Brasileiro de Economia (IBRE) da FGV. Apesar de próximo a Gudin, suas ideias estão mais sintonizadas com as de Roberto Campos, da sua geração. Quando escreve o artigo para o livro do ISEB, ele está prestes assumir um posto na sede das Nações Unidas em Nova York.

Salta aos olhos o título do seu artigo na coletânea do ISEB, intitulado "Estrutura da economia brasileira".[167] O autor defende o argumento de que "apesar da impressionante rapidez com que cresce e se transforma a estrutura da economia brasileira", o país enfrenta uma "crise estrutural", que não é mais "uma crise de crescimento",[168] ao contrário do que afirmara dois anos antes seu colega Roberto Campos.

Kafka concebe uma "estrutura de equilíbrio da economia", de forma bem diversa do método histórico-estrutural empregado por Furtado, Rangel e outros técnicos nacionalistas. Em cada estágio de desenvolvimento, haveria "uma relação entre as várias partes da economia, que permite o maior nível de crescimento". Após indicar que o equilíbrio é uma situação "idealizada" – ressaltando que "a força dos sinais e dos incentivos ao reequilíbrio é proporcional à intensidade do desequilíbrio" –, o autor analisa o processo de transformação da estrutura da economia brasileira nos quinze anos antecedentes. Baseia-se, em grande medida, no relatório geral da CMBEU, com o intuito de apontar os estímulos ineficazes, além de desequilibradores, gerados pela política econômica.

O tom difere da artificialidade com que Gudin caracteriza a expansão da economia brasileira: "a taxa de crescimento da nossa renda *per capita* se inclui entre as mais altas do mundo". Contudo, a taxa de ocupação no setor primário ainda se situa em torno de 2/3. Essa não é a causa, mas a consequência da nossa pobreza, já que não "dispomos de máquinas para a mão de obra trabalhar a terra". Portanto, a "mais útil reforma agrária [...] não no sentido da redistribuição de terras, mas da construção de ferrovias e rodovias de penetração", pode servir de "garantia para nosso crescimento demográfico", em uma evolução que caminha pela via industrial. Reitera assim a necessidade de elevado investimento fixo em face do crescimento

---

166   ISEB. *Introdução aos problemas do Brasil*. Rio de Janeiro: ISEB, 1956.
167   KAFKA, Alexandre. "Estrutura da economia brasileira". In: ISEB. *Introdução aos problemas do Brasil*. Rio de Janeiro: ISEB, 1956.
168   Ibidem, p. 35-37.

demográfico, o que tem se realizado pelo "impressionante coeficiente de reinversão de lucros" e pelas relações de troca favoráveis ao menos entre 1939 e 1952.

No seu entender, para além dos recursos materiais quantificáveis, o crescimento depende de "empreendedores e instituições favoráveis à inovação", complementando que a imitação significa "legítima inovação". Neste quesito, o país estaria bem posicionado em relação a outros países subdesenvolvidos, já que mesmo "nossos agricultores contam com "mentalidade empresarial". Contudo, esse ativo pode ser desperdiçado se o Estado pretender "substituir os empregadores inexistentes". O estímulo monetário daria lugar à "desgraça política" ou à "glória e poder".[169]

Kafka entende que alguns dos desequilíbrios são "o reflexo natural do processo de transformação estrutural em que se traduz o desenvolvimento econômico". Porém, muitos desses desvios são passíveis de correção. Daí a necessidade de "encontrar mais meios para transformar poupança em cambiais", ou seja, de elevar a capacidade de exportação. Outro gargalo se localiza no setor de combustíveis, onde o concurso do capital externo se faz necessário. Paralelamente, a defasagem das tarifas do serviço público atenua o potencial investidor nestes setores onde são expressivos os pontos de estrangulamento.[170]

A capacidade de convivência com esses desequilíbrios indica a "impressionante flexibilidade da economia brasileira", portanto capaz de reagir a mudanças processadas no âmbito da política econômica. Eles resultariam da "falsificação dos incentivos econômicos pela ação governamental" por meio da taxa cambial, das tarifas do setor público e da piora da distribuição de renda ocasionada pela inflação.[171] Chega a concordar com Rangel, quando aponta que a sobrevalorização cambial teria contribuído para o atraso na substituição de importações essenciais para a produção doméstica. A diferença está no fato de que para o economista maranhense, conforme visto, esse processo deveria levar a um controle ainda mais rígido do câmbio por parte do Estado, encarregado de orientar as decisões de investimento.

Portanto, não questiona a industrialização em si. O problema está no abuso do papel do Estado ao promover "o redistribucionismo" (tarifas básicas de bens públicos, importações a câmbio de custo e aumentos do salário mínimo). Paralelamente, "o primarismo técnico do nosso intervencionismo" prioriza o caminho aparentemente fácil dos "controles físicos e de preços" e da expansão do crédito, fazendo pouco uso do caminho mais difícil da tributação. Estaríamos seguindo "a crença simplista na capacidade do Estado criar algo do nada". O setor privado não cresce

---

169   Ibidem, p. 38-46.
170   Ibidem, p. 47-49.
171   Ibidem, p. 50-52.

mais rapidamente por ser "deliberadamente repelido pelo Estado". No desfecho do seu artigo, ele recorre à "nação", que deveria conhecer "os meios adequados", embora menos populares, para se atingir "os objetivos visados": "a nação tem direito de tomar as suas decisões com pleno conhecimento de causa".[172]

Esta formulação revela, de maneira emblemática, a visão do mundo dos mercadistas. A economia é feita de processos "estruturais" que se equilibram por meio da política econômica, devendo a opinião pública (a nação) compreender "os meios mais adequados" para se assegurar o crescimento da renda *per capita*, sem desvios e desequilíbrios, puxado pela "livre iniciativa". Parece chancelar a visão de Campos[173] quando este afirma, em julho de 1955, portanto antes do Governo JK, que dentre os fatores que obstaculizam o desenvolvimento, estão os subjetivos, ou seja, as atitudes e as instituições.

Focando nas atitudes, três falácias emergem como causas da "crise brasileira": "o nacionalismo temperamental", "o socialismo munificente" e "o mimetismo hedonista". Os nacionalistas, ao abrirem mão do raciocínio lógico, passam à "eructação sentimental e religiosa", o que sugere a adesão de Campos à retórica de Gudin, seu "novo" mestre. Para o economista, o nacionalismo no Brasil não se reveste de "um caráter funcional e pragmático", que parte dos meios e opções disponíveis, como se observa no caso da exploração petrolífera e da discussão sobre o capital estrangeiro.

Observa-se, assim, que os mercadistas também se escoram no plano da cultura, embora com outro registro. Em artigo publicado originalmente para a coletânea do ISEB a que antes nos referimos, Campos[174] associa o desenvolvimento ao crescimento da renda *per capita*. Este é encarado como um "valor instrumental", já que o "valor terminal" se substantiva no "bem-estar da comunidade", "função do respectivo nível de consumo". O autor conclui a sua reflexão se perguntando se a cultura brasileira, como sistema de valores, poderia se compatibilizar com o desenvolvimento.

Sim, responde Campos, pois "a sociedade cultiva a aquisitividade". O problema está no "vezo hedonístico", gerando um "problema de eficácia" na execução coordenada das atividades de acumulação e consumo. Neste sentido, "a circunstância cultural brasileira é ineficiente como clima de desenvolvimento", em virtude da sua herança ibérica. "Beletrismo", "aventureirismo comercial", "desnutrição tecnológica", "Estado parternalista" são alguns dos pecados listados. Neste sentido, a "opção pelo desenvolvimento" implica a "revisão do nosso esquema de valoração cultural". A nação figura assim como empecilho à acumulação com expansão do mercado no longo prazo.

---

172   Ibidem, p. 52-54
173   CAMPOS, 1976, p. 119-121.
174   Ibidem, p. 104-115.

O texto de Ewaldo Correia Lima, "Política de desenvolvimento", incluído na mesma coletânea,[175] é escrito quando o responsável pela área de Economia do ISEB está prestes a assumir uma das diretorias do BNDE. O autor qualifica "em uma primeira aproximação" o desenvolvimento econômico como "o crescimento firme e contínuo da renda *per capita* de uma comunidade". Uma definição complementar do desenvolvimento consiste na alteração setorial da distribuição da população ativa à medida em que a elevação da renda acarreta a diversificação da procura.

Portanto, Correia Lima e Kafka navegam no mesmo universo conceitual da "economia do desenvolvimento" produzida no centro do sistema internacional. O objetivo de Correia Lima – apresentar a "natureza dos problemas" que acomete "as áreas atualmente subdesenvolvidas", de modo a propor "uma orientação racional da economia" – também parece convergente com o de Kafka, apesar de chegarem a conclusões bastante diversas.

Sobre os fatores que influenciam o desenvolvimento, eles "se apresentam em totalidade interdependente", envolvendo, além da Economia, a Sociologia, a Antropologia e a História, "em um resultado unificado".[176] O autor não os aborda diretamente, mas tudo indica que uma abordagem à la Campos, da "compatibilidade entre a cultura brasileira e o desenvolvimento", não fizesse parte do seu horizonte analítico. O livro publicado por Furtado em 1954, com prefácio de Cleanto, questiona tanto a visão neoclássica do sacrifício como origem da poupança – que apenas trata de "justificar o lucro" – como a visão schumpeteriana. Apesar de ressalvar o avanço teórico promovido pelo economista austríaco, para Furtado a sua debilidade está "em haver isolado o empresário do mundo em que este vive", edulcorando um "espírito de empresa" exógeno ao funcionamento econômico.[177] Trata-se de uma diferença fundamental na forma de conceber o papel da cultura no desenvolvimento econômico brasileiro.

Correia Lima recorre a dois exemplos históricos bastante distintos – Inglaterra no século XIX e União Soviética no século XX – como processos em que a acumulação de capital se fez em detrimento do consumo. Este processo seria dificultado nos países subdesenvolvidos pela dificuldade de assegurar as poupanças necessárias para uma taxa de inversões capaz de acelerar o crescimento, especialmente em virtude da aprovação da legislação social. Acresce o fato de que "a poupança formada tem, não raro, aplicação improdutiva". Como consequência, o desenvolvimento

---

175   CORREIA LIMA, Ewaldo. "Política de Desenvolvimento". In: ISEB. *Introdução aos Problemas do Brasil*. Rio de Janeiro: ISEB, 1956.
176   Ibidem, p. 57-59.
177   FURTADO, 1954, p. 229-235.

nestes países tende a assumir a forma inflacionária. Nesse sentido, taxas satisfatórias de crescimento raramente são obtidas no longo prazo, sem a cooperação de capitais externos, tal como já apontado por Furtado no relatório CEPAL/BNDE.[178] Até aqui, não há divergências profundas com relação a Kafka e Campos, à exceção da relação entre cultura e desenvolvimento.

Neste contexto específico, o autor defende uma "taxa satisfatória" de crescimento (superior ao crescimento demográfico e capaz de reduzir as diferenças de renda *per capita* com relação aos países desenvolvidos), "sem desequilíbrios, porém com controles". Para tanto "não basta capitalizar", fazendo-se necessário "investir nas indústrias de bens de capital", mesmo em um contexto de alta propensão a consumir, o que exige um esforço substitutivo superior ao permitido pela capacidade para importar. Urge, portanto, distribuir "as inversões de forma a conseguir a mais alta produtividade social por unidade de investimento". Entretanto, as medidas indiretas (fiscais, monetárias, creditícias e cambiais) e diretas (controle de preços, restrições quantitativas de importações) de estímulo às inversões ressentem-se da "falta de organicidade, de sistema, de plano". A ausência de uma programação coerente resulta na inflação e, como consequência, nos déficits da balança de pagamentos.[179]

Apesar do diagnóstico diferente de Kafka, Correia Lima concorda que muito mais pode ser feito via política fiscal. Por sua vez, o atraso nos investimentos em infraestrutura reduz a produtividade média dos capitais existentes. No caso dos fundos vinculados existentes – que configuram um avanço na captação de recursos –, suas inversões não se encontram submetidas a metas setoriais e gerais. Enfatiza, por exemplo, a não aprovação do Plano Nacional de Eletrificação, responsável por definir os projetos a serem priorizados pelo Fundo Nacional de Eletrificação, conforme a visão da Assessoria Econômica, combatida por Lucas Lopes.

Todo o escopo de atuação do Estado deve se concentrar no aperfeiçoamento do processo substitutivo, priorizando os bens de produção, diversificando a estrutura de exportações e canalizando os investimentos estatais para a expansão da infraestrutura. A inflação é encarada como um problema premente, "não sendo mais que uma tentativa frustrada de investir mais do que a poupança permite e de se consumir mais do que a disponibilidade de bens e serviços". Não obstante, o foco deve ser "a manipulação adequada dos instrumentos existentes" – política monetária, creditícia, fiscal, cambial e comercial – com o intuito de atuar sobre a estrutura do investimento, fixando "metas globais e setoriais" e "coordenando o

---

178   CORREIA LIMA, 1956, p. 58, 62-65.
179   Ibidem, p. 68-73, 76-77.

esforço público e privado para atingi-las". O autor ressalta ainda que não cabe ao Estado exercer qualquer atividade "que a iniciativa privada deseje cumprir e possa por ela ser normalmente exercida".[180]

A senha não é, portanto, mais Estado. Porém, "a política de desenvolvimento" requer um Estado coordenador do esforço de investimento e distribuidor das cambiais limitadas, mas sem atuar no sentido de rever as coordenadas gerais da política econômica, que padecem de ausência de sistematização. A inflação é um problema sério, mas pode ser enfrentada fazendo uso das políticas existentes. Não há, pois, necessidade de reforma cambial ou da política de tarifas públicas e tampouco se discute a pertinência de abrir os setores estratégicos para o capital estrangeiro. A política econômica – sob a forma de medidas diretas e indiretas – possui flexibilidade para se adaptar aos desequilíbrios estruturais, sem mudanças bruscas, mas com metas globais e esforço de coordenação entre o Estado e o setor privado. Os meios adequados existem e o seu uso depende de uma compreensão sobre os fins almejados para a nação. Aqui a nação assume o papel de diretriz do mercado, posto que é fim.

Como dissemos antes, o Plano de Metas – e não só ele, como também a SUDENE – surgem de dentro do BNDE, assim como muitas das empresas (estatais e privadas) dos setores estratégicos lograram, por meio de seus empréstimos, expandir de maneira expressiva sua capacidade produtiva e tecnológica. Isso explica porque vários dos confrontos entre os técnicos se localizam neste espaço social estratégico, que reúne também representantes do setor privado e ministros do governo.

O Plano de Metas "chega" ao BNDE da seguinte forma: Lucas Lopes, próximo a JK – em cujo governo estadual atuara como presidente da CEMIG – elabora um documento para a sua campanha presidencial intitulado "Diretrizes Gerais do Plano Nacional de Desenvolvimento". Uma espécie de "programa de governo para governantes".[181] Na visão do formulador do documento, trata-se de programar ao longo do tempo "uma evolução gradativa dos projetos". Apenas depois da vitória de JK é que se realiza no BNDE, – que ele, Lopes, se refere como sendo a "sua" casa – o esforço de quantificação das metas.[182] Estas são adiante aprimoradas nos vários Grupos de Trabalho criados em torno das diferentes metas, envolvendo toda a equipe do BNDE. Durante esse período, predomina o esforço coletivo, ficando amenizadas as distinções entre os técnicos nacionalistas e mercadistas.[183]

---

180   Ibidem, p. 79-85.
181   CAMPOS, 1994, p. 268.
182   LOPES, 1991, p. 166-171; CAMPOS, 1994, p. 267-268.
183   GOMES, 2009, p. 145-146.

Além de Roberto Campos, Lopes atrai um conjunto de técnicos de sua confiança como Otávio Dias Carneiro, Miguel Osório de Almeida, João Batista Pinheiro, todos eles do Itamaraty, além do advogado José Luís Bulhões Pedreira.[184] Eles trabalham diretamente na Secretaria Executiva do Conselho de Desenvolvimento, criado no primeiro dia depois da posse de JK, e subordinado à Presidência da República. Como presidente do BNDE, Lopes assume automaticamente a Secretaria Executiva do Conselho, que conta com a participação de todos os ministros, chefes do gabinete civil e militar e do presidente do Banco do Brasil.

Portanto, dos grupos de estudos sobre as metas surgem os Grupos de Trabalho que servem de ponte entre o Executivo e o Legislativo, cuidando da assessoria jurídica e econômica. Na maior parte dos casos, são substituídos pelos Grupos Executivos setoriais,[185] compostos pelos seus respectivos presidentes nomeados dentre os membros do Conselho, e dos quais participam o diretor-superintendente do banco, o diretor-executivo da SUMOC e os diretores da Carteira de Comércio Exterior do Banco do Brasil (CACEX) e da Carteira de Câmbio, sendo sua equipe técnica composta por funcionários do banco.[186] Os integrantes do setor privado atuam nos Grupos Executivos não apenas como representantes de interesses particulares, mas também como "técnicos", muitos deles engenheiros, familiarizados com as condições da indústria nacional.[187]

Na visão de Lopes, o Conselho deveria ser uma instância ágil em termos administrativos de modo a permitir que as metas fossem executadas, diferentemente de outras instâncias como o Conselho Nacional de Economia, que se reunia "para fazer discursos". Quando perguntado se o Conselho havia se transformado no "órgão central do planejamento", ele responde que assim seria "para quem tivesse uma visão estatizante do país". O foco estava na dinamização de alguns setores menos "dispersivos", para os quais se listavam projetos e se ia atrás de recursos, "lançando" sobre a iniciativa privada e a iniciativa governamental os investimentos considerados estratégicos. A delimitação precisa do volume e da participação dos diversos tipos de capitais era especificada no âmbito dos Grupos Executivos.[188]

---

184 LOPES, 1991, p. 173-175.
185 BENEVIDES, Maria Victoria. *O Governo Kubitschek: desenvolvimento econômico e estabilidade política, 1956-1961*. Rio de Janeiro: Paz e Terra, 1976, p. 227-229; LATINI, 2007, p. 108.
186 BNDE, 1956, p. 59-61.
187 BENEVIDES, 1976, p. 229-230.
188 LOPES, Lucas. "Depoimento 1982". In: *Memórias do Desenvolvimento*, Centro Internacional Celso Furtado de Políticas para o Desenvolvimento, Rio de Janeiro, ano 3, n. 3, out. 2009, p. 16-17, 32-33.

Portanto, o Conselho de Desenvolvimento possui uma estrutura enxuta, funcionando mais como "um mecanismo de consulta" do presidente para uniformizar as posições dos ministros.[189] Ou, nas palavras de Roberto Campos, como uma espécie de "curinga", supervisionando os diversos Grupos Executivos.[190] Esta diferença sobre o alcance da atuação estatal já havia marcado o debate entre Ari Torres e Roberto Simonsen em 1944 – o primeiro mais setorialista, o segundo mais afeito a uma planificação integral –, quando da discussão em torno da CNPIC.[191]

Em entrevista a Maria Victoria Benevides, Lopes chega a dizer que o "conselho nunca existiu", no sentido de que jamais fora operacional. Se "ele funcionou", afirma Lopes, isso se dava pelo fato de que acumulara as funções de Secretário Executivo do Conselho e de Presidente do BNDE, do qual dependia o Plano de Metas. Na prática, segundo Benevides, os Grupos Executivos centralizavam a ação administrativa, assegurando que as decisões fossem descentralizadas entre as entidades que os compunham.[192]

Quando o plano está sendo detalhado no BNDE, entre a vitória nas eleições e a posse de JK, Campos e Lopes propõem uma "programação monetária e fiscal", além da reforma cambial – "liberação das taxas de câmbio a serem reguladas pelas forças de mercado".[193] Este último ponto seria frontalmente questionado pelos técnicos nacionalistas.

Em geral, a escolha dos empreendimentos apoiados segue a mesma lógica predominante no período anterior: critério cambial (economia de divisas), utilização de matérias-primas nacionais e maior capacidade de mobilização de recursos voluntários. Assim os pontos de estrangulamento se transformam em pontos de germinação.[194] Além disso, os recursos não são alocados em função de prioridades políticas, mas conforme estudos de viabilidade e rentabilidade dos projetos.[195]

Neste ponto, havia plena concordância da parte dos técnicos nacionalistas. Rangel destaca o fato de que o BNDE rompe com a lógica dos subsídios orçamentários ao financiar projetos específicos, assegurando assim o controle sobre a captação de novos recursos de acordo com as condições de viabilidade. Dessa forma, as empresas ficavam vinculadas ao banco por meio do empréstimo. Portanto, apesar

---

189 LOPES, 1991, p. 150, 170-171.
190 CAMPOS, 1994, p. 321.
191 Ver Parte I deste livro.
192 BENEVIDES, 1976, p. 230-232.
193 CAMPOS, 1994, p. 268-271.
194 CAMPOS, Roberto. "Depoimento 1982". In: *Memórias do Desenvolvimento*, Centro Internacional Celso Furtado de Políticas para o Desenvolvimento, Rio de Janeiro, ano 3, n. 3, out. 2009, p. 48.
195 Ibidem, p. 43.

das críticas que faria adiante, o economista admite que a instituição ao "armar uma visão setorializada da economia" promovera um "avanço muito grande" com relação ao passado. A diferença está no fato de que Rangel concebe o papel do banco, especialmente o da Secretaria Executiva do Conselho de Desenvolvimento, como o de "um ministério do planejamento".[196]

Outro mérito da gestão Lopes e Campos foi reativar o fluxo de empréstimos para os projetos formulados pela CMBEU, que não haviam se concretizado no montante requerido. Para lograr este objetivo, arquitetou-se uma ofensiva diplomática junto ao governo dos Estados Unidos. As tratativas começaram já na posse de JK, que contou com a presença do vice-presidente dos Estados Unidos Richard Nixon. Em junho de 1956, o vice-presidente João Goulart viaja em uma missão ao país do norte, acompanhado de João Batista Pinheiro, diplomata lotado no Conselho de Desenvolvimento. Logo em seguida tem lugar outra missão, desta vez de caráter mais técnico, envolvendo Lopes, Campos, Dias Carneiro e Batista Pinheiro, ou seja, a cúpula do Conselho de Desenvolvimento do BNDE. O Eximbank se dispõe finalmente a financiar vários projetos de infraestrutura, além de oferecer dilatação no pagamento de algumas dívidas. Não obstante, o Banco Mundial mantém-se distante do Brasil, liberando créditos apenas para Furnas.[197]

As divergências internas começam a surgir em torno de alguns projetos específicos. As polêmicas giram em torno dos seguintes temas: indústria básica *versus* indústria leve, ou sobre a pertinência ou não de financiar empresas estrangeiras, como a Light ou empresas do setor automotivo. Neste último caso, havia menos restrição ao capital estrangeiro, pois era algo "que não existia", mas "desde que o estrangeiro trouxesse a poupança dele", conforme depoimento de Juvenal Osório Gomes, vinculado ao grupo nacionalista.[198] O processo de decisão se dava de maneira colegiada, por consenso entre os diretores, cada projeto contendo um relatório técnico, econômico, jurídico e financeiro. Essa talvez seja a principal razão para que os mercadistas não tenham vencido todas as batalhas do período.

No caso da Light, por exemplo, Cleanto relata ter o grupo nacionalista – ele, Furtado[199] e Correia Lima – questionado a liberação de recursos sob a forma de empréstimos. A lógica era a seguinte: o Imposto Único de Energia Elétrica e o Fundo Nacional de Eletrificação, com a prorrogação da criação da Eletrobras, ficavam sob

---

196 RANGEL, 2009, p. 128-129, 132.
197 CAMPOS, 1994, p. 306-308; LOPES, 1991, p. 178-181, 190.
198 GOMES, 2009, p. 142-150.
199 FURTADO, 2009, p. 110. Em depoimento, Furtado se pergunta sobre o porquê do empréstimo à Light: "esse grupo seria pioneiro, iria transformar alguma coisa aqui para fazer algo fundamental com tecnologia acessível?".

a alçada do BNDE. A American & Foreign Power Company (AMFORP) estadunidense e a Light canadense – presidida pelo influente advogado Antônio Gallotti – estavam interessadas, sobretudo, na distribuição, e não na geração de energia, que exigia investimentos pesados e de longa maturação e ficavam a cargo do setor público. Neste sentido, a Light, por exemplo, "não tinha nada contra o fundo", pelo contrário, pois distribuía a energia gerada pelas novas empresas estatais, especialmente Furnas. O setor público tampouco pretendia entrar, ao menos naquele momento, na distribuição. Mas no caso da Light, foi tomada a decisão de abrir o seu capital, lançando ações ao público, parte das quais foram adquiridas pelo BNDE. Segundo Cleanto: "me orgulho, pois foi a primeira abertura de capital do setor monopolista de energia elétrica, graças à ação do BNDE". E completa: com lucro para o banco, pois as ações se valorizaram mais adiante.[200]

Tal relato contrasta com o de Campos, que assume como tendo sido sua a decisão de fazer uma "espoliação ao reverso", ao financiar a Light mediante debêntures conversíveis em ações, no projeto da usina Nilo Peçanha.[201] Em contraposição, segundo o depoimento de Juvenal Osório Gomes, ao se discutir o projeto da Light, "surgiu uma briga, uma turma dizendo 'não financia' e outra turma dizendo 'financia'". Chegou-se então a uma solução de consenso: o BNDE assume 1/3 do capital da Light.[202]

O outro caso está relacionado ao financiamento a empresas estrangeiras do setor automotivo. A Volkswagen tinha 20% do seu empreendimento no Brasil a cargo da Vemag, com a qual criara uma *joint venture* para produzir as Kombis. O BNDE então entrava com 20%, montante equivalente à participação do capital nacional no total do projeto. Em seguida, vieram os protestos da Ford e da Mercedes Benz, que não abriram o seu capital e, por isso, não contaram com financiamento do BNDE. No caso da Ford, a empresa se dispôs a abrir o capital da Ford Internacional, distribuindo os dividendos por meio de agências do Banco do Brasil no exterior, onde os recursos seriam convertidos em cruzeiros. No entender de Campos, isso teria um "efeito pedagógico", ao transformar "nossos acionistas em estrangeiros". No seu depoimento dos anos 1980, Campos afirma que seria uma maneira de "escapar da mentalidade restrita e 'complexada' de país recipiente de capitais para ser um país que participa da comunidade internacional de capitais". Entretanto, a sua proposta receberia o veto da SUMOC.[203]

---

200 LEITE, 1988, p. 15-19.
201 CAMPOS, 2009, p. 52.
202 GOMES, 2009, p. 142.
203 CAMPOS, 2009, p. 50-51; CAMPOS, 1994, p. 323-324.

Portanto, por vezes, o BNDE se via em meio a um fogo cruzado. Cleanto era favorável à Eletrobras – cujo projeto data dos tempos da Assessoria Econômica –, enquanto a dupla Campos e Lopes se mostrava contrária à mesma, com a justificativa de que "engessaria" e traria "ineficiência" ao setor elétrico. Queriam "autonomia" para gerir os recursos do fundo. Mas aí também houve disputa. Segundo Cleanto, ele teria atuado como diretor para "salvar recursos" do Fundo de Eletrificação para o projeto da CHESF frente à "avidez e capacidade de negociação da CEMIG e de Furnas", e também do pessoal "aqui do Sul", se referindo ao projeto de Urubupungá, futura Companhia Energética de São Paulo (CESP). A disputa não era de cunho exclusivamente político, pois todos os projetos precisavam de avaliação técnica. Mais importante ainda, uma vez aprovados os projetos deveriam ser fiscalizados, "para saber se os recursos estavam sendo utilizados nos geradores, na construção da barragem, na compra de equipamentos previstos no empréstimo". Cleanto justifica a sua posição "como nordestino e conhecedor do grande trabalho que estava sendo feito na CHESF" e porque o projeto iria "entregar energia às distribuidoras locais de Recife, João Pessoa, Natal, Fortaleza e Salvador".[204]

Os técnicos nacionalistas não se mostravam contrários à presença do capital internacional, mas exigiam algumas condições. Cleanto, por exemplo, se refere à Comissão de Indústria Pesada – ainda no governo Café Filho, que integrara como representante do banco –, quando foram recomendados ao BNDE os projetos da Brown-Boveri e Schneider-Creusot, tendo em vista a necessidade de fabricação de geradores e material elétrico pesado.[205]

No mesmo sentido, durante o segundo governo Vargas, quando fez parte do Conselho Consultivo da CHESF, Rômulo manifestara o seu apoio ao projeto da Reynolds – empresa estadunidense produtora de alumínio – de obter uma concessão da usina de Paulo Afonso (BA) para a produção de energia. No seu entender, a demanda da empresa equivalia a cerca de 1% da capacidade total da usina em um horizonte de 30 anos. A empresa financiaria a expansão da produção de energia, além de fornecer uma matéria-prima básica para a indústria. Trava então polêmica com seu antigo professor Clemente Mariani que "representava o grupo Votorantim de Ermírio de Moraes". Rômulo acusa Clemente de um "patriotismo são-franciscano", já que este usara o argumento de que empresa iria "exportar" energia da Bahia. Dizendo-se "muito mais nacionalista" que Mariani, ele afirma ter "jogado", neste caso específico, "um pouco dialeticamente".[206] Esse relato converge com o de Lucas

---

204 LEITE, 1988, p. 16, 23-24, 27-28.
205 Ibidem, p. 29-30.
206 ALMEIDA, 1984.

Lopes, que ressalta a importância do projeto, a oposição de Mariani e a visão inovadora do general Berenhauser, diretor-comercial da CHESF.[207]

Para Rômulo, assim como para Furtado, se havia uma oposição ao capital estrangeiro no controle de recursos naturais, o investimento direto que substituísse importações era visto com receptividade, ainda que nesse caso os nacionalistas preferissem a associação com empresas brasileiras por meio de *joint ventures*.[208]

Já Campos e Lopes favoreciam investimentos diretos sem restrições, pois "geram sócios complacentes", ao contrário dos empréstimos que "podem gerar credores implacáveis". Além disso, os primeiros traziam "embutidas organização, assistência e acesso aos mercados externos". Associavam-se, portanto, à visão de JK para quem interessava "onde está a fábrica e não onde mora o acionista". O Estado cumpriria assim o papel de "manipulador de incentivos", devendo atuar no máximo como um "investidor pioneiro", que depois se retira do processo e, em grande parte dos casos, como um "investidor supletivo", compensando as debilidades ocasionais da iniciativa privada.[209]

Vale enfatizar que o almirante Lúcio Meira, ministro de Viação e Obras Públicas, era quem presidia o GEIA, ou seja, um nacionalista de alto coturno, ex-integrante da Assessoria Econômica e que leva junto consigo para o ministério Cleanto e Soares. Mais adiante, estes dois técnicos, além de Rangel, são levados para o Conselho do Desenvolvimento, quando Meira assume o BNDE em julho de 1959, no lugar de Lopes. É quando os nacionalistas voltam a ter o predomínio na instituição, ainda que o contexto político e econômico impedisse uma mudança de rumos nas prioridades do banco e, principalmente, a elaboração de uma programação mais global dos investimentos.

Meira estava à frente também do Grupo Executivo da Indústria Naval (GEICOM) e do Grupo Executivo de Material Pesado (GEIMAPE), agindo sobre parcela importante das indústrias de bens de capital. Militante da indústria automobilística, desde o segundo governo Vargas, trava contato com JK por intermédio de Antônio Balbino, governador da Bahia, em 1955, quando contagia o presidente bossa nova ao afirmar que o Brasil poderia estar produzindo 30 mil automóveis por ano ao final do governo do presidente mineiro.[210]

Sidney Latini, quadro concursado pelo Banco do Brasil, depois emprestado à SUMOC para a criação do Setor de Balanço de Pagamentos,[211] assume a Secretaria

---

207 LOPES, 1991, p. 203.
208 ALMEIDA, 2009, p. 202. Em seu depoimento, Rômulo afirma que "Celso caracterizara bem essa diferença".
209 CAMPOS, 1994, p. 182, 287, 319.
210 LATINI, 2007, p. 103, 110.
211 Ibidem, p. 63, 195-197, 204, 232-233.

Executiva do GEIA em maio de 1957. Latini relata de maneira detalhada o processo de aprovação de créditos pelo BNDE e de liberação de câmbio e isenção fiscal para os projetos da indústria em processo de implantação. Em torno de dezessete exigências deveriam ser cumpridas pelas empresas, dentre as quais a nacionalização progressiva do produto fabricado no país. Depois de selecionados de acordo com esses requisitos, os projetos seguiam para a fase de execução, quando se avaliava se estavam de acordo com o que fora aprovado e se o seu desempenho – em termos de preços, qualidade e manutenção – se mostrava adequado.

O próprio Campos, no entender de Latini, havia se mostrado pouco entusiasmado com a possibilidade de atingir a meta da indústria automobilística,[212] provavelmente em virtude de sua crítica ao "nacionalismo dos insumos".[213] Latini também revela que os projetos aprovados não estavam a salvo de injunções políticas, como no caso da montadora francesa Simca. JK, depois de eleito, visitara a fábrica da empresa na França, com o general Edmundo Macedo Soares, presidente da CSN. A intenção era trazê-la para Belo Horizonte, mas a empresa encontrava dificuldades para proceder à nacionalização. Meira topa aprovar o projeto, mas sem abrir mão das condicionalidades, o que fez com que, ao final, a planta fosse instalada em São Bernardo.[214] Trata-se de situação semelhante à observada no caso do setor elétrico: o critério político passando pelo crivo técnico.

Nas reuniões de trabalho do GEIA eram convidados todos os representantes das empresas com projetos em análise, pois o "jogo era completamente aberto", "as regras claras" e "não havia o que esconder", conforme salienta Latini.[215] Estabelecia-se assim uma coalizão de interesses, em âmbito administrativo, da futura cadeia produtiva. Por meio desta "atmosfera de confiança" foram atraídos investimentos de capital estrangeiro e tecnologia, além de oferecida assistência técnica aos fornecedores nacionais, permitindo um planejamento setorializado, mas que se esparramava para outros setores da indústria.

Neste novo contexto, os recursos do BNDE foram, em grande medida, canalizados para o Plano de Metas, perfazendo – se incluídos os fundos públicos administrados pelo banco – 47% do total dos investimentos realizados. Em termos de distribuição dos investimentos a cargo do banco, a participação das indústrias básicas (siderurgia, material elétrico, química, automobilística) se revelava crescente, atingindo 30% no período 1958-1960, ainda que energia elétrica e transportes

---

212   Ibidem, p. 104.
213   CAMPOS, 1994, p. 326.
214   LATINI, 2007, p. 199-205.
215   Ibidem, p. 146-147.

continuassem na dianteira, representando 68,5%.[216] De fato, estes dois gargalos não poderiam ser enfrentados de maneira sequencial.

Latini, assim como seu chefe Lúcio Meira, estava vinculado ao grupo nacionalista, revelando que no caso da indústria automotiva – que passou a ser considerada básica – se aceitava o capital externo, haja vista a limitação do capital interno e a inexistência de uma política de financiamento industrializante para grandes empreendimentos modernos.[217] O depoimento de Furtado não deixa margem a dúvidas, quanto à posição destes técnicos:

> Não havia chauvinismo diante do capital estrangeiro [...] O grande objetivo era criar o sistema industrial. Então quando se dizia, por exemplo, que a Mercedes Benz ia colaborar para produzir caminhões no Brasil, não me recordo de nenhuma resistência, nem dentro nem fora do BNDE [...] No caso do petróleo era diferente [...].[218]

Portanto, para os nacionalistas, a presença do capital externo não valia para todos os setores. Um bom exemplo, neste sentido, é a polêmica em torno da exportação de minério de ferro com a participação de capital estrangeiro. Ela surge com a criação do Grupo Executivo de Minério de Ferro (GEMF), sob a coordenação do Ministro José Maria Alkmin, contando com o apoio de Campos e Lopes, e tendo como integrantes Glycon de Paiva e Mário da Silva Pinto, todos vinculados ao grupo mercadista.

A empresa estadunidense Cleveland Cliffs pretendia adquirir parcela expressiva das ações da CVRD e assumir o controle da Acesita no âmbito de um novo financiamento do Eximbank. Latini se opõe ao projeto junto a Octávio Dias Carneiro, em virtude da quantidade e da qualidade das reservas de minério de ferro brasileiras, e também do potencial de exportação da empresa estatal, inclusive de um produto de maior valor agregado: o ferro gusa. Neste caso, à diferença da indústria automotiva, o capital estrangeiro "conservava o seu interesse no país de origem, que apenas importaria um bem de baixo valor, além de remeter lucros indefinidamente".[219] Latini vence Lopes, que o qualifica como "extremamente nacionalista". Para o último, o importante era "deixar que exporte quem tiver dinheiro para exportar e para executar grandes projetos e, fundamentalmente, quem tiver mercado".[220]

---

216 TAVARES, 2010, p. 58-60, 70, 79.
217 LATINI, 2007, p. 114.
218 FURTADO, 2009, p. 109.
219 LATINI, 2007, p. 123-127.
220 LOPES, 1991, p. 198-199.

Mas os ânimos realmente se exaltam com o caso Roboré, prenunciando a ruptura entre nacionalistas e mercadistas. Furtado conta que esse foi o "caso menos gratificante" de sua permanência no BNDE. Coloca-se contrário à posição de Campos, pois no seu entender tratava-se de assunto – a política exterior de petróleo – fora da alçada do BNDE, a ser revolvido no âmbito do CNP ou do Itamaraty.[221] Segundo Juvenal Osório Gomes, a ideia de Campos era emprestar à refinaria Capuava, empresa privada nacional, ligada à Gulf Petroleum.[222] Este, por sua vez, afirma que a polêmica em torno de Roboré refletia mais uma "onda irracional de nacionalismo", pois "o capital brasileiro não tinha recursos e nenhum dos países tinha tecnologia". O Brasil acabaria perdendo a possibilidade de abastecimento de petróleo e gás da Bolívia.[223] Parece sugerir que o mercado se encontra além dos interesses da nação, equivocadamente identificados com o poder estatal.

Durante a polêmica, Campos já era presidente do BNDE. Por mais que Lopes tivesse lançado a ideia de que o BNDE "talvez pudesse financiar contratos de risco brasileiros" na Bolívia, o "dono da bola" fora Campos. No seu entender, ao fazer a concorrência para selecionar as empresas, surgiu um "grande problema": estas não poderiam ter sócios estrangeiros. Lopes conta que "multidões foram mobilizadas em frente ao BNDE" e o "negócio pegou fogo". Mas no seu entender, tal caso representou "um envolvimento acidental" do BNDE e uma "grande falha da inteligência econômica brasileira", pois não se sabia se a Bolívia tinha petróleo.[224]

Rômulo, por sua vez, afirma que no projeto inicial de criação da Petrobras a empresa não aparecia definida como um monopólio estatal – ainda que o fosse tecnicamente, em virtude do controle majoritário do Estado. Um dos motivos alegados para tanto era a futura intenção de se explorar o petróleo boliviano.[225]

O caso Roboré contribui para azedar de vez o clima entre os técnicos mercadistas e nacionalistas, rompendo, no dizer de Campos, a convergência temporária entre o seu grupo e o de Furtado e Rômulo, os dois nomes mencionados por ele. O divórcio definitivo se dá na sequência do Programa de Estabilização Monetária e da ruptura com o FMI. Os mercadistas voltariam a atuar como *policy makers*, apenas depois da "Revolução de 1964", quando teria prevalecido "a corrente neoliberal".[226]

No nosso entender, Campos, apesar de correto quanto ao momento do "divórcio", incorre em dois erros de avaliação. O primeiro, ao dizer que teriam deixado de

---

221   FURTADO, 2009, p. 117.
222   GOMES, 2009, p. 142.
223   CAMPOS, 2009, p. 54-55.
224   LOPES, 2009, p. 35-36.
225   ALMEIDA, 2009, p. 202-203; ALMEIDA, 1988, p. 17-18.
226   CAMPOS, 1994, p. 328.

atuar como *policy markers* entre 1959 e 1964, inclusive porque vários deles continuaram exercendo funções púbicas. Em segundo lugar, não havia nada de neoliberal na postura do seu grupo no pós-1964.

De qualquer maneira, os conflitos entre as duas visões sobre a matriz econômica do desenvolvimento percorreram todo o governo JK. Furtado relata em suas memórias a sua passagem pelo Rio de Janeiro em 1957, quando encontra, por trás do clima otimista instaurado em torno do Plano de Metas, "um campo de batalha ideológica". De acordo com sua impressão, os economistas "modernizantes", como Lucas Lopes e Roberto Campos, aglutinavam forças consideráveis com o intuito de "tutelar" a política econômica de JK, aproximando-se ainda da Escola Superior de Guerra.[227] Rômulo, em artigo do mesmo ano, constata que "o desenvolvimento não acompanha nosso projeto nacional".[228]

Justamente em agosto deste ano, o economista Albert Hirschman participa de uma conferência internacional[229] no Rio de Janeiro, onde encontra as figuras de proa do debate econômico brasileiro, além de algumas estrelas do pensamento sobre o desenvolvimento no plano internacional. Encontra-se com Alexandre Kafka, o "aristocrático" Gudin, o "intelectualmente esnobe" Campos, além de Furtado, que apesar de "calado" durante o seminário, aparece como a "eminência parda" do pensamento econômico brasileiro.[230]

O economista naturalizado estadunidense se impressiona com o texto apresentado por Kafka na conferência, quando este se refere aos desequilíbrios e tensões estruturais da economia brasileira, em vez da ladainha tradicional sobre escassez de capital e ciclos de pobreza. Hirschman sai do Brasil com duas impressões: o debate possui alto nível de sofisticação, destoando das fórmulas vazias empregadas no centro do capitalismo; e a cena econômica nacional se encontra dividida entre Furtado, nacionalista e "de esquerda", e Campos, "mais conservador".[231]

De fato, Furtado vai desempenhar este papel adiante, quando já estiver "despido do manto protetor e imobilizador de funcionário internacional".[232] Campos, por

---

227 FURTADO, 1985, p. 197. Furtado refere-se a Glycon de Paiva, "o então presidente do BNDE". Como essa função era exercida por Lopes, acredita-se que ele quisera se referir a este último.
228 ALMEIDA, Rômulo. "Análise da crise brasileira". In: *Observador Econômico e Financeiro*, ano XXII, n. 262, dez. 1957, p. 51.
229 Os textos apresentados na conferência, seguidos de debates, estão compilados em ELLIS, Howard. *Economic development for Latin America: proceedings of a conference held by the International Economical Association.* London: Macmillan & Co Ltd, 1963.
230 ADELMAN, 2013, p. 333.
231 Ibidem, p. 334.
232 FURTADO, 1985, p. 200.

sua vez, tampouco havia completado sua guinada "conservadora", o que – diga-se de passagem – deve ser lido de maneira relativa, pois o quadro econômico nacional também se mostrava profundamente dinâmico. É em relação a ele, e não a um ponto neutro ideológico, que se deve avaliar a transformação das ideias, tanto dos técnicos nacionalistas como dos mercadistas.

Importa salientar que ambos ainda não correspondem às imagens que deles se fariam adiante, pois eram conhecidos fundamentalmente no "mundo dos técnicos". Campos, como diretor-superintendente do BNDE, já encontra certa ressonância também no mundo da política. Furtado, economista de prestígio da CEPAL, ainda não se destaca como *o* intelectual nacionalista. Conforme seu próprio depoimento, "eu era uma pessoa desconhecida no Brasil, tinha estudado no estrangeiro, vivido no estrangeiro, tinha nove anos de Nações Unidas".[233]

Voltamos a acompanhá-los de perto com o intuito de mostrar como se transformam em um curto período de tempo em antípodas um do outro, não apenas em termos de pensamento, mas também da posição que ocupam na sociedade. Em maio de 1957, Campos realiza um pronunciamento na 7ª Conferência da CEPAL em La Paz. Dois textos de sua lavra se referem à participação no evento. O primeiro, intitulado "Discurso pronunciado na Sessão de Encerramento do Sétimo Período de Sessões da CEPAL",[234] mostra-se mais palatável ao público cepalino. O outro, intitulado "As 4 ilusões do desenvolvimento",[235] de cunho mais técnico e crítico, provavelmente circulara entre os presentes.

No discurso, ele se propõe a "lançar um olhar retrospectivo à CEPAL" para "descobrir seus rumos na névoa do futuro". Não questiona a tese da deterioração dos termos de troca. Ao contrário, afirma que "um vento novo sopra nos domínios da teoria do comércio internacional a partir do Dr. Prebisch". Ressalta ainda a importância da organização latino-americana ao "contribuir grandemente para a criação de uma 'filosofia do desenvolvimento'". Sobre as técnicas de programação, a CEPAL não só realizou "uma obra técnica", mas também "uma obra educativa de primeira qualidade".

Outra contribuição reside na ênfase ao esforço próprio das economias latino-americanas, que deveriam "proporcionar uma margem adicional de poupança" no sentido do desenvolvimento. Mas sem menosprezo dos investimentos externos, cuja importância diminui com o tempo, na medida em que "o incremento da capacidade da economia interna tende a provocar uma gradual e pa-

---

233   FURTADO, 2009, p. 113.
234   CAMPOS, 1963.
235   CAMPOS, 1976.

cífica absorção do capital estrangeiro". Não se trata de uma "questão de amor ou ódio", mas de "uma necessidade técnica que deriva da condição de insuficiente desenvolvimento",[236] o que se aproxima, em alguma medida, da visão de Furtado no relatório do grupo CEPAL-BNDE.

Campos, então superintendente do BNDE, entidade parceira da CEPAL, comporta-se no discurso como um exímio diplomata. Conhece, por dentro, o universo cepalino, seus avanços e limites. Depois dos elogios de praxe, o economista apresenta algumas recomendações à CEPAL. A programação global deve ser complementada pelo "esforço de programação regional", referindo-se aqui às desigualdades internas dos países. Este esforço, embora sujeito a incoerência e erros, não pode aguardar que a programação global "se converta de um belo exercício técnico em uma realidade administrativa". Ressalta também que as políticas gerais de desenvolvimento devem "compreender aspectos fiscais e monetários", de modo a "harmonizar soluções ao longo prazo com problemas de curto prazo".[237]

Finalmente, Campos enfatiza "o problema da produtividade do agente humano, através da educação em geral e da habilitação técnica" e apoia a CEPAL, então mobilizada em torno da integração do comércio intrarregional, que ao criar "economias de escala", permite "o maior aproveitamento dos recursos naturais e a maior produtividade das inversões".[238]

No texto distribuído durante a sessão, sai o economista-homem público-diplomata e entra o técnico mercadista. Após salientar a importante cooperação entre o BNDE e a CEPAL, Campos se dedica ao tema do desenvolvimento econômico na América Latina. No seu entender, trata-se de um problema que encerra "conteúdo dramático e urgência dolorosa", sendo mais importante mesmo que "a justiça social e a estabilidade política". A justiça social e a estabilidade política se resolvem com "mais produtividade", atenuando assim a inevitável competição entre os grupos sociais. Admite ser necessário "dilatar o horizonte de oportunidade", criando-se "os níveis de tolerância necessários para a operação dos controles políticos".[239]

Não se trata propriamente de uma novidade na sua forma de pensar, mas o fato de que a verbalize em uma reunião da CEPAL revela uma evidente tentativa de demarcar a sua posição. A afirmação "controles políticos" sugere, por sua vez, concentração de poder, além de um questionamento, ainda em jargão técnico, das alianças que sustentavam a política brasileira.

---

236   CAMPOS, 1963, p. 263-266.
237   Ibidem, p. 267-268.
238   Ibidem, p. 268.
239   CAMPOS, 1976, "As 4 ilusões do desenvolvimento", p. 84.

O restante do texto reforça algumas de suas visões já esboçadas em 1953 e 1955, referendadas por outros mercadistas como Alexandre Kafka. Aqui, Campos ressalta a importância da "construção de clima para o setor privado [...] tão ou mais importante que a programação executiva do setor público". Esta concepção – diz ele, como se buscasse desferir um golpe nos técnicos nacionalistas que veem sua posição social desguarnecida – "se acentua no meu país [...] a despeito de incoerências, hesitações e contramarchas".[240]

As quatro ilusões vêm em seguida: a "euforia inflacionista", que exerce efeito negativo sobre a poupança global; a "ilusão transpositiva", sugerindo que por "um passe de mágica" a poupança do setor privado possa ser substituída pela poupança do setor público; a "ilusão redistributiva", "insidiosa, por ser muito mais simpática"; e a "ilusão mecanicista", referente à subestimação da importância do desenvolvimento do setor agrícola, e também ao superinvestimento mecânico em detrimento dos investimentos em educação.[241]

Suas linhas de ação referem-se, em grande medida, à necessidade de aumento da taxa de poupança do setor privado nacional, auxiliado pelo crescente influxo de capitais estrangeiros. Políticas fiscais são necessárias, as quais "não precisam aguardar o sucesso de programas de estabilização monetária". Termina citando o secretário-geral da ONU, Trygve Lie, segundo o qual "o difícil é o que pode ser feito imediatamente, e o impossível o que leva um pouco mais de tempo".[242] O recado está dado: os técnicos mercadistas procuram se aferrar ao "difícil", enquanto os nacionalistas navegam no campo do "impossível".

Em agosto de 1957, três meses depois de Campos subir no tablado da CEPAL, Furtado realiza uma série de conferências no BNDE, que seriam transformadas em livro no ano seguinte, publicado pela coleção "Textos Brasileiros de Economia" do ISEB. A leitura de *Perspectivas da economia brasileira* sugere que Furtado transforma a provocação de Campos em uma espécie de convite para a busca de alternativas.

Furtado procura fugir da "irracionalidade" prevalecente no cenário brasileiro, marcado pela contenda entre Campos e os nacionalistas. Quer demonstrar que existe "um amplo terreno onde se podiam debater os problemas do desenvolvimento brasileiro sem deslizar para a invectiva ou para a metafísica".[243] Não

---

240   Ibidem, p. 85-86.
241   Ibidem, p. 90-94.
242   Ibidem, p. 95, 100.
243   FURTADO, Celso. *Perspectivas da economia brasileira*. Rio de Janeiro: Centro Internacional Celso Furtado de Políticas para o Desenvolvimento, 2012, p. 16. Conforme mencionado, a primeira edição é de 1958.

obstante, sua visão alternativa passa a funcionar como uma espécie de farol para os nacionalistas.

Este texto prenuncia o Furtado que ficaria conhecido na cena política posterior. Aqui ele pretende "determinar os elementos de uma política sistemática de desenvolvimento".[244] Ainda não é o técnico que se dirige à nação sob a roupagem de intelectual estadista. Isso porque o economista assume o lugar de destaque, quando apresenta os "desequilíbrios" que informam a dinâmica econômica recente. Ao contrário de Campos, em vez de predicar mudanças urgentes na política econômica, seu foco está na reestruturação institucional da máquina administrativa.

Em vários pontos, ele utiliza indicadores e análises que constam do relatório do grupo CEPAL-BNDE, publicado dois anos antes das conferências. No seu entender, o sistema econômico, localizado no "sul do Brasil", encontra-se em processo relativamente avançado de integração. A produtividade média e as dimensões absolutas de mercado indicam que ele estaria em condições de "gerar seu próprio impulso de crescimento". O "autodinamismo da indústria funciona como força propulsora", tal como no caso das economias avançadas que conformam "sistemas autônomos".

Tudo parece indicar que o Brasil segue a mesma tendência, ainda que o caminho seja mais complexo e as políticas utilizadas devam levar em conta as particularidades das economias subdesenvolvidas. Se os investimentos ainda requerem uma grande contrapartida de divisas, e mesmo que apareçam problemas na capacidade para importar, isso não significa que "a economia deva entrar em uma etapa de estagnação". Entretanto, o "sistema nordestino" ainda se situa à margem deste processo, pois composto de "manchas" de atividade econômica sem muita articulação umas com as outras.[245]

Onde estariam os desequilíbrios fundamentais? Em primeiro lugar, "a defeituosa orientação dos investimentos" a causar "permanente desgaste de recursos". Isso porque os investimentos têm criado excesso de capacidade em alguns setores e insuficiência em outros – algo que para Rangel, como vimos, é inerente à dinâmica econômica dos países subdesenvolvidos. O segundo desequilíbrio se deve à oferta muito inelástica de alimentos por parte de uma agricultura ainda dominada por formas de organização pré-capitalistas. A inflação, resultante destes dois desequilíbrios, termina por descapitalizar e desorganizar os serviços públicos.[246]

Outro problema está no fato de que as manufaturas de bens de consumo encontram-se no limite da capacidade, necessitando de alto conteúdo de cambiais. Daí

---

244 Ibidem, p. 21-22.
245 Ibidem, p. 22-25, 42.
246 Ibidem, p. 28-39.

a necessidade de expansão interna da indústria de bens de capital e de bens intermediários, regularizando a oferta interna de máquinas e aço. Desta forma, se ampliaria a força dinâmica do setor industrial, ao mesmo tempo em que se eliminaria a tendência ao desequilíbrio inflacionário.[247] "Técnicas mais eficientes de produção mediante inversões de pequena monta" também devem ser adotadas. A mais importante destas é a "de ler e escrever". Especialmente no ambiente rural, a alfabetização é suficiente para "provocar a integração na sociedade de grupos cuja participação ativa no sistema econômico é indispensável". A programação do desenvolvimento aparece como fundamental para "evitar duplicações de investimentos", fazendo com que os empresários tenham maior conhecimento do mercado futuro.[248]

O xis da questão está no aumento da poupança pública e privada a partir de um esforço de coordenação de políticas e instituições. A política fiscal cumpre aqui um papel decisivo. A poupança da classe média tem sido prejudicada pela inflação, levando a aplicações de caráter especulativo. O caráter familiar das empresas também aparece como fator impeditivo. Para Furtado, não se trata de transferir poupança do setor privado para o setor público, mas de reduzir o consumo supérfluo, tarefa complexa e que exige atuação em várias frentes. Quanto à distribuição de lucros, medidas devem ser tomadas para reter parcela maior destinada ao reinvestimento. No caso do Estado, a ampliação da taxa de poupança, com redução dos gastos de custeio, faz-se estratégica, tal como no caso de empresas altamente lucrativas como a Petrobras.[249]

Furtado avança em relação a algumas de suas formulações anteriores. A política fiscal deve também objetivar a desconcentração na distribuição da renda. Neste sentido, o regime de propriedade da terra é prejudicial ao desenvolvimento. "Está estatisticamente demonstrado que o desenvolvimento implica desconcentração da distribuição de renda", afirma o economista. Já o sociólogo-historiador aponta a existência de uma classe ociosa, "decomposição parasitária da classe empresarial" cujos padrões de consumo tendem a elevar-se, "em permanente emulação". A cristalização desta "classe ociosa" resulta da elevada concentração da renda, o que torna mais difícil elevar a taxa de poupança com os instrumentos fiscais correntes.[250]

O crescimento também pode ser favorecido pela entrada de recursos externos, por mais que reconheça a sua importância relativamente pequena no desenvolvimento da economia brasileira. Sua influência tende a aumentar em virtude da necessidade de "assimilar a técnica criada por outros sistemas econômicos que li-

---

247 Ibidem, p. 43-44.
248 Ibidem, p. 51-52.
249 Ibidem, p. 54-59.
250 Ibidem, p. 56, 58.

deraram o desenvolvimento industrial". Entretanto, o desenvolvimento será puxado basicamente pela poupança interna, o que permitirá, em tese, que a "dependência tecnológica" seja superada pelo próprio desenvolvimento. Não lhe parece que o país possa alcançar "etapas superiores de desenvolvimento" sem a criação da própria tecnologia. A importância relativa das pesquisas deve avançar proporcionalmente ao próprio desenvolvimento.[251] Também aqui Furtado procura estabelecer um divisor de águas com Campos, seu novo adversário no *front* de batalha.

Ao final do texto, Furtado se lança na empreitada de propor uma programação mais ampla e efetiva para o sistema econômico. Trata-se de avançar para além da programação setorializada do Plano de Metas sob a condução de Lopes e Campos. Sugere a criação de um Conselho Nacional de Desenvolvimento, encarregado não apenas de "estudo e trabalho crítico", mas também de elaborar instrumentos necessários para a programação em uma fase preliminar. Um esforço de agregação das informações relativas ao financiamento das inversões sob todas as formas deve estar acoplado ao aumento da capacidade para importar. Lembremos mais uma vez que essa tarefa está sob a alçada de Lopes e Campos, no BNDE, que então defendem a reforma cambial e uma política de "estabilização com crescimento".

Mas Furtado "responde" que o instrumental monetário perde a sua funcionalidade em um contexto marcado por taxas de juros negativas. Não que não se deva utilizá-lo, mas tomar a inflação brasileira como um problema de sobreinversão, por meio do crédito imoderado e do desequilíbrio orçamentário, seria colocar o problema em um tal "nível de generalidade" que não condiz com a situação brasileira. A afirmação de Campos, de que "existe pressão inflacionária porque são incompatíveis o atual esforço de crescimento e os padrões de consumo que deseja manter a população", é combatida por Furtado. Os remédios ortodoxos, por sua vez, apenas levariam à subutilização da capacidade produtiva.

A "medula do problema" reside no fato de que "a procura global se diversifica de maneira muito mais rápida que a oferta global", o que é típico das economias subdesenvolvidas. Em seguida, lança a fórmula que se transformaria em uma espécie de senha para os técnicos nacionalistas daí em diante: "a estabilidade é objetivo fundamental, embora se deva subordinar a outro mais amplo que é o desenvolvimento".[252]

Contudo, as iniciativas propostas por Furtado produzem efeitos apenas no médio e longo prazo, além de exigirem uma "reengenharia institucional" do processo de planejamento, que não se mostraria factível ao fim do governo JK e menos ainda nos governos subsequentes, por motivos sociais e políticos.

---

251   Ibidem, p. 59-60.
252   Ibidem, p. 79.

Furtado menciona a necessidade de reorganização do sistema bancário, o que requer mais do que a criação do Banco Central. No seu entender, um saneamento faz-se necessário, pois os bancos se acham "comprometidos com atividades especulativas, além de terem seus ativos altamente imobilizados". Questiona a mescla de funções do Banco do Brasil – tarefas de banco central e de banco comercial – e sugere a criação de um Banco Rural e de um Banco do Comércio Exterior, devidamente equipados para lidar com os desafios nas respectivas áreas. Recomenda ainda o mais estrito controle na aplicação dos fundos dos institutos de previdência e das caixas econômicas. Na parte fiscal, sugere um imposto progressivo sobre o café, em função do preço de exportação. Os impostos progressivos sobre a renda não são recomendáveis "em um país subdesenvolvido que pretenda programar o seu desenvolvimento", devendo se optar por impostos indiretos, de modo a alterar os preços relativos e controlar "a pressão crescente para a diversificação do consumo". Quanto à taxa de câmbio, não se trata apenas de conseguir o equilíbrio externo e estabilizá-la, pois a sua definição deve "orientar a utilização da capacidade para importar em função dos objetivos da programação".

Finalmente, o economista se debruça sobre a tarefa de elevar a eficiência do sistema administrativo, por meio do aperfeiçoamento do pessoal e da sua reestruturação geral, visto que a "atual estrutura é resultado de uma precária adaptação às funções da velha maquinaria concebida na época do Estado liberal".[253]

A taxa de inflação superaria a casa de 20% em 1958, chegando ao patamar de 40% em 1959. No entender de Lopes e Campos, seu efeito desequilibrador sobre o câmbio – apesar da revisão das tarifas de importação de 1957 –, o sistema bancário e os déficits públicos exigia que a estabilização viesse para o primeiro plano, mas sem comprometer o desenvolvimento.

Com a chegada de Lucas Lopes no Ministério da Fazenda em junho de 1958, em substituição a José Maria Alkmin, tem início a elaboração do Plano de Estabilização Monetária, concluída em setembro do mesmo ano. No entender de Campos, o "'desenvolvimentismo às caneladas' começava a cobrar seu preço",[254] sob a forma de desequilíbrio no balanço de pagamentos, com recurso a créditos *standby* do FMI, e descontrole inflacionário.[255]

Importa ressaltar que os impactos negativos da inflação "sobre a poupança privada, dificuldade de planejamento e provisão empresarial, pressão sobre o balan-

---

253   Ibidem, p. 79-87.
254   Na afirmação de Campos, o desenvolvimentismo vem entre aspas e adjetivado. Mas tal afirmação é feita nos anos 1990, quando o termo já encontra ampla circulação, aparecendo ora com sinal positivo, ora com sinal negativo.
255   CAMPOS, 1994, p. 339-340, 341.

ço de pagamentos e tensões sociais" também eram apontados pelos nacionalistas, como demonstra o texto de Furtado de 1958.

Segundo a estratégia arquitetada para o PEM, o Plano de Metas teria prosseguimento drenando de 4% a 6% do PIB, dentro da capacidade normal de poupança do país. O seu princípio norteador era o seguinte: "em um ambiente de estabilidade monetária, o processo de desenvolvimento se conduz com mais segurança e continuidade",[256] ou seja, uma inversão dos termos colocados por Furtado no livro de 1958.

O plano se concentrava no controle da expansão monetária e na correção do desequilíbrio do setor público. A reforma cambial viria como mecanismo para elevar a capacidade para importar, permitindo saldar os compromissos externos assumidos pelo país. Fora redigido por Roberto Campos e outros técnicos mercadistas, tais como Casimiro Ribeiro, Dênio Nogueira e Garrido Torres, dentre outros.[257]

Estavam previstas a liberação dos preços públicos, uma minireforma fiscal, que incluía maior progressividade no imposto de renda, de modo a desencorajar investimentos improdutivos; a introdução de isenções fiscais, de modo a canalizá-las para o investimento; e a criação de um fundo de investimentos industriais no BNDE para o setor privado. O plano previa também uma substantiva redução das despesas, especialmente as de custeio e as de investimento de "qualidade duvidosa" e altamente pulverizadas. O crédito ficaria restrito ao setor industrial e agrícola, com prioridade para as exportações, reduzindo a proporção destinada ao Tesouro Nacional. Faziam parte da equação a unificação da taxa de câmbio,[258] com o fim dos subsídios cambiais (trigo, petróleo e papel de imprensa) – item vetado pelo próprio JK – e a maior disciplina no acesso aos *supplier's credits*. Partia-se de um enfoque gradualista no tratamento da inflação, sem comprometer o investimento produtivo.[259]

O plano tinha por objetivo assegurar o equilíbrio político interno – o Plano de Metas seria mantido, conforme asseguravam seus promotores –, além de satisfazer algumas das condicionalidades do FMI. Acaba reecebendo várias emendas no Congresso, que atrasam e inviabilizam a sua implementação, enquanto uma longa negociação com o FMI é travada sob a condução de Casimiro Ribeiro e Paulo Pook Correia em Washington. O único ponto que a dupla Lopes e Campos logra aprovar é uma minireforma cambial parcial, que eleva o preço do câmbio de custo, liberando para o mercado livre as exportações de bens industriais. Os interesses heterogê-

---

256 Ibidem, p. 344-348.
257 LOPES, 1991, p. 234.
258 Ibidem, p. 238. Segundo Lopes, a questão cambial fazia parte da estratégia, mas não do plano, pois não se podia falar "abertamente" sobre o câmbio.
259 SOLA, 1998, p. 191-199.

neos, que haviam se beneficiado na gestão JK, se unem por distintos motivos contra as mudanças propugnadas pelo PEM.

A derrota final é chancelada com o rompimento das negociações com o FMI. O relato de Campos sobre este ponto revela-se elucidativo. Apesar de qualificar a postura do FMI como "rígida demais", no seu entender, os argumentos do seu diretor-geral Per Jacobsson não eram "desprezíveis". O câmbio continuava desatualizado e a recomposição das tarifas públicas era vital para assegurar os investimentos do Plano de Metas.[260] Enquanto as negociações prosseguem, Lopes é acometido por um infarto. Algumas semanas depois, JK exige o retorno imediato dos técnicos da Fazenda, ainda em Washington, antes que o acordo definitivo fosse costurado. Em junho de 1959, o PEM entra para os arquivos da história econômica do país.

Campos ainda tenta, sem sucesso, dobrar JK, quando este propõe um almoço no Catete. Para surpresa do economista, lá se encontram os "confrontacionistas" – Furtado, Cleanto e Correia Lima –, que teriam "instrumentalizado" o presidente. No depoimento de Campos, Furtado acusa o "monetarismo vesgo" do FMI, além de sugerir ao presidente que demonstrasse que "não somos subalternos".[261] Poucos dias depois, o presidente participa de comício com Luís Carlos Prestes para celebrar a ruptura com a organização multilateral.

A versão de Furtado é diversa, mais na interpretação do que nos fatos em si. Primeiro, menciona um encontro de JK com ele e Cleanto no dia 7 de junho. Diz Furtado a JK que o Fundo não teria interesse no rompimento com o Brasil, mas que "estava pressionando", pois a equipe da Fazenda "trabalhava de acordo com as suas exigências". No dia seguinte, tem lugar o almoço relatado por Campos. Tudo indica que a conversa com Furtado e Cleanto tenha influenciado o presidente, a ponto de afirmar que "iria para a demagogia na praça pública". Furtado não menciona Campos diretamente, mas ressalta a participação de vários representantes de quadros técnicos e personalidades políticas. Neste encontro, "para chocar os presentes", Furtado – o que casa com a descrição de Campos – afirma que o FMI "deseja uma capitulação".

Furtado conta que, após o segundo encontro, elabora um documento técnico para o presidente, no qual explicita que "o subdesenvolvimento constituía o grande problema do Brasil". No seu entender, a inflação não justificava o déficit no balanço de pagamentos, já que o *quantum* de importações havia sido relativamente baixo em 1958. O problema era a queda dos preços do café. Tal desequilíbrio não deveria ser combatido "com recessão interna, mas com cooperação externa". Caberia ao Fundo

---

260   CAMPOS, 1994, p. 356-361.
261   Ibidem, p. 359-361.

exercer a sua missão, apoiar com recursos os países em dificuldades, e não sacrificar as políticas de desenvolvimento para satisfazer as exigências doutrinárias.[262]

Estava assim definitivamente sepultada a convivência entre nacionalistas e mercadistas, propiciada pela "ideologia futurível" do Plano de Metas, segundo os termos do próprio Campos.[263] Em anotação nos seus diários no dia 10 de junho de 1959, Furtado revela que ainda tivera uma reunião com Campos neste dia, a convite do último, e com a presença de Cleanto, Correia Lima e Miguel Osório de Almeida. A discussão dura mais de quatro horas, sem produzir resultado concreto.[264]

No seu discurso de despedida do BNDE em 29 de julho,[265] Campos se refere à instituição como robusta e respeitada, fugindo ao "tríplice escolho em que, não raro, se machucam as nossas empresas do Estado: a politização, o empreguismo e a descontinuidade".

Depois de ressaltar o recrutamento por concurso, a qualidade do corpo técnico e as decisões colegiadas, o economista aponta a contribuição importante do banco, através de um de seus diretores (Furtado), na formulação da Operação Nordeste. Como limitações, ele destaca a insuficiente divulgação dos trabalhos do banco, a não criação de um sistema de apoio à pequena e média indústria e a reduzida contribuição ao problema da melhoria da produtividade agrícola. Não deixa de mencionar que desde o início o Conselho havia proposto sugestões para a estabilização monetária e o reajustamento cambial. Antes de elogiar o seu sucessor, o almirante Lúcio Meira, pela "notável obra" no Ministério da Viação e Obras Públicas, faz um tributo a Lucas Lopes, "talvez a mais eminente figura da nossa geração de desenvolvimentistas" – termo que aparece sem aspas e com conotação positiva. O tom é sereno e sem revanchismos. Sai temporariamente de cena o técnico do setor público, que passa a atuar em outras searas – o setor privado e as missões diplomáticas –, movido por uma nova visão sobre os dilemas do desenvolvimento.

A disputa entre os dois grupos se dá agora em campo aberto. Em artigo escrito em janeiro de 1961 para a coluna "Do Ponto de Vista Nacional", do jornal Última Hora,[266] Rangel se insurge contra a afirmação de Roberto Campos no *Correio da Manhã*, para quem "reponta na crespa literatura isebiana a ideia de que 'a inflação é um inevitável preço a pagar pelo desenvolvimento'". Como responsável pela área

---

262 FURTADO, Celso. *A fantasia desfeita*. 2ª edição. Rio de Janeiro: Paz e Terra, 1989, p. 70-73.
263 CAMPOS, 1994, p. 362.
264 FURTADO, 2019, p. 163.
265 CAMPOS, 1963, p. 255-262.
266 RANGEL, Ignácio. "Inquietos e ortodoxos". In: BNDES. *Do Ponto de Vista Nacional*. Rio de Janeiro: Bienal-Bndes, 1992, p. 82-84. O artigo é de 10 de janeiro de 1961.

de Economia do ISEB – "agência cultural pública, que serve de tribuna para todas as correntes" – ele responde: "ao levantar a questão da capacidade ociosa, estou em luta contra a inflação". E completa: "e o faço com o rigor científico que não reconheço na atitude emocional do Dr. Campos, que só por acidente poderia conduzir a uma verdadeira estabilização". Esse texto revela o clima de beligerância entre nacionalistas e mercadistas, e também que a acusação de "irracionalidade" era usada contra o oponente pelos dois grupos.

No ano anterior, Ignácio Rangel, em plena campanha eleitoral, escreve um opúsculo, com o sugestivo título *Apontamentos para o 2º Plano de Metas*.[267] O texto é entregue aos principais candidatos à Presidência e por eles subscrito. No entender de Rangel e dos técnicos que o apoiam nesta empreitada, todos vinculados ao Conselho de Desenvolvimento, "a programação", formulada dentro dos "parâmetros impostos pela realidade", "condiciona as opções políticas" ao "reduzir o campo da improvisação na arte de governar".[268] Neste momento, os intelectuais orgânicos do Estado ainda se imaginam capazes de orientar as diretrizes políticas no sentido do desenvolvimento nacional.

No documento, Rangel desenvolve algumas das teses aprofundadas no seu livro *A inflação brasileira* (1963). A diferença está na mistura do tom técnico com a visão de "um simples servidor público" que procura estar sintonizado com "o esforço anônimo da sociedade brasileira para colocar-se à altura do seu dilema".[269]

Logo na introdução, em uma nota de rodapé, Rangel assim se refere ao trabalho dos técnicos mercadistas Roberto Campos e Octávio Dias Carneiro, encarregados da gestão do Plano de Metas por meio da sua atuação no Conselho de Desenvolvimento: "a alocação de recursos é empírica ou, pior ainda, intuitiva". E aprofunda a sua crítica: "é um esquema inteiramente para adiante", no sentido de que aceita como dados os "comportamentos anteriores da economia" que entram no modelo apenas como "parâmetros". Não percebem, segundo Rangel, que as mudanças instauradas pelo próprio Plano de Metas produzem uma nova estrutura econômica, a exigir novos esquemas de intervenção estatal.

No entender do economista, apesar de ter representado um "decidido progresso", o Plano de Metas significou um "recuo" em relação ao trabalho de Furtado para o Grupo Misto CEPAL-BNDE. Rangel parte do pressuposto de que o planeja-

---

267 RANGEL, Ignácio. *Apontamentos para o 2º Plano de Metas*. Recife: Comissão de Desenvolvimento de Pernambuco (CONDEPE), 1961. O texto é escrito e distribuído em 1960, mas publicado apenas no ano seguinte. Jesus Soares Pereira participa com Domar Campos e Guerreiro Ramos do esforço de reflexão (PEREIRA, 1988, p. 84).
268 RANGEL, 1961, Apresentação.
269 Ibidem, Prefácio.

mento setorial e o global devem se conectar. Ressente-se também da "imaturidade da consciência política nacional" e da "ausência de uma atitude científica" sobre os dilemas da economia brasileira. Na sua concepção, a "tarefa do programador" é penetrar na realidade objetiva de uma economia dotada de "condições historicamente definidas", de modo a definir "os campos da programação e da antiprogramação" –,[270] os quais se alteram, interagindo de maneira dinâmica à medida em que avança o processo de desenvolvimento.

Se o "âmbito natural da programação é a nação", os Estados nacionais possuem uma nova razão de ser. Isso porque além de atender às novas exigências do mercado interno e atuar sobre as suas relações externas, o planejamento depende da tolerância de "transferências não compensadas de renda" entre os membros de uma sociedade nacional. Neste sentido, e rompendo a placidez técnica do texto, Rangel afirma que o "esforço pelo desenvolvimento" não pode se tornar "um empreendimento desagradável", no qual, se exige do "corpo da nação" a compressão do consumo e o sacrifício dos atributos da soberania. Logra-se assim matar o "entusiasmo popular pelo desenvolvimento econômico do país".[271]

Apesar de Rangel ressaltar as suas divergências com os técnicos mercadistas – muitos dos quais se encontram neste momento em plena atuação no setor privado, nutrindo-se das conexões estabelecidas com o Estado –, o seu objetivo é outro: fornecer "um diagnóstico que permita localizar os problemas mais prementes", para guiar "o labor do planejamento", conferindo-lhe "um mínimo de unidade". Tampouco existe uma reificação do papel do Estado. Ao contrário, este "pode intervir contraditória e, muitas vezes, desnecessariamente, chegando mesmo a agravar, nalguns casos, problemas que queria resolver, além de suscitar outros novos".[272] Trata-se de conferir racionalidade à sua atuação, a partir da compreensão da "realidade objetiva" brasileira pós-Plano de Metas.

O esforço teórico de Rangel está condensado na tentativa de definir o conceito de capacidade produtiva, mais importante do que o de renda *per capita*. No seu entender, a capacidade produtiva é definida pelo "valor de bens e serviços que o sistema pode produzir pelo uso de toda a mão de obra disponível, combinada, nas melhores condições tecnicamente possíveis em cada momento e lugar, com os recursos naturais e de capital existentes". Cabe ao programador conhecer a capacidade produtiva e as suas áreas de ociosidade, no sentido de reduzir a diferença entre a capacidade produtiva e o produto efetivo. Essa capacidade, por sua vez, jamais é preenchida completamente, pois cresce com o próprio processo de de-

---

270   Ibidem, p. 3-4, 6-7.
271   Ibidem, p. 10-11, 17.
272   Ibidem, p. 14.

senvolvimento. O nó da sua argumentação está em jogar luz para as reservas não utilizadas do sistema econômico, propiciando uma interpretação alternativa sobre os seus desequilíbrios, e também sobre o seu potencial de crescimento. Segundo Rangel, a capacidade ociosa existe, "não obstante a violenta inflação e, em certos casos, por causa dela".[273]

Decorre desse fato a conclusão de que "demasiada ênfase foi posta na formação de capital" como oriunda de um esforço correspondente no sentido da redução do consumo. Essa incompreensão deve-se, no seu entender, ao fato de que os modelos perdem de vista a variável principal: a existência de capacidade ociosa. Ora, quando se realizam investimentos nos setores cujo potencial está adormecido, logra-se ampliar o consumo. Não não faz sentido, portanto, falar em "capital escasso" quando o produto pode crescer pelo emprego de outros fatores.[274]

Partindo de uma leitura rigorosa de Keynes,[275] Rangel mostra como a poupança não é um mero resíduo subtraído do consumo para dado nível de renda. Ao contrário, as "classes poupadoras", que comandam os meios de produção e, implicitamente, as reservas de capacidade ociosa investem "desde que supridas condições adequadas, das quais o programador deve cuidar". E ao fazê-lo, pelo mecanismo do multiplicador, promovem uma utilização ainda maior da capacidade produtiva. Em certos casos, "em virtude da baixa mobilidade de capital, oportunidades de inversão podem ser descartadas pelo fato de não estarem no horizonte do investidor potencial". Aí deve entrar o Estado, por meio do seu cuidadoso inventário de setores e atividades com baixa ou elevada capacidade ociosa. Portanto, ao se retirar o pressuposto de que o investimento só pode se realizar por meio de uma dedução da renda obtida, "alargam-se os horizontes dos povos subdesenvolvidos para o desenvolvimento".[276]

Rangel não deixa de tratar do problema monetário. Admite que o déficit fiscal amplia o meio circulante, assim como o sistema bancário. Mas ao assim proceder, "o organismo econômico reage de maneira estabilizadora impedindo a contração da demanda global". Para atacar o problema inflacionário, torna-se necessário investigar a estrutura de custos por trás dos encadeamentos interindustriais. Partindo do estudo coordenado por Furtado no Grupo Misto CEPAL-BNDE, aponta ser viável aumentar a utilização da capacidade produtiva e também a taxa de investimento, ampliando a oferta sem comprometer o consumo oriundo da renda gerada durante o processo.[277]

---

273 Ibidem, p. 15-16.
274 Ibidem, p. 19.
275 Ibidem, p. 25. No seu entender, "o esquema keynesiano é, pois, basicamente, um método de utilização de capacidade ociosa".
276 Ibidem, p. 21-27.
277 Ibidem, p. 34-36.

A resposta está na sua compreensão do que mais adiante seria chamada pela CEPAL de "heterogeneidade estrutural" do sistema produtivo brasileiro. Nos vários segmentos da oferta, coexistem as técnicas modernas e as arcaicas. Se realizado de maneira imediata, o "esmagamento das unidades marginais" (arcaicas) levaria a um processo de desperdício da capacidade produtiva, por liberar novas áreas de ociosidade. Mas o processo de modernização/homogeneização crescente do setor produtivo não se dá de chofre: viabiliza-se pela transformação das unidades marginais em modernas, tanto no setor de bens de produção como no setor de bens de consumo.

Para tanto, deve-se fornecer um subsídio fiscal ao comprador de equipamento nacional, tal como se fizera antes com o subsídio cambial à importação de bens de capital. Ao se aumentar a oferta destas unidades, mesmo com técnicas mais poupadoras de trabalho, atua-se no sentido de absorver o excedente de mão de obra, e de preencher a capacidade ociosa nos demais pontos do sistema. O movimento iniciado com a elevação global da oferta de bens de produção se espraia pelo setor de bens de consumo e pela agricultura, com elevação da sua produtividade. A expansão do setor de bens de produção exigiria, portanto, um esforço da mesma natureza do Plano de Metas, mas agora adequado a uma concepção mais global do crescimento econômico, e envolvendo um conjunto de políticas para além dos subsídios fiscais.[278]

De maneira original, Rangel salienta que a empresa privada brasileira padece de escassez de recursos financeiros, não obstante contar com "consideráveis reservas de capacidade ociosa". Ao não fazer essa distinção, boa parte dos analistas subestima a existência de recursos reais. Daí a necessidade de organização do mercado de capitais que permita a canalização de recursos cuja contrapartida é o produto a ser obtido com a capacidade ociosa. Como antídoto à erosão inflacionária, em vez de manter seus ativos de forma líquida, as empresas com capacidade ociosa teriam assim um emprego seguro para os seus recursos.[279] Paralelamente, a expansão da oferta real traria uma procura adicional, capaz de preencher novas áreas de ociosidade e engendrar novas áreas de escassez, expandindo assim o nível de produtividade e de emprego da economia.

O edifício de Rangel é inegavelmente robusto, mas a proposta de planejamento estatal, global e setorial, a fim de administrar e aprofundar um parque industrial complexo, se depara agora com um contexto de crescente incerteza econômica e política. O Estado, ao contrário do sugerido e desejado por Rangel, perde operacionalidade, mostrando-se cada vez mais difuso, além de perpassado por uma gama de interesses sociais, muitas vezes particularistas, tanto do novo empresariado como

---

278 Ibidem, p. 44-45, 47-48, 52-54, 58-61.
279 Ibidem, p. 62-63.

do trabalhismo turbinado. Mostraria-se, portanto, incapaz de imprimir uma nova linha diretiva – apesar do esforço realizado no Plano Trienal –, espelhando dessa forma a crescente fragmentação e radicalização do sistema político.

Rangel mantém-se como intelectual orgânico do Estado, longe do *front* de batalha, oferecendo seus planos aos atores estratégicos, enquanto o confronto final se aproxima do seu desenlace. O seu "Segundo Plano de Metas" circula, no máximo, entre os técnicos nacionalistas e alguns políticos de cunho mais progressista. Fica guardado nos porões da história econômica, pois o anteprojeto de metas a ser preparado, seguindo a sua concepção norteadora, não vem ao mundo.

Paralelamente, armado com a "racionalidade" possível no novo quadro político, em um estilo direto e certeiro, como se o peso da história se vergasse no sentido do futuro, Furtado ingressa de cheio na cena nacional. O intelectual estadista, ao abrir mão do distanciamento do técnico, se converte em arquiteto da vontade coletiva. Trata-se de um movimento empreendido por vários intelectuais que atuam no e a partir do setor público. Neste sentido, Furtado aparece aqui como tipo ideal desta nova posição social.

Essa mutação – o surgimento do técnico que atua de peito aberto, dirigindo-se à sociedade e reivindicando a necessidade de mudanças estruturais, como uma forma de completar e dar sentido ao processo de desenvolvimento – já aparece de forma embrionária em *Perspectivas da economia brasileira*.

Como explicar o "mistério extraordinário"[280] da presença avassaladora de Celso Furtado nos estertores do Brasil Desenvolvimentista? A sua atuação em três frentes simultâneas nos auxilia a desvendá-lo: a histórico-teórica, especialmente com *Formação econômica do Brasil* (1959) e *Desenvolvimento e subdesenvolvimento* (1961), alcançando um público mais vasto do que os dos técnicos; a técnico-política, no âmbito da SUDENE e como Ministro do Planejamento, ao elaborar o Plano Trienal que fornece o respaldo programático para o retorno do presidencialismo; e a sua veia de publicista, quando dá sentido à utopia nacional reformista, especialmente com *A pré-revolução brasileira* (1962).

A transfiguração de Furtado é, em parte, fruto das contradições do momento histórico. A costura política predomina sobre o trabalho técnico, mas sem extirpar a dualidade constitutiva desse novo personagem, que caminha em uma espécie de corda bamba. O Rômulo da Assessoria Econômica não poderia realizar este salto: o político recuava em face do técnico, já que quem dava as cartas era Vargas. Furtado, ao contrário, surge como intelectual estadista em um momento que muitos dos intelectuais orgânicos do Estado se recolhem aos seus postos de segundo escalão. A

---

[280] A expressão é de MALLORQUIN (2005, p. 161-162).

sociedade política perde capacidade de direção e a sociedade civil aparece repleta de demandas conflitantes.

Este novo Furtado – calejado pelas lutas da SUDENE e já se preparando para a batalha do Plano Trienal – surge com toda a força em *A pré-revolução brasileira*. No final de 1962, com a anuência do presidente João Goulart, ele elabora o manifesto para a "Frente Parlamentar pelas Reformas de Base". Trata-se de um esforço de sistematização dos pontos de consenso entre os candidatos da "esquerda" às eleições para o Congresso. Ele procura imprimir no documento o tom adequado para o contexto: "convincente, escrito em linguagem moderada, sem sectarismos, capaz de aglutinar personalidades de um amplo espectro político". Para escrevê-lo, toma contato com os "principais líderes progressistas".[281]

O intelectual estadista parece à vontade no seu novo papel. As reformas de base apresentadas integram um projeto de desenvolvimento nacional capaz de superar o "marco institucional anacrônico". Merecem destaque as reformas agrária, fiscal, administrativa, universitária e eleitoral, além do estatuto disciplinar do capital estrangeiro. Se o documento recomenda a formação de "grupos de trabalho com a presença de organizações sindicais, estudantis, de classe em geral, ou simplesmente de estudos e pesquisas", no intuito de fornecer "subsídios ao debate"; cabe também ao povo acompanhar de perto os seus representantes e ficar atento às "forças da resistência que se opõem às reformas", uma vez que elas se mostram vitais para assegurar a "sobrevivência das instituições democráticas".[282]

Portanto, as reformas, cruciais para o desenvolvimento e para o aprofundamento da democracia, devem ser acionadas por um Estado que se arvora a representante da nação e conta com o apoio popular, ao menos esta é a expectativa. Tal mensagem de cunho político aparece com maestria retórica em *A pré-revolução brasileira*.

Três aspectos merecem especial atenção neste libelo em busca da autodeterminação nacional: o papel do intelectual e da objetividade científica; o presente com sua potencialidade de redenção da história; e o desenvolvimento enquanto processo civilizatório não restrito à sua matriz econômica. O teórico, o técnico que ocupa posição estratégica e o arquiteto da vontade nacional surgem imbricados, levando a tríade desenvolvimentista ao seu ápice. Mas o fato de que o seu esforço individual se destacasse no horizonte é um mau presságio.

Logo na introdução, ele aponta a dimensão do desafio: injetar, a partir da análise, "alguns elementos de racionalidade" à política de desenvolvimento, "tanto com

---

281 FURTADO, 1989, p. 143-144.
282 Ibidem, p. 145-149.

respeito aos instrumentos, quanto em função dos juízos de valor em que se apoia".[283] Adicionalmente, o aparato conceitual deve ser adequado à nossa realidade. Eis a responsabilidade dos "trabalhadores do pensamento". Definidos os princípios básicos de convivência social – o que significa não sacrificar a liberdade em prol do desenvolvimento material, como nos "mitos sociais" propagados pelos regimes ditatoriais –, a objetividade deve servir de guia.

No entender de Furtado, a ciência econômica, se dissociada das premissas que norteiam as várias estruturas econômicas e sociais, "raramente passa do campo da doutrina para o da teoria científica". Daí a necessidade de formular "variantes teóricas", capazes de dar conta da problemática das economias subdesenvolvidas. Em vez de erigir "uma ciência econômica nova", *é preciso* "dar prioridade ao domínio das técnicas que capacitam a observar de forma sistemática nossa realidade econômica", descobrindo os desafios pertinentes para, apenas então, forjar "uma autêntica doutrina do desenvolvimento nacional".[284]

O poder de persuasão do livro reside no fato de que esta objetividade finalista parte de uma síntese do processo histórico que escoa da colônia até os dilemas do presente, algo possível para quem já havia parido *Formação econômica do Brasil*. Conforme o autor, o Brasil passara entre 1930 e 1960, por "etapa decisiva de desagregação da economia colonial". Entretanto, a "industrialização de tabela" não teria sido programada, ao menos até 1954, deixando como rastro "desequilíbrios estruturais acumulados". Até então, "as linhas de pensamento" eram as herdadas da "velha estrutura colonial". No momento em que escreve, "tem-se agora a consciência das reformas básicas inadiáveis para acelerar o desenvolvimento industrial", frase que colocada assim na terceira pessoa indica a existência de um consenso nacional. Trata-se de "dar maior elasticidade às estruturas", por meio de "modificações constitucionais" que permitam realizar a reforma agrária, do sistema fiscal, da estrutura bancária, além de uma profunda reestruturação na máquina administrativa estatal.

A economia conta então com tal "grau de diferenciação", a ponto de internalizar os centros de decisão da sua vida econômica, conquistando assim a autodeterminação. Paralelamente às mudanças da estrutura produtiva, o país caracteriza-se pela "lúcida tomada de consciência do subdesenvolvimento". Enfim, as condições subjetivas e objetivas parecem dadas. Furtado não deixa de perceber, contudo, a encruzilhada do processo histórico que corre sob a superfície dos fatos. Assim se explica a disjuntiva: "abriremos uma nova fase de transformações qualitativas, ou caminharemos para uma cristalização da estrutura já estabelecida?"[285]

---

283   FURTADO, 1962, p. 10-11.
284   Ibidem, p. 80-81, 90, 94-98, 100-101.
285   Ibidem, p. 9, 31-32, 40, 64-68, 72, 75-76, 79, 107.

Em menos de um quarto de século, o país teria saltado da condição de "simples constelação de economias periféricas do mercado mundial", para encontrar-se no "umbral da transmutação industrial", já antevendo a aurora de um "sistema nacional progressivamente integrado". Daí a "posição singular desta geração" – e de seus intelectuais bem posicionados no tombadilho da nação –, finalmente capazes de "intuir as potencialidades deste imenso país".[286]

Se o relato tem como fio condutor as transformações econômicas, as tessituras social, política e cultural da nação não vêm apenas a reboque, pois acompanham e até emprestam sentido ao que passa no mundo da economia. O trecho abaixo descortina os vários ângulos do futuro que se avizinha:

> A pequena nação patriarcal que, nos albores do século, apenas emergia de um rudimentar sistema escravista, poderá vir a ser uma das primeiras nações pela magnitude da sua população, a diversidade do seu ecúmeno, a riqueza das formas de adaptação do homem ao meio físico, a complexidade e a harmonia das relações étnicas, a fecundidade de uma cultura que traduz a interação com um meio cujas ricas solicitações são um chamado à afirmação de todas as forças criadoras do homem.[287]

Pode-se observar o contraste entre o mundo patriarcal/sociedade escravista e a nação industrial, rica em diversidade cultural, onde a técnica abre caminho para várias interações com o meio, o que remete a uma tecnologia que extravasa o universo industrial. A democracia está implícita, como mecanismo a permitir que os anseios sociais encontrem expressão no âmbito da sociedade política em um contexto de "modificações constitucionais".

Escrito no calor da hora, este panfleto busca imprimir "racionalidade na política", de modo a dar continuidade ao processo de desenvolvimento. Nele fica evidente a existência de uma utopia lapidada pela objetividade no estudo das estruturas econômicas e sociais em transformação. Quer libertar as forças sociais do bloqueio que realiza "a opinião pública" a partir do Parlamento, sequestrando os meios de que necessita o Estado, concebido como "sistema compósito, representativo das várias classes".[288]

Alguns estudiosos de sua obra encaram o tom "profético" d'*A pré-revolução brasileira* como proveniente de "um burocrata iluminado que se dirige às massas, mas sem estar articulado a nenhuma força social específica". Por isso, o intelectual

---

286 Ibidem, p. 110, 114-115.
287 Ibidem, p. 106.
288 Ibidem, p. 25, 42, 63.

teria se mostrado incapaz de incidir sobre o processo, finalmente consumado pelo embate das forças em conflito.[289] Avaliação semelhante é a de Rosa Maria Vieira,[290] para quem Furtado parece se revestir de "uma racionalidade a ser injetada no mundo social, atuando acima das ideologias e dos confrontos na arena política". O conceito de nação cumpriria a função de obliterar as estratégias de classe envolvidas no projeto capitalista de desenvolvimento periférico.

De fato, a eficácia mobilizadora do discurso é indiscutível, porém nosso intelectual estadista mobiliza quem e em quê sentido? O nível de generalidade não corre o risco de transformar a mobilização em embotamento? Por outro lado, existe alternativa disponível para quem atua a partir de uma nova posição, situada em meio ao fogo cruzado que perpassa a sociedade civil e a sociedade política?

Ora, enquanto os problemas estruturais se acumulam, as diversas frações da sociedade formulam as suas próprias demandas entrecruzadas e contraditórias, ressentindo-se do elevado ou baixo ativismo estatal, conforme a compreensão dos grupos em disputa. Neste contexto de efervescência social, a sociedade política pode, no máximo, atenuar os conflitos e forjar consensos mínimos. A posição dos técnicos encontra-se bombardeada pelas trincheiras provenientes dos quatro cantos da sociedade civil.

O aparato estatal é encarado por Furtado como epifenômeno das contradições econômicas e sociais,[291], de forma semelhante à visão de Rômulo e dos intelectuais orgânicos do Estado. Na concepção reformista de todos eles, a construção nacional da democracia exigia certa "substância econômica", a ser injetada pelo Estado em um contexto de fragmentação das forças políticas, pois o Congresso, os partidos e os sindicatos não dialogavam com os interesses "reais" do povo. Daí que os seus esforços se assemelhassem a um exercício de "demiurgia".[292]

Mas o contexto não era o mesmo dos tempos da Assessoria Econômica. Se os intelectuais orgânicos do Estado haviam sido deslocados de suas posições estratégicas, isto não impede que Furtado recrute os melhores quadros para elaborar em dez semanas o Plano Trienal. De qualquer modo, o Estado, consumido pelas novas contradições geradas pelo processo de expansão das forças produtivas ao longo dos anos 1950, assiste perplexo à destruição paulatina das barricadas de onde imaginara ativar os interesses potencialmente complementares e deslocar as forças do atraso.

---

289   MALLORQUIN, 2005, p. 188-189.
290   VIEIRA, Rosa Maria. *Celso Furtado: reforma, política e ideologia (1950-1964)*. São Paulo: EDUC, 2007, p. 120, 127, 356.
291   Ibidem, p. 232, 246-250.
292   Ibidem, p. 232, 246-250.

O ocaso do Brasil Desenvolvimentista pode ser lido através do surgimento destes novos atores sociais: de um lado, os intelectuais estadistas, eminentemente políticos, atuando a partir do Estado e apostando no "aprofundamento da democracia", em relação aos quais se ressentiam os novos intelectuais das classes populares, muitos dos quais sediados no último ISEB, na UNE, nos sindicatos e em segmentos do PCB e do PTB; e do outro as novas elites modernizadoras do capital flertando não necessariamente com a opção autoritária, mas com uma nova estratégia que levasse à exponenciação da acumulação de capital, desligada das pressões "nacionalistas" e "populistas".

Furtado e Campos – representantes destas novas configurações que assumem os nacionalistas e mercadistas – expressam nas suas personalidades e trajetórias marcantes as rachaduras sofridas no âmbito dos técnicos em fins do setor público. Mais que disputas internas no campo dos economistas, essa crescente segmentação no grupo dos técnicos revela as contradições do processo de desenvolvimento do capitalismo no Brasil que, ao engendrar uma estrutura social peculiar, viabilizara ou abortara a construção de novos horizontes ideológicos, no intuito de assegurar a continuidade da industrialização.

Portanto, não nos parece adequada a abordagem de Sola, segundo a qual os técnicos nacionalistas possuíam "constrições ideológicas", no sentido de que o seu sistema de valores apontava para o aprofundamento da democracia com reformas de base.[293] No seu entender, o mesmo não ocorreria no caso dos técnicos mercadistas. Ora, o fato de que estes, com destaque para Campos, já apontavam para uma necessidade de maior centralização do poder, apenas factível com a mudança da "cultura política", no sentido de trazer de volta a "neutralidade distributiva", não significa no nosso entender "ausência de constrição ideológica".

Na prática, o seu distanciamento paulatino do poder a partir de 1959 revela que os técnicos mercadistas, agora convertidos em elites modernizadoras do capital, estavam dispostos a fornecer os meios para os segmentos de classe capazes de dar cabo da "instabilidade política". De fato, Campos afirma ser esta a "variável", não concebida por Rostow, capaz de travar o esforço de poupança necessário para dar continuidade à "arrancada brasileira". A sua eliminação no pós-1964 criaria as condições que faltavam ao desenvolvimento econômico.[294]

---

293 SOLA, 1998, p. 398.
294 CAMPOS, Roberto. "Arrancada e colapso: a peripécia dos países em desenvolvimento". In: CAMPOS, Roberto & SIMONSEN, Mário Henrique. *A nova economia brasileira*. Rio de Janeiro: Livraria José Olympio, 1974, p. 24-25, 32-33. Apesar do artigo de Campos ser de 1974, não parece um exagero supor que este raciocínio lhe servisse de instrumental, mais ideológico do que técnico, para assumir o papel que exerceu no pós-1964, adaptando então a formulação de Rostow para o caso brasileiro.

O Plano Trienal se insere neste contexto mais amplo. Os seus formuladores não se recusam a atacar problemas como a crise cambial e a inflação. Seu enfoque associa a necessidade de estabilização no curso prazo com a busca de novas condições para a expansão futura.[295] Para Fonseca, o enfoque estruturalista da inflação não havia sido abandonado, já que se supõe uma taxa mínima de "inflação estrutural".[296] O objetivo é combater a crise conjuntural do modelo, assegurando o seu aprofundamento no longo prazo. Para tanto, trata-se de romper os estrangulamentos externo e fiscal, sem abrir mão de uma programação de investimentos públicos e privados.[297] Por sua vez, o nível de salários deveria ser recomposto de acordo com a inflação e os níveis de produtividade.[298]

Portanto, o Plano Trienal guarda algumas semelhanças com o Plano de Estabilização Monetária (realismo cambial, reajuste das tarifas, reforma fiscal e manutenção dos investimentos prioritários), seu antecessor – e também fracassado – em termos de tentativa de estabilização com crescimento.

Mesmo com a "capa desenvolvimentista" e a "linguagem estruturalista", o plano tem poucas chances concretas de viabilidade no curto prazo, em virtude do agravamento das tensões políticas. Na prática, a sua implementação acaba se circunscrevendo à agenda ortodoxa na política monetária, fiscal e cambial.[299] Em abril de 1963, na ausência de aprovação da reforma fiscal e com o fracasso de renegociação da dívida externa, o plano está com seus dias contados. A liberação das tarifas do setor público e a eliminação dos subsídios cambiais ao petróleo e ao trigo turbinam a inflação, injetando lenha na fogueira de uma sociedade em que os trabalhadores organizados se recusam a aceitar a queda do poder de compra. Apesar da liberação de crédito no segundo semestre, a forte queda dos investimentos do governo, em um contexto de alta capacidade ociosa e demanda contida, apenas aprofunda o quadro de desaceleração iniciado em 1961.

Mas há que se tomar em devida conta o contexto de radicalização política. Ora, o plano foi justamente executado para atenuá-la, buscando conferir legitimidade ao presidente João Goulart depois do plebiscito de janeiro de 1963. O próprio Campos, agora embaixador em Washington, se refere ao Plano Trienal, "como uma

---

295 SOLA, 1998, p. 401-402.
296 FONSECA, Pedro Cezar Dutra. "Legitimidade e credibilidade: os impasses da política econômica no Governo Goulart". In: *Estudos Econômicos*, v. 34, n. 3, jul./set. 2004, p. 592, 607-609.
297 "Plano Trienal de Desenvolvimento Econômico e Social 1963-1965". In: *O Plano Trienal e o Ministério do Planejamento*. Arquivos Celso Furtado, n. 4, s/d. Rio de Janeiro: Contraponto/CICEF, p. 73-82.
298 Ibidem, 43-44.
299 BIELSCHOWSKY, 1995, p. 416.

ilha de racionalidade", "a barreira a impedir a ruptura do dique",[300] tendo se empenhado junto a San Tiago Dantas nas malogradas negociações da dívida externa com o Departamento de Estado dos Estados Unidos e o FMI.

Como explicar o seu fracasso? O espaço de atuação dos técnicos havia mudado. Em vez processarem as informações difusas da sociedade política e da sociedade civil, de modo a conceber estratégias de desenvolvimento factíveis, como nos anos 1950, agora havia "tensões internas ao próprio poder Executivo", que assimilava, a partir dos seus vários ministros, as demandas de "grupos extrainstitucionais portadores de projetos rivais".[301]

Como se não bastasse, a última tentativa de executar uma estratégia de "autonomia na dependência" seria rifada pela postura de progressivo distanciamento do governo estadunidense, que se ressentia do "comunismo" e do "anti-imperialismo" dos apoiadores de Jango. Por outro lado, Furtado e San Tiago perdem as credenciais de líderes reformistas e passam a ser vistos com descrédito pelos intelectuais das classes populares em ascensão.

Logo em seguida, no segundo semestre de 1963, Jesus Soares Pereira[302] recebe convite para ocupar o cargo de ministro sem pasta do Desenvolvimento e das Reformas de Base. Recusa-o por ser pouco afeito às "lides políticas", não se dispondo a assumir funções governamentais que o "colocariam em evidência". Dispõe-se a assumir a direção de um órgão de estudo dos problemas nacionais, desde que "tais estudos fossem amplamente divulgados, para que a Nação adquirisse mais consciência das possibilidades de superar o seu atraso".[303] Não percebe que o lugar dos intelectuais orgânicos do Estado havia se erodido.

Se *A pré-revolução brasileira* fora uma espécie de clímax do processo histórico, quando as potencialidades do Brasil Desenvolvimentista ainda aparecem em toda a sua plenitude, *Dialética do desenvolvimento*, escrito por Furtado ao final de 1963, pode ser lido como o anticlímax da história, agora com suas contradições expostas. Sentindo que "o horizonte se fechava", ele rouba o parco tempo que lhe deixa a SUDENE nos finais de semana, e enquanto caminha pela praia de Boa Viagem redige o seu "testemunho".[304]

O livro não é um mero relato das frustrações do intelectual que regressa do *front* da batalha. O seu desencanto com o poder e a "irracionalidade da política"

---

300 SOLA, 1998, p. 360-361.
301 Ibidem, p. 349-351.
302 Soares ocupa então uma das diretorias da CSN, tendo tido em 1961 o seu nome vetado pelos segmentos mais conservadores para o cargo de presidente do IBGE (PEREIRA, 1988, p. 86-87).
303 Ibidem, p. 88.
304 FURTADO, 1989, p. 181-182.

se transforma em uma oportunidade para revisar seus conceitos e interpretações. Furtado questiona as teses por ele esboçadas dois anos antes. Como se percebesse que os maiores questionamentos viriam da esquerda, nosso reformista veste um figurino marxista, de cujo *design* ele próprio se encarrega.

O livro se divide em duas partes principais:[305] de um lado, ele discute o processo de desenvolvimento capitalista no centro, onde as contradições de classe aparecem como força motriz do processo histórico. Furtado destaca a expansão das instituições do Estado, a flexibilidade das instituições políticas e a crescente participação da classe trabalhadora no poder e na renda; de outro, mergulha no caso brasileiro, onde as contradições sociais não levam a uma resolução no sentido do desenvolvimento, mas antes prefiguram o enraizamento do subdesenvolvimento. A estrutura social, em vez de se dinamizar com a industrialização, havia gerado novas clivagens de classe, mas sem desalojar as velhas. O "dualismo estrutural" se irradia para o âmbito do poder e da ideologia, transformando as classes dirigentes em antirreformistas. O subdesenvolvimento é agora um capitalismo que não engendra um centro decisório nacional.

O prefácio é Mannheim puro. O intelectual assume a sua posição de elo potencial entre a sociedade política e a sociedade civil, e o economista revela a sua veia de cientista social. Depois de afirmar que "não existe uma moral dos intelectuais por cima de quaisquer escalas de valores", pois eles estão "necessariamente inseridos em algum contexto social", Furtado se refere à "responsabilidade social intelectual", justamente por compor o "único segmento da sociedade que não somente pode, mas deve sobrepor-se aos condicionantes sociais imediatos do comportamento individual". Seu papel estratégico deriva deste "plano de racionalidade mais elevado", para além de suas vinculações de grupo e de cultura.[306] Enfim, justamente por sua posição social específica, ele é capaz de transcendê-la, captando e intervindo no real em perene transformação.

O seu instrumental analítico aparece agora com uma embocadura marxista.[307] O desenvolvimento econômico precisa ser capturado enquanto aspecto de um processo mais amplo de mudança social, cujos contornos apenas são perceptíveis no contexto de uma realidade histórica. O fator detonador da mudança, a infraestrutura, pode ser encontrado na cultura material, por meio das inovações tecnológicas

---

305 FURTADO, Celso. *Dialética do desenvolvimento*. 2ª edição. Rio de Janeiro: Fundo de Cultura, 1964. Cabe ressaltar que nesta obra o técnico se socorre do pensador crítico para analisar o processo político, de maneira mais distanciada e em toda a complexidade, agora que o embate já havia sido travado.
306 Ibidem, p. 9-10.
307 Ibidem, p. 17-23.

(endógenas ou de empréstimo). Nas sociedades capitalistas, este processo transforma-se por meio dos conflitos entre classes sociais. No caso específico dos países do capitalismo industrial, à medida em que os conflitos se concentram na relação entre capital e trabalho, a luta de classes, em vez de ampliar a instabilidade do sistema, passa a atuar como mecanismo de renovação do seu impulso dinâmico. Os requisitos para aumento na participação do produto, por parte da classe trabalhadora, criam as condições para o avanço da tecnologia.

Furtado – no seu novo "modelo" para o desenvolvimento dos países centrais, sempre elaborado teoricamente a partir de uma generalização do fluxo da história, com o objetivo de servir como contraste para a sua compreensão da periferia – revela como o papel do Estado se faz estratégico ao amortecer os conflitos de classe, além de atuar em novas searas: na produção de infraestrutura física e na prestação de serviços sociais coletivos. A democracia no capitalismo industrial na virada do século XIX para XX assegura, no plano da superestrutura, uma "polivalência ideológica", pois abriga distintas e conflitantes interpretações do interesse social e do projeto de futuro da sociedade. Esse dilema é parcialmente resolvido pelo aprofundamento do mercado interno, que tem como expressão política o nacionalismo, por sua capacidade integradora. Entretanto, a ampliação dos direitos dos trabalhadores e da participação social assegura a manutenção dos privilégios de classe dos capitalistas.[308]

Montando o panorama conceitual mais amplo, Furtado passa a analisar "as projeções políticas do subdesenvolvimento". Aqui o dualismo da estrutura econômica – que se reflete sobre "uma distribuição extremamente desigual da renda" e sobre "uma demanda de bens finais pouco vigorosa" – faz com que a consciência de classe só se defina lentamente, em virtude do subemprego estrutural. O entorpecimento do mercado interno leva a uma classe trabalhadora pouco aguerrida, pois "privilegiada" em relação ao conjunto da estrutura social. Portanto, o subdesenvolvimento se coloca em termos de estrutura social.[309] O método histórico-estrutural lhe permite fisgar o lado que ficara oculto no seu diagnóstico anterior.

O "dualismo estrutural" não é discutido em termos estáticos ou de oposição entre tradicional e moderno. A transformação da estrutura social depende, de um lado, "dos conflitos internos do setor capitalista" e, de outro, "das tensões criadas entre este e a economia pré-existente" (setor exportador e setor de subsistência). A evolução do setor capitalista se deu pela via da substituição de importações, transferindo renda de outros setores (exportadores e consumidores), via mecanismo cambial ou inflação, e financiando assim o processo de investimento. Apesar de não

---

308   Ibidem, p. 25-30, 35-45, 63-75.
309   Ibidem, p. 33, 79.

ter sido o fator primário do desenvolvimento, a inflação permitiu "afrouxar as estruturas", sem transformá-las. Com a saturação deste processo, antes da autonomia tecnológica e da internalização do setor de equipamentos, cria-se, a partir dos anos 1960, uma "barreira ao desenvolvimento".[310]

Os limites do processo expansivo são explicados pela superestrutura. A transição da economia colonial para industrial, mesmo tendo viabilizado o desenvolvimento das forças produtivas, não trouxe o deslocamento da estrutura arcaica no plano político. O potencial de atuação do Estado foi coartado pela instabilidade interna das classes dirigentes, que se mantiveram em posição de comando, equilibrando os interesses em muitos aspectos antagônicos. A rigidez da estrutura social, por sua vez, impediu que os conflitos atuassem como força renovadora. As lideranças das classes dirigentes, por meio da "ação populista", assumiram uma atitude divisionista ao oferecer vantagens salariais provisórias, "desorientando os trabalhadores" e "incapacitando-os para distinguir os seus próprios interesses".

Porém, em vez de assumir uma atitude em prol da "neutralidade distributiva" à maneira de Campos, Furtado defende a "superação do populismo" por "movimentos surgidos dentro da classe trabalhadora, conducentes à sua determinação política" e "orientados a uma estratégia de longo prazo". Do contrário, o sistema político fica "em permanente suspense", pressionando pelo "jogo populista" – capaz de algumas conquistas –, mas gerando "pânico" sobre os segmentos mais retrógrados sediados no Congresso.[311]

Neste contexto de atuação crescente das classes trabalhadoras e de extensão dos conflitos para o campo – sem potencial renovador, por não estar ancorado em objetivos de longo prazo –, "uma densa penumbra ideológica" teria contribuído para ofuscar ainda mais as "contradições dentro da própria classe capitalista" e para manter "formas ideológicas superadas". A postura tímida dos industriais se fazia revelar, desde os anos 1950, por meio de sua resistência com relação a mudanças fiscais mais profundas, que permitissem uma melhor orientação dos investimentos, ou pela falta de percepção sobre a "parasitagem do setor agrário semifeudal", que gerava uma "esclerose no processo de industrialização". Também pode ser observada pela forma com que se associou ao capital externo para a solução de seus problemas ocasionais, adotando a linha de menor resistência, por "falta de experiência e de maior profundidade de visão".[312]

---

310   Ibidem, p. 81-82, 118-124.
311   Ibidem, p. 84-89, 110-111, 116.
312   Ibidem, p. 131-138.

O diagnóstico pode e deve ser questionado em vários aspectos, especialmente no que diz respeito às expectativas sobre o comportamento mais "racional" dos vários atores sociais, mas parece certeiro enquanto relato das dimensões mais profundas do subdesenvolvimento e das oportunidades perdidas para um salto qualitativo em termos econômicos, sociais e institucionais.

O mesmo tom permeia o depoimento de Jesus Soares Pereira, escrito em 1964, e que também já prenuncia, de alguma forma, a "teoria da dependência". Ou melhor, esta "teoria" estava embutida no DNA deste fragmento de geração, que participou ativamente do governo JK, mas com certa desconfiança, pois seu grupo perdia força propositiva, por mais que eles mantivessem nichos importantes de atuação na máquina administrativa.

Soares atua agora na Secretaria do Conselho de Desenvolvimento, ao término do "fecundo conquanto contraditório" quinquênio governamental iniciado em 1956, conforme suas palavras. Apesar de "realizar notável obra administrativa" e de "ter a atividade econômica se expandido amplamente, completando um dos ciclos do desenvolvimento no país", verificou-se, durante o governo JK, uma

> paulatina perda efetiva de autonomia nacional para decidir a marcha do desenvolvimento interno, já que setores cada vez mais amplos da atividade aqui exercida vão ficando sujeitos a decisões adotadas no exterior, quer de natureza privada, quer de origem governamental, e isso não pode deixar de se refletir gravemente no processo político, dentro das nossas fronteiras como no concernente às relações externas do país.[313]

Rômulo comunga da mesma visão ao vaticinar que

> o capital externo é necessário para acelerar o desenvolvimento, mas, é ao mesmo tempo, a mais poderosa arma de dominação econômica e política e de descaracterização cultural, ou seja, de antidesenvolvimento nacional.[314]

Ao descrever os impasses na virada de 1963 para 1964, Furtado sugere que "a tomada de consciência dos problemas básicos a enfrentar" se está realizando "fora do quadro institucional em que atuam os grupos dirigentes", e talvez até "como resultado de conflitos com os grupos dirigentes".[315] Paralelamente, uma reacomodação dos "grupos dirigentes" estava em processo, movidos pela convicção de que

---

313   PEREIRA, 1988, p. 133-134.
314   ALMEIDA, Rômulo. *Nacionalismo e capitais estrangeiros*, s/d, mimeo, p. 4. Salvador: Acervo IRAE.
315   FURTADO, 1964, p. 139.

a ampliação do alcance da acumulação de capital existente era o problema básico fundamental, em torno do qual giravam todos os demais.

Portanto, havia se introjetado um novo padrão de acumulação durante o Plano de Metas, cuja gestão se tornava especialmente complexa por meio de uma estratégia reformista de aprofundamento do desenvolvimento com democracia. O arco de alianças com o sistema internacional, hegemonizado pelos Estados Unidos e posto em funcionamento pela dupla Lopes e Campos, voltaria a atuar após o PAEG com vigor renovado, e sem as travas impostas pelos técnicos nacionalistas e os segmentos sociais e políticos nos quais eles tentavam se escorar.

Quem detinha a chave de acesso a esta alternativa eram os técnicos mercadistas, transformados nas elites modernizadoras do capital no período 1959-1964, quando multiplicam as pontes de contato entre o setor privado e o setor público, cacifando-se para exercer, em sua plenitude, o papel de tecnocratas. Qualquer surpresa com a ação da dupla Bulhões e Campos, apartando-se da ortodoxia liberal, revela falta de conhecimento das dimensões adquiridas pelas engrenagens de acumulação de capital, aperfeiçoadas com as reformas de base ao avesso introduzidas nesta gestão.[316] A conexão Estado-capital estrangeiro-capital privado nacional-oligarquias agrárias reconvertidas em burguesas seria soldada não sem conflitos e contradições, mas de sua resolução, sempre provisória e fragmentada, se encarregaria o regime militar.

---

316 As "reformas estruturais" implantadas pelo PAEG, especialmente a bancária, a tributária e a administrativa, são denominadas de "reformas de base" por LAFER (2002, p. 176-177). Essa afirmação sugere uma semelhança ilusória com o proposto no Plano Trienal, que abarcava outras reformas e com outro sentido norteador. Dizer que eram "indispensáveis" em virtude da necessidade de "modernização das estruturas socioeconômicas brasileiras", neste nível de generalidade, significa um esvaziamento da ruptura histórica consumada no pós-1964.

A sociologia acadêmica e a anatomia da derrota

Florestan Fernandes situa a sua trajetória, entre 1941 e 1953, marcada pelo ingresso no ensino superior e as últimas etapas da "nobilitação para a carreira acadêmica" com a obtenção da livre-docência na cadeira de Sociologia I da USP. Na etapa seguinte (1955-1969), ele passa a ser visto pelos seus pares como um "sociólogo de reputação profissional muito sólida". Neste momento, o professor, o pesquisador e o formador de equipes de trabalho se mesclam para imprimir a sua marca na sociologia tal como praticada no Brasil, pois o seu objetivo jamais fora criar "uma sociologia brasileira".[1]

Associando teoria, pesquisa e aplicação, o grupo de mais de vinte pesquisadores da cadeira de Sociologia I inaugurou "uma nova era da investigação sociológica no Brasil". Segundo Florestan, por meio da investigação das "técnicas racionais de consciência social", intensificava-se o elemento político intrínseco ao sociólogo, dentro de uma linha especificamente científica".[2] Luiz Aguiar da Costa Pinto, seu colega da Universidade do Brasil, seguia a mesma orientação, ao compreender a sociologia "como o estudo crítico e científico do quotidiano concreto do homem e como o instrumento mais racional de que dispomos para o seu conhecimento e a sua transformação".[3]

Conta Florestan que, ao demolir o "despotismo da cátedra" e instaurar o "trabalho diferenciado em equipe", a colaboração construtiva fluía nutrida pelo "idealismo profissional", já que o exercício pleno da razão depurada do (mas condicionada pelo) meio social se transformara na "razão de ser de nossas vidas". A transformação da sociedade brasileira não era pregada no púlpito, mas aparecia no tratamento meticuloso de temas como o empresário industrial, o trabalho operário e o sindicato, o papel do Estado no capitalismo brasileiro e do negro e da mulher na emergente sociedade de classes.

---

1 FERNANDES, Florestan. *A Sociologia no Brasil*. Petrópolis: Vozes, 1977, p. 142, 178, 190. Florestan recupera a sua trajetória em um capítulo deste livro intitulado "Em busca de uma sociologia crítica e militante".
2 Ibidem, p. 187-198.
3 COSTA PINTO, 1963, p. 11.

O processo de pesquisa avança com a exigência de produção de "teses de alto padrão". Neste clima de autonomia científica conquistada na prática, por meio da especialização e do intercâmbio solidário e competitivo, o "ato de ser universitário" se converte em um vínculo real do sociólogo com "a condição humana no mundo capitalista subdesenvolvido". Os intelectuais críticos da academia encontram-se munidos de suas categorias para apontar os limites do "consenso geral", lançado pelas estruturas de poder da "comunidade política nacional".[4]

No seio deste grupo, surge o projeto "Economia e sociedade no Brasil", composto por quatro linhas de pesquisa com seus respectivos coordenadores: o empresário industrial (Fernando Henrique Cardoso); Estado e desenvolvimento (Octavio Ianni); mobilização da força de trabalho (Maria Sylvia Carvalho Franco e Marialice Foracchi) e desenvolvimento econômico e mudança social (Florestan Fernandes e Paul Singer).[5]

Conforme Florestan, "a nossa presença transcendeu as possibilidades da história". Isso porque, apesar de ter cumprido papel relevante, "não tinha como livrar-se de estruturas de poder obsoletas", que entraram em "conflito frontal com as nossas tentativas de um audacioso 'salto para frente'".[6] A que se refere Florestan? Que "salto para frente" era este? O que propunham seus colegas e discípulos?

Os intelectuais críticos da academia almejavam ser "os servidores da sociedade no processo de transformação da sua cultura". Possuíam uma "obsessão política [...] que nascia da cultura e gravitava dentro dela". Porém, a "experiência política" existente era monopolizada pelo "elitismo" dos que exerciam o comando das decisões dentro e fora da cidadela universitária. Como não tinham pontos de apoio nos "dinamismos da sociedade", formavam uma espécie de "subcultura" motivada pela "ideia abstrata de missão, de relação com a sociedade e com as gerações sucessivas".

Utilizavam-se de todo espaço cultural e político – que a "tolerância elitista" e a "inércia" puseram ao seu alcance – para absorver de maneira autônoma um padrão de trabalho intelectual e de organização institucional importado, mas adequado às circunstâncias brasileiras. O relato do sociólogo paulista é construído para marcar a tese de que "a ruptura que separou o ofício intelectual da opção ideológica" se devia às escassas "potencialidades do meio". Ao não terem sido criadas "alternativas verdadeiras de revolução dentro ou fora da ordem", o intelectual fora "empurrado contra a parede".[7]

---

4   FERNANDES, 1977, p. 183-193, 197-202.
5   SOARES, Eliane Veras. *Florestan Fernandes: o militante solitário*. São Paulo: Cortez, 1997, p. 51.
6   FERNANDES, 1977, p. 213.
7   Ibidem, p. 216-228.

O quadro social mais amplo é descrito, da seguinte maneira, por Florestan em 1977:

> Os movimentos inconformistas emergentes eram calibrados por potencialidades tímidas, que gravitavam em torno da demagogia populista e do seu frágil radicalismo democrático-burguês, da fraca capacidade de mobilização dos sindicatos ou dos partidos de esquerda, inclusive o Partido Socialista e o Partido Comunista.[8]

Portanto, em um contexto de "democracia restrita", a *intelligentsia* crítica e militante" mostra-se impotente. E o sociólogo arremata: "o intelectual não cria o mundo no qual vive", mas pode e deve compreendê-lo e explicá-lo. Se o seu "acerto" se converte em uma "aberração" (leia-se golpe de 1964), esta é fruto da história.

Na análise que faz do seu fragmento de geração, Florestan admite que "o inconformismo ficou contido e alimentado pela ordem existente [...] em uma espécie de pedagogia revolucionária calibrada pelos interesses vigentes", lembrando que tinham como norte "uma revolução nacional e democrática dentro de uma perspectiva igualitária".[9] Os fins existiam, mas os meios não foram disponibilizados pelo contexto histórico.

Não obstante, se eles se tornam "presas fáceis e indefesas" do objeto de estudo no pós-1964, haviam se destacado como o "único setor" a empreender "uma análise lúcida da natureza e das implicações da revolução nacional". Não aceitaram "a enganadora concepção do desenvolvimentismo, que pressupunha o endosso à mistificadora concepção liberal de que a mudança cultural cria espontaneamente, e por si mesma, a solução para todos os males". E tampouco a visão dos "intelectuais engajados nos limites democrático-burgueses", que imaginavam existir na sociedade brasileira "forças democráticas reformistas capazes de sobrepujar o egoísmo e o obscurantismo das classes dominantes".[10]

A sinceridade da sua análise, realizada a posteriori, nos fornece duas chaves: uma para iluminar, mais adiante, as interpretações da equipe de pesquisa que orbitava em torno da cadeira de Sociologia I da USP; e outra para estabelecer os pontos de divergência e de convergência com os intelectuais orgânicos do Estado, também eles situados na sua cidadela, mas buscando de forma mais contundente, por meio de sua orientação nacionalista, o apoio dos vários segmentos da sociedade.

---

8   Ibidem, p. 228.
9   Ibidem, p. 229-241.
10 Ibidem, , p. 244-245.

Fica evidente que para Florestan a "razão" está do seu lado, enquanto o outro fragmento da sua geração, ou do mundo intelectual, ficara impregnado das debilidades ou mistificações características de "uma ordem burguesa impotente".[11] Seu relato não se pretende neutro, servindo de justificativa para um novo tipo de intelectual que ele passa a encarnar, forjado no contexto da ditadura e atuando ao lado das classes populares, no momento em que é alijado da sua cidadela.

Por outro lado, se o tom do relato revela o trauma deste fragmento de geração "perdida", no sentido de não aproveitada em toda a sua potencialidade; o outro fragmento de geração teria efetivamente "perdido a batalha", conforme o depoimento de Furtado no exílio.[12] Saíra derrotado ao travar a batalha inclusive no campo das classes dominantes, e justamente por isso não fora poupada das críticas desferidas pelo "grupo orgânico de sociólogos-pesquisadores", conforme expressão do próprio Florestan.[13] Uns de terno e gravata escuros, outros de avental branco. Mais adiante, durante o triênio 1961-1963, ganhariam vulto os intelectuais de mangas de camisa das classes populares.

Mas já é hora de apresentar o Florestan dos anos 1950, com seu avental branco,[14] preenchendo com tinta roxa as fichas grandes de cartolina e aplicando as categorias sociológicas lapidadas com esmero na compreensão dos problemas do Brasil. Em junho de 1954, dois meses antes do suicídio de Vargas, o sociólogo enfrenta um tema espinhoso em conferência pronunciada no IBESP de Hélio Jaguaribe e Guerreiro Ramos, sob o título "Existe uma crise de democracia no Brasil?". A sua presença ali revela que a sua reputação profissional extravasa os limites da cidadela e também que os fragmentos daquela geração se frequentam. Os espaços não são fechados e o debate transcende as suas fronteiras.

Fugindo das leituras tradicionais – que ora apontam para a "crise de crescimento", ora põem acento sobre a "crise moral" –, Florestan centra a sua intervenção em torno da seguinte pergunta: pode a "constituição da ordem legal democrática" se mostrar "coerente com as condições de existência do povo brasileiro"?

De maneira corajosa, ele lança a hipótese de que, no Brasil, "a instauração da democracia não pode ser encarada como um processo incipiente em si". Trata-se de

---

11   Ibidem, p. 233.
12   FURTADO, 2019, p. 242. Anotação de 18 de outubro de 1975.
13   FERNANDES, 1977, p. 192.
14   A partir de 1947, Antonio Candido e Florestan Fernandes, então jovens assistentes da cadeira de Sociologia II, sob a responsabilidade do mestre Fernando de Azevedo, passam a trabalhar em período integral, trajando avental branco, adereço que simbolizava a sua dedicação à ciência, no caso a ciência social, em processo de institucionalização no Brasil (CANDIDO, Antonio. *Lembrando Florestan Fernandes*. São Paulo: Edição do Autor, 1996, p. 11, 23-26).

"um processo em pleno devir", porém marcado pela "combinação dos componentes democráticos e autoritários do Estado". Não cabe uma "análise estática", pois não se chegou ao "termo final da evolução do Estado brasileiro", até porque "o meio social está em formação".[15]

O sociólogo desenvolve então uma "formulação de caráter especificamente interpretativo". Quais os obstáculos à expansão do regime democrático no Brasil? – ele se pergunta. A herança é pesada e vem, para não voltar muito no tempo, da Primeira República, quando as camadas populares encontram-se "alheadas da política", cujo exercício se dá sob a forma de privilégio por parte dos "setores esclarecidos" da nação. Em síntese, uns não identificam os seus interesses sociais com os destinos do Estado, outros o fazem em demasia.

Conforme a sua leitura, o quadro mudou, mas as expectativas de comportamento antigas e as recém-formadas coexistem. Apesar da mudança de composição social das elites dirigentes, o Estado ainda se mantém divorciado da Nação, senão em bloco, ao menos em setores vitais para a sua existência enquanto comunidade política. Em face deste contexto de transformação, dois caminhos são possíveis aos homens públicos: a "crença nos processos espontâneos" ou a intervenção racional a partir das "articulações orgânicas" entre o Estado e a Nação,[16] conceitos utilizados com iniciais maiúsculas.

Ao conceber a democracia como um processo em pleno devir, o sociólogo mistura "constatações positivas com juízos de valor".[17] Procura testar os limites da sua hipótese, flertando inclusive com a possibilidade de "revolução nacional e democrática dentro da ordem", para usar a sua terminologia. Tal exercício de reflexão está embasado em um conjunto de condicionantes, que circunscrevem o movimento da história e suas potencialidades na teoria e na prática. As variáveis decisivas estão relacionadas ao "alargamento, na sociedade brasileira, da esfera de influência social e de atividade construtiva dos partidos e do governo".

Para Florestan, não existe democracia sem a competição livre e irrestrita entre os partidos políticos. Assim, a sobrevivência de um partido político deve ser tarefa de todos eles. Do contrário, o próprio regime democrático corre risco. No que diz respeito aos setores sociais mais à esquerda, de modo "a ativar e dirigir as atividades do governo", os partidos precisam galvanizar as massas populares, "canalizando para fins políticos os anseios de reforma social". Ora, isso não combina com a "per-

---

15   FERNANDES, Florestan. *Mudanças sociais no Brasil: aspectos do desenvolvimento da sociedade brasileira*. 3ª edição. São Paulo: Difel, 1979, p. 93-97. A primeira edição é de 1960.
16   Ibidem, p. 98-103.
17   Ibidem, p. 105.

seguição sem quartel do comunismo" e nem com "a deturpação do trabalhismo e do socialismo pelos líderes políticos oportunistas".[18] Lembremo-nos de que o populismo como conceito ainda inexistia.

O sociólogo trabalha com condicionantes capazes de gerar transformações estruturais. Quais são eles? Em primeiro lugar, a estrutura e o funcionamento dos partidos devem permitir a elaboração de uma plataforma política definida. Todos os interesses econômicos e sociais devem estar representados na estrutura partidária, o que vale tanto para os partidos populares como para os conservadores. Florestan admite que tais condicionantes opõem-se de maneira frontal com o quadro político existente, pois os partidos não se encontram "integrados estrutural e funcionalmente à sociedade brasileira".

Ainda assim, indica que uma estratégia deve ser ao menos esboçada neste sentido, de modo a alterar a situação de "divórcio entre o Estado e a Nação". Os partidos, por não canalizarem interesses no seio da sociedade e não contarem com ideologia definida, estão sujeitos a manobras de ocasião, processadas no âmbito das elites políticas personalistas, que extravasavam os limites partidários. É para o âmago da estrutura partidária e da sua vinculação à sociedade que se deve mirar se o objetivo é a consolidação desta democracia ainda incipiente.[19]

Como vimos anteriormente, Rômulo e Cleanto se ressentem desta fraqueza propositiva e organizacional da estrutura partidária no segundo governo Vargas, assim como Furtado, quando da elaboração do manifesto da Frente Parlamentar Nacionalista no governo Jango. Eles têm, portanto, plena consciência dessas limitações. Mas os intelectuais orgânicos do Estado se enfrentam com estas variáveis diariamente como "constantes", enquanto o sociólogo trabalhava com configurações sociais que potencialmente se reorganizam no longo prazo. O seu modelo não possui uma fórmula de ação, pois cabe ao acadêmico apontar e analisar as potencialidades e contradições.

Ao final do artigo, Florestan toca em um tema estratégico, justamente aquele em que sua atuação teórica resvalaria, mais adiante, para o terreno da ação política, por meio da Campanha de Defesa da Escola Pública no início dos anos 1960.[20] Aqui ele discorre sobre "a intervenção do Estado no sistema brasileiro de educação, com objetivos propriamente políticos". Até então, a "bandeira pedagógica" ficara, em grande medida, restrita à "formação das elites", tão ao gosto das classes conservadoras. De acordo com o sociólogo paulista, trata-se de "um requisito de

---

18   Ibidem, p. 105-106.
19   Ibidem, p. 106-108.
20   FERNANDES, 1977, p. 200.

ordem econômica e prática", mas insuficiente para a integração do país como uma "comunidade política".[21]

Florestan põe então o dedo na ferida, seguindo a linha de Anísio Teixeira, a partir de uma elaboração sociológica própria: "as elites não podem ser criadas como flores em estufa", antes nascem lentamente a partir de um processo de seleção, que deve envolver amplos segmentos da sociedade. Cabe ao sistema educacional papel decisivo no sentido de alterar de modo positivo a articulação entre o Estado e as condições reais da Nação, que reflete a composição variegada das classes populares.

Tal como estruturada no país, a educação opera como "agência de evasão" nas áreas rurais, além de incapaz de oferecer "preparação básica sólida para a vida ulterior dos educandos" nas áreas urbanas. Não contribui para forjar convicções definidas no intuito de dar suporte a uma "consciência de afiliação nacional e dos direitos cívicos". Aqui Florestan aponta o caminho: a necessidade de ministrar na escola pública, de "forma homogênea e universal", um conjunto de conhecimentos indispensáveis, não apenas de cunho pedagógico, mas de modo a assegurar a socialização política minimamente autônoma dos segmentos situados na base da pirâmide social nos "diversos tipos de comunidades brasileiras".[22]

Nosso cientista social termina seu ensaio matizando as suas conclusões, já que o papel construtivo da educação na vida social depende de outros fatores que podem constranger os seus impactos positivos. Portanto, a avaliação sistemática sobre "a crise da democracia no Brasil" envolve uma análise sobre o funcionamento de algumas instituições – partidos políticos e sistema educacional –, cuja reorganização pode incidir sobre a atuação estatal, atenuando as suas inclinações autoritárias e rompendo os diques que a separam da Nação.[23]

Seu artigo de 1959 refere-se a uma conferência ministrada no auditório da Fundação Roberto Simonsen, da FIESP e do Centro das Indústrias do Estado de São Paulo (CIESP). Outra prova de que ele circula para além da sua cidadela. O tema "Obstáculos extraeconômicos à industrialização no Brasil" [24] representa um desafio teórico, pois escrito quando o Plano de Metas avança a todo vapor.

Logo após destacar o esforço da industrialização no Brasil, que "merece ser encarado com entusiasmo e fundadas esperanças", Florestan avança na direção contrária: "impõe-se uma alteração radical" na estratégia

---

21   FERNANDES, 1979, p. 108-110.
22   Ibidem, p. 110-112.
23   Ibidem, p. 115-116.
24   Trata-se de outro artigo publicado no livro cuja primeira edição é de 1960.

perseguida. Para fundamentar seu argumento, procede a uma análise das "inconsistências e debilidades do padrão brasileiro de desenvolvimento industrial", derivadas dos problemas de conexão "entre o conhecimento da situação, o comportamento prático e o grau de controle social assumido pelo empresário industrial".[25]

De maneira inovadora, Florestan aponta a industrialização como um processo que envolve mecanismos econômicos, culturais e societários típicos do florescimento de sociedades capitalistas. Ela pode ser analisada a partir das especificidades do caso em questão. Sob este ângulo, não há nada de "excepcional" ou "espantoso" na experiência brasileira.[26]

Uma primeira diferença reside no hiato existente entre a emergência da indústria e a sua transformação em fator social construtivo, que no Brasil envolveu lapsos de tempo bem maiores se comparado aos países desenvolvidos. Em segundo lugar, em virtude dos seus condicionantes sociais, alguns influxos da industrialização se afiguram negativos para a sociedade brasileira, apesar de terem funcionado como estímulo em um primeiro momento. São eles a reserva de trabalho abundante e barata, as altas margens de lucros dos empresários e as disposições subjetivas que transformam a industrialização "em um valor social de caráter moral".[27]

A discussão do papel da "máquina" em Florestan surge em um registro diverso dos economistas cuja produção teórica se dá no mesmo período, conforme apontamos no capítulo anterior. O sociólogo profissional concebe a problemática da seguinte forma: o Brasil "partilha da civilização mecânica a partir dos seus efeitos reflexos", na medida em que o horizonte intelectual permanece "acanhado, estreito e impotente diante de um destino histórico captado por transplantação". Assim se explica "na esfera da prática, relações deformadas entre meios e fins".[28] Existe, portanto, uma identificação com os modelos de sociedade engendrados pelo capitalismo industrial, mas sem as mesmas atitudes e valores.

No caso do empresário industrial brasileiro, isso fica evidente na forma como se relaciona com o trabalho, no sistema de administração das empresas e no afã do ganho dissociado da adoção de novas técnicas de produção. Certos comportamentos "irracionais" do ponto de vista da empresa moderna – como a reduzida propensão ao reinvestimento e a tendência ao gasto suntuário, tão enfatizados no debate econômico – não dispõem de controles reativos por parte da sociedade.

---

25   Ibidem, p. 61-63.
26   Ibidem, p. 63-66.
27   Ibidem, p. 67-68, 73.
28   Ibidem, p. 75-77.

Desta forma, os principais beneficiários da industrialização tendem a se alinhar ao *status quo,* inclusive demonstrando "desinteresse relativo por uma autêntica política de aceleração da industrialização". Seus interesses sociais "entram em choque com os valores que alimentam a sua ideologia". O resultado é "a utilização disfarçada do nacionalismo econômico" como instrumento de defesa dos seus "interesses particularistas".[29] Florestan traduz os conflitos vividos pelos técnicos nacionalistas, quando estes se lamentam que as suas propostas de planejamento não encontram apoio efetivo por parte dos empresários.

Se a empresa industrial, tal como organizada no Brasil, possui aspectos irracionais e negativos para o conjunto da sociedade, a sua expansão também encontra restrições impostas pelo próprio meio social. Alguns destes fenômenos "retardativos" são o modo de entrosamento entre o campo e a cidade, limitando a formação de uma "economia de mercado, extensa, orgânica e diferenciada", "atualmente" concentrada nos núcleos urbanos; o papel do Estado, que, apesar de estratégico para a expansão da indústria, não logrou exercer todas as funções que lhe cabiam na orientação do processo de expansão econômica; além do limitado alcance da ciência e da educação, de modo a assegurar uma maior diversificação do sistema industrial.[30]

Florestan demonstra familiaridade com os textos produzidos pelos técnicos nacionalistas que destrincharam os desafios econômicos do país, especialmente com a produção de Furtado e Rangel. A sua crítica à "ideologia do progresso econômico", assim como a sua defesa de uma "autêntica política de desenvolvimento econômico", encontra sintonia com a visão destes autores. Estes endossariam, por exemplo, sua afirmação de que "a intervenção do Estado acaba terminando onde ela deveria começar".

A principal diferença está na crítica à ideologia da industrialização como "símbolo de progresso social" e, portanto, supostamente capaz de favorecer todos os segmentos sociais. Em síntese, para o sociólogo a política de desenvolvimento se transformara na "política de expansão dos setores privilegiados". O principal problema reside nas atitudes sociais do empresariado industrial, caracterizado como integrante do *status quo*. O seu comportamento prático está dissociado das necessidades da industrialização enquanto processo de diversificação econômica e integração social.

Ao concluir a sua digressão, Florestan apresenta uma "reflexão de caráter prático": "podemos alterar o nosso horizonte intelectual com a rapidez imposta pelas circunstâncias?". Trata-se, ele responde, "de algo sumamente difícil de

---

29   Ibidem, p. 78-81.
30   Ibidem, p. 81-86.

conseguir", pois o principal obstáculo encontra-se nas atitudes dominantes,[31] que não se transformam de maneira automática, pois são componentes da própria dinâmica do processo social.

O ponto alto do texto aparece nas suas últimas páginas. Florestan aponta que o cientista social está "obrigado perante um sistema de valores éticos, inerentes ao saber científico". Daí a preocupação com "o destino dado às suas contribuições", devendo se precaver contra o aproveitamento de suas ideias por camadas sociais que elaboram uma ideologia supostamente representativa dos "interesses da coletividade como um todo". Os intelectuais precisam estar cientes do papel que jogam em determinado contexto histórico-social, jamais se curvando ao papel de ideólogos de grupos específicos.

Neste sentido, "qualquer plano de desenvolvimento nacional" deve ser "lido" por meio de uma perspectiva que "transcenda os interesses e valores sociais consagrados pela ideologia das camadas dominantes", afirmação que ele atenua, em nota de rodapé, ao mencionar que "a mesma não apanha todos os economistas brasileiros".[32]

Para Florestan, o sociólogo pode fugir da relação conflituosa entre ciência e ideologia quando realiza uma análise em alto nível de abstração, ou então ao eleger um "tema remoto ou exótico" como objeto de estudo, ou ainda, de modo dissimulado, por meio de uma "limitação deliberada do questionamento crítico das ideologias e utopias". Quando enveda por esta última opção, ele se situa "em um limiar conveniente", deixando de questionar a ordem, e assumindo uma espécie de "acomodação intelectual e social", que pode levar ao "reformismo esclarecido", ao "conservantismo inconsequente" ou à "apologia da ordem".[33]

Ao contrário, o sociólogo paulista prefere se colocar, a partir do relato sobre a sua trajetória pré-1964, "em uma posição de elevada tensão com a sociedade brasileira", talvez até, poderíamos dizer, com o intuito de revelar as suas tensões internas. A afirmação de Florestan, entretanto, deve ser nuançada, já que esta "elevada tensão" fica mais evidente apenas quando ele supera o método estrutural-funcionalista e adota uma perspectiva crítica sobre a sociedade capitalista,[34] o que acontece no início dos anos 1960 e, de maneira ainda mais decisiva, no contexto da ditadura.[35]

---

31 Ibidem, p. 88-89.
32 Ibidem, p. 91-92.
33 FERNANDES, 1977, p. 179-182, 205.
34 Para Antonio Candido, Florestan atenuou as limitações da análise sincrônica funcionalista com o enfoque diacrônico da estrutura. Já o marxismo sempre correu como um "rio subterrâneo", que afloraria mais tarde. (CANDIDO, 1996, p. 9, 42, 48, 53).
35 SOARES, 1997, p. 66-67.

O sociólogo Guerreiro Ramos também destaca a relação entre ciência e ideologia, a partir da posição social que ocupa no contexto histórico do Brasil Desenvolvimentista, assumindo uma perspectiva existencialista e historicista. A sua vinculação ao Estado e ao mundo da política são constitutivas da sua maneira de pensar. Funcionário do DASP, tendo se integrado à Assessoria Econômica de Vargas e ao IBESP/ISEB nos anos 1950, ele se filia ao PTB em 1960. Quando Jango ainda era vice-presidente, Guerreiro Ramos atua como teórico do partido, próximo ao Grupo Compacto de Almino Affonso. As suas atividades docentes estão circunscritas aos cursos no Departamento Nacional de Infância nos anos 1940, na Escola de Administração Pública da FGV desde 1952, e no IBESP/ISEB, além dos cursos eventuais na Faculdade de Ciências Sociais da UFBA.[36]

Portanto, o seu vínculo com a Sociologia é o de quem, atuando de dentro do Estado, procura não apenas compreender a sociedade, mas orientar a sua mudança em uma circunstância histórica peculiar. Pesquisas importantes por ele conduzidas, como no caso da mortalidade infantil ou da mensuração dos padrões de vida, são realizadas quando trabalha, respectivamente, no Departamento Nacional da Criança e na Comissão de Bem-Estar Social. Aproveitando-se do frutífero intercâmbio no ISEB e com os boêmios cívicos da Assessoria Econômica, segue uma carreira de sociólogo que atua no Estado e na política, sem se curvar às exigências do método científico em processo de institucionalização no espaço acadêmico.

Seu destino poderia ter sido outro caso tivesse se tornado professor da Faculdade de Ciências Sociais da Universidade do Brasil, como desejava. Mas perde a cadeira de Sociologia para Luiz Aguiar da Costa Pinto e a de Política para Victor Nunes Leal.[37] A sua atividade intelectual inicia-se, já nos anos 1940, com a publicação de artigos sobre Weber e Mannheim na *Revista do Serviço Público*,[38] outro traço que o aproxima dos técnicos nacionalistas.

As diferentes perspectivas de Guerreiro Ramos e Florestan Fernandes entram em rota de colisão nos anos 1950, quando a Sociologia reivindica o seu estatuto de ciência, seguindo na cola do pensamento econômico que, após o debate entre Simonsen e Gudin, passa a dispor de um universo conceitual minimamente comum.

No caso da Sociologia, o estatuto de ciência é estruturado a partir da universidade, tendo a escola da USP exercido contribuição decisiva. As críticas de Guerreiro Ramos apontam para a dissociação entre a realidade histórica e os problemas prementes vivenciados por uma sociedade em profunda transforma-

---

36 GUERREIRO RAMOS, 1995, p. 132, 140-141, 147, 153, 174.
37 OLIVEIRA, 1995, p. 14.
38 GUERREIRO RAMOS, 1995, p. 143-144.

ção. Almeja produzir na Sociologia o equivalente ao que os economistas fazem surfando na onda da CEPAL: ideias concretas para intervir na realidade nacional no sentido do seu desenvolvimento. A entidade sediada no Chile realiza, no seu entender, a "descolonização do economista latino-americano", ao passo que a Sociologia do continente ainda sofre de "doença infantil", pautada pela crença na "eficácia imanente das transplantações".[39]

O confronto direto entre Guerreiro Ramos e Florestan Fernandes tem data e lugar: o II Congresso Latino-Americano de Sociologia, realizado em julho de 1953 no Rio de Janeiro. Guerreiro Ramos participa como presidente da "Comissão de Estruturas Nacionais e Regionais",[40] quando suas recomendações não são aceitas pelo plenário.

Neste momento, ele passa a diferenciar as duas correntes do pensamento sociológico brasileiro: a "sociologia consular" e a "sociologia autêntica". O tom é ferino, mas justificado, no seu entender, pela "agressão de que teria sido alvo".[41] No caso da primeira, sugere que se cortem "os cordões umbilicais que têm tornado essa disciplina um subproduto abortício do pensamento sociológico europeu e norte-americano". Já a sociologia autêntica, apesar de se aproveitar da "experiência acumulada do trabalho sociológico universal", procura se servir dele "como instrumento de autoconhecimento e desenvolvimento das estruturas nacionais e regionais". Possui, assim, um propósito salvador e de reconstrução social, estando inspirada na "experiência comunitária vivida pelo sociólogo" que lhe fornece sentido. E arremata: "desvinculada da realidade humana efetiva, a Sociologia é uma atividade lúdica da mesma natureza do pif-paf".[42]

O documento proposto pelo sociólogo baiano no referido Congresso apresenta sete recomendações. Certos trechos destacam-se pela contundência. Vejamos alguns exemplos:

> No atual estágio de desenvolvimento, em face das necessidades cada vez maiores de investimentos em bens de produção, é desaconselhável aplicar recursos na prática de pesquisa sobre minudências da vida social.

> O trabalho sociológico deve ter sempre em vista que a melhoria das condições de vida das populações está condicionada ao desenvolvimento industrial das estruturas nacionais e regionais.

---

39   GUERREIRO RAMOS. *Introdução crítica à sociologia brasileira*. Rio de Janeiro: Editorial Andes, 1957, p. 80-81, 97. Este livro é uma coletânea de livros e textos publicados anteriormente. Os trechos citados abaixo se referem à obra de 1954, intitulada "Cartilha brasileira do aprendiz de sociólogo: prefácio a uma sociologia nacional".
40   Ibidem, p. 77.
41   Ibidem, p. 75.
42   Ibidem, p. 78-79.

> No que concerne às populações indígenas e afro-americanas, os sociólogos devem aplicar-se no estudo e na proposição de mecanismos de integração social que apressem a incorporação desses contingentes humanos na atual estrutura econômica e cultural dos países latino-americanos.[43]

Para Guerreiro Ramos, existem transplantações "predatórias" e "acelerativas", conforme sua abordagem dicotômica sobre as duas formas de fazer sociologia no Brasil. Ele se situa no segundo caso ao defender que as categorias emprestadas dos países desenvolvidos estejam imbricadas ao conceito de "fase", de modo a indicar a peculiaridade do processo de transformação dos países subdesenvolvidos, sempre utilizando a CEPAL como referência. Não lhe parece concebível uma prática sociológica "descomprometida do processo de acumulação de capital". Deve ela ser útil ao "esforço de construção nacional",[44] o que revela a sua compreensão de que o "capitalismo autônomo" marcha com a formação da nacionalidade.

A resposta de Florestan é sóbria e sem rodeios. No seu entender, predominam no cenário brasileiro noções extracientíficas sobre os problemas sociais. Estudos descritivos formulados a partir de uma posição interessada – aqui se encaixa a "sociografia" de Guerreiro Ramos –, ou meramente especulativos sem base empírica ou resultado prático, levam à veiculação de convicções ideológicas travestidas de sociologia. Estas abordagens são incapazes de dar conta da dupla tarefa do cientista social: "o conhecimento sociológico do Brasil e o progresso da sociologia como ciência". Tal atitude, marcada pela "deformação filosófica", impediria o equilíbrio entre "os intuitos empíricos, as ambições teóricas e os desígnios práticos [...] alvos centrais da investigação sociológica".[45]

Referindo-se diretamente às recomendações de Guerreiro Ramos no Congresso de 1953, o sociólogo paulista as considera "inconsistentes", por colocarem em primeiro plano as obrigações do sociólogo em relação ao sistema de interesses e de valores da nação a que deve lealdade, negligenciando assim "normas e valores do sistema científico". Trata-se de "formidável falácia", por dar a entender que "todos os progressos alcançados pelos desenvolvimentos empírico-indutivos da investigação sociológica nos últimos setenta e cinco anos" seriam de escassa valia entre nós. Sobre "as minudências sociais", Florestan rebate mostrando a necessidade de estudos locais em virtude de a sociedade brasileira "congregar regiões com graus diferentes de desenvolvimento interno", tanto em termos econômicos como socioculturais. Sem estes estudos, pergunta-se ele, como chegar às "estruturas na-

---

43 Ibidem, p. 78.
44 Ibidem, p. 88, 98, 100-101.
45 FERNANDES, 1977, p. 54-57, 69. Este texto foi originalmente escrito em 1958.

cionais e regionais", a não ser por meio de "interpretações genéricas"? Sobre a pesquisa científica, em vez de condicioná-la aos "investimentos em bens de produção", ela serve, ao contrário, para criar "condições propícias à melhor utilização de fatores produtivos subaproveitados".[46]

Em síntese, alargar o campo de problemas cobertos pela sociologia, de maneira sistemática – esta parece ser a melhor forma de contribuir para elucidar a questão social brasileira. Conforme aponta Octavio Ianni,[47] como prova da resistência ao "imperialismo acadêmico", a problemática estudada na cidadela uspiana não é informada pelas perspectivas predominantes no centro. A título de exemplo, na pesquisa sobre as relações raciais, encomendada pela UNESCO a Roger Bastide e a Florestan, as conclusões refutaram o que se pretendia comprovar, a saber, a tese da democracia racial.

Não é nosso objetivo relatar todos os aspectos da controvérsia, mas frisar como cada concepção de sociologia afeta diferencialmente a compreensão do desenvolvimento. Para Florestan, o resgate da Nação que prepara o terreno para o "advento da democracia" não pode prescindir da crítica às "grandes utopias burguesas" e da sua manifestação em solo nacional por meio da "retórica demagógico-populista".[48]

Guerreiro Ramos responde a Florestan em 1963, no prefácio à segunda edição do seu livro *A redução sociológica*, chamando-o de "representante ilustre de nossa sociologia convencional". No seu entender, a visão do seu adversário representa a "ideologia de professor de Sociologia", incapaz de perceber a diferença entre a "ciência sociológica em ato" da "ciência sociológica em hábito". Florestan, por estar vestido no seu "hábito" de sociólogo, curva-se aos cânones da "hipercorreção", não podendo realizar a conexão entre teoria e prática. Esta "atitude hipercorreta" deve ser substituída pela "atitude crítico-assimilativa". Nos países periféricos, o sociólogo precisa se libertar do "efeito de prestígio", retirando as suas regras do contexto histórico em que se integra. A "utilização prática do saber sociológico", por mais que empreste categorias de fora, deve ser nortear por "normas, valores e ideias que refletem a particularidade histórica de sua situação".[49]

O campo da Sociologia, tal como o campo da Economia, surge fraturado no Brasil, mas por outros motivos: os postos de observação são diversos, assim como o que se entende como "compromisso do intelectual". A análise das obras de Florestan e de Guerreiro Ramos deve ter como ponto de partida esta fratura, que separa os frag-

---

46   Ibidem, p. 68-70.
47   IANNI, 1971b, p. 26-30.
48   FERNANDES, 1977, p. 246.
49   GUERREIRO RAMOS. *A redução sociológica – Introdução ao estudo da razão sociológica*. 2ª edição. Rio de Janeiro: Edições Tempo Brasileiro, 1963, p. 21-29.

mentos de uma geração, mas sem perder de vista a totalidade que lhes dá sentido. Se Guerreiro Ramos assume "a tarefa de organização da sociedade brasileira" por meio de uma atitude existencial e autoconsciente, que exprime, segundo a sua pretensão, o movimento da história; para Florestan esta atitude é ideológica e compromete a compreensão do movimento concreto do real nas suas várias potencialidades, algo apenas possível com "a ampliação do horizonte intelectual do investigador".[50]

Segundo Oliveira,[51] estas diferentes concepções se fazem sentir até na periodização que fazem do pensamento social no Brasil. Enquanto Guerreiro Ramos vê Sílvio Romero, Alberto Torres, Euclides da Cunha e Oliveira Vianna como seus precursores na atividade de "organização nacional" por meio de "uma teoria da sociedade brasileira";[52] Florestan demarca uma linha divisória entre as obras de cunho ensaístico e pouco sistemáticas e a produção acadêmica em Sociologia.

Portanto, temos dois "mannheimianos peculiares": um acampado na sociedade civil e voltado para as tarefas da cidadania frente aos impasses da industrialização; o outro adotando uma "sociologia da intervenção", ao apostar no avanço das forças produtivas e na viabilização de uma democracia substantiva. Florestan, o estudioso das contradições da sociedade, questionando a "irracionalidade" das atitudes sociais dominantes. E Guerreiro Ramos se arrogando não apenas a intérprete da nação, a partir da conexão entre Estado e povo, mas efetivamente se postando como ator que circula junto aos centros de decisão.[53]

Para o sociólogo paulista, ao menos até o início dos anos 1960, a problemática é apresentada da seguinte forma: a ciência não está separada da participação social, que deve ser "radical" por meio da "mobilização pela ordem" – indo até o limite das suas potencialidades – seja por meio do "radicalismo democrático" ou da "revolução pela ciência".[54] Ele acena para uma crítica ideológica dos grupos dominantes e das classes populares, e aponta para as potencialidades utópicas do seu contexto histórico, por meio da aplicação dos métodos científicos à compreensão da sociedade brasileira.

Já para Guerreiro Ramos, ciência e ideologia aparecem interligadas. A sua prática conjunta pode e deve levar à plena afirmação do povo como ator coletivo da história. No prefácio à segunda edição d'*A redução sociológica*, ele afirma de

---

50 OLIVEIRA, 1995, p. 95, 107.
51 Ibidem, p. 95, 119, 124-125.
52 No seu entender, contribuíram para "a formação de uma consciência sociológica dos problemas brasileiros" (GUERREIRO RAMOS, 1957, p. 105).
53 BARIANI JR., Edison. "Padrão e salvação: o debate Florestan Fernandes X Guerreiro Ramos". In: *Cronos*, v. 7, n. 1, jan./jun. 2006, p. 157-160. O autor se aproveita das contribuições de Luiz Werneck Vianna e Gabriel Cohn.
54 FERNANDES, 1977, p. 247.

maneira categórica: "a consciência crítica da realidade nacional é fenômeno de psicologia coletiva". "Nas condições prevalecentes", prossegue Guerreiro Ramos, "esta não pode ter as qualificações de pensar rigoroso, seja sociológico, seja psicológico", em virtude do reduzido grau de ilustração das massas. Quando muito, pode-se falar de um "modo subalterno e elementar do pensar rigoroso". A ciência (em ato) deve estar vinculada à sua funcionalidade. E o cientista, nos limites do possível, deve "transcender os condicionamentos circunstanciais que conspiram contra a sua expressão livre e autônoma".[55]

Isso quer dizer que ele atua em uma espécie de vácuo? Eis a sua resposta: a consciência coletiva de caráter crítico é um dado objetivo. Não se trata de "anelo de uns poucos intelectuais preocupados em modelar um caráter nacional mediante processos, por assim dizer paretianos, pela manipulação de resíduos emocionais populares", pois "o fenômeno tem suportes de massa". O imperativo do desenvolvimento suscita a "consciência crítica", permitindo uma "elevação [...] um desprender-se ativo das coisas, para adquirir liberdade em face delas"; e abrir o caminho para "um modo de ser novo do Brasil", apenas possível em certa circunstância histórica.[56] Ao contrário, a "consciência ingênua" ficaria presa ao universalismo abstrato, o que não a faz menos "ideológica".

Portanto, a ideologia emerge como uma forma condensada do saber científico. Esta concepção remonta às reflexões empreendidas no âmbito do IBESP e do ISEB. Por mais que vários membros do grupo tenham seguido trajetórias teóricas e políticas diversas depois de 1958, a forma como operacionalizam o conceito de ideologia permanece, em linhas gerais, semelhante. A liderança exercida por Hélio Jaguaribe desde o Grupo de Itatiaia indica a importância do filósofo carioca para a sua sistematização.

No primeiro número da revista *Cadernos do Nosso Tempo*, de 1953, em artigo por ele assinado, depois de enunciar as facetas econômicas, sociais e culturais da "crise brasileira", Jaguaribe apresenta um conjunto de soluções "dinâmicas" e "transcendentais", as quais dependem da correspondência entre o processo do objeto e o sujeito por meio de uma perspectiva totalizante. A ideologia é vista como uma "crença adjetiva", no sentido de construída "por atos de inteligência e de vontade, embora dependa de condições objetivas de possibilidade". Exige, portanto, a formulação de "uma pauta de valores articulados em torno de um projeto dotado de eficácia histórica", algo que só poderia ser comprovado a posteriori. Desta forma, uma ideologia pode ter ou não êxito, a depender da "coerência programática"

---

55 GUERREIRO RAMOS, 1963, p. 13-18.
56 Ibidem, p. 57-61.

(projeto), e da sua capacidade de se tornar "força social", aderindo à realidade que lhe confere sentido.[57]

No caso específico de Guerreiro Ramos, a dimensão do projeto (sujeito) toma vulto em face da compreensão do objeto. O sociólogo baiano toma a dimensão objetiva quase como um dado, expresso empiricamente pela presença conjugada de fenômenos como "industrialização, urbanização e alteração do consumo popular", sem problematizar as suas manifestações contraditórias. Ele próprio afirma "por de lado o problema das causalidades desses fenômenos", o que significaria "perquirir que circunstâncias têm possibilitado o desenvolvimento do Brasil, à diferença do que acontece em outras regiões periféricas do mundo",[58] precisamente a tarefa a que se dedica o cientista Florestan.

Logo após a eleição de Jânio Quadros, Guerreiro Ramos escreve no calor da hora o livro *A crise do poder no Brasil – problemas da revolução brasileira* (1961). A sua compreensão da realidade brasileira em movimento é então aprofundada, assim como o seu projeto ideológico. O seu argumento gira em torno do seguinte ponto de partida: "criadas se encontram no Brasil as condições objetivas da revolução nacional; falta criarem-se as subjetivas".[59]

Por condições objetivas ele se refere basicamente ao plano da economia, crescentemente internalizada e autônoma. O problema está nas instituições políticas e no aparato estatal, que não refletem os anseios das novas categorias sociais – sintetizadas sob o guarda-chuva do "povo" – que constituem "a vanguarda do processo brasileiro". O seu relato histórico é bem estruturado, mas em alto nível de generalização.

Para Guerreiro Ramos, a partir de 1930, muda a composição da minoria dirigente, abrindo espaço para "os reclamos do novo empresariado que a industrialização criou e do crescente assalariado de 'colarinho e gravata'", enquanto "a classe operária, embora em ascensão política, é contida na periferia do poder". De forma mais nítida, a partir de 1950, com o retorno de Vargas, "a classe média perde posições de vanguarda nas lutas sociais", uma vez que "o próprio povo deixa de ser longínquo espectador das lides partidárias".[60]

O autor oferece duas definições para a categoria "povo". Quanto à primeira, "na sua composição aparecem aqueles que vivem do aluguel da sua força de trabalho", segmentos geralmente beneficiados pela ampliação do mercado interno. Na segun-

---

57   JAGUARIBE, Hélio. "A crise brasileira". In: *Cadernos do Nosso Tempo*, ano 1, n. 1, out./dez. 1953, p. 136-138, 143.
58   GUERREIRO RAMOS, 1963, p. 66-67.
59   GUERREIRO RAMOS. *A crise do poder no Brasil – problemas da revolução brasileira*. Rio de Janeiro: Zahar, 1961, p. 15-17.
60   Ibidem, p. 28-31.

da, o "povo" aparece como entidade política, como se depreende da vitória eleitoral de Vargas, JK e Jânio, sucessivamente. No seu entender, isso parece prova suficiente de que "estaria apto ao exercício de funções dirigentes". Entretanto, como a vitória de Jânio Quadros demonstra, a nova realidade social encontra-se "desajustada em relação às instituições político-partidárias". A crise do poder origina-se, portanto, da "diluição do significado social dos grandes partidos": PSD, UDN e PTB.[61]

Para compreender a dinâmica sociopolítica no seu andamento histórico, Guerreiro Ramos trabalha de maneira engenhosa com cinco tipos ideais: política de clã; política de oligarquia; política populista; política de grupos de pressão e política ideológica.[62]

Na política de clã, a autoridade do senhor territorial é onicompreensiva, não se distinguindo o poder privado do setor público. Esta modalidade encontra-se delimitada ao nível local. A política de oligarquia, de grau superior, espelha o modelo clássico da Primeira República e também do Império, no qual os presidentes de províncias e estados atuam como mediadores entre o poder central e os grupos locais. Já a política populista destaca-se pelo surgimento do "espírito público", onde a "opinião se faz respeitar". O chefe político aparece, neste caso, como "delegado de interesses", pois a sua relação com os liderados está ancorada na "confiança pessoal", com base na retribuição, sob a forma de benefício direto e indireto àqueles que o elegeram. Inexiste, por sua vez, uma relação de base ideológica. Esta política marca um avanço em relação aos dos outros tipos ideais – menos em si mesma, e mais por vir acompanhada do processo de industrialização.

A política populista se instaura no Estado Novo, mas adquire plena vigência apenas em 1945, pois pressupõe "um mínimo de probidade nas eleições". Está marcada pela influência de uma ideologia pequeno-burguesa que polariza a "massa obreira", quando as classes apenas despontam de maneira rudimentar. Destarte, "o povo ainda parece como agregado sincrético em estado embrionário". Esta análise antecipa as teses formuladas pela sociologia acadêmica, pois está presente nos textos do IBESP de 1953, quando o termo "populismo" ainda não se generalizara no vocabulário intelectual e político.[63]

---

61   Ibidem, p. 34-37.
62   Ibidem, p. 44-61. Os parágrafos abaixo procedem a uma síntese dos argumentos principais do autor.
63   Nos anos 1950, o termo adquire duas conotações. Na imprensa, ser "populista significava ser "popular", comunicar-se com o "povo". No mundo intelectual, referia-se a lideranças carismáticas de base popular sem sólidas bases sociais e partidárias (GOMES, Ângela de Castro. "As marcas do período". In: GOMES, Ângela de Castro (coord.). *Olhando para dentro: 1930-1964 – Vol. 4*. Coleção História do Brasil Nação: 1808-2010, organizada por Lilia Moritz Schwarcz. Rio de Janeiro: Objetiva, 2013b, p. 33-34).

A política dos grupos de pressão pressupõe uma avançada estrutura econômica e social, uma vez que as camadas sociais partidariamente organizadas passam a exercer influência sobre os negócios do Estado. Os direitos destes vários grupos apenas passam a ser reconhecidos por meio da negociação no espaço público. O poder de pressão não é igual, pois os círculos do mundo econômico e financeiro possuem, em geral, precedência sobre os demais.

Já a política ideológica caracterizaria a fase do Brasil "atual" (1961), revelando a insuficiência das práticas oligárquicas e políticas das estruturas partidárias. No seu entender, "o eleitorado já se orienta por critérios ideológicos", encontrando-se "o povo e a nação historicamente maduros e constituídos", por mais que os vários tipos de política sigam interagindo entre si, com intensidade diversa e conforme as áreas do país.[64]

Mais adiante, de modo a promover a agência dos elementos dinâmicos positivos na história, Guerreiro Ramos propõe uma substituição da "política de elites", de natureza tutelar, por uma "política de quadros", onde o critério de competência predomina. A organização é fundamental, não apenas no sentido de racionalização administrativa, mas de participação dos integrantes das agremiações na formulação das suas diretrizes. O objetivo dos quadros, especialmente para os segmentos populares, é o de elevar a massa à consciência global do processo e dos seus interesses, emprestando um caráter sistemático à ação. Neste sentido, fica evidente a subordinação do desenvolvimento econômico à esfera política.[65]

Podemos observar que vários dos desafios do desenvolvimento apontados por Florestan no texto de 1954 – ausência de organização interna dos partidos e de conexão destes com os interesses de classe – são abordados por Guerreiro Ramos em 1961. Mas a intepretação se mescla ao tom de analista político conjuntural, que quer agir sobre a história em fluxo. O sociólogo em ato assume sem pejo seu papel de porta-voz do trabalhismo, apontando como "as doenças infantis do movimento, o varguismo, o janguismo, o peleguismo e o expertismo" – esse último caracterizado pelo afã de se conferir ao especialista ("expert") a solução teórica para os dilemas do país. Para ele, "o teórico do partido jamais poderia ser um bacharel *ad hoc*".[66]

No seu entender, a política de quadros deve permear não apenas a estrutura partidária. É importante que ela se alastre pelo "terceiro escalão" do aparelho estatal, situado abaixo do presidente e do sistema de forças que o apoia (primeiro escalão) e dos ministros e das facções partidárias e econômicas que lhes dão cobertura (segundo escalão).[67] Aqui estão situados os nossos intelectuais orgânicos do Estado,

---

64 GUERREIRO RAMOS, 1961, p. 66-67.
65 Ibidem, p. 68-69, 80-86.
66 Ibidem, p. 90-94.
67 Ibidem, p. 102.

junto aos quais se socializara o nosso personagem. Conforme as suas palavras, o terceiro escalão

> é a parte mais consciente da administração e mais habilitada para a condução sistemática dos negócios públicos. Isso resulta de que os seus integrantes são mais estáveis, como também e principalmente de que são, por ofício e treino acadêmico, capazes de teorizar.
>
> O terceiro escalão manda, governa, decide, muito mais do que se supõe. Sem eles, as coisas estariam à matroca.[68]

Entretanto, forças negativas têm podado a sua atuação, na medida em que

> se formaram ali ultimamente, com discreto suporte em grupos estrangeiros e entidades parasitárias, sindicatos, cliques, curriolas, círculos fechados que privatizaram as funções públicas, notadamente na administração econômica e financeira, graças a cuja atuação vem-se formando verdadeiro capitalismo burocrático e prebendário.[69]

Assim o autor conclui que a transformação social, a ser viabilizada pela ascensão do povo, agora sob a influência de uma política ideológica, não se efetiva sem a "desprivatização do terceiro escalão", composto pelo núcleo da burocracia do Estado e capaz de servir de "ponto de apoio" para a "revolução nacional". Trata-se de uma elite dirigente em potencial.

Em depoimento intitulado "Pós-nacionalismo" e publicado na última parte do livro de 1961, Guerreiro Ramos dá a entender que a peça que falta no quebra-cabeça é justamente o nacionalismo, agora tornado "abstrato", assim como o desenvolvimento – o desenvolvimento "abstrato" recebe dele a alcunha de "desenvolvimentismo" –, na medida em que estes termos não explicitam "o caráter antagônico das contradições vigentes na estrutura social". O sociólogo rema agora na contramão das teses do ISEB. O "processo do objeto" se dinamizara, exigindo uma nova orientação ideológica por parte do sujeito, pois "o nacionalismo já havia se tornado moeda gasta no domínio político".[70] Ora, essa hipótese encontra-se no horizonte dos sociólogos acadêmicos, por mais que partissem de outros instrumentos de análise.

Antes de prosseguirmos, torna-se vital a seguinte constatação: se a sociologia acadêmica apresentou maiores rendimentos – tanto em termos de pesquisas

---

68   Ibidem, p. 103.
69   Ibidem, p. 103.
70   Ibidem, p. 119-122.

aplicadas quanto de análises macroestruturais da sociedade brasileira – até porque o seu enfoque era menos comprometido historicamente, permitindo-lhe projetar os vários cenários com suas respectivas potencialidades virtuais; a sociologia da intervenção se tornou mais datada, não por ser mais "ideológica", mas por ter "errado" no destino histórico que abraçou por meio da sua ciência travestida de projeto nacional. Não obstante, por estar mais próxima do poder, compreendeu melhor os dilemas do Estado e antecipou as teses do populismo, interpretando-o de maneira menos rígida do que parte expressiva dos sociólogos acadêmicos.

Não deixa de ser irônico que hoje a própria academia possa olhar para o confronto-debate-interação entre os vários fragmentos daquela geração por meio de uma perspectiva extramuros. Inclusive para situar as suas várias cidadelas, quando o desenvolvimento era visto ora como a via para a redenção nacional, ora como a manifestação das contradições e limites da sociedade de classes emergente.

Para o estudo da concepção de desenvolvimento elaborada pelos intelectuais críticos da academia, priorizamos inicialmente dois livros escritos pela equipe de sociólogos liderados por Florestan. O primeiro, de Fernando Henrique Cardoso, corresponde à sua tese de livre-docência em Sociologia, apresentada em 1963 e publicada no ano seguinte. O segundo, publicado em 1968, apresenta a síntese de Octavio Ianni sobre a situação de "dependência estrutural" que caracteriza a sociedade brasileira no pré-1964. O primeiro, mais rigorosamente acadêmico; o segundo, assumindo uma perspectiva mais "política", motivada pela preocupação de entender o sentido da "derrota". Trabalhamos também com outras obras do período, produzidas por Francisco Weffort e Luciano Martins, aquele por abordar o populismo nos marcos da tradição uspiana, e este por aprofundar algumas das teses esboçadas pela sociologia acadêmica.

O livro *Empresário industrial e desenvolvimento econômico no Brasil* torna-se um clássico do pensamento brasileiro por surfar em três ondas: dá continuidade às reflexões de Florestan, assumindo uma orientação mais afinada com o marxismo; pretende superar a visão isebiana, ao revelar a "falsa consciência" da ideologia do desenvolvimento; e estabelece um diálogo de alto nível com Furtado, aprofundando a concepção de "desenvolvimento econômico" nas condições do subdesenvolvimento.

O uso dos conceitos é um componente essencial desta obra. Se o termo "populismo" raramente aparece, no prefácio à segunda edição de 1972 o autor já se refere a "regime populista", "política populista", "política nacional-populista" e "ideologia nacional-populista".[71] Durante a redação do livro, Fernando Henrique trava conhe-

---

71 CARDOSO, 1972, p. 13-15.

cimento com os primeiros textos de Francisco Weffort, mas não incorpora plenamente o novo conceito ao seu vocabulário acadêmico. Por outro lado, o "desenvolvimentismo", que aparece antes como idelogia sob a cunhagem de Jaguaribe, sofre um processo de adjetivação, pois Fernando Henrique constantemente se refere a "pressões desenvolvimentistas" e a uma "política desenvolvimentista".

A sua análise procura compreender os problemas contemporâneos a partir do arsenal teórico marxista. Neste sentido, se a relação entre a burguesia industrial e o capitalismo se encontra fundamentada no âmbito do capitalismo concorrencial, falta expandi-la de modo a compreender duas situações distintas: a do "capitalismo monopolista das áreas altamente desenvolvidas" e a do "capitalismo marginal das regiões subdesenvolvidas". Após realizar um debate minucioso sobre o capitalismo monopolista, de questionar as interpretações schumpeterianas sobre o empresário e também as concepções ahistóricas da teoria da modernização, Cardoso apresenta seu ponto de partida para a análise do subdesenvolvimento: o funcionamento destas sociedades não poderia ser compreendido fora da referência ao "modo industrial-capitalista de produção". Portanto, a noção de sociedade subdesenvolvida só faz sentido a partir do desvendamento de uma "relação determinada entre um tipo particular de sociedade e outra que é desenvolvida".[72]

O desenvolvimento econômico na periferia altera não apenas a posição particular da sociedade "em desenvolvimento" no conjunto das sociedades, mas modifica inteiramente a posição das camadas sociais, resultando na transformação das estruturas de poder e das representações sociais sobre o processo.[73] Trata-se de Furtado virado de cabeça para baixo, ou seja, uma sociologização do seu esforço metodológico que vai da economia para além dela. O objetivo é destrinchar como a sociedade responde à economia e às suas transformações estruturais, sem pressupor de antemão que estas necessariamente atinjam o seu limite possível desejável. Ora, o sistema socioeconômico pode assumir diferentes trajetórias e configurações, de acordo com as estratégias mobilizadas pelas camadas sociais que orientam o andamento das variáveis e políticas econômicas. O compromisso do sociólogo não se dá com a nação ali à frente, mas com a compreensão do processo de transformação social (desenvolvimento), a partir inclusive da investigação do desajuste entre as ideologias e os interesses de classe efetivos.

Neste sentido, as estratégias dos atores sociais se interpenetram com a estrutura. Os "propósitos" e os "resultados" podem divergir ou sofrer um processo de reacomodação. Como estabelecer os liames entre os movimentos sociais efetivos

---

72   Ibidem, p. 19, 73-75.
73   Ibidem, p. 76.

(conscientes ou não) e os objetivos atingidos, especialmente se partimos do pressuposto que as aspirações podem ou não coincidir com as condições estruturais existentes? São estas considerações que diferenciam uma "análise do desenvolvimento" de uma "sociologia do desenvolvimento".[74]

Cardoso elege seus principais interlocutores da cena nacional: Jaguaribe e Furtado.[75] O primeiro aparece como o responsável por formular com "maior largueza teórica" as relações entre as aspirações para o desenvolvimento e a mediação política da mudança econômica; porém, de maneira insuficiente, como o autor trata de apontar. Já Furtado, ao transcender o campo profissional do economista, "chega a sistematizar as mudanças que o desenvolvimento acarretou na estrutura da sociedade". Contudo, ao apostar – o livro citado é *A pré-revolução brasileira* – na diferenciação do sistema industrial como garantia para a autonomia das decisões, "não discute que grupos nacionais e internacionais controlam o Estado e a indústria". Parece o economista assumir que "o principal centro de decisões é o Estado", devendo a ideologia do desenvolvimento – ou seja, o "desenvolvimentismo" (as aspas são do autor) "concentrar as suas expectativas sobre a ação estatal".

A crítica a Furtado é procedente, ao menos até o momento em que Cardoso afirma que a síntese furtadiana "retira da história o nervo político", por supor que "a civilização industrial destrói a oposição dos interesses de classe e o choque entre as nações". Nada mais longe do universo furtadiano que, tal como Jaguaribe, concebe o Estado como o agente capaz de deslocar os interesses de classe contrários ao desenvolvimento, reagrupando aqueles potencialmente favoráveis.

Ainda assim, a análise de Cardoso revela o seu caráter inovador quando destaca que nas condições de subdesenvolvimento não se pode esperar que "a burguesia se constitua na mola propulsora do desenvolvimento e da modernização no Brasil". Isso por que a sua ação econômica não é conduzida por um tipo de "orientação valorativa que visse nas modificações estruturais da economia o seu objetivo principal e encarasse o lucro como um incentivo e alvo indireto". Não existe no Brasil, como ele depreende da pesquisa realizada, uma relação entre "burguesia" e "desenvolvimento", tal como no período do capitalismo concorrencial nos países desenvolvidos.[76]

Para comprovar a sua tese, o autor realiza duas perguntas indispensáveis para a compreensão do processo de desenvolvimento no país. Que tipo de movimento social mobiliza as aspirações em torno da "sociedade industrial moderna"? Que

---

74   Ibidem, p. 76-78.
75   Ibidem, p. 79-85.
76   Ibidem, p. 79, 88-89.

grupos sociais respondem pela tomada das decisões fundamentais, uma vez deslanchada a industrialização; ou melhor, como se dá o controle do processo ou a dominação política?[77]

No entender de Cardoso, as "reivindicações desenvolvimentistas" surgem nos grupos técnicos das classes médias, fomentados pela presença de um novo interlocutor "embora afônico", as massas populares. Assim são rompidas as soluções rotineiras dos problemas nacionais no segundo governo Vargas, quando Rômulo e companhia assumem um papel de destaque. Os efeitos acumulativos oriundos da urbanização e da expansão de um setor industrial "incipiente e rotineiro" geram novos grupos sociais e a redefinição do estilo de política. Estes novos segmentos das classes dirigentes "alargaram a consciência social dos problemas econômicos", ao mesmo tempo em que vincularam a sua solução à "sobrevivência política da nação" no quadro da democracia vigente. Mas as camadas populares não se engajam em uma "situação econômica e social de classe", conforme o mantra desta nova geração de sociólogos acadêmicos.[78]

Para Cardoso, as elites intelectuais de extração pequeno-burguesa – o autor se refere de forma pejorativa a estes segmentos, ecoando assim os escritos políticos de Marx – se exprimem por meio do "nacionalismo como uma ideologia 'desenvolvimentista' e 'estatizante'". No seu entender, valorizam de maneira abstrata o poder da razão e imaginam ser o Estado o representante da vontade coletiva postada acima das classes, o que se manifesta por meio de "soluções técnicas e racionais".

Apesar de reconhecer esse movimento como imbuído de uma nova perspectiva de desenvolvimento, Cardoso conclui, como para encerrar o debate, que os movimentos populares se esvaziaram em virtude dos limites estruturais à ação dos grupos pequeno-burgueses.[79] Isso acontece porque as camadas dominantes tradicionais e as forças internacionais se transfiguraram, de modo a dominar a economia do país, aliando-se às elites técnicas dirigentes. Ora, conforme nossa interpretação procura mostrar, esta aliança se dá no governo JK, não sem conflitos, no momento em que os técnicos nacionalistas passam dividir o poder, não mais em pé de igualdade, com os mercadistas. Até por isso o processo de industrialização, como bem afirma Cardoso, não se fez nos moldes pregados pelos nacionalistas.

O Estado, "que nunca foi o ponto de encontro neutro do interesse de todos" – outra afirmação repetida à exaustão, e que se tornaria moeda corrente entre os marxistas críticos do "desenvolvimentismo" – passa a ser controlado pela aliança entre

---

77   Ibidem, p. 86-87.
78   Ibidem, p. 92-94.
79   Ibidem, p. 94-95.

a burguesia industrial e os interesses agrários e financeiros tradicionais, subordinados à influência imperialista. Ainda assim, o quadro é sobremaneira complexo, pois não se pode excluir pura e simplesmente "o ponto de vista popular".[80]

De modo a adquirir maior poder de influência sobre esta aliança apenas na aparência disforme, a burguesia industrial acolhe o nacionalismo como mera ideologia, no sentido de falsa consciência da realidade. Vejamos o relato de Cardoso sobre o fim da trama que combinou "sagacidade e realismo":

> Tendo o interesse de classe para dar sentido à sua ação, lançou-se com ardor ao 'desenvolvimentismo' e fez esquecer em cinco anos o que o movimento nacionalista levaria cinquenta para tornar verdade para todos: que a 'independência nacional' conseguida através do planejamento estatal e da intensificação dos investimentos públicos era o caminho para o desenvolvimento.[81]

Estava assim montada a trinca trágica nacionalismo-desenvolvimentismo-populismo, responsável pela formação de uma sociedade de classes potencialmente capitalista na periferia, mas incapaz de preparar o terreno para o socialismo. A ideologia do sociólogo acadêmico aparece de forma subterrânea. Isso obviamente não invalida o seu esforço de interpretação. Apenas procuramos revelar, como ele faz com seus interlocutores, a sua dimensão ideológica, entrevista na disjuntiva "subcapitalismo ou socialismo" com a qual termina o livro, na medida em que a burguesia teria abdicado de exercer a "hegemonia plena da sociedade".[82]

Para estruturar a sua obra, o sociólogo levanta algumas questões. Como os empresários industriais gerem os seus negócios? Quais os seus comportamentos e motivações em relação ao mercado interno restrito em expansão? Como neste contexto bem particular, repleto de limitações estruturais, pode emergir uma mentalidade empresarial "moderna", jamais generalizada? E, finalmente, de que maneira esta classe social recente e heterogênea atua na esfera política nacional?

Fernando Henrique – manuseando com desenvoltura não apenas os dados empíricos das entrevistas, mas também as categorias econômicas e sociológicas – desmonta vários dos mitos existentes sobre o empresariado industrial. Mostra como a mentalidade empresarial não é derivada exclusivamente do tipo de propriedade (familiar ou não). As condições peculiares da industrialização no Brasil "por vezes instigam a manutenção do controle familiar dos empreendimentos". O

---

80 Ibidem, p. 95-97.
81 Ibidem, p. 97.
82 Ibidem, p. 198.

mercado acanhado e submetido a fortes oscilações da procura e da oferta inviabiliza qualquer planejamento racional. As constantes mudanças na política econômica levam a uma atitude de "'quebrar as dificuldades' de todo tipo a qualquer momento".[83]

Enfim, as limitações não se originam de um suposto "atraso cultural" do empresariado, estando antes relacionadas às condições estruturais em que se deu a expansão industrial. A "conjuntura de altos lucros e concorrência relativamente frouxa" fazia com que muitos empresários se concentrassem nas faixas marginais do mercado, despreocupando-se em relação a uma transformação qualitativa dos seus negócios. Ou então que se aproveitassem de favores governamentais nos segmentos de maior mercado, obtendo "brilhantes resultados" à custa do "aventureirismo".[84]

Ao menos até meados de 1950 teria se verificado, em grande escala, uma "industrialização extensiva", pautada pela existência de mercados quase cativos, pouco exigindo em termos de acumulação de capital e inclusive marcada pela subutilização dos fatores. Este "mercado fechado" teria propiciado uma "visão tradicionalista da empresa, dos operários e da sociedade". Paralelamente, predominava o princípio da não contradição entre o Estado protetor para "a minha empresa" e o Estado ineficiente em termos abstratos.[85]

Se o "homem de empresa", mais moderno, se diferencia do "capitão de indústria", especialmente em virtude das "pressões desenvolvimentistas" da segunda metade dos anos 1950, quando os empresários nacionais passam a atuar em novos setores e contam com um mercado ampliado; ele, contudo, mostra-se incapaz de imprimir uma direção ao processo social, de modo a que a sua ação seja encarada como "interesse de todos", ou melhor, como interesse de uma classe.[86]

Esta ambiguidade revela uma "situação comum de classe" recente e marcada pela heterogeneidade. Os empresários se situam na sociedade mais em virtude do *status* de elites do que como classe. Daí a sua baixa participação, à exceção dos grandes grupos, nas associações de classe, bem como o seu reduzido controle do Estado enquanto "camada social". A participação isolada de alguns dos seus integrantes no jogo político é encarada como oportunismo, até porque os empresários industriais se veem em grande medida como "apolíticos". Esta atitude exerce um poder de "amortecimento" sobre a virtual consciência dos interesses de classe, de forma semelhante ao que se passa com o proletariado.[87]

---

83   Ibidem, p. 112-115.
84   Ibidem, p. 130-131.
85   Ibidem, p. 135-138, 144-145.
86   Ibidem, p. 150-159.
87   Ibidem, p. 170-176.

Em termos da sua ideologia, o empresariado industrial compartilha da visão de mundo dos grupos sociais de origem – oligarquias rurais ou imigrantes –, referendada pela situação concreta de comportamento econômico acanhado frente aos dois suportes contraditórios que lhes dão sentido: as empresas estrangeiras e os investimentos estatais. Neste contexto, "falta-lhes uma teoria que conduza coerentemente a ação". O que não impede que tirem proveito da situação "de ser classe dominante economicamente sem ter o ônus de classe politicamente dominante". Antes se acomodam do que conduzem o processo político.

Se no plano da ideologia esta camada social se posiciona "do lado da nação", na prática "os seus interesses decidem por ela". Oscila entre a ousadia e o imobilismo, entre a energia das massas populares e a vinculação aos interesses tradicionais que mantêm os instrumentos da dominação política. Comporta-se em relação ao poder como em uma "sociedade de quotas de participação", onde os segmentos populares contam no máximo com "ações preferenciais".[88]

Tal metáfora – e a síntese que lhe é subjacente – faz implodir as possibilidades de uma "ideologia do desenvolvimento" voltada para uma mudança institucional no sentido de superar o Estado cartorial, conforme a expectativa de Jaguaribe, aqui acompanhado por Furtado, Rômulo e demais intelectuais orgânicos do Estado.

Mesmo reificando os avanços da estrutura econômica, Jaguaribe percebe o processo político como "fator de atraso", contra o qual poderiam agir "a vanguarda tecnocrática na administração pública, o setor dinâmico de empresários e o proletariado moderno". Isso se estivessem menos presos aos interesses situacionais de classe e mais orientados por ideologias autênticas, no sentido de mais adequadas aos requisitos potenciais do processo histórico. Para tanto, fazia-se necessária uma mudança na estrutura político-partidária e administrativa, de modo a que estivessem crescentemente permeadas pela "maior eficácia da consciência ideológica", compartilhada por segmentos estratégicos do Estado e da sociedade.[89] Em outros termos, a luta pelo desenvolvimento se trava também no âmbito do Estado e da ideologia. Portanto, "a dominação política pelos grupos tradicionais", tal como apontada por Cardoso, não era um resultado necessário do processo.

Para Cardoso, a burguesa industrial teria apoiado a "única política cabível", referindo-se ao Plano de Metas, "pagando hoje [1963] o preço da aventura". Não pode mais apostar na programação estatal, ao passo que se depara com a radicalização do

---

88 Ibidem, p. 178-180, 187-191.
89 Essa "orientação desenvolvimentista" já está presente na conferência realizada no Clube de Engenharia, em 1957 (JAGUARIBE, Hélio. *Condições institucionais do desenvolvimento*. Rio de Janeiro: ISEB, 1958a, p. 25-33, 50-53; JAGUARIBE, 1962, p. 81-82, 183, 191-195).

movimento operário. Assim se explica porque a ação política da burguesia industrial não coincidiu com "os seus puros interesses de classe", aqueles a que Jaguaribe chama de "autênticos". O leite já foi derramado e os isebianos e os técnicos nacionalistas estão sentados no banco dos réus.

Entretanto, se o sociólogo "acertou" no resultado da história (ao menos no atacado), pelo ponto favorável de observação, inclusive em termos cronológicos, o que dizer dos intelectuais que se situavam junto ao Estado e às forças sociais encaradas como dinâmicas, antes que o Plano de Metas tivesse se tornado a "única política cabível"? Não poderíamos interpretar, alternativamente, esta escorregadela determinista do sociólogo como um atestado de que o governo JK representou uma descontinuidade que marcaria profundamente a primeira metade dos anos sessenta, não apenas no plano econômico, mas também nas aspirações sociais e no embate ideológico?

Em texto de 1966, Gabriel Cohn, também integrante da equipe do Centro de Sociologia Industrial e do Trabalho (CESIT) da USP, estabelece este corte de maneira precisa. O "desenvolvimentismo" surge como ideologia a conferir sentido a uma mobilização arquitetada a partir do Estado e que encontrou ressonância "em uma espécie de regime 'plebiscitário empresarial', com o próprio presidente investido no papel de Grande Empresário". Porém, o incentivo unilateral à industrialização engendra desequilíbrios setoriais, regionais e internacionais à economia nacional,[90] conferindo novas bases de sustentação à ordem social capitalista. A burguesia agora não apenas exerce o seu poder de veto, mas mobiliza de maneira seletiva os demais segmentos da sociedade.

Conforme a formulação de Mário Pedrosa de 1965, "a classe capitalista disputa o Estado ao resto da nação".[91] No seu entender, a obra de Fernando Henrique padece de duas limitações. A primeira está no fato de que a "jovem sociologia brasileira" utiliza os conceitos marxistas "destacados do seu conteúdo, filosófico, social e político". Sentem-se protegidos nos confins de sua cidadela, enquanto "a missão consciente do intelectual brasileiro com compromissos com o desenvolvimento é levar à classe trabalhadora os elementos de sua consciência de classe". Em segundo lugar, nem o "subdesenvolvimento" e nem a "sociedade de massas" são limites à hegemonia burguesa.[92]

---

90 COHN, Gabriel. "Problemas da industrialização no século XX". In: MOTA, Carlos Guilherme (org.). *Brasil em perspectiva*. 4ª edição. São Paulo: Difel, 1973, p. 310-311.
91 PEDROSA, Mário. *A opção brasileira*. Rio de Janeiro: Civilização Brasileira, 1966, p. 250.
92 Ibidem, p. 264-272.

A argumentação de Cardoso é endossada pelo sociólogo Luciano Martins em livro de 1968,[93] contando para tanto com o resultado de sua própria pesquisa junto a grandes e médios industriais brasileiros. Como o autor se situa no pós-1964, o seu intuito é compreender "a crise objetiva do modelo desenvolvimentista" tanto na teoria como na prática, tendo em vista que as suas expectativas não se realizaram.

Martins caracteriza, de maneira concisa, a essência do "desenvolvimentismo" enquanto projeto estruturado a partir de três eixos: abrangência dos efeitos da industrialização (em termos sociais e espaciais), democratização da estrutura de poder e crescente autonomia política do país. O esquema teórico estaria sustentado em uma "frente desenvolvimentista" que engloba setores empresariais e operários do complexo urbanoindustrial, mais a parcela "nacional-desenvolvimentista" da burocracia civil e militar.

O descolamento entre o modelo e a realidade se faz sentir especialmente após 1954, quando tem lugar a última fase do processo de industrialização iniciada em 1930.[94] Em vez superado pela industrialização, o subdesenvolvimento teria imposto freios à sua continuidade, ao menos nos moldes desejados por seus formuladores.Conforme o autor, o "desmentido formal ao modelo", já evidente no triênio 1961-1963, revela as suas limitações teóricas e ideológicas. Os seus formuladores – Furtado aparece como a principal referência – justificam a estagnação seja pelo esgotamento dos efeitos dinâmicos da substituição de importações, seja pela incapacidade dos atores políticos para efetuar a progressão do modelo.

No entender de Martins, esse procedimento tende a priorizar a existência de "complicadores" ou "obstáculos" que, uma vez removidos, levariam à boa continuidade da estratégia de desenvolvimento. Já o enfoque alternativo a que Martins se filia desloca a análise dos "fatores exógenos", com o objetivo de compreender os traços estruturais que permitem aprofundar a dinâmica do subdesenvolvimento, incluindo agora os retroefeitos que o novo modo de inserção na ordem mundial capitalista projeta no seio das sociedades dependentes, apesar de industrializadas.[95]

Em poucas palavras, tal como no enfoque de Cardoso, as condições exigidas para o sucesso do "modelo desenvolvimentista" – teóricas e políticas – "estavam além das possibilidades contidas no próprio esquema de 'capitalismo periférico' em que ele era

---

93 MARTINS, Luciano. *Industrialização, burguesia nacional e desenvolvimento*. Rio de Janeiro: Saga, 1968, p. 17-21, 27, 35-36.
94 Ibidem, p. 45-46. De maneira inovadora, Martins destaca o efeito "excludente" da industrialização como uma de suas marcas características, apontando como a natureza regressiva da distribuição da renda contribuía para o "fechamento do processo de industrialização sobre si mesmo".
95 Ibidem, p. 28-32, 37-40.

concebido".[96] De modo original, o autor concebe uma orientação "pós-desenvolvimentista" depois de 1964,[97] que segue os novos requisitos do processo de acumulação de capital, não mais em sintonia com a ampliação do sistema socioeconômico nacional.

Aqui um parêntese se faz necessário. A crítica ao "modelo desenvolvimentista" parte do pressuposto de que ele tenha existido. Porém, na prática, o que se chama de "modelo" é uma junção da análise descritiva de Furtado e de outros teóricos cepalinos sobre o processo de substituição de importações, aliás, repleto de contradições e desequilíbrios, como eles cuidaram de apontar; com as políticas implementadas no governo JK – que se contaram com a aprovação dos técnicos nacionalistas, não se pode dizer que tenham sido eles os responsáveis pela sua condução, ao menos nos altos níveis decisórios; e com a defesa da programação do Estado por parte destes técnicos, que viam na diversificação produtiva a possibilidade de afirmação política e social de novos segmentos de classe, o que não seria feito de maneira espontânea, mas por um conjunto de reformas, muitas delas jamais executadas.

Desta soma de elementos esparsos surgiu o "modelo desenvolvimentista" submetido ao crivo dos sociólogos acadêmicos. Talvez possa ser dito que a sua originalidade reside menos na criação de um "modelo" inexistente do que na proposição de uma metodologia de compreensão da sociedade brasileira efetivamente robusta, inclusive por ser tributária da reflexão sobre o subdesenvolvimento realizada por Furtado.

Tal como salientado por Martins, o enfoque estruturalista de interpretação da realidade brasileira centrava-se nos aspectos econômicos – os quais eram analisados em sintonia com as transformações sociais e políticas, mas que não estavam ainda devidamente incorporadas à análise cepalina, o que vale mesmo para Furtado, o primeiro a "sociologizar" as variáveis econômicas.[98] Tal esforço aparece de maneira mais evidente em *Dialética do desenvolvimento* (1964) do que em *A pré-revolução brasileira* (1962), como veremos adiante.

No livro de 1964, Furtado caminha, ainda que por outros meios, na senda do que viria a se chamar de "teoria da dependência", mas naquele momento sem contar com o arsenal metodológico dos intelectuais críticos da academia. Isso porque o seu enfoque ainda se encontra permeado pelas avaliações do intelectual que ocupa posição de relevo na política. Após o exílio, a aberração histórica empurra Furtado para uma posição que ele nunca havia almejado: a de acadêmico de centros

---

96   Ibidem, p. 32.
97   Ibidem, p. 102-102, 118, 160-161. Esta interpretação fecunda, realizada no calor do momento, seria ultrapassada pela visão convencional que situa o pós-1964 no perímetro do "desenvolvimentismo".
98   MALLORQUIN, 2005, p. 163-164.

de prestígio internacional, aprofundando a sua veia estruturalista, agora no sentido de compreensão da desigualdade orgânica do capitalismo internacional e de suas respectivas estruturas políticas e sociais no centro e na periferia.[99] Triste ironia: os dois fragmentos de geração se irmanam depois da quebra do processo histórico que fizera romper as muralhas das respectivas cidadelas.

O estudo do empresariado possui um significado estratégico quando se trata de analisar a mudança social que acompanha o processo de desenvolvimento em condições de subdesenvolvimento. Muita tinta se gastou sobre o dualismo das análises de inspiração cepalina,[100] que supostamente imaginavam de maneira ingênua que o setor industrial e moderno romperia em bloco os diques antepostos pelo setor agrário e arcaico. Tais críticas viraram lugar-comum na academia, a tal ponto que por vezes se esquece terem sido estes autores os primeiros a fazer a crítica à visão etapista da teoria da modernização.

Para Rangel,[101] por exemplo, "a dualidade é a lei fundamental da economia brasileira". Era, portanto, "dualista"? Nada mais longe do universo rangeliano. O dualismo, que virou palavrão, supõe a existência de dois blocos compactos e, portanto, não heterogêneos. Manteriam relações de oposição entre si: o crescente predomínio do moderno levaria à paulatina extinção do setor arcaico; ou este travaria de forma resoluta a expansão do moderno.

No caso de Rangel, a dualidade se refere às características diversas que presidem a economia brasileira "nas relações externas e nas relações internas de produção", conforme as molduras de cada período, já que o seu conceito de "lei" apenas se verifica na historicidade dos fenômenos analisados. Estas duas formações básicas "não se limitam a coexistir, estão em permanente conflito". Ou melhor, as diversas economias que coexistem no seio da economia brasileira, "não se justapõem mecanicamente", antes compõem uma espécie de "unidade dialética, a ver qual imporá a sua dinâmica específica ao sistema". O resultado da interação, apreendido por meio da história, não está dado de antemão.

---

99   OLIVEIRA, 2003a, p. 27-29.
100 São vários os exemplos. Sobre a abordagem dualista, incluindo Furtado e Rangel, ver IANNI (1971b, p. 51-52). Francisco de Oliveira, ao escrever o seu clássico de 1972, desfere seu ataque contra o "dual-estruturalismo" de Furtado e da CEPAL, não sem reconhecer neste o "único interlocutor válido". No nosso entender, o "dualismo" não era o núcleo orientador das análises destes autores, embora tenham caído em ciladas dualistas em algumas de suas análises (OLIVEIRA, Francisco de. *Crítica à razão dualista*. São Paulo: Boitempo, 2003a, p. 31-32).
101 RANGEL, Ignácio. "Dualidade básica da economia brasileira [1957]". In: RANGEL, Ignácio. *Obras Completas – vol. 1*. Rio de Janeiro: Contraponto, 2005a, p. 289, 294, 298-300, 318-322. O livro foi escrito em 1953 e publicado em primeira edição em 1957.

O "modelo" rangeliano é ainda mais complexo, pois nele o movimento da economia brasileira aparece modulado pelos ciclos longos da economia mundial. Em cada ciclo longo, a dualidade se expressa sob formas próprias. O drama histórico do país fica à mercê de um consórcio de classes dominantes internas. No período de 1922 a 1973, que corresponde à sua terceira dualidade, o polo interno é liderado pelos "fazendeiros feudais"[102] que possuem como sócio menor os capitalistas industriais. O quadro não é tão distante do traçado pelos sociólogos acadêmicos, apesar de o economista maranhense tirar as suas próprias conclusões acerca deste consórcio de classes sociais.

Já para Furtado,[103] o próprio conceito de subdesenvolvimento está relacionado com a ocorrência do "dualismo estrutural". A "situação não é de equilíbrio estável", mas de "causação circular acumulativa", conceito emprestado do economista Gunnar Myrdal, para ressaltar que a mudança de certas estruturas econômicas e não econômicas desperta reações em cadeia, gerando um processo dinâmico de transformação e mútua readaptação. Neste sentido, a "economia dual é intrinsecamente instável". A força do elemento tradicional se faz sentir mais pelo lado das estruturas políticas, acionadas pelo grupo latifundiário que atua "como força depressiva sobre o processo de desenvolvimento", seja por proporcionar altos lucros para o setor urbano em virtude do reservatório de mão de obra que migra para as cidades, seja por conta dos seus impactos inflacionários supostamente gerados pela baixa oferta de alimentos.

O próprio Furtado admite, adiante, que "o conceito de dualismo tem sido objeto de amplo debate".[104] "A palavra leva à confusão", pois sugere que os setores, agora chamados por ele de "modos de produção", existem de forma independente, tendendo o mais dinâmico a absorver o tradicional. Ao contrário, o que caracteriza o "dualismo" é a "interdependência", responsável pela "perpetuação dos elementos pré-capitalistas", que emprestam o elemento de especificidade do próprio modo de produção capitalista nos países subdesenvolvidos.[105] Mais uma vez nos deparamos

---

102   RANGEL, 2005b, p. 694-696.
103   FURTADO, 1964, p. 81-84.
104   FURTADO, Celso. *Teoria e política do desenvolvimento econômico*. 9ª edição. São Paulo: Companhia Editora Nacional, 1987, p. 211-212.
105   A concepção de Francisco de Oliveira – segunda a qual o subdesenvolvimento é uma "formação capitalista e não simplesmente histórica", e que no período de industrialização o setor "arcaico" teria servido de "reforço" à expansão do "moderno", por meio da acumulação de capital (OLIVEIRA, 2003a, p. 33, 45-48. 54-58) – pode ser lida como uma ampliação do horizonte furtadiano, por meio de uma reavaliação do processo histórico com as categorias fornecidas pelo referencial teórico marxista.

com uma situação em que o equívoco na leitura de certos autores trouxe resultados analíticos positivos, gerando interpretações originais.

O conceito de "marginalidade estrutural", elaborado por Costa Pinto,[106] é um bom exemplo disso. Para o sociólogo, as resistências e obstáculos ao desenvolvimento não são "exógenas", pois surgem do próprio processo, mais propriamente da estrutura social que se transforma, onde existem elementos de "inércia" ou de "dinâmica regressiva", no sentido de atenuar os efeitos dos fatores que deslocam interesses de certos grupos ou camadas sociais.

Durante o processo de desenvolvimento, caso não se chegue a uma renovação completa da economia e da sociedade, a estrutura social tende à "marginalização" – diferentemente das análises dualistas, segundo o autor – já que os dois "estilos de organização", o "moderno" e o "arcaico", apresentam "característicos de crise", engendrando pirâmides sociais paralelas, compostas de segmentos de classe "afluentes e residuais". Desta forma, surgem "assimetrias no corpo da estrutura da sociedade", não pela permanência de valores do passado, mas "em virtude dos interesses concretos de cada classe social de uma sociedade em desenvolvimento". Portanto, ao contrário do senso comum, "quanto mais estreita for a interdependência estrutural das partes de um sistema", maiores os obstáculos à sua transformação.

Luciano Martins[107] aprofunda esse esquema de análise ao apontar que os segmentos afluentes de cada estilo de organização (urbanoindustrial e agrário) estabelecem entre si uma espécie de "complementaridade funcional" entre os seus "subsistemas afluentes", em virtude das margens de acomodações existentes, transferindo a crise para os "subsistemas marginais" de cada um deles. No caso do subsistema urbano marginal, ele se mostraria "tangencial" à sociedade urbana emergente, ao passo que o subsistema agrário marginal aparece como "paralelo" à mesma. Esta fratura se origina do próprio processo de desenvolvimento e do seu efeito excludente.

Apenas para deixar explícito o potencial analítico desta interpretação, o "populismo" passa a ser encarado não apenas como uma espécie de mediador junto aos trabalhadores operários do subsistema afluente, mas também se arvorando a atuar junto às massas marginais, quando assume uma "posição fronteiriça intersubsistemas". Esta posição mediadora depende, contudo, do dinamismo do conjunto do sistema, severamente restringida pelos acordos estabelecidos entre os segmentos afluentes dos dois subsistemas.

Uma das melhores sínteses da produção da sociologia acadêmica dos anos 1960 sobre a trinca desenvolvimentismo-nacionalismo-populismo é o livro de

---

106   COSTA PINTO, 1963, p. 94-97, 198-199.
107   MARTINS, 1968, p. 68-88.

Octavio Ianni,[108] que apresentamos aqui de maneira esquemática. Esta obra representa de modo fiel – apesar de conter elementos dissonantes que lhe conferem originalidade – a interpretação compartilhada dos intelectuais críticos da academia sobre o golpe de 1964 e os fatores que levaram ao seu desenlace.

Para o nosso intuito, ela se revela operacional, por se situar em um período de transição da perspectiva metodológica na qual se formara este fragmento de geração. Em outra obra, Ianni se refere a "uma época de crise das ciências sociais", que coincide com "um momento criador, que pode produzir resultados notáveis". A Sociologia, para além de uma disciplina científica que proporciona conhecimentos úteis à ação prática, deve agora funcionar como "elemento que participa da própria realidade", talvez precisamente por ter se tornado uma "sociologia 'fora da lei'".[109]

Se o método de análise não deixa de ser "científico", o estilo do autor é mais livre, como quem busca um público mais amplo. A reconstrução do contexto histórico funciona como uma espécie de pedagogia política para as novas gerações, objetivo diverso das obras mais rigorosas em termos metodológicos de Cardoso, Florestan e de outras do próprio autor. Não à toa, boa parte das conclusões possui, segundo Ianni, "natureza propriamente política",[110] inexistindo qualquer tentativa de separar a objetividade metodológica da consciência do sociólogo enquanto agente posicionado no processo histórico. O uso de longas citações de discursos dos personagens da vida política brasileira cumpre o papel de explicitar as suas vinculações ideológicas. Paralelamente, os dilemas da nação nos seus vários momentos são encarados a partir dos interesses de classe diversos.

Outro traço marca esta obra, geralmente mais valorizada como "livro de história" e menos como de sociologia: a mescla do universo discursivo destes dois fragmentos de geração do Brasil Desenvolvimentista, que ocupam posições sociais e possuem visões de mundo diversas, embora potencialmente convergentes. É como se olhando para o passado imediato, Ianni reconhecesse que a "luta pelo desenvolvimento" fora mais que uma ideologia dos grupos dominantes, o que não o isenta de apontar os equívocos em termos de interpretação e de ação política por parte dos atores sociais do drama histórico. Ele está, portanto, transcendendo os limites da sua cidadela.

Tal aposta metodológica híbrida aparece logo no prefácio. Para entender a "crise brasileira", o autor encara "o populismo como uma estratégia política de desenvolvimento econômico". Logo em seguida, de modo a abarcar o longo período que se estende de 1930 a 1964, ele se debruça sobre "a natureza da dependência es-

---

108 IANNI, Octavio. *O colapso do populismo no Brasil*. Rio de Janeiro: Civilização Brasileira, 1968.
109 IANNI, 1971b, p. 1, 35.
110 IANNI, 1968, p. 2.

trutural, com a qual se debate o povo brasileiro". No primeiro capítulo, o hibridismo fica mais patente ainda, quando o texto assume uma roupagem furtadiana: "um país subdesenvolvido somente ingressa na era da civilização industrial quando alcança a autonomia política e econômica".[111]

Ianni caracteriza a "autonomia" a partir das rupturas parciais com "a sociedade tradicional e o sistema internacional dominante". O sentido da ruptura depende do novo encadeamento entre as estruturas nacionais e internacionais, tanto no plano econômico como no plano político, enquanto a sua essência pode ser percebida pelas estruturas de dominação e apropriação. O golpe de 1964 é uma resposta a estas rupturas em andamento (reformistas) ou projetadas (revolucionárias) e significa a opção autoritária pela cristalização da estrutura de dominação e apropriação.

No seu entender, a industrialização acelerada resulta de uma sequência de rompimentos políticos internos e externos. A nova estrutura de poder estaria sustentada mais em uma política de massas – cujo fundamento é a democracia populista – do que em uma política de partidos. A partir do "padrão getuliano" de ação política, especialmente no segundo governo Vargas, "teria florescido uma cultura urbana diferente e mais autenticamente nacional". Para Ianni, a liquidação deste padrão de desenvolvimento socioeconômico inicia-se no governo JK. É então que se instaura o antagonismo entre o "padrão nacionalista" e o padrão de "desenvolvimento associado e dependente",[112] com o crescente predomínio do segundo. O corte explícito no andamento do processo histórico ocorrido na segunda metade dos anos 1950 revela um distanciamento crítico em relação às formulações dos seus colegas da academia, que sempre ressaltaram mais a continuidade do que a ruptura instaurada a partir do governo JK. E aproxima o autor das interpretações de Rômulo, Rangel e Cleanto.

Ianni aponta a sucessão e coexistência de "quatro modelos de desenvolvimento": o exportador, o substitutivo, o associado e o socialista. De maneira sintética, o modelo exportador vigora até 1930, sendo superado pelo modelo de substituição de importações, quando se inaugura a busca pela autonomia em face da sociedade tradicional e do sistema internacional. O golpe de 1964 sinaliza a transição efetiva para o modelo dependente e associado, que surge a partir da dinâmica contraditória do processo substitutivo. Já o modelo socialista não teria vingado em virtude dos equívocos de interpretação da esquerda sobre o processo de industrialização.

Apesar do esquematismo da análise, os modelos revelam as opções políticas e econômicas dos segmentos sociais em conflito. O autor destaca dois "padrões

---

111 Ibidem, p. 1, 7.
112 Ibidem, p. 8-10, 29.

políticoeconômicos", que se enfrentam ao final do período: o padrão do "nacionalismo reformista" com base na democracia populista; e a "ditadura tecnocrática" fincada na associação ampla com os setores externos, que emerge das contradições do primeiro.[113]

O sociólogo situa o século XX no Brasil como o período em que "o povo aparece como categoria política radical". A "revolução brasileira" floresce entre os anos 1920 e 1950, por meio de "novas modalidades da consciência nacional". E mais, as lutas políticas travadas se dão a partir do confronto entre os diferentes projetos de modernização, democratização e desenvolvimento econômico.[114]

Para Ianni, "a política de massas foi a vida e a morte do modelo getuliano de desenvolvimento econômico". O que ele quer dizer com isto? Esta política possui como núcleo ideológico o "nacionalismo desenvolvimentista", que procura por meio do Estado internalizar centros estratégicos de decisão, atuando no sentido dos interesses concretos do proletariado, de segmentos das classes médias e da burguesia industrial. Um dos elementos que permite realizar o intercâmbio entre as classes é a estrutura sindical, alicerçada em torno do peleguismo e controlada pelo Ministério do Trabalho. Como decorrência da estrutura sindical e da "consciência de massa" de um proletariado marcado pela mobilidade social, os interesses de classe não se estruturam, ao menos no sentido de antagônicos a outras classes. Não se forma, portanto, uma diretriz política autenticamente proletária.

É neste sentido que a política de massas possui uma "conotação desenvolvimentista", já que em vez do distributivismo propalado pelos técnicos mercadistas, a acumulação está escorada no "confisco salarial". Aqui Ianni expressa o denominador comum dos intelectuais críticos da academia: "a democracia populista propiciou a conciliação de interesses em benefício da industrialização e em nome do desenvolvimentismo nacionalista".[115]

Mais uma vez, a diferença de Ianni está no corte histórico. O "nacionalismo desenvolvimentista" estaria presente já na Campanha do Petróleo entre 1947 e 1953. Porém, em 1954 ele já percebe o antagonismo entre "os que desejam o desenvolvimento internacionalizado" e "os que pretendem acelerar o desenvolvimento econômico independente".[116] Como vimos, o antagonismo estava apenas latente, já que os técnicos mercadistas e os nacionalistas concordam com as linhas gerais do Plano de Metas, por mais que as suas posições sobre o processo de industrialização

---

113   Ibidem, p. 11-12.
114   Ibidem, p. 13-16.
115   Ibidem, p. 53-63.
116   Ibidem, p. 66-68.

e as reformas estruturais necessárias tenham se distanciado ao longo do período, tornando-se irreconciliáveis a partir de 1959.

Apesar de não ocultar as contendas travadas no aparelho estatal, que amplificavam as existentes no âmbito da sociedade, o governo JK teria conseguido ampliar a vida útil da democracia populista, em um contexto de internacionalização da economia brasileira. Como consequência, durante os governos Jânio e Jango "uma das faces da moeda", o padrão de desenvolvimento econômico, fora desfeita, mantendo-se, entretanto, o estilo populista. O Plano Trienal, jamais executado, e a política externa independente seriam um mecanismo para "reeditar a dimensão econômica do padrão getuliano de desenvolvimento".[117] Há certo exagero retórico, pois a política externa não podia tanto e o Plano Trienal se mostrou incapaz de voltar no tempo. Mas Ianni "acerta" ao afirmar que, "ao não ter mais contrapartida na política econômica" – em um contexto de descontrole inflacionário e estrangulamento externo – "a política de massas teria se tornado inconveniente".[118]

Contudo, em vez de apontar a inexorabilidade do modelo de desenvolvimento dependente e associado, Ianni desloca sua mirada para a esquerda, que não logra saltar da política de massas para a luta de classes. Mesmo a esquerda trabalhista e socialista teria "adotado e se amaranhado na política de massas", neste ponto não se diferenciando dos reformistas nacionalistas. Em síntese, "a cultura política de esquerda no Brasil não conseguiu libertar-se da cultura da democracia populista".

O sociólogo militante amplia "o campo da derrota", não mais restrito aos intelectuais orgânicos do Estado, para englobar também os intelectuais das classes populares. Estes teriam ficado presos ao "deslumbramento retórico" em detrimento da ação prática, no que se assemelha ao Caio Prado Jr. d'*A revolução brasileira*, livro publicado dois anos antes.

O hibridismo analítico, ao unir o vocabulário marxista ao nacionalista, realiza a proeza de contar, de um lado, as contradições vivenciadas durante a formação do capitalismo industrial no Brasil, quando as classes dominantes acenam às "massas" e aos "trabalhadores", admitindo quando muito rompimentos parciais, enquanto a esquerda não consegue assumir uma perspectiva de classe. Por outro lado, corre paralela a história caracterizada pelo "acúmulo de experiências políticas fundamentais" e pela "elaboração de uma nova interpretação histórica por parte do povo", quando "o processo civilizatório se reveste de configurações singulares e criadoras".[119] Incoerência ou fertilização de enfoques apenas na aparência divergentes?

---

117 Ibidem, p. 70-71.
118 Ibidem, p. 73.
119 Ibidem, p. 17, 123-126.

Insistimos que a análise de Ianni diferencia-se das demais por estabelecer uma ruptura de 1954 em diante. A sua concepção sobre o "modelo getuliano" pode ser questionada. Porém, o autor põe o dedo na ferida ao apontar que o modelo nacionalista reformista – aí se encontra a sua principal limitação – jamais se transformou em um "projeto global", capaz de inaugurar "uma nova etapa da revolução brasileira", o que significaria, no limite, ir além da política de massas, aprofundando "as rupturas internas e externas". Por ficar preso aos limites do populismo, não ganhou sistematicidade, sofrendo a reação das elites e classes dominantes.[120] Vale lembrar que essa perspectiva crítica consta nos depoimentos e relatos de Rômulo e Furtado sobre o período.

Por outro lado, o sociólogo, tal como os seus colegas da cidadela uspiana, afirma que a superação do modelo getuliano e da política de massas a ele vinculada, especialmente após o governo JK, apenas seria factível sob duas formas radicais: "a revolução socialista ou a reintegração plena no capitalismo". O triênio 1961-1963 aparece, por sua vez, "como clímax e fim da política de massas", estreitando as possibilidades para uma saída concertada e acenando para a ruptura drástica em um ou noutro sentido.[121]

Dois outros pontos merecem ênfase nesta obra. O primeiro se refere à interpretação do governo JK com todas as suas contradições, e não como uma cristalização genérica e abstrata do "desenvolvimentismo". Para Ianni, não se logrou sanar o "divórcio" – que, portanto, já existia – "entre as tendências da estrutura econômica e as tendências da estrutura de poder" ou "entre as estruturas de apropriação e dominação".[122] Ou, posto de outra forma, desde a Revolução de 1930 e de maneira mais presente no segundo governo Vargas, as classes dirigentes adquirem alguma autonomia em face das classes dominantes. Autonomia – diga-se de passagem – bastante relativa, pois os partidos "da situação", PSD e PTB, participavam da montagem e do comando do governo. Paralelamente, não se podia atentar contra a política de massas.

Enfim, a própria máquina estatal se transforma em um campo em disputa entre os vários técnicos, que se defrontam com uma gama heterogênea de interesses. Como tratamos de discutir adiante, por meio da leitura crítica da obra de Weffort, em vez de "crise de hegemonia", existe uma luta intensa e cotidiana por hegemonia entre 1930 e 1964. Mas que não leva à construção de um bloco histórico capaz de realizar política e ideologicamente, de maneira coerente e estável, o vínculo orgânico com o sistema econômico e sua estrutura social.

---

120 Ibidem, p. 128-129.
121 Ibidem, p. 129-130, 163
122 Ibidem, p. 178, 204.

Se "a política de massas foi um movimento em permanente crise", isso se explica pelo fato de que, mesmo nos momentos de aparente estabilidade, ela sempre esteve marcada pela transitoriedade e pela inexistência de projeto. Quando a sua voltagem se eleva em um contexto de instabilidade econômica, como no triênio 1961-1963, e de maior politização da classe trabalhadora, o país resvala para uma "crise geral do poder burguês", no sentido de que "a própria reprodução capitalista entrava em ponto morto".[123] A solução passa a residir, ao menos do ponto de vista da acumulação de capital – e aí o raciocínio de Ianni se completa – na crescente simetria entre a estrutura de poder e a estrutura econômica. O seu crescente divórcio abre novas possibilidades de ruptura, mas agora para promover o casamento dessas estruturas sob novas bases.

Aqui encontra-se a outra contribuição que se depreende da sociologia militante de Octavio Ianni. O regime instaurado com o golpe de 1964 realiza um corte definitivo "no processo civilizatório brasileiro". O autor precisa o que quer dizer: "em verdade, o processo fora interrompido e conduzido noutra direção", ao que agregaríamos que isto não se deu de forma abrupta, pois as condições objetivas para esta "reorientação" estavam dadas desde a segunda metade dos anos 1950. O "desenvolvimentismo" de JK continha as virtualidades do pós-1964, embora tivesse que lidar com outros vetores sincrônicos como a política externa independente, as reformas de base, o florescimento da cultura nacional e a organização mais autônoma das classes populares.

Agora a ruptura se processa em todos os planos: a aliança ao capital internacional surge fortalecida com a "ideologia da modernização", da "segurança nacional" e da "reversão das expectativas", que por ser desmobilizadora põe por terra não só a política de massas, mas também a perspectiva de politização dos trabalhadores. Processa-se ou completa-se a "virada radical no sentido do desenvolvimento econômico", substituindo-se a autonomia nacional pela interdependência, sinônimo de vinculação subordinada ao bloco ocidental. "O capitalismo pioneiro, de tonalidade nacional", apesar dos equívocos ideológicos que estiveram presentes na sua concepção, é substituído pelo "capitalismo maduro". Enfim, o futuro não está mais sintonizado com as potencialidades nacionais, processadas de maneira interdependente nos vários planos – político, cultural e econômico –, mas se transforma em uma espécie de "*status quo* apurado". O subdesenvolvimento é coisa do passado, e as mudanças estruturais devem ceder lugar à estabilidade.[124]

---

123   Ibidem, p. 220-221.
124   Ibidem, p. 154, 187-191, 199-201, 208.

Observa-se que para o autor não existe parentesco entre um e outro "desenvolvimentismo", a não ser que este conceito fique restrito à cronologia do processo de acumulação de capital, deixando de lado as estruturas de classe, as formas do Estado, as lutas políticas, as ideologias e as potencialidades abertas ao longo do curso da história. Mas convenhamos, extirpar da história o que lhe dá sentido não seria uma forma de andar de braços dados com os vencedores?

Francisco Weffort foi um dos mais mordazes críticos das estratégias de desenvolvimento ancoradas na "dominação populista". Seu artigo de setembro de 1963, intitulado "Política de massas" – com nítida "intenção polêmica", segundo as palavras do autor – [125] obteve ampla circulação. O livro aqui citado traz uma coletânea de artigos escritos em diversos momentos[126], com o objetivo de empreender uma releitura crítica da história brasileira pré-1964 a partir do conceito-chave de "populismo". Logo no prefácio, o autor aponta o seguinte paradoxo: "os setores dos grupos dominantes promovem a participação dos dominados, que por sua vez fornecem o suporte para um regime que os domina".[127] Weffort investiga o populismo sob a perspectiva da manipulação das massas. Para tanto, escuda-se na tese da "crise de hegemonia" pós-1930 para abordar o papel do Estado ao longo do processo. Toda a estrutura argumentativa está estruturada para desmontar as teses isebianas e dos técnicos nacionalistas.

Em primeiro lugar, o povo aparece como "parceiro-fantasma", manipulado pelos parceiros reais – os vários segmentos das elites –, que não ousam aceitar, senão como "blefe", a sua participação efetiva na vida política no período pós-1945.[128] A paulatina perda de eficácia da solução populista ficaria patente depois de 1961, em virtude do "agigantamento do fantasma popular" e do "esclerosamento dos quadros políticos".

O autor oscila entre o "elitismo da democracia" e a importância da "ascensão política das massas" como elementos decisivos durante a Terceira República. O elitismo comparece com as lideranças personalistas, a estrutura sindical corporativa e a dependência dos movimentos populares em relação às políticas governamentais. Existe, porém, agora um vínculo do poder com as massas, por mais que "parcial e mistificador", indicando uma diferença expressiva com relação ao pré-1930. Isso porque sem as massas o jogo político não se completa.[129] Segundo os próprios termos do autor: "É preciso não perder de vista o significado desta transformação:

---

125 WEFFORT, 1980, p. 11.
126 inclusive o artigo de 1963 por ele revisado, que priorizamos na nossa análise.
127 Idem, ibidem.
128 Conforme o autor, não se deve descuidar da importância do sufrágio eleitoral, até porque foi em grande medida graças a este "meio formal e limitado" que as massas participaram da vida política.
129 Ibidem, p. 15-23.

é a revolução democrática se realizando. Pobre revolução, comparada ao modelo europeu, mas não teremos outra".[130]

A afirmação acima procura colocar no seu devido lugar a experiência democrática brasileira, fugindo da tentação de se procurar aqui a reprodução de outros processos históricos dotados de dinâmicas sociais diversas. Mas, de maneira subterrânea, o autor salta da realidade em análise para a idealizada por sua estrutura teórica: a massa deve ser comportar como classe, não podendo legitimar um sistema que não satisfaz os seus reais interesses.[131] A sua sociologia parece se encaixar naquele exemplo de ciência social que "quer mal ao tempo da história",[132] segundo a definição de Braudel.

Se existe uma classe por detrás da massa, esta não é capaz de dar vazão aos seus interesses como trabalhadores precisamente por "culpa" do populismo que, por meio da ideologia do "povo-comunidade", procede a uma "traição da massa popular". O padrão da política fica refém dos horizontes limitados da pequena burguesia, assumindo uma feição demagógica, em virtude da interlocução da massa com o indivíduo (líder) que corporifica o Estado, e cujo papel é angariar legitimidade ao sistema político e econômico. O caráter provocativo do texto fica explícito na adjetivação com que condena a classe operária à "manipulação", "traição" e "farsa", curvando-se aos "equívocos" e "absurdos" de uma política de reforço dos grupos dominantes que acena inclusive para o imperialismo.[133]

Em seguida, a artilharia se desloca para o nacionalismo, uma espécie de irmão de sangue do populismo. Como os fenômenos surgem juntos na mesma quadra histórica, isso parece suficiente para torná-los cúmplices, em virtude da "suas afinidades profundas de conteúdo". Weffort não nega a tentativa por parte dos nacionalistas de defender os interesses das massas populares e nem tampouco a existência de um saber técnico que, no seu entender, pouco acrescenta à "ideia inconsistente do povo-comunidade". Neste sentido, o reformismo nacionalista atua como uma espécie de "espontaneísmo em forma mais elaborada". Se o populismo marca a ascensão das massas, o nacionalismo representa a sua "expressão global", "emergindo diretamente ao nível do Estado".[134]

Aí parece residir o problema, pois Weffort não admite que segmentos da máquina estatal – sempre qualificados como "pequeno-burgueses" – possam assumir a tarefa de transformação das estruturas econômicas, políticas e sociais. E nem

---

130 Ibidem, p. 22.
131 Ibidem, p. 28-29.
132 BRAUDEL, 1992, p. 74.
133 WEFFORT, 1980, p. 34-38.
134 Ibidem, p. 38-40, 54.

concebe que as suas articulações com a sociedade civil possam fazer mais do que simplesmente referendar as formas de dominação existentes. Os intelectuais ou são orgânicos aos interesses de classe contrários ao capitalismo ou se curvam aos interesses do *status quo*. Assim está no manual da sociologia política do marxismo, conforme a leitura que o autor realiza de *O 18 de Brumário*. O autor deixa transparecer seus pressupostos ideológicos quando afirma que esta discussão seria meramente acadêmica e os equívocos do nacionalismo apenas "parciais", "se a realização da ideia econômica e social da nação conduzisse necessariamente ao socialismo". Em outras palavras, os fins políticos condicionam os instrumentos de análise.

Apesar do cunho dogmático de sua interpretação, a sua análise não deixa de ser instigante, quando ele se pergunta sobre o porquê de o nacionalismo, enquanto movimento ideológico – que pretendia fornecer uma concepção global da sociedade brasileira fundada em uma estratégia de transformação – "nunca ter passado do estágio de atmosfera que se expandia à custa da ambiguidade e da indefinição social". Eis a sua resposta: apesar de mais "refinado" do que o populismo, o nacionalismo mostrava-se menos eficiente por sua desvinculação das classes populares. Localizado na máquina do governo federal, atuava como uma espécie de "oposição doméstica", pois abrir mão do patrocínio do Estado significaria a marginalização do processo real.

Esta nos parece uma descrição verossímil – e em certa medida convergente com a nossa interpretação – sobre as contradições com que se deparavam os intelectuais orgânicos do Estado. Mas como o seu modelo exclui o papel do Estado – a não ser como máquina de dominação –, ele não entende porque, mesmo nos setores mais radicais do nacionalismo, houvesse tal "obsessão pelo Estado". E ao justapor o nacionalismo ao populismo, o primeiro não passa de "populismo retórico". Presos à sua "ideologia formal", os nacionalistas não percebem que é o líder populista quem efetiva a sua ideologia, a qual se transmuta em uma espécie de "irracionalismo sob forma racional".[135]

Em nenhum momento o autor se propõe a investigar quem são estes atores sociais, os intelectuais orgânicos do Estado, que vivem na pele a distância existente entre o Estado e as forças populares, assim como o intercurso generalizado entre as classes dominantes que se socializam no Estado Cartorial contra os interesses de um projeto nacional inclusivo. Tampouco concebe que o nacionalismo possa atuar como uma força racionalizadora e organizadora dos interesses sociais, por meio de reformas de base, associando industrialização com dinamização da agricultura e engendrando uma estrutura social menos rígida e desigual. Por outro lado, se os técnicos nacionalistas, por exemplo, não se declaram abertamente contra as lideranças e os governos "populistas", isso se explica porque do outro lado se encontram os segmentos alinha-

---

[135] Ibidem, p. 41-42.

dos com o conservadorismo. Daí o seu papel de "oposição doméstica", como bem aponta Weffort, apesar do menosprezo conferido a esta posição social.

Em vez de situar sociologicamente os técnicos – aliás, crescentemente divididos em dois campos, os nacionalistas e os mercadistas –, o autor prefere a saída fácil do "populismo nacionalista", uma espécie de não ator, ou um ator "traidor", por se ver contido entre "os limites contraditórios de promover a participação popular e assegurar o poder burguês".[136] Esta contradição não existia no universo cognitivo dos intelectuais orgânicos do Estado, até pelo menos o final dos anos 1950, e não por uma crença no espontaneísmo "desenvolvimentista".

Hoje talvez se possa dizer que fora uma ingenuidade apostar no desenvolvimento nacional no seio de uma sociedade capitalista, desconsiderando que a clivagem de classes opera como o seu eixo determinante e decisivo. Mas movidos pela percepção da possível convivência e, inclusive, coordenação dos antagonismos de classe – em um contexto no qual o mercado interno comportava a expansão do investimento e do emprego –, eles avaliavam a importância de partidos sólidos e programáticos como contrapeso ao personalismo das lideranças, de modo a instaurar "uma política ideológica" voltada para a superação do subdesenvolvimento em todas as suas manifestações.

Antes que "fascínio diante do Estado", segundo a qualificação de Weffort, eles se pensavam enquanto agentes privilegiados do Estado, atuando a partir de instâncias decisórias não contaminadas pelo clientelismo, e como elementos avançados do processo de transformação social. Talvez essa crença fosse parte de uma ilusão que lhes permitia seguir no *front* de batalha e perder de vista a complexidade da trama histórica. Porém, a luta de classes, com as suas várias roupagens, não se dava apenas na sociedade civil, e o Estado tampouco era um território desde sempre ocupado pelas classes dominantes. Por vezes, os técnicos nacionalistas, a partir do Estado, comandaram negociações em que os interesses destas foram redefinidos de acordo com os termos do que concebiam como projeto nacional. Se este espaço de experiência, que apontava para um horizonte de expectativa alternativo, não se confirmou, cabe sondar o porquê da cisão entre a interpretação-utopia e o projeto fracassado.

Neste sentido, Weffort tem razão quando lança o seu veredito sobre o nacionalismo: se, de um lado, ele constata ter sido esta a "única concepção de um programa para o conjunto da sociedade brasileira que alcançou ampla difusão e se constituiu em padrão de luta ideológica"; de outro, não deixa de apontar a "fragi-

---

136   Ibidem, p. 42.

lidade dos seus resultados práticos".[137] Aqui o autor quase mata a charada. Não o faz por ser incapaz de adentrar as entranhas do Estado para revelar os dilemas do Brasil Desenvolvimentista.

O populismo, na acepção de Weffort, é o componente decisivo para a compreensão da transição do Estado Oligárquico para o Estado Democrático no período 1930-1964. A chave para compreender sociologicamente a dinâmica da estrutura de poder está no seu conceito de "Estado de compromisso". Caracteriza a "situação singular", em que "todos os grupos, inclusive as massas populares mobilizadas, participam, direta ou indiretamente, do poder". Portanto, "nenhum dos grupos dominantes exerce a hegemonia e todos se voltam para o Estado concebido como entidade independente".[138]

O problema da análise de Weffort está em conceber o "Estado como entidante independente". Primeiro, ele não é independente; e, segundo, exerce a hegemonia em nome de vários grupos (ou frações de classe) dominantes com o avanço das forças produtivas, para o que necessita subordinar integrando o operário industrial à estrutura de poder, mas sem perder o apoio da burguesia industrial, e tampouco sem descuidar dos interesses dos latifundiários. O caráter distintivo do período 1945-1964 não se dá apenas pela presença mais intensa das massas populares na política, como quer o autor, mas porque os seus anseios passam a ser transformados em políticas concretas pelos intelectuais orgânicos do Estado e pelos políticos profissionais, agora atuando sob o guarda-chuva de partidos nacionais.

A principal incoerência da argumentação do cientista político parece residir no seguinte ponto: se as massas populares são manipuladas pelos grupos dominantes, como explicar que estes não exerçam hegemonia, nem que seja para delimitar o ponto para além do qual as reformas não contam com seu respaldo? Estranho caso este, se perguntaria Gramsci, em que em um contexto democrático "todas as classes sociais se mostram politicamente passivas", como se depreende da análise de Weffort para o período entre 1930 e 1964.[139]

É como se todos ficassem estarrecidos e imóveis frente à política de massas executada por líderes políticos que atuam em uma espécie de vácuo de poder – algo que não casa com as crises de 1954, de 1955 e de 1961, e nem com a participação dos industriais e latifundiários na estrutura de poder em todos os governos do período. E muito menos com a atuação das elites modernizadoras do capital junto aos interesses de classe da burguesia durante o triênio 1961-1963, "quando o populismo

---

[137] Ibidem, p. 37.
[138] Ibidem, p. 47-52, 57-59.
[139] Ibidem, p. 71.

era o poder vigente ou aparentava sê-lo", conforme a assertiva do autor, apesar de aceitar que a temática das reformas começa então "a fazer-se popular".[140]

Se ele percebe que a nova configuração de poder após a Revolução de 1930 deixa de ser "expressão imediata da hierarquia do poder econômico", peca por não historicizar os diferentes padrões de interação entre as distintas esferas de poder (econômico e político) durante o período. Contém-se em mostrar que a ação do Estado soberano é "limitada" na sua tentativa de realizar as reformas de estrutura e planejar os "interesses nacionais", porque as massas populares não exercem "uma ação política autônoma".[141]

Mas a receita de bolo de Weffort já foi concebida teoricamente. O nacionalismo, que passa a ser segundo ele "significativo politicamente" no governo JK – pois o cientista político precisa exagerar o papel do ISEB na história brasileira –, recebe agora "a cobertura ideológica do 'desenvolvimentismo'". Tal como o nacionalismo, este conceito aparece como uma "transfiguração teórica do populismo".[142] Tudo em Weffort parece rimar com populismo. Na sua obra, os conceitos se justapõem ao longo do período, em vez de interagirem entre si, o que exigiria uma reflexão sobre a complexidade de cada momento do ciclo histórico, assim como do movimento conjunto da totalidade.

A derrota histórica está pressuposta no último ato que empresta sentido ao seu modelo: "esta forma peculiar de revolução democrática-burguesa que se realizou através do populismo e do nacionalismo só poderia estar concluída com o seu próprio desmascaramento". Assim, o alijamento das massas populares no pós-1964 revela o que sempre estivera latente, "a verdadeira natureza de classe do Estado",[143] transplantando a tese do "Estado gendarme" oitocentista para o século XX brasileiro. É grande o poder sedutor da análise. A tal ponto que mesmo Francisco de Oliveira, formado nos cursos do BNB e da CEPAL e também no convívio com Furtado na SUDENE, se deixa capturar por ela quando se transfere para o CEBRAP. Apesar da originalidade da sua obra de 1972, ele afirma que "a teoria do subdesenvolvimento foi a ideologia própria do período populista [...] se ela hoje não cumpre esse papel, é porque a hegemonia de uma classe se afirmou de tal modo que a face já não precisa de máscara".[144]

No nosso entender, o mérito de Weffort encontra-se na segunda parte do seu livro, quando aparecem os artigos dos anos 1970. Ao caracterizar a classe operária

---

140 Ibidem, p. 11, 75.
141 Ibidem, p. 49, 58.
142 Ibidem, p. 54.
143 Ibidem, p. 44.
144 OLIVEIRA, 2003a, p. 34; OLIVEIRA, Francisco de. "Depoimento". In: *Retrato de grupo: 40 anos do CEBRAP*. São Paulo: Cosac Naify, 2009, p. 164-165.

a partir da sua heterogeneidade e experiência de mobilidade social, especialmente nos grandes centros urbanos, ele se distancia das análises funcionalistas que ressaltavam a sua "origem rural" e/ou a sua "inexperiência política".[145] A massificação da classe operária não leva à "despolitização das massas satisfeitas", como nos países de industrialização avançada. Ao contrário, esta "massificação prematura", típica de uma "sociedade de escassez", leva à sua politização inicialmente nos termos do populismo para, em um momento seguinte e por meio da compreensão da "desigualdade de fato", converter-se em permanente ameaça ao *status quo*.[146] Mas esta política é formulada em abstrato, ou ao menos comunga de um ceticismo "empírico" quanto ao potencial de organização dos trabalhadores.

Não à toa, Mário Pedrosa se refere à "ideologia de certos meios acadêmicos a serviço do *status quo* social", que desprezam a classe operária urbana em virtude da elevação do seu padrão de vida. O intelectual menciona como, de maneira contraditória, dentro "da área peleguista" se afirmam "militantes revolucionários" por meio de uma "consciência de classe desabrochada". E postula, bem à maneira dos intelectuais das classes populares, "a transposição da revolução democrático-burguesa, já em perda" para uma economia de plano e em parte de supressão do mercado, de modo a instaurar o modelo do "socialismo combinado". Tal opção exige uma "substituição social-política" em prol das classes operária e camponesa, "as reservas do renascimento brasileiro", posto que o capitalismo aqui erigido, embora "formidável", se revela incapaz de concluir a obra nacional.[147] Se a análise engajada de Pedrosa mitifica, por vezes, a realidade ao recusar a "derrota" – lembremos que a sua obra é escrita depois do golpe de 1964 –, ela serve de contraponto ao rigor metodológico e distanciado dos intelectuais críticos da academia.

Os formuladores da trinca trágica nacionalismo-populismo-desenvolvimentismo, ao contarem a história ocorrida como a única possível, obscurecem as alternativas que, de fato, foram se estreitando no triênio 1961-1963. Mostram-se assim coniventes com a aberração histórica. Incapazes de expiar os seus próprios traumas, se protegem sob o manto frágil do acerto teórico, fornecendo uma leitura enviesada da história. Esta apenas se revela em toda a sua complexidade quando o futuro passado flagra todos os atores em cena, sem ocultar os figurinos com os quais compareceram ao drama.

Por uma espécie de ironia do destino, cinco décadas adiante um dos intelectuais críticos da academia, já ex-presidente da República, faz a sua própria reconstrução do futuro passado em depoimento que procura juntar os fragmentos daquela geração:

---

145 WEFFORT, 1980, p. 146-150.
146 Ibidem, p. 54-55, 157-163.
147 PEDROSA, 1966, p. 264, 245, 249, 273-274.

> A USP era uma ilha, não queria ter contaminação com a vida, e nós achávamos o ISEB uma vertente da ideologia dominante [...] o mundo do ISEB era o mundo do Estado e o nosso era o mundo das classes (na verdade, se os dois se fundissem dariam um resultado melhor). Nós não tínhamos visão de Estado – no fundo, de política. Era como se a sociedade funcionasse num vácuo. Estou caricaturando, mas era isso basicamente.[148]

Outro integrante do grupo d'*O Capital*, criado em 1958, também lança o seu olhar sobre o futuro passado. Roberto Schwarz relata que "o contexto imediato do seminário não era a esquerda nem a nação, mas a Faculdade de Filosofia". No trecho abaixo, ele contrapõe os dois fragmento de geração:

> Tratava-se de um empenho formador, coletivo, patriótico sem patriotada, convergente com o ânimo progressista do país, de que entretanto se distinguia por não viver em contato com o mundo dos negócios nem com as vantagens do oficialismo. Daí uma certa atmosfera provinciana, séria, simpaticamente pequeno-burguesa, bem mais adiantada que o clima de corte que marcava a *intelligentsia* encostada no desenvolvimentismo governamental.[149]

Portanto, eles se orgulhavam de ser os antípodas do ISEB, marcado pelo "caráter mais nacionalista que socialista da pregação", "para o qual torcíamos o nariz". Schwarz mantém a leitura de que "em 1964, foi preciso pagar caro" pela falta de rigor da instituição "encostada" no Estado. Para depois admitir que "é certo também que o ISEB respondia ao acirramento social em curso, por vezes de maneira inventiva e memorável, ao passo que as nossas objeções pouco saíam do plano trancado das petições de princípio".[150]

Os intelectuais críticos da academia diferenciavam-se do "nacionalismo de combate", radicalizando a crítica ao "desenvolvimentismo" dos intelectuais orgânicos do Estado e ao marxismo nacionalista dos intelectuais das classes populares. Porém, o seu enfoque dialético e totalizante, centrado nos protagonistas das mudanças sociais e nas suas relações contraditórias com a expansão do capitalismo no país, não impediu que se estabelecesse um "terreno comum"[151] com estes grupos de intelectuais, o que fica evidente apenas após o golpe de 1964.

---

148 CARDOSO, Fernando Henrique. "Depoimento". In: MONTERO, Paula (org.). *Retrato de grupo: 40 anos do CEBRAP*. São Paulo: Cosac Naify, 2009, p. 27.
149 SCHWARZ, Roberto. "Um seminário de Marx". In: SCHWARZ, Roberto. *Sequências brasileiras: ensaios*. São Paulo: Companhia das Letras, 1999, p. 89.
150 Ibidem, p. 92.
151 LAHUERTA, Milton. "Marxismo e vida acadêmica: os pressupostos intelectuais da crítica uspiana ao nacional-desenvolvimentismo". In: BOTELHO, André; BASTOS, Elide Rugai & VILLAS BÔAS, Glaucia (orgs.). *O moderno em questão: a década de 50 no Brasil*. Rio de Janeiro: TopBooks, 2008, p. 335-346.

Mas jamais se arvoraram a constituir uma contraelite ou uma perspectiva de poder com apoio em determinadas frações de classe, pois isto significaria aderir a um projeto de nação alternativo, o que não fazia parte do seu vocabulário e do seu padrão de atuação política. Se o "real" tal como construído a partir da sua cidadela adquiriu força de verdade nos anos 1960 e 1970, os seus modelos de análise pouco repercutiram sobre as estratégias políticas e sociais, no máximo funcionando como lastro teórico para a agitação política que se apropriava das críticas ao "desenvolvimentismo".

A reflexão crítica da sociologia uspiana tem continuidade nos anos 1970. Dois exemplos são a tese de doutorado em Sociologia na USP de Miriam Limoeiro Cardoso,[152] concluída em 1972 sob a orientação do professor Luiz Pereira; e a tese de doutorado de Caio Navarro de Toledo,[153] defendida na Faculdade de Filosofia, Ciências e Letras de Assis em 1974 sob a orientação de Maria Sylvia Carvalho Franco. Ambos versam sobre o tema da ideologia, mais especificamente sobre o "desenvolvimentismo", então circunscrito ao período JK, mas os focos de análise são diversos, bem como as perspectivas metodológicas.

No caso de Miriam Cardoso, a autora investiga os documentos (mensagens presidenciais, exposições de motivos, artigos de jornais) para além da sua estrutura discursiva, com o intuito de construir categorias teóricas.[154] Procura mostrar como a hegemonia de uma ideologia dominante encontra-se articulada a uma estrutura econômica e à interação entre as classes sociais. Ressalte-se, contudo, que as ideologias ficam circunscritas à esfera dos governos JK e Jânio Quadros.[155] Em sua obra, como era comum à época, tudo parece desembocar no "período desenvolvimentista" da política brasileira.[156] Sua análise, porém, pega o bonde andando, pois a mensagem presidencial de 1956, com a qual ela inicia o seu relato, já representa uma ruptura importante com a mensagem de 1951 – nosso ponto de partida, como se depreende na Parte II deste livro.

Cardoso parte do pressuposto teórico de que a "estrutura ideológica capitalista é montada sob a dominância do seu campo ideológico político, a partir dos aparelhos do Estado".[157] Esta é a orientação da sua pesquisa, onde as lutas intraburocráticas não exercem qualquer papel na estrutura de poder, e o presidente da República

---

152 CARDOSO, Miriam Limoeiro. *Ideologia do desenvolvimento, Brasil: JK-JQ*. Rio de Janeiro: Paz e Terra, 1977.
153 TOLEDO, Caio Navarro. *ISEB: fábrica de ideologias*. 2ª edição. Campinas: Editora da UNICAMP, 1997.
154 CARDOSO, 1977, p. 11-13.
155 Ibidem, p. 15. Nosso foco se restringe à sua análise da "ideologia desenvolvimentista" do governo JK.
156 Ibidem, p. 75-77.
157 Ibidem, p. 74.

encarna – por meio de seus discursos, mensagens e documentos elaborados por ministros e técnicos – uma ideologia dominante. Assim como em Weffort, a pergunta "que Estado é este?" sequer é formulada.

Segundo a autora, o desenvolvimento durante o governo JK se estrutura em torno do par "prosperidade e soberania", ambos unidos para vencer "o atraso". A transformação social prioriza o elemento econômico e também o político de modo a enfatizar, paralelamente, a "manutenção da ordem". Isso fica evidente no documento "Diretrizes gerais do Plano Nacional de Desenvolvimento", onde desenvolvimento se associa a uma "terapia antipobreza" pela via do crescimento.[158] Conforme vimos, este documento é elaborado por Lucas Lopes com o apoio de Roberto Campos, ambos integrantes do grupo dos técnicos mercadistas. Esses segmentos passam a predominar no governo JK e dão a sua tônica, ainda que os técnicos nacionalistas se mantenham ativos na disputa intraburocrática. Como os contendores não aparecem em carne e osso, mas apenas o presidente, o "Estado" na sua pessoa passa a corporificar a "nova" ideologia dominante.

O seu trabalho possui o mérito de organizar os elementos que estruturam a "ideologia dominante" durante o governo JK. No seu entender, a nacionalidade é pensada como componente de uma democracia ocidental mais ampla. Isso significa que o vínculo se estabelece, em termos concretos, com o capitalismo internacional em expansão,[159] algo que, de fato, condiz com a concepção dos técnicos mercadistas.

Toda a concepção sobre a "harmonia de interesses" entre setor público, capital privado nacional e capital internacional, que a autora imputa à "ideologia desenvolvimentista"[160] de JK, é da lavra de Lucas Lopes e Roberto Campos. Por mais que exerçam um papel de destaque ao menos até 1958, eles não representam o conjunto do governo e tampouco os amplos setores sociais que o apoiam.

Para Cardoso, "na ideologia desenvolvimentista, pelo menos no que diz respeito à sua formulação juscelinista, o nacionalismo se define pelo desenvolvimento".[161] A socióloga acrescenta ainda que esta ideologia "vinha se estabelecendo desde o início dos anos 1950", sugerindo que o momento anterior é uma preparação para a sua eclosão com JK, quando ela assume uma "forma mais precisa e mais global".[162]

Portanto, o par "nacionalismo e desenvolvimento" confere sentido à ideologia, olvidando-se que ele promove, ao longo do período, diversas elaborações utópicas e teóricas formuladas pelos segmentos sociais atuando dentro e fora do Estado. Para a

---

158 Ibidem, p. 77-95.
159 Ibidem, p. 119.
160 Ibidem, p. 147-150.
161 Ibidem, p. 157.
162 Ibidem, p. 311.

autora, ele aparece como uma construção "de cima" e, por definição, mistificadora. Uma parte da história é amputada pelo ângulo restrito da análise.

Cardoso percebe, não obstante, como o discurso – sempre o do presidente e de certos técnicos próximos a ele – encara o desenvolvimento como uma expansão econômica que assegura o "beneficiamento diferencial" para os diferentes grupos sociais. Em outras palavras, a nação surge como meio de integração a um sistema capitalista mais amplo, além de circunscrito à dimensão econômica de produção--consumo, como demonstramos por meio das formulações dos técnicos mercadistas. Paralelamente, o foco na industrialização ou na necessidade de diversificação das exportações acaba por marginalizar o campo das relações de produção,[163] algo que está implícito nos técnicos nacionalistas e sequer faz parte do problema para os mercadistas.

Filiando-se à tradição crítica uspiana, Miriam Cardoso aponta a ideologia como parte do real, ao considerar que a racionalização universalizante produzida pelo "desenvolvimentismo" busca não apenas preservar a ordem, mas também representar os interesses das forças sociais em ascensão – no caso, "a fração da classe dominante que está implantando a sua hegemonia"[164] e que se propõe a expressar os interesses da coletividade. Esta afirmação remete à outra questão: quem compõe esta fração de classe dominante quase hegemônica?[165] Como visto anteriormente, no entender de Fernando Henrique Cardoso, os grupos dominantes fazem parte de um consórcio, no qual a burguesia industrial não imprime a direção.

Portanto, a autora não consegue inscrever a ideologia na estrutura social e tampouco elucida quem exerce a hegemonia e de que forma. Isso porque o Estado, o "vilão da história" – da mesma forma que, inversamente, aparecia para os técnicos nacionalistas como o seu redentor, capaz de solucionar, no limite, as contradições sociais – aparece "empolgado" pela ideologia "desenvolvimentista", exercendo a sua direção e domínio sem ruptura desde o segundo governo Vargas. Perde-se de vista a hipótese lançada por Ianni sobre o descolamento entre a estrutura econômica e a estrutura de poder, ampliado ao longo dos anos 1950. Sem a compreensão desta rachadura, a interpretação da ideologia se transforma em uma leitura "ideologizada".

Outro exercício de fôlego realizado no período é o de Caio Navarro de Toledo, no seu estudo clássico sobre o ISEB. O autor propõe-se a estudar a ideologia-síntese "forjada" a partir desta instituição, que se pretendia "verdadeira" cientificamente e "eficaz" enquanto projeto de transformação da sociedade brasileira. Sem perder de

---

163   Ibidem, p. 333.
164   Ibidem, p. 334-335.
165   Ibidem, p. 347. Ao final da sua obra, Miriam Cardoso se refere ao grande capital e à grande indústria.

vista a totalidade social, Toledo busca desvendar o estatuto particular da ideologia "desenvolvimentista" na sociedade de classes então emergente no Brasil.[166]

Na nota prévia e na introdução da tese publicada em livro, o autor faz duas menções em forma de depoimento que se revelam elucidativas. A primeira trata da sua opção de fazer do ISEB um objetivo de pesquisa acadêmica, o que significava, à época, "uma heresia" para a maioria dos cientistas sociais da USP. O ISEB, segundo Toledo, não era visto pelos intelectuais críticos da academia como um "possível interlocutor" nos debates sobre os dilemas do capitalismo no Brasil. Toledo ressalta, a título de exceção, a *Revista Brasiliense*, que dera "apoio e cobertura" às atividades isebianas, talvez por não possuir um caráter acadêmico. A segunda menção destaca a figura de Octavio Ianni, a quem agradece pelo incentivo para o estudo do tema, considerado "maldito para certos guardiães da intelectualidade nativa". Como já ressaltamos, Ianni é um dos poucos intelectuais críticos da academia a incorporar o universo cognitivo dos formuladores do projeto de desenvolvimento nacional, sem sair do seu próprio horizonte metodológico. Talvez por ter estudado a cidadela estatal, criando assim um vínculo mais profundo com o objeto de análise.

Vale ressaltar ainda que Toledo não procura realizar uma "análise sistemática e circunstanciada das relações entre o ISEB e as forças sociais e políticas atuantes no período".[167] Se isso lhe permite fugir de alguns lugares-comuns do seu tempo, o autor não se exime de investigar "o caráter assistemático e lacunar" de várias formulações isebianas. Seu objetivo é "ideologizar a ideologia"[168] que se imaginava portadora do sentido da história.

Uma questão de fundo merece atenção antes de mergulharmos na sua obra. Os autores analisados são Hélio Jaguaribe, Cândido Mendes, Roland Corbisier, Álvaro Vieira Pinto e Guerreiro Ramos, além do inclassificável Nelson Werneck Sodré. Os economistas não são incluídos – Furtado e Rangel, por exemplo – por terem desenvolvido "trabalhos solitários" na instituição, em uma situação de "quase inteira autonomia" em relação aos trabalhos do ISEB e, portanto, pouco impactando a reflexão dos demais quadros.[169]

Essa formulação sobre "os economistas do ISEB" nos parece ao mesmo tempo equivocada e acertada. Equivocada pois a ideologia do desenvolvimento tinha como ponto de partida as transformações estruturais da economia, o que exigia a

---

166 TOLEDO, 1997, p. 26, 28-31.
167 Ibidem, p. 12, 15, 18, 34-35.
168 Ibidem, p. 32.
169 Ibidem, p. 27.

leitura destes economistas e dos trabalhos da CEPAL. Mais importante ainda, os técnicos nacionalistas partilhavam com os isebianos da mesma utopia nacional, e por mais que os projetos e as interpretações por vezes se dissociassem, havia intenso diálogo entre eles ao menos até 1958. Mas é acertada porque havia uma distinção entre os técnicos nacionalistas, que ocupavam postos-chave na burocracia estatal, e os cientistas-ideólogos do ISEB que, apesar de alojados na mesma cidadela, possuíam uma função menos orgânica dentro do Estado. Era isso justamente que permitia aos últimos exercer uma atuação de caráter mais proselitista.

Ao final de sua obra, Toledo acerta mais uma vez, no nosso entender, ao mostrar que o ISEB não estava encastelado.[170] Havia uma "atmosfera" em que todos respiravam desenvolvimento, gernado um intercâmbio múltiplo entre os técnicos nacionalistas, os pensadores isebianos e várias organizações, partidos e movimentos da sociedade civil. Porém, para o autor – produzindo um trabalho acadêmico a partir da outra cidadela –, essas formulações "desenvolvimentistas" não conseguiam se desvencilhar da "espessa camada de significações ideológicas impostas pelos grupos dominantes".[171]

Segundo Toledo, o ISEB forja uma ideologia-síntese para o desenvolvimento nacional que se pretende científica. A interação ciência-ideologia encontra-se presente em todos os seus expoentes, embora cada qual o fizesse de maneira particular. Neste sentido, parece-nos inexistir uma divisão interna do trabalho como em uma "fábrica", assemelhando-se a instituição mais a um artesanato de ideologias, pois cada um possuía autonomia para criar a partir de algumas premissas e orientações compartilhadas.

Para Corbisier, a ideologia surge como algo imanente ao real, por meio de um conhecimento compromissado com a sua transformação. Já para Vieira Pinto, a tarefa de síntese dos vários conhecimentos disciplinares se mostra decisiva, sem a qual o projeto ideológico carece de uma perspectiva totalizante.[172] Outras diferenças têm a ver com a escolha de quem seria o carro-chefe do desenvolvimento nacional, a burguesia industrial (Jaguaribe) ou as massas populares (Vieira Pinto). Apesar das distinções, contudo, um ponto os une: a concepção acerca das virtualidades positivas para o desenvolvimento do capitalismo nacional.[173]

Toledo aponta também que as noções de alienação e de dependência, atravessando todas as fases do processo histórico brasileiro – "colonial", "semicolonial" e o

---

170 Ibidem, p. 199.
171 Idem, ibidem.
172 Ibidem, p. 63-73.
173 Ibidem, p. 52-55.

"subdesenvolvimento" – não se referem a um modo de produção particular, porque o eixo da argumentação gira em torno da função do país enquanto "proletariado externo". O subdesenvolvimento não é pensado nos termos de um "capitalismo dependente", mas de uma "nação dependente".

A máxima isebiana – "tudo é colonial na colônia" ou "tudo é subdesenvolvido no subdesenvolvimento" – apresenta uma totalidade que não se resume ao plano da economia. No caso do subdesenvolvimento, a consciência emergente da nação deve levar à superação da condição subdesenvolvida na economia, na sociedade e na cultura. Paralelamente, a consciência dos países desenvolvidos é autêntica porque eles assim o são. Com a superação do subdesenvolvimento, pergunta-se o crítico da ideologia isebiana, nos tornaríamos então iguais a "eles"? No seu entender, a totalidade concebida em um alto grau de abstração acaba "matando" a possibilidade de luta ideológica e de luta de classes.

Neste sentido, se a realização da nação se combina com o desenvolvimento do capitalismo autônomo, não seria o caso de se "teorizar" sobre como seria a sociedade transformada pelo esforço "desenvolvimentista"? Possuiria uma estrutura ideológica semelhante à dos países desenvolvidos, onde a clivagem de classes predominaria?[174]

As explicações sintéticas do processo histórico, cobrindo largos períodos de tempo e desembocando em um presente quase futuro de "nação desalienada", uma vez consumado o projeto nacional de desenvolvimento, peca em termos científicos, apesar de "forte" em termos ideológicos. Segundo Toledo, oscila-se "com a mesma facilidade do idealismo ao empirismo", "do historicismo para a objetividade", sem a presença de categorias mediadoras.[175]

Por mais que tivessem uma "teoria" das classes sociais – opondo "setores dinâmicos e produtivos" a "estáticos e parasitários", aqui sim de maneira dualista, mas com o objetivo de demarcar os "condutores" do processo histórico para quem se dirigiam – as contradições se expressam por meio do confronto entre "nação" e "antinação". Falta, portanto, uma análise rigorosa da estrutura social e do seu movimento, por eles idealizado, pois a ciência aparece "tutelada" pela ideologia.

A antinação não equivale necessariamente a imperialismo, pois os oponentes estão alojados aqui dentro, ainda que Vieira Pinto tenha avançado na formulação de uma ideologia particular de certas classes, nacionais e populares, contra o imperialismo internalizado que reforçava o subdesenvolvimento; ao passo que Jaguaribe pensa mais em termos de uma ideologia global a preparar o terreno para a composição das classes. Guerreiro Ramos e Cândido Mendes, por sua vez, utilizam o

---

174 Ibidem, p. 100-101.
175 Ibidem, p. 66-68.

conceito de "classes em projeto",[176] imaginando que "as classes para si" pudessem se antecipar às "classes em si".

O livro de Toledo realiza uma lúcida análise do "espírito" isebiano, ressaltando os seus pressupostos, bem como suas lacunas e incoerências. Ainda assim, o autor soma os termos "ideologia nacional" ou "ideologia do desenvolvimento", que resultam no "nacional-desenvolvimentismo" geralmente utilizado como sinônimo do período JK, à maneira dos intelectuais críticos da academia.[177]

A interpretação de Maria Sylvia Carvalho Franco sobre o ISEB[178] segue como fio condutor a pesquisa de Caio Navarro de Toledo. Agora as nuances de um trabalho científico cedem lugar a um ataque ideológico desferido por uma cidadela contra a outra. A socióloga concebe o ISEB como "instituição gerada e extinta conforme decisões reclamadas por grupos sociais dominantes". As diversas concepções esposadas pelos intelectuais isebianos sobre a ideologia e o projeto de desenvolvimento são encaradas como "diferenças que dividiam a classe dominante", não obstante encontrarem uma solução de compromisso por meio da "síntese conservadora dessas representações".

Para Carvalho Franco, a separação entre o "ser em situação" e a "ideologia nacional", entre forma e conteúdo, "não tem a inocência do simples disparate, não carrega apenas a marca do ridículo", revelando o seu "pesado sentido ideológico". A instituição estatal, que visara pelo movimento da consciência atuar sobre as potencialidades históricas, teria apenas impulsionado o movimento do capital. Contudo, se a doutrina isebiana pertence ao "domínio da ilusão", ela não se encontra "fora do lugar", pois é como ilusão que se afirma como "inseparável" do processo global de constituição e reprodução do sistema socioeconômico.[179]

Os ideólogos do ISEB, ao perderem de vista a "trama complexa das relações sociais", esvaziaram o conceito de práxis. Ao se arvorarem a sujeitos que detêm a "consciência da realidade", "bem de acordo a sua metafísica", se apresentaram, juntamente com o Estado, como os demiurgos da sociedade. Aliás, conforme a perspectiva fundacional dos seus líderes, não existiria sequer "sociedade brasileira" antes do nacionalismo e do "desenvolvimentismo".[180]

---

176 Ibidem, p. 133-139, 143-148, 152-157.
177 Ibidem, p. 158, 161-163, 175-178.
178 CARVALHO FRANCO, Maria Sylvia. "O tempo das ilusões". In: CHAUÍ, Marilena & CARVALHO FRANCO, Maria Sylvia (orgs.). *Ideologia e mobilização popular*. Rio de Janeiro: Paz e Terra/Cadernos CEDEC, 1978.
179 Ibidem, p. 153-159, 164, 191.
180 Ibidem, p. 167-172, 180-182.

Se, de fato, as limitações teóricas do ISEB não são poucas e as suas análises sobre o Brasil possuem um cunho generalizante e menos analítico, a autora parece criticar menos o ISEB e mais a perspectiva nacionalista que extravasa o edifício localizado na Rua das Palmeiras. A noção do intelectual e do Estado como "demiurgos" da nação engloba também os técnicos nacionalistas, atuando a partir da máquina estatal. Não seria o caso de perguntarmos se a crítica à "obsessão pelo Estado", tal como já verbalizada por Weffort, não estaria levando ao seu oposto, ou seja, à "recusa obsessiva ao Estado", encarado como simples títere dos grupos dominantes pela cidadela universitária? O trecho abaixo escrito por Carvalho Franco não deixa margem para dúvidas:

> O processo de mudança social a que esteve vinculado o ISEB se cumpriu com o desenvolvimento econômico realizado durante um período de "liberdades democráticas", no interior do qual se gestou, contudo, a figura de um Estado autoritário, firmado sobre a centralização das decisões e no planejamento econômico, no crescimento e fortalecimento de uma burocracia tecnocrata, na acentuação do sentimento nacionalista.[181]

Portanto, mais uma vez, os intelectuais críticos da academia montam o coreto para a anatomia da derrota. A ponte entre o governo JK e 1964 está inscrita na lógica do capital. Os movimentos sociais e políticos que procuram direcionar a história em outro sentido não apenas estão fadados ao fracasso. Pior: ao se deixarem levar pelo "sentimento nacionalista" se colocam como reféns dos "reais interesses de classe", apressando o destino inexorável.

De fato, boa parte da produção e ação dos intelectuais orgânicos do Estado seria transformada em "ideologia" como falsa consciência de classe. Questiona-se o seu tom opaco, a sua generalização e a ausência de método,[182] tomando como régua o saber acadêmico. Como a concepção de "nacional" assume um tom pejorativo, por "embaçar as tensões estruturais geradas na montagem da sociedade de classes e mascarar a problemática da dependência",[183] o exercício de buscar as matrizes do pensamento sobre a "cultura nacional" no Brasil só pode seguir a senha do seu "desnudamento ideológico".

Esse é o objetivo de Carlos Guilherme Mota em sua tese de doutorado de 1975. O autor traça uma linha contínua entre "burocrata do Estado Novo e o ideólogo

---

181 Ibidem, p. 207.
182 MOTA, Carlos Guilherme. *Ideologia da cultura brasileira (1933-1974)*. 4ª edição. São Paulo: Ática, 1978, p. 18-21.
183 Ibidem, p. 286.

do desenvolvimentismo", por onde caminha o intelectual típico "com notórias exceções",[184] sempre reservadas aos luminares da academia como Antonio Candido, Florestan Fernandes ou Raymundo Faoro. Os termos "reformismo nacionalista", "nacional-desenvolvimentismo" e "reformismo-populista" se sucedem como em um cortejo de sinônimos sem qualquer precisão conceitual.[185]

O pensamento dos "ideólogos do desenvolvimentismo" – do qual muitos intelectuais radicais não conseguiriam se libertar plenamente, "pagando preço alto à ideologia nacionalista" e comprometendo, assim, a sua "consciência crítica" –[186] se caracteriza pelo dualismo, ao opor urbano a rural, ao associar industrialização a desenvolvimento e ao se empenhar em "fabricar ideologicamente uma burguesia desenvolvimentista, reformista e nacionalista". O simples fato de fabricarem "modelos de desenvolvimento nacional" lhes confere o atestado de "pensamento progressista, sim, mas não revolucionário".[187]

Mota descarta, assim, a contribuição de um fragmento de geração que não só ocupou o centro do palco do Brasil Desenvolvimentista, mas também inaugurou uma nova forma de conceber a problemática do (sub)desenvolvimento. Finalmente, o autor estabelece uma cisão entre esta "ideologia" e o "discurso científico".[188] À maneira de muitos dos seus colegas acadêmicos, parece afirmar que a ideologia são os outros.

O trabalho de Mota representa o limite extremo do tipo de releitura histórica produzida pela cidadela acadêmica nos anos 1970, a fim de limpar o terreno e encontrar os "culpados", jogando a "derrota" para o campo do antigo adversário ideológico, por mais que estivessem agora todos do mesmo lado da trincheira. Interessa notar que no caso dos intelectuais acadêmicos que se radicalizaram, "sempre conduzidos segundo métodos e calibrados na vivência universitária austera", esta radicalização é, sobretudo, "científica, no sentido de ir mais fundo à raiz dos problemas focalizados".[189]

O que as análises de Carvalho Franco e Mota têm em comum é a facil generalização do pensamento isebiano para o conjunto dos intelectuais orgânicos do Estado e para os movimentos sociais nacionalistas. Essa operação acaba por transformar todos em "atores passivos" do processo de instauração do capitalismo dependente e concentrador. Não se pode, entretanto, fazer do ISEB o que ele não foi e nem desejou ser, "uma luz que brilhava solitariamente na formação social brasileira".[190]

---

184   Ibidem, p. 153.
185   Ibidem, p. 174-176.
186   Ibidem, p. 133-135.
187   Ibidem, p. 153, 168, 173, 179.
188   Ibidem, p. 284-285.
189   Ibidem, p. 154-155.
190   TOLEDO, 1997, p. 197.

Efetivamente, a prática política do ISEB ampliou o alcance da formulações em torno do desenvolvimento nacional, ao oferecer suas contribuições teóricas e valorativas. Isso não quer dizer que tivessem apenas reproduzido "certa euforia desenvolvimentista", como "porta-vozes dos grupos e camadas dominantes".[191] Aliás, cabe salientar que o ISEB, apesar de lotado no MEC, não falava em nome do governo e nem exercia influência decisória sobre ele. JK buscou, por meio da autonomia conferida ao instituto, guardar distância das suas formulações. Com isso, colheu alguns louros e se preservou de eventuais críticas.

A utopia das potencialidades nacionais corre também por outros rios teóricos e outras estratégias políticas, como no caso do novo ISEB empolgado pelos intelectuais das classes populares. O nacionalismo ressurge revigorado pela crítica ao "desenvolvimentismo",[192] como se depreende dos escritos do jovem Wanderley Guilherme dos Santos. Em livro de 1963, o autor se apresenta como "militante do povo". Seu objetivo é "agitar certas ideias políticas", às quais se subordina "o desdobramento da análise", portanto, na contramão da sociologia acadêmica.[193] Dirige-se, de maneira combativa, aos "professores pequeno-burgueses", ou "políticos-professores", ou ainda "militantes-professores",[194] qualificações endereçadas aos intelectuais estadistas San Tiago Dantas e Celso Furtado.

O corte se dá agora entre forças sociais "progressistas" e "reacionárias". Ao campo progressista cabe defender a expansão industrial e da base agrícola pela via da "liquidação do saque imperialista e da extirpação do latifúndio". O discurso é formulado "do ponto de vista da classe do operariado e do campesinato brasileiro". E completa: "limitar a luta popular à pressão sobre a burguesia industrial" significa canalizar "a energia revolucionária das massas" aos seus "objetivos táticos", para que ela conquiste "vitórias parciais sobre o imperialismo". Ora, a burguesia se encontra intrinsecamente vinculada aos interesses do imperialismo e à sustentação do latifúndio.[195]

Portanto, sem o formato científico e trajando o figurino "nacional-revolucionário", Wanderley Guilherme chega por outros meios a conclusões semelhantes àquelas dos intelectuais críticos da academia. Há, portanto, reformas e contrarreformas, e cada uma aponta para um modelo de desenvolvimento capitalista.[196]

---

191 Ibidem, p. 200.
192 Ibidem, p. 161-166, 186-188.
193 SANTOS, Wanderley Guilherme. *Reforma contra reforma*. Rio de Janeiro: Tempo Brasileiro, 1963, p. ix-x, 21.
194 Ibidem, p. 4.
195 Ibidem, p. 24-28, 47.
196 Ibidem, p. 41-44. Conforme salienta Toledo (1997, p. 166), não se trata de um projeto de socialismo, pois "o planejamento centralizado sob controle popular", proposto por Wanderley Guilherme dos Santos, não implica o desaparecimento da empresa privada, pelo menos não de forma súbita.

Concentrando sua artilharia no ministro San Tiago Dantas, o autor afirma que "a ideologia populista está brotando das ruínas do 'desenvolvimentismo'", conceito que ainda aparece sob aspas, e que, segundo ele, foi "a ideologia reitora da etapa recente do desenvolvimento capitalista brasileiro". A euforia desenvolvimentista, agora sem aspas, durou pouco, pois "as massas fundamentais do povo" se encontram comprometidas com "os objetivos maiores do desenvolvimento nacional: libertação do domínio estrangeiro e solução dos problemas populares". A ideologia do desenvolvimento encontra-se, assim, "ao mesmo tempo vencedora e derrotada". Vencedora, em virtude da expansão capitalista. E derrotada, pois cabe agora fomentar a hegemonia nacional-popular sobre o processo de desenvolvimento.[197]

Neste sentido, a nova "ideologia populista" – defendida pelos "políticos-professores" – é o último intento da burguesia nacional para orquestrar uma espécie de meio de campo entre os interesses do capital estrangeiro e do operariado.[198] No seu entender, o populismo não se situa mais no âmbito da política de massas, agora organizadas em torno da revolução nacional.

O Brasil Desenvolvimentista parece agora depender mais das classes populares em ebulição. Por outro lado, a proposta dos intelectuais estadistas pressupunha alguma composição com os grupos dominantes que possuíam ramificações profundas na sociedade civil e política. Porém, composição rimava com conciliação e esta havia se tornado palavra fora de moda.

Percebe-se, portanto, a emergência, neste momento, de uma multiplicidade de projetos, interpretações e utopias, mas as várias cidadelas não se colocaram de acordo para formular uma economia política das reformas que viabilizasse a mudança na estrutura do aparato estatal e o aprofundamento da democracia.

Em síntese, procuramos neste capítulo mostrar a contribuição do fragmento de geração composto pela sociologia acadêmica dos anos 1950 e 1960, ao fornecer uma interpretação do real em transformação a partir da sua posição social. Isso lhe permitiu lançar abordagens novas, coerentes e totalizantes, que aos poucos ficaram engessadas pelo uso por vezes ahistórico ou genérico de conceitos como "populismo" e "desenvolvimentismo", ainda predominantes no mundo acadêmico brasileiro.

Paralelamente, foi nosso intuito recuperar o Estado como arena de disputa, onde os técnicos nacionalistas e mercadistas se enfrentavam, e que também era acometido pelas demandas clientelistas regionais e partidárias, além de sofrer as pressões dos vários segmentos da burguesia e das classes populares. Esta perspec-

---

197 SANTOS, 1963, p. 55-58, 89-90.
198 Ibidem, p. 65-66.

tiva visa penetrar na cidadela estatal e acompanhar os interesses que nela se faziam presentes, processados de maneira conflituosa pelas elites dirigentes.

Aqui a separação gramsciana entre as classes do domínio e as classes da direção faz-se relevante em termos analíticos, já que elas se superpõem, mas não de maneira evidente. A força do projeto-interpretação-utopia de desenvolvimento nacional está no alcance que os seus formuladores encontram na sociedade civil e política. E a sua fraqueza na incapacidade de avançar uma alternativa costurada pelas contraelites dirigentes burocráticas – os intelectuais orgânicos do Estado – que fosse para além do domínio dos grupos dominantes. Transformá-los em agentes sob domínio do império do capital é uma saída engenhosa para quem procura fazer a "anatomia da derrota", mas não nos parece que esta opção teórica contribua para a elucidação da história vivida. Por outro lado, se a classe do domínio é o "acordo agrário-industrial",[199] como sugere Mário Pedrosa, o seu poder não se transfigura de maneira imediata nas decisões do Estado, pois a industrialização enquanto projeto de poder comporta várias direções.

Portanto, a perspectiva desenvolvimentista, tal como aqui redefinida, não encontra a sua plenitude no governo JK, conforme a literatura acadêmica sobre o tema instituiu nos anos 1960 e 1970. Ela se consolida no segundo governo Vargas, sendo deslocada na segunda metade dos anos 1950, para se bifurcar no triênio 1961-1963, quando as reformas de base ressurgem como *slogan* dos intelectuais estadistas, bem como dos intelectuais das classes populares. Estes grupos se encontram ancorados em diversas coalizões de classe, como se pode perceber pela profusão de frentes nacionais então criadas. Em vez de se soldarem, as promessas da sociedade política fraturada – composta pela máquina burocrática e pelo mundo dos partidos – e as demandas da sociedade civil fortalecida se mantêm desconectadas. Mostram-se incapazes de transformar uma interpretação e uma utopia, minimamente consensuais, em um projeto viável do Estado com enraizamento social.

Conforme nossa interpretação, o projeto-intepretação-utopia de desenvolvimento nacional mostrou-se predominante no período 1945-1964, tendo enfrentado deserções e ataques frontais de fora e de dentro da coalizão instável de poder que aglutinava, nos diversos governos, forças sociais bastante heterogêneas.

No governo Dutra, ele dormitava nos escalões intermediários da máquina estatal, sendo insuflado a partir da crítica ao Estatuto do Petróleo e da campanha "O Petróleo é nosso", com apoio das cúpulas da sociedade civil e de importantes segmentos militares e da intelectualidade. No segundo governo Vargas, ele se instala no governo, contando, todavia, com frágeis bases sociais e políticas de sustentação.

---

199   PEDROSA, 1966, p. 231-232, 241.

No governo JK, enquanto o "nacionalismo de fins" avança com os técnicos mercadistas na gestão do Plano de Metas, o "nacionalismo de meios" ainda se mantinha presente em segmentos expressivos da máquina estatal e na "oposição doméstica" ao governo, que apoia criticando o "desenvolvimentismo", agora centrado na expansão econômica e na internacionalização do mercado interno.

Este quadro se complexifica no período 1961-1963, quando novos projetos-interpretações-utopias são formulados pelos mais diversos setores da sociedade, ao passo que os intelectuais estadistas, por breves momentos e em setores localizados da vida política, encontram-se imbuídos da tarefa de gerir as contradições que avultam na política econômica. Havia então quase uma "guerra de guerrilha" instaurada na sociedade civil.

Não obstante as diferenças verificadas nestes vários momentos, a superação das contradições emergentes ao longo do processo de desenvolvimento parecia viável no ambiente democrático, desde que fossem criadas novas condições para a efetivação de outra política não somente econômica, mas também agrária, urbana, social, educacional, e assim por diante.

Mas nem no curto período em que ganhou relevância e apoio social o projeto-interpretação-utopia de desenvolvimento nacional se revelou hegemônico, como pode ser demonstrado por meio da trajetória de Rômulo Almeida e de alguns de seus contemporâneos que compunham o mesmo fragmento de geração.

Os intelectuais orgânicos do Estado viam-se como artífices e potencialmente como elites dirigentes a orientar as lutas internas, travadas no sentido da crescente socialização da política, apenas possível no contexto de uma "democratização da vida social brasileira".[200] O "Estado cartorial", termo cunhado por Hélio Jaguaribe e assimilado por Rômulo, deveria ser minado por dentro e por fora.

Caio Prado Jr. – mesmo não pertencendo a esta posição social – não deixa de enunciar esta potencialidade. Se, de um lado, ele descarta a viabilidade de uma "revolução democrático-burguesa" com o apoio de uma suposta "burguesia nacional anti-imperialista"; por outro, ele percebe uma diferenciação no seio da burguesia, em virtude da crescente importância relativa do Estado no conjunto das atividades econômicas brasileiras, gestando um "setor híbrido" em que negócios públicos e privados se entrelaçavam.[201]

Há, assim, um evidente antagonismo entre este "capitalismo burocrático" e o conformado pelos demais segmentos burgueses, defensores de uma política econômica de corte mais liberal e menos intervencionista. Paralelamente, o setor híbrido

---

200 COUTINHO, 2011, p. 26-28.
201 PRADO JR., 1966, p. 105, 173, 185-186.

encontra ampla irradiação política, ao atingir outros segmentos sociais, incluindo as classes médias e os trabalhadores nas empresas estatais, paraestatais ou naquelas onde o Estado aparece como intermediário.[202]

O historiador chega a admitir que durante o segundo governo Vargas, quando o "capitalismo burocrático adquire livre trânsito em todas as esferas do poder público e da administração, desde então se pactuara uma aliança entre este 'setor estatal' da burguesia e as forças de esquerda". Lançada a hipótese, em vez de aprofundá-la, o historiador a descarta de maneira sumária: "o simples fato da aproximação já valeu, por si só, de diploma de progressismo... Ingenuidade e inexperiência? Oportunismo?".[203]

A indefinição programática desta aliança abre espaço para todas as cogitações aventadas por Caio Prado, e inclusive para a genuína – e quiçá ingênua – militância que movia os técnicos nacionalistas atuando como intelectuais orgânicos do Estado.

Neste sentido, a sua futura perda de influência está, em alguma medida, relacionada à frágil institucionalização dos laços sociais e políticos que caracterizavam o projeto de transformação nacional. O governo JK faria com que os técnicos mercadistas passassem à dianteira, articulando os interesses do grande capital, enquanto o vice-presidente João Goulart, o movimento sindical petebista e o PCB mantinham acesa a chama do nacionalismo e das reformas, por mais que estas não permeassem as ações da máquina estatal. Ainda está para ser contada a história deste quinquênio, em que a euforia econômica soterrou as tensões e os conflitos subjacentes nas esferas da política, da sociedade e da cultura.

Portanto, parece-nos um exagero supor que as bases do desenvolvimento associado ao capital estrangeiro tenham sido lançadas já no segundo governo Vargas, quando se tornara patente "a inviabilidade política do projeto nacionalista de desenvolvimento".[204] Trata-se, a nosso ver, de uma leitura teleológica. A influência dos técnicos mercadistas, especialmente no BNDE, não se fazia hegemônica, ao mesmo tempo em que importantes segmentos da burguesia industrial ainda possuíam estreita vinculação com o Estado, permitindo em tese a adoção de outros padrões de desenvolvimento.

Neste ponto, a leitura de Bielschowsky[205] afina-se melhor com o nosso roteiro conceitual. O projeto de vanguarda defensor de um "capitalismo reformista" acabaria por não vingar pela impossibilidade (ou incapacidade?) de se atacar o quadro institucional vigente, acionando mudanças nas estruturas de propriedade e

---

202 Ibidem, p. 193-197
203 Ibidem, p. 200-201.
204 SOLA, 1998, p. 95, 117.
205 BIELSCHOWSKY, 1995, p. 433-434.

dominação. O que se tornou "historicamente viável" – especialmente em virtude da coalizão de poder que se mostra predominante com JK e que, com o fracasso do governo Jango, abre espaço para a saída autoritária – foi a "realização de uma industrialização, pura e simplesmente".

Tal opção, consolidada no pós-1964, franquearia o ingresso do país no período pós-desenvolvimentista. O projeto-interpretação-utopia de desenvolvimento nacional fora subvertido, mantendo-se o "desenvolvimentismo" quando muito sob a forma de intervencionismo estatal e estímulo à expansão produtiva puxada pela indústria. Na verdade, o "desenvolvimento" se transforma em sinônimo de ampliação da velocidade e do raio de atuação das forças produtivas do capitalismo no território nacional.

Do ponto de vista estritamente econômico, pode-se afirmar que "o aparente grau de autonomia em relação ao capital estrangeiro", verificado entre 1937 e 1954, não se devia nem ao nacionalismo varguista nem tampouco à suposta hegemonia da burguesia industrial.[206] Se um novo padrão de acumulação não se firmara, ele serviria como ponta de lança para uma nova forma de vinculação com o capital internacional, estabelecida no governo subsequente. Em outras palavras, "o capital estrangeiro novo só entrou depois que o ciclo de expansão já estava em curso", ciclo este que não criara (seria possível?) as condições para inversões internas de vulto nos ramos mais intensivos em capital, em associação não subordinada com o capital estrangeiro, como queriam Rômulo e os técnicos nacionalistas.

Para sair da bitola curta em que se expandia o capitalismo no Brasil, o Estado precisava dispor de mecanismos mais robustos em termos de planejamento e de alavancagem de poupança forçada, além de maior suporte social. Este processo ganha força no segundo governo Vargas, quando se cria boa parte da institucionalidade para a canalização de recursos, estendendo-se o financiamento estatal até o limite do possível dentro do arco de forças que apoiavam o governo. A empresa pública passa a jogar papel estratégico, assim como os empresários do setor privado, por meio de sua vinculação setorial às comissões criadas no seio do aparato do Estado.[207]

Mas a coordenação entre as várias iniciativas se mostrara precária e limitada, assim como os resultados obtidos em termos de infraestrutura social, rural e urbana, onde os avanços eram mais tímidos, ao menos em relação à infraestrutura econômica (energia, combustíveis e transportes) e à expansão do setor industrial. A

---

206 TAVARES, Maria da Conceição. *Acumulação de capital e industrialização no Brasil*. 3ª edição. Campinas: IE/UNICAMP, 1998, p. 130-142.
207 DRAIBE, 1985, p. 213, 224-226.

tentativa de assegurar maior potencial de expansão às empresas públicas e privadas nacionais, inclusive ampliando o poder de consumo agregado das classes trabalhadoras, exigia a completude das reformas, assim como uma maior complementaridade e simultaneidade de ritmo entre as políticas desenvolvidas.[208]

Se a plena adoção do tripé formado entre empresa estatal, estrangeira e privada nacional no governo JK permitiu maior agilidade ao processo industrializante, também amputou a possibilidade de maior coordenação da atividade planejadora, restrita agora aos índices de nacionalização cobrados das transnacionais em troca dos benefícios fiscais e cambiais. Conforme a síntese de Draibe, a forma do Estado não avançou de maneira simultânea à constituição de "uma estrutura monopolista de perfil industrial avançado",[209] e nem logrou atacar a questão social, agrária, urbana e as desigualdades regionais.

Ora, esta configuração específica da máquina estatal – de um lado poderosa, de outro frágil e desarticulada –[210] resulta não apenas do movimento próprio do capitalismo em consolidação no país, mas também das mudanças nas coalizões de poder e no "complexo burocrático" que sofria constantes rachaduras.[211] Trata-se de uma direção coligada dos vários interesses particularistas e de classe, que coincide com a própria transformação das classes econômicas fundamentais (especialmente no caso da burguesia), que procuram a partir da segunda metade dos anos 1950 incidir diretamente no jogo do poder; afetando inclusive o poder relativo dos técnicos nacionalistas e mercadistas atuando no seio do Estado.

A complexa relação entre mudança e continuidade que atravessa o período é também analisada por Pedro Cezar Dutra Fonseca. No seu entender, não há dicotomia entre "desenvolvimento nacionalista" e "desenvolvimento associado", o primeiro não podendo ser segmentado temporalmente no segundo governo Vargas, e nem o segundo aparecendo de maneira repentina no governo JK. Isto porque se o nacionalismo enquanto ideologia em Vargas omitia o capitalismo, tinha-o sob a sua guarda enquanto projeto de transformação.[212] De todo modo, o "desenvolvimento capitalista nacional" – internacionalizado – pós-Vargas acabaria por desestabilizar o projeto-interpretação-utopia que lhe preparara o terreno.

---

208 Ibidem, p. 232-234.
209 Ibidem p. 246-247.
210 Ibidem, p. 256.
211 Ibidem, p. 251-252.
212 FONSECA, Pedro Cezar Dutra. *Vargas: o capitalismo em construção: 1906-1954*. São Paulo: Brasiliense, 1989, p. 425-430.

Já para Luiz Werneck Vianna, o Brasil se apresenta como "o lugar por excelência da revolução passiva",[213] caracterizada pelo "conservar-mudando", a partir de conciliações pelo alto organizadas no âmbito do Estado. Porém, no período pós-1930 – e mais efetivamente durante o Brasil Desenvolvimentista –, em vez da inércia das forças da sociedade, ou seja, do mero acordo de elites marcado pelo "protagonismo dos fatos", abrem-se novas oportunidades ao "ator".

Em poucas palavras, o elemento de antítese ao reformismo pelo alto pode se enraizar, levando a caminhos inusitados, já que "a revolução passiva deixa de ser o cenário exclusivo das elites".[214] Neste caso, há espaço para se supor – o adendo é meu – a emergência de contraelites engajadas em transformações sociais e políticas mais amplas, agora informadas por um projeto-interpretação-utopia de desenvolvimento nacional ainda incipiente.

O problema é que a esquerda – o autor tem o PCB em mente –, para atuar sobre a transformação social deve fazê-lo "em um terreno estranho ao seu", qual seja, "o do Estado, da burguesia industrial e das elites políticas de tradição territorialista".[215] Por mais que o PCB se apresentasse como uma "contraelite dirigente de corte nacional", funcionando como o epicentro de uma rede de instituições e movimentos, a própria ideia de soluções positivas dentro do "sistema", ancorada em uma política de acumulação de forças e prevalecente apenas a partir de 1958, jamais se afirmaria em sua plenitude.

Esta "segunda alma do partido" floresce já amputada pela primeira e mais longeva, que sempre carregara uma concepção catastrofista acerca das possibilidades de desenvolvimento do capitalismo no país. O reformismo aparece assim como alternativa essencialmente tática, impedindo que os comunistas atuassem sobre as contradições em movimento, em virtude do seu zigue-zague entre o aliancismo e o repúdio às forças da ordem.[216] Para Mário Pedrosa,[217] San Tiago Dantas tivera sempre o apoio de Prestes e do PCB, pois "os comunistas atuavam como um elemento de ponderação e organização" na tentativa de uma saída nacional-popular com reformas estritamente capitalistas.

Paralelamente, como vimos, há uma nova esquerda – incrustada na classe operária, no sindicalismo agrícola, no campesinato, no movimento estudantil, e animada

---

213 VIANNA, Luiz Werneck. *A revolução passiva: iberismo e americanismo no Brasil*. 2ª edição. Rio de Janeiro: Revan, 2004, p. 43-46.
214 Ibidem, p. 48-49.
215 Ibidem, p. 50.
216 BRANDÃO, Gildo Marçal. *A esquerda positiva: as duas almas do Partido Comunista – 1920/1964*. São Paulo: Hucitec, 1997, p. 233-240, 246-250.
217 PEDROSA, 1966, p. 153, 164.

pelos intelectuais das classes populares – que por meio da ação política junto ao Estado e da mobilização social, pressiona os governos JK e Jango, especialmente o último, por reformas, defendendo alternativas nacional-populares ou nacional-revolucionárias.

Neste caso, a oposição "nação/antinação" do ISEB dá lugar à oposição "povo/antipovo". O viés de classe aparece na crítica ao imperialismo, ao qual a burguesia nacional está subordinada em conluio para a espoliação do povo. Apesar do viés de classe, o "povo" segue como categoria essencial e a carta-testamento de Vargas, e não necessariamente Marx, é o texto estratégico a nortear a ação política. Como afirma Ferreira,[218] a despeito dos possíveis questionamentos sobre a opção de Leonel Brizola que, segundo muitos analistas, por meio de sua "estratégia do confronto" teria contribuído para a desestabilização do governo Jango, o político gaúcho era reconhecido como líder por esta esquerda de base popular.

Em contraponto à "esquerda partidária" aliancista e à "esquerda social" nacional-revolucionária, havia a "esquerda estatal", que procuramos resgatar neste livro. Conhecedora dos meandros da máquina burocrática, portadora de conhecimento técnico e em diálogo com os movimentos sociais, além de próxima a segmentos da burguesia industrial, convivia também – no geral de maneira conflitiva – com as elites territoriais que se faziam representar nos partidos, nos governos estaduais e no governo federal.

Rômulo,[219] em entrevista de 1982, não deixa margem a dúvidas quanto ao seu posicionamento crítico em relação à "estrutura política tradicional", onde "uma tradição autocrática se afirmava por meio de um sistema representativo muito afetado por um processo de dominação que vai até o coronelismo do interior". Um "processo democrático autêntico" teria que estar ancorado em "movimentos de opinião" dotados de "cristalização maior", de modo a se confrontar com as forças vinculadas "ao sistema de comunicações e a todos os interesses tradicionais que estavam associados sempre à ideia do capital estrangeiro como salvador da pátria".

O depoimento de Rômulo revela a consciência dos intelectuais orgânicos do Estado acerca das contradições do capitalismo e das suas complexas relações de classe. Isso permite estabelecer um diálogo com a produção intelectual realizada pela cidadela acadêmica e também com a produção dos intelectuais das classes populares, dos quais discordavam mais dos métodos de ação, pelo potencial disruptivo que poderiam causar ao governo que se mantinha por um fio.

---

218 FERREIRA, Jorge. "Leonel Brizola, os nacional-revolucionários e a Frente de Mobilização Popular". In: FERREIRA, Jorge & REIS, Daniel Aarão (orgs.). *Nacionalismo e reformismo radical*. Rio de Janeiro: Civilização Brasileira, 2007, p. 547-557.
219 ALMEIDA, 2009, p. 195-196.

Neste sentido, cabe explicitar a crítica de Pedrosa endereçada a Furtado e aos "burocratas do desenvolvimentismo", quando se refere à necessidade de transporem "os vértices da burocracia, os gabinetes ministeriais e os conciliábulos políticos", e desistirem da sua peleja para "substituir as classes dominantes no seu dinamismo [...] dando conselhos à classe empresarial para que amplie a visão histórica e abandone a linha de menor resistência".[220] Ora, não se pode deixar de apontar que Furtado e os demais "burocratas do desenvolvimentismo" também se dirigiam às classes populares em busca de uma racionalidade coletiva e não apenas econômica, que jamais se transformou em projeto de poder e de nação.

Voltando à interpretação de Luiz Werneck Vianna, o tempo curto "necessariamente acelerado" curvaria-se ao domínio dos fatos, por meio dos impulsos da economia, absorvidos pelas elites territorialistas e os novos grupos econômicos a elas coligados.[221] Criava-se, de fato, uma "nação" para o Estado – diríamos já na aurora do pós-desenvolvimentismo –, pois a nação projetada pelos segmentos que nadavam contra a maré não conseguira viabilizar um novo tipo de Estado estruturado em torno de um projeto social, político e econômico alternativo.

As pontes desperdiçadas são reerguidas apenas depois da aberração da história, quando os fragmentos daquela geração se reencontram, movidos agora pela luta em torno da redemocratização, e o capitalismo returbinado adquire uma segunda natureza, mais rígida, menos maleável e pouco infensa a perspectivas dialéticas.

Depois do golpe de 1964, muitos intelectuais críticos da academia, especialmente os expurgados da cidadela universitária, criaram novos espaços de atuação, como o CEBRAP e o Instituto Universitário de Pesquisas do Rio de Janeiro (IUPERJ). Enquanto isso, outros tantos intelectuais orgânicos do Estado e, na sua grande maioria, os intelectuais das classes populares perderam o seu *locus* privilegiado de atuação, muitos deles tendo se alojado na cidadela universitária no Brasil ou em centros de prestígio do exterior.

Dentre os intelectuais críticos da academia que se dispuseram a ver a aberração da história como estímulo para novas interpretações, merece destaque o Florestan Fernandes de *A revolução burguesa no Brasil*. Nesta obra, que tem sua primeira edição publicada em 1974, o mestre já exilado de sua cidadela procura "superar" os seus discípulos do grupo d'*O Capital*, aprofundando o programa de pesquisa contido na "teoria da dependência", de modo a lhe conferir maior precisão metodológica.[222]

---

220 PEDROSA, 1966, p. 227, 243.
221 VIANNA, 2004, p. 49.
222 Apesar de não se apresentar como adepto da "teoria da dependência", parece-nos que a sua obra representa a melhor aplicação prática desta nova proposta metodológica.

Para Florestan, existem vários padrões históricos de desenvolvimento do capitalismo, suscetíveis a manifestações variáveis no espaço, em virtude dos "interesses estamentais ou de classe" acionados para a sua viabilização. É neste sentido que ele se debruça sobre "a fase de irrupção do capitalismo monopolista no país", localizada em meados da década de 1950 e que somente adquire caráter estrutural após o golpe de 1964.[223]

O ponto de chegada deste processo está na relação dialética entre a "decisão externa" de converter o Brasil em uma economia monopolista dependente – que possui dimensões econômicas e políticas – e a "decisão interna" de unificar a ação governamental e a vontade empresarial por meio de um fluxo de modernização institucional, que assume significados diversos nos anos 1950. Dois cortes são fundamentais ao longo deste processo: o governo JK e os governos militares. O que eles têm em comum? Qual a relação de continuidade?

Em ambos os casos, a atividade privada interna e o Estado se preparam, "armando-se defensivamente" para enfrentar a transição em um contexto de "conquista econômica externa". Logram obter maior liberdade de ação para transformar a ordem emergente não apenas para atender às exigências das grandes corporações transnacionais. Ao contrário, o objetivo é aproveitar ao máximo a irradiação propiciada pelo seu campo de atuação.[224]

A decisão interna não é de natureza apenas econômica. O seu conteúdo político se expressa no modo como os estratos dominantes das classes média e alta percebem o "destino do capitalismo" no Brasil. O impasse vivido nos estertores do capitalismo competitivo dependente – que pode ser situado ao longo do segundo governo Vargas – é resolvido gradualmente em seguida, por meio das "pressões privatistas internas e externas", que levam ao alijamento da "classe dos outros" aqui incluídos, além das massas trabalhadoras e de segmentos das classes médias radicalizadas, os intelectuais orgânicos do Estado – o acréscimo é meu, em virtude de seus compromissos estabelecidos com estes segmentos sociais.

Florestan reconhece que existiam outras direções para organizar a política de desenvolvimento, inclusive dentro do capitalismo. O autor refere-se ao fato de terem sido "pouco expressivos e influentes os círculos dos homens de nação que defendiam interesses puramente nacionalistas". Parece sugerir que talvez por conta disso na experiência histórica brasileira "o Estado não tem nem pode ter, em si e por si mesmo, um poder real e uma vocação inflexível para o nacionalismo econômico puro".[225]

---

223 FERNANDES, Florestan. *A revolução burguesa no Brasil: ensaio de interpretação sociológica*. 3ª edição. Rio de Janeiro: Guanabara, 1987, p. 222-225.
224 Ibidem, p. 256-258.
225 Ibidem, p. 259-261, 266.

Analisando a revolução burguesa como um fenômeno estrutural e histórico, depara-se o autor com a sua consumação em "autocracia burguesa", qualificada como uma "versão tecnocrática da democracia restrita".[226] O "desenvolvimento econômico" se converte em "um padrão capitalista altamente racional e modernizador", deslocando frações de classe e contraelites que propunham uma via alternativa para o desenvolvimento nacional.

Portanto, a nação não aparece como objetivo central do desenvolvimento capitalista. Segundo este enfoque, não existe "traição à revolução nacional", já que esta se encontra restrita ao controle do Estado pelos vários segmentos da burguesia, incluídas aqui as oligarquias rurais reconvertidas. A soldagem dos interesses passa pela defesa comum do "desenvolvimento acelerado" e da "revolução institucional"[227] orquestrada pelos tecnocratas. Os segmentos burgueses, que haviam acenado para a "demagogia populista", apenas jogaram lenha na fogueira dos conflitos de classe que levariam adiante à saída autocrática, contribuindo para desinflar "o espaço político democrático, reformista e nacionalista da ordem burguesa existente".[228]

Em síntese, o horizonte interpretativo ampliado de Florestan fornece uma embocadura para a compreensão dos vários interesses de classe em disputa que permeavam a estrutura social em transformação e, em especial, o aparato do Estado em meados do século XX; e de como a sua recomposição – dentre as alternativas possíveis naquele momento histórico – trouxe a ruptura que preparou terreno para o capitalismo monopolista dependente no Brasil. Tudo indica que o sociólogo, então no exílio, tomou contato mais assíduo com as obras de autores que compunham o outro fragmento da geração – a cidadela do Estado – e, em parte auxiliado por algumas destas interpretações,[229] nos brindou com o último grande ensaio produzido por aquela geração. Não mais para fazer a anatomia da derrota, mas a fim de angariar forças para as novas lutas que se divisavam no horizonte.

---

226 Ibidem, p. 268.
227 Ibidem, p. 224, 300-301, 362-363.
228 Ibidem, p. 314.
229 Segundo Francisco de Oliveira, "sem desdouro para o mestre paulista, a influência de Furtado reorientou a produção teórica de Florestan, devido à sua extraordinária bagagem e a à influência do marxismo, resultando numa obra extraordinariamente original". No nosso entender, essa afirmação procede especialmente na obra acima citada de Florestan. Ver OLIVEIRA, Francisco de. "Diálogo na nova tradição: Celso Furtado e Florestan Fernandes". In: NOVAES, Adauto (org.). *A crise do Estado-nação*. Rio de Janeiro: Civilização Brasileira, 2003b, p. 476-479.

Parte IV
O planejador onipresente: articulando as dimensões e escalas do desenvolvimento

Nesta parte, retornamos à trajetória de Rômulo Almeida para recuperar as várias dimensões do desenvolvimento, a partir de um mergulho nas suas atividades durante a Assessoria Econômica. Em seguida, o acompanhamos de 1954 até o momento em que retorna ao Brasil, em 1966, após de uma ausência de cinco anos. Procuramos apresentar os novos cargos que ocupa, mostrando como ele associa a sua utopia à práxis de intelectual orgânico do Estado, por meio de uma interpretação própria, formulada ao logo das disputas travadas e fruto das ideias compartilhadas pelo seu fragmento de geração. Rômulo também é flagrado nas suas incursões fracassadas pelo terreno da política.

A estrutura desta parte é a seguinte: primeiro, descrevemos o rompante de 1954. No capítulo "As várias trincheiras (1951-1954)", o recuo ao pré-1954 nos permite percorrer as trincheiras menos conhecidas de Rômulo na Assessoria Econômica.

No capítulo "Bahia, Brasil e América Latina (1954-1966)", localizamos o personagem no período 1954-1961, quando é chamado por JK e Jânio para postos de prestígio de nível ministerial. Neste período, a posição social ocupada pelos intelectuais orgânicos do Estado aparece deslocada (governo JK) e, depois, enfraquecida (governos Jânio e Jango). É o momento em que, aos poucos, Rômulo se retira do grande palco. A sua batalha pelo desenvolvimento vai ser travada em duas esferas, abaixo e acima do governo federal – no governo baiano (1955-1960) e no exercício de cargos em entidades internacionais por indicação do presidente da República (1961-1966).

Isso talvez explique porque Rômulo praticamente "desaparece" do debate nacional após o governo Jânio, como pudemos perceber na Parte III do trabalho, momento em que Furtado, San Tiago e Darcy Ribeiro assumem uma atitude mais propositiva, ocupando o *front* político como intelectuais estadistas; enquanto Roberto Campos, Lucas Lopes e Glycon de Paiva já atuam como integrantes das elites modernizadoras do capital. São poucos os registros e depoimentos dele sobre o período 1961-1963, mas tudo indica que acompanha, literalmente de longe e de maneira amargurada, o escoar lento da história rumo à enxurrada. Sente-se representado pelos intelectuais estadistas, talvez imaginando ainda que a interação entre o povo e as elites pudesse gerar uma eletrólise, conforme a síntese de San Tiago Dantas,[1] e não um curto-circuito.

---

[1] Conforme descrito ao final do capítulo "Os técnicos em fins nacionalistas e mercadistas e a sua transformação" deste livro.

O rompante ou "não serei o poeta de um mundo caduco"

Dez anos antes da enxurrada que desencadeia uma completa reorganização das peças do tabuleiro político e social – deixando para trás o Brasil Desenvolvimentista com seus destroços e lançando as suas contradições para outro patamar, pois a acumulação de capital se transforma na diretriz basilar dos governos militares –, nossa câmera dirige-se sorrateiramente ao Palácio do Catete.

É o dia 27 de agosto de 1954 e o país ainda vibra sob alta tensão, enquanto o corpo de Getúlio Vargas jaz no seu sono tranquilo. Rômulo Almeida entrega o cargo de presidente do Banco do Nordeste. A cena representa uma ruptura, o desligamento de uma atividade intensa e gratificante para o servidor público, que se despede do seu posto estratégico de atuação e observação. Daí o rompante. Quem nos conta, em estilo romanceado, o diálogo entre Rômulo e o recém-empossado presidente Café Filho é o seu amigo Soares, que havia assumido a chefia da Assessoria Econômica quando da sua transferência para Fortaleza:

> O Dr. Café Filho recebeu-nos de pé, no ambiente que começava a se formar no Catete por ocasião das primeiras recepções do novo chefe do governo. Para nós a situação era algo constrangedora, pois não participávamos da euforia que envolvia a maior parte das pessoas presentes. Estávamos ali em missão nada agradável.
>
> Coube ao presidente iniciar o diálogo ao perguntar ao Dr. Rômulo como ia o Banco do Nordeste. 'Bem, e praticamente em condições de operar'. Depois de ouvir esta resposta o Dr. Café indagou: 'Quais suas disposições em face dos acontecimentos?' O Dr. Rômulo limitou-se a declarar que já havia passado o cargo de presidente do Banco do Nordeste a seu substituto legal, considerando-se, assim, demitido.
>
> Aparentando discordar da decisão, o Dr. Café Filho, como se apanhado de surpresa, indagou:
>
> — Mas por quê?

— Porque – esclareceu o Dr. Rômulo Almeida – exercia a função como pessoa de confiança do presidente Getúlio Vargas. Sendo assim, não me sinto bem em continuar no cargo.

Não dando por encerrado o diálogo, o Dr. Café, que se mostrava muito bem humorado, quis saber o que o Dr. Rômulo pretendia fazer. E este, como se estivesse desejoso de encerrar a conversa, respondeu com firmeza e sem rodeios:

— Daqui por diante dedicarei todos os meus esforços a combater politicamente o seu governo.

Sem se deixar perturbar, embalado por certo pela confiança e pela euforia que o poder lhe inspirava, para nossa surpresa o Dr. Café Filho objetou simplesmente:

— Como, se já estão encerradas as inscrições para eletivos?

— Tentarei inscrever-me candidato a deputado pela Bahia. Mas mesmo não sendo isto possível ajudarei meus amigos a se elegerem. E esta ajuda resultará em combate ao seu governo.

Jamais assistira a debate tão seco e tão áspero entre um servidor público e um presidente da República.[1]

É importante ressaltar que Eugênio Gudin, o novo ministro da Fazenda do governo Café Filho, também insistira para que Rômulo ficasse à frente do Banco do Nordeste[2], revelando que, apesar das disputas ideológicas, Rômulo era visto antes de tudo como um servidor público, um homem da máquina do Estado.

Rômulo elege-se deputado federal pela Bahia em outubro de 1954, em uma campanha pautada pela defesa do legado do "velho" Getúlio, sob o *slogan* "emancipação econômica e progresso social".[3] Praticamente não exerce o mandato, por acumular funções públicas executivas no governo baiano e, depois, novamente, no federal. Transita pelo mundo da política estadual e nacional acumulando derrotas, mas sempre tentando resguardar a sua posição de técnico, a partir da qual concebe novas instituições e projetos de desenvolvimento.

---

1 LIMA, 1975, p. 142.
2 SOUZA & ASSIS, 2006, p. 219.
3 Ibidem, p. 221-222.

As várias trincheiras (1951-1954)

Apresentamos agora as várias facetas de Rômulo, já elencadas no capítulo "A Assessoria Econômica de Vargas e os boêmios cívicos", que afloram durante o período da Assessoria Econômica. Para além da mais conhecida, a do construtor de instituições e de projetos casados na área da infraestrutura econômica (Plano do Carvão Mineral, Petrobras e as reformas do setor elétrico), existe o Rômulo internacionalista; o Rômulo da questão social, defensor da habitação popular e das reformas urbana e agrária; o Rômulo da reforma do Estado e do novo federalismo e o Rômulo do combate às disparidades regionais. Estas questões são concebidas como transversais, compondo um todo dinâmico – as estruturas do Brasil em transformação –, sobre as quais faz-se possível e urgente uma atuação coordenada a partir do Estado.

Entre 1951 e 1954, Rômulo intermedeia várias das iniciativas que brotam do Estado, um "garçom", conforme a gíria futebolística. Participa do Conselho Consultivo da CHESF; é consultor econômico da SUMOC a partir de 1953; contribui para a criação da CAPES; ocupa a Presidência da Subcomissão de Habitação e Favelas, vinculada à CNBES; integra o Conselho Consultivo do Instituto de Aposentadoria e Pensões dos Industriários (IAPI); compõe a Comissão de Reforma Administrativa e joga papel importante na estruturação da CNPA. Atua na criação da SPVEA e lidera o processo de viabilização do BNB, as duas iniciativas de desenvolvimento regional do segundo governo Vargas.[1] Algumas destas atividades ele assume por delegação do presidente (BNB, SPVEA e Comissão de Reforma Administrativa), e outras por se sentir motivado pelas perspectivas abertas (Subcomissão de Habitação e Favelas e CNPA), além daquelas que envolvem menor dedicação, exercendo-as mais em virtude de suas relações pessoais (IAPI).[2]

---

1   ALMEIDA, Aristeu Barreto de, 1995, p. 139-140; MOURA, 2014, p. 104, 152-154, 168-169; SOUZA & ASSIS, 2006, p. 137-139, 179-181.
2   No caso do IAPI, ele aceita o convite de Afonso César, o presidente do órgão, além de oficial de gabinete de Vargas e seu amigo. Mas, segundo ele, o conselho não tivera "atividade relevante" (ALMEIDA, 1988, p. 80).

O Rômulo quadro do PTB não aflora neste período em que a militância partidária se encontra protegida pela atividade técnica. Faz política indiretamente como quadro de confiança de Vargas, sendo responsável pela elaboração de projetos de cunho nacionalista, assegurando sua coerência propositiva, viabilidade econômica e sentido social. Entre a tentativa de se eleger como deputado federal pela Bahia, em 1950 – quando fica com a terceira suplência–,[3] e a eleição vitoriosa de 1954, sua atuação partidária é praticamente nula.

O Rômulo internacionalista não deixa de estar presente, ainda que as atividades de assessoria nesta área tenham migrado para Cleanto depois de sua chegada à equipe dos boêmios cívicos. Importa ressaltar que nos cargos exercidos nos anos 1940, como assessor do Ministério do Trabalho, Indústria e Comércio (MTIC) e como diretor do Departamento Econômico da CNI – que possui então um caráter quase de agência estatal –, o jovem economista teve a oportunidade de participar de várias conferências internacionais. Este foi o caso da Conferência Interamericana de Chapultepec no México (1945), que pavimentou o terreno para a assinatura do Tratado Interamericano de Assistência Recíproca (TIAR) em 1947, e para a criação da OEA em 1948; das várias reuniões relacionadas à criação do GATT (1946 em Londres, novembro de 1947 e março de 1948 em Havana); da conferência regional da Organização Internacional do Trabalho (OIT) em Montevidéu no ano de 1949 e do seminário sobre "Programação Econômica" da ONU em Porto Rico (1950), sempre como integrante da delegação brasileira. Enquanto chefe da Assessoria Econômica participou, em 1953, da delegação brasileira na Assembleia Geral da ONU.[4]

Por meio de carta dirigida ao presidente Vargas em março de 1951,[5] logo no início do governo, Rômulo realiza um relatório sucinto das reuniões preparatórias realizadas pela delegação brasileira com vistas à participação na IV Reunião de Consulta dos Chanceleres Americanos. O estilo é sóbrio e direto, fornecendo ao presidente informações para colocá-lo a par da situação e auxiliá-lo na tomada de decisões. Rômulo descreve de maneira satisfatória a preparação da delegação brasileira. A comissão *ad hoc* é composta por Valentim Bouças, Luis Dodsworth Martins, San Tiago Dantas, Otávio Gouveia de Bulhões e Roberto Campos.[6]

---

3   SOUZA & ASSIS, 2006, p. 96.
4   ALMEIDA, Aristeu Barreto de, 1995, p. 152.
5   ALMEIDA, Rômulo. "Carta de Rômulo Almeida a Getúlio Vargas, de 26/03/1951". In: NOVAES E CRUZ, Adelina Maria Alves et al. *Impasses da Democracia Brasileira, 1951-1955: Coletânea de Documentos*. Rio de Janeiro: Editora da FGV, 1983.
6   CERVO, Amado Luiz & BUENO, Clodoaldo. *História da política externa do Brasil*. 3ª edição. Brasília: Editora UNB, 2008, p. 274. A participação de Rômulo Almeida na comissão não é mencionada pelos autores.

O contexto é marcado pela Guerra da Coreia, pela escalada anticomunista do governo dos Estados Unidos e pela entrada em vigor do Ponto IV da Doutrina Truman, transformado no *Act for International Development* de 1950. A tentativa dos Estados Unidos de vincular estes temas fica evidente nos três itens propostos para a reunião de Washington: cooperação política e militar para a defesa da América; segurança interna dos povos do hemisfério e cooperação econômica de emergência.

Conforme o relato do assessor do presidente, a posição da delegação brasileira – que contaria com a presença do ministro João Neves da Fontoura e do presidente da CNI, Euvaldo Lodi, antigo chefe de Rômulo – deve se nortear por "um corpo de doutrina sobre a cooperação continental", em vez de "proposições isoladas e fragmentárias".[7] Paralelamente, cabe ao Brasil perseguir uma agenda bilateral com os Estados Unidos, voltada para o atendimento dos suprimentos necessários à economia brasileira, a defesa das nossas exportações (inclusive do preço do café), a industrialização de combustíveis e a realização de investimentos básicos no país. A situação de países como o Brasil é considerada "de emergência", não podendo o auxílio ao desenvolvimento proveniente dos Estados Unidos "sofrer qualquer protelação". Neste sentido, a comissão defende o estabelecimento de "uma distinção entre o auxílio econômico para o desenvolvimento do país e o auxílio para a compra de equipamentos militares". Mais importante ainda, fica acordada a importância do "princípio da competência estritamente nacional para a execução de medidas de segurança interna".[8]

Na Conferência de Washington, a delegação brasileira consegue arrancar a seguinte afirmação no seu documento final: "o desenvolvimento econômico dos países insuficientemente desenvolvidos deve ser encarado como elemento essencial do conceito total de defesa do hemisfério".[9] O país se destaca como representante dos anseios gerais da região, ao mesmo tempo em que negocia a sua pauta bilateral, que inclui a constituição efetiva da Comissão Mista Brasil-Estados Unidos. É o início de uma posição mais autônoma com relação aos Estados Unidos, porém não sem ambiguidades, como prova a assinatura do acordo militar entre os dois países, ocorrida em 1952.

Este caso revela como a "diplomacia do desenvolvimento" de Vargas é formulada por um grupo de técnicos que transcende a órbita do Itamaraty. Rômulo e Cleanto possuem papel estratégico, ainda que não vencessem todas as paradas. A divisão de trabalho entre eles permite que Rômulo jamais fique desatualizado sobre os rumos da políticas externa, apesar das suas diversas atribuições ao longo do período.

---

7   ALMEIDA, Rômulo. "Carta de Rômulo Almeida a Getúlio Vargas, de 26/03/1951", p. 79-80.
8   Idem, ibidem.
9   DALIO, Danilo José & MIYAMOTO, Shigenoli. "O Brasil e a Conferência de Washington (1951)". In: *História*, vol. 28, n. 2, 2009.

Isso fica evidente na conferência proferida por Rômulo como delegado da Assembleia Geral da ONU, em 1953, quando participa do debate sobre a criação do *Special United Nations Fund for Economic Development* (SUNFED) e da *International Financial Corporation* (IFC). O primeiro instrumento, de caráter público e multilateral, foi derrotado e substituído por um mecanismo de caráter mais assistencialista administrado pelo Banco Mundial, a *International Development Association* (IDA). Já o IFC fornece empréstimos ao setor privado, atuando com foco nos países em desenvolvimento.[10]

O teor da conferência de Rômulo é cético e quase de denúncia. A perspectiva de alteração das relações internacionais entre centro e periferia assume, como vimos no capítulo "A matriz econômica do desenvolvimento", caráter estratégico para este fragmento de geração. O resultado da reunião de Quitandinha no ano seguinte, em 1954, significaria a derrota em solo latino-americano da ideia torpedeada pelos países desenvolvidos, liderados pelos Estados Unidos, em Nova York. Com a Carta de Punta del Este e a criação da UNCTAD na década seguinte, a chama volta a se acender, seguida novamente de desilusão. Rômulo lá estaria novamente no centro do fogo cruzado, conforme veremos no capítulo "Bahia, Brasil e América Latina (1954-1966)".

Como presenciara as contradições e limites do segundo governo Vargas, Rômulo discorre sobre o tema com traquejo, tendo como pano de fundo a economia brasileira. Depois da exposição sobre os significados da cooperação para o desenvolvimento e da responsabilidade que cabe aos "países economicamente desenvolvidos", ele apresenta as três "falácias" que buscam minar a proposta do SUNFED: o princípio da universalidade das contribuições e da proporcionalidade dos esforços entre os países; a exigência de avanço prévio nos programas de desarmamento; e a concepção de que os fluxos externos de capitais públicos e privados dão conta da empreitada desde que estivesse razoavelmente "azeitada a máquina" dos "países insuficientemente desenvolvidos". Depois de abandonar o primeiro argumento, por considerá-lo "falaz", e o segundo, por falta de "atrativos lógicos e de validade filosófica"[11], Rômulo realiza uma análise sobre os fluxos de capitais para os países da periferia.[12]

---

10   TOUSSAINT, Éric. "Sunfed versus World Bank". In: *International Viewpoint*, ago. 2014. Disponível em: http://www.internationalviewpoint.org/spip.php?article3493. Acesso em: 21 jul. 2017.

11   Nosso personagem inverte a relação de causalidade, pois "na medida em que o desenvolvimento econômico destrói as raízes dos conflitos e inquietações econômicos e sociais, traz à paz e segurança mundial uma contribuição mais importante e duradoura". ALMEIDA, Rômulo. "Novas medidas internacionais em prol do desenvolvimento econômico". In: *Estudos Econômicos* (Separata), CNI, Rio de Janeiro, n. 11 e 12, 1954, p. 6. A conferência foi pronunciada em 28 de outubro de 1953.

12   Ibidem, p. 3-7.

"O seu avanço tem sido desanimador", em grande medida concentrado no setor de minérios e petróleo, que conduz amiúde a "um desenvolvimento mal equilibrado", levando não poucas vezes "a concessões e privilégios inaceitáveis à opinião pública de muitos países insuficientemente desenvolvidos". Aliás, boa parte dos capitais privados encontra-se vinculada à reinversão dos lucros, e não acompanhada de novos recursos cambiais.[13]

Citando o caso brasileiro, a contribuição dos investimentos estrangeiros tem sido "mais importante como fonte de tecnologia ou de habilidades administrativas do que como fonte de poupanças para suplementar a formação insuficiente de capitais internos". Aponta que não menospreza a sua "contribuição potencial considerável", mas no Brasil, enquanto fonte de novos recursos para o desenvolvimento, esta tendo sido "decepcionante". E arremata que os Estados Unidos continuam a oferecer amplas "oportunidades internas de investimentos", apesar de a uma taxa de lucros menor daquela que podem obter nos "países insuficientemente subdesenvolvidos".[14]

Esta forma de colocar o problema revela o seu conhecimento da dinâmica internacional, que se transformaria no quinquênio seguinte, tanto pelos incentivos fiscais e cambiais concedidos pelo país, como pela instrução 113 da SUMOC, bem como pela crescente saturação nos mercados internos dos países desenvolvidos, ampliando o raio geográfico de atuação das empresas transnacionais. De fato, o fim do segundo governo Vargas coincide com um novo ciclo de expansão do capitalismo em escala internacional.[15]

Rômulo menciona dois "círculos viciosos" no debate sobre o financiamento do desenvolvimento. O primeiro se refere à necessidade de um "clima propício para os investimentos dos capitais privados", condição encarada como necessária para se provocar de maneira "mecânica" uma "subida torrente de investimentos". Porém, o balanço de pagamentos sem novos fundos de longo prazo, canalizados para as necessidades de importações de bens de capital, sofre pressões crônicas, inviabilizando "o clima propício para investimentos".

Outro círculo vicioso gira em torno da relação entre capital público e privado. Os capitais privados estrangeiros não têm interesse na criação de "capital econômico e social geral", o chamado *overhead*, que inclui educação, saneamento, trans-

---

13   Ibidem, p. 8.
14   Ibidem, p. 9-10.
15   Sobre a presença dos investimentos externos diretos no Brasil, ver CARDOSO DE MELLO, João Manuel. *O capitalismo tardio*. 8ª edição. São Paulo: Editora Brasiliense, 1990, p. 117-120. Sobre a dinâmica mais ampla de atuação das corporações internacionais neste período, ver ARRIGHI, Giovanni. *O longo século XX: dinheiro, poder e as origens do nosso tempo*. São Paulo: Editora da UNESP, 1996, p. 303-308.

porte e energia e atua como pressuposto para o desenvolvimento e também para a recepção de novos fluxos do setor privado nos demais setores. A concessão de empréstimos aos setores estratégicos pelo Banco Mundial caracteriza-se pelo limitado alcance, pois metade dos seus recursos ainda se destina para os países desenvolvidos. Daí a importância de novos mecanismos como o SUNFED, que deve agir de maneira complementar ao "Programa Ampliado de Assistência Técnica" e às atividades do Banco Mundial. A operação desta última entidade, voltada para o financiamento com "perspectivas definitivas de lucro", depende, portanto, da expansão do "capital econômico e social", apenas possível por meio de novos "fundos públicos substanciais".[16]

Rômulo fala com conhecimento de causa. No caso do BNDE vivera na pele a escassez de recursos do Banco Mundial e do Eximbank, apenas concretizados no governo JK. Por isso, a necessidade de novas fontes de financiamento em condições mais adequadas aos "países insuficientemente desenvolvidos". Procura mostrar como a aceleração do desenvolvimento interno, por meio do "capital econômico e social", pode liberar novas áreas e fatores produtivos no plano nacional, capazes de contribuir para a ampliação da economia internacional.

A sua intervenção não se atém apenas às indústrias de base. Menciona o nosso economista – aqui quase revolucionário se tomarmos em conta os termos do debate internacional – novos "campos de investimento", utilizando como referência o caso brasileiro: pesquisa sistemática dos recursos naturais de regiões não exploradas; irrigação de zonas semiáridas; melhoramento da produtividade agrícola; reforma agrária e projetos de redistribuição de terras; e programas de fomento à construção de casas econômicas para o povo. Defende a parceria com os programas de assistência técnica da Organização das Nações Unidas para Alimentação e Agricultura (FAO), Organização Mundial de Saúde (OMS) e OIT, fundamental para estes novos projetos de desenvolvimento, ao desatar forças adormecidas por meio do financiamento internacional de longo prazo e a juros baixos ou subsidiados. O desenvolvimento das zonas semiáridas do Nordeste, da bacia amazônica e do Paraná, além de contribuir para a integração com a América do Sul, elevaria a oferta mundial de matérias-primas, alimentos e produtos derivados.[17]

Aqui Rômulo pensa, sobretudo, na agenda do segundo governo Vargas. Para além dos investimentos em infraestrutura econômica, energia e transporte, uma nova infraestrutura social nas áreas urbanas e rurais aparece como pré-condição para um desenvolvimento menos desequilibrado em termos regionais e sociais.

---

16   ALMEIDA, 1954, p. 11-14.
17   Ibidem, p. 14-16.

Além de ampliar as possibilidades de conexão com os fluxos de comércio e de capitais internacionais, bem como o potencial de mercado dos "países insuficientemente desenvolvidos".

Possuía o assessor da Presidência uma concepção ingênua sobre as possibilidades de transformação da economia internacional em um período que Enseinhower dá as cartas nos Estados Unidos e a economia europeia cresce para dentro, ainda atada aos laços imperialistas? Ora, a participação de Rômulo na ONU revela que o projeto de nação dos intelectuais orgânicos do Estado exige uma ordem internacional sensivelmente alterada, para o que "uma política externa independente" faz-se necessária, apesar da posição marginal que o país ocupa em termos geopolíticos.

Fica evidente, pelo tom de sua exposição e como ele próprio admite em entrevista, que a sua ida à Assembleia da ONU com a autorização de Vargas se justifica mais pelo objetivo de trabalhar em prol do Banco do Nordeste, então em processo de implantação. Aproveita a oportunidade para fazer contatos internacionais, especialmente com o Banco Mundial – de modo a abrir nesta instituição o cadastro do BNB –, e para atrair especialistas de renome para auxiliá-lo na sua empreitada.[18]

Neste momento, o seu foco de atuação concentra-se na reforma das estruturas internas. Na literatura acadêmica, pouca atenção é conferida às propostas de alteração dos marcos da política social, urbana e agrária ocorridas durante o segundo governo Vargas, as quais surgem associadas a uma mudança institucional, que inclui a reforma administrativa e um novo pacto federativo. Rômulo e seus colegas de Assessoria Econômica, ainda que sem apoio expressivo da sociedade civil, e em grande medida encastelados na máquina do Estado, procuram ampliar o seu raio de manobra em um governo crescentemente questionado pela oposição e por segmentos das classes dominantes.

O debate em torno de um novo diagnóstico para a questão da habitação popular insere-se neste quadro mais amplo. Em setembro de 1951 é criada a Comissão Nacional de Bem-Estar Social (CNBES), no âmbito do Ministério do Trabalho, sob a liderança do ministro Segadas Viana.[19] Josué de Castro, seu vice-presidente, fica encarregado da direção administrativa. Várias subcomissões são criadas com o objetivo de articular as ações em torno de uma "política de bem-estar social". São elas: serviço social; artesanato e indústrias domésticas; habitação e favelas; previdência social; saúde; recreação e cultura; bem-estar rural e colonização.

---

18 ALMEIDA, 1985a, p. 66-67.
19 DIÁRIO OFICIAL (Brasil). "Decreto n. 30.020, de 29 de setembro de 1951". Disponível em: http://www2.camara.leg.br/legin/fed/decret/1950-1959/decreto-30020-29-setembro-1951-339422-publicacaooriginal-1-pe.html. Acesso em: 21 jul. 2017.

Em virtude de sua militância em torno da melhoria das condições de vida dos trabalhadores, Josué de Castro assume durante o Estado Novo a primeira diretoria do recém-criado Serviço de Alimentação e Previdência Social (SAPS) e, depois, a Comissão Nacional de Alimentação em 1945. Formado em Medicina, amplia a sua visão de mundo no sentido da Geografia Humana, tornando-se professor e diretor do Instituto de Nutrição da Universidade do Brasil, quando acumula a função de diretor do Departamento de Geografia da mesma universidade, ainda nos anos 1940. Os seus livros *Geografia da fome* e *Geopolítica da fome* o transformam em um intelectual com prestígio internacional antes de assumir a CNBES. Tal como Rômulo, é eleito deputado federal pelo PTB em 1954, cargo para o qual se elege novamente em 1958.[20]

Ao final de 1951, a sua escolha para a Presidência do Conselho Executivo da FAO durante o período 1952-1955 acaba comprometendo a sua gestão da CNBES. Em carta de 1º de dezembro desse ano, remitida de Roma para Alzira Vargas, Josué relata os fatos: "foi um espetáculo inédito e estarrecedor, este do Brasil (*pays la bas*) ganhar uma luta contra as grandes potências unidas (a Inglaterra, os Estados Unidos e a França)". Depois do desabafo comenta que, se isso retarda a sua volta, deve render bons frutos por meio do apoio da FAO, mediante convênios de assistência técnica, "ao programa de Bem-Estar Social ora em planejamento".[21]

Alzira encarrega-se então dos trabalhos da Vice-Presidência, embora jamais tenha sido nomeada para tal função. Participa da comissão como representante da Legião Brasileira de Assistência (LBA), com outros integrantes indicados pelo Serviço Social de Indústria (SESI), Serviço Social de Comércio (SESC), MEC, Banco do Brasil e Prefeitura do Distrito Federal, além de três técnicos de reconhecida competência em problemas de assistência social nomeados pelo então presidente Vargas.[22]

A partir do acervo de Alzira Vargas, podemos acompanhar a instalação das comissões. A CNBES conta com uma Secretaria Geral, sob a responsabilidade de Gilson Amado. No início de dezembro de 1951, por meio de um informe endereçado a Alzira, ficamos sabendo que Rômulo Almeida "desejou dirigir" a subcomissão de Habitação e Favelas por se interessar "vivamente pelo problema". O informe

---

20 ANDRADE, Manuel Correia. "Josué de Castro: o homem, o cientista e seu tempo". In: *Revista de Estudos Avançados*, vol. 29, n. 11, 1997, p. 172-182.

21 CASTRO, Josué de. "Carta de Josué de Castro a Alzira Vargas", 1 dez. 1951. Rio de Janeiro: Acervo CPDOC-FGV/Fundo Alzira Vargas. AVAP vpu sgv 1951.04.04, documento I-8. Disponível em:http://www.fgv.br/cpdoc/acervo/arquivo-pessoal/AVAP/textual/documentos-sobre-a-atuacao-de-alzira-vargas-do-amaral-peixoto-junto-a-politica-trabalhista-do-segundo-governo-vargas-inclui-sua-participacao-nas-d. Acesso em: 26 jul. 2017.

22 DIÁRIO OFICIAL (Brasil), 1951.

revela "o receio de que os encargos de Rômulo retardem o desenvolvimento rápido dos trabalhos".

Mais adiante, Rômulo aparece novamente como "o encarregado de fazer um esboço de documento para a exposição da CNBES" – sobre os seus objetivos e a estrutura de funcionamento das comissões – ao presidente da República. O mesmo funcionário, no dia 26 de dezembro de 1951, dirige-se novamente a Alzira, relatando o "funcionamento regular" de todas as subcomissões. A sua impressão agora é que a subcomissão de Habitação e Favelas, em virtude do "excesso de tecnicalidade", possa "sair do campo da habitação e condicionar as providências iniciais à própria política financeira do governo e às reformas de base que têm sido objeto de estudo".[23] A sua impressão, como veremos, revela-se certeira.

É importante ressaltar que a proposta de criação da CNBES surge a partir de carta de Danton Coelho, primeiro ministro do Trabalho do segundo governo Vargas, datada de 4 de abril de 1951.[24] O tom da carta assemelha-se ao estilo de Rômulo, mas não se pode comprovar que ele tenha sido o responsável por sua elaboração, ainda que esta fosse uma das atribuições da Assessoria: fornecer argumentos técnicos para as propostas "dos" vários ministros. Depois de mencionar que "nos países de economia altamente desenvolvida" o aumento da produtividade coletiva assegura o bem-estar social, a carta menciona que o mesmo não acontece no Brasil, que conta com uma "incipiente estrutura econômica nacional". Neste caso, a elevação dos padrões de vida aparece como condição para acelerar o progresso econômico. Aponta a carta para a necessidade de dar unidade e coordenação às medidas capazes de promover "a perfeita execução da política de bem-estar social", assegurando a racionalização das atividades, em um "contexto de estrita economia", e superando os esforços parcelados de vários serviços e órgãos.

Ainda está por ser realizado um estudo sobre as políticas e reformas propostas no âmbito das várias subcomissões da CNBES. Muitas destas encalharam pela resistência dos segmentos conservadores do governo; pela falta de articulação entre

---

23 "Informe da Comissão Nacional de Bem-Estar Social à Alzira Vargas", 26 dez. 1951". Rio de Janeiro: Acervo CPDOC-FGV/Fundo Alzira Vargas. AVAP vpu sgv 1951.04.04, documentos I-9 e I-10. Disponível em:http://www.fgv.br/cpdoc/acervo/arquivo-pessoal/AVAP/textual/documentos-sobre-a-atuacao-de-alzira-vargas-do-amaral-peixoto-junto-a-politica-trabalhista-do-segundo-governo-vargas-inclui-sua-participacao-nas-d. Acesso em: 26 jul. 2017. O nome do redator do informe não consta da documentação.

24 COELHO, Danton. "Carta de Danton Coelho a Getúlio Vargas", 4 abr. 1951. Rio de Janeiro: Acervo CPDOC-FGV/Fundo Alzira Vargas. AVAP vpu sgv 1951.04.04, documento I-1. Disponível em: http://www.fgv.br/cpdoc/acervo/arquivo-pessoal/AVAP/textual/documentos-sobre-a-atuacao-de-alzira-vargas-do-amaral-peixoto-junto-a-politica-trabalhista-do-segundo-governo-vargas-inclui-sua-participacao-nas-d. Acesso em: 26 jul. 2017.

os técnicos e as instâncias executivas; pela resistência de segmentos do PTB e de representantes sindicais com postos no Ministério do Trabalho; ou pela própria crise política que, a partir de meados de 1953, passa a comprometer muitas das ações do governo. O breve período de Danton Coelho na gestão do Ministério se caracterizara pela nomeação de quadros do PTB. O tripé Ministério do Trabalho-PTB-sindicatos funciona então a pleno vapor. Já com Segadas Viana, a gestão se mostra mais profissionalizada.[25] Jango, por sua vez, que havia se tornado presidente do PTB em junho de 1952, assume o Ministério em junho de 1953, com uma pauta de defesa de maior liberdade de mobilização sindical, exercendo o papel de mediador entre os trabalhadores e o governo, além de apostar em uma agenda reformista mais colada às demandas dos sindicatos.[26]

Vale ressaltar o ineditismo de algumas ações da CNBES, da qual participam vários intelectuais orgânicos do Estado, sempre se movendo no intrincado jogo político da época. Alguns exemplos são a pesquisa de padrões de vida, dirigida por Guerreiro Ramos, que teve por objetivo investigar as condições de vida dos meios urbanos, com foco nos operários industriais e classes médias (bancários), e dos meios rurais, cobrindo pequenos agricultores, meeiros e trabalhadores assalariados.

Conforme a sua premissa, as condições variam de acordo "com cada grupo social e cada fase do desenvolvimento histórico". Nas áreas urbanas, as pesquisas partiam do uso de questionários e entrevistas diretas, enquanto nas áreas rurais optava-se pelo método monográfico (investigação intensiva), em virtude da sua maior complexidade. Em 1º de setembro de 1952 foram realizados inquéritos em vários estados e municípios do país, utilizando-se das informações do Censo de 1950 para a elaboração das amostras.[27]

No caso da subcomissão de artesanato e indústrias domésticas, por exemplo, o seu primeiro relatório preliminar diferencia o trabalho artesanal do trabalho industrial a domicílio. Neste último caso, o trabalhador "perde a sua autonomia", sofrendo a exploração dos intermediários, o que compromete "a própria perenidade do empreendimento".[28] Isto não significa que os trabalhadores do artesanato encontrem menos dificuldades para se inserir no mercado. Portanto, nem todos

---

25 DELGADO, Lucilia de Almeida Neves. *PTB: do getulismo ao reformismo (1945-1964)*. São Paulo: Marco Zero, 1989, p. 108-142.
26 Ibidem, p. 142-147.
27 "Comissão Nacional de Bem-Estar Social (criada pelo Decreto 30.020 de 29-IX-1951)". Rio de Janeiro: Acervo CPDOC-FGV/Fundo Alzira Vargas. AVAP vpu sgv 1951.04.04, documento I-3. Disponível em: http://www.fgv.br/cpdoc/acervo/arquivo-pessoal/AVAP/textual/documentos-sobre-a-atuacao-de-alzira-vargas-do-amaral-peixoto-junto-a-politica-trabalhista-do-segundo-governo-vargas-inclui-sua-participacao-nas-d. Acesso em: 26 jul. 2017.
28 "Relatório Preliminar da Subcomissão de Artesanato e Indústrias Domésticas". Rio de Janeiro:

os técnicos da burocracia governamental viam a expansão industrial e o emprego operário típico como o único mecanismo de inclusão social pelo trabalho, nem tampouco encaravam o que ainda não era chamado de "setor informal" como tendencialmente residual.

Como se dá atuação de Rômulo na subcomissão de Habitação e Favelas? Para responder a esta pergunta, precisamos compreender a evolução do déficit habitacional, em consonância com a urbanização e o papel das instituições existentes (os IAPs e a Fundação Casa Popular), que Rômulo acompanha nos anos 1940, para então chegarmos às suas proposições políticas de 1952.

Os problemas ligados à habitação popular e às favelas, que ingressam de cheio na agenda nacional nos anos 1940, adquirem um caráter de urgência nos anos 1950, segundo Anthony e Elizabeth Leeds.[29] O pano de fundo está dado pela Lei do Inquilinato de 1942, que decretou o congelamento dos aluguéis, desestimulando os investimentos em habitação. Paralelamente, desde 1937, os IAPs ingressam no mercado habitacional com suas carteiras prediais, pois até então suas reservas eram aplicadas em títulos da dívida pública. O destino destas carteiras oscila entre projetos voltados para os associados ou iniciativas de alta lucratividade no mercado imobiliário.

Apenas em 1945, com a proposta jamais efetivada de unificação dos IAPs sob a alçada do Instituto de Serviços Sociais do Brasil (ISSB), formula-se pela primeira vez uma estrutura institucional para alavancar uma "política universal de habitação social". A Fundação Casa Popular (FCP), de 1946, ficaria encarregada desta política habitacional. Entretanto, no governo Dutra, como os IAPs seguem funcionando de maneira isolada, a FCP ocupa um lugar marginal neste nicho de mercado, atuando geralmente de maneira clientelista, sem planejamento, e conforme as demandas aleatórias dos municípios.[30] Enquanto isso, as "soluções informais" (favelas ou casas autoempreendidas nos loteamentos periféricos) predominam e o déficit habitacional se amplia.[31]

Para Marcus André de Melo, vários interesses resistem à implantação do projeto integrado ISSB/FCP. O setor de construção civil, incluindo o Sindicato dos

---

Acervo CPDOC-FGV/Fundo Alzira Vargas. AVAP vpu sgv 1951.04.04, documento I-6. Disponível em: http://www.fgv.br/cpdoc/acervo/arquivo-pessoal/AVAP/textual/documentos--sobre-a-atuacao-de-alzira-vargas-do-amaral-peixoto-junto-a-politica-trabalhista-do-segundo--governo-vargas-inclui-sua-participacao-nas-d. Acesso em: 26 jul. 2017.

29 LEEDS, Anthony & LEEDS, Elizabeth. *A sociologia do Brasil urbano*. Rio de Janeiro: Zahar, 1978, p. 187.

30 MELO, Marcus André de. *Política de habitação e populismo no Brasil*. [Recife]: Sem editora, 1982, p. 51-52.

31 BONDUKI, Nabil. *Origens da habitação social no Brasil: arquitetura moderna, lei do inquilinato e difusão da casa própria*. 4ª edição. São Paulo: Estação Liberdade, 2004, p. 80-81, 99-101, 104-105.

Engenheiros e o Instituto de Arquitetos, prefere a atuação em negócios de alta rentabilidade. Já os sindicatos vinculados à estrutura corporativa do Ministério do Trabalho optam pela expansão de moradia para os seus associados, de maneira combinada com a aplicação em projetos mais lucrativos. No primeiro caso, teme-se o encarecimento do material de construção civil. No segundo, a eliminação do empreguismo nas instituições de previdência. Estes dois grupos teriam como supostos aliados os integrantes da "tecnoburocracia" que gerenciavam as reservas da previdência – o autor cita Rômulo Almeida, Ewaldo Correia Lima e Heitor Lima Rocha do Departamento de Pesquisas Socioeconômicas da FCP, os quais fariam parte do que Melo chama de matriz originária dos "técnicos desenvolvimentistas".[32]

Teria se formado, assim, uma "grande coalizão", agrupando "interesses variados e mesmo antinômicos", que operam por meio da tomada de "não decisões".[33] Portanto, na contramão do projeto inicial da FCP que previa, além da centralização da política habitacional, um empréstimo compulsório por 30 anos para garantir recursos baratos e contínuos para a habitação popular.[34]

Bonduki também assume que estes economistas pretendem se utilizar dos IAPs para a viabilização de "grandes projetos desenvolvimentistas".[35] Melo e Bonduki partem de um equívoco que procuramos corrigir ao ligar os vários pontos da trajetória de Rômulo no tema da habitação,[36] que se inicia com a sua participação na FCP, em 1946, e é retomada com as formulações da subcomissão de Habitação e Favelas, criada em 1952.

Em 1946, Rômulo escreve um artigo sobre a criação da Fundação Casa Popular. Ele menciona o projeto do ISSB, que continha subsídios técnicos para se

---

32   MELO, 1982, p. 57. A participação destes economistas na FCP parece associada à sua participação futura no Departamento Econômico da CNI e no BNDE, o que provavelmente explica a sua caracterização como "desenvolvimentistas" – conceito geralmente tido como sinônimo de defesa da industrialização a qualquer custo. Essa associação, indevida no nosso entender, explica a hipótese lançada pelo autor.

33   Ibidem, p. 45-49.

34   BONDUKI, 2004, p. 113-118.

35   Ibidem, p. 119-123. O autor cita também Hélio Beltrão, o único dentre estes economistas que pode ser enquadrado na burocracia atuarial, tendo sido funcionário concursado do IAPI entre 1936 e 1946.

36   Devo a recuperação da trajetória de Rômulo no tema da habitação popular às indicações de Ana Paula Koury, que participou do projeto de pesquisa por mim coordenado, no âmbito da Bolsa IPEA/CAPES "Cátedras do desenvolvimento", uma espécie de embrião deste livro. Ver KOURY, Ana Paula. "Rômulo Almeida e a política habitacional brasileira". In: *Anais do X Encontro de Economia Baiana*, Salvador, set. 2014.

pensar a questão da "casa popular".[37] O projeto foi coordenado pelo engenheiro João Carlos Vital, que atuara no Ministério do Trabalho durante os anos 1930 e 1940, na área de previdência social, e se tornaria prefeito do Distrito Federal (1951-1952) nomeado por Vargas.

O projeto do ISSB tem como base um extenso relatório técnico que defende não só a unificação dos IAPs, mas também a padronização das contribuições e benefícios previdenciários e a ampliação da sua cobertura para o conjunto dos trabalhadores, de forma casada com a expansão dos programas de assistência médica e social. Possui um evidente propósito redistributivo entre os diferentes grupos de trabalhadores.

Segundo James Malloy,[38] que relata de maneira detalhada essa experiência, o projeto não avança, dentre outros fatores, porque se, de um lado, o Estado procura cooptar os sindicatos, esses grupos sociais reagem ocupando setores do Estado para os seus propósitos específicos. A culminação dessa história de expansão fragmentada da proteção social se dá com a Lei Orgânica de Previdência Social (LOPS) de 1960, que padroniza alguns benefícios, sem promover a unificação dos institutos e a ampliação da cobertura, além de incorporar o movimento sindical na gestão administrativa dos IAPs.

Vargas "despacha" Vital para a Conferência Interamericana de Chapultepec de 1945, no intuito de "testar" o seu plano junto aos delegados dos demais países presentes.[39] Rômulo, como já indicamos, também participa como membro da delegação brasileira nesta conferência, quando provavelmente trava contato mais assíduo com o engenheiro gaúcho. O economista baiano aponta, em vários depoimentos, o estudo do ISSB como "um levantamento muito interessante, uma documentação única, na ocasião, da economia brasileira", sugerindo que partilha dos seus princípios básicos.[40]

No artigo de 1946, Rômulo discute a necessidade de aumentar a quota de capitalização ou investimento em uma economia com "escassez de capital". O não investimento em "atividades reprodutivas" compromete o aumento da produtividade

---

37 ALMEIDA, Rômulo. "Primeiras observações sobre o projeto de fundação da 'casa popular'". In: *Observador Econômico e Financeiro*, n. 126, jul. 1946, p. 111.
38 MALLOY, James. *Política de previdência social no Brasil*. Rio de Janeiro: Graal, 1986, p. 90-96, 108-109.
39 Ibidem, p. 91-92.
40 O grupo que elabora com Vital a proposta do ISSB é acrescido de Rômulo Almeida, Américo Barbosa de Oliveira, Tomás Pompeu Acioli Borges e Jesus Soares Pereira, quando eles realizam estudos sobre as condições econômicas e sociais do país, de modo a embasar a formulação das diretrizes pela Assembleia Nacional Constituinte de 1946 (ALMEIDA, 1988, p. 73-76).

e, portanto, da renda e dos salários. Isso não significa "uma defesa da capitalização exagerada, com sacrifício grave do padrão de vida", como no caso da União das Repúblicas Socialistas Soviéticas (URSS), a que ele faz referência como caso extremo. Menciona também o outro lado da questão, a necessidade de "elevar os padrões de educação, alimentação, moradia e vestuário", pois "o mais precioso dos capitais é o homem". Porém, a aplicação em residências, no seu entender, é uma "inversão não reprodutiva", caracterizada pelo "consumo lento", por meio do valor locativo anual.[41]

Pesando os dois lados da questão, a destinação de recursos previdenciários para casas populares deve levar em conta o avanço casado com as "inversões paralelas em educação e saúde" e o seu "entrosamento com as linhas de expansão da economia nacional", especialmente no que se refere à industria de construção e aos seus insumos básicos. Não questiona, portanto, "a praticabilidade de um programa gigante de casas populares", mas o vincula à complexidade da expansão de uma nova cadeia produtiva. A FCP pode, "à medida que a situação monetária do país se recupera" (leia-se inflação) "realizar uma obra histórica incomparável". Esta é a sua expectativa.

Rômulo aposta na centralização de recursos na nova instituição encarregada de coordenar as carteiras prediais dos IAPs – este item da proposta seria revogado no governo Dutra –, e defende que a FCP forneça assistência técnica e auxílio a sindicatos, cooperativas, municipalidades e empresas industriais e comerciais do ramo, atuando, portanto, de maneira descentralizada.[42]

Trata-se de um texto escrito com base no anteprojeto[43] e não do projeto tal como seria aprovado. Em depoimento dos anos 1980,[44] Rômulo afirma ter sido convidado pelo presidente da FCP, o engenheiro Armando Godoy, para assumir a sua diretoria econômica, quando a entidade já estava em funcionamento. Relata que em suas conversas com Godoy fizera críticas ao projeto, por não associar o problema habitacional aos problemas de mercado e da indústria da construção. Mas diferentemente dos IAPs – e esta seria a sua vantagem –, ela atenderia a "um público mais popular".

No seu entender, a FCP tornou-se "vítima da política clientelista", pois "faziam casas fora da área urbana, sem condições de infraestrutura". Para então resumir: "foi um negócio desastroso: faziam em um lugar 150 casas e não tinha um mutuário que topasse pagar o mínimo de amortização pela casa". Ainda conforme o seu relato, ele fica por apenas dois meses no cargo, deixando no seu lugar Heitor Lima Rocha e Ewaldo Correia Lima, que depois o acompanham no Departamento Econômico

---

41   ALMEIDA, 1946, p. 111-112.
42   Ibidem, p. 112-114.
43   Ibidem, p. 115.
44   ALMEIDA, 1988, p. 77-79.

da CNI. Nada no seu depoimento indica que visse a questão da habitação popular como "drenando" recursos de "grandes projetos desenvolvimentistas". Por mais que indicasse o dilema entre a necessidade de avanço dos investimentos produtivos e o problema do bem-estar social, em nenhum momento dá a entender que uma dimensão deveria prevalecer sobre a outra.

Saltando de 1946 a 1952, e coincidindo com a informação acima fornecida sobre a sua participação na subcomissão de Habitação e Favelas, ele afirma ter "multiplicado" o seu tempo[45] para fazer parte daquele processo e reunido "uma equipe muito grande". Refere-se à CNBES, como tendo sido liderada por Josué de Castro, "seu grande amigo" e pela "Alzirinha". No seu entender, a comissão foi "talvez o maior esforço de racionalizar a política social que se fez no país [...] um lado do governo Getúlio que não tem sido muito focalizado, mas que "infelizmente foi interrompido".[46]

A 23 de dezembro de 1952,[47] portanto um ano após a criação da subcomissão de Habitação e Favelas, seu coordenador redige uma carta ao vice-presidente da CNBES relatando os avanços obtidos. Além de um conjunto de anteprojetos sugeridos,[48] menciona a coleta de documentação e a realização de estudos – com a colaboração da FCP e do Banco do Brasil – e a organização da "Semana de Estudos de Favelas", realizada no mês de setembro de 1952 na sede do IBGE, com a participação de representantes técnicos de todos os estados.

Uma breve análise do problema vem em seguida: o déficit habitacional no Brasil, que afetava 9,3 milhões de habitantes em 1940, havia saltado para 11,6 milhões em 1950, conforme a mensuração dos técnicos da subcomissão (contida nos quadros apresentados no Anexo 6 que acompanha a carta),[49] atingindo 1/5 da população brasileira. Apesar dos problemas econômicos relacionados à guerra, "essa situação se dera em um contexto de ampliação desmedida das aplicações imobiliárias voltadas para grandes edificações de luxo nas cidades maiores".

O documento sucinto e de caráter propositivo mescla algumas conclusões do diagnóstico com elementos para uma "nova política de habitação popular". Duas

---

45   Ibidem, p. 82. Em uma de suas máximas, repetida em várias entrevistas, o nosso personagem afirma que "quem é muito ocupado sempre arruma tempo".
46   Ibidem, p. 80-82.
47   "Carta do coordenador da Subcomissão de Habitação e Favelas ao vice-presidente da Comissão Nacional de Bem-Estar Social", 23 dez. 1952. Rio de Janeiro: Acervo CPDOC-FGV/Fundo Getúlio Vargas.
48   Um desses anteprojetos de âmbito federal estipula a ação dos IAPs, Caixas Econômicas e FCP de maneira consorciada com entidades locais, que receberiam assistência técnica e financiamentos desde que apresentassem planos de construção de habitação popular com melhorias urbanas, desapropriação de terrenos e ações para racionalização da produção a baixo custo.
49   Fundo Getúlio Vargas/Acervo CPDOC-FGV. c. Anexo 6.

questões norteiam a exposição. Em primeiro lugar, a incapacidade dos IAPs, em virtude das suas exigências de rentabilidade, de dar conta da expansão de casas populares a custo acessível. O problema parece ser menos de "juros baixos e prazos longos" e mais de baixos custos de construção, de modo a atingir um público mais amplo. O sistema da maneira como estava organizado fornecia "um privilégio, um prêmio de loteria, mas não se revolve o problema social". Se não podem ser estancados os programas de obras públicas em curso, a solução estaria na redução dramática das aplicações de recursos em construções de maior porte ("de luxo"). Em segundo lugar, havia a necessidade de conter o êxodo rural, reduzindo assim a ampliação do déficit urbano e aprimorando as condições de habitação e de vida no campo.

Neste sentido, tal como no artigo de 1946, a solução reside na coordenação descentralizada, por meio de convênios com as entidades locais responsáveis. Dois dos anteprojetos preparados se referem a iniciativas das prefeituras do Distrito Federal e de Salvador para a criação de instituições voltadas à aquisição/desapropriação de terrenos, com urbanização e construção de habitações populares em convênio com instituições federais (IAPs e FCP), que aportariam recursos aos fundos criados. A lógica predominante é ainda a "eliminação" ou "substituição" das favelas por novos bairros populares, apesar de reconhecer que "o problema das favelas é indivisível em relação ao da habitação popular".[50]

O tema das favelas é apenas tangenciado nos estudos da subcomissão, que opta por deixá-lo aos grandes municípios. Portanto, a construção de casas populares fica concentrada nos novos espaços das áreas urbanas e/ou no interior do país para conter o êxodo rural. Ainda assim, o estudo de Anthony e Elizabeth Leeds[51] se refere à primeira proposta de doação de terra aos moradores das favelas do Rio de Janeiro como tendo sido formulada em 1952, à "Comissão Nacional de Favelas" (tudo indica que se trata da subcomissão liderada por Rômulo). A proposta envolve a expropriação das terras onde se localizam as favelas, com instalação de água, luz e esgotos, e distribuição dos lotes para autoconstrução dos moradores, seguindo determinados padrões técnicos mínimos.

Voltando à missiva de Rômulo de dezembro de 1952, um dos objetivos da subcomissão é assegurar com pequenos financiamentos a racionalização dos métodos de construção, "ajudando os beneficiários a construírem as suas casas, com orientação técnica e materiais baratos". Paralelamente, deve-se "rever a ideia tradicional da casa própria", já que a amortização representa um ônus superior ao do aluguel. As entidades locais devem auxiliar no barateamento do terreno. Ao que tudo indi-

50 Fundo Getúlio Vargas/Acervo CPDOC-FGV. GV c 52.12.23. Anexos 2 e 3.
51 LEEDS & LEEDS, 1978, p. 209-210.

ca, o aluguel está destinado às construções modulares urbanas e a casa própria à autoconstrução, utilizando-se de materiais populares, também racionalizados, com diversas combinações nas diferentes áreas urbanas e rurais.

A centralização dos recursos federais deve ficar a cargo da FCP, conforme previsto no novo projeto de Previdência, jamais votado. Para viabilizar a concentração nos programas fundamentais de habitação popular, Rômulo sugere baixar "um orçamento anual de capitais", alocando-se parcela dos recursos dos vários institutos de previdência e caixas econômicas. Rômulo não parece ter mudado de ideia entre 1946 e 1952, mas as análises que o vincularam a uma "elite atuarial" sequiosa de desviar recursos para os "mega projetos desenvolvimentistas" encontrara o álibi para as suas narrativas.

Rômulo também se refere à sua participação e de vários dos integrantes da subcomissão no II Congresso Nacional dos Municípios Brasileiros, realizado na cidade de São Vicente (SP) em outubro de 1952. Durante este evento é apresentado o documento intitulado "Problemas da habitação popular",[52] no qual a questão aparece em toda a sua complexidade, por meio de textos dos engenheiros, arquitetos e economistas que compõem a subcomissão.

Para ilustrar a dimensão do problema, Rômulo indica que a necessidade de investimentos para dar conta da construção de 200 mil novas casas ao ano – estimada em face do crescimento populacional, sem contar o déficit habitacional existente, e partindo de um valor "muito baixo" de 30.000 cruzeiros por casa – equivale a todo o orçamento anual de investimentos do governo federal. No Anexo 6 da carta, o déficit de casas calculado chega a 2,3 milhões em 1950.[53] Em um contexto de escassez de recursos do governo e de pequena capacidade de pagamento dos trabalhadores, um dos focos deve ser "a fixação dos trabalhadores no interior", por meio de construções mais baratas, com a participação dos próprios beneficiários, sempre por meio da assistência técnica e financiamento concedido pelos órgãos federais, estaduais e municipais. Por sua vez, a questão da habitação popular surge nas áreas rurais conectada à questão da colonização e da distribuição da terra.

---

52 COMISSÃO NACIONAL DE BEM-ESTAR SOCIAL (Subcomissão de Habitação e Favelas). "Problemas de Habitação Popular". In: *II Congresso Nacional dos Municípios Brasileiros*, out. 1952. Acervo CPDOC-FGV/Fundo Alzira Vargas. AVAP vpu sgv 1951.04.04. Documento III.23. Disponível em: http://www.fgv.br/cpdoc/acervo/arquivo-pessoal/AVAP/textual/documentos-sobre-a-atuacao-de-alzira-vargas-do-amaral-peixoto-junto-a-politica-trabalhista-do-segundo-governo-vargas-inclui-sua-participacao-nas-d. Acesso em: 26 jul. 2017.

53 Fundo Getúlio Vargas/Acervo CPDOC-FGV. GV c 52.12.23. Anexo 6. Os cálculos estão disponíveis por estados, com uma desagregação por capital e interior.

Os artigos do documento "Problemas da Habitação Popular"[54] tratam dos vários tipos de entidades a serem potencialmente criadas em âmbito local e das formas de articulação com os órgãos centrais, mencionando inclusive exemplos de instituições públicas ou semipúblicas existentes em Pernambuco, Espírito Santo e Rio Grande do Sul. Cogitam também a criação de Comissões Municipais de Urbanismo e Habitação (CMUHs), conforme a legislação da FCP. Também discorrem sobre a formação de cooperativas de crédito, com a participação dos próprios usuários; a tributação progressiva, limitando os gastos excessivos em residências de alto padrão; a adaptação da casa rural ao "espírito racionalmente moderno" e a importância do município como "unidade de planejamento urbanístico".

A estratégia foca especialmente nas áreas rurais, seja com o objetivo de conter o êxodo e não contribuir para o agravamento do problema urbano, seja por sua ênfase no uso dos materiais locais humanos e físicos pelos empreendimentos de ajuda própria como o mutirão, por vezes descambando para um "assistencialismo autonomista", conforme se depreende das formulações dos especialistas, e que refletem, em alguma medida, a posição de Rômulo. Os técnicos se põem a serviço do "meio", como no "Relatório sobre Programa de Ação Imediata da FCP nos meios rurais", encaminhado a Rômulo pelos integrantes da subcomissão: Ângelo Murgel, Augusto Luiz Duprat, Renato Martins e Ernesto Alves Staack.[55]

Conforme este relatório, a política de habitação deve facilitar a integração na "comunidade". Neste sentido, "o papel preponderante cabe ao professor, ao assistente social e ao médico; o engenheiro é consequência". Em seguida, os técnicos mencionam: "não devemos dar; a esmola avilta". O campo, por sua vez, é o local de onde "provêm as energias sociais de uma nação". Não se trata de uma reificação da realidade em um contexto de expulsão dos trabalhadores acossados pela concentração da propriedade fundiária? Cabe lembrar, contudo, que os núcleos e companhias de colonização encontram-se inseridos no projeto de reforma agrária elaborado pela CNPA, como veremos adiante, e as propostas da subcomissão partem desta perspectiva mais ampla, exigindo uma ação integrada em várias frentes.

A título de ilustração, o Anexo 7 da referida carta apresenta um documento produzido pela subcomissão junto à ABNT,[56] no qual são estabelecidas "condições

---

54   Além da introdução intitulada "Explicação preliminar aos representantes municipais", os artigos assinados pelos técnicos da subcomissão versam sobre os seguintes temas: "Organizações locais para habitação popular (e colonização) e sua articulação com os órgãos centrais"; "Aspectos sociais da habitação popular"; "As cooperativas e a solução financeira da habitação"; "Tributação e habitação"; "A casa rural brasileira"; "A casa rural brasileira, subsídio para o governo" e "Os municípios brasileiros e o moderno urbanismo".
55   Acervo de Getúlio Vargas no CPDOC-FGV. GV c 52.12.23.Anexo 5.
56   Acervo de Getúlio Vargas no CPDOC-FGV. GV c 52.12.23. Anexo 7.

mínimas de habitabilidade" e a necessidade de estudos visando "modular as habitações de tipo mínimo", de modo a se ganhar em racionalidade e economias de escala, apesar do caráter pouco intensivo em capital da habitação popular, especialmente fora dos centros urbanos.

No Anexo 8[57] são apresentados os 70 documentos produzidos em um ano de trabalho – entre relatórios técnicos e informes, todos assinados pelos responsáveis por sua elaboração – e um organograma da subcomissão de Habitação e Favelas. Esta conta, além da Secretaria Executiva e da Secretaria Administrativa, com um Grupo de Estudos Técnicos, dividido em subgrupos temáticos: mão de obra; processos e métodos de construção; materiais de construção e suas indústrias e habitação. Rômulo coordena nesta empreitada – uma dentre as tantas funções que assume na Assessoria Econômica – uma equipe de cerca de quarenta representantes de vários ministérios e agências estatais.

Ainda no início dos seus trabalhos, na quarta reunião da CNBES em fevereiro de 1952, Rômulo apresenta a visão norteadora da subcomissão de Habitação de Favelas. E o faz sem rodeios. O documento é uma espécie de registro da intervenção oral de Rômulo na ocasião.[58] O economista baiano diferencia a concepção simplista da habitação – "construção de alguns milhares de casas aqui e acolá", por meio da qual "poucos beneficiários do programa esgotam rapidamente a capacidade do setor público" – do objetivo da subcomissão: "criar estímulos para o desenvolvimento geral da produção de habitação".

Esta intervenção permite revelar a forma de atuação do intelectual orgânico do Estado. A partir da sua cidadela, procura atacar os problemas por meio do planejamento, assumindo o Estado o papel ativo de indutor do mercado e da sociedade, ao promover a ação integrada entre as esferas da administração e outros níveis da federação. Ressalta a necessidade de compreensão adequada do problema. No seu entender, "estudo não é lero-lero". Sem diagnóstico, corremos "um perigo tremendo", que assume a forma de "mirabolantes soluções financeiras e gigantescos planos de ação direta". Esta é a não política dos institutos incapaz de se harmonizar com uma "orientação geral". Escora-se inclusive no presidente da República que "se empenhou fortemente sobre este tema no seu primeiro governo" (leia-se ISSB).

---

57 Acervo de Getúlio Vargas no CPDOC-FGV. GV c 52.12.23. Anexo 8.
58 ALMEIDA, Rômulo. "Relatório preliminar apresentado pelo Dr. Rômulo Almeida, coordenador da Subcomissão de Habitação, na 4ª reunião da Comissão Nacional de Bem-Estar Social", 7 fev. 1952. Rio de Janeiro: Acervo CPDOC-FGV/Fundo Alzira Vargas. AVAP vpu sgv 1951.04.04, documento II-4. Disponível em: http://www.fgv.br/cpdoc/acervo/arquivo-pessoal/AVAP/textual/documentos-sobre-a-atuacao-de-alzira-vargas-do-amaral-peixoto-junto-a-politica-trabalhista--do-segundo-governo-vargas-inclui-sua-participacao-nas-d. Acesso em: 26 jul. 2017.

Rômulo afirma que os níveis globais de produção de habitação se mostram "ridículos" em face das necessidades do país. Ao lado do "programa direto", que é como ele se refere às iniciativas dos IAPs – sabendo que a sua margem de atuação aqui é pequena –, deve-se pensar "uma política mais larga de habitação" a ser implantada de maneira gradual. Os problemas financeiros devem ser encarados de maneira conjunta com os problemas físicos:

> porque não adianta pensar em dinheiro e em plano se, realmente, falta o tijolo, o cimento, a madeira, a mão de obra, a própria técnica, os serviços públicos essenciais complementares das habitações populares etc.[59]

No seu entender, mobilizar recursos financeiros sem recursos físicos disponíveis significa expansão inflacionária. Por outro lado, deve-se objetivar a "redução da taxa de construção de luxo ou de grande envergadura" em prol das habitações populares. A reorientação das prioridades (dos IAPs, instituições de seguro, caixas econômicas e bancos) aparece como condição necessária para "desafogar" os recursos financeiros também escassos.

Três desafios são estratégicos. Em primeiro lugar, a racionalização dos métodos de construção. Rômulo encara esta questão sob vários ângulos. Menciona a necessidade de uma assistência mais direta às obras por parte de engenheiros e arquitetos; assim como a escassez de mão de obra nas cidades, especialmente de pedreiros, encanadores e tratoristas; além da limitação tanto da produção em grande escala de materiais padronizados (tijolos, esquadrias e materiais sanitários) nas grandes cidades, como da produção local e regional de materiais *standard*. O financiamento e a garantia de compra são condições importantes para a redução dos custos.

O coordenador da subcomissão de Habitação e Favelas descreve a cadeia produtiva e seu potencial de expansão em diferentes espaços (urbanos ou rurais). Mesmo no caso dos materiais mais rústicos, estes podem ser produzidos de "maneira mais racionada, barata e com qualidade muito boa". O próprio "método tradicional do mutirão" pode ser aperfeiçoado se houver expansão do financiamento e melhores instalações sanitárias. O quadro geral não dispensa riqueza de detalhes, como no caso da situação das esquadrias no Brasil, sem "standards" ou muito caras; do pedreiro das áreas rurais capaz de ser "improvisado"; ou de novidades a serem aproveitadas como o Centro Interamericano de Demonstração de Materiais e Métodos de Construção, que "vai por bom caminho", ao estimular uma pequena indústria de material, que pode ocupar lugar de destaque em certas regiões.[60]

---

59   Idem, ibidem.
60   Idem, ibidem.

Aqui parece se encaixar o relato de Carlos Lessa,[61] convidado por Rômulo para trabalhar na sua consultoria de projetos, a CLAN, no início dos anos 1970: "ele tece uma rede que vai desde a concepção geral até o micro detalhe", demonstrando uma "rara capacidade de instrumentalizar as suas ideias". Portanto, a formulação do problema e o seu enfrentamento no plano concreto sempre aparecem de maneira conjugada.

O segundo desafio, e que também requer "estudos especiais", está relacionado ao problema do terreno. Segundo Rômulo, "os capitalistas brasileiros têm grande pendor pelas aplicações em terrenos", não apenas como proteção da inflação, mas também pelo "reduzido tirocínio para o incremento de investimentos diretamente produtivos". Esse quadro é agravado pela política dos institutos oficiais que "mantêm estoques de terreno para valorização", em virtude da política preconizada pelos "atuários", que apesar de legítima do ponto de vista geral, revela-se "predatória" especialmente no caso da habitação popular. Para complicar o cenário, o poder público possui reduzida capacidade de desapropriação, pois a indenização prévia impõe um "ônus tremendo".[62]

Rômulo cogita inclusive a possibilidade de o governo fixar o preço previamente – no caso de terrenos não utilizados para construções – e pagar em prestações, conforme a posição de "um deputado", "grande jurista", a quem ele não menciona nominalmente.[63] Termina o assunto caracterizando o imposto territorial – urbano e rural – no Brasil como "muito primitivo", desestimulando a utilização de terras para cultivo e construção. A reforma agrária e a reforma urbana surgem associadas ao problema da expansão econômica com inclusão social.

A terceira dificuldade está na rede de serviços públicos. A industrialização ocorre sem conferir de maneira simultânea maior poder tributário por unidade de área e *per capita*. Os terrenos com serviços públicos obtêm, desta forma, valor monopolístico, agravando o problema da habitação popular. Por isso, uma política de habitação popular deve atuar sobre "coordenadas geográficas e não profissionais", não sendo possível se dividir o problema entre industriários, comerciários etc. Um órgão central deveria, portanto, contar com poder técnico e financeiro, mantendo os programas diretos, de caráter supletivo, mas ampliando o acesso à habitação por meio de "parcerias" com entidades descentralizadas com atuação local. Por meio destas entidades, poderiam ser criados arranjos institucionais capazes de reduzir os juros e/ou fornecer subsídios às habitações populares.

---

61   LESSA, 2011.
62   ALMEIDA, 1952.
63   Trata-se provavelmente de Nestor Duarte. Ver DUARTE, Nestor. *Reforma agrária*. Rio de Janeiro: Ministério da Educação e Saúde/Serviço de Documentação, 1953, p. 91-95.

Nosso personagem conclui sua exposição relatando o "esquema engenhoso para solução da habitação popular no seu nível mais baixo" – justamente por encarar o urbanismo como problema social –, tal como proposto por seu conterrâneo, o arquiteto Diógenes Rebouças, com quem travara contato em visita recente a Salvador. Como resultado da conversa, Rômulo o "encarrega" de elaborar um manual para o pequeno construtor local.[64]

O tratamento dado por Rômulo e pela legião de servidores públicos por ele mobilizados nesta trincheira permite destrinchar o modo como atuam por dentro da máquina estatal, bem como as resistências de todo tipo à sua execução. Neste caso, elas impediram que a política habitacional, segundo a concepção romuliana – de articular um plano de ação a vários programas concretos nos vários entes da federação – sequer viesse a público.

Tal política é derrotada em duas frentes. Na primeira, por desejar uma reformulação na política dos institutos para além dos interesses corporativos, na contramão das propostas do ministro João Goulart. E, na segunda, por buscar um novo arranjo federativo em que os municípios se transformassem em agentes estratégicos da nova política de bem-estar social capitaneada pelo governo central, tendo na habitação um dos seus pilares.

Dispomos de poucas informações sobre o destino das iniciativas propostas pela subcomissão de Habitação e Favelas. Tudo indica que elas sequer chegaram à fase de projeto submetido ao Congresso, como tantas outras iniciativas do segundo governo Vargas. Durante a sua gestão no Ministério do Trabalho, Jango altera o limite máximo do valor do imóvel para financiamento de moradia aos filiados dos IAPs, além de assinar decreto autorizando o IAPI a realizar financiamentos a entidades estaduais e municipais para a construção de habitações populares.[65] Portanto, a subcomissão não leva à instauração de uma nova política para a habitação popular, antes reforçando a existente, e quando muito agregando, de maneira supletiva, algumas propostas recomendadas por Rômulo e sua equipe.

Em agosto de 1953, o recém-empossado ministro do Trabalho convoca o I Congresso Brasileiro de Previdência Social, realizado no Distrito Federal, com participação intensa do Ministério do Trabalho, de deputados petebistas e de sindicatos e federações sindicais de todo o território nacional. Em um momento marcado por greves e maior mobilização sindical, o Congresso verbaliza as demandas dos trabalhadores, muitos dos quais se mostram contrários não apenas à unificação, mas também à maior uniformização das prestações e à redistribuição dos recursos para as regiões mais pobres.

---

64   ALMEIDA, 1952.
65   DELGADO, 1989, p. 153.

As clivagens entre categorias e regiões ficam evidentes. Boa parte das lideranças sindicais almeja participar da gestão dos institutos, formulando inclusive propostas de utilização dos recursos dos IAPs para a construção de sedes de sindicatos. O Congresso se insere, portanto, em um contexto de "revigoramento do populismo", por meio de uma maior mobilização no seio política de cooptação, conforme a análise de Amélia Cohn.[66] Na sessão de encerramento vários discursos são proferidos. Além do próprio Jango, falam os presidentes dos institutos, os parlamentares do PTB e o nosso quase onipresente personagem, descrito como "assessor técnico da Presidência".

Não podemos fugir da pergunta: o que Rômulo fazia por lá? Uma resposta taxativa é impossível. Jango representa a política de maior aproximação com os trabalhadores, reconhecendo as suas "justas reivindicações" e procurando encaminhá-las para uma resolução política favorável. Pretende o ministro transformá-las em mais uma conquista do "povo", viabilizada pela ação do governo e exercida no âmbito dos institutos de previdência, por meio da relação de cooptação entre Estado e sindicato.[67] Já Rômulo é para lá despachado provavelmente para sentir a temperatura e conferir um mínimo de racionalidade às demandas dos sindicatos, de modo a entrosá-las com as reformas das instituições existentes.

A rejeição da unificação dos IAPs significava um balde de água fria nos objetivos dos intelectuais orgânicos do Estado, parcialmente apoiados por Vargas. O cenário político o obriga a abortar, ao menos provisoriamente, o projeto de unificação com a quase universalização da cobertura e diversificação dos serviços prestados (assistência médica, por exemplo). O projeto de previdência social parido pela CNBES em 1952 – prevendo a uniformização do sistema administrativo, dos benefícios e da arrecadação dos institutos, de modo a inserir na previdência social "todos os trabalhadores que exercem atividade remunerada, independente da profissão" –[68] fica parado nas comissões técnicas do Senado.

---

66   COHN, Amélia. *Previdência social e processo político no Brasil*. São Paulo: Moderna, 1980, p. 35-36, 46-68, 92.
67   DELGADO, 1989, p. 138-141.
68   O anteprojeto prevê a exclusão, "até estudos posteriores", "apenas dos trabalhadores domésticos e rurais". Inclui os trabalhadores autônomos, "sem exceção", os profissionais liberais "(atualmente, em parte, segurados facultativos)", além dos cargos administrativos e de gerência das empresas "(atualmente em parte obrigatórios, em parte facultativos) ("Principais alterações constantes do anteprojeto de lei orgânica da Previdência Social, em face do regime atualmente em vigor" elaborado por Moacir Velloso Cardoso de Oliveira, 7 fev. 1952. Rio de Janeiro: Acervo CPDOC-FGV/Fundo Alzira Vargas. AVAP vpu sgv 1951.04.04, documento II-3. Disponível em: http://www.fgv.br/cpdoc/acervo/arquivo-pessoal/AVAP/textual/documentos-sobre-a-atuacao-de-alzira-vargas-do-amaral-peixoto-junto-a-politica-trabalhista-do-segundo-governo-vargas-inclui-sua-participacao-nas-d. Acesso em: 26 jul. 2017.

Um último intento, por meio de decreto e em moldes semelhantes ao do ISSB, surge em 1954, posteriormente revogado por Café Filho.[69] Esta derrota, dentre tantas outras, elimina uma das frentes possíveis para a alteração do padrão de desenvolvimento concentrador de renda em curso no país.

Outro campo de batalha de Rômulo, aqui junto a Cleanto, é a tentativa de lançar novas bases para o municipalismo, encarado sob o prisma de relações mais institucionalizadas entre os entes da federação. Em texto de 1977, nosso personagem menciona a importância do Instituto Brasileiro de Administração Municipal (IBAM), que teve Cleanto como primeiro diretor-executivo, em 1952. Do seu Conselho Administrativo participam, "destacados membros da elite burocrática", dentre os quais, o próprio Rômulo, Arízio de Viana (DASP), Luiz Simões Lopes (DASP e FGV), Rafael Xavier (IBGE) e José Maria Augusto Cavalcanti (IBGE e Instituto Brasileiro de Ciências Administrativas), além de políticos oriundos do movimento municipalista.[70] É o mesmo ano da criação da Escola Brasileira de Administração Pública e de Empresas (EBAPE) da FGV, sob a inspiração de Guerreiro Ramos.

Segundo a visão de Rômulo, a organização nascera com o intuito de apoiar a administração municipal, por meio de resposta a consultas, realização de pesquisas e cursos e elaboração de projetos para o enfrentamento dos problemas urbanos e municipais, "cada vez mais identificados". O IBAM pretendia se tornar um "instrumento eficaz em um momento em que o municipalismo se perdia na declamação, que contentava o romantismo de alguns e a ambição política de outros". Não se almeja implantar nem uma "república municipalista" e tampouco uma centralização desbragada sob o argumento de "evitar o desperdício de recursos mal alocados por decisões locais insensíveis".[71]

Esta afirmação de Rômulo se explica pelo novo contexto, marcado pela Constituição de 1946, de ressurgimento e ascensão do municipalismo, então agrupado na Associação Brasileira de Municípios (ABM). Nesta entidade, havia uma clivagem entre um "grupo técnico-modernizador" liderado pelos quadros do IBGE e do DASP, e outro que reunia as "subelites políticas rurais alijadas da política 'maior'".[72] O primeiro grupo, que vai predominar na gestão do IBAM, parte de uma visão modernizadora centrada no problema das desigualdades ampliadas entre campo e cidade e na maior complexidade das dinâmicas urbanas.

---

69   COHN, 1980, p. 37-38, 141, 157.
70   MELO, Marcus André. "Municipalismo, *nation building* e a modernização do Estado no Brasil". In: *Revista Brasileira de Ciências Sociais*, v. 8, n. 23, out. 1993, p. 94-95.
71   ALMEIDA, Rômulo. "O IBAM e o municipalismo no Brasil". In: *Revista de Administração Municipal*, vol. 145, n. 24, nov./dez. 1977, p. 36-38.
72   MELO, 1993, p. 94-95.

Já em abril de 1950, antes da criação do IBAM, Rômulo apresenta trabalho no I Congresso Brasileiro de Municípios, realizado em Petrópolis (RJ).[73] Conforme a sua avaliação, o municipalismo não é um "fim em si mesmo", mas "um meio para elevar os padrões de vida, nos campos político, econômico, social e cultural". É a "outra face do problema do desenvolvimento e da justa distribuição das oportunidades". O ideal municipalista pressupõe o desenvolvimento mais rápido do "grande interior do país". Não deixa, contudo, de combater o equívoco de se apostar no "alargamento da autonomia do município e da sua capacidade financeira". Uma nova política municipalista deve se encarregar de "fixar as possibilidades e os limites da organização municipal, a fim de que ela seja um instrumento da organização nacional, e não apenas mais uma mística salvadora".[74]

Desta forma, "o progresso municipal decorre primariamente do progresso da Nação". Mas esta relação não se estabelece de forma direta e espontânea. A "vitalização municipal" exige que determinados objetivos políticos, culturais e econômicos sejam assegurados no plano local. O problema a enfrentar tem vários nomes – o caudilhismo, o coronelismo e a política de clientela –, os quais se manifestam plenamente "no município ou sobre ele".[75]

As referências de Rômulo são o estudo clássico de Victor Nunes Leal e uma conferência de Hélio Jaguaribe publicada no *Jornal do Comércio* em maio de 1950, sob o título "Política de clientela e política ideológica". Nada indica que se conhecessem então Jaguaribe e Rômulo que, logo adiante, em 1952, passam a se reunir com frequência no Grupo de Itatiaia. A leitura do seu texto revela a assimilação das ideias destes autores. Como temos ressaltado ao longo do livro, Rômulo não é propriamente um teórico. Ele deglute teses e conceitos formulados por outros intelectuais, operacionalizando-os em seus diagnósticos e em suas proposições de políticas.

Em *Coronelismo, enxada e voto* –[76] tese de cátedra de Victor Nunes Leal, defendida em 1947 na Faculdade Nacional de Filosofia da Universidade do Brasil, inicialmente intitulada "O município e o regime representativo no Brasil: uma contribuição ao estudo do coronelismo" –, o tema é abordado a partir de várias dimensões: histórica, jurídica e sociopolítica. Nascido no interior de Minas Gerais e, como Rômulo, no ano de 1914, Nunes Leal não se enquadra facilmente na classificação de intelectual orgânico do Estado. É mais um intelectual que atua no Estado, ocupan-

---

73 ALMEIDA, Rômulo. "Problemas estruturais do município". In: *Revista de Direito Municipal* (Separata), Rio de Janeiro, 1950.
74 Ibidem, p. 3-4.
75 Ibidem, p. 7.
76 LEAL, Victor Nunes. *Coronelismo, enxada e voto: o município e o regime representativo no Brasil*. 7ª edição. São Paulo: Companhia das Letras, 2012.

do cargos políticos, primeiro no gabinete de Gustavo Capanema durante o Estado Novo, depois como chefe da Casa Civil de JK, até ser indicado para o Supremo Tribunal Federal, de onde é aposentado compulsoriamente pela ditadura militar.

Em seu ensaio clássico, Nunes Leal situa historicamente o coronelismo no período da Primeira República "como resultado da superposição de formas desenvolvidas do regime representativo a uma estrutura econômica e social inadequada". Resulta do compromisso entre o poder público "crescentemente fortalecido" e "a decadente influência social dos chefes locais". Escorando-se em Caio Prado Júnior e Luiz Aguiar da Costa Pinto, ele revela o peso diminuto das classes médias nas cidades do interior e, especialmente, no campo. Mensura o peso acachapante dos colonos, dos parceiros e até mesmo dos sitiantes, cujas condições de vida se situam pouco acima do trabalhador rural assalariado, o que pode ser comprovado pela pesquisa dos padrões de vida nas áreas rurais, conforme levantamento realizado pela CNPA em 1955.[77] Como consequência, estes párias rurais lutam "com o 'coronel' e pelo 'coronel'".[78]

O "malsinado coronelismo" – termo emprestado por Rômulo do texto acima citado –[79] apenas se explica pelo "amesquinhamento do município" em face dos acordos nacionais e estaduais, estabelecidos para ganhar as eleições e manter as oligarquias no poder. O "voto de cabresto" é viabilizado no plano municipal, de modo a assegurar a manutenção de uma extensa rede de compromissos que transcendem o plano local.

Tal situação, chancelada pela concentração da propriedade fundiária, torna os coronéis valiosos politicamente – "credores de especial recompensa" – para os governadores e para o poder central. Isso apesar da sua situação de decadência, agravada paulatinamente pelo esgotamento dos solos, variações do mercado internacional e expansão da indústria que, com os transportes e comunicações, acarreta a mobilidade da mão de obra.

O coronelismo significa, portanto, a transformação do patriarcalismo – marcado pela concentração do poder no grupo parental –, pois se articula com o poder político sob novas bases em um momento de enfraquecimento do privatismo dos senhores rurais. O "poder extralegal" do município depende dos favores oferecidos pelos governadores aos coronéis locais: está construído, portanto, sobre a base da falta de autonomia legal. Portanto, apesar da "abundante literatura louvaminheira" defensora do municipalismo, a sua fraqueza decorre do "nosso federalismo". Em

---

77 COMISSÃO NACIONAL DE POLÍTICA AGRÁRIA (CNPA). *Aspectos rurais brasileiros*. Rio de Janeiro: Ministério da Agricultura, 1955. Este documento raro se encontra na coleção Caio Prado Jr. na Biblioteca do IEB-USP.
78 LEAL, 2012, p. 43-56.
79 ALMEIDA, 1950, p. 9.

síntese, o sistema político se encontra carcomido e a sua transformação se mostra lenta, em virtude da manutenção da estrutura fundiária. Daí "a sobrevivência do coronelismo", mesmo com os avanços obtidos com a Constituição de 1946.[80]

Nunes Leal não tem a pretensão de "apresentar soluções", mas de "apenas compreender uma pequena parte dos nossos males". A obra constituinte pode contribuir, no seu entender, para a "vitalização do município" – outro termo emprestado por Rômulo –, podendo se imaginar inclusive a "situação imprevista" de contatos diretos entre os municípios e a União, talvez não mais em favor das situações estaduais, mas contra elas. Ainda assim, os governantes brasileiros continuam saindo das classes dominantes, "com o imprescindível concurso do mecanismo 'coronelista'", o que se percebe pelo "industrialismo ainda precário e o agrarismo já retrógrado".[81]

Rômulo tampouco se propõe a soluções definitivas. Tomando por base as eleições de 1950, descreve um quadro de multiplicação de partidos e de ampliação do escopo das influências ideológicas. Paralelamente, "o padrão de democracia tem se favorecido de certo progresso na estrutura econômica". Mas se trata de "um dúbio começo, com ameaça de retrocessos". Há que se avançar com maior profundidade nas reformas, o que requer mais tempo ("de três a quatro eleições"). Portanto, o processo é paulatino e induzido de cima para baixo: da União para os estados e destes para os municípios, de modo a se erigir um novo sistema de gestão e planificação, e apenas depois no movimento inverso. Pois "a descentralização dos controles e decisões é um imperativo democrático". Porém, "nosso centralismo, antes de uma consequência da técnica moderna, está assentado em uma modalidade de submissão política".[82]

Daí a necessidade de se estabelecer o sistema do mérito no recrutamento para o serviço público municipal, de modo a fortalecer a magistratura, "os sistemas policiais para serviço da comunidade e não para a defesa dos grupos dominantes", os quadros técnicos, especialmente para a administração tributária, além de atenuar as diferenças de vencimentos dos servidores locais e estaduais com relação aos do governo federal.[83] Trata-se de um esboço de racionalização do setor público, guiado por algumas pré-condições que devem servir ao menos de contrapeso ao poder dos potentados locais.

Rômulo não propõe "a autonomia financeira ampla para os estados e municípios", pois esta pode ser nociva à economia nacional como um todo. O que se deve almejar é a fundação de uma autoridade própria da União que, em termos

---

80 LEAL, 2012, p. 58-59, 108-110, 112, 230-237.
81 Ibidem, p. 238-240.
82 ALMEIDA, 1950, p. 7-11.
83 Ibidem, p. 8, 17.

econômicos, esteja estruturada "realmente em bases federais", como no caso dos empréstimos bancários e das aplicações dos institutos de previdência. O problema do subemprego e do regime agrário tradicional não se enfrenta a partir do município, ainda que este seja o principal favorecido em termos políticos e sociais. Em vez de dispersar os recursos pelos vários municípios, a opção é "planejar em uma escala regional a localização dos novos centros urbanos". A título de exemplo, ele afirma que os investimentos concentrados no rio São Francisco devem ser valorizados no lugar "de meros auxílios a municípios isolados do vale", de modo a estimular a produtividade social e indireta, por meio da criação de economias externas parteiras de outras atividades.[84]

Do plano econômico Rômulo salta para o problema cultural: o despreparo dos quadros técnicos e administrativos para o enfrentamento dos desafios locais. Refere-se ao "mito do ginásio", de que "qualquer município deveria ter um", ou da busca pela "federalização das universidades". O real desafio está na criação de um verdadeiro sistema de ensino regional com bases adequadas e para todos os níveis de escolaridade.[85]

As esferas política, econômica e cultural aparecem interligadas não apenas no plano municipal, mas também no governo central. Da sua atuação minimamente coordenada parece depender qualquer projeto de desenvolvimento nacional. Cabe realçar que a questão agrária passa a ocupar papel central na agenda das reformas, vista com distância e cautela pelos grupos conservadores que compõem a frágil base política em que Vargas procura se sustentar.

Em paralelo à CNBES, estrutura-se a Comissão Nacional de Política Agrária (CNPA). Formalmente inaugurada no início de 1952, a sua criação, por decreto de julho de 1952, é outra iniciativa que carrega o selo de Rômulo e sua equipe da Assessoria Econômica.[86] Como as comissões ficam sediadas no ministério responsável e o da Agricultura se encontra sob a condução de João Cleofas – quadro da UDN, além de usineiro pernambucano –, Rômulo tem que intervir para equilibrar o jogo.

A comissão possui participantes de ambos os lados, o da contenção e o do avanço. No primeiro caso, dois representantes da Confederação Rural Brasileira. No grupo pró-reforma agrária destacam-se Tomás Pompeu Acioli Borges – o "homem" da Assessoria Econômica encarregado do tema –, Ruy Miller Paiva, agrônomo e quadro técnico do governo paulista; Hermes Lima, professor da Faculdade Nacional de Direito e ex-deputado federal na Assembleia Nacional Constituinte;

---

84   Ibidem, p. 10-17.
85   Ibidem, p. 20-24.
86   LEITE, 1986, p. 109-110.

Aloísio Campos, chefe do departamento jurídico do BB; e o antropólogo Manuel Diegues Jr. O seu vice-presidente é Carlos Medeiros Silva, representante do Ministério da Justiça.[87]

Portanto, o jogo de poder perpassa todos os ministérios, descendo aos seus escalões intermediários, especialmente neste tema que já havia sido objeto de debate durante a legislatura anterior. Em 1952, aparece o primeiro documento do governo federal, na história brasileira, que menciona de maneira explícita a "reforma agrária" em lugar do eufemismo até então utilizado de "lei agrária", já que "nem toda lei agrária é uma reforma agrária",[88] como atesta o deputado federal e jurista baiano Nestor Duarte, o responsável pelo projeto de reforma agrária na legislatura anterior. No seu entender, o documento oficial "revela compromisso claro e corajoso dentro de orientação segura". Elaborado por Acioli Borges e intitulado "Diretrizes para uma reforma agrária no Brasil", havia sido encomendado pela CNPA. Apesar de aprovado pelo presidente Vargas e publicado no *Diário Oficial* em setembro de 1952, o Projeto de Lei n. 3406, oriundo do documento, é submetido ao Congresso apenas em julho de 1953.

O documento de Acioli Borges pode ser encontrado integralmente no acervo de Alzira Vargas no CPDOC-FGV.[89] O engenheiro cearense, nascido em 1908 e formado pela Escola Politécnica do Rio de Janeiro, muito provavelmente o produz a partir dos debates travados com os colegas da Assessoria Econômica, conforme a praxe da "casa": nada que fosse elaborado naquela grande mesa de trabalho possuía apenas um autor.

Em cinco páginas datilografadas, Acioli Borges apresenta os princípios básicos da proposta, as características do novo regime agrário, além de um esboço de projeto de lei que prevê novas dotações orçamentárias. O parágrafo introdutório informa que as diretrizes do documento levaram em conta "as experiências realizadas em países de estrutura agrária semelhante ao Brasil" e "o novo sentido social que as constituições modernas, inclusive a brasileira, emprestam à propriedade da terra".

Seguindo o estipulado pela Constituição de 1946 no seu artigo 147, o uso da propriedade deve estar condicionado ao bem-estar social. Os objetivos norteadores

---

87   CAMARGO, Aspásia. "A questão agrária: crise de poder e reformas de base (1930-1964)". In: GOMES, Ângela Maria de Castro et al. (orgs.). *História Geral da Civilização Brasileira – O Brasil Republicano*. Tomo III. Sociedade e Política – vol. 3. 6ª edição. Rio de Janeiro: Bertrand Brasil, 1996, p. 149. Segundo Cleanto, ele havia recomendado Aloísio Campos, enquanto Rômulo "indicara" Hermes Lima para fazer parte da comissão (LEITE, 1986, p. 110).
88   DUARTE, 1953, p. 47, 78. Ver também LIMA, 1974, p. 164.
89   BORGES, Tomás Pompeu Acioli. "Diretrizes para a reforma agrária brasileira", 1952. Rio de Janeiro: Acervo CPDOC-FGV/Fundo Alzira Vargas. AVAP vpu sgv 1951.04.04, documento II-2.

da proposta aparecem de forma sucinta: ensejar aos trabalhadores da terra o acesso à propriedade, evitar a proletarização das massas rurais e anular os efeitos antieconômicos e antissociais da exploração econômica da terra. Para além da "subdivisão dos latifúndios e aglutinação dos minifúndios", devem se criar as condições que assegurem aos trabalhadores uma vida digna. Quanto ao regime agrário, a legislação, tanto quanto possível, deve se adequar às especificidades regionais, tomando o cuidado para "não se fragmentar indistintamente as terras".

Quanto às formas e sistemas de desapropriação, Acioli Borges vai direto ao ponto. Trata-se de "fugir à regra" do artigo 141, parágrafo 16, que se refere à "prévia e justa indenização em dinheiro", de modo a enquadrá-lo ao estipulado no artigo 147, o que talvez exigisse uma emenda constitucional. Quanto à indenização, esta deve ser mantida, excluindo-se da mesma "todo pagamento que não corresponder ao principal, benfeitorias e juro razoável pelo dinheiro investido".

São "preferencialmente desapropriáveis" as terras que não se achem cultivadas, apesar das condições para a sua exploração permanente; mal cultivadas, segundo ditame técnico, e inclusive as que, dispondo de obras públicas de irrigação, não estejam sendo irrigadas; e as adquiridas para fins especulativos e que permaneçam inexploráveis. Também merecem prioridade as terras, vizinhas ou próximas das cidades, quando sua extensão e tipo de exploração constituir entrave ao incremento da agricultura e não satisfizer o abastecimento urbano. E aquelas favorecidas por obras públicas que comportem aproveitamento para a colonização agrícola, sendo ao proprietário reservada uma extensão de terra proporcional à mantida em cultivo permanente. Finalmente, não se mostram passíveis de desapropriação as terras dos estabelecimentos rurais com "exemplar exploração técnica e econômica".

Para os fins de colonização, sugere-se a "escolha criteriosa de terras", com prioridade àquelas "ricas, saneadas e propícias aos mercados de consumo". Deste modo, assegura-se o movimento de expansão natural da população, em vez de transplantação para zonas isoladas. A colonização deve partir de unidades autônomas de trabalho estabelecidas em núcleos, organizando-se sob a forma de cooperativas, tendo acesso ao crédito agrícola descentralizado e capaz de beneficiar "realmente" o pequeno produtor. A aplicação adequada de impostos à propriedade (territorial, transmissão etc.) cumpre o papel de "desencorajar a posse improdutiva do solo". Como este imposto é privativo dos estados, recomenda-se a realização de convênio interestadual sob o patrocínio do governo federal. Paralelamente, faz-se necessário fixar em cada região o tamanho mínimo da propriedade, além de estimular a criação de indústrias rurais, as quais devem contar com isenções fiscais.

Portanto, a reforma agrária vem acompanhada de um conjunto de políticas fiscais, tributárias, creditícias, federativas, de assistência técnica e de organização dos produtores. A utopia vem ao ao final do texto: deseja-se criar "comunidades rurais habilitadas a progredir econômica, social e politicamente dentro da sociedade brasileira". Enfim, um programa voltado para adequar as estruturas rurais ao desenvolvimento nacional.

O documento recebe críticas de Nestor Duarte por, supostamente, deixar boa parte dos latifúndios intocáveis, por aceitá-los desde que pautados pela eficiência técnica e econômica. Pensa o deputado nos "desvios" que a "reação" poderia impor ao projeto.[90]

Se o texto é razoavelmente "avançado" para o seu contexto, as mudanças propostas não deixam de sopesar os vários interesses envolvidos. Os técnicos nacionalistas procuram sempre estabelecer uma couraça protetora contra as críticas conservadoras. A habilidade política constitui uma das suas marcas, resultando provavelmente da convivência diária com o presidente. Como não há na Constituição a definição do "preço justo" para a indenização, a decisão cabe ao legislador. Acioli Borges recomenda, no seu texto, que o preço "justo" deva ser composto pelo valor de aquisição do imóvel mais a restituição do capital, evitando assim os efeitos da valorização artificial do terreno.

Esta é a recomendação do projeto enviado em julho de 1953, elaborado por uma comissão de juristas, dentre os quais figura Carlos Medeiros Silva, vice-presidente da CNPA e agora consultor geral da República.[91] As suas novidades em relação ao projeto de Acioli Borges são duas.[92]

Em primeiro lugar, após um denso parecer jurídico a título de justificativa do projeto, chega-se à conclusão que o artigo 141 se refere à desapropriação por necessidade e utilidade pública, e não à desapropriação por interesse social. Esta última, amplamente debatida durante a Assembleia Nacional Constituinte (ANC) de 1946 e no próprio Congresso, apresenta-se como um caso particular, além de largamente aceita no Brasil e no direito público moderno. São especificados os itens que dão sentido ao "interesse social": cooperativas e colônias de produção, construção de casas populares e terras irrigadas ou saneadas por obra do Estado. Sobre a caracterização de "imóvel improdutivo", o Ministério da Agricultura recebe a incumbência de definir os critérios adequados por lei ordinária. Enquanto isso, ficam valendo aqueles definidos pelo texto da CNPA. A segunda novidade é a possibilidade de perda temporária do uso da propriedade, sem afetar o domínio. No caso da utili-

---

90 DUARTE, 1953, p. 79-81.
91 CAMARGO, 1996, p. 150.
92 DIÁRIO DO CONGRESSO NACIONAL (Brasil). Projeto 3.406 de 1953, "Define os casos de desapropriação por interesse social e dispõe sobre a sua efetivação". In: *Diário do Congresso Nacional*, 29 jul. 1953, p. 7121-7122.

zação temporária, esta não pode ser inferior a três anos e, se superior a dez anos, obriga-se o pagamento da indenização total.

O projeto seria discutido várias vezes no Congresso durante os governos JK e Jânio. Novamente, Acioli Borges, Medeiros Silva e Hermes Lima assumem protagonismo nos debates, com o intuito de levar a reforma agrária adiante. Mas a habilidade política na interpretação da lei encontra resistências tenazes, pouco dispostas a argumentos jurídicos, impedindo assim a sua aprovação.

Outras iniciativas de Vargas também se deparam com a oposição conservadora, como o Serviço Social Rural e o Instituto Nacional de Imigração e Colonização (INIC), tendo sido sancionados apenas no governo Café Filho. Sem a viabilização da reforma agrária, estas instituições perdem o seu sentido inovador inicial. São agrupadas, futuramente, na Superintendência de Política Agrária (SUPRA) em outubro de 1962, já no governo Jango.[93] Portanto, muitas das instituições, propostas e estudos técnicos relacionados à reforma agrária durante o Brasil Desenvolvimentista, apesar de descaracterizados, são paridas pela CNPA, iniciativa da Assessoria Econômica de Vargas.

Mesmo o que parecia mais factível politicamente, conforme "prometido" por Vargas em seu célebre discurso de 1º de maio de 1954 – quando menciona a instituição da Carteira do Trabalhador Rural, de modo a estender os direitos trabalhistas ao campo, além da sua filiação obrigatória, ou facultativa, conforme o caso, aos IAPs dos industriários–,[94] não seria efetivado, nem antes ou depois de 1964, ao menos na prática. Portanto, não se viabiliza a reforma agrária, e tampouco os demais aspectos concernentes à lei agrária – legislação social, crédito e assistência social e técnica.[95]

A questão do trabalhador rural é enfrentada não apenas pela CNPA, mas em praticamente todas as subcomissões da CNBES, em especial na que trata da colonização e do bem-estar rural, coordenada pelo engenheiro Artur Hehl Neiva. Na subcomissão de acesso à terra própria da CNPA, coordenada por Hermes Lima, já se propõe o uso da terra indiretamente, mediante locação compulsória – o que configura modalidade de uso prevista em lei, caso se comprove "o não uso ou inércia do proprietário".[96] Portanto, no segundo governo Vargas, ao menos no âmbito do

---

93 CAMARGO, 1996, p. 151-53, 172-176, 196-197, 202-203.
94 Ibidem, p. 147-148.
95 DUARTE, 1953, p. 47-48.
96 LIMA, 1974, p. 165. Ver também AMADO, Gilson. "Telegrama a Alzira Vargas", sem data. Rio de Janeiro: Acervo CPDOC-FGV/Fundo Alzira Vargas. AVAP vpu sgv 1951.04.04, documento III-18. Disponível em: https://www.docvirt.com/docreader/docreader.aspx?bib=FGV_AVAP_VPU&pasta=AVAP%20vpu%20sgv%201951.04.04. Acesso em: 04 maio 2020.

aparato estatal, procura-se de forma técnica e propositiva cercar o touro por todos os lados, assegurando terra para a produção e moradia, com crédito e assistência técnica, além de devidamente tributada.

O diagnóstico de Aspásia Camargo não deixa margem a dúvidas.[97] Se no segundo governo Vargas as estratégias globalmente definidas se atritam com as pressões estruturais, provenientes dos grupos dominantes no mundo rural; o governo JK se caracteriza pelo acordo entre as oligarquias rurais e burguesia industrial, reduzindo assim o campo de tensão. Esta volta com força renovada nos governos subsequentes, quando se consolida o debate urbano em torno do tema e tem lugar a mobilização dos trabalhadores rurais. Mas então o processo decisório carece de autonomia e o consenso, que jamais existira, se encontra em plena decomposição.

O acompanhamento da atuação de Rômulo nos projetos de habitação popular, previdência social e reforma agrária permite revelar, paralelamente, a participação dos sindicatos organizados junto ao Ministério do Trabalho e aos IAPs ao longo do período. Oscilam entre a "aceitação" da cooptação e a ultrapassagem dos seus limites por meio de uma pauta reformista.[98] Essa ambiguidade delimita o alcance das ações promotoras do "bem-estar social", restringindo a sua ampliação para além dos grupos "protegidos". A aprovação da LOPS em 1960 torna-se uma vitória de pirro, apesar de celebrada pelos trabalhadores sindicalizados, agora com acesso à gestão dos institutos de previdência.[99]

Moacir Cardoso Velloso de Oliveira representa um tipo emblemático de técnico deste período: quadro do Ministério do Trabalho desde 1938, diretor do Departamento Nacional de Previdência Social nos anos 1940 e membro da Comissão Permanente de Direito Social durante os anos 1950, ele se destaca como defensor da unificação dos IAPs com a expansão da cobertura e dos serviços. Termina por viabilizar a reforma do sistema previdenciário, em um outro contexto político, ao contribuir para a criação do Instituto Nacional de Previdência Social (INPS) em 1967. Faz a reforma, não a desejada, mas aquela mais adequada ao regime militar, de acordo com o novo conjunto de interesses sociais e políticos hegemônicos.

No primeiro biênio do segundo governo Vargas, a elevada capacidade propositiva da Assessoria Econômica não se faz acompanhar da viabilização de muitas das suas iniciativas mais robustas – o caso da Petrobras é uma exceção que comprova a regra, pois a sua tramitação no Congresso dura 22 meses, apesar da grande pressão da opinião pública. De modo a ampliar a eficiência da máquina adminis-

---

97   CAMARGO, 1996, p. 127-128.
98   DELGADO, 1989, p. 198-201; COHN, 1980, p. 232-234.
99   MALLOY, 1986, p. 109-110.

trativa, e com o intuito de canalizar para o seu seio as decisões políticas, tornando os ministros mais operacionais e menos suscetíveis aos interesses imediatistas, o governo joga sua cartada decisiva na reforma administrativa.

A Comissão encarregada de elaborá-la é composta por Lourival Fontes, chefe do gabinete civil de Vargas, Rômulo e Cleanto da Assessoria Econômica, além de Arízio de Viana e Sebastião Santana e Silva, ambos do DASP: o primeiro, seu diretor-geral, e o segundo caracterizado por nosso personagem como "uma cabeça" da instituição.[100] Conforme relato de Rômulo, a comissão funciona de maneira informal por meio de reuniões, quando "o pessoal do DASP trazia as informações e a gente apresentava ideias e sugestões".

A proposta de reforma administrativa é outro tema pouco abordado nos estudos sobre o segundo governo Vargas, provavelmente pelo seu destino, mais uma vez os arquivos do Congresso Nacional. Trata-se, contudo, de uma lacuna a ser preenchida se o objetivo é conhecer os dilemas deste governo e a evolução da máquina administrativa brasileira do período. Segundo o estudo de Beatriz Wahrlich,[101] as propostas de JK de 1956 e de Jânio de 1961, e especialmente a apresentada no governo Jango em 1963, pelo então Ministro Extraordinário para a Reforma Administrativa Êrnani do Amaral Peixoto, incorporam "várias das ideias reformistas preconizadas em 1952, dando-lhes cuidadosa sistematização". Apenas em 1967 o governo Castelo Branco decide aprovar a sua reforma administrativa, por meio do decreto-lei n. 2000. Seus princípios gerais remontam aos elaborados em 1952, ainda que com finalidades distintas.

Recuperamos o fio desta outra história com o auxílio de documento encontrado no acervo do IRAE, uma espécie de *clipping* com as notícias dos diversos jornais brasileiros durante o período em que a reforma ocupa espaço na imprensa.[102] Em 12 de outubro de 1952, Vargas declara à imprensa, com entusiasmo, a composição de uma equipe de assessores para a elaboração de um esboço de projeto de reforma administrativa em um prazo de 30 dias. O anúncio conta com matéria de capa no *Correio da Manhã*.[103] O esboço do projeto é publicado, com algum atraso, no *Diário Oficial* em 20 de dezembro de 1952, quando Vargas solicita o seu exame

---

100 ALMEIDA, 1988, p. 84-85.
101 WAHRLICH, Beatriz de Souza. "Reforma administrativa brasileira: passado e presente". In: *Revista de Administração Pública*, n. 8, abr./jun. 1974, p. 30-37, 41, 45.
102 "Reforma administrativa do governo Vargas", s/d. Levantamento de cunho jornalístico referente ao andamento da Reforma administrativa no Congresso Nacional. Reúne em ordem cronológica os títulos e os respectivos periódicos que publicaram acerca do assunto entre 19 dez. 1952 e 30 out. 1953. Salvador: Acervo IRAE.
103 "O projeto de Reforma não se limitará à simples criação de ministérios". In: *Correio da Manhã*, Rio de Janeiro, 12 out. 1952. Salvador: Acervo IRAE.

pelos partidos políticos. Na mesma data, é definida pelo Congresso uma Comissão Interpartidária encarregada de avaliá-lo. Mais uma vez, o jornal *Correio da Manhã* anuncia, no dia seguinte, a manchete de primeira página: "Instalada Comissão Interpartidária",[104] com a publicação do projeto na sua íntegra.

Em 22 de dezembro, a *Tribuna da Imprensa* afirma em tom crítico "Mais força ao DASP com a reforma", enquanto o jornal Última Hora retruca "Verdadeira revolução da máquina burocrática do país". A *Folha da Manhã*, em 24 de dezembro, avisa que "Não encontra a Reforma Administrativa maior receptividade nos meios político-partidários". Durante a semana, outros veículos da imprensa escrita informam: "Desvalorização dos ministros", "Torpedeamento da reforma proposta por Vargas" ou "Ampliação das despesas públicas". Mesmo assim, a *Folha da Manhã*, na última edição do ano, vaticina: "O principal trabalho de 1953: a Reforma Administrativa".

Em 28 de maio de 1953, a Comissão Interpartidária emite o seu parecer, que significa o completo desvirtuamento da proposta. Faz adendos e críticas, mas não encaminha um projeto substitutivo. A novela termina de forma insossa com a apresentação pelo presidente da mensagem n. 351-53, em 31 de agosto de 1953, quando se encaminha ao Congresso um projeto de lei jamais aprovado neste governo ou nos subsequentes.

O texto elaborado pela Comissão de Reforma Administrativa, publicado no *Diário Oficial* e na imprensa, inicia-se com um diagnóstico, seguido das propostas concretas.[105] A reforma se justifica pelo fato de a economia brasileira ter estado "presa por muito tempo às estruturas capitalistas de outros continentes, vinculada a um regime de investimentos cujos objetivos eram estranhos aos propósitos do bem-estar nacional". Agora ela deve "buscar no poder soberano o apoio para a sua libertação e o estímulo para o seu crescimento".

Conforme o texto, desde os anos 1930, experimentamos "a criação de uma grande variedade de serviços, departamentos e organismos, obedecendo a diferentes sistemas de supervisão e funcionando segundo regimes jurídicos e institucionais os mais diversos". Apesar dos avanços, o país não conta com um "sistema orgânico", onde "as decisões sejam cumpridas e executadas rápida e eficazmente".

O documento cita, por exemplo, as reformas administrativas dos Estados Unidos e da Inglaterra, de modo a se precaver contra as esperadas acusações de

---

[104] "Instalada comissão interpartidária". In: *Correio da Manhã*, Rio de Janeiro, 21 dez. 1952. Salvador: Acervo IRAE.

[105] VIANA, Arízio. *D.A.S.P: instituição a serviço do Brasil*. Rio de Janeiro: DASP, 1953, p. 348-363. Este livro apresenta o projeto de reforma administrativa na íntegra, além do texto elaborado pela Comissão de Reforma Administrativa, intitulado "Características principais do primitivo esquema de reforma elaborado pelo governo".

"estatismo" provenientes dos opositores do governo. A máquina não funciona mais, apontam seus escribas, para "a realização dos fins do Estado brasileiro". "A instrumentalidade presente está obsoleta e inservível", tendo sido superada "pelo progresso do país no campo econômico, social e intelectual". À pergunta que se autoimpõe, "o que reformar?", eles respondem de maneira ousada: "reformar a estrutura, reformar o funcionamento e reformar os homens".[106]

Depois do tom quase missionário, os servidores públicos partem para os elementos básicos da reforma. Quanto à mudança ministerial, que envolve a reorganização dos existentes e criação de seis novos ministérios, a reforma pretende "assegurar uma distribuição mais harmoniosa das atividades do Estado, agrupando-se pela similitude dos seus objetivos". Admite que esta mudança, apesar de criteriosa, jamais poderá oferecer uma "solução perfeita, científica, inatacável".

O aspecto mais estratégico da reforma reside na instauração de dois sistemas de coordenação: um direto, por meio das comissões interministeriais a serem criadas; e, outro, indireto, por meio da coordenação dos programas dos diferentes ministérios, realizada no âmbito do Conselho de Planejamento e Coordenação, outra inovação da reforma. O objetivo é evitar "conflitos e paralelismos de atividades" que representam as principais fontes de ineficiência no funcionamento da máquina administrativa. Adicionalmente, as divisões e os órgãos de gestão superior de cada pasta devem fornecer relatórios sucintos sobre o andamento das atividades sob sua jurisdição aos ministros, fazendo estes o mesmo com relação à Presidência. O presidente e os seus ministros podem assim conferir mais tempo à importante tarefa de coordenação das atividades.

Cada ministério deve funcionar de maneira mais simplificada, com a descentralização e simplificação das atividades de contabilidade, tesouraria e controle. Desta maneira, torna-se possível a elaboração de orçamentos analíticos como atividade prévia à lei orçamentária. A definição das despesas deixa de ser feita de baixo para cima, por meio das repartições, amparando-se nos valores dos anos anteriores. Esta reorganização cumpre o papel de inverter a dinâmica do processo: os orçamentos das repartições e divisões passam a espelhar as necessidades quantitativas de cada setor, conforme as prioridades definidas pelos ministros, com base nas metas definidas no Conselho de Planejamento e Coordenação. Este é composto pelo Conselho Pleno – com a participação do presidente, ministros e demais órgãos subordinados à Presidência – e por sua Secretaria Geral, que o auxilia no acompanhamento dos "planos e programas de desenvolvimento econômico e melhoria das condições de vida da população".

---

106 "Características principais do primitivo esquema de reforma elaborado pelo governo". In: VIANA, 1953, p. 348-351.

Mais importante ainda, a formulação dos objetivos gerais e específicos da atividade governamental pelo Conselho de Planejamento e Coordenação deve se transformar em "planos trienais, quinquenais ou decenais", servindo estas diretrizes para a elaboração dos orçamentos pelos ministérios e suas respectivas divisões.[107]

A proposição de seis novos ministérios – Previdência Social (1); Indústria e Comércio (2), desdobrados do Ministério de Trabalho, Indústria e Comércio; Comunicações (3), oriundo de parte do Ministério de Viação e Obras Públicas, este, por sua vez, transformado em Ministério dos Transportes; Saúde (4), seccionado do Ministério de Educação e Cultura; além do Ministério do Interior (5), que abarca as iniciativas de desenvolvimento regional e de integração nacional, até então alocadas no Ministério de Viação e Obras Públicas; e, por fim, Minas e Energia (6), que passa a agrupar sob a sua alçada os órgãos até então vinculados à Presidência, como o Conselho Nacional do Petróleo, a CHESF, a Companhia Vale do Rio Doce e a Companhia Siderúrgica Nacional. O Ministério do Trabalho é mantido com as suas atribuições vinculadas ao salário mínimo, às relações de trabalho e ao relacionamento com os sindicatos, enquanto a Previdência incorpora a noção moderna de "bem-estar social". O Ministério da Indústria e Comércio se concentra nas ações de fortalecimento do desenvolvimento produtivo.[108]

Os critérios de planejamento, coordenação, descentralização, delegação de competências e controle celebrados na reforma de 1967, assim como a exigência de orçamentos-programa vinculados à devida programação financeira, e submetidos aos órgãos centrais de planejamento,[109] se encontram explicitados em 1952, em um contexto democrático, com o Congresso atuante e a sociedade civil crescentemente representada por suas entidades.

O parecer da Comissão Interpartidária apresenta "um conjunto de sugestões", já que o anteprojeto não representa uma proposta formal do presidente Vargas. Marcado pelo formalismo jurídico, opõe-se à criação do Conselho de Planejamento e Coordenação e sugere passar ao Conselho Nacional de Economia "o papel de órgão do planejamento e da coordenação do domínio econômico, sem perder a sua função consultiva normal".[110] Enfim, o órgão consultivo deve se encarregar do planejamento, embora restrito à esfera econômica.

Enquanto o projeto descaracterizado da reforma administrativa se perde nos arquivos do Legislativo e o governo Vargas tenta ganhar novo fôlego com a reforma

---

107 Ibidem, p. 351-359.
108 Ibidem, p. 360-362.
109 WAHRLICH, 1974, p. 46-47.
110 "Parecer da Comissão Interpartidária". In: VIANA, 1953, p. 401-403.

ministerial de junho de 1953, Rômulo está empenhado de corpo e alma na criação do Banco do Nordeste. Muda-se para Fortaleza, futura sede do banco, no final do ano.

Apesar de o BNB ter sido implantado na gestão de Rômulo como presidente, a história do banco é marcada por incompletudes, pois o Plano Federal do Nordeste, que serviria de norte para a sua atuação, jamais é finalizado. Está em elaboração quando do rompante de Rômulo, com o qual se inicia a Parte IV deste livro.

A experiência de criação do BNB compreende vários momentos: a recepção da proposta de mensagem e do projeto de lei enviados pelo ministro Horácio Lafer em julho de 1951, completamente reescritos pela Assessoria Econômica e, apenas então, enviados para o Congresso em outubro do mesmo ano; a aprovação do projeto pelo Congresso, com algumas alterações, em julho de 1952; a nomeação de Rômulo para presidir a Comissão Incorporadora do Banco do Nordeste do Brasil em abril de 1953, também composta por Cleanto de Paiva Leite e Francisco Vieira de Alencar; as atividades relacionadas à subscrição de capitais do banco no segundo semestre deste ano, com a elaboração do documento "Planejamento de combate às secas", elaborado por Rômulo, Jesus Soares Pereira e Acioli Borges em novembro de 1953; e a posse do presidente do banco, em janeiro de 1954, quando Rômulo é encarregado da sua instalação, funcionamento e da realização do primeiro concurso; além do detalhamento dos programas do banco, assim como das entidades a eles articuladas entre março e julho de 1954, por meio do inconcluso Plano Federal do Nordeste. Portanto, assessoria, negociação política, execução, recrutamento de pessoal, diagnóstico e planejamento aparecem integrados por um mesmo núcleo de gestores.

A reconstituição deste processo se torna possível graças à publicação pelo próprio BNB, em 1985, de um depoimento exaustivo de Rômulo para quadros técnicos do alto escalão do banco, bem como de todos os projetos de lei e documentos elaborados durante a instalação do banco, que circularam de forma limitada mesmo dentro da cidadela do Estado.[111]

O surgimento do BNB está associado a dois fatores conjunturais: a seca de 1950-1952; e a aprovação da lei Sarasate de 1949, regulamentando o artigo da Constituição de 1946, que havia destinado 1% da receita tributária da União para o socorro às populações atingidas pela seca no semiárido nordestino (20% do total) e para empréstimos a agricultores e industriais estabelecidos na região (80% do total). O Departamento Nacional de Obras contra as Secas (DNOCS) e o Banco do Brasil cuidariam, respectivamente, de projetar as obras e serviços necessários e de liberar os empréstimos.

---

[111] BANCO DO NORDESTE DO BRASIL. *O Nordeste no segundo governo Vargas*. Fortaleza: Banco do Nordeste do Brasil, 1985.

Existem duas exposições de motivos do ministro Horácio Lafer, uma de abril e outra de julho de 1951, esta última acompanhada de um projeto de lei para a criação do BNB, responsável pela alocação de 1% dos recursos da União, a serem distribuídos entre os estados, conforme uma fórmula que consta do referido projeto.

A primeira exposição menciona que os fundos da Lei Sarasate "não foram bem aplicados", provavelmente em virtude da inexistência de "entidade de crédito especializada para esse fim [...] em que pesem os relevantes serviços prestados pelo Banco do Brasil que nem sempre podem servir às necessidades básicas da região". É também afirmado que, até o momento, o aspecto hidráulico tem prevalecido sobre o econômico no combate às secas.[112] Após contar com a aprovação do presidente, o ministro Lafer remete uma nova exposição contendo a primeira proposta de criação do BNB. Aqui, apesar de mencionar que os empréstimos devem cumprir a condição *sine qua non* de atender "os empreendimentos de caráter econômico reprodutivo", ainda prevalece a concepção segundo a qual o estado de pobreza da região nordestina deve-se às condições climáticas que "afastam selecionadas correntes imigratórias, dada a inadaptação das mesmas a climas diametralmente opostos aos dos países de que promanam".[113]

Existe, portanto, a dotação orçamentária voltada para o enfrentamento de um problema grave, a proposta de criação de uma nova instituição e a ausência quase completa de diagnóstico. O cenário não poderia ser mais propício para aqueles técnicos, todos nordestinos, que acompanham nos bastidores a troca de mensagens entre o presidente e seu ministro da Fazenda, justamente em busca de condições políticas para tocar seus projetos.

A próxima mensagem, já assinada pelo presidente e escrita pela equipe da Assessoria Econômica, encaminha o novo projeto de lei para o Congresso Nacional. Muda não apenas o teor, pois o objetivo da nova instituição é substancialmente ampliado e o escopo de atuação delimitado. Logo ao início, lê-se o seguinte trecho: "é tempo de, à luz da experiência passada e da moderna técnica do planejamento regional, imprimir-se ao estudo e solução do problema uma definida diretriz econômico-social". Um "plano geral" para o combate às secas é necessário, com base no qual se deve "renovar o atual DNOCS". Ao lado de "programas extensivos", de infraestrutura, devem surgir "programas intensivos", voltados para "a diferenciação da região em zonas" e concentrando recursos de larga envergadura para a realização

---

[112] "Exposição n. 376 do ministro Horácio Lafer ao presidente Getúlio Vargas", 25 abr. 1951. In: BANCO DO NORDESTE DO BRASIL, 1985, p. 183-185.

[113] "Exposição n. 606 do ministro Horácio Lafer ao presidente Getúlio Vargas", 4 jul. 1951. In: BANCO DO NORDESTE DO BRASIL, 1985, p. 187.

de projetos maiores de irrigação, criação de novas fontes de energia e desenvolvimento orientado de núcleos de produção agrícola e industrial.

Para além do "socorro mais pronto", devem se multiplicar "os centros de resistência econômica em um programa integrado de aparelhamento e organização da produção". O desafio é mudar o quadro vigente em que o Nordeste aparece como "viveiro de braços e cérebros para a produção nacional", já que pouco participa da "expansão e diferenciação da produção para o mercado interno" por se firmar como região tributária do "Sul", de onde vêm os produtos encarecidos pelos custos de transporte e a preços maiores dos encontradiços no estrangeiro.

Entretanto, em vez de criticar o esforço de "emancipação econômica" em curso no país, "movido por espírito de ingênuo igualitarismo ou distributivismo desavisado", que "apenas retardaria as zonas presentemente mais pujantes do país"; o objetivo é preparar a região, que dispõe de "recursos naturais e humanos [...] não apenas para o amparo ocasional, mas para a organização de uma economia estável e florescente". Além dos recursos financeiros e técnicos da União, deve-se abrir espaço para a técnica, o capital e a capacidade de empreendimento "de brasileiros de outras regiões, bem como imigrantes e capitais estrangeiros". Trata-se de uma obra marcada por "indelével sentido nacional".[114]

No documento "Plano de combate às secas" enfatiza-se ainda a necessidade de um órgão colegiado, no qual estejam representados os serviços federais e estaduais, além de dotado de uma secretaria técnica de caráter permanente, capaz de acompanhar a marcha dos trabalhos de todas as entidades. O mero estabelecimento de planos gerais delimitadores da ação oficial na região já implica "alguma coordenação de esforços".[115] Portanto, mesmo em um documento voltado para a gestão e funcionamento do BNB já se antecipa o planejamento regional. É mencionada também a necessidade de reequipamento do DNOCS e de um escritório técnico de estudos e planejamento econômico (o futuro ETENE). Mais adiante, nas suas anotações para o Plano Federal para o Nordeste, Rômulo revela o que tinha em mente: "não será um plano do BNB, mas uma plataforma adotada pelo governo federal para orientar as suas aplicações em benefício da economia nordestina".[116]

O banco deve atuar como "instrumento financeiro especializado", preenchendo as funções de banco comercial, banco promotor de investimentos e banco assis-

---

114 "Mensagem presidencial de 23 de outubro de 1951". In: BANCO DO NORDESTE DO BRASIL, 1985, p. 193-186.

115 "Planejamento do combate às secas", nov. 1953. In: BANCO DO NORDESTE DO BRASIL, 1985, p. 236.

116 "Plano Federal para o Nordeste (março a julho de 1954)". In: BANCO DO NORDESTE DO BRASIL, 1985, p. 271.

tencial. Da "sábia dosagem" dessas funções dependerá o máximo de benefícios para a "economia do Nordeste brasileiro".[117]

Três "percalços" são apontados, o que soa estranho em um documento de caráter oficial, como se os escribas buscassem se precaver contra os possíveis descaminhos da nova instituição. São eles: o "exagero da disposição assistencial", a fragmentação excessiva de recursos por conta do "paroquialismo político" e a necessidade de se evitar que a criação precoce de uma "burocracia bancária" consumisse porção desarrazoada dos recursos. Recomenda-se inclusive a utilização da experiência existente do Banco do Brasil, "sabendo-se que o tirocínio bancário não é facil de adquirir". Por outro lado, o banco deve "formar-se na mentalidade dos problemas da região", para o que se requer a fixação local do seu pessoal a partir da seleção pelo sistema de mérito. E, completa: "dificilmente poderia o Banco do Brasil ser um fator de fixação de capitais e de atração de investimentos de fora".

Analisando as experiências dos bancos dos países desenvolvidos, a mensagem aponta que no Brasil ainda não se criaram as condições para "a diferenciação estrita entre bancos de investimentos e de depósito". São ressaltados os financiamentos à agricultura, pecuária e indústrias, inclusive as domésticas – quando se faz menção, por exemplo, ao emprego das mulheres na "legendária indústria de rendas" –, bem como ao armazenamento, de modo "a eliminar as manobras dos especuladores". Os esforços de colonização e acesso à terra – "clamor de grande número dos rurícolas" – deve vir associado a uma política de preços mínimos. Como banco de fomento, é seu papel apoiar com o risco pioneiro empresas produtivas especiais, estimulando assim a iniciativa privada. O desenvolvimento do cooperativismo é também realçado para assegurar as garantias em um contexto de escassez de capital.

Em seu depoimento,[118] Rômulo procura rememorar alguns dos dilemas enfrentados, discorrendo sobre o veto do presidente e as mudanças sugeridas pelos congressistas. O veto refere-se à distribuição de 70% em cotas para os estados e 30% livres para a aplicação do banco. O texto do projeto flexibiliza esta exigência da seguinte maneira: não obstante serem levadas em consideração a população, área e distribuição territorial política, o indicador mais importante para a concessão dos créditos é "a aplicação mais proveitosa dos recursos em benefício geral".[119]

A principal derrota se refere ao estabelecimento de agências. Como banco de "segunda linha", tal como no caso do BNDE, pretendia-se "concentrar mais" nas ati-

---

117 "Mensagem presidencial de 23 de outubro de 1951". In: BANCO DO NORDESTE DO BRASIL, 1985, p. 197-202.
118 ALMEIDA, 1985a, p. 54-57.
119 "Mensagem presidencial de 23 de outubro de 1951". In: BANCO DO NORDESTE DO BRASIL, 1985, p. 202.

vidades de banco de desenvolvimento do que nas atividades de crédito geral. Estas, apesar de importantes, deveriam ficar a cargo das entidades locais, intermediárias e repassatárias, das agências dos bancos estaduais e do próprio Banco do Brasil. A "burocracia bancária", na concepção de Rômulo, não precisava ser vultosa. O banco faria prospecção de projetos, estabeleceria parcerias na "ponta" e apoiaria as iniciativas de maior risco e também de maior retorno econômico e social.

Enfim, o foco estava nas atividades de maior complementaridade, com potencial de aglomeração, onde a iniciativa privada possuía pouco alcance. Neste sentido, as operações de risco e de crédito se reforçariam. Mas Vargas, conta Rômulo, não veta a obrigação de criar agências por cada 400 mil habitantes, o que, no seu entender, se mostrou "negativo" para o banco. O presidente "teve que "conciliar", pois do contrário poderiam surgir resistências políticas sob o argumento de que o banco não estava interessado no "interior".[120]

De fato, um dos problemas do banco na sua primeira etapa (até o fim dos anos 1950) foi a exagerada expansão do crédito geral, em detrimento das operações de desenvolvimento e investimento, como sugere a análise criteriosa de Hirschman sobre os balanços do BNB no seu estudo sobre o Nordeste.[121] Esta versão coincide com a de Stefan Robock,[122] técnico da ONU contratado para fornecer assistência técnica ao banco logo após a sua instalação, e também com a de Celso Furtado, como veremos adiante. Não obstante, para Fernando Pedrão, o BNB, provavelmente junto ao BNDE, se tornou "a primeira instituição financeira da América Latina a trabalhar com avaliação de projetos".[123]

O principal desafio durante a montagem do banco esteve relacionado às pressões clientelistas. Rômulo não menciona nomes, mas afirma de maneira categórica que as forças políticas locais desejavam literalmente "assaltar" o banco, especialmente, depois da sua saída, tendo Raul Barbosa, ex-governador do Ceará e futuro presidente do BNB, cumprido um papel de destaque na manutenção na "filosofia" do banco. Conforme suas palavras, "ele conspirou (sic) comigo para superar as pressões que eram tremendamente fortes". Rômulo não dá nomes aos bois – "há vivos e os mortos não podem dar o seu depoimento" – mas dos três personagens poderosos, dois eram locais e um da "República". Barbosa aceita assumir a consultoria jurídica do banco, justamente o cargo a ser loteado.[124]

---

120 ALMEIDA, 1985a, p. 57.
121 HIRSCHMAN, 1965, p. 80-81.
122 ROBOCK, Stefan. *Brazil's developing Northeast: a study of regional planning and foreign aid.* Washington: The Bookings Institution, 1963, p. 94.
123 PEDRÃO, Fernando, 2011.
124 ALMEIDA, 1985a, p. 60-61, 90.

As atividades da Sociedade Incorporadora tiveram pleno êxito, pois as subscrições públicas (de governos municipais e estaduais) e privadas superaram os 30% do capital a ser levantado com recursos fora do Tesouro. A bordo de um avião Beechcraft os membros da incorporadora, mais João Gonçalves de Souza, integrante da CNPA, viajam durante quinze dias pela região. De Teresina e Parnaíba até Montes Claros são recebidos com entusiasmo pela população. Durante este período, Rômulo conta com dois assessores diretos: Honorato de Freitas do Ministério da Agricultura e Mário Lima do Banco do Brasil.[125]

O papel do Banco do Brasil mostra-se, em grande medida, facilitado pela presença de Vieira de Alencar na Sociedade Incorporadora, então superintendente do BB. Era, na prática, "quem tinha o controle do pessoal do banco". No período inicial de instalação do BNB são doze os técnicos emprestados do BB, número que chega a dezoito mais adiante. A escolha desse pessoal "com dez anos de casa e com espírito crítico e criador", além de economizar recursos, contribuiu para que a instalação do banco fosse executada sem improviso.

Rômulo, em seu depoimento, menciona vários quadros do BB que participam da empreitada, apontando por vezes o seu local de origem – "esse menino da Paraíba, aquele rapaz do Rio Grande do Norte". A parceria com o BB permite atenuar eventuais resistências com relação a uma entidade potencialmente concorrente. Paralelamente, nosso personagem ressalva a importância do bom trânsito que tinha junto à cúpula política do banco, com Ricardo Jafet e depois com Marcos de Souza Dantas.

Aluizio Campos, advogado do BB, ex-deputado estadual pela Paraíba, depois diretor do BNB e secretário executivo do Conselho de Desenvolvimento do Nordeste (CODENO), se soma ao grupo; outro amigo do setor público, Jaime Bastián Pinto, consultor jurídico da SUMOC, topa "arregaçar as mangas" e elaborar o estatuto do banco.[126] Tal como no caso da Assessoria Econômica, as relações de amizade estão entranhadas no corpo da burocracia. O "recrutamento" é aceito sem ressalvas ou regalias pelos quadros técnicos, pois nutrem o firme propósito de se integrar aos novos projetos, paridos pela própria burocracia no seu afã de promover o desenvolvimento nacional.

A diretoria, centralizada em Fortaleza, é composta por uma "burocracia responsável" e mais afinada com as prioridades do banco. As injunções políticas se fazem sentir nas diretorias regionais dos estados. Para Rômulo, porém, enquanto o banco ainda não estivesse concentrado em grandes operações, isso não seria um

---

125   Ibidem, p. 65-67.
126   Ibidem, p. 59, 62-64.

problema: "eles ficavam no papel de relações públicas e nós podíamos trabalhar mais tranquilos na direção geral".[127]

O primeiro concurso é realizado a toque de caixa logo no primeiro semestre de 1954. As onze primeiras agências instaladas situam-se nas capitais do Nordeste.[128] Voltado para o pessoal administrativo, o concurso representa a primeira experiência descentralizada e de contato com o grande público. O BB fornece o apoio logístico, mas o processo deve correr sob sigilo absoluto.[129] Rômulo, tal como na aventura da primeira mensagem presidencial, quando ele revisa o documento recém-saído da Imprensa Oficial, nos oferece o seguinte relato:

> preparamos as provas na minha casa, mimeografamos, queimamos as matrizes e lacramos todos os pacotes para as várias agências, para não haver possibilidade de filtração, porque uma coisa nova tinha limite de confiança e queríamos evitar qualquer dúvida quanto à lisura do concurso.[130]

O tom esfuziante com que Rômulo narra, via telegrama, os resultados do concurso ao presidente Vargas indica que a sua crença genuína em um sistema de seleção baseado no mérito e capaz de gerar mobilidade social encontra provavelmente respaldo na concepção positivista do chefe, sempre temperada pelo pragmatismo da política de satisfazer interesses os mais diversos, inclusive os particularistas. Em uma das conversas de Rômulo com o presidente, depois de informá-lo sobre as pressões que estava sofrendo para montar a diretoria do BNB, ele recebe a seguinte a resposta de Vargas, que nos parece reveladora do seu estilo de governar:

> pode aguentar que eu dou todo o apoio; agora, quando você encontrar uma recomendação que possa conciliar com os interesses funcionais do banco, eu não direi que não aceite; neste caso, você deverá aceitar.[131]

Eis o telegrama do assessor ao presidente:

> Tenho satisfação comunicar concluída apuração provas três mil e quatro candidatos concurso provimento quadro BNB, realizado nos nove centros regionais entre Piauí norte de Minas, bem como Rio

---

127 Ibidem, p. 70-71.
128 ALMEIDA, Rômulo. "25 anos de BNB", [1979]. Texto mimeografado. Salvador: Acervo IRAE. Provavelmente publicado em algum jornal em 1979.
129 ALMEIDA, 1985a, p. 73, 76-77.
130 Ibidem, p. 76-77.
131 Ibidem, p. 61.

para candidatos do Sul do país. Classificados cento cinquentesseis candidatos na sua quase totalidade jovens pequena classe média e do proletariado, sem qualquer recomendação, obedecendo assim diretriz Vossa Excelência sentido seleção base sistema mérito para dar oportunidade democrática acesso classes populares. Com esse critério BNB está certo contar com pessoal competente e dedicado para realizar o grande programa que Vossa Excelência com apoio Congresso lhe traçou, benefício econômico e social esta região. Tenho prazer comunicar maior nota foi conquistada jovem Luis Martins Silveira de Sergipe, registrando-se maior percentagem classificações Ceará e maior número candidatos classificados Bahia. Determinei elaboração estudo sobre indicações concurso oferece quanto desajustamento escolas, afim encaminhar Ministro Educação, atendendo interesse através Ministro Balbino vem tomando governo Vossa Excelência sentido ampliar e renovar sistema educacional.[132]

O telegrama dispensa análise. Mas sugere uma indagação: existiria um "populismo varguista", de outra natureza, responsável por cativar e "cooptar" esses burocratas-intelectuais-militantes dotados de um sentido de missão e movidos pela utopia nacionalista?

Fato que merece menção é o final do telegrama, quando o servidor anuncia a elaboração de estudos para avaliar as deficiências do sistema educacional, observadas durante a correção das provas. Coincidentemente, Antônio Balbino seria no ano seguinte eleito governador da Bahia e Rômulo encarregado da secretaria da Fazenda do estado. Ao mencionar o problema educacional e propor uma iniciativa para aprimorá-lo a partir de uma prova de concurso, o boêmio cívico aponta para uma concepção de desenvolvimento que não se limita ao campo econômico. Neste momento, quando a teoria do capital humano ainda estava no berço, a educação é encarada como um mecanismo decisivo para a "oportunidade democrática de ascensão das classes populares".

Esta visão sistêmica do desenvolvimento também aparece sob outra chave. Rômulo abraça a dimensão regional do desenvolvimento, levando-a para todos os fóruns em que atua. Em abril de 1953, quando da 5ª Conferência da CEPAL, no Rio de Janeiro – a mesma em que Furtado apresenta as suas formulações sobre a técnica de planejamento econômico –, nosso personagem, integrante da delegação brasileira, profere discurso com a recomendação de que "o problema das regiões diferentes

---

132   ALMEIDA, Rômulo. "Telegrama de Rômulo Almeida ao presidente Getúlio Vargas", 4 jun. 1954. Rio de Janeiro: Acervo CPDOC-FGV/Fundo Jesus Soares Pereira. JSP.ae.div 1954.05.25 (Anexo 1).

internas a um país fosse considerado no estudo dos planos de desenvolvimento econômico nacional na América Latina".[133]

Outras preocupações mobilizam o primeiro presidente do BNB, empossado formalmente no dia 18 de janeiro de 1954, com quarentas anos incompletos. Em carta ao seu amigo Soares – que assume as suas funções de chefia da Assessoria Econômica –, informa sobre as condições precárias da sede do banco: "néca de telefone". Reclama da SUMOC que recusa "a importação de máquinas de contabilidade", essencial para um banco que começa com 11 agências e cerca de 20 escritórios da Associação Nordestina de Crédito e Assistência Rural (ANCAR), criada durante a sua curta gestão. E continua: "Aranha até agora nada sobre o depósito do Tesouro (200 milhões), apesar de termos pedido uma liberação escalonada. Qual será a atitude do Dr. Oswaldo Aranha? Estou profundamente receoso".[134]

Em seguida, completa confiante: "nosso programa, creio poderá ser posto em pronta execução, com grande repercussão para o governo do nosso chefe nessa área". É digno de nota a junção de dois sujeitos independentes, mas historicamente reunidos: o "nosso programa" joga a favor do "governo do nosso chefe", sugerindo uma diferenciação/associação entre o Estado e o governo para o qual ambos trabalham, Rômulo e Soares.

Além do concurso, da instalação da sede e das agências, a equipe técnica também vai se constituindo. Sobre o pessoal técnico, "havia dificuldade para formar uma grande equipe no ETENE, sobretudo de gente que morasse em Fortaleza". Logo no início, o pessoal que trabalha no ETENE conta com a supervisão técnica de Acioli Borges, mantido "a serviço nosso" pelo DNOCS.[135] Em parceria com a CAPES, é realizado o Curso de Treinamento de Especialistas em Desenvolvimento Econômico (CTEDE), quando são selecionados alguns dos seus integrantes para a nova entidade técnica, implantada em 1954. Dois cursos são realizados em 1953 e 1955, este último sob a supervisão do enviado da ONU Stefan Robock, que inclui uma visita de campo pelo Nordeste.

No documento elaborado por Robock, de 1955, o quadro do ETENE já aparece composto por 17 pesquisadores – 12 formados pelos CTEDEs, dentre os quais Rubens Vaz da Costa, Francisco de Oliveira e Aristeu Barreto de Almeida (irmão

---

133   SMITH, 2014, p. 7.
134   Ao fim da carta, em tom de observação, Rômulo acrescenta: o "Dr. Oswaldo Aranha, que muito me agrada pessoalmente, não aprecia uma iniciativa que não é sua". ALMEIDA, Rômulo. "Carta de Rômulo Almeida a Jesus Soares Pereira", 25 maio 1954. Acervo CPDOC-FGV/Fundo Jesus Soares Pereira. JSP.ae.div 1954.05.25.
135   ALMEIDA, 1985a, p. 73-74.

mais novo de Rômulo), além de 5 brasileiros com formação no exterior.[136] Entre 1955 e 1960, o BNB apoia a formação de técnicos por meio de um programa regional, voltado para agências públicas e privadas, alcançando cerca de 700 formandos.[137] Este impacto não deve ser subestimado se levarmos em consideração que, nos anos 1950, os cursos de economia da região estão precariamente estruturados e seus professores possuem formação apenas ao nível de graduação.[138]

Como relata Francisco de Oliveira, formado pelo CTEDE II, em 1955: "eu sou fruto de um problema de escassez".[139] Em outras palavras, o BNB, em convênio com a CAPES, se encarrega de transformar graduados nas mais diversas áreas em economistas. É também de Francisco de Oliveira, formado em Ciências Sociais pela Faculdade de Filosofia do Recife, o seguinte depoimento:

> Ora, o Nordeste não tinha bons economistas, e o banco deu uma solução brasileira, um jeitinho: pegou sociólogos que estavam chutando lata vazia na rua, gente com experiência em administração, mas que não era nem formada, economistas que eram péssimos, mas tinham o canudo e o anel, e meteu a gente no forno. Cinco meses depois saímos do forno e estávamos prontos para atuar no ETENE.[140]

Oliveira caracteriza o ETENE, no seu início, como um "órgão de assessoria que não decidia nada". No seu entender, com a gestão de Raul Barbosa, quadro tradicional do PSD cearense em 1956, o banco transforma-se em um banco comercial tradicional, pois não financia a indústria, apenas a agricultura, partindo de um enfoque conservador.[141]

A vinda de Robock é articulada por Rômulo com Roberto Campos, então integrante da Missão Permanente do Brasil em Nova Iorque. Antes já havia visitado o Nordeste o famoso economista do desenvolvimento Hans Singer, que Rômulo afirma ter vindo por "solicitação nossa" em 1952, por intermédio do BNDE. Entretanto, Rômulo indica ter ressalvas com a ideia de assistência técnica do exterior. O seu ob-

---

136 ROBOCK, Stefan, "Projeto de planejamento global para o Nordeste do Brasil". In: BANCO DO NORDESTE DO BRASIL-ETENE. *Memorando apresentado às Nações Unidas*. Fortaleza: Banco do Nordeste do Brasil, dez. 1955, p. 10. No documento, aparece a ficha técnica dos integrantes do ETENE com suas respectivas formações.
137 ROBOCK, 1963, p. 96.
138 LEITE, Pedro Sisnando. *Raul Barbosa no Banco do Nordeste: memórias*. 2ª edição. Fortaleza: Gráfica LCR, 2012, p. 104.
139 OLIVEIRA, Francisco de, 2011.
140 OLIVEIRA, Francisco de, 2009, p. 143-144.
141 Ibidem, p. 150.

jetivo está mais voltado para o interesse de "encontrar conduto para nossas relações financeiras internacionais".

Quando perguntado sobre o papel de Robock na organização dos cursos para a equipe do ETENE, ele ressalta o importante papel do ex-economista chefe do *Tennesse Valley Authority* (TVA) e assessor da ONU, mas sem deixar de mencionar que o caráter interdisciplinar pautara os trabalhos do BNB desde o início. Como se quisesse dizer que a assistência técnica se faz necessária, desde que filtrada pelos técnicos nacionais. Conta inclusive de sua visita técnica ao Texas, "para examinar o sistema de bancos agrícolas regionais dos Estados Unidos" e de como "estudara" a relação entre o papel das cooperativas e a necessidade de uma estrutura de financiamento fornecendo-lhes o suporte. Neste sentido, havia certo "folclore" em torno do cooperativismo espontâneo naquele país, pois se descontava a estrutura institucional mais ampla.[142]

Furtado parece comungar da mesma posição reticente em relação à assistência técnica exterior. Ela se mostra relevante, em face da escassez de pessoal qualificado, mas de difícil utilização em virtude do desconhecimento da realidade local, mostrando-se os consultores estrangeiros "muitas vezes inaptos para abordar problemas gerais". Ela costuma funcionar quando a entidade receptora conta com razoável grau de organização e encontra-se preparada para definir as áreas que precisam de ajuda.[143]

O documento de novembro de 1953 já contém algumas ideias estratégicas. Em primeiro lugar, parte da necessidade de conhecimento das relações entre as áreas sujeitas às secas e outras regiões da economia nacional. Portanto, bem distante de uma visão isolacionista. É mencionada a necessidade de coordenação entre os planos permanentes e os programas de emergência. Toca ainda em um ponto crucial: os outros 2% previstos pela Constituição da receita tributária da União, e não alocados via BNB, para "o combate sistemático das secas", precisam ser discriminados de maneira precisa no orçamento federal, de modo a viabilizar a concentração e coordenação dos esforços no âmbito regional.[144]

Adicionalmente, questiona-se o regime de terras, por servir de empecilho ao uso de terras irrigáveis às margens de rios perenes e vales úmidos, ou daquelas beneficiadas pelas obras públicas. Neste ponto, é mencionado o projeto elaborado pela CNPA, prevendo a desapropriação dessas terras para interesse social.

As iniciativas permanentes incluem nova orientação à educação primária, inclusive de adultos, secundária e normal; criação de universidades regionais; a reser-

---

142   ALMEIDA, 1985a, p. 59-60, 67-69.
143   FURTADO, 1989, p. 85-86.
144   "Planejamento do combate às secas", novembro de 1953. In: BANCO DO NORDESTE DO BRASIL, 1985, p. 232-253.

va e aproveitamento das águas; a conservação do solo e do revestimento florístico (com menção aos estudos de Guimarães Duque); a reserva de gêneros e sementes; as reservas forrageiras para os rebanhos excessivamente dispersos; o fomento agropecuário (incluindo defesa sanitária, além da pesca e da piscicultura); colonização e migrações com busca de maior produtividade às lavouras; expansão da energia (geração e distribuição); transporte e comunicações (facilitando o escoamento da produção); e a industrialização, que deve abarcar o beneficiamento de matérias-primas, as indústrias de alimentação, a pequena indústria artesanal e doméstica, bem como os empreendimentos de maior porte. Outras ações prevêm o desenvolvimento regional da indústria de cerâmica, de material sanitário e de cimento no intuito de baratear os serviços de abastecimento de água e de saneamento básico dos centros urbanos.[145]

Entre março e julho de 1954, Rômulo elabora um conjunto de "notas preliminares" com o objetivo de fornecer contribuições setoriais ao Plano Federal para o Nordeste (PFN). Aqui o foco é a integração de várias iniciativas, de modo a estruturar um "programa modesto, porém articulado e eficiente, para a organização econômica da região". Na prática, o PFN se resume a essas notas preliminares. No memorando de apresentação do documento, seu autor menciona a necessidade de atuação conjunta entre BNB, BB e BNDE e com os ministérios da Agricultura, Fazenda e Viação e Obras Públicas (MVOP). Ressalta, por exemplo, "a clarividência do ministro José Américo", por meio do qual está se "estabelecendo colaboração técnica fecunda entre o BNB e o DNOCS".

Dentre os programas mencionados, a ANCAR – responsável pela supervisão do crédito rural, com assistência e educação – já se encontra constituída, com a colaboração do BNB, do BB, da Associação Internacional Americana (AIA) e do MEC, e realizará, "em breve", convênio com o MVOP e o DNOCS. A questão da habitação rural seria enfrentada por meio de convênio entre o BNB, a ANCAR e a Fundação Casa Popular.[146] Rômulo mobiliza ações em curso no âmbito do governo federal, de modo a impulsioná-las no espaço nordestino. Aproveita os seus contatos na capital federal, onde até há pouco tempo estivera à frente, junto a outros quadros da burocracia, de instituições-chave na formulação de políticas para a habitação, a infraestrutura e o desenvolvimento industrial e agrícola.

A estes "programas menores", devem se somar os programas de grandes obras e serviços públicos (sistemas de açudes e irrigação, aparelhamento das ferrovias,

---

145   Idem, ibidem,.
146   "Plano Federal para o Nordeste (março a julho de 1954)". In: BANCO DO NORDESTE DO BRASIL, 1985, p. 267-269.

portos e navegação de cabotagem, correios e telégrafos, centrais elétricas, rede meteorológica, educação técnica etc.),[147] devidamente integrados entre si em uma segunda etapa do PFN. No dia 25 de abril de 1954, o presidente do BNB envia a seguinte nota para o presidente da República, informando sobre as conexões estabelecidas com várias instâncias do setor público:

> estreitei entendimentos com os ministros José Américo e João Cleofas e o Banco de Desenvolvimento, além da Comissão do Vale de São Francisco, a Cia. Hidro Elétrica e a Caixa de Crédito da Pesca, para a elaboração comum de um plano econômico complementar às grandes obras públicas e serviços federais no Nordeste.[148]

Rômulo detalha, por exemplo, o programa de armazenagem, fundamental para o fomento da produção agrícola, devendo o BNB fornecer assistência técnica, mas não o aporte de capital direto para os armazéns, a serem geridos pela iniciativa privada, de forma mista ou por entes públicos. Outro programa especifica a realização de pequenas obras e serviços contra as secas, embasado em uma política de água e de solo, a cargo de particulares e municípios e, possivelmente, em regime de cooperação com os estados e a União.

O apoio à mecanização agrícola também merece um programa especial, assim como o beneficiamento da matéria-prima, em especial algodão, sisal, caroá, cera de carnaúba, óleos vegetais, cacau e outros produtos. Neste caso, estudos verticais devem apontar para a "industrialização primária [...] de preferência nos próprios centros de produção ou o mais perto possível destes", de forma a que "a localização favoreça o maior interesse econômico".[149] A produção de sementes selecionadas também aparece como gargalo à produção agrícola, já que ela inexiste ou é feita de forma insuficiente pelo poder público. Trata-se de assegurar aos produtores tais sementes "no momento oportuno e a preços razoáveis". Atacar esse problema auxilia na questão da armazenagem, geralmente dificultada pela "extrema variedade de produtos".[150]

O "vigor tradicional" das indústrias domésticas e artesanais é explicado pelas dificuldades de transporte, pelo baixo poder aquisitivo e pelo subemprego da região. Estas atividades se ressentem da falta de organização dos produtores e de assistência técnica. O mercado para estes produtos tende a se expandir e não se

---

147 Ibidem, p. 272.
148 "Nota para o Senhor Presidente: Plano Federal para o Nordeste", 25 abr. 1954. Rio de Janeiro: Acervo CPDOC-FGV/Fundo Jesus Soares Pereira. JSP ae.div. 1954.05.25.
149 "Plano Federal para o Nordeste (março a julho de 1954)". In: BANCO DO NORDESTE DO BRASIL, 1985, p. 277-281, 299-304.
150 Ibidem, p. 305-307.

cogita que a indústria fabril, uma vez instalada, venha a ameaçar esse tipo de economia, "a não ser em alguns setores", exigindo uma melhor organização da produção e a realização de estudos sobre as perspectivas de mercado. O economista chega a mencionar que estas atividades abrem um "campo para a afirmação e fixação da personalidade regional", ao mesmo tempo em que defende a sua "standardização", de modo que "os seus bens sejam melhor conhecidos e acreditados no mercado".

Rômulo elenca cinco grupos de problemas para o fortalecimento desta economia de mercado: organização econômica dos produtores; aperfeiçoamento tecnológico; desenhos e conexos; assistência bancária; e assistência governamental. Menciona vários tipos de indústrias e atividades – redes, rendas, queijos, selas e artefatos de couro, indústrias metalúrgicas e conservas de alimentos, conforme as suas respectivas regiões – e seus potenciais "arranjos produtivos locais", ainda que não utilizasse o termo, que entra no linguajar dos economistas apenas nos anos 1980. A cooperação com o Serviço Nacional de Aprendizagem Industrial (SENAI) é descrita como estratégica.[151]

Nas suas andanças pelo Nordeste como presidente do banco, geralmente de carro, nosso personagem entra em contato com Eduardo Campos, jornalista e escritor cearense interessado em "folclore", e se encontra com Câmara Cascudo em Natal. Pretende utilizar motivos da cultura nordestina na publicidade do banco, "no intuito de valorizá-la e difundi-la". Mantém ainda conversa com Abelardo Rodrigues sobre a ideia de "um sistema de museus da cultura regional" com apoio do banco.[152]

São esboçados, de forma sumária, o programa de habitação rural,[153] o programa de pequena colonização municipal (com financiamento para a aquisição da pequena propriedade rural, em parceria com o INIC e com a Carteira de Colonização do BB)[154] e a sistemática para a "organização e financiamento da rede de cooperativas".[155]

Esta última é vista como um dos alicerces para o funcionamento do BNB. Enquanto o banco libera o crédito, a ANCAR fornece a assistência técnica para as cooperativas. Isso porque "uma grande maioria das cooperativas existentes não atende aos requisitos mínimos de eficiência". No seu entender, o mau uso do nome "cooperativa"

---

151   Ibidem, p. 309-317.
152   ALMEIDA, 1985a, p. 80.
153   "Plano Federal para o Nordeste (março a julho de 1954)". In: BANCO DO NORDESTE DO BRASIL, 1985, p. 325-328.
154   Ibidem, p. 329-330. O presidente do BNB está ciente de que um programa de colonização e de estímulo à pequena produção agrícola exige "grandes inversões". A iniciativa proposta procura atender no curto prazo ao problema do abastecimento dos municípios, por meio de pequenos "núcleos de granjas e sítios". Mas isso antes que "se articule a colaboração técnica, administrativa e financeira conveniente à sua realização em maior escala".
155   Ibidem, p. 331-333.

tem gerado pessimismo quanto ao seu papel, mas é função do banco, junto à ANCAR, "prestigiar aquelas que possuem condições de idoneidade", pois se trata de um mecanismo institucional com efeitos multiplicadores. Esta entidade se espelha na iniciativa mineira, a Associação de Crédito e Assistência Rural (ACAR), criada em 1948.

Portanto, a primeira versão do PFN, elaborada por Rômulo, parte dos programas estruturados em âmbito federal com apoio da Assessoria Econômica, muitos dos quais seriam engavetados, postergados ou implantados de maneira limitada e assistencialista. Pretende adaptá-los às várias zonas do semiárido e do Nordeste.

A ANCAR aparece como a grande inovação do projeto. No seu depoimento ao BNB de 1985, ele se refere à filosofia da ANCAR, então muito focada no trabalho de educação e assistência e voltada especialmente para as minilavouras. Ele diz que, à época, concordara com a filosofia, embora sugerisse a ampliação do seu escopo para o lavrador médio, também carente de orientação, e dotado de melhores condições de produção e maior capacidade de difusão.[156]

Ao final do seu discurso de posse no BNB, Rômulo destaca a dimensão do desafio, adicionando um quê de sua experiência pessoal: "se pegamos o Ita no Norte é que o Norte não tinha como nos fixar: Paulo Afonso, o Banco do Nordeste do Brasil e outros empreendimentos básicos vão modificar a situação".[157] Ele acerta, mas pela metade. O Banco do Nordeste representou, de fato, a superação da "fase hidráulica" como concepção do desenvolvimento do Nordeste, logo após a fase de transição iniciada com a criação da Comissão do Vale do São Francisco e da CHESF.

Tal é o veredito de Robock,[158] que descreve a "nova era" marcada pela criação do BNB e as primeiras tentativas (fracassadas) de coordenação de esforços no sentido de um plano de desenvolvimento regional. Robock ressalta a participação na criação do BNB de três nordestinos próximos ao presidente, Rômulo, Soares e Cleanto, e o seu empenho na criação de um órgão colegiado regional. Com a demissão de Rômulo, o plano regional é sepultado. Mesmo contando com representantes dos governos estaduais e dos órgãos federais no seu conselho consultivo, o BNB fica restrito às operações de crédito, mostrando-se incapaz de assumir um papel de destaque na elaboração e execução de planos de desenvolvimento regionais.

André Tosi Furtado nos fornece um esforço de interpretação sobre o pensamento de Rômulo Almeida em torno do desenvolvimento nordestino. No seu

---

156 ALMEIDA, 1985a, p. 86.
157 ALMEIDA, Rômulo. "Discurso de Posse de Rômulo Almeida na Presidência do BNB (15/01/1954)". In: BANCO DO NORDESTE DO BRASIL (BNB). *O Nordeste no segundo governo Vargas*. Fortaleza: Banco do Nordeste do Brasil, 1985c, p. 170.
158 ROBOCK, 1963, p. 92, 98-100. Robock, depois de ter atuado como técnico enviado das Nações Unidas para assessoria junto ao BNB, elaborou um dos estudos mais completos sobre o desenvolvimento do Nordeste, incluindo uma análise sobre o período da SUDENE.

entender, a visão de Rômulo, quando da criação do BNB, era "essencialmente ruralista" e voltada para um "desenvolvimento autocentrado". Essa interpretação não parece plenamente corroborada pelos documentos acima apontados, especialmente no "Planejamento do combate às secas", onde a conexão com outras regiões do país é realçada e o desenvolvimento de indústria de maior porte defendido, inclusive utilizando "matérias-primas regionais ou importadas".

Mas o autor tem razão ao enfatizar a evolução do pensamento de Rômulo, depois da experiência no governo baiano, no sentido da defesa de uma industrialização competitiva da região e integrada no contexto nacional,[159] como veremos em seguida. Isso fica evidente quando Rômulo, no seu depoimento para a memória do BNB, questiona o modelo "artesanal-pastoral", então muito em voga, sem a presença de "indústrias dinâmicas".[160] Portanto, a evolução do seu pensamento deve-se mais às transformações da economia brasileira e nordestina, que lhe permitem recompor o quadro traçado na primeira metade dos anos 1950.

A criação do Grupo de Trabalho sobre o Desenvolvimento do Nordeste (GTDN) no âmbito do Conselho de Desenvolvimento do BNDE, em 1956, sob a direção executiva do BNB, não chega a estabelecer um novo marco para o enfrentamento do problema do desenvolvimento regional. Outra seca, a de 1958, e o ingresso de Celso Furtado em cena seriam necessários para chacoalhar o Nordeste. A SUDENE, além de representar uma inovação no federalismo brasileiro, é posta em prática. Desta vez, não fica refém da luta de bastidores que Rômulo travara no segundo governo Vargas. Conta ainda com o apoio de diversos segmentos da sociedade civil.

A relação entre Furtado e Rômulo será analisada em seguida, a partir de um contraponto entre as suas visões sobre o desenvolvimento do Nordeste – diferentes, mas potencialmente complementares. Rômulo participa da primeira reunião do CODENO, em abril de 1959, representando o governo da Bahia. Furtado se refere a ele como "grande conhecedor dos problemas da região".[161]

Rômulo menciona Furtado sempre de maneira respeitosa, ressaltando o avanço protagonizado pela SUDENE e seu idealizador, condensado no "famoso relatório" do GTDN. O seu principal "senão", repetido em entrevistas e depoimentos, pode ser sintetizado na seguinte assertiva: "A Sudene não foi algo que surgiu do

---

159 TOSI FURTADO, André. "Rômulo Almeida (1914-1988) e suas contribuições para o pensamento econômico regional brasileiro". In: SZMRECSÁNYI, Tamás & COELHO, Francisco da Silva (orgs.). *Ensaios de história do pensamento econômico no Brasil contemporâneo*. São Paulo: Atlas, 2007, p. 343-346.
160 ALMEIDA, 1985a, p. 103-104.
161 FURTADO, 1989, p. 58.

nada". No seu entender, o BNB não teria sido uma "iniciativa pontual, como certas análises históricas mal informadas costumam julgar".[162] Existe provavelmente certa amargura por ver desperdiçado o trabalho executado previamente ao lançamento do BNB e que poderia ter contribuído, no seu entender, para a experiência da SUDENE. De certa forma, se vira eclipsado[163] pela liderança de Furtado junto à nova instituição criada no governo JK.

Por outro lado, se a história do BNB pós-1954 não faz jus ao que fora planejado em forma embrionária por seu arquiteto, os documentos então produzidos jamais vieram a público. Furtado muito provavelmente não tivera acesso a eles. Francisco de Oliveira, por exemplo, quando menciona o BNB, refere-se ao que o banco tinha se transformado, não ao projeto inicial: "a visão que o banco tinha do assunto [a economia do Nordeste] era uma coisa rural, era basicamente aquela choradeira regionalista e ponto".[164]

Rômulo chega a mencionar uma ocasião em que houve divergência de opiniões entre Celso Furtado e Raul Barbosa, então presidente do BNB, em um debate na SUDENE no início dos anos 1960. O economista baiano disse ter ficado ao lado de Barbosa, "de tendência mais conservadora", provavelmente pela relação de lealdade com o seu sucessor no banco, mas apoiando a ideia de Furtado de que o BNB deveria focar nas atividades típicas de banco de desenvolvimento. Conforme seu relato, Furtado "teria conduzido mal a coisa", propondo uma "redução drástica das operações da carteira de crédito geral".[165] O reparo é mais na condução política, pois Furtado procura, de fato, recuperar a ideia inicial de Rômulo de tornar o BNB um "banco de segunda linha". Ou seja, de não liberar crédito a quem já o possui – o que significaria apenas substituir o papel do BB na região –, para estimular novas atividades, de mais largo alcance, inclusive por meio de outros agentes financeiros.

Em outro momento, no início da gestão de Jânio Quadros, quando se organiza um movimento para tirar Celso Furtado da SUDENE,[166] Fernando Pedrão conta que Rômulo, novamente no governo da Bahia, o envia ao Rio de Janeiro para uma articulação em defesa do economista paraibano,[167] o que não era pouco em

---

162   ALMEIDA, Rômulo. "Discurso de Rômulo Almeida na cerimônia de instalação do Centro Administrativo Getúlio Vargas no BNB (19/07/1984)". In: BANCO DO NORDESTE DO BRASIL (BNB). *O Nordeste no segundo governo Vargas*. Fortaleza: Banco do Nordeste do Brasil, 1985d, p. 172.
163   TOSI FURTADO, 2007, p. 341.
164   OLIVEIRA, 2009, p. 148.
165   ALMEIDA, 1985a, p. 85.
166   FURTADO, 1989, p. 80-81, 98-102.
167   PEDRÃO, Fernando, 2011. Em texto recente, Pedrão fornece mais informações. A articulação de Rômulo em apoio a Furtado foi combinada com Juracy Magalhães e o governador

se tratando de um estado governado por Juracy Magalhães, da UDN. Este já havia apoiado, na reunião do CODENO de dezembro de 1959, a continuidade de Furtado à frente da instituição em uma mensagem emitida ao presidente da República,[168] provavelmente por intervenção de Rômulo.[169]

Portanto, se havia rusgas – marcadas talvez pela vaidade pessoal, mas principalmente por certas divergências de interpretação – entre os dois nordestinos mais empenhados no enfrentamento do problema regional durante os anos 1950, o ponto que os unia acaba falando mais alto: blindar a instituição das pressões clientelistas e fortalecê-la enquanto órgão estratégico para o planejamento regional. Era como intelectuais orgânicos do Estado que se reconheciam e nutriam respeito mútuo, mesmo ocupando, e talvez por isso mesmo, postos distintos na administração pública.

A saga da SUDENE, liderada por Furtado, retomaria em um outro patamar a experiência do BNB. Francisco de Oliveira afirma que ali tivera uma verdadeira "lição de República", pois o condutor do processo "era anticordial, no sentido buarqueano, por excelência". E completa: "eu aprendi ali o que era o serviço público", "eram só vinte pessoas, um time de vinte malucos", selecionados com base nas suas competências e em regime CLT por se tratar de uma autarquia. Mas ninguém era conhecido, "pois nenhum economista bem-sucedido ia sair do Rio para ir para o Nordeste".[170]

Portanto, este processo não ocorre em um vácuo político. O caso da SUDENE revela que as condições políticas e sociais levaram a um novo patamar de compreensão e de intervenção política sobre o desenvolvimento regional, ao menos em relação ao quadro encontrado no segundo governo Vargas. Já nos outros temas abordados neste capítulo, em que Rômulo teve papel de destaque – reforma administrativa, reforma social (previdência e habitação) e reforma agrária –, se eles continuaram em pauta, antes regrediram do que avançaram, em virtude das mesmas condições sociais e políticas.

---

pernambucano Cid Sampaio, também da UDN. A missão ao Rio era composta por Fernando Pedrão, Fernando Mota e Armando Mendes. Eles obtiveram uma moção do Conselho Federal de Economia (COFECON) em defesa de Furtado (PEDRÃO, Fernando. "Introdução: Rômulo Almeida, o homem e sua época". In: FEDERAÇÃO DAS INDÚSTRIAS DO ESTADO DA BAHIA (FIEB). *Rômulo: desenvolvimento regional e industrialização*. Série FIEB Documentos Históricos 2. Salvador: FIEB, 2013, p. 57).

168 FURTADO, 1989, p. 79.
169 OLIVEIRA, 2011. Segundo Francisco de Oliveira, Rômulo "colaborou muito" com a SUDENE: "o apoio da Bahia era transmitido por ele".
170 OLIVEIRA, 2009, p. 154-157.

Seria um exagero dizer que tudo começou com a Assessoria Econômica de Vargas na primeira metade dos anos 1950, mas inegavelmente uma agenda embrionária de reformas de base havia sido lançada, ainda restrita à cidadela estatal, e por vezes nela mesmo abortada; e que passa a empolgar uma sociedade civil, controlada no governo JK e crescentemente turbinada no triênio 1961-1963, em um momento no qual a sociedade política perde a capacidade de canalizar estas demandas em torno de um projeto de desenvolvimento nacional.

Aqui seria o caso de recuperar alguns questionamentos formulados por Albert Hirschman. Como diferenciar um desenvolvimento desequilibrado "destrutivo" de um "construtivo"? Em que condições, "o conflito social, pilar da democracia", pode render frutos? Em vez de situar a questão em termos de uma rota definida de antemão, partindo de um raciocínio motivado pelo "juízo tardio" (*wisdom of hindsight*), por que não resgatar a força criativa da história por meio da "imaginação por prognóstico" (*folly of foresight*)?[171]

Se a primeira alternativa coincide com a visão convencional das Ciências Sociais, que "sabem" do acontecido e partem de um viés teleológico para proceder à sua explicação; a história de Rômulo, Furtado e demais técnicos e intelectuais visceralmente atados ao Estado nos convida a colocar esta perspectiva em tensão dialética com o que apenas parecia possível (segunda alternativa). Seu projeto-interpretação-utopia encontrou respaldo – provisório, parcial e de maneira diferencial ao longo do tempo – junto a importantes segmentos da sociedade. Atuaram sobre o real e o modificaram, mas não lograram controlar todas as dimensões do processo e conduzi-lo conforme as suas expectativas.

---

171 HIRSCHMAN, Albert. *A moral secreta do economista*. São Paulo: Editora UNESP, 1997, p. 85-87. A tradução dos termos em inglês, entre parênteses, é nossa.

Bahia, Brasil e América Latina (1954-1966)

Depois de deixar o BNB, Rômulo cogita várias hipóteses – ficar no governo federal ou ir para a iniciativa privada – mas, conforme seu relato, "o normal seria seguir a carreira política". Esta última é encarada como "uma meta final, a que aspirava sem pressa, preferindo acumular experiência técnica, intelectual e administrativa prévia".[1] Portanto, nosso personagem não deixa de antever oportunidades para além do serviço público. Afirma, inclusive, que se soubesse da vitória de JK – "não podia prever que viesse o Juscelino" – não teria saído do Rio e pegado o "ita de volta".[2] Quanto à última expressão, trata-se de uma referência ao comentário do então ministro Oswaldo Aranha, quando de sua ida para Fortaleza, rumo ao BNB: "é o primeiro que eu vejo a tomar um ita de volta".[3] No caso, ele faz menção à sua ida para o governo baiano.

Rômulo se elege deputado federal em outubro de 1954, apenas "com votos espontâneos, sem nenhum chefe político comigo".[4] Havia instalado o seu escritório eleitoral em uma sala da sede do Instituto de Economia e Finanças da Bahia, localizado na Rua Chile, no centro de Salvador.[5] Conta com a sua "pequena tradição pessoal", pois a sua imagem estava colada à do "velho" (Vargas).[6] Faz a campanha sem dinheiro, participando dos comícios com o candidato dissidente do PSD ao governo estadual, Antônio Balbino. Vargas já havia costurado a candidatura de Balbino ao chamá-lo para o Ministério da Educação. Também se reconciliara com Juracy Magalhães, a quem nomeara para a Presidência da CVRD e, depois, da Petrobras. Balbino tinha, portanto, apoio de parte do PSD e da UDN (por intermédio de Juracy), além do PTB.[7]

---

1   ALMEIDA, 1986, p. 90.
2   ALMEIDA, 1985a, p. 108.
3   ALMEIDA, Rômulo. "Uma página de memórias sobre Aratu", s/d. Salvador: Acervo IRAE.
4   ALMEIDA, 1986, p. 90.
5   Ibidem, p. 89.
6   ALMEIDA, 1988, p. 93.
7   JOSÉ, Emiliano. *Waldir Pires: biografia*. Volume 1. Rio de Janeiro: Versal, 2018, p. 310.

O material de campanha de Rômulo é um texto de quatro páginas.[8] Na primeira, a foto do ex-presidente Vargas com sua risada bonachona. Na segunda, uma foto de Rômulo, na sua mesa de trabalho iluminada por uma lamparina, ele rodeado de livros, com lápis de duas pontas em punho. Traja gravata, lenço na lapela do paletó, óculos de aros pretos e ostenta um olhar sisudo e compenetrado. Na terceira página, a carta de Vargas agradecendo-o pelos serviços prestados em tom funcional: "cumpre-me deixar aqui consignado o meu reconhecimento pela dedicação, pelo zelo e pela lealdade com que se colocou ao serviço do governo" e assim por diante. Certo tom pessoal transparece ao final da missiva, datada de 6 de maio de 1954,[9] quando o chefe de governo menciona "o convívio constante [com o assessor] durante os últimos anos".

Na última página, vem a ficha do candidato "proveniente de família modesta da Bahia". Dentre as atividades mencionadas estão a colaboração nas seguintes "obras": Petrobras; Eletrobras (que seria criada apenas adiante); Plano do Carvão Nacional; desenvolvimento das indústrias de base; problemas do crédito e da produção agrícola; armazenagem e abastecimento; habitação popular, inclusive no campo; melhoria dos benefícios da previdência social; financiamento para os serviços de água, esgoto e energia nos municípios; e, finalmente, desenvolvimento da Bahia, do Nordeste e da Amazônia.

Vinte dias depois, Rômulo responde a carta do presidente. Refere-se a Vargas como um "homem que se criou com a vocação para a política e a boemia cívica", como se visse na figura do chefe o reflexo da própria imagem autoconstruída. Faz questão de mencionar o seu julgamento anterior sobre o presidente – "tão restritivo na inquieta juventude, quando se ambiciona demais e se confunde as frustrações do país com a dos homens do poder" –, mas que havia "evoluído para situá-lo na posição genial do político que abriu caminho aos ideais da nova geração, no sentido do nosso tempo". A carta expressa os termos com que se refere a Vargas nas suas entrevistas ao longo do tempo. Em tom de depoimento, como se a imaginasse lida pelas futuras gerações, ele fornece o seu retrato do líder político: "no convívio diuturno, testemunhei como, ao contrário do que geralmente se propala, os problemas econômicos e administrativos absorvem a maior parte do seu tempo".[10]

---

8   "Para deputado federal Rômulo Almeida", s/d. Material de campanha referente à candidatura a deputado federal pelo estado da Bahia. Salvador: Acervo IRAE.
9   Esta é a data em que Rômulo é exonerado do cargo de oficial de gabinete ocupado desde março de 1951, portanto, alguns meses depois de assumir a Presidência do BNB.
10 ALMEIDA, Rômulo. "Carta de Rômulo Almeida ao presidente Getúlio Vargas", 24 jun. 1954. Rio de Janeiro: Acervo CPDOC-FGV/Fundo Getúlio Vargas. GV 54.06.24/3. Recebi uma cópia desse documento das mãos de Roberto Smith durante o II Congresso Internacional do Centro Celso Furtado.

Após a sua eleição para a Câmara dos Deputados, Rômulo chega a ser empossado na vice-presidência da Comissão de Economia, mas logo a deixa para se tornar secretário da Fazenda da Bahia em 1955. No ano anterior, em novembro, "quando já estava claro o resultado (ainda não completo e oficial)" das eleições baianas, "nasceu um mutirão que teve como cenário a Escola de Enfermagem da Universidade Federal da Bahia",[11] a ele cedida pelo reitor Edgard Santos. O produto do mutirão – as chamadas "pastas cor de rosa" – continha "um levantamento das informações e da problemática baiana", "algumas propostas preliminares", além de "hipóteses de trabalho para o sistema de planejamento.[12] Conforme o coordenador dos trabalhos, o objetivo era

> abrir novos rumos para o Estado e ser capaz de ir substituindo as velhas bases patriarcais de sustentação política por uma organização e mobilização das forças sociais e uma conscientização das elites em torno dos objetivos do desenvolvimento. Uma transição do velho binômio coronelismo e clientelismo para uma política ideológica e de massas. Havia pressa, pois as mudanças seriam lentas e o mandato curto. Era preciso acabar o período governamental com êxito popular.[13]

Se as preocupações técnicas e administrativas orientam os seus esforços, não é menos verdade que, somado ao prestígio angariado na cena nacional, o sucesso do seu esforço de planejamento, em nível estadual, pode lhe render dividendos políticos. Afinal, Vargas está fora do palco. Isso gera resistências dos grupos dominantes e das forças políticas locais, inclusive do seu partido e do próprio governador. Rômulo fica no governo baiano entre 1955 e 1957, quando sai por desavenças com Balbino que, conforme a sua interpretação, teria se curvado à política tradicional para preparar a sua sucessão, comprometendo assim a diretriz do planejamento.[14] Volta com o governo Juracy Magalhães, em 1959, com menos poder e tendo ao seu lado o grande adversário dos tempos de governo federal – o advogado de orientação neoliberal no campo da economia Aliomar Baleeiro, que nos anos 1950 havia se destacado como deputado federal pela Bahia, vinculado à banda de música da UDN. Mas ainda não é o momento de relatar a incursão fracassada de Rômulo no terreno da política baiana.

---

11   ALMEIDA, Rômulo. "Prefácio às pastas cor de rosa", 1982, mimeo. Salvador: Acervo IRAE. O documento (As pasta cor de rosa) – apresentado em abril de 1955 e intitulado "Situação e problemas da Bahia – 1955: recomendações de medidas ao governo" – seria publicado apenas 30 anos depois deste prefácio, infelizmente não incluído na publicação (GOVERNO DO ESTADO DA BAHIA. *Pastas rosas de Rômulo Almeida*. Salvador: SEPLAN, 2012).
12   ALMEIDA, 1982.
13   Idem, ibidem.
14   ALMEIDA, 1986, p. 106.

Francisco de Oliveira conta que quando conhece Rômulo, em 1955, "ele já era uma figura mítica".[15] Fernando Pedrão, apresentado a Rômulo no mesmo ano, quando da sua formatura na turma da Faculdade de Ciências Econômicas em Salvador, é convidado para se integrar ao esforço de planejamento, atuando no IEFB.[16] Então a Comissão de Planejamento Econômico da Bahia (CPE) já se encontra a pleno vapor.

O lançamento dos três volumes "pastas cor de rosa" se dá no dia 7 de abril de 1955, logo após a posse do novo governo, quando elas são distribuídas para o secretariado e para a imprensa. O apelido, em tom de chacota, é dado pelo jornal *A Tarde*,[17] que tem como redator-chefe Jorge Calmon – irmão do candidato derrotado nas eleições, Pedro Calmon, membro da fina flor da elite baiana. Balbino, como já mencionado, é eleito por contar com ampla frente de apoio, inclusive dos comunistas, surfando na onda gerada pelo suicídio de Vargas. Pedro Calmon tem o apoio de parte do PSD e do Partido Libertador (PL) que recebe os quadros da UDN baiana não juracisista – Otávio Mangabeira, Luis Viana Filho e Nestor Duarte, dentre outros.[18] Rômulo sabe, portanto, que vai encontrar oposição das elites derrotadas. Em face deste contexto, decide atuar em duas frentes: a técnica e a política.

A frente técnica se concentra na aventura das pastas cor de rosa, cujo processo de produção coletiva de dados, análises e propostas, sob a sua orientação, guarda semelhança com o vivenciado durante a mensagem presidencial de 1951. Consegue recrutar "o pessoal do Rio", uma referência aos técnicos nacionalistas como Américo Barbosa de Oliveira, Acioli Borges, e Ignácio Rangel, além de José Pelúcio Ferreira (BNDE), Sidney Latini e Domar Campos (SUMOC), dentre outros, que colaboram no mapeamento geral do "estado das artes" da Bahia.[19] Isso é possível graças à "fa-

---

15   OLIVEIRA, Francisco de, 2011; NETO, Joviniano Soares de Carvalho, 2011. Logo ao início da entrevista, o economista e sociólogo confessa nunca ter conseguido chamar Rômulo pelo nome. Era "Dr. Rômulo", assim como mais adiante, "Dr. Celso". O professor Joviniano Neto, que trabalharia com Rômulo nos anos 1960 e 1970, também o chamada de "Doutor" ou a ele se refere carinhosamente como o "velho Rômulo".

16   PEDRÃO, Fernando, 2011.

17   Rômulo menciona que o jornal recebera as três pastas "destilando em ironia o seu derrotismo" (ALMEIDA, 1982).

18   SAAVEDRA CASTRO, Marcial Humberto. Rômulo Almeida e a problemática do planejamento: o planejamento econômico na Bahia (1955-1961). 2010. 138F. Dissertação (Mestrado em História). Faculdade de Filosofia e Ciências Humanas, Universidade Federal da Bahia, Salvador, p. 76.

19   ALMEIDA, 1988, p. 111-114; SOUZA & ASSIS, 2006, p. 236-237. Segundo Rômulo, "neste caso Jesus (referindo-se a Soares Pereira) deu uma contribuição ligeira". Participaram também vários não economistas, como o agrônomo Renato Martins do Ministério da Agricultura e Arthur Levy da Petrobras, além de quadros da Escola Brasileira de Administração Pública da FGV, SENAI, CNI, Instituto Nacional de Tecnologia, IBGE, Comissão Nacional de Alimentação e Banco do Brasil (SAAVEDRA CASTRO, 2010, p. 79). Essas informações foram cotejadas com a versão original das

cilidade" que ele encontra na administração federal. Rômulo conta que essa equipe não recebe nenhuma remuneração. Os desembolsos com passagens e hospedagem são custeados pela UFBA.[20] Além de mobilizar esta ampla rede de técnicos, Rômulo procura canalizar para a Bahia recursos e projetos do governo federal.[21]

Nosso personagem também aciona os quadros do IEFB, agora vinculado à universidade federal, por meio de convênio. Funciona como uma espécie de "FGV regional", formando novos técnicos – em convênio com a CAPES e o BNB,[22] dois dos "filhos" de Rômulo na esfera federal –, com o intuito de organizar as estatísticas do estado e realizar análises econômicas e sociais. Para chefiar a equipe do instituto traz, por meio da assistência técnica internacional, John Friedmann, o economista austríaco que mais adiante se destacaria como um dos "papas" do desenvolvimento regional. Este, por sua vez, convida Armando Dias Mendes,[23] o economista paraense que elabora, logo adiante, o primeiro plano quinquenal de desenvolvimento da Amazônia para a SPVEA no governo JK. Posteriormente, vários técnicos do IEFB se integram ao quadro de professores da Faculdade de Economia da UFBA. Também aí se realiza a primeira versão no Nordeste do curso de planejamento econômico da CEPAL.[24]

Para enfrentar as resistências à transplantação para a esfera local da concepção de planejamento, Rômulo conta com o apoio decisivo do reitor da UFBA, Edgard Santos, e de intelectuais baianos de prestígio como Manuel Pinto de Aguiar e Thales de Azevedo. Segundo suas palavras, procura trazer "todas as contribuições válidas, da técnica, do saber e da experiência".[25] O IEFB, agora devidamente aparelhado, passa a compor "o sistema para o desenvolvimento"[26] junto à CPE em maio de 1955.

Cumpre ressaltar que, durante os anos 1930, o governo baiano havia criado – além do Instituto do Cacau da Bahia, do Instituto Baiano do Fumo e da Cooperativa Central

---

"Pastas cor de rosa", obtida no arquivo da Superintendência de Estudos Econômicos e Sociais do Governo da Bahia (SEI). (GOVERNO DO ESTADO DA BAHIA. "Situação e problemas da Bahia – 1955: recomendações de medidas ao Governo", 1955, mimeo. Salvador: Acervo SEI).

20 ALMEIDA, 1982.
21 SOUZA & ASSIS, 2006, p. 266.
22 O primeiro curso é dirigido pelos quadros técnicos da FGV, Aníbal Villela e Gerson Augusto da Silva (Ibidem, p. 267; ALMEIDA, 1986, p. 95).
23 ALMEIDA, 1986, p. 96-97.
24 PEDRÃO, 2013, p. 45.
25 ALMEIDA, 1982.
26 GUIMARÃES, Ary. *Um sistema para o desenvolvimento (governo baiano e industrialização)*. Salvador: ICS/UFBA, 1966. Empresto este termo do importante trabalho de pesquisa realizado professor Joviniano Neto no Programa de Sociologia Industrial e Desenvolvimento, criado por meio de convênio entre o Instituto de Ciências Sociais da UFBA e o SESI/FIEB nos anos 1960.

Instituto de Pecuária, que refletiam os eixos em torno dos quais girava a economia baiana –, o Instituto Central de Fomento Econômico da Bahia (ICFEB), que Rômulo e sua equipe transformam adiante em um banco estadual, o Banco de Fomento do Estado da Bahia (BANFEB).[27] Estas instituições compunham um embrionário "sistema de organização econômica regional", sob o impulso de Inácio Tosta Filho, a quem Rômulo convida sem sucesso para a diretoria do BNB e depois para a CPE.[28]

As siglas que vêm a seguir – CPE, Conselho de Desenvolvimento Econômico da Bahia (CONDEB), Companhia de Telefones da Bahia (TEBASA), Companhia de Eletricidade da Bahia (COELBA) e o Fundo de Desenvolvimento Agroindustrial da Bahia (FUNDAGRO), esta última com as suas várias subsidiárias –, surgem como resultado da tentativa de elaborar um sistema

> caracterizado pelo caráter participativo e mobilizador da sociedade, pela atividade multidisciplinar integrada, pelo planejamento como função contínua, flexível e progressiva e pela coordenação entre as atividades estaduais e federais.[29]

Vivia-se então sob a égide do "enigma baiano", segundo alcunha do ex-governador Otávio Mangabeira (1947-1951), como forma de ilustrar o fenômeno do atraso de uma região outrora próspera.[30] Era a síndrome da "Bahia já teve". As interpretações oscilam entre a choradeira pelo descaso do governo federal com o estado no pós-1930 e a perspectiva redentora de retorno ao passado áureo, porém sem um diagnóstico dos dilemas e das "soluções" para o seu enfrentamento.

Tal enigma, segundo a formulação de Antônio Sérgio Guimarães,[31] revela uma ideologia do passado sem capacidade de se atualizar por meio de "uma liderança política econômica e moral" que projetasse o estado e os seus vários interesses de classe, por meio de uma pauta comum no então novo cenário nacional. O "abandono", a "decadência" e o "desânimo" do discurso comprometem a capacidade de ação

---

27   Ibidem, p. 31-35. Ver também SPINOLA, Noelio Dantaslé. "O Plandeb". In: *Revista de Desenvolvimento Econômico*, ano XI, n. 20, jul. 2009, p. 16.

28   ALMEIDA, 1984. Durante a criação do BNB, Ignácio Tosta Filho e Sóstenes Miranda conduzem uma pesquisa, mencionada por Rômulo, sobre os orçamentos familiares no sertão nordestino. O objeto é mostrar como apenas uma parte da renda do sertanejo era mercantil. Em 1957, Tosta Filho assume a CACEX no governo federal.

29   ALMEIDA, 1982.

30   TAVARES, Luís Henrique Dias. *História da Bahia*. 11ª edição. São Paulo/Salvador: UNESP/EDUFBA, 2008, p. 463.

31   GUIMARÃES, Antônio Sérgio Alfredo. *A formação e a crise da hegemonia burguesa na Bahia (1930-1964)*. 1982. 151F. Dissertação (Mestrado em Ciências Humanas). Universidade Federal da Bahia, Salvador. Versão revisada pelo autor em 2003, p. 62-65, 107-109.

do setor público, inerte em face da escassa "mentalidade empresarial". O enigma aparece como "indecifrável", ao menos do ponto de vista das elites tradicionais, divididas entre a fração mercantil da burguesia e a oligarquia agrária. Ainda assim, a Associação Comercial da Bahia (ACB), procura recuperar o tempo perdido na "crítica ao nacionalismo estrábico da Petrobras", passando agora a defender uma política de petróleo capaz de contribuir para a expansão industrial do estado. Mas este segmento de classe encontra dificuldades para se projetar hegemonicamente sobre os demais interesses da sociedade.

Em 1958, o *Jornal da Bahia* e *A Tarde* realizam inquéritos sobre o "enigma", junto a setores da intelectualidade e das classes produtoras. A própria ACB já promovera debates sobre o tema, contando com a presença de Rômulo, Pinto de Aguiar e Clemente Mariani.[32] Fernando Pedrão relata ter visto Rômulo em público pela primeira vez em 1954, depois do suicídio de Vargas, em um evento da ACB, quando ele "trouxe para cá" a questão nacional do desenvolvimento econômico. Lá está também seu futuro parceiro Waldir Pires,[33] eleito deputado estadual logo em seguida. O discurso deve ter impressionado, pois era o avesso da realidade local. O enigma baiano, a partir desta nova chave, passa a exigir uma visão nacional,[34] deixando de lado o lema "a Bahia para os baianos", dos autonomistas nos anos 1930.

Importa ressaltar que antes disso, em 1952, Rômulo, Clemente Mariani e Edgard Santos haviam "topado fazer uma trinca" para discutir o desenvolvimento estadual e "dar uma sacudida na Bahia", o que dá origem a um documento preliminar elaborado por nosso personagem.[35]

Em livro publicado no ano de 1958, Manuel Pinto de Aguiar se debruça sobre o enigma baiano. O texto integra uma coleção da sua própria editora sob a alcunha de "Edições da CPE". Defende a necessidade de encarar o desenvolvimento da Bahia sob uma perspectiva integrada, dinâmica e histórica. Em vez de entoar os bordões das elites econômicas resumidos na "espoliação nacional", "confisco cambial" e "reconquista do prestígio" ou na máxima regionalista e altaneira do "se fôssemos uma nação independente, seríamos mais ricos", Pinto Aguiar desenvolve um diagnóstico e uma terapêutica, bem à maneira romuliana. Chega a defender o seu colega economista, então tachado de "teórico" pela imprensa, "como se 'teoria' não fosse significado de racionalidade, de conhecimento científico".[36]

---

32   ALMEIDA, 1984.
33   JOSÉ, 2018, p. 312-313.
34   PEDRÃO, 2013, p. 46; PEDRÃO, 2011.
35   ALMEIDA, 1984.
36   PINTO DE AGUIAR, Manoel. *Notas sobre o enigma baiano*. Salvador: Livraria Progresso Editora/Edições CPE, 1958, p. 7, 21, 24.

Sua argumentação sobre o enigma baiano resume-se na seguinte questão: "porque não nos industrializamos"? Em vez de causas isoladas, é preciso buscar os "fatores interatuantes" de natureza econômica, que possuem dimensões sociais, políticas e culturais. A solução não reside no "paternalismo estatal" e tampouco o fim do confisco cambial é suficiente para detonar um movimento no sentido da industrialização com a integração entre os vários setores da economia.

Pinto de Aguiar descreve o contexto baiano marcado pelo "retardamento em progressão", em virtude do empobrecimento relativo do estado, em termos de renda *per capita*, com relação ao "Sul" do Brasil. Destaca inclusive a necessidade de uma "orientação competitiva no plano intranacional" nos vários setores da economia baiana. O planejamento estadual, "com consentimento coletivo e da opinião pública", aparece como a condição necessária para a superação do atraso baiano.[37]

O governo Balbino, ao que tudo indica, se dispõe a enfrentar o enigma baiano segundo os termos propostos por Rômulo e Pinto Aguiar, buscando para tanto o respaldo de parcela da elite dominante local: o Banco da Bahia, sob a direção de Clemente Mariani, e o Banco Econômico, presidido por Miguel Calmon Sobrinho. Trata-se de acionar no espaço local um conjunto de transformações no mesmo sentido que Rômulo conduzira no plano federal, contando para tanto com a expansão da refinaria de Mataripe, da Petrobras, e com a energia fornecida por Paulo Afonso (BA), que abrem novas perspectivas a serem aproveitadas pelas propostas em formulação pelos técnicos da CPE e do IEFB.

A frente política é atacada em dois planos principais. O primeiro plano gira em torno da relação com o governo federal. Daí o envio do ofício em agosto de 1956 – na prática, um estudo recheado de indicadores, com argumentação técnica e persuasiva[38] – do governador Balbino ao presidente JK.

A tese do "desequilíbrio triangular"[39] já aparece destrinchada com o devido rigor analítico. Fica patente que a Bahia, o estado com maior superávit comercial da nação, perde com o confisco cambial que converte menos cruzeiros por dólar exportado, especialmente no caso do cacau. Os estados ricos – São Paulo e o Distrito Federal – são mencionados como deficitários em moeda internacional, aproveitan-

---

37 Ibidem, p. 8-12, 14, 22-24, 29.
38 O estudo é elaborado por Rômulo. A análise do texto "Participação da Bahia na vida nacional" vem logo em seguida.
39 A tese, futuramente exposta por Furtado no GTDN, já aparece em texto de Rômulo prévio à criação do BNB, em 1953. "Planejamento do combate às secas". In: BNB: 1985, p. 228-231. E também agora neste texto de 1956. Mas tudo indica que ela – se é que possível falar de "paternidade" em termos de ideias – fora formulada pela primeira vez logo no pós-guerra, por Clemente Mariani, nos relatórios do Banco da Bahia de 1946. Sobre esse último ponto, ver GUIMARÃES, 1982, p. 50-52.

do-se dos saldos positivos da Bahia e de boa parte do Nordeste para adquirir equipamentos importados relativamente baratos, de modo a estimular a sua indústria.

Porém, se "lá" existe uma transferência entre setores, do café para a indústria, no caso da Bahia, trata-se de um "saque contra a região". O diagnóstico de Rômulo é preciso ao ressaltar que boa parte da capitalização no estado ainda depende do setor exportador, prejudicando, assim, a capacidade de autonomização do estado via aumento do investimento. Em vez da "choradeira" regionalista, o ofício defende a necessidade de compensação pelo confisco cambial, descrevendo a situação financeira da Bahia e a sua reduzida capacidade de endividamento, bem como as áreas com potencial de desenvolvimento. Sugere, inclusive, uma Missão Técnica Federal para acompanhar os programas estaduais passíveis de financiamento com recursos da União.[40]

Antes, no mês de abril, por meio de carta ao ministro da Fazenda José Maria Alkmin, Rômulo refere-se à mensagem do governo estadual à Assembleia Legislativa, de 1956, caracterizando "o confisco como transferência de poder aquisitivo da Bahia para os estados que lhes fornecem as importações". Com o incremento inflacionário de 1955, faz-se necessário o reajuste das bonificações para o cacau, inclusive para fazer face ao aumento dos vencimentos do funcionalismo estadual, que "devem obedecer aos novos salários mínimos definidos pelo governo federal". Assim, o próprio funcionamento da máquina pública fica comprometido em uma economia essencialmente voltada para as exportações e sujeita à instabilidade dos preços.

Ao final da carta, Rômulo sintetiza: "isso significa a Bahia, pobre, financiando o Brasil – permito-me concluir, apesar do horror às frases retumbantes".[41] Em seguida, ele vai direto ao ponto: a importância da Missão Técnica Federal, solicitada um ano antes. Portanto, o ofício de agosto de 1956 é a culminação de uma série de tentativas frustradas, que prosseguem ao longo do governo Balbino.

Outro documento, de quando Rômulo não está mais no governo da Bahia, revelando que, em certa medida, dele não havia saído completamente,[42] é a carta que envia diretamente ao presidente JK em julho de 1958,[43] na qual externa "seu

---

40 GOVERNO DO ESTADO DA BAHIA. *Participação da Bahia na vida nacional.* Ofício dirigido ao Exmo. Sr. Dr. Juscelino Kubitschek, presidente da República, pelo Exmo. Sr. Dr. Antonio Balbino, governador do Estado da Bahia, 15 ago. 1956. Rio de Janeiro: Acervo CPDOC-FGV/ Fundo Juracy Magalhães. JM 64 f. O ofício é do dia 15 de agosto de 1956.
41 ALMEIDA, Rômulo. "Carta de Rômulo Almeida a José Maria Alkmin", 27 abr. 1956. Salvador: Acervo IRAE.
42 GUIMARÃES, 1966, p. 89. Rômulo sai da Secretaria da Fazenda em 1957, mas mantém sua equipe na CPE, ausentando-se formalmente da mesma entre março de 1958 e abril de 1959, para então retornar no governo do recém-eleito de Juracy Magalhães.
43 ALMEIDA, Rômulo. "Carta de Rômulo Almeida ao presidente Juscelino Kubitschek", 11 jul. 1958. Salvador: Acervo IRAE.

veemente protesto contra a instrução do Conselho SUMOC que manteve a bonificação para cacau e derivados". No seu entender, tal fato "revela o tratamento colonial a que, embora sem intenção, o governo federal sujeita a Bahia". Bate na mesma tecla dos "investimentos compensatórios federais", e ressalta a diferença entre o café e o cacau, o primeiro pela posição que ocupa no mercado internacional, ao passo que o segundo sofre "dois anos seguidos de baixa no exterior". Ao final da missiva, em nota à caneta, ele escreve: "não desejo aumentar as suas aflições, meu caro presidente, mas como preveni-lo das repercussões dos atos do governo, se não com manifestações francas como esta?".[44]

O segundo plano de atuação da frente política busca trazer segmentos econômicos e sociais da oposição para os novos organismos criados pelo governo. Em maio de 1955 o governo cria, em uma tacada só e por decreto, o CONDEB e a CPE. O CONDEB, presidido pelo governador, deveria funcionar como a instância máxima do planejamento econômico baiano, definindo as suas diretrizes gerais e assegurando uma linha comum de ação entre as secretarias. Nele os representantes das classes produtoras (comércio, indústria e associações rurais) têm assento, bem como a UFBA e a Federação dos Trabalhadores das Indústrias do estado.

Dois decretos seguintes encarregam-se de nomear os seus membros integrantes, incluindo-se agora a ACB, e de autorizar a criação de um escritório do CONDEB na capital federal, com o intuito de fortalecer a conexão com o governo federal. Conforme relato de Guimarães, depois do momento inicial de euforia, o Conselho se transforma em um "órgão-fantasma". A CPE, que atua como a sua secretaria executiva, ocupa o epicentro das ações de planejamento do estado.[45]

A atuação política no plano estadual dispõe de um grande aliado, Waldir Pires, o líder do governo na Assembleia Legislativa baiana. Frequentador assíduo da CPE, onde se reúne com Rômulo e equipe, não era raro acontecer de um projeto chegar ao Legislativo e ele "tê-lo na cabeça", por haver acompanhado o projeto durante a sua elaboração.[46]

A CPE é composta por seis membros nomeados pelo governador, representando os setores das finanças, energia, transporte, agricultura, indústria e comércio. A estes se somam "dois especialistas em problemas econômicos gerais" e "quatro membros das entidades representativas do sistema bancário, indústria, comércio e agricultura". Órgãos federais como a CHESF e a Petrobras também têm represen-

---

44 Esta carta é enviada após o convite para que assumisse o Ministério do Trabalho. Rômulo, muito provavelmente, procura se aproveitar do acesso direto que havia conquistado junto ao presidente.
45 GUIMARÃES, 1966, p. 37-40.
46 JOSÉ, 2018, p. 317-318.

tação, assim como autarquias do governo baiano e os presidentes das comissões de assuntos econômicos da Assembleia Legislativa. A sua presidência fica a cargo do secretário da Fazenda, enquanto a vice-presidência é entregue a Miguel Calmon. Paralelamente, subcomissões temáticas são criadas para tratar de setores e problemas específicos, com a participação de outras secretarias, entidades privadas e representantes populares.[47]

Na prática, a CPE é "unipessoal", pois gira em torno da figura de Rômulo e da sua Secretaria Técnica, que atua no planejamento estadual e na elaboração de projetos, com fundamentação técnica fornecida pelo IEFB. Esta unipessoalidade se mostra ainda mais marcante se levarmos em conta que Rômulo assume também a superintendência do IEFB, sendo substituído por Pinto de Aguiar em 1957.[48] Não menos importante, a concentração da agência sob uma única liderança gera problemas políticos junto a outros setores do governo.

Conforme o modelo adotado, trata-se de elaborar uma gradual programação para os setores público e privado. Se os investimentos federais na Bahia assumem um caráter indicativo, os investimentos do governo estadual são considerados imperativos, pois funcionam como um sistema de auxílio às administrações municipais, atuando de modo a maximizar os gastos dos governos locais. O planejamento imperativo – que inclui a discriminação de gastos em investimentos e custeio por meio de orçamentos por projetos – não foi executado na prática. Isso por conta das injunções políticas e das resistências das demais secretarias que viam suas áreas de atuação "desprestigiadas", uma vez que os projetos eram elaborados pelas várias subcomissões e grupos de trabalho, sediados na CPE, em contato com a sociedade civil.[49]

Portanto, a proposta de realizar "um planejamento com a participação de todos os níveis da federação e de todos os setores e classes sociais"[50] não vingou em sua plenitude, recebendo críticas de dentro e de fora do governo. Rômulo admite, posteriormente, que a CPE falhara nos seus propósitos originais, tendo assegurado "continuidade" apenas "parcial" de seus projetos. No seu entender, o seu grande papel foi o de "constituir uma equipe e legar uma equipe ao governo". Essas ideias seguiriam vigentes, atuando este grupo "com um poder competitivo ao da política de clientela",[51] mesmo depois da sua saída do governo. Mais adiante, procurarmos oferecer uma leitura alternativa à fornecida por nosso personagem.

---

47   GUIMARÃES, 1966, p. 58-60; SOUZA & ASSIS, 2006, p. 234-235.
48   ALMEIDA, 1986, p. 97.
49   GUIMARÃES, 1966, p. 35, 90, 99; SAAVEDRA CASTRO, 2010, p. 85-86.
50   ALMEIDA, 2009 [1982].
51   ALMEIDA, 1988, p. 117-118.

No dizer de Rômulo, sempre utilizando o pronome na primeira pessoa do plural, "fizemos a primeira equipe multidisciplinar para planejamento governamental no Brasil", com engenheiros, economistas, arquitetos, gente da educação e da saúde.[52] De fato, as iniciativas existentes na época, em nível estadual, não possuíam o alcance da CPE, que concebe a dinâmica de elaboração de projetos como parte integrante do esforço de planejamento. O CONDEPE – sob a liderança do sociólogo Souza Barros, que Rômulo conhece na CNBES – produziu estudos importantes, alguns inclusive elaborados pelo padre Lebret, mas não atuava de maneira entrosada com o governo de Pernambuco.[53]

O material das pastas cor de rosa, em virtude do pouco tempo para a sua realização e da dedicação parcial da "turma", não ficara "maduro e perfeitamente integrado", como atesta Rômulo no seu "prefácio" de 1982.[54] Teria faltado até mesmo "uma redação final unificada". Contudo, o esforço representou um marco na história do planejamento em nível estadual no país.

O documento contém observações sobre os fins e meios do planejamento, quase como uma cartilha para os servidores públicos e para a sociedade civil. O planejamento é composto das seguintes etapas sucessivas: pesquisa; programação (fixação das diretrizes e alvos); controle dos resultados e revisão dos alvos. Trata-se de uma atividade permanente, pois significa "um processo de racionalização das atividades do Estado e dos usos dos fatores de produção e de desenvolvimento".[55] A deliberação política precede a pesquisa e aparece novamente depois da fixação das diretrizes, podendo aprová-las ou não. Cabe, neste último caso, revisá-las.

No capítulo "Condições gerais de desenvolvimento", a instabilidade econômica, oriunda da dependência da agricultura e do comércio exterior, surge como a principal trava a um processo dinâmico de expansão. A diversificação agrícola e industrial aparece como desafio. O melhor aproveitamento da capacidade para importar depende não apenas do problema do confisco cambial, mas da baixa produtividade marginal do capital, relacionada a problemas nos transportes, deficiência de capital social e fatores institucionais. Cabe ao Estado uma política de fomento às inversões, inclusive na produção de bens de consumo essenciais, com impactos positivos sobre os salários reais.

---

52   ALMEIDA, 1986, p. 95-96.
53   ALMEIDA, 1982. Francisco de Oliveira concorda com o ineditismo do planejamento baiano em relação aos demais estados da federação. No seu entender, o CONDEPE era "uma figura de fantasia" (OLIVEIRA, Francisco de, 2011).
54   ALMEIDA, 1982.
55   GOVERNO DO ESTADO DA BAHIA, 2012, p. 12.

A concentração de recursos em empreendimentos e em locais ou linhas geográficas que resultem em maior produtividade para a economia do estado é a melhor alternativa, se comparada à dispersão de recursos sem uma atitude planejadora. O objetivo "não é concentrar os recursos onde houver mais miséria, mas onde se possa gerar emprego produtivo, desafogando o êxodo para a capital". Vários programas setoriais são listados, à semelhança da proposta elaborada para o BNB. O nó górdio da questão reside na necessidade de aproveitar os recursos humanos e naturais, elevando a taxa de investimento do setor público e privado.[56]

Um estudo sobre o balanço de pagamentos da Bahia para o período 1951-1954, realizado por Sidney Latini e Domar Campos da SUMOC, integra a coletânea de textos. Comprova-se a situação comercial superavitária em termos internacionais e deficitária em termos nacionais. São elencados produtos importados de outras regiões do Brasil que poderiam ser produzidos localmente. No grupo de "serviços", os déficits são sistemáticos, especialmente nos itens "Arrecadação e despesas do Governo Federal" e "Arrecadação e despesas dos IAPs". Portanto, a Bahia transfere recursos líquidos para o restante do país neste quesito. Entretanto, na balança de capitais, a situação é superavitária em virtude dos investimentos da União, inclusive dos bancos públicos, ainda que o estudo ressalte que o "investimento de entidades privadas" pode indicar saída de capitais expressiva.[57] Trata-se de um levantamento exaustivo, provavelmente o primeiro do tipo a ser realizado no país, em nível estadual, e pelos melhores especialistas do ramo.

Em seguida, um minucioso estudo de Acioli Borges joga luz sobre o êxodo rural na Bahia, inclusive descrevendo os efeitos da seca 1951/1952 e a situação dos municípios mais afetados. Trata-se de uma ampliação de estudo realizado para a CNPA, onde se constata relação inversa entre nível de salário e o movimento de saída de trabalhadores, gerando escassez de mão de obra.[58]

O trinômio "transportes, energia e comunicações" também merece tratamento nas pastas cor de rosa. São apontados os vários sistemas de transportes, com um mapeamento dos investimentos em curso e do seu potencial econômico, além de uma tentativa de coordená-los. A expansão rodoviária deve se concentrar no entroncamento aos sistemas ferroviário e de navegação em vias de aparelhamento. O serviço de eletricidade é descrito como concentrado em Salvador e algumas outras cidades, o que indica que o estado padece em geral da "ausência de um fornecimento contínuo de corrente elétrica de boa qualidade".

---

56   Ibidem, p. 14-23.
57   Ibidem, p. 33-39.
58   Ibidem, p. 40-47.

No caso do sistema comunicações telefônicas, simplesmente "inexiste uma rede intermunicipal".[59]

Especial destaque é conferido ao papel da Petrobras, havendo possibilidades técnicas para a exploração comercial dos gases residuais da refinaria de Mataripe, matéria-prima para inúmeras indústrias químicas de solventes, detergentes, plásticos e fertilizantes. Em síntese, as condições técnicas são altamente propícias para a implantação de um parque petroquímico.[60]

Outro extenso capítulo analisa as condições atuais e as necessidades de fortalecimento da agricultura, com programas regionalizados por zonas. Aqui é replicado em grande medida o modelo pensado durante a criação do BNB, agora viabilizado pelo sistema ANCAR-Bahia, por meio do qual se integra crédito, extensão, mecanização, produção de sementes e abastecimento. Já aparece a necessidade de um "Fundo Especial de Investimentos", que se transforma mais adiante no FUNDAGRO. Também é mencionada a importância de utilização dos bancos públicos nacionais (BB, BNB e BNDE).[61]

A parte sobre a agricultura contempla a realização de um inquérito sobre as condições de nutrição infantil e a disponibilidade de alimentos, sob a responsabilidade de Josué de Castro e de Walter Santos, respectivamente presidente e assessor técnico da Comissão Nacional de Alimentação. Por sua vez, a pesquisa conduzida por Guerreiro Ramos sobre padrões de vida, no âmbito da CNBES, pode fornecer informações valiosas "sobre as condições de alimentação das classes populares da Bahia". O documento apresenta ainda outra possibilidade: o acesso aos trabalhos realizados pelo "ilustre técnico", o professor Thales de Azevedo, em parceria com Charles Wagley da Columbia University.[62] Portanto, a pesquisa deve orientar a política. Rômulo se utiliza de seus contatos com os técnicos da administração federal e os pesquisadores acadêmicos para implantar uma programação embasada empiricamente.

Merece atenção o programa de merenda escolar, a ser progressivamente implantado com base no inquérito sobre desnutrição infantil, para que o seu atendimento se dê por meio de produtos alimentares fabricados no estado, fornecendo-lhes assim garantia de mercado. Com base em levantamento do especialista em tecnologia alimentar Christian Bomskov, se cogita a possibilidade de acesso ao mercado estrangeiro das frutas tropicais, projeto que pode contar com "a simpatia da CACEX".[63] O planejamento é conduzido de forma a colar o diagnóstico da

---

59   Ibidem, p. 61-65.
60   Ibidem, p. 71-73.
61   Ibidem, p. 76-94.
62   Ibidem, p. 94-95.
63   Ibidem, p. 95.

situação baiana com o aproveitamento máximo dos recursos humanos e naturais, entrando o setor público como indutor da iniciativa privada.

A questão agrária não é deixada de lado, pois "o problema do Nordeste se vai transformando em um problema de terra". A migração dos sertanejos amplia a taxa de dependência. O estado dispõe de terras não aproveitadas, especialmente na parte oeste, na zona da Chapada e na parte sul. O programa de reforma agrária, tal como no caso da CNPA, é pensado de maneira paralela à colonização. A referência é o documento "pequena colonização municipal" do BNB. João Gonçalves de Souza – agora à frente do INIC, e antigo membro da CNPA – dispõe-se a fornecer apoio técnico para a emancipação dos núcleos estaduais existentes no sudoeste do estado.[64]

O abastecimento de Salvador é tratado à parte, funcionando a capital como centro aglutinador de polos industriais e agrícolas ativados em virtude das novas condições de produção, distribuição e transporte. Neste último caso, a construção da rodovia Bahia-Feira de Santana, o reaparelhamento da Ferrovia Leste e da Estrada de Ferro Nazaré pelo governo federal e da Companhia de Navegação Baiana, com a construção de novos portos, mostram-se estratégicos. O estudo aponta para os preços baixos pagos ao produtor agrícola na Bahia, em comparação com o restante do país, enquanto os preços de abastecimento da capital se encontram entre os mais elevados.[65]

Na indústria, além da preocupação com a petroquímica e o seu potencial irradiador, o que exige uma ação em sintonia com a Petrobras, é apresentado um conjunto de incentivos fiscais e de empréstimos por meio do novo banco de fomento, o BANFEB. Entretanto, a implementação do banco ocorre apenas em 1960, no governo Juracy Magalhães, apesar de a lei que prevê a sua criação datar de setembro de 1955, primeiro ano do governo Balbino.[66]

A localização espacial das indústrias recebe tratamento privilegiado. O arco Salvador-Feira-Recôncavo, seguido pelo paralelogramo cortado pela BR-5 (Itabuna-Ilhéus), aparecem como os mais adequados. Uma "cidade industrial" deve surgir, já que a indústria tende a se concentrar em núcleos. Um diversificado setor de serviços é também condição para a expansão industrial. Paralelamente, a descentralização industrial deve avançar. O relatório do padre Lebret para o CONDEPE é mencionado, especialmente o dispositivo sobre incentivos fiscais, que aumentam à medida em que se distancia de Recife. A especificidade geográfica baiana é, con-

---

64   Ibidem, p. 95-97.
65   Ibidem, p. 102-103.
66   GUIMARÃES, 1966, p. 156-158.

tudo, ressaltada: o congestionamento da capital parece mais grave em virtude da posição peninsular e da topografia. Não obstante, núcleos isolados no interior também devem ser estimulados, "desde que evitado o perigo de dispersar os minguados recursos do estado para inversões básicas".[67]

A instalação de novas indústrias deve contar com estudos setoriais (química orgânica, celulose e papel), o suporte institucional dos serviços de emprego, readaptação profissional e amparo ao artesanato e à indústria doméstica. O papel de banco de fomento, conforme a formulação para o BNB, é reivindicado para o BANFEB. Até mesmo a indústria do turismo encontra lugar no planejamento, "mas sem para isso deformar a cidade e os seus hábitos". Uma política para o turismo baiano não pode prescindir de roteiros, publicidade, educação, valorização do folclore e colaboração das empresas turísticas.[68]

O financiamento do programa conta com um capítulo especial. Por meio de uma distinção entre orçamento de investimento e de custeio são valorizados os efeitos indiretos dos investimentos e a necessidade de compressão das despesas de custeio ao nível das expectativas para os anos menos favoráveis. O esforço de "arrecadar melhor" deve levar em consideração a justiça tributária. O Estado aparece como "disparador" do processo de desenvolvimento. Cabe à União – por meio do orçamento federal e dos empréstimos bancários – suprir a insuficiência insanável da finança estadual para realizar os investimentos necessários em capital social. Trata-se de um mecanismo "para compensar a Bahia dos desgastes que sofre no intercâmbio e no balanço de contas".[69]

Ao final do documento, são propostas mudanças administrativas, incluindo alternativas para a localização dos escritórios regionais, responsáveis por articular as políticas estaduais no âmbito local. Cogita-se inclusive uma assistência aos municípios para orientar os empreendimentos considerados mais convenientes, segundo uma perspectiva global.[70]

Algumas das propostas contidas nas pastas cor de rosa seriam questionadas e talvez a maioria tenha ficado paralisada durante o processo de execução. Balbino não era Vargas e nem Rômulo possuía a mesma desenvoltura de antes para atuar na frente técnica. Precisava ainda circular no *front* político, onde era visto como um estranho no ninho. A relação com o governo federal não evoluíra de maneira sensível, ao passo que as elites tradicionais voltaram para a oposição já em 1957, com

---

67 GOVERNO DO ESTADO DA BAHIA, 2012, p. 144-151.
68 Ibidem, p. 152-163.
69 Ibidem, p. 164-166.
70 Ibidem, p. 181-189.

a proximidade do ano eleitoral. Além disso, o papel detonador de mudanças que o setor público deveria cumprir, na esfera estadual, se ressentia da inexistência de um núcleo industrial dinâmico e de um mercado interno em consolidação, como no caso nacional durante os anos 1950. Os pontos de apoio na máquina pública estadual e na sociedade civil baiana eram sobremaneira frágeis.

Entretanto, não havia resistência do setor privado à expansão do Estado.[71] O próprio jornal *A Tarde* possuía uma visão favorável à intervenção estatal, especialmente por meio de órgãos como o BNB e a SUDENE, que atendiam à sua tentativa de atualizar o "regionalismo" por meio de um pacto de classes.[72] A crítica do periódico à CPE na maior parte das vezes se dirigia ao "planejamento estatal", visto como algo que não se praticava ou ficava no papel.[73]

Segundo Rômulo, apesar de o discurso liberal ainda se mostrar predominante nos círculos de prestígio, a atuação do estado terminava indiretamente beneficiando o setor privado. O problema residia no fato de que "o trabalho de planejamento ameaçava em si o regime tradicional, clientelista, patrimonialista". Tendo consciência disso, e talvez seguindo o "aprendizado" com Vargas, ele tentara "isolar" algumas atividades locais – "escolas rurais, pequenas obras" – que poderiam combinar o rigor do plano com o atendimento aos chefes políticos existentes. Mas como os recursos não eram expressivos, essa atitude gerava descontentamento e até mesmo uma "resistência surda".[74] O planejamento parecia ser o problema, e não tanto a intervenção estatal, aceita de maneira pragmática por todos os segmentos das elites.

Durante o governo Balbino, a principal frente de atuação da CPE gira em torno do FUNDAGRO, criado em 1956 e regulamentado por decreto-lei em janeiro de 1957. Era uma espécie de *holding* com várias empresas orientadas para o desenvolvimento, racionalização e aumento da produtividade na agricultura. As empresas constituídas possuíam autonomia, enquanto o FUNDADRO fornecia o apoio técnico e exercia o controle da gestão. Possuía, portanto, uma dupla natureza: de projetamento das empresas e de coordenação e financiamento do sistema.[75]

Foram então criadas as seguintes empresas: Companhia de Alimentação e Sementes (CASEMBA); Companhia de Armazéns Gerais e Silos da Bahia (CASEB); Companhia de Matadouros Frigoríficos S.A da Bahia (MAFRISA); Companhia de Adubos e Materiais Agrícolas da Bahia (CAMAB); Empresa de Conservação de Solo, Água e Mecanização Agrícola (ECOSAMA). Várias empresas como a PESCABA e a

---

71   ALMEIDA, 1986, p. 103.
72   GUIMARÃES, 1982, p. 80-84, 93.
73   SAAVEDRA CASTRO, 2010, p. 85-86.
74   ALMEIDA, 1986, p. 103
75   GUIMARÃES, 1966, p. 120.

SISALBA, vinculadas respectivamente à pesca e à produção e transformação de sisal, não foram implantadas ou não tiveram êxito. O mesmo se passou com a Laboratórios da Bahia (LABASA), responsável pela produção de vacinas, inseticidas e produtos de defesa sanitária, vegetal e animal. Buscava-se assegurar o elo entre a produção e a comercialização agrícola, provendo sementes, abastecimento ao nível do atacado e com preços regulados, além de máquinas e insumos agrícolas, com o intuito de elevar a produtividade dos pequenos e médios produtores rurais.[76] Este elo deveria se estender pelo espaço baiano, atingindo não apenas os cinturões agrícolas dos mercados urbanos, mas chegando aos pequenos produtores do semiárido.[77]

O sistema FUNDAGRO atuava nas atividades mais urgentes, que não contavam com interesse da iniciativa privada. Nos demais casos, a sua presença se dava por meio de participação acionária. Este sistema começa a ser desmantelado na segunda metade do governo de Juracy Magalhães, processo que se completa no governo Antônio Lomanto Júnior (1963-1967).[78] Rômulo relata que as empresas, antes interligadas em um sistema, se transformariam em "feudos" divididos entre as elites políticas: "fizeram um rateio entre si, cada um ficou com uma empresa, arrasaram com elas".[79]

Portanto, ao sair do governo baiano, Rômulo deixara a CPE e o IEFB operando em parceria, na elaboração e viabilização de projetos, enquanto o FUNDAGRO avançava na organização da economia agrícola. Os projetos industriais são postergados pela não aprovação do BANFEB. O planejamento não se viabiliza enquanto atividade permanente por meio de orçamentos voltados para os programas prioritários.[80] A própria CPE perde paulatinamente apoio político, transformando-se em entidade técnica, crescentemente distanciada do governador, que a utiliza mais como fonte de propaganda do seu governo.[81]

Vale lembrar ainda a tentativa de criação da Companhia Financeira da Bahia (COFINAB), que contou com o apoio dos bancos privados (Econômico e Banco da Bahia), para estimular a elaboração de projetos de novas empresas no intuito de diversificar a base econômica baiana. O foco do Departamento de Projetos da CPE estava nos grandes projetos do estado, com maior impacto na programação. A COFINAB permitiria desafogar a CPE, que também era encarregada de formular projetos para o empresariado local.[82]

---

76   ALMEIDA, 1986, p. 99-101, 104-106.
77   PEDRÃO, 2013, p. 41-42.
78   Ibidem, p. 42.
79   ALMEIDA, 1986, p. 100, 114.
80   Ibidem, p. 102.
81   GUIMARÃES, 1966, p. 92.
82   ALMEIDA, 1986, p. 98, 102.

Portanto, durante a sua experiência de planejamento na Bahia, Rômulo procura arregimentar para dentro do estado os diversos interesses econômicos, no intuito de impulsionar o processo de expansão do capital privado. Por outro lado, a sua equipe trabalha com "o pessoal da sociedade", reunindo sindicalistas e empresários do setor imobiliário para discutir, por exemplo, o problema da habitação popular, como no caso da favela de Alagados.

Essa atitude seria transposta para o Plano de Desenvolvimento da Bahia (PLANDEB) no governo seguinte, quando os apoios fora e dentro do governo já não são os mesmos do início do governo Balbino. Cabe então recolocar a pergunta de Antônio Sérgio Guimarães: "a que classe ou fração de classe serviria este projeto?".

No entender de Guimarães, influenciado pelas leituras da sociologia acadêmica dos anos 1960 e 1970, "era um projeto por cima das classes, o projeto de um Estado que fosse o sujeito político e o sujeito econômico por excelência, como só pode imaginar uma *intelligentsia*". O sociólogo baiano associa o "projeto reformista" capitaneado por Rômulo à "ideologia nacional desenvolvimentista" ativada pelo governo federal. Por sua vez, a burguesia baiana "passa a falar pela voz do projeto reformista", no sentido de obter presença hegemônica. É como se o nosso intelectual orgânico do Estado oferecesse o "manto ideológico" para a solidariedade de classe burguesa, a qual se realiza "para além dos seus propósitos". Para garantir seus interesses regionais, a burguesia baiana se torna "desenvolvimentista" no sentido de industrializante, à semelhança do que acontece em escala nacional, mas agora em formato miniatura.[83]

Porém, falha a tentativa de criar um sistema econômico estadual integrado à dinâmica nacional, e capaz de forjar a interação virtuosa entre vários setores: a agricultura de exportação com ganhos de produtividade; a agricultura de mercado interno, por meio do estímulo aos pequenos e médios produtores e à formação de uma nova burguesia rural; e a indústria em processo de diversificação, incluindo o operariado emergente e o reforço das atividades artesanais. A burguesia mercantil emerge renovada pela crescente concentração de capitais, viabilizada pela implantação da indústria, operacionalizada pelo Estado baiano, para depois desmontar as siglas criadas com o intuito de enraizar e irradiar o processo de desenvolvimento.

No ano de 1957, Rômulo rompe com o governador Balbino. Demite-se da Secretaria da Fazenda, mas mantém o controle sobre a CPE. Sobre a sua saída, refere-se à política de clientela e ao fato de "não querer engolir sapos". Admite ter

---

[83] GUIMARÃES, 1982, p. 66-72. O parágrafo acima representa uma leitura própria, ainda que fiel, da argumentação do autor.

cometido erros políticos graves ao se afastar do governo.[84] Retorna então para o seu cargo de deputado federal na Câmara e participa como integrante da delegação brasileira na reunião do Conselho Econômico e Social da ONU.

Em Genebra, recebe convite de Lúcio Meira – agora ministro de Viação e Obras Públicas – para assumir a vice-presidência executiva da Rede Ferroviária Federal (RFFSA). Decide topar por se sentir "na obrigação de servir ao seu companheiro dos tempos de Catete" e em uma tarefa que "correspondia a um desafio administrativo". A existência de um "organismo forte para o setor ferroviário" era uma demanda do segundo governo Vargas, porém a lei só saíra em 1957.[85] É então que comete a "estupidez" – conforme a sua declaração – de renunciar ao seu mandato eletivo, pois a legislação da época exige a renúncia da legislatura para a ocupação de cargo em empresas públicas.[86]

Rômulo fica na RFFSA por menos de um ano. O conglomerado reúne então várias ferrovias isoladas, que contam com "uma péssima tradição marcada pelo empreguismo". Seu objetivo principal é a reorganização administrativa. Na sua curta gestão, conforme seu relato, negocia com os sindicatos dos ferroviários, assegurando-lhes que as demissões em massa (de 4 a 5 mil empregos) não atingiriam os que estavam no campo, nas linhas, nas máquinas e nas oficinas. Procurara ainda criar centros de educação para os ferroviários e utilizar os terrenos adjacentes às linhas férreas para melhorar as condições de habitação. Concentra a sua atuação no Nordeste, quando ainda não havia competição rodoviária.[87]

É nesse contexto que Rômulo volta ao centro da política nacional. O biênio de 1957-1958 aparece como um período turbulento na sua trajetória, quando ele perde o prumo, engolfado pela política partidária, atividade que sempre havia sido acessória em sua carreira. Em relato posterior escrito para um jornal não identificado, ele descreve a sua experiência como pré-candidato do PTB ao governo da Bahia, no ano de 1958, e depois como candidato a vice-governador, com Juracy Magalhães na cabeça da chapa, como uma "aventura" em que se dera "muito mal".[88]

Desde o início de 1958, o nome de Rômulo passa a ser cogitado como candidato às eleições de outubro para o governo da Bahia. A imprensa nacional e a baiana, a partir de maio, apresentam Rômulo como o candidato do PTB, contando com o apoio das duas alas do partido na Bahia, até então divididas entre os deputados es-

---

84   ALMEIDA, 1988, p. 118.
85   SOUZA & ASSIS, 2006, p. 292-293.
86   ALMEIDA, 1988, p. 124-126.
87   SOUZA & ASSIS, 2006, p. 293.
88   ALMEIDA, Rômulo. "Bilhete do Panamá II: uma historinha eleitoral", recorte de jornal, s/d. Salvador: Acervo IRAE.

taduais Clemens Sampaio e Alain Mello. Rômulo trabalha no Rio de Janeiro para a RFFSA, mas se mantém presente na vida política baiana, até porque os seus quadros técnicos seguem na CPE. Ele vai com frequência a Salvador[89] e, a partir de junho, aparece trajando o figurino de político.[90]

No dia 23 de maio o jornal *Gazeta de Notícias*, na coluna "Notícias da Bahia", relata a palestra proferida por Rômulo no salão nobre da Faculdade de Direito, sob o título "Problemas econômicos da Bahia", "com repercussão não só nos meios estudantis, mas também nos círculos políticos". Rômulo está em plena campanha. A matéria encerra mencionando que "como se sabe o presidente (sic) da RFFSA é um dos nomes mais cotados para a substituição do governador Antônio Balbino nas próximas eleições de outubro".[91] No dia seguinte, o *Diário da Noite* vem com a matéria "Surpresa na sucessão baiana": Rômulo é apontado como um dos candidatos, com apoio do Partido Republicano (PR) e de Juracy Magalhães, devendo o seu concorrente surgir de outro "esquema", o candidato do PSD em composição com os autonomistas baianos.[92]

No dia 10 de junho, sob a manchete "PTB baiano quer lançar na luta nome partidário", um jornal não identificado informa que a Comissão de Reestruturação do PTB na Bahia vai encaminhar o nome de Rômulo ao governador Balbino, insistindo na coligação com o PSD. Perguntado se o PTB terá candidato próprio em qualquer hipótese, Rômulo responde; "nada se alterou na minha posição: serei candidato se o partido, sob o comando do Sr. João Goulart, o quiser, como soldado que sou do PTB".[93] No mesmo dia, um jornal da capital federal relata que o vice-presidente da República, depois de longa conversa com JK, solicita a presença de Balbino no Rio.[94]

No dia 14 de junho, o *Diário Carioca* noticia que Balbino leva uma lista de quatro nomes a João Goulart: além de Rômulo, dois pessedistas (Waldir Pires e Ladislau Cavalcanti) e o professor Demóstenes Madureiro de Pinho. Pires é o preferido de Balbino.[95] Três dias depois, o *Diário de Notícias* apresenta Ladislau Cavalcanti como o nome do consenso entre Jango, Balbino e Juracy, devendo integrar a chapa PSD-UDN-PTB, com apoio do PR.[96] No mesmo dia 17, o jornalista

---

89 ALMEIDA, 1986, p. 110.
90 O Acervo do IRAE possui um levantamento com vários artigos de jornal, durante a primeira metade de 1958, sobre a presença de Rômulo na disputa eleitoral baiana.
91 "Notícias da Bahia". In: *Gazeta de Notícias*, 23 maio 1958. Salvador: Acervo IRAE.
92 "Surpresa na sucessão baiana". In: *Diário da Noite*, 23 maio 1958. Salvador: Acervo IRAE.
93 Não foi possível localizar o jornal que publicou esta matéria a partir dos recortes no Acervo do IRAE.
94 "Balbino no Rio para definir sua sucessão". In: *Diário Carioca*, 10 jun. 1958. Salvador: Acervo IRAE.
95 "Quatro finalistas no Esquema Balbino". In: *Diário Carioca*, 14 jun. 1958. Salvador: Acervo IRAE.
96 "Novas complicações na sucessão baiana". In: *Gazeta de Notícias*, 17 jun. 1958. Salvador: Acervo IRAE.

Sebastião Nery, d'*O Nacional*, relata a reunião de Balbino com cerca de 40 líderes sindicais baianos.[97] Os representantes dos trabalhadores indicam ao governador a sua preferência por Rômulo, que "encarnaria perfeitamente os seus ideais". Como reação à movimentação de Balbino, Clemens Sampaio retruca ser "impossível o apoio dos trabalhistas baianos a uma candidatura de cúpula".[98]

Como se move Rômulo neste contexto? Sente-se bem na pele de político, com condições de obter apoio, em bases programáticas, dos demais partidos, inclusive os de feição mais clientelista. Entretanto, sabe das dificuldades e conhece bem o perfil do "chefe" João Goulart. No início de maio, em carta a Inácio Souza, agradece o correspondente por seu entusiasmo e se mostra "satisfeito com o ritmo da campanha". Pede a este que contenha "o ardor e sinceridade de algumas de suas atitudes", pois é importante assegurar "uma unidade de vistas, sob a presidência do nosso Alain, continuando também a fazer um trabalho de cordialidade e aproximação com elementos do grupo liderado por Clemens".[99]

Apesar da unidade partidária local, cabe ao Rio de Janeiro tomar a decisão final. Em 20 de junho, quando os jornais já haviam noticiado o acordo entre Jango e Balbino, Rômulo envia carta ao Presidente do Diretório Nacional do PTB,[100] o "chefe" do partido. Reitera o que já havia afirmado em carta anterior e também "presencialmente", quando seu nome foi indicado ao governo pelo diretório do partido na Bahia: apenas aceitaria com o compromisso de unificar o partido – ao que menciona o "ensarilhamento das armas" entre as suas duas alas – e de continuar "o programa considerado pelo governador, nosso eminente amigo, e pelo público a realização mais importante do atual governo". Enfatiza mais uma vez a sua condição de "soldado", "pronto a seguir a solução que o Partido, sob seu comando [de Jango], adotasse, dentro ou fora de nossos quadros". Registra que, "apesar de jamais ter falado como candidato", as manifestações de apoio "vêm se espraiando em uma campanha de caráter acentuadamente popular".

---

97 "Política da Bahia". In: *O Nacional*, 17 jun. 1958. Salvador: Acervo IRAE. *O Nacional* teve curta duração, entre 1957 e 1959. Fundado por Agildo Barata, agrupa ex-redatores d'*A Voz Operária* e da *Imprensa Popular*, jornais do PCB, partido do qual haviam se retirado. O jornal faz um cuidadoso levantamento do trabalho de Rômulo no governo baiano, descrito como "o planificador do desenvolvimento". Ver "Planejamento econômico e desenvolvimento do Estado". In: *O Nacional*, 27 maio 1958. Salvador: Acervo IRAE.

98 "Apontado o candidato oficial do PSD na Bahia". In: *O Jornal*, 18 jun. 1958. Salvador: Acervo IRAE.

99 ALMEIDA, Rômulo. "Carta de Rômulo Almeida a Inácio Souza", 6 maio 1958. Salvador: Acervo IRAE.

100 ALMEIDA, Rômulo. "Carta de Rômulo Almeida a João Goulart", 20 jun. 1958. Salvador: Acervo IRAE.

Rômulo finaliza a carta de três páginas mencionando que, apesar da ressonância da sua candidatura e da possibilidade concreta de o partido se firmar, em pouco tempo, como a maior força política regional: "o caro chefe não encontrará nenhum obstáculo de minha parte caso o meu nome seja afastado em benefício de uma combinação que interesse ao Partido e à Bahia".

Rômulo dá, assim, um xeque-mate no vice-presidente, que reage, em articulação com JK, com o estratagema de nomeá-lo para o Ministério do Trabalho. No dia 27 de junho, o *Diário Carioca* estampa a sua manchete de primeira página: "Ministros: Negrão, Rômulo, Garcez e Pinotti".[101] *O Globo*, com a manchete "Manifestou-se a Reforma Geral" conta os detalhes. O jornal descreve um "presidente hesitante", o que torna "difícil dar notícias precisas aos seus leitores". Em seguida, as trocas de cadeiras. Negrão de Lima, então prefeito do Distrito Federal, assumiria a pasta das Relações Exteriores. A prefeitura seria ocupada por Lúcio Meira que deixaria o MVOP, substituído por Lucas Garcez, adversário político de Ademar de Barros. Mário Pinotti ocuparia a pasta da Saúde, conforme pleito antigo do prefeito de São Paulo (Ademar de Barros), cujo partido passara a fazer parte da base de apoio a JK. Rômulo substituiria Parsifal Barroso, do PTB, que se preparava para disputar o governo cearense.[102]

No dia 28 de junho, de Salvador, Rômulo redige uma carta de próprio punho a Jango.[103] Parece ter assimilado plenamente o jeitão de político. Frente ao acordo JK-Jango, ele se manifesta "profundamente grato pela grande prova de confiança do querido chefe, com a generosa indicação para o Ministério do Trabalho". Mas responde sem rodeios: "lamento não me ser possível aceitá-lo no momento, por motivos de alta conveniência partidária para a seção do nosso partido na Bahia". Outro motivo que o impede de assumir o Ministério é de ordem moral. Relata a impressão generalizada na Bahia: caso aceitasse o convite, isso seria encarado "como uma acomodação e uma barganha". Sua cautela no uso da linguagem faz com que transfira a sua opinião para um agente coletivo corporificado no povo baiano. Para depois desfechar o golpe: "meu patrimônio é meu nome e o conceito dos meus con-

---

101 "Ministros: Negrão, Rômulo, Garcez e Pinotti". In: *Diário Carioca*, 27 jun. 1958. Salvador: Acervo IRAE.
102 "Manifestou-se a Reforma Geral". In: *O Globo*, 28 jun. 1958. Salvador: Acervo IRAE. Ao final, Lúcio Meira ficaria no MVOP. Mário Pinotti assumiria a Saúde e Negrão de Lima o Itamaraty. A prefeitura do Distrito Federal ficaria com Sá Alvim, antigo subchefe da Casa Civil de Vargas. Para a pasta do Trabalho assumiria interinamente Mário Menegheti e, depois, Fernando Nóbrega do PTB paraibano.
103 ALMEIDA, Rômulo. "Carta de Rômulo Almeida a João Goulart", 28 jun. 1958. Salvador: Acervo IRAE.

cidadãos". Procura, não obstante atenuá-lo, dizer que estaria disposto a sacrificar até mesmo a sua reputação "em nome do Brasil ou do nosso partido". Porém, "esse não é o caso da convocação para o MTIC".

Em seguida, JK entra em cena para demovê-lo de sua obstinada resistência, por meio de seus assessores diretos Sette Câmara e Augusto Frederico Schmidt. Em carta a Sette Câmara, um dos emissários do convite, ele revela estar "cativado pela confiança e paciência do nosso presidente", afirmando que não lhe faltará em uma próxima oportunidade. Ao seu amigo servidor público, ele confidencia: "lamento, não perder o abacaxi, mas a impossibilidade de lutar agora ao seu lado".[104] A sua explicação, quatro décadas depois dos fatos, para o que chama de "abacaxi", é a seguinte:

> O pior do problema era o seguinte, era que também o Jango queria que eu fosse Ministro do Trabalho. Em parte, para me afastar do problema da Bahia. Suponho eu. Agora, em parte também para ser um instrumento dele. Enquanto que o pessoal do Juscelino queria que eu fosse instrumento de contenção do janguismo.
>
> Eu vi que ia ficar em um sanduíche extremamente incômodo. Não tinha interesse de romper com nenhum dos dois. Ia ficar como um títere lá no ministério, não é?[105]

Rômulo, no trecho da entrevista acima, conta que Jango "tinha todos os postos no Ministério, os institutos, os departamentos e tudo o mais; então, eu seria um ministro homologatório". Porém, o mais grave era o fato de ele ser "funcionário de carreira" do Ministério. Havia, portanto, "uma expectativa grande do que ele poderia realizar, mas sem contar com as condições políticas para tanto".[106] Provavelmente se sentiria como um servidor público que volta ao seu ninho e tem as asas podadas.

Tais documentos, ao traçarem a relação de Rômulo com o então presidente do PTB, vice-presidente da República e ex-Ministro do Trabalho revelam um misto de cordialidade – era o "chefe", o sucessor de Vargas e, portanto, merecia respeito – e de desconfiança, pela maneira como operava, minando os quadros técnicos e fazendo uma política partidária de conveniência, ao menos do ponto de vista de Rômulo. Na entrevista ao BNB, nosso personagem deixa escapar que "deixou de ser governador da Bahia" por enfrentar "grandes pressões".[107] Na entrevista publicada em 1986 ele

---

104 ALMEIDA, Rômulo. "Carta de Rômulo Almeida a Sette Câmara", s/d. Salvador: Acervo IRAE.
105 ALMEIDA, 1988, p. 98.
106 Ibidem, p. 99. Rômulo era funcionário do DASP lotado no início da carreira no Ministério do Trabalho.
107 ALMEIDA, 1985, p. 61.

entrega os nomes: Jango nunca o teria perdoado, ao menos esta é a sua versão, por não aceitar as indicações de um chefe do PTB do Ceará, "um homem de negócio chamado Carlos Jerissatti", para a diretoria do banco.[108]

O relato das incursões de Rômulo pelo terreno da política indica que ele se empenhara para conseguir a candidatura e se tornar governador, o que levaria à aposentadoria do técnico. Ao final dos anos 1970, ele escreve, sem esconder um travo de amargura: "parecia-me uma grande esperança que se frustrou na tragédia da vida".[109] Muito provavelmente imaginava-se enfrentando desafios de maior envergadura na cena nacional. O resultado foi o oposto.

A sua narrativa sobre Jango pode ser lida como uma interpretação que Rômulo construiu para si mesmo. De todo modo, ele era então visto como um técnico que não fazia parte das complexas engrenagens da estrutura de poder, onde JK, Jango e outros líderes políticos davam as cartas. Uma hipótese, que Rômulo cogita na carta a Sette Câmara, seria a de que o próprio presidente estaria pressionando Jango por uma candidatura do PSD na Bahia, "para contrabalançar os avanços petebistas em outros estados".[110]

Na entrevista de 1988, Rômulo traça o perfil de Jango do ponto de vista um intelectual orgânico de Estado, que interagiu com o líder do PTB na esfera política. Começa afirmando que "todo mundo tinha uma inspiração social na época, mas a realidade era clientelista". Jango "controlava o partido com mão de ferro", mas "tinha a qualidade de ser um mito popular e de ser um homem muito jeitoso no trato popular". Para então fulminar: "o que ele não tinha era a prática de uma política ideológica, não estava na formação dele". Aprendera muito ao longo da vida, mas "sem se superar, de modo a se tornar um grande líder ideológico". Se ele possuía o "instinto do poder", isso não impediu que tivesse se tornado um "líder fraco".[111] Apesar de influenciado pela contenda na Bahia, o retrato não deixa de ser revelador, espelhando inclusive a descrição de outros técnicos que conviveram diariamente com o Jango presidente.

Em várias ocasiões, Furtado revela o desapreço de Jango por questões, não apenas de ordem técnica, mas inclusive de índole ideológica, no sentido utilizado por Rômulo e seus colegas do ISEB. Um dos exemplos é o convite do economista para que Jango participasse de uma reunião do Conselho Deliberativo da SUDENE, em um momento no qual a entidade aprovava o seu segundo Plano Diretor e as-

---

108 ALMEIDA, 1986, p. 111. Ainda assim, Rômulo, em seguida, afirma: "não é nada contra o Jango é uma questão de acidente nas relações pessoais".
109 ALMEIDA, Rômulo. "Bilhete do Panamá II: uma historinha eleitoral", recorte de jornal, s/d.
110 ALMEIDA, Rômulo. "Carta de Rômulo Almeida a Sette Câmara", s/d.
111 ALMEIDA, 1988, p. 100, 103-109.

sinava convênios com vários estados da região. Conforme o economista, depois de lhe entregar um esboço de discurso, o presidente "olhou o texto por cima, fez um gesto negativo com a cabeça e devolveu-mo". "O seu interesse estava em fazer um comício para os camponeses [...] como se estivesse em campanha disputando votos".[112] Rômulo e Furtado não faziam pouco caso da política, especialmente da política de massas, mas não podiam concebê-la sem um projeto coerente de longo prazo que orientasse a disputa por hegemonia na sociedade.

Por ironia da história, Juracy Magalhães vence as eleições para o governo baiano no período 1959-1963. E Rômulo aqui atua de maneira ingênua ou talvez movido pelo ressentimento ao ter a sua candidatura vetada pelo chefe do seu partido. Com o vácuo deixado pela desistência da candidatura do PTB, Vieira de Mello acaba vencendo a disputa interna do PSD. Esse novo cenário abre possibilidades para Juracy, que agora pode dividir o PSD e atrair para si o PTB. Daí o convite do ex-interventor para que Rômulo se candidatasse a vice-governador. Este reluta, pois prefere se concentrar na campanha para deputado federal. Segundo seu relato, "Juracy oferecia de tudo", seduzindo-o com a afirmação de que ter Rômulo na chapa era "a condição para a vitória".

Como não tem dinheiro para a campanha, ao contrário de Orlando Moscozo – também candidato a vice-governador, "homem hábil e rico" e com a máquina do PSD baiano nas mãos –, Rômulo impõe a Juracy três condições: primeiro, a recomendação para que as bases (da UDN!) votassem nele para vice-governador; segundo, como decide manter a sua candidatura a deputado, mas sem poder fazer campanha dupla, Juracy deve lhe assegurar 3 mil votos dos seus "fiéis colégios" para ganhar a parada, pois não achava que seria eleito vice-governador; terceiro, lideraria o "setor econômico" no governo estadual.[113]

Resultado: não leva praticamente nada. Perde para Orlando Moscozo por dois mil votos; não é eleito deputado federal, porque as bases o consideram vice-governador eleito; e volta para o governo agora como secretário sem pasta, novamente comandando a CPE, mas enfrentando diariamente seus adversários tradicionais da UDN.

Duas mudanças institucionais enfraquecem o sistema de planejamento tal como concebido no governo anterior. É criada a Secretaria para Assuntos do Nordeste, que funciona como espécie de "secretaria do Exterior" do governo baiano.[114] Entregue a Rômulo, ela deve fazer a ponte com o governo federal nas suas

---

112 FURTADO, 1989, p. 142-143, 173-175.
113 ALMEIDA, Rômulo. "Bilhete do Panamá II: uma historinha eleitoral", recorte de jornal, s/d.
114 ALMEIDA, 1988, p. 127-128; ALMEIDA, 1986, p. 109. Como parte dos recursos para o PLANDEB deveria vir do governo federal, Rômulo fica entre Salvador e a então capital do país.

várias instâncias, especialmente no que se refere à SUDENE e ao BID, então recém--criado. A nova secretaria não possui, contudo, envolvimento direto com o planejamento da economia baiana. Outra mudança ocorre em janeiro de 1959: a CPE se torna uma fundação de caráter consultivo, não estando mais vinculada ao secretariado do governo. Perde autonomia e responde apenas ao governador.[115] A presença do seu progenitor é, em grande medida, o fator que a mantém viva.[116]

Depois de lançado o PLANDEB, em 1959, Rômulo ocupa entre 1960 e 1961 cargos de direção em empresas privadas vinculadas às indústrias de base: a Companhia Brasileira de Petróleo Ipiranga e, depois, a Companhia Ferro e Aço de Vitória (CFAV) – neste último caso designado pelo BNDE, que havia realizado um importante financiamento para a empresa.[117] Portanto, acumula estes cargos com os de "secretário sem pasta" do governo baiano e de presidente da CPE. Fizera-o provavelmente por dispor de boa equipe atuando em Salvador, tendo sido mais uma vez acionado por seu amigo Lúcio Meira, do BNDE, e por Hélio Jaguaribe, presidente da CFAV. Para nosso personagem não havia problema em trabalhar para o setor público e privado ao mesmo tempo, até porque abrira mão de seu salário no governo da Bahia.

No caso da Companhia Petróleo Ypiranga, Rômulo é o responsável pela construção dos terminais oceânicos em Ilhéus e Caravelas, reduzindo o frete do petróleo, conforme projeto elaborado pela CPE e que a Petrobras até então havia se recusado a apoiar. Em outro depoimento, ele relata que seu gabinete da CFAV no Rio funciona como gabinete da secretaria sem pasta do governo baiano.[118]

A grande marca da atuação de Rômulo durante o governo Juracy Magalhães, no qual permanece por dois anos, é a elaboração do PLANDEB (1960-1963). Ancorado no trabalho anterior das pastas cor de rosa e na gestão da pasta da Fazenda no governo Balbino, quando forma as equipes da CPE, do FUNDAGRO e do IEFB, ele apresenta um documento completo com diagnóstico, programas

---

115 GUIMARÃES, 1966, p. 49-50, 61-63.
116 Ibidem, p. 88-89. A CPE, como fundação, ainda teria como presidentes Ignácio Tosta Filho (1961-1962) e Milton Santos (1963-1964). Sofre intervenção depois do golpe militar, quando Milton Santos se afasta da presidência da fundação. Na década de 1970, funciona como Departamento de Geografia e Estatística, sendo depois incorporada, em 1975, pelo Centro de Planejamento da Bahia (CEBPAB), quando é novamente renomeada como Fundação de Pesquisas e, depois, em 1979, como Fundação Centro de Pesquisa e Estudos, sempre mantendo o nome de CPE após as novas alcunhas. Assume outras denominações nos anos 1980 e 1990 até se instituir, em 1997, a Superintendência de Estudos Econômicos e Sociais do Governo da Bahia (SEI), quando o nome CPE definitivamente sai de cena. Mas o método e a dinâmica de planejamento criados em torno da CPE deixam de existir, conforme a sua formatação inicial, já quando Rômulo retorna ao governo em 1959 (SPINOLA, 2009, p. 15-17).
117 ALMEIDA, 1988, p. 127-129.
118 ALMEIDA, 1986, p. 113.

e metas.[119] Surgem então a COELBA, a TEBASA e o BANFEB, e se completa o sistema FUNDAGRO. Do proposto no plano, apenas 1/5 é executado, mas ainda assim com um "impacto muito grande".[120] Muitos dos projetos são implementados apenas nos anos 1970 e 1980, geralmente com apoio de instituições federais. O PLANDEB apresenta-se como peça fundamental para a compreensão da economia baiana do período.[121]

Em depoimento de 1984, Rômulo comenta ter recebido, à epoca, o economista Albert Hirschman – então em visita ao Brasil para conhecer a experiência da SUDENE –, que sugere a sua publicação por se tratar de "experiência original de planejamento". Conforme seu relato, Antônio Carlos Magalhães, então deputado federal pela UDN, teria barrado a sua publicação.[122]

Logo na introdução da parte geral do PLANDEB,[123] é mencionado que o plano reúne "o esforço estadual, o federal e uma adicional coordenação de inversões municipais e privadas", tendo sido concebido "em perfeita integração com a Operação Nordeste". A SUDENE merece total apreço, apenas se lamentando "a Bahia" que "tenha vindo com tanto retardamento e não se esteja efetivando na velocidade e nas condições previstas", em virtude da demora na aprovação da SUDENE e do seu Plano Diretor, comprometendo o orçamento de 1960. Mais adiante, em um item intitulado "Sentido nacional do plano baiano", o documento aponta que "o plano do estado da Bahia se insere inteiramente na política que ditou o 'Programa de Metas' do presidente".[124]

O levantamento dos recursos existentes e potenciais desse plano é minucioso, inclusive apontando para a diversidade do território baiano encarado como um ativo, de acordo com a tradição romuliana. Este aspecto aparece em documentos anteriores, elaborados em 1946 e 1952, com o objetivo de convencer seus contemporâneos sobre a necessidade do planejamento como pré-requisito para o desenvolvimento do Estado.[125]

Agora a aventura planificadora dispõe de uma equipe formada e com pleno conhecimento dos indicadores sociais e econômicos do estado. Em trecho segu-

---

119 GUIMARÃES, 1966, p. 92.
120 ALMEIDA, 1988, p. 119.
121 SPINOLA, 2009, p. 17.
122 ALMEIDA, 1984.
123 GOVERNO DO ESTADO DA BAHIA. *Plano de Desenvolvimento da Bahia 1960-1963*. Parte Geral, Volume 1. Salvador: Governo do Estado da Bahia, 1960a, p. 1. O exemplar consultado encontra-se na biblioteca da FAU/USP.
124 Ibidem, p. 14.
125 BARBOSA, Alexandre de Freitas. "Pensando, planejando e executando o Desenvolvimento: Rômulo Almeida da Bahia para a Nação e de volta para a Bahia". In: *Revista DESENBAHIA*, vol. 11, n. 20, set. 2014, p. 207-209, 223-224.

ramente escrito por Rômulo, afirma-se que "em um esquema de desenvolvimento baseado na agricultura de exportação", caso se logre expandir o volume exportado em condições de preço favoráveis e com incremento de produtividade, e especialmente se as poupanças produzidas se converterem em investimentos por meio de importações bens de capital, é possível se imaginar "um surto vigoroso de desenvolvimento". O texto traz sempre a cogitação, "caso a Bahia fosse um país", para logo em seguida completar que não estamos "na época dos ressentimentos e dos separatismos", mas "da integração dos mercados e de blocos políticos" e, no caso em voga, da "construção do magnífico patrimônio histórico da unidade brasileira".

O documento ressalta que, na prática, entre 1950 e 1957 a renda *per capita* apenas se manteve estagnada no estado em virtude das migrações líquidas populacionais. E registra que "o setor petrolífero baiano funcionou como se fosse uma região isolada com poucos vínculos regionais com a economia regional em torno".[126]

O plano elenca as expectativas de receitas e o orçamento de investimentos dedicados a programas setoriais prevendo que, ao longo do período 1960-1963, a taxa anual de crescimento do produto *per capita* possa se elevar de, no mínimo, 3% para a casa de 6%, desde que haja elevação e diversificação das exportações.[127]

A originalidade com relação às formulações anteriores está na ênfase no potencial de exportação da Bahia para o exterior e para o restante do país, aumentando as importações do Sul, mas mudando a sua composição no sentido da elevação dos bens de capital para as novas indústrias a serem instaladas. O documento avança ao propor um conjunto de iniciativas para "uma política do cacau", elevando a renda do produtor e do exportador, e transferindo parte do excedente sob a forma de investimentos de longo prazo por meio do FUNDAGRO e do BANFEB, com recursos suplementados a título de compensação pelo governo federal.

Paralelamente e de maneira pioneira, Rômulo não deixa de apontar – pela primeira vez aparece essa menção de maneira categórica em documento oficial – as "possibilidades que podem ser derivadas do petróleo e do gás no Recôncavo", firmando assim "as bases para uma política voltada para as indústrias derivadas na Bahia. Neste sentido, é imperioso que a Petrobras assuma um papel nitidamente promotor".[128]

O PLANDEB indica ainda como prioridade a construção de uma siderúrgica de porte médio, dentro do programa nacional, criando as condições para "fixação de indústrias metalúrgicas diversas, mecânicas, de materiais de construção, embalagens",

---

126 GOVERNO DO ESTADO DA BAHIA, 1960a, p. 3-7.
127 Ibidem, p. 3-4, 23.
128 Ibidem, p. 27.

de modo a propiciar o surgimento de outras indústrias, inclusive de bens de consumo. O setor industrial não surge, contudo, em um vácuo, devendo estar articulado a investimentos em infraestrutura básica e a um sistema integrado de organização da economia agrícola e abastecimento, levando em consideração inclusive a expansão da fronteira, por meio da colonização nas terras úmidas ou de fácil irrigação.[129]

O segundo volume do PLANDEB apresenta, de forma detalhada, os respectivos orçamentos e as fontes de recursos (governo estadual, inclusive FUNDAGRO e BANFEB; e governo federal, inclusive CHESF, SUDENE, BNB e BNDE) para um conjunto de iniciativas no campo da infraestrutura (energia, transportes e telecomunicações); agricultura e abastecimento, onde são mencionadas as condições para uma "reforma agrária praticável"; as iniciativas industriais com foco na siderurgia e petroquímica; turismo, educação e cultura; saúde e assistência social, com destaque para o saneamento básico; urbanismo, assistência técnica aos municípios e programas de habitação popular; reforço das áreas de pesquisa e documentação, prevendo um centro audiovisual da Bahia e o aperfeiçoamento do sistema de bibliotecas; planejamento e promoção do desenvolvimento com estudos em vários setores, inclusive eletricidade e bacias hidrológicas, além de estudos regionais.[130]

Na parte referente à indústria, o plano elenca as novas empresas concebidas, sua localização, origem de capital e necessidades de financiamento, a capacidade produtiva programada, os equipamentos exigidos e as tecnologias de processo, bem como a demanda potencial existente para as novas fábricas implantadas em bloco, junto à estimativa do total de empregos gerados. O capítulo sobre este setor é intitulado "Programa Geral de Industrialização". Enfim, um "Plano de Metas" em miniatura, contendo além das indústrias de base e do trinômio "energia, transportes e telecomunicações", políticas na área de pesquisa e inovação, organização administrativa e políticas sociais em geral.

No dizer de Fernando Pedrão,[131] já se pensava em um esquema de "desconcentração concentrada", funcionando em conjunto o Distrito Industrial Urbano de Salvador (bens de consumo) com o Centro Industrial de Aratu (sídero-metalúrgico) e o Centro Industrial de Subaé em Feira de Santana (indústria de alimentação e de agregação de valor à agropecuária). Mais que o crescimento do produto, o objetivo é sua internalização por meio da capacidade de formação interna de ca-

---

129   Ibidem, p. 20.
130   GOVERNO DO ESTADO DA BAHIA. *Plano de Desenvolvimento da Bahia 1960-1963*. Parte Setorial, Volume 2. Salvador: Governo do Estado da Bahia, 1960b; SPINOLA, 2009, p. 17, 21. Do total de investimentos projetados para o período do governo, apenas 20% constava do orçamento estadual, sendo o restante proveniente do governo federal, bancos públicos e do setor privado.
131   PEDRÃO, 2013, p. 52-56. Em 1959, Fernando Pedrão é convidado por Rômulo para ser o diretor do Departamento de Programação da CPE. PEDRÃO, 2011.

pital, de modo a nutrir outras indústrias, mas sem deixar de aproveitar o mercado nacional. Neste sentido, Rômulo questiona a visão predominante na SUDENE, movida pelo diagnóstico de substituição regional de importações, embora se mostre cauteloso ao dizer que Furtado não concebe o desenvolvimento regional sob esta ótica mais restrita.[132]

Quanto à relação com a SUDENE no período, Rômulo participa de todas as reuniões do seu Conselho Deliberativo, mesmo quando o governador está presente. De acordo com seu relato, Furtado incorpora as suas sugestões nos tópicos referentes à industrialização, transportes e armazenagem, além de ressaltar que a experiência baiana não pode servir de referência por estar mais avançada, em termos de planejamento, que os demais estados do Nordeste.[133]

Enfim, um esquema completo de planejamento, enfatizando os recursos a serem mobilizados nas várias esferas de governo e a complementaridade dos programas, os quais aparecem dispostos no espaço. Este último esforço de planejamento integral de Rômulo é fruto de um lento aprendizado, em que a práxis é modulada pela reflexão teórica, enquanto a execução – sobre a qual não tem controle, seja por sua posição tangencial na estrutura de governo, seja por sua saída em junho de 1961 – fica refém da disputa por recursos entre as frações de classe e os segmentos da elite política local.

O PLANDEB, rejeitado pela Assembleia Legislativa, onde o governo conta com expressiva maioria, é torpedeado por segmentos expressivos da UDN, que se opõem ao planejamento como método transparente de coordenação e escalonamento de recursos escassos ao longo do tempo.[134] Segundo Pedrão, o próprio Juracy teria instruído a bancada udenista a não aprovar o PLANDEB.[135] Não obstante, cerca de 80% do documento, elaborado ao final do governo com as realizações do governo Juracy, é composto por projetos do plano, como por exemplo o FUNDAGRO, a COELBA, o BANFEB, as obras de saneamento básico, a TEBASA e o Instituto de Pesquisas e de Artesanato (IPTA).[136]

Sebastião Nery nos fornece um relato sobre a atividade de Rômulo na CPE. O jornalista regressa à sua Bahia natal com 26 anos, depois de largar o PCB, para atuar como repórter do recém-fundado *Jornal da Bahia*. Ele conta na sua autobiografia que "já sabia muito bem quem era Rômulo, o candidato a vice que perdeu,

---

132 ALMEIDA, 1984.
133 Idem, ibidem.
134 GUIMARÃES, 1982, p. 116.
135 PEDRÃO, 2013, p. 56.
136 GOVERNO DO ESTADO DA BAHIA. *Prestando contas ao povo: Governador General Juracy Montenegro Magalhães, 1959-1963*. Salvador: Governo do Estado da Bahia, 1963.

o homem mais importante do governo Antônio Balbino e uma lenda do segundo governo Vargas". Em uma de suas primeiras tarefas, agenda uma entrevista com o presidente da CPE, descrita abaixo:

> A entrevista acabou em uma longa conversa. Ele dissecou o estado, sua realidade econômica e social, suas perspectivas.
>
> Quando pensei que a entrevista tinha acabado, duas horas depois, ele começou a dele. Passou a me interrogar. Uma sabatina. De onde era, o que estudei, o que fiz, onde vivi, como tinha aqueles conhecimentos do país, do governo Vargas, Brasil e Bahia, como me elegera vereador em Belo Horizonte e estava voltando de Moscou e da Cortina de Ferro. Respondi a tudo e ele:
>
> — Devo lhe dizer que não é comum um jornalista em sua idade com esse nível de experiência, informação e conhecimento. Estamos fazendo uns testes, sem indicação política nenhuma, para escolhermos um encarregado de Relações Públicas aqui da CPE. Se tiver interesse, entre ali naquela outra sala e converse com nosso diretor-superintendente, um barbudo, o doutor Ivan Fachinetti. Ele é que está fazendo as entrevistas.
>
> — Mas Doutor Rômulo, além do *Jornal da Bahia*, onde escrevo à noite, sou funcionário também, à tarde, do Serviço de Assistência Cultural da Delegacia do Trabalho.
>
> — Tudo bem. Tem a manhã livre. É só acordar cedo.[137]

Fica evidente na entrevista de Rômulo o seu apreço pelo conhecimento, dedicação ao trabalho e adesão às causas nacionalistas que percebe na nova geração. A sabatina do futuro assessor revela o aprendizado com o presidente Vargas e com sua política de "cooptação" dos quadros técnicos. Nery trabalha por mais de dois anos nesta função em que dá, segundo o seu relato, "o melhor da minha experiência de jornalista". O motivo da saída é a publicação no jornal por ele mesmo criado, o *Jornal da Semana*, de críticas ferrenhas ao governador. Segundo o seu depoimento, Rômulo, a quem chama de "amigo", sairia dias depois.[138]

Em 31 de dezembro de 1959, logo antes do lançamento do PLANDEB, Rômulo já havia solicitado exoneração de seu cargo, em virtude de sua "divergência profunda" com Aliomar Baleeiro, que assumira a secretaria da Fazenda do estado. Juracy, por meio de carta, nega o pedido afirmando que "nossa terra necessita de sua experiência, do seu tirocínio, do seu renome, do seu patriotismo".[139]

---

137 NERY, 2010, p. 236-237.
138 Ibidem, p. 266.
139 MAGALHÃES, Juracy. "Carta do governador Juracy Magalhães a Rômulo Almeida", 13 jan. 1960.

No primeiro semestre de 1961 as relações azedam de vez. Segundo Rômulo,[140] havia menos "permeabilidade política" no governo Juracy do que no de Balbino, em virtude da presença avassaladora da UDN e do PSD nos principais postos de governo. A presença de "muita gente de esquerda" na CPE contribuiu para acirrar os seus conflitos com Juracy. A "dinâmica participativa", marca da CPE no governo anterior, "afrouxou". Relata ainda problemas com a Companhia Baiana de Colonização, pois os políticos se apropriavam das terras do estado, apesar de ter negociado com alguns "coronéis" para que "aportassem" terras para o programa. Sofre ainda a crítica constante dos deputados federais e estaduais da UDN. No auge da crise, o governador lhe sugere que "tudo ficaria mais fácil se você fosse da UDN", convite recusado por Rômulo por "dificuldades de ordem ideológica".

Durante a participação de Rômulo no governo da Bahia, entre 1955 e 1961, são efetivamente lançadas as bases para a diversificação da economia do estado, que culminam com as iniciativas do Centro Industrial de Aratu nos anos 1960, e do Polo Petroquímico de Camaçari nos anos 1970, em alguma medida já antecipadas no PLANDEB. Tais projetos contam com inspiração romuliana, até porque ele passa a atuar técnica e politicamente por meio de sua consultoria de projetos, a CLAN, desde 1966, quando de seu retorno ao Brasil.

Não à toa, o professor Francisco de Oliveira[141] vaticina: "Rômulo criou a Bahia moderna". E Carlos Lessa[142] completa: "eu diria que ele foi o homem da modernização do Brasil e de todo o Nordeste em particular, o primeiro a acreditar na sua realização". Se o papel de Rômulo é inegável, cabe compreendê-lo no contexto das engrenagens do capitalismo em expansão para a Bahia e para o Nordeste, quando outros fatores passam a jogar papel decisivo. A sua importante contribuição, por meio da CLAN, para a montagem do "sistema tripartite" na petroquímica baiana – que envolve Estado, capital estrangeiro e privado nacional –, age mais como catalisador de uma dinâmica que ganha vida própria e contribui para a sua completa marginalização durante o governo militar.

Os investimentos programados pelo PLANDEB não se fizeram em bloco, mas de maneira espaçada. A expansão industrial baiana assumiu uma "dinâmica exógena e espasmódica",[143] ativada pelos investimentos estatais e privados (inclusive transnacionais) no setor de bens intermediários e pelas isenções fiscais concedida

---

Salvador: Acervo IRAE.
140 ALMEIDA, 1986, p. 97-98, 106-107, 114.
141 OLIVEIRA, 2011.
142 LESSA, 2011.
143 GUERRA, Oswaldo & TEIXEIRA, Francisco. "50 anos da industrialização baiana: do enigma a uma industrialização exógena e espasmódica". In: *Bahia Análise & Dados*, vol. 10, n. 1, jun. 2000, p. 90-93.

via SUDENE no âmbito do mecanismo 34/18. O multiplicador dos investimentos se concentrou nas atividades de comércio, serviços e construção civil, na medida em que não engendrou um setor de bens industriais finais, pois parte expressiva da produção da indústria petroquímica era consumida fora do estado.[144]

Os governos posteriores cuidam da implantação de segmentos isolados da indústria, levando a um processo de acumulação de capital com baixo potencial de irradiação, apesar de altamente lucrativo para os segmentos que se conectam à nova dinâmica, sendo a Odebrecht o caso mais elucidativo. Muitos dos técnicos formados por Rômulo trabalham inicialmente para a empresa de consultoria Empreendimentos da Bahia, encarregada do projeto de instalação do Centro Industrial de Aratu, ao qual ele se agrega por curto período.[145] Em seguida, vários deles migram para a iniciativa privada, quando esta passa a orientar os investimentos do estado, e não o contrário, desmontando a tese/convicção de Rômulo, de que poderiam competir com a política clientelista no governo baiano. Associam-se ao projeto modernizador, mas do outro lado do balcão. Enquanto isso, a CLAN se firma como consultoria independente, formatando projetos essencialmente para o governo e, em menor medida, para o setor privado.[146]

Enfim, Rômulo, tal como na esfera nacional, viabiliza a constituição das forças produtivas locais, para depois ser expelido do processo, uma vez criadas as condições para a modernização conservadora a partir do novo pacto regional de elites e classes, consolidado no pós-1964. O planejamento cede espaço à atuação seletiva do Estado – por intermédio dos tecnocratas que ocupam então postos-chave no governo federal, especialmente na Petrobras, e no governo estadual. Logra-se, assim, ampliar espacialmente a coalizão entre capital estrangeiro, estatal e privado nacional, agora sob novo formato. Na região antes distante e atrasada, surge um lugar dotado de alto potencial de acumulação de capital, que transforma a estrutura de classes e permite a elevação brutal dos níveis de desigualdade.

Apesar de, em geral, se mostrar crítico à dinâmica econômica e social da Bahia nos anos 1970, depois de sua saída da linha de frente da batalha, nada indica que Rômulo encarasse o processo como inexorável. Tampouco descarta os avanços em termos de estrutura produtiva e as possibilidades dialéticas embutidas na relação entre o capitalismo e a regulação estatal democrática, tanto em termos regionais como em termos nacionais.

---

144 Idem, ibidem.
145 ALMEIDA, 1988, p. 131, 137.
146 Ibidem, p. 147-148.

Sobre a soldagem da experiência industrializante baiana ao processo de ampliação das bases de acumulação em escala nacional, esta se resolve nas malhas do Estado, que fusiona os interesses dos capitais sediados no Centro-Sul e das burguesias locais, que compõem o sistema tripartite da indústria petroquímica, inclusive permitindo uma reciclagem da velha elite comercial e banqueira no bojo do processo. Como a SUDENE e a Petrobras lideram a trama, o implante capitalista assume feições "nacionalistas" e "regionalistas", mascarando as relações interclassistas, conforme a síntese de Francisco de Oliveira.[147]

O acordo transregional de classes torna as alianças locais sujeitas a redefinições, mas os governadores interferem no processo de forma subordinada. Isso porque as classes sociais – em particular, a burguesia – não aparecem "completas", ou seja, não existem sem a mediação do processo de acumulação, que se dá em escala nacional e é pilotado pelo Estado.

Dialogando com Francisco de Oliveira, o sociólogo Antônio Sérgio Guimarães[148] procura destrinchar "a forma concreta das lutas regionais", não apenas subsumidas ao movimento econômico mais amplo de homogeneização das taxas de lucro pelo país. No seu entender, a Associação Comercial da Bahia e o jornal *A Tarde* cumprem papel decisivo ao realizar o trabalho cotidiano de construção de uma hegemonia burguesa na Bahia, que conta com o suporte de uma elite intelectual, externa à burguesia, sob a liderança de Rômulo. Se nosso personagem lança os alicerces de um Estado indutor para o qual convergem vários segmentos de classe, estes se equipam, durante o processo, para imprimir um sentido mais "adequado" ao desenvolvimento das forças produtivas em escala local, conforme os seus interesses.

Estes segmentos de classe burgueses se projetam por meio do discurso "regionalista", armados agora para empreender uma negociação com as alavancas do processo de acumulação de capital – Estado nacional e empresas transnacionais – e participar da aliança transregional de classes.

Dois movimentos são importantes nesta história. Primeiro, a participação de Rômulo e dos técnicos da CPE no período que se estende de 1955 a 1966 – ano da criação do Centro Industrial de Aratu –, e que Guimarães classifica como "regional-desenvolvimentista", na linha da sociologia acadêmica em sua matriz uspiana. Num segundo momento, a expansão industrial adquire vulto e se transfigura, por meio da pressão local e sob a mediação dos tecnocratas do regime militar, quando se viabiliza o Complexo Petroquímico de Camaçari (COPEC).

---

147 OLIVEIRA, Francisco de. *O elo perdido: classe e identidade de classe na Bahia.* São Paulo: Editora Fundação Perseu Abramo, 2003c, 63-67. A primeira edição deste trabalho é de 1987.
148 GUIMARÃES, 1982, p. 13, 18-21.

No nosso entender, esses movimentos não refletem apenas uma continuidade, como sugere Guimarães,[149] mas também uma ruptura. A presença da tecnocracia durante a ditadura militar exige uma nova sistemática de interação entre os poderes central e local, por meio do qual o caudilhismo adere à modernização, uma vez que as reformas das estruturas econômicas e sociais ficam para trás. O polo petroquímico baiano não está na ordem natural das coisas e nem vem de cima para baixo, da União para o estado, como bem aponta o sociólogo. Se ele é operacionalizado pelo poder central (leia-se Petrobras), isso se deve à capacidade de pressão desta nova burguesia baiana consorciada, que se arvora à condição de sócio menor de uma empreitada rentável econômica e politicamente.

O período iniciado em meados dos anos 1950 encontra-se marcado pela atuação da Petrobras na refinaria de Mataripe, pela chegada da energia em Paulo Afonso e pela construção da Rodovia Rio-Bahia. Com as novas políticas e instituições criadas a partir do governo Balbino, sob a batuta de Rômulo, abrem-se novas perspectivas para a integração da Bahia no cenário econômico nacional. Mas não se pode supor que a forma de irrupção do capitalismo na Bahia está dada de antemão. Esta se apresenta como produto e agente das transformações mais amplas vivenciadas pelo país na virada de 1964. Existe um corte, portanto, entre os dois momentos.

Cumpre ressaltar que o desenvolvimento, no primeiro momento, manifesta-se também no plano cultural, com a inovadora gestão de Edgard Santos à frente da UFBA entre 1946 e 1961. Uma Bahia Desenvolvimentista desponta com novas facetas e potencialidades, ainda que o seu destino esteja condicionado pela resolução das contradições no plano nacional. Neste sentido, Antônio Risério se refere a uma *avant-garde* na Bahia nos dez anos que antecedem o golpe militar. Conforme suas palavras, "é a geração de Clemente Mariani, Edgard Santos e Rômulo Almeida".[150]

Durante a gestão de Edgard Santos, a universidade atua como "geratriz do progresso social". Proveniente de uma geração[151] que, à maneira positivista, encara a educação como "redentora das massas", a universidade vai ao encontro da sociedade, convocando-a para uma tarefa de renovação das bases da cultura e da técnica. A vanguarda, trazida para dentro dos edifícios universitários em uma espécie de modernismo tardio, dialoga com as tradições populares, gerando uma "relação dialética entre a informação cosmopolita e a realidade local". Vejamos o relato de Risério:

---

149 GUIMARÃES, Antônio Sérgio Alfredo. "Estrutura e formação das classes sociais na Bahia". In: *Novos Estudos CEBRAP*, n. 18, set. 1987, p. 60-65.
150 RISÉRIO, 2004, p. 524-529.
151 Edgard Santos nasceu em Salvador no ano de 1894 sendo, portanto, vinte anos mais velho do que Rômulo.

> O reitor Edgard Santos estava mesmo empenhado em eletrizar a província. Convidou Koellreutter para organizar os Seminários de Música da Bahia. Criou a primeira Escola de Dança de nível superior no Brasil, trazendo para cá a polonesa Yanka Rudzka, uma das pioneiras da dança moderna no país. Entregou a Escola de Teatro a Martim Gonçalves, que foi encenar Brecht. Comprou a ideia do pensador português Agostinho Silva, montando o CEAO – Centro de Estudos Afro-Orientais. Para completar o quadro o então governador Juracy Magalhães trouxe Lina Bo Bardi do *industrial design* e da vanguarda arquitetônica internacional, para dirigir o Museu de Arte Moderna da Bahia.[152]

"Destruir a província na província": a frase sintética de Glauber Rocha – jovem estudante de Direito e frequentador dos cursos da Escola de Teatro com seu conterrâneo Caetano Veloso – encarna o espírito da época.[153] É o mesmo lema que move Rômulo, empolgando a CPE com a sua aventura planejadora, ao recrutar quadros formados no IEFB e na Universidade, no sentido de realizar as reformas de base da economia e da sociedade baiana.

A transformação econômica aparece articulada às realizações no campo cultural. Ambas atuam para ampliar as potencialidades locais. Não se trata propriamente de tirar o atraso, mas de acionar o desenvolvimento das energias represadas. O enigma baiano precisa ser rompido em todas as frentes e o contexto nacional parece favorecer esta nova perspectiva. A liderança deste processo não cabe às elites tradicionais.

É ainda o jovem Glauber quem vaticina à época: "a ação cultural da Universidade e do Museu de Arte Moderna são dois tanques de choque" a explodir com os preconceitos da alta sociedade reacionária. A encenação da *Ópera dos três vinténs*, dirigida por Martim Gonçalves e com cenários de Lina Bo Bardi,[154] surge como a coreografia do drama mais amplo, mas aqueles que operam nos bastidores não são vistos pela plateia.

A Escola de Dança fornece o único curso da área no Brasil por cerca de trinta anos. A polonesa Yanka, dançarina clássica, se aproxima do candomblé e das rodas de capoeira, levando o berimbau e a cabaça para o palco. A música dodecafônica e os deuses nagôs aparecem reunidos. Nos Seminários Livres de Música, o maestro de nome impronunciável recebe jovens de todas as procedências, inclusive o diretor-musical do CPC baiano, mais adiante conhecido como Tom Zé, que lá chega para

---

152 RISÉRIO, 2004, p. 527-528.
153 Ibidem, p. 526, 529.
154 RISÉRIO, Antônio. *Edgard Santos e a reivenção da Bahia*. Rio de Janeiro: Versal Editores, 2013, p. 180-181.

aprender violoncelo. O maestro promove um encontro entre a Orquestra Sinfônica da Bahia e o Afoxé Filhos de Gandhi no Teatro Castro Alves.[155] Edgard Santos não deixa de lado as tradições imóveis. Com a restauração da Igreja e do Convento de Santa Tereza, cria o Museu de Arte Sacra da Bahia em 1959, com a maior coleção do gênero no país.[156]

O português exilado Agostinho da Silva estrutura o CEAO, antecipando a política externa independente abraçada por Jânio Quadros logo adiante. O Brasil parece estar na vanguarda de uma guinada do contexto internacional.[157] Por ser "mestiço e democrático", pode liderar a frente anticolonial. Já Lina Bo Bardi traz a técnica arquitetônica para inseri-la na vivência antropológica do fazer. Conforme ela diz à época, "o patrimônio espiritual de um povo não é a cor local, mas a essência mesma da cultura". Portanto, "não no sentido folclórico, mas estrutural". O artesanato pode se favorecer das novas técnicas, aperfeiçoando o modo de vida das pessoas.[158] As tradições não devem ser fossilizadas e impedidas de viver novas contemporaneidades. Os exemplos, de fato, são vários e incluem o Laboratório de Geomorfologia e Estudos Regionais, comandado por Milton Santos na UFBA.[159]

Tal como no caso de Rômulo, Edgard operacionaliza ideias por meio de uma práxis que se transforma em expressão coletiva. Com uma importante diferença: a dinamização do mercado leva a vários padrões de desenvolvimento do capitalismo, onde entram em campo as estruturas há muito enraizadas do poder político e econômico; enquanto na esfera cultural, o que jaz abaixo da superfície pode gerar novas combustões como o cinema novo, o tropicalismo e uma ciência social renovada.

Como vimos, desde 1960 Rômulo circula entre o Rio de Janeiro e a Bahia. Segue fiel à sua linha política, como comprova a sua participação assídua na campanha do marechal Henrique Lott.[160] O Plano de Metas está com os dias contados e a vitória de Lott significa o prosseguimento da agenda nacionalista. Em carta a Juracy Magalhães, ele solicita o seu desligamento (recusado) do governo da Bahia para assumir "a direção da assessoria técnica" do candidato da chapa PSD/PTB, por entender que isso poderia gerar "inconvenientes" ao governador da UDN. Juracy responde a missiva, de maneira algo irônica, demonstrando intimidade com o seu destinatário:

---

155   Ibidem, p. 182-194.
156   Ibidem, p. 201-205.
157   Ibidem, p. 223-227.
158   Ibidem, p. 227-230.
159   Ibidem, p. 196, 268-272.
160   ALMEIDA, 1988, p. 51.

vejo o seu apreço pelos métodos do governador Brizola, mas entendo que as homenagens ao Presidente Juscelino Kubitschek, na Bahia, renderam, praticamente, mais para o estado do que todos os esforços publicitários do jovem e brilhante governador gaúcho.[161]

De fato, JK jamais se empenhara em fazer de Lott o seu sucessor. Já em 1958, tenta costurar o nome de Juracy Magalhães para uma hipotética chapa UDN/PSD. Quer afastar concorrentes de peso do PSD como Tancredo, Alkmin e Amaral Peixoto e bloquear o nome de Jânio como candidato apoiado pela UDN. Sabe que o próximo governo será marcado pela austeridade, com menos realizações, e prepara a sua volta em 1965. A sua tentativa é bloqueada pela ala moça do PSD, que defende a manutenção da coligação. Os apoios mais entusiastas que Lott recebe vêm do governador Leonel Brizola e de Luís Carlos Prestes.[162]

A assessoria técnica coordenada por Rômulo é composta pela nata dos técnicos nacionalistas do período: Celso Furtado, Lúcio Meira, Cleanto de Paiva Leite, Ignácio Rangel e Hélio Jaguaribe. Já o programa de governo fica sob a responsabilidade de Hermes Lima, Hélio Jaguaribe, Nelson Werneck Sodré e Roberto Saturnino Braga, dentre outros.[163]

O candidato consegue a proeza de não encantar ninguém, na sua seriedade de militar devotado e avesso à política. Indispõe-se com os comunistas que o apoiam, ao defender a ilegalidade do PCB; e com os segmentos conservadores do PSD, por suas teses nacionalistas de controle do Estado sobre setores estratégicos. Nacionalismo, desenvolvimento e educação são os lemas da campanha. Uma de suas "promessas" é a execução de um Plano Nacional de Educação, com a meta de que todos os brasileiros cursem pelo menos o curso primário. Para tanto, se necessário, cogita estatizar as escolas e colégios, "porque o meu governo não será de privilégios". Consegue assim mais uma oposição, a da Igreja Católica.[164]

Jânio, seu antípoda político, faz troça do estilo do oponente. Informado por um assessor sobre a necessidade de fazer comícios em algumas cidades onde as previsões eleitorais se mostram incertas, sai-se com a seguinte afirmação: "não faz mal; onde eu não puder ir, o Marechal Lott irá por mim".[165] Mas ninguém ousa interferir

---

161   MAGALHÃES, Juracy. "Carta do governador Juracy Magalhães a Rômulo Almeida", 27 jul. 1960. Salvador: Acervo IRAE.
162   WILLIAM, Wagner. *O soldado absoluto: uma biografia do marechal Henrique Lott*. 2ª edição. Rio de Janeiro: Record, 2006, p. 262-265, 332, 343-344, 347.
163   Ibidem, p. 317, 319.
164   Ibidem, p. 320-335.
165   Ibidem, p. 316.

na sua campanha. À exceção de Rômulo, que elabora o documento confidencial intitulado "A campanha do Marechal Lott – impressões de um assessor". Lott se surpreende com a coragem do asessor que a ele se dirige sem meias palavras. O relato que segue encontra-se na biografia do candidato:

> O documento ressaltava a importância do pensamento, da ideologia, do caráter do Marechal, mas tentava trazê-lo para a crua realidade de uma campanha política, fazendo várias advertências. Da ilusão dos apoios prometidos até a estrutura dos discursos, nada escapara à análise de Rômulo. Criticava os improvisos do candidato que falava "ao sabor do momento", lembrava que era essencial "imprimir ao povo e a seus líderes ânimo de luta e dar ao maior número de indecisos ou de críticos a impressão de que o candidato sabe não só o que, mas como fazer, ou seja, poder prometer e cumprir".
>
> Rômulo percebeu que Lott, imobilizado por sua integridade moral, não falava como candidato, e sim como presidente. Não exigia lealdade para não se comprometer. Em consequência, os políticos não se aproximavam, e passavam a se sentir inseguros em relação a ele, temendo a sua austeridade, fechando o ciclo do afastamento. Advertia-o por estar cometendo o "erro de confundir a moral política com a individual. Na atmosfera do poder, o que importa é o poder; e a conquista do poder, em um regime democrático, é um trabalho de aglutinação de forças eleitorais".[166]

Estamos diante de um técnico que conhece a política por dentro, seja por seu convívio direto com Vargas e pela interação com as principais lideranças do período, seja pelas lições aprendidas durante o seu fracasso na política baiana. E que pensa a política ideológica como forma de viabilizar consensos, os quais extravasam o espaço de atuação do técnico. Não obstante, ingressa na década de 1950 como assessor, e dela sai como assessor.

Depois do seu desligamento do governo baiano e da posse de Jânio, estreitam-se as opções para este intelectual orgânico do Estado sem qualquer apreço pelas pregações de caráter retórico ou pela mera ocupação de cargos no Poder Executivo. Como vimos, por vezes topa inclusive exercer funções de menor envergadura para atender demandas de velhos amigos da máquina pública.

O relato de Rômulo sobre a conversa – que ele considera "pitoresca" – com o presidente Jânio Quadros transcrito abaixo é esclarecedor. Este é o primeiro dos muitos convites que ele recebe de Jânio, no caso em questão para organizar o siste-

---

[166] Ibidem, p. 319-320.

ma de planejamento do seu governo, um posto equivalente ao de ministro. O trecho revela a personalidade de ambos:

> Presidente, eu sou funcionário público e naturalmente cumpro ordens do meu chefe superior, que é o Presidente da República, mas tratando-se de um cargo político é preciso ponderar uma série de fatores: em primeiro lugar, eu queria dizer ao senhor o seguinte: parece que há uma contradição entre o planejamento que o senhor procura organizar e as medidas tópicas que o senhor tem tomado, criando oitenta e tantas comissões e grupos de trabalho.
>
> Ele me respondeu sem titubear: "o amigo não percebeu o alcance, eu encontrei essa administração onde ninguém trabalhava, então tive que agitar, colocando grupos em toda a parte, mas agora é o momento de coordenar".
>
> Eu disse: Presidente, o senhor respondeu inteligentemente, mas acontece o seguinte: um cargo como o de organizador responsável pelo planejamento requer um conhecimento prévio do Presidente, um conhecimento recíproco mais antigo e, sobretudo, a confiança dos que compõem o governo. Eu fui assessor do seu competidor e esse pessoal que está aí, que é o pessoal da UDN, esse pessoal não tem simpatia por mim, não me considera uma pessoa de grei.[167]

Ao fim do diálogo, Rômulo se compromete a atender futuras designações para atividades de natureza essencialmente técnica. Jânio, que governa por meio de bilhetes, muitos dos quais seguem direto para o *Diário Oficial*, nomeia Rômulo para diversos cargos, muitos sem conhecimento deste, como para participar do grupo de análise sobre o problema agrário, organizar o serviço de assistência aos estados, dentre outros. O flerte do presidente com os técnicos nacionalistas não se restringe a Rômulo. Cândido Mendes, do ISEB, por exemplo, é nomeado seu assessor, dentre tantos outros.[168]

Até que Rômulo descobre ter sido escolhido por Jânio como delegado do Brasil para a Conferência Inaugural da Associação Latino-Americana de Livre-Comércio (ALALC). E mais, o ministro das Relações Exteriores Afonso Arinos já

---

167 ALMEIDA, 1986, p. 118-119.
168 FURTADO, 1989, p. 122. Furtado, nas suas memórias, fornece o seguinte relato: "falou-se por algum tempo que ele (Jânio) convidaria Rômulo Almeida para organizar a sua assessoria econômica". Depois de dizer que "a escolha não poderia ser mais acertada", ele manifesta a mesma opinião de Rômulo acima transcrita: "um plano elaborado por aquele método não seria mais que um rol de pré-projetos de obras".

havia negociado com sua contraparte argentina para que o Brasil assumisse – ou melhor, Rômulo – a Secretaria Geral do mais novo organismo criado para fomentar o comércio entre os países da região. O "convite" não é mais um simples arroubo de Jânio. Isto porque o economista baiano, quando designado pelo presidente para uma conferência da CEPAL, já havia elaborado um relatório sugerindo que o Brasil conferisse papel estratégico à integração latino-americana.[169]

Rômulo termina por aceitar, com receio de ficar de escanteio no país, já que "havia fechado as portas na Bahia, no Rio e em Brasília também". Topa a parada e embarca para Montevidéu com um passaporte diplomático na mesma semana, para tomar posse na ALALC em 31 de julho de 1961.[170]

Recebe a notícia da renúncia de Jânio menos de um mês depois, por um torcedor do Nacional, equipe de futebol do Uruguai, em plena partida no estádio Centenário. Sente-se no dever de receber João Goulart – inclusive arriscando seu cargo – quando este desembarca em Montevidéu, retornando de seu périplo asiático rumo ao Brasil. Mantém-se no cargo com o apoio de San Tiago Dantas, agora ministro das Relações Exteriores,[171] seu velho amigo e de quem se sente discípulo.

Em artigo escrito para o *Jornal da Bahia* em 1980, Rômulo recorda os dilemas da política externa brasileira: "Juscelino lançou sua Operação Pan-Americana, sob certos aspectos brilhante, porém num interamericanismo duvidoso pela presença tutelar dos Estados Unidos. Jânio e Jango voltaram à linha latino-americanista".[172] Contudo, a ALALC, apesar de seu rápido avanço, depois que terminaram as "negociações fáceis" – envolvendo "a extensão multilateral das vantagens existentes em acordos bilaterais" –, fica enredada nas negociações produto a produto entre países com base na reciprocidade. A paralisia se justifica pela ausência de "uma visão dinâmica do processo", especialmente da parte dos países grandes – Argentina, Brasil e México.[173]

No seu entender, havia uma visão anti-integracionista comungada por segmentos da esquerda e pelos grupos empresariais dos grandes países. Estes temiam que "o capital estrangeiro se instalasse nos outros países, 'invadindo' o mercado ampliado". Já para a esquerda, as "revoluções nacionais prévias" apareciam como a saída na luta contra o imperialismo. Para Rômulo, ao contrário, a heterogeneidade

---

169   ALMEIDA, 1986, p. 119-121.
170   Ibidem, p. 121.
171   Ibidem, p. 121-122.
172   ALMEIDA, Rômulo. "O Brasil e a América Latina". In: *Jornal da Bahia*, 15 mar. 1980. Salvador: Acervo IRAE.
173   ALMEIDA, Rômulo. "ALALC – I". In: *Jornal da Bahia*, 22 mar. 1980. Salvador: Acervo IRAE.

entre os países da região teria se incrementado "exatamente na medida em que não operou o processo de integração dos mercados".[174]

Seguindo seu raciocínio, trata-se de uma visão ingênua imaginar que o isolamento nacional dificulta o "domínio das multinacionais". Ora, o mercado mais amplo, ao permitir a emergência de "grandes empresas regionais" – sobretudo "se as do setor público cooperassem com a iniciativa privada" –, aumenta a capacidade de competição com as empresas estrangeiras. Portanto, "o Brasil só teria a ganhar". A integração poderia inclusive minorar "o custo social da substituição de importações de qualquer coisa a qualquer custo".[175]

Em texto elaborado em 1964, Rômulo destaca os problemas causados pela inexistência de mercado regional: é "a integração (institucional) que leva à complementariedade". O "institucional" revela-se importante, pois o que ele tem em mente é "um planejamento industrial em escala regional". Se os países grandes podem se aproveitar de suas capacidades instaladas não utilizadas, o objetivo é estender "as oportunidades para os países médios e menores", por meio do que ficaria conhecido, nos anos 1990 e 2000 e no contexto do Mercosul, como cadeias produtivas regionais. No seu entender, as "maiores e mais variadas importações" não beneficiariam os "grandes países industriais de fora da área". A tarifa externa comum já está no horizonte como mecanismo para "negociar conjuntamente com o mundo exterior margens estabelecidas para o comércio intrarregional".[176]

Já em 1962, Rômulo passa a questionar o ritmo lento da integração, sentindo-se uma figura decorativa. A gota d'água é a Conferência da ALALC realizada na Cidade do México no final desse ano, quando ele sanciona o pedido de ingresso de Cuba à nova organização, recebendo represálias de membros do Comitê Executivo. Decide sair, mas não renuncia para o Brasil não perder a Secretaria Executiva.

Coincidentemente, Celso Furtado, então ministro do Planejamento, está no México para uma reunião paralela, do Comitê Interamericano Econômico e Social (CIES). Neste ínterim, havia sido criado o "Comitê dos Nove Técnicos de Alto Nível" da OEA, para monitorar as atividades da Aliança para o Progresso na região. Com a renúncia de Ari Torres, o Brasil fica sem representante. Prebisch convida Rômulo para o novo cargo, que prefere o retorno ao Brasil. Furtado concorda que Rômulo deveria voltar "para colaborar com a gente".[177] Mas Jango acata a nomeação

---

174 Idem, ibidem.
175 ALMEIDA, "O Brasil e a América Latina". In: *Jornal da Bahia*, 15 mar. 1980.
176 ALMEIDA, Rômulo. *Comércio livre regional* (Washington, 1964), mimeo, p. 1-3, 14-19. Salvador: Acervo IRAE.
177 ALMEIDA, 1986, p. 123.

de Rômulo, que a interpreta como "um desejo de que ele ficasse um pouco longe".[178] Rômulo comenta a sua decisão:

> Então eu fui para a Comissão dos Nove, também forçado, tangido pelo destino, aliás nunca tive no exterior meu desejo, sempre fiz força para encargos no Brasil, mesmo fora da capital, pelo destino fui catapultado para numerosas conferências no exterior. Morava em Montevidéu, passei a morar em Washington. A única coisa que eu desejara do exterior não consegui, foi bolsa, no tempo era difícil, queria passar uns dois anos fora estudando.[179]

"Ficaria apagado" e "felizmente", no seu entender, pois a "Revolução" lhe pegaria longe, tendo inclusive sido reeleito para o "Comitê dos Nove Sábios" em 1965 [180]. Apesar de amigo pessoal do presidente Castelo Branco, poderia ter tido o destino de Celso Furtado e Jesus Soares Pereira, o exílio forçado.

O Comitê dos Nove é criado para viabilizar os compromissos da Carta de Punta del Este, de agosto de 1961. Prebisch deveria ser o seu diretor-geral. Chega a assumir o papel de coordenador, do qual logo depois abdica, pois o órgão – encarregado de avaliar e fiscalizar os planos nacionais de desenvolvimento da região – possui um caráter meramente consultivo, sem poder decisório. Os nomes escolhidos são aprovados pela trinca OEA-BID-CEPAL e chancelados pelos respectivos governos. Mais adiante, com o avanço da Aliança para o Progresso, a Carta de Punta del Este é engavetada e o comitê esvaziado, tal como antevisto por Prebisch.[181]

Em texto de 1963, Rômulo revela ter pleno conhecimento dos dilemas a serem enfrentados. Ele já então afirma que "há duas coisas distintas: uma – o programa esboçado na Carta de Punta del Este, de base multilateral; outra – a política e a prática de colaboração bilateral dos Estados Unidos". A Carta representa uma conquista da região. Almeja-se então a defesa conjunta da ampliação do comércio para os produtos latino-americanos, não apenas pela via da integração regional, mas inclusive por meio do acesso ao mercado dos Estados Unidos. O texto da Carta aposta na ideia de planificação e de reformas de estrutura nas sociedades latino-americanas. A colaboração externa possui caráter multilateral, entrando os Estados Unidos com metade dos recursos.[182]

Mas a Aliança para o Progresso desloca a Carta de Punta del Este, como Rômulo antecipa no momento em que ingressa no novo campo de batalha, consciente da fragilidade da sua posição:

---

178 Ibidem, p. 124.
179 Ibidem, p. 124.
180 Idem, ibidem.
181 DOSMAN, 2011, p. 414-423.
182 ALMEIDA, Rômulo. *Aliança para o Progresso e Operação Pan-Americana*. Conferência realizada no Colégio Interamericano de Defesa, 29 ago. 1963, mimeo, p. 10-13. Salvador: Acervo IRAE.

> A contradição política já apontada sobre o apoio dos Estados Unidos às reformas e ao mesmo tempo, em alguns países, aos grupos que não querem as reformas, faz com que os reformistas não acreditem no apoio às reformas e os conservadores denunciem as exigências de reformas como recurso protelatório para os compromissos ou desembolsos de colaboração financeira. E – mais importante ainda – a ajuda do tipo tutelar é paralisadora do esforço próprio e desfibradora do caráter nacional.[183]

Rômulo renuncia ao seu mandato no Comitê dos Nove no dia 3 de abril de 1966, em repúdio ao unilateralismo norte-americano. Esta atitude, tomada na 4ª Reunião do CIES na Argentina, é encarada como uma ofensa pelo então ministro do Planejamento Roberto Campos.[184] Recebe ainda manchete de primeira página no *Correio da Manhã*, que qualifica o seu discurso como "explosivo".[185]

O discurso pronunciado na ocasião é publicado logo em seguida no Brasil.[186] O servidor público transformado em funcionário internacional inicia a sua fala informando que cumpre "um dever de consciência". A resolução votada significa a culminação de um processo que vem de longe. Por meio dela, o Comitê dos Nove, além de reduzido para cinco membros, passa a ser integrado por assessores vinculados ao presidente do Comitê Interamericano para a Aliança para o Progresso (CIAP), órgão de cunho mais político do que técnico. A sua argumentação gira em torno dos seguintes pontos. Primeiro, a mudança não segue os trâmites formais necessários. Segundo, o CIAP não preenche os resquisitos técnicos. E terceiro, a constatação de que os Estados Unidos já não toleram órgãos independentes na região.[187]

Rômulo não deixa de enunciar os "objetivos instrumentais" da Carta de Punta del Este, definitivamente enterrados com a nova resolução. Sobre o CIAP, este conta com os "favores" e a "solícita assessoria do Departamento de Estado". A OEA é qualificada como "o escritório de promoção comercial (depois política) dos Estados Unidos". E a USAID, descrita como "órgão de bilateralismo a varejo", chegando "ao ponto da venda humilhante de favores: um perfeito clientelismo internacional do tipo neocolonialista".[188]

---

183   Ibidem, p. 16.
184   ALMEIDA, Gabriel Barreto de, 2013.
185   "Rômulo critica EUA e deixa o Comitê dos 9". In: *Correio da Manhã*, 3 abr. 1966. Hemeroteca Digital da Biblioteca Nacional.
186   ALMEIDA, Rômulo. "Exposição do Dr. Rômulo Almeida, membro do Comitê dos Nove à Quarta Reunião do Conselho Interamericano Econômico e Social no nível ministerial a propósito da resolução contida no documento CIES/971". In: *Revista Civilização Brasileira*, ano 1, n. 8, jul. 1966.
187   Ibidem, p. 37-39.
188   Ibidem, p. 40-44.

Nosso personagem termina seu discurso relatando, com suporte empírico, o fracasso dos objetivos da Carta de Punta del Este, pois "se deteriorou a posição relativa da América Latina no mercado ianque". A situação não é pior pois as exportações cresceram em quantidade e graças ao "progresso modesto, mas promissor" do comércio intrarregional. Quanto à Rodada Kennedy (1964-1967) do GATT, ela pouco promete em termos de redução do protecionismo agrícola europeu e dos Estados Unidos. Ressalta aliás que as exportações latino-americanas se expandiram mais para a Europa do que para os Estados Unidos. Quanto à América Latina, os países da região deveriam se aliar, no âmbito da UNCTAD, junto aos demais países subdesenvolvidos. Já em termos de colaboração financeira dos EUA para a região, esta se reduzira em termos líquidos depois da Aliança para o Progresso.[189] Sua intervenção em Buenos Aires conclui-se da seguinte forma:

> Ao fugir das convencionalidades cortesãs com que é frequente envolver algumas críticas tímidas à Aliança, meu objetivo é realmente contribuir com uma modesta farpa de franqueza para a reformulação do sistema interamericano.[190]

Rômulo retorna ao Brasil, conforme seu depoimento, para ajudar na "resistência democrática", "na expectativa de que, dentro de alguns anos se recuperaria aquele mínimo que se perdeu e daí se avançaria".[191] Reassume o seu cargo no ministério, com uma remuneração modesta, disposto a não aceitar postos em autarquias ou comissionados. Mas procura, sempre que possível, interferir nos meandros da máquina burocrática – cujos ocupantes de segundo escalão ainda conhece como ninguém –, agora tomada pelos tecnocratas e por pressões clientelistas de todos os tipos, fazendo os acordos getulistas parecerem coisa de criança.

Um exemplo ilustrativo é o convite que recebe em 1967 de Edmundo Macedo Soares, o Ministro da Indústria e Comércio do presidente Costa e Silva, para representar o ministério na SUDENE, quando Rômulo então verifica que o órgão "estava sem projeto". Propõe então reativar o projeto das indústrias de base na região, quando é "atravessado" pelo próprio pessoal da agência, que opta por uma capacitação fornecida pela ONU.[192] Na ocasião, trava contato com o general Euler Bentes Monteiro, militar da ala nacionalista, então superintendente da SUDENE, e com o

---

189   Ibidem, p. 45-49.
190   Ibidem, p. 50.
191   ALMEIDA, 1986, p. 126.
192   ALMEIDA, 1988, p. 139-141.

general Albuquerque Lima, Ministro do Interior, que havia sido o representante do Estado-Maior no Conselho da SUDENE.[193]

Neste contexto, sem quaisquer perspectivas dentro do governo, nosso personagem funda a CLAN, empresa de consultoria radicada em Salvador e com um escritório no Rio, quando continua a formular seus projetos, especialmente para o governo do estado da Bahia. Mesmo que caíssem no colo dos adversários políticos e se distanciassem da sua concepção do desenvolvimento como um processo global de transformação econômica, social e cultural. Segundo sua própria definição, sem esconder certo orgulho: "era um homem público que se recusava a privatizar-se".[194]

Recusava-se, também, a aceitar a derrota. O seu projeto-interpretação-utopia de desenvolvimento nacional ficaria soterrado nos porões da história até que um arqueólogo metido a besta se propusesse a desenterrá-lo. Enquanto ele se movia em torno das preocupações com o futuro, o arqueólogo segue o caminho inverso, com o fito de desvendar o futuro passado.

---

[193] ALMEIDA, 1986, p. 135.
[194] ALMEIDA, 1988, p. 72.

Epílogo: (Re)pensando e (re)periodizando o desenvolvimento no Brasil

Neste último ato, nosso objetivo é sintetizar os principais argumentos do livro, mas agora ampliando o seu alcance, por meio de um experimento de (re)periodização da história brasileira contemporânea sob o ângulo do desenvolvimento. Cogitamos ainda se (e como) a nossa abordagem metodológica pode fazer sentido para o transcurso de tempo posterior a 1980, oferecendo possibilidades de interpretação quiçá aprofundadas por outros pesquisadores.

Conforme o historiador Jacques Le Goff,[1] qualquer periodização "indica uma ação sobre o tempo". Em seguida, ele sublinha que nenhum "recorte" é neutro. Ora, o livro procurou refutar o paradigma que toma o período 1930-1980 como um bloco chamado de "nacional-desenvolvimentista", bem como a concepção de que o "desenvolvimentismo", enquanto ideologia e prática, encontra a sua plena realização no governo JK, por meio do Plano de Metas.

Esses dois "recortes" muitas vezes se revelam complementares. O processo teria se iniciado com a Revolução de 1930, ganhado fôlego com o presidente bossa nova, para ser coroado durante a ditadura militar, quando geralmente se seleciona o governo Geisel e o seu II PND como a cereja do bolo. Tal leitura representa uma visão distorcida do passado, congelando a nossa interpretação do presente e amputando uma perspectiva transformadora.

Ela prepara a leitura do que vem em seguida, no período pós-anos 1980, a depender do verniz ideológico. Os economistas ortodoxos da academia pretendem superar o período "nacional-desenvolvimentista" com as políticas antiestatais e liberalizantes, enquanto os economistas heterodoxos da academia procuram dar continuidade ao "desenvolvimentismo", por meio de uma ação coordenada pelo Estado. Este recorte é a única coisa que esses dois espécimes da academia têm em comum: em tudo o mais eles discordam.

O problema está no recorte. Por quê? Parte-se do pressuposto de que o desenvolvimento é assunto de economistas e está, portanto, circunscrito à sua matriz econômica. Nada mais distante da maneira como pensavam Rômulo Almeida e os intelectuais orgânicos do Estado.

---

1   LE GOFF, Jacques. *A História deve ser dividida em pedaços?* São Paulo: Editora UNESP, 2015, p. 12.

Durante o Brasil Desenvolvimentista (1945-1964), estes intelectuais forjaram um projeto-interpretação-utopia voltado para o desenvolvimento nacional. Defenderam e projetaram a industrialização a partir de um conjunto de reformas de base, acionadas pelo Estado, em sintonia com os grupos sociais emergentes. A industrialização era o meio, não o fim, para se alterar as relações de dependência, gestar novas formas de inclusão social e incorporar de maneira dinâmica novas regiões e setores ao mercado interno em expansão.

Mas os intelectuais orgânicos do Estado não operavam em um vácuo. A partir de sua posição social – a cidadela do Estado – buscaram deslocar os interesses oligárquicos, vitaminar a burguesia industrial nascente e dar substância aos anseios populares. Não almejavam uma "conciliação" de classes, mas a soldagem de interesses sociais apenas potencialmente convergentes, a partir do Estado, no sentido de internalizar os centros de decisão e deslocar os adversários (representantes de várias frações de classe), de modo a assegurar um desenvolvimento nacional autônomo, conforme eles o caracterizavam. Lidar com as contradições, no sentido da sua superação, fazia parte do seu cotidiano. Sim, eram reformistas e nacionalistas.

Durante o livro procuramos apontar como se deu o entrosamento – feito de sucessivos encaixes e desencaixes – entre Rômulo Almeida, o personagem (coadjuvante), e o processo histórico, que tem como palco o Brasil Desenvolvimentista com seus diversos atores e estruturas. Coube ao pesquisador a tarefa de escrutinar o futuro passado. O que isto significa? Re-situar o passado que "não volta mais", a partir do futuro que é o nosso presente, fornecendo um contraponto às leituras anteriores sobre o mesmo período. Partimos do pressuposto de que novas interpretações do passado podem se revelar potenciais portadoras de futuro.

Por que a escolha de Rômulo Almeida? A história do Brasil Desenvolvimentista (1945-1964) poderia ter sido contada a partir de outras perspectivas, tantos foram os personagens a imprimir a sua marca no período. Mas o olhar romuliano, tal como deduzido pelo pesquisador, permite um resgate da densidade histórica daquele tempo por vários motivos.

Primeiro, Rômulo é um desconhecido das gerações subsequentes, tendo praticamente "sumido" da história tal como nos foi contada pela maioria dos historiadores e cientistas sociais. Em segundo lugar, ele participa dos embates em torno do desenvolvimento nacional desde o início do período, ocupando uma posição estratégica no aparato estatal. Terceiro, não é um intelectual típico, mas um "praxista", que reflete sobre a sua atuação no setor público e, a partir desta posição, concebe os dilemas estruturais vivenciados pela sociedade brasileira. Finalmente, no seu entender, estes dilemas transcendem a economia, extravasando para as outras dimensões do desenvolvimento.

Sob uma perspectiva histórica, o processo de desenvolvimento no Brasil – tanto a sua interpretação como a sua práxis – avança no segundo governo Vargas, por meio de um conjunto de projetos articulados entre si, paridos pela recém-criada Assessoria Econômica sob a condução de Rômulo e dos boêmios cívicos. Muitos destes projetos foram torpedeados pela frágil base de sustentação política varguista, e não encontraram o respaldo de importantes segmentos na sociedade civil.

Os técnicos nacionalistas compunham uma das frentes de atuação dos intelectuais orgânicos do Estado, encarregada da montagem da infraestrutura econômica e social subjacente à industrialização. Disputaram com os técnicos mercadistas a orientação do processo de desenvolvimento capitalista. De um lado, estão Rômulo e a Assessoria Econômica, com Jesus Soares Pereira, Ignácio Rangel e Cleanto de Paiva Leite. De outro, Roberto Campos, Lucas Lopes e Glycon de Paiva. Estes técnicos em fins, movidos por suas ideologias, possuíam projetos de desenvolvimento distintos.

No primeiro caso, a diversificação do mercado interno, as reformas de base e a mudança nas relações centro-periferia, por meio do planejamento estatal, se faziam necessárias para dar forma e conteúdo à nação. No segundo caso, os dados da nação – território, população e dotação de fatores produtivos – formavam uma equação que deveria levar à acumulação de capital. O papel do Estado se fazia supletivo, e o capital estrangeiro aparecia como *o* elemento capaz de dinamizar e ampliar o alcance do mercado.

Este debate ganha vulto no governo JK, por meio dos conflitos entronizados no BNDE, onde o segundo grupo sai na dianteira, imprimindo os rumos do governo. Portanto, o debate está informado por posições sociais que atuam por dentro do Estado. Até 1959, os dois grupos de técnicos se reconhecem enquanto parceiros, apesar de discordarem quanto aos meios e fins do desenvolvimento capitalista no Brasil. Devemos levar em conta que seus projetos encarnam visões distintas sobre as alternativas disponíveis, além de se escorarem em forças sociais e políticas divergentes.

Quando os técnicos mercadistas se retiram do governo JK em 1959, depois do rompimento com o FMI, eles passam a atuar preferencialmente na sociedade civil. Seu intuito é somar forças para desbancar o "nacionalismo" e o "populismo", que atravancam as mudanças na política econômica, tidas por eles como necessárias e urgentes. Convertem-se em elites modernizadoras do capital.

Paralelamente, neste contexto de aguçamento das tensões sociais e políticas, marcado pela crescente internacionalização da economia e menor capacidade organizacional do Estado, surgem os intelectuais estadistas, como Celso Furtado, San Tiago Dantas e Darcy Ribeiro, que procuram injetar racionalidade na ação estatal. Assumem o centro da cena política para construir consensos mínimos entre os grupos sociais em disputa. Pretendem alcançar a estabilidade econômica sem comprometer o desenvolvimento e as reformas de base.

Neste contexto, as demandas provenientes da sociedade ganham corpo com a emergência dos intelectuais das classes populares. Os intelectuais críticos da academia, por sua vez, interpretam a a sociedade de classes em consolidação, esmiuçando as suas contradições, mas participando de forma distanciada dos eventos que tomam lugar na sociedade política.

Portanto, além de mostrar como se travou o debate em torno do desenvolvimento no período, procuramos ressaltar que este debate é delimitado pelas posições sociais em mutação, oriundas, por sua vez, das transformações estruturais que atravessavam a economia, a estrutura social e a cultura política. Tentamos, assim, capturar a história em fluxo, casando estrutura e conjuntura, e flagrando o desenvolvimento (e o seu debate) nas suas diferentes configurações. Entre 1959 e 1964, duas figuras emblemáticas disputam os meios e os fins do desenvolvimento capitalista no Brasil: Celso Furtado e Roberto Campos, já atuando em trincheiras distintas.

O mundo do pensamento interage, assim, de maneira contraditória com o mundo material, composto pelas dimensões sociopolítica e econômica. Estas interações transcendem o intervalo temporal conformado por cada governo. As tensões estruturais e a maneira como são resolvidas ou postergadas se acumulam entre um governo e outro. A história não começa novamente em cada nova eleição para o Executivo e para o Legislativo, ao passo que as forças políticas e sociais passam por rupturas e reacomodações.

Neste sentido, não procede caracterizar o segundo governo Vargas como "nacionalista" ou "populista" e o governo de JK como "desenvolvimentista" por ter se aproveitado de maneira instrumental do "nacionalismo". E tampouco compreender o triênio 1961-1963 pelo "retorno do populismo" que amplificaria as contradições do "desenvolvimentismo". Estes termos aparecem como cortina de fumaça a impedir o acompanhamento do debate sobre o desenvolvimento, que avança para além do campo intelectual, ao espelhar os conflitos de classe em curso, assim como os limites à atuação do Estado no contexto do capitalismo crescentemente oligopolizado e internacionalizado.

Rômulo aparece, assim, como o personagem que nos permite acompanhar o curso da história, abrindo caminho para o desfile de personagens e estruturas. Neste sentido, os personagens procuram moldar e são moldados pelas estruturas econômicas, sociais e políticas em avanço rápido e descontrolado. O processo é dialético, mas o resultado não está dado de antemão. Várias resultantes se mostram possíveis.

Em vez de fazer uma história dos "vencidos", o livro almeja recuperar o movimento da história, articulando o mundo do pensamento e o mundo material. O foco no projeto-interpretação-utopia de Rômulo Almeida, Ignácio Rangel, Celso Furtado, Hélio Jaguaribe, Anísio Teixeira e Josué de Castro – construído a partir das suas posições sociais e trajetórias ao longo do Brasil Desenvolvimentista – cumpre o papel de lançar luz sobre como se formulou o desenvolvimento nacional no Brasil; e também de compreender por que esta perspectiva não logrou superar os dilemas que se puseram no meio do caminho.

O problema não estava nas suas formulações, mas no modo como elas se entrosaram com as transformações econômicas, políticas e sociais. O mesmo pode ser dito sobre os "vencedores", aqueles que pegaram o touro à unha e pontencializaram o processo de acumulação de capital, levando a desigualdade (não apenas de renda e riqueza) a níveis extremos. Eram estes intelectuais mais qualificados? Não, apenas conseguiram cravar suas ideias de modo a seguir o caminho mais fácil, aliando-se às classes dominantes recompostas, de modo a imprimir uma nova direção ao processo. O embate não se resolve no plano intelectual, mas interfere nas ideias que se atualizam, em busca de novos figurinos capazes de empunhá-las conforme os diferentes sustentáculos do mundo material.

Para recuperar a densa trama de como se pensou e se praticou o desenvolvimento no período, procuramos dar voz ao conjunto de atores intelectuais que entre os anos 1945 e 1964 produziram interpretações originais sobre os dilemas do desenvolvimento nacional e/ou sobre as contradições do capitalismo em sua irrupção no território brasileiro.

Enquanto o processo histórico se desenrola, conjugando continuidade e ruptura, fragmentam-se os projetos-interpretações-utopias. Se de um lado, os campos da esquerda "social", "acadêmica", "técnica" e "política" entram em curto-circuito no governo Jango; de outro, as elites modernizadoras do capital fornecem embasamento teórico à opção ditatorial. Na época se dizia que os "males do desenvolvimento" se curam com mais desenvolvimento, exigindo a transformação das estruturas sociais.

Entretanto, foi a direita intelectual que, junto às frações de classe alinhadas em torno do golpe de 1964, efetivou esse desiderato, fazendo uso da violência sob várias formas. A partir de então, no período pós-desenvolvimentista, o desenvolvimento passa a significar, em grande medida, "desenvolvimento" da acumulação de capital, reposicionando as contradições herdadas e tornando a sua superação cada vez mais complexa.

O novo recorte proposto neste livro – ao situar na Terceira República (1945-1964) o período em que são travadas as lutas decisivas sobre os fins e os meios do desenvolvimento capitalista no Brasil – não pode ser neutro sobre as consequências do processo. A forma pela qual as contradições foram "resolvidas" significa uma ruptura histórica. Como toda ruptura, ela jamais é total, aproveitando-se de instituições e políticas criadas anteriormente, mas imprimindo-lhes outro sentido, com significados diversos nas várias dimensões da vida coletiva. Em poucas palavras, "1964 representou a imposição, pela força, de uma das formas possíveis de sociedade capitalista no Brasil".[2]

Quem são os novos personagens do período pós-desenvolvimentista (1964-1985) e como eles interagem com as novas estruturas em movimento?

Em primeiro lugar, surge o tecnocrata. O ministro da Fazenda Delfim Netto representa de forma emblemática esta nova posição social. Chamá-lo de "desenvolvimentista" é uma maneira não apenas de tornar o debate saturado por um termo que perde qualquer sentido, mas, o que é pior, de tomar o partido dos vencedores que impuseram uma nova variedade de capitalismo no Brasil pós-1964. Como se não houvesse alternativas possíveis.

E como se a transformação da infraestrutura pudesse ocorrer independentemente da superestrutura. Ora, o "desenvolvimentismo" transforma-se, ao fim e ao cabo, em uma aposta política no capitalismo subdesenvolvido e dependente, fundado numa sociabilidade perversa e desigual. O ocultamento dessa fissura, por meio da mobilidade social pretensamente meritrocrática, é uma das armas de que se vale o novo *status quo*.

Qual a diferença entre o tecnocrata e os técnicos em fins? O tecnocrata é o amigo do rei, pois os objetivos estão definidos de antemão. Crescimento a todo custo, o Estado atuando como combustível para alçar a acumulação de capital, e depois para gerir os desequilíbrios resultantes, sempre nos salões fechados das classes dominantes, enquanto o povo deve se contentar com emprego crescentes e precários, baixos salários e serviços públicos deteriorados. O tecnocrata "escolhe" os meios, aproveitando-se da sociedade política entrincheirada, inclusive para arvorar-se à capitalista de si mesmo. O Estado é uma ferramenta à sua disposição. Por isso, ele funciona como o exato antípoda do intelectual orgânico do Estado.

Tal como as outras posições localizadas na estrutura do Estado, que interagem com a estrutura social mais ampla, o tecnocrata não emerge de maneira isolada. Ele é fruto do mesmo processo histórico que desloca, para depois confinar, os técnicos em fins à execução de posições subalternas. As estruturas do capitalismo encontram-se azeitadas e o Estado revela o seu caráter profundamente antinacional. Isso não impede que o estandarte "nacionalista" seja acionado como retórica por um ou outro general presidente, ou por meio de projetos pontuais elaborados pelos segmentos remanescentes da burocracia. O comando dos teno-

---

2   CARDOSO DE MELLO, João Manuel & NOVAIS, Fernando. "Capitalismo tardio e sociabilidade moderna". In: NOVAIS, Fernando & SCHWARCZ, Lilia Moritz (orgs.). *História da vida privada no Brasil: contrastes da intimidade contemporânea*. Vol. 4. São Paulo: Companhia das Letras, 1998, p. 560-561, 618.

cratas permite ainda ampliar o alcance do clientelismo, bem nutrido pela máquina de acumulação turbinada.

Portanto, o planejamento aparece completamente desfigurado, pois não passa pelo teste da realidade, e tampouco leva em consideração os vários entes da federação e a diversidade de interesses sociais. Não procura resolver conflitos, promovendo consensos. O consenso se faz por adesão aos novos donos do poder, mas gera conflitos por todos os lados, resolvidos de maneira fragmentada, por meio de uma hierarquização dos interesses de classe intraburguesia, inclusive em escala regional.

A "classe dos outros", dos que vivem da sua força de trabalho, conforme a expressão de Florestan Fernandes, foi eliminada do processo político, inclusive quando ela insinua resistência no âmbito de uma sociedade civil cerceada. Esta "classe" passa a compreender a "geração perdida" (mais uma vez, Florestan), que se dedicou à compreensão das contradições do processo de desenvolvimento, mas sem ter ingressado no grande palco. Mas também a "geração fracassada", como Furtado sugere em momento de amargura no seu exílio, porque estes intelectuais enfrentaram a grande batalha de dentro do Estado e foram expurgados do cenário da história.

Estes dois fragmentos de geração, aos quais se devem somar os intelectuais das classes populares, se juntam nos anos 1970, já exilados das suas cidadelas – o Estado, a academia, o movimento –, para forjar novas interpretações sobre o drama coletivo. Reúnem os cacos e fundem os seus métodos, categorias e problemáticas para destrinchar a nova variedade de capitalismo. Eles nos fornecem uma interpretação renovada sobre o subdesenvolvimento industrializado e a dependência entronizada em uma estrutura de classes peculiar.

Por outro lado, nos anos 1980, entram em cena os novos intelectuais acadêmicos a fragmentar o social – os economistas são o caso mais típico, mas não se trata de uma exclusividade deles. O país deixa de ser subdesenvolvido e dependente, para se tornar simplesmente "periférico" ou "patrimonialista" e insuficientemente capitalista, a depender da filiação teórica. Trata-se de uma nova configuração do tempo histórico, que confere, de maneira inédita, protagonismo aos movimentos sociais portadores de uma agenda que vem de baixo, alicerçada em torno da cidadania e dos direitos, muitos deles inscritos na Constituição de 1988.

Qual é o problema? A sociedade civil empoderada não remete à nação, e tampouco a "democratização" remete ao desenvolvimento. Ao se encerrar o capítulo do "desenvolvimentismo", o "problema do desenvolvimento" com todas as suas nuances e dimensões também sai de cena.[3] Com o retorno da democracia, cabe agora eliminar

---

3   BRANDÃO, Gildo Marçal. "Democratização e desenvolvimento: um programa de pesquisa". In: BOTELHO, André; BASTOS, Elide Rugai & VILLAS BÔAS, Glaucia (orgs.). *O moderno em questão: a década de 50 no Brasil*. Rio de Janeiro: TopBooks, 2008, p. 391-392, 400.

a pobreza, redistribuir a renda e reformar o Estado, agenda que assume diversas conotações ideológicas e propositivas nos governos que se sucedem nos anos 1990 e 2000. Parece fácil uma vez que se perdeu de vista a ruptura processada lá atrás.

No período pós-anos 1980, que poderia receber – a título de provocação de quem mergulhou no drama de um outro passado – a alcunha provisória de "não desenvolvimentista", os intelectuais acadêmicos ficaram, em grande medida, restritos a cidadelas ainda menores: os seus departamentos. Engajaram-se na sociedade civil a partir de suas agendas tópicas e sem uma interpretação acerca da variedade de capitalismo conformada no pós-1964, e hoje mais uma vez reconfigurada.

Os tecnocratas, por sua vez, não se retiraram do cenário, antes aderiram à flexibilidade do seu discurso. Passaram a saltar de forma marota, especialmente no caso dos economistas ortodoxos, entre os mundos da finança, da academia e dos programas de televisão da mídia burguesa, para ocupar provisoriamente cargos no Estado, independentemente da orientação ideológica dos governos.

Por sua vez, alguns intelectuais acadêmicos de esquerda se mostraram mais ativos na crítica à orientação dos governos "neoliberais", do que quando da passagem do "seu" governo pelo poder, não obstante os importantes avanços alcançados em termos de políticas de inclusão social e de afirmação da cidadania. A agenda do desenvolvimento foi incorporada, em grande medida, de forma retórica ou sob a bitola curta do economicismo.

Não cabe aqui entrar no debate terminológico e discutir se os governos Lula e Dilma foram "social-desenvolvimentistas" ou se esta nova adjetivação faz sentido. Mas o mergulho no futuro passado do Brasil Desenvolvimentista permite quem sabe lançar uma pergunta a este presente que se distancia a galope: a tríade projeto-interpretação-utopia chegou a entrar em cena?

Seria o retorno do "desenvolvimentismo", desfigurado da sua tríade poderosa, um "espectro" do passado a nos rondar ou mais uma espécie de "farsa" preparada pela história, como se pergunta Luiz Werneck Vianna?[4] Esta nos parece uma saída confortável para quem escreve em meio à nova enxurrada da história.

Não seria o caso de entrever novas potencialidades dialéticas? Em vez de farsa, não estaria o país enquanto coletividade "nacional", no andamento contraditório que conforma a sua estrutura de classes, vivenciando os dilemas que o impedem de ultrapassar o perímetro do pré-desenvolvimentismo, agora sob uma nova articulação entre projeto, interpretação e utopia?

---

4   VIANNA, Luiz Werneck. "Os espectros do Desenvolvimentismo". In: *O Estado de São Paulo*, 27 maio 2012.

Naquilo que compete a um historiador-economista quase-cientista social, sinceramente acredito que devemos começar por destrinchar o período 1985-2016 a partir das suas linhas de tensão, de modo a perceber as oportunidades perdidas, talvez porque sequer tenham sido formuladas.

A compreensão deste período – não como a soma das partes, mas com as suas diversas modulações e ritmos, por meio do confronto entre o mundo do pensamento e as dimensões sociopolítica e econômica do mundo material – pode abrir um novo horizonte analítico? A perspectiva metodológica utilizada para re-situar as contradições do Brasil Desenvolvimentista, com as suas ramificações para trás e para frente, pode ser aqui replicada, inclusive por meio do aperfeiçoamento das suas ferramentas de análise?

Até quando continuaremos adotando o fracionamento da história recente entre "década perdida", "década neoliberal", "década desenvolvimentista", seguida agora de uma "segunda década perdida"? Como se a história estivesse sempre a recomeçar, descartando assim a perspectiva da longa duração, e desconsiderando o movimento assincrônico e combinado das estruturas econômicas, sociais e políticas, que ultrapassam os intervalos demarcados pelo calendário eleitoral? Estruturas, aliás, marcadas por coalizões de eventos e personagens privilegiados sempre a provocar rupturas parciais, pois repletas de continuidades repostas em outro patamar.

Em vez de apostar no esgotamento definitivo, ou na ressurreição prematura do "desenvolvimentismo", por que não inaugurar uma perspectiva desenvolvimentista renovada, a qual requer, como exercício prévio, um inventário dos problemas que caracterizam a variedade de capitalismo realmente existente no país?

O que mudou de 1980 para cá, se olharmos para além da superfície dos fatos e partirmos do pressuposto de que qualquer reflexão sobre o desenvolvimento "exige uma progressiva aproximação da teoria da acumulação com a teoria da estratificação social e com a teoria do poder",[5] conforme a síntese furtadiana?

De que adianta continuar repetindo frases feitas em forma de conceitos – "capitalismo financeirizado" ou "globalização neoliberal" – como se o mundo fosse "plano" e a totalidade prescindisse de uma avaliação das suas manifestações particulares e contraditórias? Por que não averiguar as linhas mestras que levam à reconfiguração da economia-mundo capitalista pós-anos 1980, marcada pela ascensão chinesa, redefinindo as hierarquias e as dinâmicas de acumulação nos vários espaços do centro, da semiperiferia e da periferia?

---

5   FURTADO, Celso. *Introdução ao desenvolvimento: enfoque histórico-estrutural*. 3ª edição revista pelo autor. São Paulo: Paz e Terra, 2000, p. 30.

Para além dos condicionantes externos, a política macroeconômica no Brasil atua em um contexto onde existem *players* de destaque – bancos, mídia, oligopólios industriais e de serviços, agronegócio e seus aliados transnacionais; além de atores sociais contra-hegemônicos, que atuam com o propósito de assegurar a ampliação do nível de emprego, da massa salarial, do gasto social e do financiamento à agricultura familiar e o aperfeiçoamento das políticas públicas de infraestrutura e de regulamentação ambiental.

Como se dá o enfrentamento entre as frações de classe da burguesia, da classe média e dos trabalhadores, cada vez mais fragmentados em suas distintas sociabilidades no mundo do trabalho? É possível o deslocamento e a soldagem dos interesses, e sob a hegemonia de quem? Uma contra-hegemonia desenvolvimentista se mostra "desejável, viável e exequível"?[6]

E mais: quem é o Estado no Brasil? Para além das castas ciosas de seus interesses exclusivistas e dos tecnocratas flexíveis, há segmentos com que se possa contar? Existe ainda uma burguesia industrial no país? Ou foi ela totalmente desvirtuada pela lógica financeira e pela integração passiva no capitalismo internacional?

Que outros segmentos compõem o tecido social do país, além daqueles sobejamente representados no Parlamento? Qual o papel dos movimentos populares de defesa dos direitos humanos, da redução das desigualdades e da agenda ambiental? E os intelectuais? Podem atuar, de forma transversal, cruzando estas agendas, para além das universidades, de modo a formular novas perspectivas transformadoras não restritas às pautas identitárias? E o que dizer dos novos intelectuais dos movimentos populares com seus saberes não necessariamente acadêmicos?

É possível construir uma contra-hegemonia em um contexto de predomínio incontestes da grande mídia, que tem o seu projeto de defesa do *status quo* inoculado de maneira subliminar no inconsciente de vastos segmentos da estrutura de classe? Como romper o cerco?

Mais difícil ainda, como lidar com os novos personagens que emergem de forma burlesca e abrupta, como se fossem nossos completos desconhecidos, com seus ressentimentos acumulados e marcados pelo individualismo mais obtuso? Milicianos, donos de igrejas de vários credos e fanáticos das redes sociais – é possível dissociá-los da violência urbana de nossas periferias deserdadas e do contexto de "salve-se quem puder" instaurado na nossa sociabilidade coditiana? E o que dizer das catástrofes ambientais, que fazem morrer rios, florestas e biomas? O desenvolvimento tem algo a ver com isso tudo?

---

[6] Partimos da tríade constitutiva das alternativas transformadoras, conforme a proposta de "uma ciência social emancipadora". Ver OLIN WRIGHT, Erik. *Envisioning real utopias*. London: Verso, 2015, p. 20-25.

A compreensão do funcionamento coligado das instituições, dos novos e velhos atores e das frações de classes que os sustentam mostra-se fundamental para qualquer tentativa transformadora ancorada em uma nova utopia das potencialidades nacionais. Esta não surge como algo criado de cima, mas está ou não enraizada na sociedade; e se está, mesmo que de forma potencial, não pode aflorar sem ter o Estado como agente propulsor e aglutinador. Mas não será o mesmo Estado "desenvolvimentista" de antes.

O dilema essencial parece residir no campo da cultura. Precisamos abandonar os figurinos importados, sem deixar de assimilar as novas formulações elaboradas alhures, estimulando assim a imaginação criativa nas várias esferas da vida coletiva. Uma perspectiva desenvolvimentista atualizada deve provocar uma nova interação entre o mundo da cultura, no sentido mais amplo do termo, e o mundo da sociedade e da política, incorporando agora os agentes não humanos da biosfera. A economia é um meio potente e estratégico, sem o qual esta energia catalisadora não empolga o mundo material.

Mas, em última instância, a batalha decisiva se dá na estrutura de poder – que se reproduz por meio dos vários monopólios, que oferecem para alguns poucos o acesso privilegiado à educação, à política, à riqueza e à informação. Não é fácil e não é tarefa de uma geração, mas sem tal perspectiva utópica não parece concebível ultrapassar o limiar que nos separa de uma nova perspectiva desenvolvimentista, caso ela logre se enraizar socialmente.

Para tanto, precisamos de novas narrativas que apenas a História, junto às Ciências Sociais, da qual a Economia faz parte, pode nos fornecer. Um dos desafios para quem assume uma atitude crítica é o resgate da concepção de processo. Neste sentido, ensaio, de maneira breve e provisória, um voo panorâmico e rasante com o intuito de (re)pensar o desenvolvimento no Brasil sob uma perspectiva histórica.

Durante o período colonial, o território hoje chamado Brasil vinculou-se às engrenagens do capitalismo em expansão na Europa como uma vasta empresa comercial. Monocultura, concentração de terras e trabalho escravo permitiram a eclosão de uma sociedade escravista que apenas se explica pelos nexos estabelecidos com a metrópole. O quadro é bem mais complexo. Mas se nos ativermos ao essencial, inexistiam as condições para a gestação de circuitos internos de acumulação de capital, que se irradiassem de modo a conectar organicamente as várias economias: a exportadora, de subsistência e a dos núcleos urbanos. Elas se entrosavam de maneira rarefeita, desorganizando-se a cada arranco promovido sob o impulso externo.

A partir de meados do século XIX, têm início dinâmicas acumulativas de maior vulto, por meio da nova conexão forjada pelo capital britânico e do enfraquecimento do esbulho colonial, especialmente no novo centro dinâmico do território, gerando ramificações no sentido da indústria e dos serviços modernos, atividades sobremaneira concentradas na capital federal e na quase-metrópole paulista. Aqui a ampliação da massa de rendimentos se fez possível mesmo sem a criação de um mercado de trabalho propriamente dito. Quarenta anos após a Abolição, o país ainda era marcado por um mar de relações não capitalistas.

Neste sentido, apenas podemos falar de desenvolvimento em escala nacional após a Revolução de 1930, quando o Estado nacional assegura o dinamismo da empresa privada potencialmente capitalista. Isso não teria sido possível sem a "nacionalização" do mercado de trabalho, setorial e espacialmente segmentado, e a regulação também parcial das relações de trabalho.

Nos anos 1950, o processo adquire vulto, pilotado novamente pelo Estado, que agora cria as condições para a reprodução interna do capital, fazendo despontar no horizonte as classes econômicas fundamentais (burguesia e proletariado), marcadas pela heterogeneidade estrutural e por clivagens intraclasses. É então que o país engata no ciclo sistêmico de acumulação sob a hegemonia estadunidense, especialmente por meio das operações de captura e ampliação do mercado interno empreendidas pelas empresas transnacionais, deslocando os segmentos sociais e intelectuais que se arvoraram a colocar o desenvolvimento nacional no meio do caminho.

A partir de 1964, as forças produtivas do capitalismo se expandem horizontal e verticalmente, ampliando o seu alcance espacial, incorporando os segmentos recém-proletarizados e parindo as novas classes médias, emergentes no bojo da ampliação da divisão social do trabalho, em um contexto de crescente hierarquização e diferenciação das empresas públicas e privadas. Novos implantes capitalistas nas regiões até então marginalizadas as conectam ao centro dinâmico industrializado. As velhas oligarquias regionais assumem feição burguesa, aproveitando-se do mercado interno e da associação subordinada ao território privilegiado da acumulação com seu consórcio de capitais. Combinações diversas no espaço entre relações de trabalho capitalistas e não capitalistas transformam a estrutura social em um mosaico de formas, mais ou menos vinculadas ao império do capital internalizado.

O processo não tem nada de espontâneo. O capitalismo subdesenvolvido e dependente é fruto da nova dinâmica internacional do capitalismo, mas é também operacionalizado de dentro, por obra do Estado em associação com as classes dominantes entricheiradas. Poucos países tiveram o êxito do Brasil em transplantar para o seu território um processo minimamente endógeno de acumulação de capital. Paralelamente, o país se transformou em paraíso para a exportação de capital produtivo e financeiro. E pela maneira como foram geridas as questões social, urbana, agrária e do financiamento do Estado – apesar de correlatos, os processos não conformam uma lei inelutável e necessária, pois a equação é política –, pariu-se a sociedade capitalista mais desigual do planeta.

O que acontece em seguida ainda está em suspenso. A crise dos anos 1980 e a abertura econômica dos anos 1990 devem ser compreendidas a partir dos processos políticos e sociais que interagem de maneira contraditória com o mundo do capital. Porém, a estrutura de poder, mesmo sob o verniz democrático, se adapta às limitações autoimpostas por uma economia que sofre crescente anorexia produtiva e social, pela maneira como se vincula à economia-mundo capitalista, espacial e setorialmente reconfigurada.

Os anos 2000 dão margem à euforia pois permitem, por um breve momento, casar uma democracia que mantém a estrutura de poder vigente, fazendo coro às demandas populares até então cerceadas. Combinam expansão econômica com redução das desigualdades da renda do trabalho e maior acesso às políticas sociais. Mas como explicar que o ano de 2016 venha a fechar o ciclo da Nova República, nos trazendo mais uma aberração histórica?

O circuito se fecha mais uma vez. Não adianta recorrer à história como condenação, pois os traumas ressurgem sempre de maneira renovada. A quem interessa a cantilena de que o presente está inscrito no DNA das nossas classes dirigentes e dominantes desde os tempos da escravidão ou por culpa do patrimonialismo arraigado? Ora, a desigualdade nunca deixou de ser um dos cernes da nossa sociabilidade sob o capitalismo subdesenvolvido e dependente. Ou nós fizemos de conta que isso era coisa do passado?

A história não caminha para atrás, ela sempre segue adiante. Uma nova perspectiva desenvolvimentista apenas surgirá se puder enfrentar estes dilemas estruturais acumulados e reconfigurados. Fundindo teoria e práxis, pois o destino não se encontra selado enquanto houver utopia transformadora.

As perguntas inconclusivas lançadas neste epílogo indicam a necessidade de se (re)pensar historicamente os dilemas do presente. Mas pode ser, nada mais justo, que quem teve a paciência e o fôlego para se debruçar sobre este livro, ao chegar nas suas derradeiras páginas, não se contenha e faça uma pergunta indiscreta: o que Rômulo Almeida e os intelectuais que contracenaram e perderam a batalha durante o Brasil Desenvolvimentista teriam a dizer sobre o Brasil de hoje?

Correndo o risco de desapontar o leitor ou a leitora, a única resposta de que disponho é a seguinte: eles são frutos do seu tempo. A sua contribuição já foi dada pela maneira como pensaram e praticaram o desenvolvimento em um período decisivo de nossa história. Como se não bastasse, estabeleceram a moldura para qualquer projeto-interpretação-utopia de desenvolvimento nacional na nossa contemporaneidade. Agora a bola está conosco, desde que saibamos aprender com seus métodos de análise, seus princípios norteadores e sua ousadia propositiva.

Lista de siglas e abreviaturas

ABL – Academia Brasileira de Letras
ABM – Associação Brasileira de Municípios
ACAR – Associação de Crédito e Assistência Rural
ACB – Associação Comercial da Bahia
AIA – Associação Internacional Americana
AIB – Ação Integralista Brasileira
ALALC – Associação Latino-Americana de Livre-Comércio
AMFORP – American & Foregin Power Company
ANC – Assembleia Nacional Constituinte (1946)
ANCAR – Associação Nordestina de Crédito e Assistência Rural
ANL – Aliança Nacional Libertadora
ANPOCS – Associação Nacional de Pós-Graduação em Ciências Sociais
APEC – Análise e Perspectiva Econômica
AUB – Associação Universitária da Bahia
BANFEB – Banco de Fomento do Estado da Bahia
BB – Banco do Brasil
BID – Banco Interamericano de Desenvolvimento
BNB – Banco do Nordeste do Brasil
BNDE – Banco Nacional de Desenvolvimento Econômico
BNDES – Banco Nacional de Desenvolvimento Econômico e Social
CACEX – Carteira de Comércio Exterior do Banco do Brasil
CAE/FGV – Centro de Aperfeiçoamento de Economia da Fundação Getúlio Vargas
CAMAB – Companhia de Adubos e Materiais Agrícolas da Bahia
CAPES – Campanha Nacional de Aperfeiçoamento de Pessoal de Nível Superior

CASEB – Companhia de Armazéns Gerais e Silos da Bahia
CASEMBA – Companhia de Alimentação e Sementes da Bahia
CDI – Comissão de Desenvolvimento Industrial
CEAO – Centro de Estudos Afro-Orientais
CEBPAB – Centro de Planejamento da Bahia
CEBRAP – Centro Brasileiro de Análise e Planejamento
CEMIG – Companhia Energética de Minas Gerais
CENTRO – Centro Latino-Americano de Pesquisas Sociais
CEPAL – Comissão Econômica para a América Latina
CESIT – Centro de Sociologia Industrial e do Trabalho
CESP – Companhia Energética de São Paulo
CFAV – Companhia Ferro e Aço de Vitória
CFCE – Conselho Federal de Comércio Exterior
CHESF – Companhia Hidroelétrica do São Francisco
CIAP – Comitê Interamericano para a Aliança para o Progresso
CIES – Comitê Interamericano Econômico e Social
CIESP – Centro das Indústrias do Estado de São Paulo
CLT – Consolidação das Leis do Trabalho
CMBEU – Comissão Mista Brasil/Estados Unidos
CMUHs – Comissões Municipais de Urbanismo e Habitação
CNBES – Comissão Nacional de Bem-Estar Social
CNC – Confederação Nacional do Comércio
CNI – Confederação Nacional da Indústria
CNP – Conselho Nacional do Petróleo
CNPA – Comissão Nacional de Política Agrária
CNPIC – Conselho Nacional de Política Industrial e Comercial
CNPq – Conselho Nacional de Pesquisas
CODENO – Conselho de Desenvolvimento do Nordeste
COELBA – Companhia de Eletricidade da Bahia
COFECON – Conselho Federal de Economia
COFINAB – Companhia Financeira da Bahia

CONCLAP – Conselho das Classes Produtoras
CONDEB – Conselho de Desenvolvimento Econômico da Bahia
CONDEPE – Conselho de Desenvolvimento de Pernambuco
COPEC – Complexo Petroquímico de Camaçari
CPC – Centro Popular de Cultura
CPDOC – Centro de Pesquisa e Documentação de História Contemporânea do Brasil
CPE – Comissão de Planejamento Econômico da Bahia
CSN – Companhia Siderúrgica Nacional
CTEDE – Curso de Treinamento de Especialistas em Desenvolvimento
CTEF – Conselho Técnico de Economia e Finanças
CVRD – Companhia Vale do Rio Doce
DASP – Departamento Administrativo do Serviço Público
DIEESE – Departamento Intersindical de Estatística e Estudos Econômicos
DIP – Departamento de Imprensa e Propaganda
DNOCS – Departamento Nacional de Obras contra as Secas
DNPM – Departamento Nacional de Produção Mineral
EBAPE – Escola Brasileira de Administração Pública e de Empresas da Fundação Getúlio Vargas
ECOSAMA – Empresa de Conservação de Solo, Água e Mecanização Agrícola da Bahia
EPGE – Escola de Pós-Graduação em Economia (EPGE/FGV/RJ)
ESG – Escola Superior de Guerra
ETENE – Escritório Técnico de Estudos Econômicos do Nordeste
FAO – Food and Agriculture Organization
FCEARJ – Faculdade de Ciências Econômicas e Administrativas do Rio de Janeiro
FCP – Fundação Casa Popular
FD – Faculdade de Direito da Universidade de São Paulo
FEA – Faculdade de Economia e Admistração da Universidade de São Paulo
FEB – Força Expedicionária Brasileira
FECAP – Faculdade de Ciências Econômicas Álvares Penteado
FFLCH – Faculdade de Filosofia, Letras e Ciências Humanas da Universidade de São Paulo

FGV – Fundação Getúlio Vargas
FIEB – Federação das Indústrias do Estado da Bahia
FIESP – Federação das Indústrias do Estado de São Paulo
FLACSO – Faculdade Latino-Americana de Ciências Sociais
FMI – Fundo Monetário Internacional
FNCE – Faculdade Nacional de Ciências Econômicas
FNM – Fábrica Nacional de Motores
FUNDAGRO – Fundo de Desenvolvimento Agroindustrial da Bahia
GATT – General Agreement on Trade and Tariffs
GEIA – Grupo Executivo da Indústria Automotiva
GEICOM – Grupo Executivo da Indústria Naval
GEIMAPE – Grupo Executivo da Indústria de Material Pesado
GEMF – Grupo Executivo de Minério de Ferro
GTDN – Grupo de Trabalho sobre o Desenvolvimento do Nordeste
IAP – Institutos de Aposentadorias e Pensões
IAPI – Instituto de Aposentadoria e Pensões dos Industriários
IBAD – Instituto Brasileiro de Ação Democrática
IBAM – Instituto Brasileiro de Administração Municipal
IBESP – Instituto Brasileiro de Economia, Sociologia e Política
IBF – Instituto Brasileiro de Filosofia
IBGE – Instituto Brasileiro de Geografia e Estatística
IBRE – Instituto Brasileiro de Economia
ICFEB – Instituto Central de Fomento Econômico da Bahia
IDA – International Development Association
IDORT – Instituto de Organização Racional do Trabalho
IE – Instituto de Economia da Unicamp
IEB – Instituto de Estudos Brasileiros da Universidade de São Paulo
IEFB – Instituto de Economia e Finanças da Bahia
IFC – International Financial Corporation
INEP – Instituto Nacional de Estudos Pedagógicos
INIC – Instituto Nacional de Imigração e Colonização

INL – Instituto Nacional do Livro
INPES – Instituto de Planejamento Econômico e Social
INPS – Instituto Nacional de Previdência Social
IPE – Instituto de Pesquisas Econômicas da Universidade de São Paulo
IPEA – Instituto Pesquisa Econômica Aplicada
IPES – Instituto de Pesquisas e Estudos Sociais
IPM – Inquérito Policial Militar
IPTA – Instituto de Pesquisas e de Artesanato da Bahia
IRAE – Instituto Rômulo Almeida de Altos Estudos
ISEB – Instituto Superior de Estudos Brasileiros
ISSB – Instituto de Serviços Sociais do Brasil
IUPERJ – Instituto Universitário de Pesquisas do Rio de Janeiro
JK – Juscelino Kubitscheck
JUC – Juventude Universitária Católica
LABASA – Laboratórios da Bahia
LabIEB – Laboratório Interdisciplinar do IEB
LASP – Liga de Ação Social e Política
LBA – Legião Brasileira de Assistência
LOPS – Lei Orgânica de Previdência Social
MAFRISA – Companhia de Matadouros Frigoríficos S.A da Bahia
MEC – Ministério da Educação e Cultura
MTIC – Ministério do Trabalho, Indústria e Comércio
MVOP – Ministério de Viação e Obras Públicas
OEA – Organização dos Estados Americanos
OIT – Organização Internacional do Trabalho
OMS – Organização Mundial de Saúde
ONU – Organização das Nações Unidas
PAEG – Plano de Ação Econômica do Governo
PCB – Partido Comunista do Brasil
PEA – população economicamente ativa
PEM – Plano de Estabilização Monetária
PFN – Plano Federal para o Nordeste

PL – Partido Libertador

PLANDEB – Plano de Desenvolvimento da Bahia

PMDB – Partido do Movimento Democrático Brasileiro

PNA – Plano Nacional de Alfabetização

PR – Partido Republicano

PSB – Partido Socialista Brasileiro

PSD – Partido Social Democrático

PT – Partido dos Trabalhadores

PTB – Partido Trabalhista Brasileiro

PUC-RJ – Pontifícia Universidade Católica do Rio de Janeiro

RBE – Revista Brasileira de Economia

RFFSA – Rede Ferroviária Federal S.A.

SAGMACS – Sociedade para Análise Gráfica e Mecanográfica Aplicada aos Complexos Sociais

SALTE (Plano) – Saúde, Alimentação, Transporte e Energia

SAPS – Serviço de Alimentação e Previdência Social

SBS – Sociedade Brasileira de Sociologia

SEES – Serviço de Estatística de Educação e Saúde

SEI – Superintendência de Estudos Econômicos e Sociais do Governo do Estado da Bahia

SEIPAN – Superintendência de Empresas Incorporadas ao Patrimônio Nacional

SEMA – Superintendência de Educação Musical e Artística

SENAI – Serviço Nacional de Aprendizagem Industrial

SEPA – Sociedade de Expansão Comercial

SEPLAN – Secretaria de Planejamento

SESC – Serviço Social do Comércio

SESI – Serviço Social de Indústria

SNI – Serviço Nacional de Informações

SPHAN – Serviço do Patrimônio Histórico e Artístico Nacional

SPVEA – Superintendência de Valorização Econômica da Amazônia

SUDENE – Superintendência do Desenvolvimento do Nordeste

SUMOC – Superintendência da Moeda e do Crédito

SUNFED – Special United Nations Fund for Economic Development
SUPRA – Superintendência de Política Agrária
TEBASA – Companhia de Telefones da Bahia
TIAR – Tratado Interamericano de Assistência Recíproca
TVA – Tenessee Valley Authority
UDN – União Democrática Nacional
UEB – União dos Estudantes da Bahia
UFBA – Universidade Federal da Bahia
UFF – Universidade Federal Fluminense
UJC – União da Juventude Comunista
UNCTAD – United Nations Conference on Trade and Development
UNE – União Nacional dos Estudantes
UNESCO – Organização das Nações Unidas para Educação, Ciência e Cultura
UNICAMP – Universidade Estadual de Campinas
URSS – União das Repúblicas Socialistas Soviéticas
USAID – United States Agency for International Development
USP – Universidade de São Paulo

Referências bibliográficas

Produção de Rômulo Almeida (em ordem cronológica)

ALMEIDA, Rômulo. *Discurso como orador da turma do Ginásio Ipiranga*, mimeo, 21 jul. 1931. Salvador: Acervo IRAE.

ALMEIDA, Rômulo. "Carta de Rômulo Almeida a Anísio Teixeira", 21 mar. 1934. Rio de Janeiro: Acervo CPDOC-FGV/Fundo Anísio Teixeira.

ALMEIDA, Rômulo. "A Capela de S. José do Genipapo". In: *Revista do Serviço de Patrimônio Histórico e Artístico Nacional*, Rio de Janeiro, n. 2, 1938.

ALMEIDA, Rômulo. "Um sentido para a arquitetura e o mais". In: *América – Revista de Divulgação e Cultura*, Salvador, n. 2, fev. 1939.

ALMEIDA, Rômulo. "O Sudeste Amazônico". In: *O Observador Econômico e Financeiro*, ano VIII, n. 89, jun. 1943.

ALMEIDA, Rômulo. "Primeiras observações sobre o projeto de fundação da 'casa popular'". In: *Observador Econômico e Financeiro*, n. 126, jul. 1946.

ALMEIDA, Rômulo. "Experiência brasileira de planejamento, orientação e controle da economia". In: *Estudos Econômicos* (Separata), CNI, Rio de Janeiro, n. 2, jun. 1950.

ALMEIDA, Rômulo. "Carta dirigida ao Dr. Landulpho Alves, presidente do diretório do PTB na Bahia", 5 ago. 1950. Salvador: Acervo IRAE.

ALMEIDA, Rômulo. "Problemas estruturais do município". In: *Revista de Direito Municipal* (Separata), Rio de Janeiro, 1950.

ALMEIDA, Rômulo. "Carta de Rômulo Almeida a Getúlio Vargas, de 26/03/1951". In: NOVAES E CRUZ, Adelina Maria Alves et al. *Impasses da Democracia Brasileira, 1951-1955: Coletânea de Documentos*. Rio de Janeiro: Editora FGV, 1983.

ALMEIDA, Rômulo. "Relatório preliminar apresentado pelo Dr. Rômulo Almeida, coordenador da Subcomissão de Habitação, na 4ª reunião da Comissão Nacional de Bem-Estar Social", 7 fev. 1952. Rio de Janeiro: Acervo CPDOC-FGV/Fundo Alzira Vargas. Disponível em: http://www.fgv.br/cpdoc/acervo/arquivo-pessoal/AVAP/textual/documentos-sobre-a-atuacao-de-alzira-vargas-do-amaral-peixoto-junto-a-politica-trabalhista-do-segundo-governo-vargas-inclui-sua-participacao-nas-d. Acesso em: 26 jul. 2017.

ALMEIDA, Rômulo. "Carta de Rômulo Almeida a Jesus Soares Pereira", 25 maio 1954. Rio de Janeiro: Acervo CPDOC-FGV/Fundo Jesus Soares Pereira. JSP.ae.div 1954.05.25.

ALMEIDA, Rômulo. "Telegrama de Rômulo Almeida ao presidente Getúlio Vargas", 4 jun. 1954. Rio de Janeiro: Acervo CPDOC-FGV/Fundo Jesus Soares Pereira. JSP.ae.div 1954.05.25 (Anexo 1).

ALMEIDA, Rômulo. "Carta de Rômulo Almeida ao presidente Getúlio Vargas", 24 jun. 1954. Rio de Janeiro: Acervo CPDOC-FGV/Fundo Getúlio Vargas. GV 54.06.24/3.

ALMEIDA, Rômulo. "Novas medidas internacionais em prol do desenvolvimento econômico". In: *Estudos Econômicos* (Separata), CNI, Rio de Janeiro, n. 11 e 12, 1954.

ALMEIDA, Rômulo. "Carta de Rômulo Almeida a José Maria Alkmin", 27 abr. 1956. Salvador: Acervo IRAE.

ALMEIDA, Rômulo. "Industrialização e base agrária". In: *Introdução aos problemas do Brasil*. Rio de Janeiro: ISEB, 1956.

ALMEIDA, Rômulo. "Análise da crise brasileira". In: *Observador Econômico e Financeiro*, ano XXII, n. 262, dez. 1957.

ALMEIDA, Rômulo. "Carta de Rômulo Almeida a Inácio Souza", 6 maio 1958. Salvador: Acervo IRAE.

ALMEIDA, Rômulo. "Carta de Rômulo Almeida a João Goulart", 20 jun. 1958. Salvador: Acervo IRAE.

ALMEIDA, Rômulo. "Carta de Rômulo Almeida a João Goulart", 28 jun. 1958. Salvador: Acervo IRAE.

ALMEIDA, Rômulo. "Carta de Rômulo Almeida ao presidente Juscelino Kubitschek", 11 jul. 1958. Salvador: Acervo IRAE.

ALMEIDA, Rômulo. *Aliança para o Progresso e Operação Pan-Americana*. Conferência realizada no Colégio Interamericano de Defesa, 29 ago. 1963, mimeo. Salvador: Acervo IRAE.

ALMEIDA, Rômulo. *Comércio livre regional* (Washington, 1964), mimeo. Salvador: Acervo IRAE.

ALMEIDA, Rômulo. "Exposição do Dr. Rômulo Almeida, membro do Comitê dos Nove à Quarta Reunião do Conselho Interamericano Econômico e Social no nível ministerial a propósito da resolução contida no documento CIES/971". In: *Revista Civilização Brasileira*, ano 1, n. 8, jul. 1966.

ALMEIDA, Rômulo. "Prefácio". In: LIMA, Medeiros (org.). *Petróleo, energia elétrica, siderurgia: a luta pela emancipação, um depoimento de Jesus Soares Pereira sobre a política de Getúlio Vargas*. Rio de Janeiro: Paz e Terra, 1975.

ALMEIDA, Rômulo. "Com o II PND tudo mudou". Entrevista de Rômulo Almeida concedida a Luís Nassif e Miriam Lage. In: *Veja*, 15 set. 1976.

ALMEIDA, Rômulo. "O IBAM e o municipalismo no Brasil". In: *Revista de Administração Municipal*, vol. 145, n. 24, nov./dez. 1977.

ALMEIDA, Rômulo. "Mito e realidade do empresário nacional – 1". In: *Folha de São Paulo*, 29 dez. 1978.

ALMEIDA, Rômulo. "25 anos de BNB", [1979]. Texto mimeografado. Salvador: Acervo IRAE.

ALMEIDA, Rômulo. "O Brasil e a América Latina". In: *Jornal da Bahia*, 15 mar. 1980. Salvador: Acervo IRAE.

ALMEIDA, Rômulo. "ALALC – I". In: *Jornal da Bahia*, 22 mar. 1980. Salvador: Acervo IRAE.

ALMEIDA, Rômulo. "Depoimento de 1980, concedido a Maria Celina d'Araújo e Reinaldo Roels Júnior". Transcrição de Tania Maria de Souza Oliveira e Heloísa Fesch Menandro. Rio de Janeiro: Acervo CPDOC-FGV, 1990.

ALMEIDA, Rômulo. *Discurso de recepção do Título de Doutor Honoris Causa da Universidade Federal do Ceará*, mimeo, 14 set. 1982. Salvador: Acervo IRAE.

ALMEIDA, Rômulo. "Prefácio às pastas cor de rosa", 1982, mimeo. Salvador: Acervo IRAE.

ALMEIDA, Rômulo. "Entrevista". In: *São Paulo Energia*, ano I, n. 3, abr. 1984.

ALMEIDA, Rômulo. "Depoimento", 1984. Áudio disponível no Acervo CPDOC-FGV. Rio de Janeiro: Acervo CPDOC, 1984.

ALMEIDA, Rômulo. "Depoimento Rômulo Almeida". In: BANCO DO NORDESTE DO BRASIL (BNB). *O Nordeste no segundo governo Vargas*. Fortaleza: Banco do Nordeste do Brasil, 1985a.

ALMEIDA, Rômulo. *Discurso de posse como diretor da Área Industrial do BNDES*, 1985b. Salvador: Acervo IRAE.

ALMEIDA, Rômulo. "Discurso de Posse de Rômulo Almeida na Presidência do BNB (15/01/1954)". In: BANCO DO NORDESTE DO BRASIL (BNB). *O Nordeste no segundo governo Vargas*. Fortaleza: Banco do Nordeste do Brasil, 1985c.

ALMEIDA, Rômulo. "Discurso de Rômulo Almeida na cerimônia de instalação do Centro Administrativo Getúlio Vargas no BNB (19/07/1984)". In: BANCO DO NORDESTE DO BRASIL (BNB). *O Nordeste no segundo governo Vargas*. Fortaleza: Banco do Nordeste do Brasil, 1985d.

ALMEIDA, Rômulo. *Rômulo: voltado para o futuro*. Série de entrevistas realizadas pela Associação dos Sociólogos do Estado da Bahia, sob organização de Joviniano Soares de Carvalho Neto. Fortaleza: Banco do Nordeste do Brasil, 1986.

ALMEIDA, Rômulo. "Depoimento de 1988, concedido a Plínio de Abreu Ramos, Maria Celina Soares d'Araújo e Maria Ana Qualigno no contexto do projeto Memória da Petrobras". Transcrição de Márcia de Azevedo Rodrigues. Rio de Janeiro: Acervo CPDOC-FGV/Sercom/PETROBRAS, 1988.

ALMEIDA, Rômulo. "Prefácio". In: D'ARAÚJO, Maria Celina Soares. *O segundo governo Vargas 1951-1954: democracia, partidos e crise política*. 2ª edição. São Paulo: Ática, 1992.

ALMEIDA, Rômulo. "Política econômica no segundo governo Vargas". In: SZMRECSÁNYI, Tamás & GRANZIERA, Rui Guilherme (orgs.). *Getúlio Vargas & a economia contemporânea*. Campinas: Editora da Unicamp, 2004.

ALMEIDA, Rômulo. "Depoimento 1982". In: *Memórias do Desenvolvimento*, Rio de Janeiro, Centro Internacional Celso Furtado de Políticas para o Desenvolvimento, ano 3, n. 3, Rio de Janeiro, out. 2009.

ALMEIDA, Rômulo. "Bilhete do Panamá II: uma historinha eleitoral", recorte de jornal, s/d. Salvador: Acervo IRAE.

ALMEIDA, Rômulo. "Carta de Rômulo Almeida a Sette Câmara", s/d. Salvador: Acervo IRAE.

ALMEIDA, Rômulo. *Os economistas e a tecnocracia*, s/d, mimeo. Salvador: Acervo IRAE.

ALMEIDA, Rômulo. *Humor e carrapicho*, s/d, mimeo. Salvador: Acervo IRAE.

ALMEIDA, Rômulo. "A mocidade e os Estudos Brasileiros" (recorte de jornal). In: *A Ofensiva*, s/d. São Paulo: Acervo IEB-USP/Fundo Ernani Silva Bruno.

ALMEIDA, Rômulo. *Nacionalismo e capitais estrangeiros*, s/d, mimeo. Salvador: Acervo IRAE.

ALMEIDA, Rômulo. *As opções do economista*, s/d, mimeo. Salvador: Acervo IRAE.

"Para deputado federal Rômulo Almeida", s/d. Material de campanha referente à candidatura a deputado federal pelo estado da Bahia. Salvador: Acervo IRAE.

ALMEIDA, Rômulo. *Presença de Vargas*, s/d, mimeo. Salvador: Acervo IRAE.

ALMEIDA, Rômulo. *O sistema de mérito*, s/d, mimeo. Salvador: Acervo IRAE.

ALMEIDA, Rômulo. "Uma página de memórias sobre Aratu", s/d. Salvador: Acervo IRAE.

Entrevistas e documentos do Acervo Pessoal de Alexandre de Freitas Barbosa (em ordem alfabética)

ALMEIDA, Aristeu Barreto de. *Entrevista de Aristeu Barreto de Almeida concedida a Alexandre Freitas Barbosa, Ana Paula Koury, Daniel Ferrer de Almeida e Alessandra Soares de Oliveira*. Salvador, 4 ago. 2011. Áudio disponível no Acervo Pessoal de Alexandre de Freitas Barbosa.

ALMEIDA, Gabriel Barreto de. *Entrevista de Gabriel Barreto de Almeida concedida a Alexandre de Freitas Barbosa*. Salvador, 5 jun. 2013. Acervo Pessoal de Alexandre de Freitas Barbosa.

BIELSCHOWSKY, Ricardo & MUSSI, Carlos. *O Pensamento desenvolvimentista no Brasil: 1930-1964 e anotações sobre 1964-2005*, mimeo, jul. 2005. Acervo Pessoal de Alexandre de Freitas Barbosa.

CARVALHO NETO, Joviniano Soares de. *Entrevista concedida a Alexandre de Freitas Barbosa e Alessandra Soares de Oliveira*. Salvador, 5 ago. 2011. Áudio disponível no Acervo Pessoal de Alexandre de Freitas Barbosa.

LESSA, Carlos. *Entrevista de Carlos Lessa concedida a Alexandre de Freitas Barbosa e Ana Paula Koury*. Rio de Janeiro, 25 maio 2011. Áudio disponível no Acervo Pessoal de Alexandre de Freitas Barbosa.

MAGALHÃES, João Paulo de Almeida. *Entrevista de João Paulo de Almeida Magalhães concedida a Alexandre de Freitas Barbosa*. Rio de Janeiro, 25 maio 2011. Áudio disponível no Acervo Pessoal de Alexandre de Freitas Barbosa.

OLIVEIRA, Francisco de. *Entrevista de Francisco de Oliveira concedida a Alexandre de Freitas Barbosa, Ana Paula Koury, Daniel Ferrer de Almeida, André Gilberto da Silva Fróes, Felipe Marineli e Alessandra Soares de Oliveira*. São Paulo, 29 abr. 2011. Áudio disponível no Acervo Pessoal de Alexandre de Freitas Barbosa.

PEDRÃO, Fernando. *Entrevista concedida a Alexandre de Freitas Barbosa, Daniel Ferrer de Almeida e Alessandra Soares de Oliveira*. Salvador, 5 ago. 2011. Áudio disponível no Acervo Pessoal de Alexandre de Freitas Barbosa.

SMITH, Roberto. "O centenário de Rômulo Almeida". In: *2o Congresso Internacional do Centro Celso Furtado*, Rio de Janeiro, 18 ago. 2014, mimeo. Acervo Pessoal de Alexandre de Freitas Barbosa.

Bibliografia geral, cartas, depoimentos e documentos vários (em ordem alfabética)

ABREU, Alzira Alves. "A ação política dos intelectuais do ISEB". In: TOLEDO, Caio Navarro (org.). *Intelectuais e política no Brasil: a experiência do ISEB*. Rio de Janeiro: Revan, 2005.

ADELMAN, Jeremy. *Wordly philosopher: the Odissey of Albert O. Hirschman*. Princeton: Princeton University Press, 2013.

AGUIAR, Joselia. *Jorge Amado: uma biografia*. São Paulo: Todavia, 2018.

AGUIAR, Ronaldo Conde. *Vitória na derrota: a morte de Getúlio Vargas: quem levou Getúlio ao suicídio?* Rio de Janeiro: Casa da Palavra, 2004.

ALENCASTRO, Luiz Felipe. "Introdução". In: FURTADO, Celso. *Formação econômica do Brasil*. Edição Comemorativa dos 50 Anos, organizada por Rosa Freire d'Aguiar Furtado. São Paulo: Companhia das Letras, 2009.

ALMEIDA, Aristeu Barreto de (org.). *Rômulo Almeida: construtor de sonhos*. Salvador: Corecon-Bahia, 1995.

ALMEIDA, Cândido Mendes de. *Nacionalismo e desenvolvimento*. Rio de Janeiro: Instituto Brasileiro de Estudos Afro-Asiáticos, 1963.

ALMEIDA, Cândido Mendes de. "ISEB: fundação e ruptura". In: TOLEDO, Caio Navarro (org.). *Intelectuais e política no Brasil: a experiência do ISEB*. Rio de Janeiro: Revan, 2005.

ALMEIDA, Eduardo de Souza. *Memórias de um pária*. Salvador: Adipro, 2006.

AMADO, Gilberto. "As instituições políticas e o meio social no Brasil". In: CARDOSO, Vicente Licínio (org.). À margem da História da República. Brasília: Editora da UNB, 1981.

AMADO, Gilson. "Telegrama a Alzira Vargas", sem data. Rio de Janeiro: Acervo CPDOC-FGV/Fundo Alzira Vargas. AVAP vpu sgv 1951.04.04, documento III-18. Disponível em: https://www.docvirt.com/docreader.net/docreader.aspx?bib=FGV_AVAP_VPU& pasta=AVAP%20vpu%20sgv%201951.04.04. Acesso em: 04 maio 2020.

AMADO, Jorge. *O país do carnaval*. São Paulo: Companhia das Letras, 2011.

AMARAL PEIXOTO, Alzira Vargas do. *Getúlio Vargas, meu pai*. Rio de Janeiro: Objetiva, 2017.

AMSDEN, Alice. *A ascensão do "resto": os desafios ao Ocidente de economias com industrialização tardia*. São Paulo: Editora UNESP, 2009.

AGUIRRE ROJAS, Carlos Antonio. *Fernand Braudel y las ciencias humanas*. Barcelona: Montecinos, 1996.

"Apontado o candidato oficial do PSD na Bahia". In: *O Jornal*, 18 jun. 1958. Salvador: Acervo IRAE.

BNDE/CEPAL. *Analisis y projecciones del desarrollo económico: el desarrollo económico del Brasil*. Cidade do México: CEPAL/BNDE, 1956.

ANDERSON, Benedict. *Comunidades imaginadas: reflexões sobre a origem e difusão do Nacionalismo*. São Paulo: Companhia das Letras, 2009.

ANDRADE, Carlos Drummond de. *Passeios na Ilha: divagações sobre a vida literária e outras matérias*. São Paulo: Cosac Naify, 2011.

ANDRADE, Manuel Correia. "Josué de Castro: o homem, o cientista e seu tempo". In: *Revista de Estudos Avançados*, vol. 29, n. 11, 1997.

ANDRADE, Mário de. *O turista aprendiz*. Edição de texto apurado, anotada e acrescida de documentos por Telê Ancona Lopes, Tatiana Longo Figueiredo e Leandro Raniero Fernandes. Brasília: IPHAN, 2015.

ANDRADE, Mário de. "Plano para a comemoração do cinquentenário da Abolição em São Paulo (1938)". In: ANDRADE, Mário de. *Aspectos do folclore brasileiro*. Estabelecimento do texto, apresentação e notas por Angela Teodoro Grillo. São Paulo: Global, 2019.

ANGELO, Michelly Ramos. *Louis-Joseph Lebret e a SAGMACS: a formação de um grupo de ação para o planejamento urbano no Brasil*. São Paulo: Alameda, 2013.

ANJOS, Cyro dos. *O amanuense Belmiro*. 6ª edição. Rio de Janeiro: Livraria José Olympio Editora, 1966.

ARENDT, Hannah. *Entre o passado e o futuro*. 8ª edição. São Paulo: Perspectiva, 2019.

ARRIGHI, Giovanni. *O longo século XX: dinheiro, poder e as origens do nosso tempo*. São Paulo: Editora da UNESP, 1996.

BALBI, Marilia. *Portinari, o pintor do Brasil*. São Paulo: Boitempo, 2003.

"Balbino no Rio para definir sua sucessão". In: *Diário Carioca*, 10 jun. 1958. Salvador: Acervo IRAE.

BANCO DO NORDESTE DO BRASIL. *O Nordeste no segundo governo Vargas*. Fortaleza: Banco do Nordeste do Brasil, 1985.

BARBOSA, Alexandre de Freitas. "Pensando, planejando e executando o Desenvolvimento: Rômulo Almeida da Bahia para a Nação e de volta para a Bahia". In: *Revista DESENBAHIA*, vol. 11, n. 20, set. 2014.

BARBOSA, Alexandre de Freitas. "Pensando, planejando e executando o desenvolvimento: a trajetória de Rômulo Almeida". In: CALIXTRE, André Bojikian & ALMEIDA FILHO, Niemeyer (orgs.). *Cátedras para o desenvolvimento: patronos do Brasil*. Rio de Janeiro: IPEA, 2014.

BARBOSA, Alexandre de Freitas. "Existe um pensamento romuliano sobre o Brasil?". In: *Informativo IRAE*, ano 3, n. 4, jan./mar. 2016.

BARIANI JR., Edison. "Uma *intelligentsia* nacional: Grupo de Itatiaia, IBESP e os *Cadernos do Nosso Tempo*". In: *Cadernos CRH*, v. 18, n. 44, maio/ago. 2005.

BARIANI JR., Edison. "Padrão e salvação: o debate Florestan Fernandes X Guerreiro Ramos". In: *Cronos*, v. 7, n. 1, jan./jun. 2006.

BARREIROS, Daniel de Pinho. *Estabilidade e crescimento: a elite intelectual moderno-burguesa no ocaso do desenvolvimentismo*. Rio de Janeiro: Lamparina/FAPERJ, 2010.

BASTOS, Pedro Paulo Zahluth. "A economia política do novo-desenvolvimentismo e do social-desenvolvimentismo". In: *Economia e Sociedade*, número especial (Desenvolvimento e desenvolvimentismo(s) no Brasil), dez. 2012a.

BASTOS, Pedro Paulo Zahluth. "Ortodoxia e heterodoxia econômica antes e depois da Era Vargas". In: FONSECA, Pedro Cezar Dutra & BASTOS, Pedro Paulo Zahluth (orgs.). *A Era Vargas: desenvolvimentismo, economia e sociedade*. São Paulo: Editora UNESP, 2012b.

BENEVIDES, Maria Victoria. *O Governo Kubitschek: desenvolvimento econômico e estabilidade política, 1956-1961*. Rio de Janeiro: Paz e Terra, 1976.

BENJAMIN, Walter. *Magia e técnica, arte e política: ensaios sobre Literatura e História da Cultura*. 8ª edição. São Paulo: Brasiliense, 2012.

BIDERMAN, Ciro; COZAC, Luis Felipe & REGO, José Marcio (orgs.). *Conversas com economistas brasileiros I*. São Paulo: Editora 34, 1996.

BIELSCHOWSKY, Ricardo. *Pensamento econômico brasileiro: o ciclo ideológico do Desenvolvimentismo*. 2ª edição. Rio de Janeiro: Contraponto, 1995.

BNDE. *Exposição sobre o Programa de Aparelhamento Econômico: exercício de 1956*. Rio de Janeiro: BNDE, 1956.

BNDES. *BNDES: 50 anos de Desenvolvimento*. São Paulo: DBA Artes Gráficas, 2002.

BOJUNGA, Claudio. *JK: o artista do impossível*. Rio de Janeiro: Objetiva, 2001.

BOMENY, Helena. *Um poeta na política – Mário de Andrade, paixão e compromisso*. Rio de Janeiro: Casa da Palavra, 2012.

BONDUKI, Nabil. *Origens da habitação social no Brasil: arquitetura moderna, lei do inquilinato e difusão da casa própria*. 4ª edição. São Paulo: Estação Liberdade, 2004.

BORGES, Tomás Pompeu Acioli. "Diretrizes para a reforma agrária brasileira", 1952. Rio de Janeiro: Acervo CPDOC-FGV/Fundo Alzira Vargas.

BOSI, Alfredo. "Testemunho do presente (Prefácio)". In: MOTA, Carlos Guilherme. *Ideologia da Cultura Brasileira (1933-1974)*. 4ª edição. São Paulo: Editora Ática, 1978.

BOSI, Alfredo. *Ideologia e Contraideologia: temas e variações*. São Paulo: Companhia das Letras, 2010.

BOTTOMORE, Thomas Burton. *As elites e a sociedade*. Rio de Janeiro: Zahar, 1965.

BOURDIEU, Pierre. "A ilusão biográfica". In: ARAÚJO, Janaína & FERREIRA, Marieta de Moraes (orgs). *Usos e abusos da História Oral*. 8ª edição. Rio de Janeiro: Editora FGV, 2006.

BOURDIEU, Pierre. *La nobleza de Estado: educación de elite y espíritu de cuerpo*. Buenos Aires: Siglo Veintiuno Editores, 2013.

BRAGA, Roberto Saturnino. "Entrevista". In: *Cadernos do Desenvolvimento*, Rio de Janeiro, Centro Internacional Celso Furtado de Políticas para o Desenvolvimento, v. 11, n. 18, jan./jun. 2016.

BRANDÃO, Gildo Marçal. *A esquerda positiva: as duas almas do Partido Comunista – 1920/1964*. São Paulo: Hucitec, 1997.

BRANDÃO, Gildo Marçal. *Linhagens do pensamento político brasileiro*. São Paulo: Aderaldo & Rothschild Editores, 2007.

BRANDÃO, Gildo Marçal. "Democratização e desenvolvimento: um programa de pesquisa". In: BOTELHO, André; BASTOS, Elide Rugai & VILLAS BÔAS, Glaucia (orgs.). *O moderno em questão: a década de 50 no Brasil*. Rio de Janeiro: TopBooks, 2008.

BRAUDEL, Fernand. "História e Ciências Sociais: a longa duração". In: BRAUDEL, Fernand. *Escritos sobre a História*. 2ª edição. São Paulo: Perspectiva, 1992.

BRAUDEL, Fernand. "Os jogos das trocas". In: BRAUDEL, Fernand. *Civilização material, economia e capitalismo, Séculos XV-XVIII – volume 2*. São Paulo: Martins Fontes, 1996.

BRESSER-PEREIRA. *Desenvolvimento e crise no Brasil: entre 1930 e 1967*. Rio de Janeiro: Zahar Editores, 1968.

BRESSER-PEREIRA, Luiz Carlos. *A construção política do Brasil: sociedade, economia e Estado desde a Independência*. 3ª edição. São Paulo: Editora 34, 2016.

BRESSER-PEREIRA, Luiz Carlos & REGO, José Márcio. "Um mestre da Economia brasileira". In: REGO, José Márcio & MAMIGONIAN, Armen (orgs.). *O pensamento de Ignácio Rangel*. São Paulo: Editora 34, 1998.

BRUNO, Ernani Silva. *Almanaque de memórias*. São Paulo: Hucitec/Instituto Nacional do Livro, 1986.

BULHÕES, Otávio Gouveia de. "Economia e nacionalismo". In: *Revista Brasileira de Economia*, n. 1, vol. 6, 1952.

CALMON, Inocêncio de Góis. "Carta de I. M. de Góis Calmon a Anísio Teixeira", 16 mar. 1934. Rio de Janeiro: Acervo CPDOC-FGV/Fundo Anísio Teixeira.

CÂMARA CASCUDO, Luís da. *Viajando o Sertão*. 4ª edição. São Paulo: Global, 2009.

CAMARGO, Aspásia. "A questão agrária: crise de poder e reformas de base (1930-1964)". In: GOMES, Ângela Maria de Castro et al. (orgs.). *História Geral da Civilização Brasileira – O Brasil Republicano*. Tomo III. Sociedade e Política – vol. 3. 6ª edição. Rio de Janeiro: Bertrand Brasil, 1996.

CAMARGO, Aspásia; RASPOSO, Eduardo & FLAKSMAN, Sérgio. *O Nordeste e a política: diálogo com José Américo de Almeida*. Rio de Janeiro: Nova Fronteira, 1984.

CAMPOS, Domar. "Prefácio". In: PEREIRA, Jesus Soares. *O homem e sua ficha*. Rio de Janeiro: Civilização Brasileira, 1988.

CAMPOS, Roberto. *Economia, planejamento e nacionalismo*. Rio de Janeiro: Apec, 1963.

CAMPOS, Roberto. "Arrancada e colapso: a peripécia dos países em desenvolvimento". In: CAMPOS, Roberto & SIMONSEN, Mário Henrique. *A nova economia brasileira*. Rio de Janeiro: Livraria José Olympio, 1974.

CAMPOS, Roberto. *Ensaios de História Econômica e Sociologia*. 3ª edição. Rio de Janeiro: APEC Editora, 1976.

CAMPOS, Roberto. *A lanterna na popa: memórias*. Rio de Janeiro: Topbooks, 1994.

CAMPOS, Roberto. "Entrevista". In: BIDERMAN, Ciro; COZAC, Luis Felipe & REGO, José Marcio (orgs.). *Conversas com economistas brasileiros I*. São Paulo: Editora 34, 1996.

CAMPOS. Roberto. "Depoimento 1982". In: *Memórias do Desenvolvimento*, Centro Internacional Celso Furtado de Políticas para o Desenvolvimento, Rio de Janeiro, ano 3, n. 3, out. 2009.

CANDIDO, Antonio. *Formação da Literatura Brasileira: Momentos Decisivos*, vol. 1. São Paulo, Livraria Martins, 1959.

CANDIDO, Antonio. "Prefácio". In: DUARTE, Paulo. *Mário de Andrade por ele mesmo*. 2ª edição. São Paulo: Hucitec, 1977.

CANDIDO, Antonio. *Um funcionário da Monarquia: ensaio sobre o segundo escalão*. Rio de Janeiro: Ouro sobre Azul, 1985.

CANDIDO, Antonio. *Lembrando Florestan Fernandes*. São Paulo: Edição do Autor, 1996.

CANDIDO, Antonio. "Entre duas cidades". In: MARRAS, Stelio (org.). *Atualidade de Sérgio Buarque de Holanda*. São Paulo: IEB/EDUSP, 2012a.

CANDIDO, Antonio. "Prefácio". In: MICELI, Sergio. *Intelectuais à brasileira*. São Paulo: Companhia das Letras, 2012b.

CARDOSO, Fernando Henrique. "Aspectos políticos do planejamento". In: LAFER, Betty Mindlin. *Planejamento no Brasil*. São Paulo: Perspectiva, 1970.

CARDOSO, Fernando Henrique. *Empresário industrial e desenvolvimento econômico no Brasil*. 2ª. edição. São Paulo: Difel, 1972.

CARDOSO, Fernando Henrique. *Autoritarismo e democratização*. Rio de Janeiro: Paz e Terra, 1975.

CARDOSO. Fernando Henrique. "Prefácio". In: FERNANDES, Florestan. *Mudanças sociais no Brasil: aspectos do desenvolvimento da sociedade brasileira*. 3ª edição. São Paulo: Difel, 1979.

CARDOSO, Fernando Henrique. "Depoimento". In: MONTERO, Paula (org.). *Retrato de grupo: 40 anos do CEBRAP*. São Paulo: Cosac Naify, 2009.

CARDOSO, Miriam Limoeiro. *Ideologia do desenvolvimento, Brasil: JK-JQ*. Rio de Janeiro: Paz e Terra, 1977.

CARDOSO, Vicente Licínio. "Nota do Editor". In: CARDOSO, Vicente Licínio (org.). À margem da História da República. Brasília: Editora da UNB, 1981a.

CARDOSO, Vicente Licínio. "Prefácio". In: CARDOSO, Vicente Licínio (org.). À margem da História da República. Brasília: Editora da UNB, 1981b.

CARDOSO DE MELLO, João Manuel. *O capitalismo tardio*. 8ª edição. São Paulo: Editora Brasiliense, 1990.

CARDOSO DE MELLO, João Manuel & NOVAIS, Fernando. "Capitalismo tardio e sociabilidade moderna". In: NOVAIS, Fernando & SCHWARCZ, Lilia Moritz (orgs.). *História da vida privada no Brasil: contrastes da intimidade contemporânea*. Vol. 4. São Paulo: Companhia das Letras, 1998.

"Carta do coordenador da Subcomissão de Habitação e Favelas ao vice-presidente da Comissão Nacional de Bem-Estar Social", 23 dez. 1952. Rio de Janeiro: Acervo CPDOC-FGV/Fundo Getúlio Vargas.

CARVALHO, Marco Antônio de. *Rubem Braga: um cigano fazendeiro do ar*. 2ª edição. São Paulo: Biblioteca Azul, 2013.

CARVALHO FRANCO, Maria Sylvia. "O tempo das ilusões". In: CHAUÍ, Marilena & CARVALHO FRANCO, Maria Sylvia (orgs.). *Ideologia e mobilização popular*. Rio de Janeiro: Paz e Terra/Cadernos CEDEC, 1978.

CASTRO, Josué de. *As condições de vida das classes operárias de Recife: estudo econômico de sua alimentação*. Rio de Janeiro: Departamento de Estatística e Publicidade/Ministério do Trabalho, Indústria e Comércio, 1935.

CASTRO, Josué de. "Carta de Josué de Castro a Alzira Vargas", 1 dez. 1951. Rio de Janeiro: Acervo CPDOC-FGV/Fundo Alzira Vargas. AVAP vpu sgv 1951.04.04, documento I-8. Disponível em:http://www.fgv.br/cpdoc/acervo/arquivo-pessoal/AVAP/textual/documentos-sobre-a-atuacao-de-alzira-vargas-do-amaral-peixoto-junto-a-politica-trabalhista-do-segundo-governo-vargas-inclui-sua-participacao-nas-d. Acesso em: 26 jul. 2017.

CASTRO, Josué de. *Geografia da fome*. 5ª edição. São Paulo: Brasiliense, 1957.

CASTRO, Moacir Werneck de. *Mário de Andrade: exílio no Rio*. Rio de Janeiro: Rocco, 1989.

CEPAL/BNDE. *Analisis y proyecciones del desarrollo econômico: El desarrollo económico del Brasil*. [Cidade do México]: CEPAL/BNDE, 1956.

CERVO, Amado Luiz & BUENO, Clodoaldo. *História da política externa do Brasil*. 3ª edição. Brasília: Editora UNB, 2008.

CHAKRABARTY, Dipesh. *Al margen de Europa: pensamiento poscolonial y diferencia histórica*. Barcelona: Tusquets Editores, 2008.

COELHO, Danton. "Carta de Danton Coelho a Getúlio Vargas", 4 abr. 1951. Rio de Janeiro: Acervo CPDOC-FGV/Fundo Alzira Vargas. AVAP vpu sgv 1951.04.04, documento I-1. Disponível em: http://www.fgv.br/cpdoc/acervo/arquivo-pessoal/AVAP/textual/documentos-sobre-a-atuacao-de-alzira-vargas-do-amaral-peixoto-junto-a-politica-trabalhista-do-segundo-governo-vargas-inclui-sua-participacao-nas-d. Acesso em: 26 jul. 2017.

COHN, Amélia. *Previdência social e processo político no Brasil*. São Paulo: Moderna, 1980.

COHN, Gabriel. "Problemas da industrialização no século XX". In: MOTA, Carlos Guilherme (org.). *Brasil em perspectiva*. 4ª edição. São Paulo: Difel, 1973.

COMISSÃO NACIONAL DE BEM-ESTAR SOCIAL (Subcomissão de Habitação e Favelas). "Problemas de Habitação Popular". In: *II Congresso Nacional dos Municípios Brasileiros*, out. 1952. Acervo CPDOC-FGV/Fundo Alzira Vargas. AVAP vpu sgv 1951.04.04. Documento III.23. Disponível em: http://www.fgv.br/cpdoc/acervo/arquivo-pessoal/AVAP/textual/documentos-sobre-a-atuacao-de-alzira-vargas-do-amaral-peixoto-junto-a-politica-trabalhista-do-segundo-governo-vargas-inclui-sua-participacao-nas-d. Acesso em: 26 jul. 2017.

"Comissão Nacional de Bem-Estar Social (criada pelo Decreto 30.020 de 29-IX-1951)". Rio de Janeiro: Acervo CPDOC-FGV/Fundo Alzira Vargas. AVAP vpu sgv 1951.04.04, documento I-3. Disponível em: http://www.fgv.br/cpdoc/acervo/arquivo-pessoal/AVAP/textual/documentos-sobre-a-atuacao-de-alzira-vargas-do-amaral-peixoto-junto-a-politica-trabalhista-do-segundo-governo-vargas-inclui-sua-participacao-nas-d. Acesso em: 26 jul. 2017.

COMISSÃO NACIONAL DE POLÍTICA AGRÁRIA (CNPA). *Aspectos rurais brasileiros*. Rio de Janeiro: Ministério da Agricultura, 1955.

CONSELHO NACIONAL DE POLÍTICA INDUSTRIAL E COMERCIAL (CNPIC). *A planificação da economia brasileira: estudos e anteprojeto*. Rio de Janeiro: Imprensa Nacional, 1945a.

CONSELHO NACIONAL DE POLÍTICA INDUSTRIAL E COMERCIAL (CNPIC). "O estudo da planificação pela seção técnica da secretaria do Conselho". In: CNPIC. *A planificação da economia brasileira: estudos e anteprojeto*. Rio de Janeiro: Imprensa Nacional, 1945b.

CONSELHO NACIONAL DE POLÍTICA INDUSTRIAL E COMERCIAL (CNPIC). "Os primeiros debates da planificação". In: CNPIC. *A planificação da economia brasileira: estudos e anteprojeto*. Rio de Janeiro: Imprensa Nacional, 1945c.

CORREIA LIMA, Ewaldo. "Política de Desenvolvimento". In: ISEB. *Introdução aos Problemas do Brasil*. Rio de Janeiro: ISEB, 1956.

CÔRTES, Norma. "Ser (É) tempo. Álvaro Vieira Pinto e o espírito de 1956". In: BOTELHO, André; BASTOS, Elide Rugai & VILLAS BÔAS, Glaucia (orgs.). *O moderno em questão: a década de 50 no Brasil*. Rio de Janeiro: TopBooks, 2008.

COSTA PINTO, Luiz Aguiar. *Sociologia e desenvolvimento: temas e problemas do nosso tempo*. Rio de Janeiro: Civilização Brasileira, 1963.

COUTINHO, Carlos Nelson. *Cultura e sociedade no Brasil: ensaios sobre ideias e formas*. 4ª edição. São Paulo: Expressão Popular, 2011.

COUTINHO, Carlos Nelson. *Gramsci: um estudo sobre seu pensamento político*. 5ª edição, ampliada. Rio de Janeiro: Civilização Brasileira, 2014.

CUNHA, Euclides da. *Os Sertões*. 23ª edição. Rio de Janeiro: Livraria Francisco Alves, 1954.

CUNHA, Mário Wagner Vieira. *O sistema administrativo brasileiro, 1930-1950*. Rio de Janeiro: INEP, 1963.

D'AGUIAR, Rosa Freire (org.). *Anos de formação 1938-1948: o jornalismo, o serviço público, a guerra, o Doutorado*. Rio de Janeiro: Contraponto/Centro Internacional Celso Furtado, 2014.

D'ARAÚJO, Maria Celina Soares. *O segundo Governo Vargas 1951-1954: democracia, partidos e crise política*. 2ª edição. São Paulo: Ática, 1992.

DAIX, Pierre. *Fernand Braudel: uma biografia*. Rio de Janeiro: Record, 1999.

DALAND, Robert. *Brazilian planning: development politics and administration*. Chapel Hill: The University of North Carolina Press, 1967.

DALIO, Danilo José & MIYAMOTO, Shigenoli. "O Brasil e a Conferência de Washington (1951)". In: *História*, vol. 28, n. 2, 2009.

DÁVILA, Jerry. *Diploma de brancura: política social e racial no Brasil – 1917-1945*. São Paulo: Editora UNESP, 2006.

DE VIANA, Arízio. *DASP: instituição a serviço do Brasil*. Rio de Janeiro: Imprensa Nacional, 1953.

DELGADO, Lucilia de Almeida Neves. *PTB: do getulismo ao reformismo (1945-1964)*. São Paulo: Marco Zero, 1989.

DIÁRIO DO CONGRESSO NACIONAL (Brasil). Projeto 3.406 de 1953, "Define os casos de desapropriação por interesse social e dispõe sobre a sua efetivação". In: *Diário do Congresso Nacional*, 29 jul. 1953.

DIÁRIO OFICIAL (Brasil). "Decreto n. 30.020, de 29 de setembro de 1951". Disponível em: http://www2.camara.leg.br/legin/fed/decret/1950-1959/decreto-30020-29-setembro-1951-339422-publicacaooriginal-1-pe.html. Acesso em: 21 jul. 2017.

DIAS, Cícero. *Eu vi o mundo*. São Paulo: Cosac Naify, 2011.

DINES, Alberto. *Morte no paraíso: a tragédia de Stefan Zweig*. Rio de Janeiro: Nova Fronteira, 1981.

DOELLINGER, Carlos. "Introdução". In: SIMONSEN, Roberto & GUDIN, Eugênio. *A controvérsia do planejamento na economia brasileira*. 3ª edição. Brasília: IPEA, 2010.

DOSMAN, Edgar. *Raúl Prebisch (1901-1986): a construção da América Latina e do Terceiro Mundo*. Rio de Janeiro: Contraponto/Centro Internacional Celso Furtado, 2011.

DRAIBE, Sônia. *Rumos e metamorfoses*. Rio de Janeiro: Paz e Terra, 1985.

DREIFUSS, René Armand. *1964 – a conquista do Estado: ação política, poder e golpe de classe*. 6ª edição. Petrópolis: Vozes, 2006.

DUARTE, Nestor. *Reforma agrária*. Rio de Janeiro: Ministério da Educação e Saúde/Serviço de Documentação, 1953.

DUTRA, Pedro. *San Tiago Dantas: a razão vencida, 1911-1945 – Volume 1*. São Paulo: Singular, 2014.

ECLA. "An introduction to the tecnique of programming". In: UNITED NATIONS. *Analyses and projections of economic development*. New York: United Nations, 1955.

ECONÔMICA BRASILEIRA. "Editorial". In: *Econômica Brasileira*, Clube dos Economistas, Rio de Janeiro, n. 1, vol. 1, jan./mar. 1955.

ELLIS, Howard. *Economic development for Latin America: proceedings of a conference held by the International Economical Association*. London: Macmillan & Co Ltd, 1963.

"Esboço do Plano", 1953. Rio de Janeiro: Acervo CPDOC-FGV/Fundo Jesus Soares Pereira.

EVANS, Peter. *Autonomia e parceria: Estados e transformação industrial*. Rio de Janeiro: Editora UFRJ, 2004.

FAUSTO, Boris. *História do Brasil*. 2ª edição. São Paulo: EDUSP/FDE, 1995.

FAVIANO, Giovana Beraldi; COLLACIO, Talita Yosioka; LONGO, Viviane Vitor; BARBOSA, Alexandre de Freitas & RIBAS, Elisabete Marin. "Caio Prado Júnior e *Os sertões*, de Euclides da Cunha". In: *Revista do IEB*, n. 54, 2012, p. 189-194.

FERNANDES, Florestan. *Sociedade de classes de subdesenvolvimento*. 3ª edição. Rio de Janeiro: Zahar, 1975.

FERNANDES, Florestan. *A Sociologia no Brasil*. Petrópolis: Vozes, 1977.

FERNANDES, Florestan. *Mudanças sociais no Brasil: aspectos do desenvolvimento da sociedade brasileira*. 3ª edição. São Paulo: Difel, 1979.

FERNANDES, Florestan. *A revolução burguesa no Brasil: ensaio de interpretação sociológica*. 3ª edição. Rio de Janeiro: Guanabara, 1987.

FERNANDES, Florestan. *Circuito fechado: quatro ensaios sobre o "poder institucional"*. São Paulo: Globo, 2010.

FERREIRA, Jorge. *O imaginário trabalhista: getulismo, PTB e cultura política popular 1945-1964*. Rio de Janeiro: Civilização Brasileira, 2005.

FERREIRA, Jorge. "Leonel Brizola, os nacional-revolucionários e a Frente de Mobilização Popular". In: FERREIRA, Jorge & REIS, Daniel Aarão (orgs.). *Nacionalismo e reformismo radical*. Rio de Janeiro: Civilização Brasileira, 2007.

FERREIRA, Jorge. "Os conceitos e seus lugares: trabalhismo, nacional-estatismo e populismo". In: FONSECA, Pedro Cezar Dutra & BASTOS, Pedro Paulo Zahluth (orgs.). *A Era Vargas: desenvolvimentismo, economia e sociedade*. São Paulo: Editora UNESP, 2012.

FERREIRA, Jorge & DELGADO, Lucilia de Almeida Neves (orgs.). *O Brasil republicano: o tempo da experiência democrática: da democratização de 1945 ao golpe civil-militar de 1964: Terceira República*. 8ª edição, revista e atualizada. Rio de Janeiro: Civilização Brasileira, 2019.

FIORI, José Luís. *O voo da coruja: para reler o desenvolvimentismo brasileiro*. Rio de Janeiro: Record, 2003.

FIORI, José Luís. *História, estratégia e desenvolvimento: para uma geopolítica do Capitalismo*. São Paulo: Boitempo, 2014.

FONSECA, Pedro Cezar Dutra. *Vargas: o capitalismo em construção: 1906-1954*. São Paulo: Brasiliense, 1989.

FONSECA, Pedro Cezar Dutra. "Sobre a intencionalidade da política industrializante no Brasil na década de 1930". In: *Revista de Política Econômica*, v. 23, n. 1 (89), jan./mar. 2003.

FONSECA, Pedro Cezar Dutra. "Legitimidade e credibilidade: os impasses da política econômica no Governo Goulart". In: *Estudos Econômicos*, v. 34, n. 3, jul./set. 2004.

FONSECA, Pedro Cezar Dutra. "Gênese e precursores do desenvolvimentismo no Brasil". In: FONSECA, Pedro Cezar Dutra & BASTOS, Pedro Paulo Zahluth (orgs.). *A Era Vargas: desenvolvimentismo, economia e sociedade*. São Paulo: Editora UNESP, 2012.

FONSECA, Pedro Cezar Dutra. "Desenvolvimentismo: a construção do conceito". In: CALIXTRE, André Bojikian; BIANCARELLI, André Martins & CINTRA, Marcos Antonio Macedo (orgs.). *Presente e futuro do desenvolvimento brasileiro*. Brasília: IPEA, 2014.

FONSECA, Pedro Cezar Dutra. "Desenvolvimentismo não é sinônimo de intervencionismo". In: *Folha de São Paulo*, 6 mar. 2016.

FONSECA, Pedro Cezar Dutra & BASTOS, Pedro Paulo Zahluth (orgs.). *A Era Vargas: desenvolvimentismo, economia e sociedade*. São Paulo: Editora UNESP, 2012.

FRANCO, Gustavo. *O desafio brasileiro: ensaios sobre desenvolvimento, globalização e moeda*. São Paulo: Editora 34, 1999.

FREYRE, Gilberto. *Região e Tradição*. 2ª edição. Rio de Janeiro: Gráfica Record Editora, 1968.

FREYRE, Gilberto. *Ordem e Progresso*. 5ª edição. Rio de Janeiro: Record, 2000.

FREYRE, Gilberto. "Sobre o 'Manifesto Regionalista' de 1926 (Depoimento de 1941)". In: COHN, Sergio (org.). *Gilberto Freyre*. Coleção Encontros. Rio de Janeiro: Azougue Editorial, 2010.

FURTADO, Celso. "Características gerais da economia brasileira". In: *Revista Brasileira de Economia*, ano 4, n. 1, mar. 1950.

FURTADO, Celso. *A economia brasileira – contribuição à análise do seu desenvolvimento*. Rio de Janeiro: A Noite, 1954.

FURTADO, Celso. *A pré-revolução brasileira*. Rio de Janeiro: Fundo de Cultura, 1962.

FURTADO, Celso. *Dialética do desenvolvimento*. 2ª edição. Rio de Janeiro: Fundo de Cultura, 1964.

FURTADO, Celso. *O mito do desenvolvimento econômico*. Rio de Janeiro: Paz e Terra, 1974.

FURTADO, Celso. *Cultura e desenvolvimento em época de crise*. Rio de Janeiro: Paz e Terra, 1984.

FURTADO, Celso. *A fantasia organizada*. 5ª edição. Rio de Janeiro: Paz & Terra, 1985.

FURTADO, Celso. *Teoria e política do desenvolvimento econômico*. 9ª edição. São Paulo: Companhia Editora Nacional, 1987.
FURTADO, Celso. *A fantasia desfeita*. 2ª edição. Rio de Janeiro: Paz e Terra, 1989.
FURTADO, Celso. *Brasil: a construção interrompida*. Rio de Janeiro: Paz e Terra, 1992.
FURTADO, Celso. "Entrevista". In: BIDERMAN, Ciro; COZAC, Luis Felipe & REGO, José Marcio (orgs.). *Conversas com economistas brasileiros I*. São Paulo: Editora 34, 1996.
FURTADO, Celso. *O capitalismo global*. São Paulo: Editora Paz & Terra, 1998.
FURTADO, Celso. "Mensagem aos jovens economistas". In: FURTADO, Celso. *O longo amanhecer: reflexões sobre a formação do Brasil*. Rio de Janeiro: Paz e Terra, 1999.
FURTADO, Celso. *Introdução ao desenvolvimento: enfoque histórico-estrutural*. 3ª edição revista pelo autor. São Paulo: Paz e Terra, 2000.
FURTADO, Celso. "Entrevista a Antonio Fernando de Franceschi (2002)". In: *Cadernos de Literatura Brasileira: Euclides da Cunha*. São Paulo: Instituto Moreira Salles, 2002.
FURTADO, Celso. "Formação de capital e desenvolvimento econômico" [1952]. Texto publicado anteriormente da *Revista Brasileira de Economia* (vol. 6, n. 3, 1952). In: *Memórias do Desenvolvimento*, Centro Internacional Celso Furtado de políticas para o desenvolvimento, Rio de Janeiro, ano 1, n. 1, jun. 2007.
FURTADO, Celso. "Depoimento 1982". In: *Memórias do Desenvolvimento*, Centro Internacional Celso Furtado de Políticas para o Desenvolvimento, Rio de Janeiro, ano 3, n. 3, out. 2009.
FURTADO, Celso. *Perspectivas da economia brasileira*. Rio de Janeiro: Centro Internacional Celso Furtado de Políticas para o Desenvolvimento, 2012.
FURTADO, Celso. "Aventuras de um economista brasileiro" (1973). In: D'AGUIAR, Rosa Freire (org.). *Essencial Celso Furtado*. São Paulo: Penguin Classics Companhia das Letras, 2013.
FURTADO, Celso. "Liberalismo econômico". In: D'AGUIAR, Rosa Freire (org.). *Anos de formação 1938-1948: o jornalismo, o serviço público, a guerra, o Doutorado*. Rio de Janeiro: Contraponto/Centro Internacional Celso Furtado, 2014a.
FURTADO, Celso. "A Semana Santa em Ouro Preto". In: D'AGUIAR, Rosa Freire (org.). *Anos de formação 1938-1948: o jornalismo, o serviço público, a guerra, o Doutorado*. Rio de Janeiro: Contraponto/Centro Internacional Celso Furtado, 2014b.
FURTADO, Celso. "Teoria do Departamento de Administração Geral". In: D'AGUIAR, Rosa Freire (org.). *Anos de formação 1938-1948: o jornalismo, o serviço público, a guerra, o Doutorado*. Rio de Janeiro: Contraponto/Centro Internacional Celso Furtado, 2014c.
FURTADO, Celso. *Diários intermitentes: 1937-2002*. Organização, apresentação e notas de Rosa Freire d'Aguiar. São Paulo: Companhia das Letras, 2019.
GALVÃO, Walnice Nogueira. *Euclidiana: ensaios sobre Euclides da Cunha*. São Paulo: Companhia das Letras, 2009.
GEDDES, Barbara. "Building State Autonomy in Brazil: 1930-1964". In: *Comparative Politics*, n. 22, vol. 2, jan. 1990, p. 218-226.
GELLNER, Ernest. *Nações e nacionalismo: trajetos*. Lisboa: Gradiva, 1993.

GERSCHENKRON, Alexander. "Reflexões sobre a ideologia como problema metodológico e histórico". In: GERSCHENKRON, Alexander. *O atraso econômico em perspectiva histórica e outros ensaios*. Rio de Janeiro: Contraponto, 2015a.

GERSCHENKRON, Alexander. "Sobre o conceito de continuidade na História". In: GERSCHENKRON, Alexander. *O atraso econômico em perspectiva histórica e outros ensaios*. Rio de Janeiro: Contraponto, 2015b.

"Glycon: mineiro com alma de bandeirante". In: *Visão*, 20 dez. 1968.

GOMES, Ângela de Castro. "Novas elites burocráticas". In: GOMES, Ângela de Castro (org.). *Engenheiros e economistas: novas elites burocráticas*. Rio de Janeiro: Editora FGV, 1994.

GOMES, Ângela de Castro. *A invenção do trabalhismo*. 3ª edição. Rio de Janeiro: Editora FGV, 2005.

GOMES, Ângela de Castro (coord.). *Olhando para dentro: 1930-1964 – Vol. 4*. Coleção História do Brasil Nação: 1808-2010, organizada por Lilia Moritz Schwarcz. Rio de Janeiro: Objetiva, 2013a.

GOMES, Ângela de Castro. "As marcas do período". In: GOMES, Ângela de Castro (coord.). *Olhando para dentro: 1930-1964 – Vol. 4*. Coleção História do Brasil Nação: 1808-2010, organizada por Lilia Moritz Schwarcz. Rio de Janeiro: Objetiva, 2013b.

GOMES, Ângela de Castro. "População e sociedade". In: GOMES, Ângela de Castro (coord.). *Olhando para dentro: 1930-1964 – Vol. 4*. Coleção História do Brasil Nação: 1808-2010, organizada por Lilia Moritz Schwarcz. Rio de Janeiro: Objetiva, 2013c.

GOMES, Juvenal Osório. "Depoimento". In: BNDES. *BNDES: 50 anos de Desenvolvimento*. São Paulo: DBA Artes Gráficas, 2002.

GOMES, Juvenal Osório. "Entrevista com Juvenal Osório Gomes". In: *Memórias do Desenvolvimento*, Centro Internacional Celso Furtado de Políticas para o Desenvolvimento, Rio de Janeiro, ano 3, n. 3, out. 2009.

GORENDER, Jacob. *Combate nas trevas, a esquerda brasileira: das ilusões perdidas à luta armada*. Edição revista e ampliada. São Paulo: Editora Fundação Perseu Abramo/ Expressão Popular, 2014.

GOVERNO DO ESTADO DA BAHIA. "Situação e problemas da Bahia – 1955: recomendações de medidas ao Governo", 1955, mimeo. Salvador: Acervo SEI.

GOVERNO DO ESTADO DA BAHIA. *Participação da Bahia na vida nacional*. Ofício dirigido ao Exmo. Sr. Dr. Juscelino Kubitschek, presidente da República, pelo Exmo. Sr. Dr. Antonio Balbino, governador do estado da Bahia, 15 ago. 1956, p. 4-8, 19. Rio de Janeiro: Acervo CPDOC-FGV/Fundo Juracy Magalhães. JM 64 f.

GOVERNO DO ESTADO DA BAHIA. *Plano de Desenvolvimento da Bahia 1960-1963*. Parte Geral, Volume 1. Salvador: Governo do Estado da Bahia, 1960a.

GOVERNO DO ESTADO DA BAHIA. *Plano de Desenvolvimento da Bahia 1960-1963*. Parte Setorial, Volume 2. Salvador: Governo do Estado da Bahia, 1960b.

GOVERNO DO ESTADO DA BAHIA. *Prestando contas ao povo: Governador General Juracy Montenegro Magalhães, 1959-1963*. Salvador: Governo do Estado da Bahia, 1963.

GOVERNO DO ESTADO DA BAHIA. *Pastas rosas de Rômulo Almeida*. Salvador: SEPLAN, 2012.

GRAMSCI, Antonio. *Obras escolhidas*. São Paulo: Martins Fontes, 1978.
GRAMSCI, Antonio. *Cadernos do cárcere: introdução ao estudo da Filosofia. A filosofia de Benedetto Croce*. Vol. 1. Rio de Janeiro: Civilização Brasileira, 1999.
GRAMSCI, Antonio. *Cadernos do cárcere: os intelectuais. O princípio educativo. Jornalismo*. Vol. 2. 2ª edição. Rio de Janeiro: Civilização Brasileira, 2001.
GRAMSCI, Antonio. *Cadernos do cárcere: temas de cultura, ação católica, americanismo e fordismo*. Vol. 4. 3ª edição. Rio de Janeiro: Civilização Brasileira, 2011.
GRAMSCI, Antonio. *Cadernos do cárcere: Maquiavel: notas sobre o Estado e a política*. Vol. 3. 8ª. edição. Rio de Janeiro: Civilização Brasileira, 2017.
GUDIN, Eugênio. "O caso das nações subdesenvolvidas". In: *Revista Brasileira de Economia*, n. 3, vol. 6, 1952.
GUDIN, Eugênio. "Rumos de política econômica". In: SIMONSEN, Roberto & GUDIN, Eugênio (orgs.). *A controvérsia do planejamento na economia brasileira*. 3ª edição. Brasília: IPEA, 2010.
GUERRA, Oswaldo & TEIXEIRA, Francisco. "50 anos da industrialização baiana: do enigma a uma industrialização exógena e espasmódica". In: *Bahia Análise & Dados*, vol. 10, n. 1, jun. 2000.
GUERREIRO RAMOS, Alberto. *Introdução crítica à sociologia brasileira*. Rio de Janeiro: Editorial Andes, 1957.
GUERREIRO RAMOS, Alberto. *A crise do poder no Brasil – problemas da revolução brasileira*. Rio de Janeiro: Zahar, 1961.
GUERREIRO RAMOS, Alberto. *A redução sociológica – Introdução ao estudo da razão sociológica*. 2ª edição. Rio de Janeiro: Edições Tempo Brasileiro, 1963.
GUERREIRO RAMOS, Alberto. "Entrevista". In: OLIVEIRA, Lucia Lippi. *Sociologia do Guerreiro*. Rio de Janeiro: Editora da UFRJ, 1995.
GUIMARÃES, Antônio Sérgio Alfredo. *A formação e a crise da hegemonia burguesa na Bahia (1930-1964)*. 1982. 151F. Dissertação (Mestrado em Ciências Humanas). Universidade Federal da Bahia, Salvador. Versão revisada pelo autor em 2003.
GUIMARÃES, Antônio Sérgio Alfredo. "Estrutura e formação das classes sociais na Bahia". In: *Novos Estudos CEBRAP*, n. 18, set. 1987.
GUIMARÃES, Ary. *Um sistema para o desenvolvimento (governo baiano e industrialização)*. Salvador: ICS/UFBA, 1966.
HIRSCHMAN, Albert. *The strategy of economic development*. 3rd edition. New Haven: Yale University Press, 1962.
HIRSCHMAN, Albert. *Política econômica na América Latina*. Rio de Janeiro: Fundo de Cultura, 1965.
HIRSCHMAN, Albert. *A bias for Hope: essays on development and Latin America*. New Haven: Yale University Press, 1971.
HIRSCHMAN, Albert. "The rise and decline of development economics". In: HIRSCHMAN, Albert. *Essays in Trespassing: Economics to Politics and beyond*. Cambridge: Cambridge University Press, 1981.
HIRSCHMAN, Albert. *A moral secreta do economista*. São Paulo: Editora UNESP, 1997.

IANNI, Octavio. *O colapso do populismo no Brasil*. Rio de Janeiro: Civilização Brasileira, 1968.
IANNI, Octavio. *Estado e planejamento econômico no Brasil (1930-1970)*. Rio de Janeiro: Civilização Brasileira, 1971a.
IANNI, Octavio. *Sociologia da sociologia latino-americana*. Rio de Janeiro: Civilização Brasileira, 1971b.
"Informe da Comissão Nacional de Bem-Estar Social à Alzira Vargas", 26 dez. 1951". Rio de Janeiro: Acervo CPDOC-FGV/Fundo Alzira Vargas. AVAP vpu sgv 1951.04.04, documentos I-9 e I-10. Disponível em:http://www.fgv.br/cpdoc/acervo/arquivo-pessoal/AVAP/textual/documentos-sobre-a-atuacao-de-alzira-vargas-do-amaral-peixoto-junto-a-politica-trabalhista-do-segundo-governo-vargas-inclui-sua-participacao-nas-d. Acesso em: 26 jul. 2017.
"Instalada comissão interpartidária". In: *Correio da Manhã*, Rio de Janeiro, 21 dez. 1952. Salvador: Acervo IRAE.
ISEB. *Introdução aos problemas do Brasil*. Rio de Janeiro: ISEB, 1956.
IUMATTI, Paulo Teixeira. *Diários políticos de Caio Prado Jr.: 1945*. São Paulo: Brasiliense, 1998.
IUMATTI, Paulo Teixeira. "Um viajante e suas leituras". In: *Revista do Arquivo Público Mineiro*, ano XLIII, n. 1, jan./jun. 2007.
JAGUARIBE, Hélio. "A crise brasileira". In: *Cadernos do Nosso Tempo*, ano 1, n. 1, out./dez. 1953.
JAGUARIBE, Hélio. *Condições institucionais do desenvolvimento*. Rio de Janeiro: ISEB, 1958a.
JAGUARIBE, Hélio. *O nacionalismo na atualidade brasileira*. Rio de Janeiro: ISEB, 1958b.
JAGUARIBE, Hélio. *Desenvolvimento econômico e desenvolvimento político*. Rio de Janeiro: Editora Fundo de Cultura, 1962.
JAGUARIBE, Hélio. "O ISEB e o Desenvolvimento Nacional". In: TOLEDO, Caio Navarro (org.). *Intelectuais e política no Brasil: a experiência do ISEB*. Rio de Janeiro: Revan, 2005.
JARDIM, Eduardo. *Mário de Andrade: eu sou trezentos – vida e obra*. Rio de Janeiro: Edições de Janeiro, 2015.
JOSÉ, Emiliano. *Waldir Pires: biografia*. Volume 1. Rio de Janeiro: Versal, 2018.
KAFKA, Alexandre. "Estrutura da economia brasileira". In: ISEB. *Introdução aos problemas do Brasil*. Rio de Janeiro: ISEB, 1956.
KLÜGER, Elisa. *Meritocracia de laços: gênese e reconfigurações do espaço dos economistas no Brasil*. 2017. 855F. Tese (Doutorado em Sociologia). Faculdade de Filosofia, Letras e Ciências Humanas, Universidade de São Paulo, São Paulo.
KOSELLECK, Reinhart. *Futuro passado: contribuição à semântica dos tempos históricos*. Rio de Janeiro: Contraponto/Editora PUC Rio, 2006.
KOURY, Ana Paula. "Rômulo Almeida e a política habitacional brasileira". In: *Anais do X Encontro de Economia Baiana*, Salvador, set. 2014.
LAFER, Celso. *JK e o programa de meta (1956-1961): processo de planejamento e sistema político no Brasil*. Rio de Janeiro: Editora FGV, 2002.
LAHUERTA, Milton. "Marxismo e vida acadêmica: os pressupostos intelectuais da crítica uspiana ao nacional-desenvolvimentismo". In: BOTELHO, André; BASTOS, Elide

Rugai & VILLAS BÔAS, Glaucia (orgs.). *O moderno em questão: a década de 50 no Brasil*. Rio de Janeiro: TopBooks, 2008.

LATINI, Sidney. *A implantação da indústria automobilística no Brasil: da substituição de importações à globalização passiva*. São Paulo: Alaúde Editorial, 2007.

LATTMAN-WELTMAN, Fernando. *A política domesticada: Afonso Arinos e o colapso da democracia em 1964*. Rio de Janeiro: Editora FGV, 2005.

LE GOFF, Jacques. *A História deve ser dividida em pedaços?* São Paulo: Editora UNESP, 2015.

LEAL, Victor Nunes. *Coronelismo, enxada e voto: o município e o regime representativo no Brasil*. 7ª edição. São Paulo: Companhia das Letras, 2012.

LEEDS, Anthony & LEEDS, Elizabeth. *A sociologia do Brasil urbano*. Rio de Janeiro: Zahar, 1978.

LEFF, Nathaniel. *Economic Policymaking and Development in Brazil, 1947-1964*. New York: John Wiley & Sons, 1968.

LEITE, Cleanto de Paiva. *O assessoramento da Presidência da República*. Série Cadernos de Administração Pública. Rio de Janeiro: FGV/Escola Brasileira de Administração Pública, 1959.

LEITE, Cleanto de Paiva. "Depoimento de 1983, concedido a Valentina da Rocha Lima e Plínio de Abreu Ramos". Transcrição de Ester da Silva. Rio de Janeiro: Acervo CPDOC-FGV, 1986.

LEITE, Cleanto de Paiva. "Depoimento de 1988, concedido a Plínio de Abreu Ramos e Anamaria Ladeira Aragão no contexto do projeto 'Memória do setor de energia elétrica: fase pré-operacional' da Eletrobras". Transcrição de Maria Cristina Braga de Bastos e Marilza Fernandes Almeida. Rio de Janeiro: Acervo CPDOC-FGV, 1988.

LEITE, Dante Moreira. *O caráter nacional brasileiro*. 3ª edição. São Paulo: Livraria Pioneira Editora, 1976.

LEITE, Pedro Sisnando. *Raul Barbosa no Banco do Nordeste: memórias*. 2ª edição. Fortaleza: Gráfica LCR, 2012.

LEOPOLDI, Maria Antonieta. *Política e interesses na industrialização brasileira: as associações industriais, a política econômica e o Estado*. São Paulo: Paz & Terra, 2000.

LEOPOLDI, Maria Antonieta. "O difícil caminho do meio: Estado, burguesia industrial e industrialização no segundo Governo Vargas (1951-1954)". In: SUZIGAN, Wilson & SZMRECSÁNYI, Tamás (orgs.). *História econômica do Brasil contemporâneo*. 2ª edição. São Paulo: Edusp/Hucitec, 2002.

LESSA, Carlos. *O Rio de todos os Brasis (uma reflexão em busca de autoestima)*. Rio de Janeiro: Record, 2000.

LIMA, Augusto Sabóia. *Alberto Torres e sua obra*. São Paulo: Companhia Editora Nacional, 1935.

LIMA, Heitor Ferreira. *História do pensamento econômico no Brasil*. 2ª edição. São Paulo: Companhia Editora Nacional, 1978.

LIMA, Hermes. *Lições da crise*. Rio de Janeiro: Livraria José Olympio Editora, 1954.

LIMA, Hermes. *Travessia (memórias)*. Rio de Janeiro: José Olympio Editora, 1974.

LIMA, Marcos da Costa (org.). *Os boêmios cívicos: a assessoria econômico-política de Vargas (1951-1954)*. Coleção Pensamento Crítico, 3. Rio de Janeiro: Centro Internacional Celso Furtado de Políticas Para o Desenvolvimento, 2013.

LIMA, Medeiros (org.). *Petróleo, energia elétrica, siderurgia: a luta pela emancipação, um depoimento de Jesus Soares Pereira sobre a política de Getúlio Vargas*. Rio de Janeiro: Paz e Terra, 1975.

LINS, Álvaro. "À maneira de epílogo: depoimento sobre a morte próxima do Nordeste". In: LINS, Álvaro & MAIA, Eduardo Cesar (orgs.). *Sete escritores do Nordeste*. Recife: Cepe, 2015.

LIRA NETO. *Getúlio: da volta pela consagração popular ao suicídio (1945-1964)*. São Paulo: Companhia das Letras, 2014.

LOBATO, Monteiro. *O escândalo do petróleo e ferro*. 9ª edição. São Paulo: Brasiliense, 1959.

O LONGO amanhecer: uma cinebiografia de Celso Furtado. Direção: José Mariani. Produção: João Vargas, José Mariani. José Mariani. Fotografia: Guy Gonçalves. Trilha Sonora: Aluísio Didier. Andaluz, 2007. 73 min. Disponível em: https://archive.org/details/Longo.Amanhecer.Furtado. Acesso em: 01 ago. 2017.

LOPES, Lucas. *Memórias do desenvolvimento*. Rio de Janeiro: Centro de Memória da Eletricidade no Brasil, 1991.

LOPES, Lucas. "Depoimento 1982". In: *Memórias do Desenvolvimento*, Centro Internacional Celso Furtado de Políticas para o Desenvolvimento, Rio de Janeiro, ano 3, n. 3, out. 2009.

LOPES, Telê Porto Ancona. "'Viagens etnográficas' de Mário de Andrade". In: ANDRADE, Mário de. *O turista aprendiz*. 2ª edição. São Paulo: Duas Cidades, 1983.

LOUREIRO, Maria Rita. *Os economistas no Governo: gestão econômica e democracia*. Rio de Janeiro: Editora FGV, 1997.

LÖWY, Michel. *Walter Benjamin: aviso de incêndio – uma leitura das teses sobre o conceito de História*. São Paulo: Boitempo, 2005.

MAGALHÃES, Juracy. "Carta do governador Juracy Magalhães a Rômulo Almeida", 13 jan. 1960. Salvador: Acervo IRAE.

MAGALHÃES, Juracy. "Carta do Governador Juracy Magalhães a Rômulo Almeida", 27 jul. 1960. Salvador: Acervo IRAE.

MAGALHÃES, Mário. *Marighella: o guerrilheiro que incendiou o mundo*. São Paulo: Companhia das Letras, 2012.

MALAN, Pedro S.; BONELLI, Regis; ABREU, Marcelo de P. & PEREIRA, José Eduardo de C. *Política econômica externa e industrialização no Brasil (1939/52)*. Rio de Janeiro: IPEA/INPES, 1977.

MALLORQUIN, Carlos. *Celso Furtado: um retrato intelectual*. São Paulo/Rio de Janeiro: Xamã/Contraponto, 2005.

MALLOY, James. *Política de previdência social no Brasil*. Rio de Janeiro: Graal, 1986.

"Manifestou-se a Reforma Geral". In: *O Globo*, 28 jun. 1958. Salvador: Acervo IRAE.

MANNHEIM, Karl. *Libertad y planificación*. 2ª edição. Cidade do México: Fondo de Cultura Económica, 1946.

MANNHEIM, Karl. *Ideología y utopía: introducción a la Sociología del Conocimiento*. Edición Comemorativa de 70 Años. Cidade do México: Fondo de Cultura Económica, 2004.

MANNHEIM, Karl. *Sociologia da cultura*. 2ª edição. São Paulo: Perspectiva, 2013.

MANTEGA, Guido. *A economia política brasileira*. 2ª edição. São Paulo: Vozes, 1984.

MANTEGA, Guido & REGO, José Marcio (orgs.). *Conversas com economistas brasileiros II*. São Paulo: Editora 34, 1999.

MARCHI, Carlos. *Todo aquele imenso mar de liberdade: a dura vida do jornalista Carlos Castelo Branco*. 2ª edição. Rio de Janeiro: Record, 2015.

MARINELI, Felipe. *O pensamento de Antonio Delfim Netto e o milagre econômico brasileiro (1968-1973)*. 2017. 297F. Dissertação (Mestrado em História Econômica). Faculdade de Filosofia, Letras e Ciências Humanas, Universidade de São Paulo, São Paulo.

MARTINS, André Luiz de Miranda. *Notícia dos famintos: os anos formativos de Josué de Castro (décadas de 1930 e 1940)*. 2018. Relatório Final de Pesquisa (Pós-Doutorado em Culturas e Identidades Brasileiras). Instituto de Estudos Brasileiros, Universidade de São Paulo, São Paulo.

MARTINS, Carlos Estevam. *Tecnocracia e capitalismo: a política dos técnicos no Brasil*. São Paulo: Brasiliense, 1974.

MARTINS, Luciano. *Industrialização, burguesia nacional e desenvolvimento*. Rio de Janeiro: Saga, 1968.

MARTINS, Luciano. *Pouvoir et développement économique: formation et évolution des structures politiques au Brésil*. Paris: Éditions Anthropos, 1976.

MARTINS, Luciano. *Estado capitalista e burocracia no Brasil pós-1964*. Rio de Janeiro: Paz e Terra, 1985.

MELO, Marcus André de. "Municipalismo, *nation building* e a modernização do Estado no Brasil". In: *Revista Brasileira de Ciências Sociais*, v. 8, n. 23, out. 1993.

MELO, Marcus André de. *Política de habitação e populismo no Brasil*. [Recife]: Sem editora, 1982.

MICELI, Sergio. *Intelectuais à brasileira*. São Paulo: Companhia das Letras, 2012.

MIGLIOLI, Jorge. "O ISEB e a encruzilhada nacional". In: TOLEDO, Caio Navarro (org.). *Intelectuais e política no Brasil: a experiência do ISEB*. Rio de Janeiro: Revan, 2005.

"Ministros: Negrão, Rômulo, Garcez e Pinotti". In: *Diário Carioca*, 27 jun. 1958. Salvador: Acervo IRAE.

MOTA, Carlos Guilherme. *Ideologia da cultura brasileira (1933-1974)*. 4ª edição. São Paulo: Ática, 1978.

MOTTA, Marly Silva da. "Economistas: intelectuais, burocratas e 'mágicos'". In: GOMES, Ângela de Castro (org.). *Engenheiros e economistas: novas elites burocráticas*. Rio de Janeiro: Editora FGV, 1994.

MOTTA, Marly Silva da. "Os 'boêmios cívicos' da Assessoria Econômica: saber técnico e decisão política no Governo Vargas (1951-54)". In: *História Oral, Cultura e Poder*, Juiz de Fora (MG), 2005.

MOURA, Antônio Jorge. *Rômulo Almeida: um perceptor de ideias*. Salvador: Assembleia Legislativa, 2014.

MOURA, Gerson. *Autonomia na dependência: a política externa brasileira de 1935 a 1942*. Rio de Janeiro: Nova Fronteira, 1980.

NASSIF, Luis. *Walther Moreira Salles: o banqueiro-embaixador e a construção do Brasil*. Barueri: Companhia Editora Nacional, 2019.

NERY, Sebastião. *A nuvem*. São Paulo: Geração Editorial, 2010.

"Nota para o Senhor Presidente: Plano Federal para o Nordeste", 25 abr. 1954. Rio de Janeiro: Acervo CPDOC-FGV/Fundo Jesus Soares Pereira. JSP ae.div. 1954.05.25.

"Notícias da Bahia". In: *Gazeta de Notícias*, 23 maio 1958. Salvador: Acervo IRAE.

NOVAIS, Fernando. "Entrevista". In: PRADO Jr., Caio. *Formação do Brasil contemporâneo*. São Paulo: Companhia das Letras, 2011.

"Novas complicações na sucessão baiana". In: *Gazeta de Notícias*, 17 jun. 1958. Salvador: Acervo IRAE.

OLIN WRIGHT, Erik. *Envisioning real utopias*. London: Verso, 2015.

OLIVEIRA, Francisco de. *Crítica à razão dualista*. São Paulo: Boitempo, 2003a.

OLIVEIRA, Francisco de. "Diálogo na nova tradição: Celso Furtado e Florestan Fernandes". In: NOVAES, Adauto (org.). *A crise do Estado-nação*. Rio de Janeiro: Civilização Brasileira, 2003b.

OLIVEIRA, Francisco de. *O elo perdido: classe e identidade de classe na Bahia*. São Paulo: Editora Fundação Perseu Abramo, 2003c.

OLIVEIRA, Francisco de. *A navegação venturosa: ensaios sobre Celso Furtado*. São Paulo: Boitempo, 2003d.

OLIVEIRA, Francisco de. "Depoimento". In: *Retrato de grupo: 40 anos do CEBRAP*. São Paulo: Cosac Naify, 2009.

OLIVEIRA, Lucia Lippi. *Sociologia do Guerreiro*. Rio de Janeiro: Editora da UFRJ, 1995.

PALHANO, Raimundo. "O centenário da Usina do Pensamento: Ignácio Rangel, a capacidade de decisão e o Santo de Casa". In: HOLANDA, Felipe Macedo de; ALMADA, Jhonatan & AFFONSO DE PAULA, Ricardo Zambrão (orgs.). *Ignácio Rangel, decifrador do Brasil*. São Luís: EDUFMA, 2014.

PEDRÃO, Fernando. "Introdução: Rômulo Almeida, o homem e sua época". In: FEDERAÇÃO DAS INDÚSTRIAS DO ESTADO DA BAHIA (FIEB). *Rômulo, desenvolvimento regional e industrialização*. Série FIEB Documentos Históricos 2. Salvador: FIEB, 2013.

PEDROSA, Mário. *A opção brasileira*. Rio de Janeiro: Civilização Brasileira, 1966.

PEDROSA, Mário. "O futuro do povo (1980)". In: MARQUES NETO, José Castilho (org.). *Mário Pedrosa e o Brasil*. São Paulo: Editora Fundação Perseu Abramo, 2000.

PENNA, Lincoln de Abreu. *República brasileira*. Rio de Janeiro: Nova Fronteira, 1999.

PEREIRA, Alexsandro Eugenio. "Organização, estrutura e trajetória do ISEB". In: TOLEDO, Caio Navarro (org.). *Intelectuais e política no Brasil: a experiência do ISEB*. Rio de Janeiro: Revan, 2005.

PEREIRA, Jesus Soares. "Getúlio Vargas e o petróleo brasileiro". In: VARGAS, Getúlio. *A política nacionalista do petróleo no Brasil*. Rio de Janeiro: Tempo Brasileiro, 1964.

PEREIRA, Jesus Soares. *O homem e sua ficha*. Rio de Janeiro: Civilização Brasileira, 1988.

PERES, Fernando da Rocha. *Memória da Sé*. Salvador: Secretaria da Cultura e Turismo do Estado, 1999.

PERICÁS, Luiz Bernardo. *Caio Prado Júnior: uma biografia política*. São Paulo: Boitempo, 2016.

PERICÁS, Luiz Bernardo. "Introdução". In: PERICÁS, Luiz Bernardo (org.). *Caminhos da revolução brasileira*. São Paulo: Boitempo, 2019.

PÉCAUT, Daniel. *Os intelectuais e a política no Brasil: entre o povo e a nação*. São Paulo: Ática, 1990.

PINTO, Álvaro Vieira. *Ideologia e desenvolvimento nacional*. 4ª edição. Rio de Janeiro: ISEB, 1960.

PINTO DE AGUIAR, Manoel. *Notas sobre o enigma baiano*. Salvador: Livraria Progresso Editora/Edições CPE, 1958.

"Planejamento econômico e desenvolvimento do Estado". In: *O Nacional*, 27 maio 1958. Salvador: Acervo IRAE.

"Plano Trienal de Desenvolvimento Econômico e Social 1963-1965". In: *O Plano Trienal e o Ministério do Planejamento*. Arquivos Celso Furtado, n. 4, s/d. Rio de Janeiro: Contraponto/CICEF.

"Política da Bahia". In: *O Nacional*, 17 jun. 1958. Salvador: Acervo IRAE.

PORTELLI, Hugues. *Gramsci e o bloco histórico*. Rio de Janeiro: Paz e Terra, 1977.

PRADO JR., Caio. "Diários políticos de Caio Prado Jr.", dez. 1937. São Paulo: Acervo IEB-USP/Fundo Caio Prado Jr.

PRADO JR., Caio. "Viagem a Ouro Preto", mar. 1940. São Paulo: Acervo IEB-USP/Fundo Caio Prado Jr.

PRADO JR., Caio. *Formação do Brasil contemporâneo*. São Paulo: Martins, 1942.

PRADO JR., Caio. *Diretrizes para uma política econômica brasileira*. São Paulo: Gráfica Urupês, 1954.

PRADO JR., Caio. *A revolução brasileira*. São Paulo: Editora Brasiliense, 1966.

"Principais alterações constantes do anteprojeto de lei orgânica da Previdência Social, em face do regime atualmente em vigor" elaborado por Moacir Velloso Cardoso de Oliveira, 7 fev. 1952. Rio de Janeiro: Acervo CPDOC-FGV/Fundo Alzira Vargas. AVAP vpu sgv 1951.04.04, documento II-3. Disponível em: http://www.fgv.br/cpdoc/acervo/arquivo-pessoal/AVAP/textual/documentos-sobre-a-atuacao-de-alzira-vargas-do--amaral-peixoto-junto-a-politica-trabalhista-do-segundo-governo-vargas-inclui-sua--participacao-nas-d. Acesso em: 26 jul. 2017.

"O projeto de Reforma não se limitará à simples criação de ministérios". In: *Correio da Manhã*, Rio de Janeiro, 12 out. 1952. Salvador: Acervo IRAE.

"Quatro finalistas no Esquema Balbino". In: *Diário Carioca*, 14 jun. 1958. Salvador: Acervo IRAE.

RAMOS, Graciliano. *Memórias do cárcere*. Vol. 1. São Paulo: Livraria Martins Editora, 1960.

RANGEL, Ignácio. *Introdução ao estudo do desenvolvimento econômico brasileiro.* Salvador: Livraria Progresso, 1957.

RANGEL, Ignácio. *Apontamentos para o 2º Plano de Metas.* Recife: Comissão do Desenvolvimento de Pernambuco (CONDEPE), 1961.

RANGEL, Ignácio. "Prefácio". In: PEREIRA, Jesus Soares. *O homem e sua ficha.* Rio de Janeiro: Civilização Brasileira, 1988.

RANGEL, Ignácio. *Depoimento de 1987 concedido a Anamaria Aragão e Margareth Guimarães Martins.* Transcrição de Maria Cristina Braga de Bastos e Marilza Fernandes Almeida. Rio de Janeiro: Acervo CPDOC-FGV, 1991.

RANGEL, Ignácio. "Entrevista concedida por Ignácio Rangel a Armem Mamigonian, Maria Dolores Buss, Raquel Fontes do Amaral Pereira, Everton Vieira Machado e José Messias Bastos, em outubro de 1987". In: *GEOSUL*, n. 12/13, ano VI, 2º sem. 1991/1º sem. 1992.

RANGEL, Ignácio. "Inquietos e ortodoxos". In: BNDES. *Do Ponto de Vista Nacional.* Rio de Janeiro: Bienal-BNDES, 1992.

RANGEL, Ignácio. "Especial para a Folha de São Paulo". In: ALMEIDA, Aristeu Barreto de (org.). *Rômulo Almeida: construtor de sonhos.* Salvador: Corecon-Bahia, 1995.

RANGEL, Ignácio. "Dualidade básica da economia brasileira [1957]". In: RANGEL, Ignácio. *Obras Completas – vol. 1.* Volume organizado por César Benjamin. Rio de Janeiro: Contraponto, 2005a.

RANGEL, Ignácio. "Economia: milagre e anti-milagre [1985]". In: RANGEL, Ignácio. *Obras reunidas – volume 1.* Volume organizado por César Benjamin. Rio de Janeiro: Contraponto, 2005b.

"Reforma administrativa do governo Vargas", s/d. Levantamento de cunho jornalístico referente ao andamento da Reforma administrativa no Congresso Nacional – reúne em ordem cronológica os títulos e os respectivos periódicos que publicaram acerca do assunto entre 19 dez. 1952 e 30 out. 1953. Salvador: Acervo IRAE.

REGO, Jose Márcio & MAMIGONIAN, Armen (orgs.). *O pensamento de Ignácio Rangel.* São Paulo: Editora 34, 1998.

"Relatório da Comissão-Mista Brasil-Estados Unidos" [1953]. In: *Memórias do Desenvolvimento*, Centro Internacional Celso Furtado de Políticas para o Desenvolvimento, Rio de Janeiro, ano 2, n. 2, jul. 2008.

"Relatório Preliminar da Subcomissão de Artesanato e Indústrias Domésticas". Rio de Janeiro: Acervo CPDOC-FGV/Fundo Alzira Vargas. AVAP vpu sgv 1951.04.04, documento I-6. Disponível em: http://www.fgv.br/cpdoc/acervo/arquivo-pessoal/AVAP/textual/documentos-sobre-a-atuacao-de-alzira-vargas-do-amaral-peixoto-junto-a-politica-trabalhista-do-segundo-governo-vargas-inclui-sua-participacao-nas-d. Acesso em: 26 jul. 2017.

RESENDE, André Lara. "À mesa com o Valor". Entrevista concedida a Robinson Borges. In: *Valor Econômico*, 23 jun. 2017.

RESENDE, Otto Lara. "Bicicletai, meninada! (18/12/1991)". In: *Bom dia para nascer.* São Paulo: Companhia das Letras, 2011.

RIBEIRO, Darcy. *Confissões.* São Paulo: Companhia das Letras, 1997.

RIBEIRO, Silvio Wanick, "O pensamento de Ignácio de Mourão Rangel". In: REGO, Jose Márcio & MAMIGONIAN, Armen (orgs.). *O pensamento de Ignácio Rangel*. São Paulo: Editora 34, 1998.

RIDENTI, Marcelo Siqueira. "Brasilidade vermelha: artistas e intelectuais comunistas nos anos 1950". In: BOTELHO, André; BASTOS, Elide Rugai & VILLAS BÔAS, Glaucia (orgs.). *O moderno em questão: a década de 50 no Brasil*. Rio de Janeiro: TopBooks, 2008.

RISÉRIO, Antônio. *Adorável comunista: história política, charme e confidências de Fernando Sant'anna*. Rio de Janeiro: Versal Editores, 2002.

RISÉRIO, Antônio. *Uma história da cidade da Bahia*. 2ª edição. Rio de Janeiro: Versal Editores, 2004.

RISÉRIO, Antônio. *Edgard Santos e a reivenção da Bahia*. Rio de Janeiro: Versal Editores, 2013.

ROBOCK, Stefan. *Brazil's developing Northeast: a study of regional planning and foreign aid*. Washington: The Bookings Institution, 1963.

ROBOCK, Stefan, "Projeto de planejamento global para o nordeste do Brasil". In: BANCO DO NORDESTE DO BRASIL-ETENE. *Memorando apresentado às Nações Unidas*. Fortaleza: Banco do Nordeste do Brasil, dez. 1955.

RODRIGUES, José Honório. *Vida e História*. Rio de Janeiro: Civilização Brasileira, 1966.

"Rômulo critica EUA e deixa o Comitê dos 9". In: *Correio da Manhã*, 3 abr. 1966. Hemeroteca Digital da Biblioteca Nacional.

SAAVEDRA CASTRO, Marcial Humberto. *Rômulo Almeida e a problemática do planejamento: o planejamento econômico na Bahia (1955-1961)*. 2010. 138F. Dissertação (Mestrado em História). Faculdade de Filosofia e Ciências Humanas, Universidade Federal da Bahia, Salvador.

SAID, Edward. *Humanismo e crítica democrática*. São Paulo: Companhia das Letras, 2007.

SAMPAIO, Consuelo Novais. *Pinto de Aguiar: audacioso inovador*. Salvador: Press Color Gráficos Associados, 2011.

SAN TIAGO DANTAS, Francisco Clementino. "Discurso proferido em agradecimento ao prêmio 'Homem de Visão de 1963'". In: *Revista Brasileira de História*, vol. 24, n. 47, jul. 2004.

SANTOS, Joel Rufino dos. "História Nova: conteúdo histórico do último ISEB". In: TOLEDO, Caio Navarro (org.). *Intelectuais e política no Brasil: a experiência do ISEB*. Rio de Janeiro: Revan, 2005.

SANTOS, José Alcides Figueiredo. *Estrutura de posições de classe no Brasil: mapeamento, mudanças e efeitos na renda*. Rio de Janeiro/Belo Horizonte: Iuperj/Editora da UFMG, 2002.

SANTOS, Roberto Figueira. *Vidas paralelas (1894-1962)*. 2ª edição. Salvador: EDUFBA, 2008.

SANTOS JÚNIOR, Waldomiro. *Milton Santos: reflexões póstumas de um livre pensador*. Salvador: Assembleia Legislativa do Estado da Bahia, 2012.

SANTOS, Wanderley Guilherme. *Reforma contra reforma*. Rio de Janeiro: Tempo Brasileiro, 1963.

SANTOS, Wanderley Guilherme. *Sessenta e quatro: anatomia da crise*. São Paulo: Vértice, 1986.

SANTOS, Wanderley Guilherme. *O ex-leviatã brasileiro*. Rio de Janeiro: Civilização Brasileira, 2006.

SCALON, Maria Celi. *Mobilidade social no Brasil: padrões & tendências*. Rio de Janeiro: Revan, 1999.

SCHMIDT, Augusto Frederico. "Prefácio à 1ª edição". In: AMADO, Jorge. *O país do carnaval*. São Paulo: Companhia das Letras, 2011.

SCHNEIDER, Ben. *Burocracia pública e política industrial no Brasil*. São Paulo: Sumaré, 1994.

SCHWARTZMAN, Simon. "Introdução". In: *O Pensamento nacionalista e os "Cadernos do Nosso Tempo"*. In: *Biblioteca do Pensamento Político Republicano*, Brasília, Editora UNB, v. 6., 1979.

SCHWARTZMAN, Simon; BOMENY, Helena & COSTA, Vanda Maria Ribeiro. *Tempos de Capanema*. São Paulo/Rio de Janeiro: Paz & Terra/Editora FGV, 2000.

SCHWARZ, Lilia Moritz & STARLING, Heloísa. *Brasil: uma biografia*. 2ª. edição. São Paulo: Companhia das Letras, 2019.

SCHWARZ, Roberto. *Que horas são? Ensaios*. São Paulo: Companhia das Letras, 1989.

SCHWARZ, Roberto. "Um seminário de Marx". In: SCHWARZ, Roberto. *Sequências brasileiras: ensaios*. São Paulo: Companhia das Letras, 1999.

SEGRE, Roberto. *Ministério da Educação e Saúde: ícone urbano da modernidade brasileira*. São Paulo: Romano Guerra Editora, 2013.

SENNETT, Richard. *The craftsman*. New Haven: Yale University Press, 2008.

SEWELL Jr., William. *Logics of History: social theory and social transformation*. Chicago: The University of Chicago Press, 2005.

SILVA, Benedicto. "Prefácio". In: LEITE, Cleanto de Paiva. *O assessoramento da Presidência da República*. Série Cadernos de Administração Pública. Rio de Janeiro: FGV/Escola Brasileira de Administração Pública, 1959.

SILVA, Benedicto. *Uma teoria geral do planejamento*. Rio de Janeiro: Edições FGV, 1964.

SILVA, Suely Braga da (org.). *Luiz Simões Lopes – fragmentos de memória*. Rio de Janeiro: Editora FGV, 2006.

SIMONSEN, Roberto, "A planificação da economia brasileira". In: SIMONSEN, Roberto & GUDIN, Eugênio. *A controvérsia do planejamento na economia brasileira*. 3ª edição. Brasília: IPEA, 2010.

SIMONSEN, Roberto & GUDIN, Eugênio. *A controvérsia do planejamento na economia brasileira*. 3ª edição. Brasília: IPEA, 2010.

SINGER, André, "A (falta de) base política para o ensaio desenvolvimentista". In: SINGER, André & LOUREIRO, Isabel (orgs.). *As contradições do lulismo: a que ponto chegamos*. São Paulo, Boitempo, 2016.

SIRINELLI, Jean-François. "Os intelectuais". In: RÉMOND, René. *Por uma história política*. 2ª. edição. Rio de Janeiro: Editora FGV, 2003.

SKIDMORE, Thomas. *Brasil: de Getúlio Vargas a Castelo Branco (1930-1964)*. 4ª edição. Rio de Janeiro, Paz e Terra, 1975.

SKINNER, Quentin. *Visions of Politics: regarding method – Vol. 1*. Cambridge: Cambridge University Press, 2002.

SOARES, Eliane Veras. *Florestan Fernandes: o militante solitário*. São Paulo: Cortez, 1997.
SODRÉ, Nelson Werneck. *A verdade sobre o ISEB*. Rio de Janeiro: Avenir Editora, 1978.
SOLA, Lourdes. *Ideias econômicas, decisões políticas*. São Paulo: EDUSP, 1998.
SOUZA, Aristeu & ASSIS, José Carlos de. *A serviço do futuro: a trajetória de Rômulo Almeida*. Rio de Janeiro: A. Souza, 2006.
SPINOLA, Noelio Dantaslé. "O Plandeb". In: *Revista de Desenvolvimento Econômico*, ano XI, n. 20, jul. 2009.
SUASSUNA, Ariano. *Almanaque Armorial*. Seleção, organização e prefácio de Carlos Newton Júnior. Rio de Janeiro: José Olympio, 2008.
"Surpresa na sucessão baiana". In: *Diário da Noite*, 23 maio 1958. Salvador: Acervo IRAE.
TALENTO, Biaggio & COUCEIRO, Luiz Alberto. Édison Carneiro: O mestre antigo, um estudo sobre a trajetória de um intelectual. Salvador: Assembleia Legislativa do Estado da Bahia, 2009.
TAVARES, Luís Henrique Dias. *História da Bahia*. 11ª edição. São Paulo/Salvador: UNESP/EDUFBA, 2008.
TAVARES, Maria da Conceição. *Da substituição de importações ao capitalismo financeiro: ensaios sobre economia brasileira*. 2ª edição. Rio de Janeiro: Zahar, 1973.
TAVARES, Maria da Conceição. *Acumulação de capital e industrialização no Brasil*. 3ª edição. Campinas: IE/UNICAMP, 1998.
TAVARES, Maria da Conceição. "Depoimento 1982". In: *Memórias do Desenvolvimento*, Centro Internacional Celso Furtado de Políticas para o Desenvolvimento, Rio de Janeiro, ano 3, n. 3, out. 2009.
TAVARES, Maria da Conceição. "O Papel do BNDE na industrialização do Brasil – os Anos Dourados do Desenvolvimentismo, 1952-1980". In: *Memórias do Desenvolvimento*, Centro Internacional Celso Furtado de Políticas para o Desenvolvimento, Rio de Janeiro, ano 4, n. 4, set. 2010.
TÉRCIO, Jason. *Em busca da alma brasileira: biografia de Mário de Andrade*. 1ª edição. Rio de Janeiro: Estação Brasil, 2019.
TODOROV, Tzvetan. *A beleza salvará o mundo*. São Paulo: Difel, 2011.
TOLEDO, Caio Navarro. *ISEB: fábrica de ideologias*. 2ª edição. Campinas: Editora da UNICAMP, 1997.
TOLEDO, Caio Navarro. "ISEB: ideologia e política na conjuntura do golpe de 1964". In: TOLEDO, Caio Navarro (org.). *Intelectuais e política no Brasil: a experiência do ISEB*. Rio de Janeiro: Revan, 2005.
TORRES, Alberto. *O problema nacional brasileiro*. 3ª edição. São Paulo: Nacional, 1978.
TOSI FURTADO, André Tosi. "Rômulo Almeida (1914-1988) e suas contribuições para o pensamento econômico regional brasileiro". In: SZMRECSÁNYI, Tamás & COELHO, Francisco da Silva (orgs.). *Ensaios de história do pensamento econômico no Brasil contemporâneo*. São Paulo: Atlas, 2007.
TOUSSAINT, Éric. "Sunfed versus World Bank". In: *International Viewpoint*, ago. 2014. Disponível em: http://www.internationalviewpoint.org/spip.php?article3493. Acesso em: 21 jul. 2017.

VARGAS, Getúlio. *Mensagem ao Congresso Nacional: apresentação pelo Presidente da República por ocasião da abertura da Sessão Legislativa de 1951.* Rio de Janeiro: Departamento de Imprensa Nacional, 1951.

VARGAS, Getúlio. "Mensagem ao Congresso Nacional propondo a criação da Petrobras". In: VARGAS, Getúlio. *A política nacionalista do petróleo no Brasil.* Rio de Janeiro: Tempo Brasileiro, 1964.

VIANA, Arízio. *D.A.S.P: instituição a serviço do Brasil.* Rio de Janeiro: DASP, 1953.

VIANA FILHO, Luís. *Anísio Teixeira: a polêmica da Educação.* 3ª edição. São Paulo/Salvador: Editora UNESP/EDUFBA, 2008.

VIANNA, Luiz Werneck. *Liberalismo e sindicato no Brasil.* 3ª edição. Rio de Janeiro: Paz e Terra, 1978.

VIANNA, Luiz Werneck. *A revolução passiva: iberismo e americanismo no Brasil.* 2ª edição. Rio de Janeiro: Revan, 2004.

VIANNA, Luiz Werneck. "Os espectros do Desenvolvimentismo". In: *O Estado de São Paulo,* 27 maio 2012.

VIEIRA, Rosa Maria. *Celso Furtado: reforma, política e ideologia (1950-1964).* São Paulo: EDUC, 2007.

VILLAS BÔAS, Glaucia. "Os portadores da síntese: sobre a recepção de Karl Mannheim". In: *Cadernos CERU,* série 2, n. 13.

VILLAÇA, Antônio Carlos. *José Olympio: o descobridor de escritores.* Rio de Janeiro: Thex, 2001.

ZWEIG, Stefan. *Brasil país do futuro.* Rio de Janeiro: Guanabara, 1941.

WAHRLICH, Beatriz de Souza. "Reforma administrativa brasileira: passado e presente". In: *Revista de Administração Pública,* n. 8, abr./jun. 1974.

WEBER, Max. *Economia y Sociedad: esbozo de Sociología compreensiva.* 13ª reimpressão. Cidade do México: Fondo de Cultura Económica, 1999.

WEFFORT, Francisco. *O populismo na política brasileira.* 4ª edição. Rio de Janeiro: Paz e Terra, 1980.

WILLIAM, Wagner. *O soldado absoluto: uma biografia do marechal Henrique Lott.* 2ª edição. Rio de Janeiro: Record, 2006.

WISNIK, José Miguel. *Maquinação do mundo: Drummond e a mineração.* São Paulo: Companhia das Letras, 2018.

WRIGHT MILLS, Charles. *La elite del poder.* 2ª edição. Cidade do México: Fondo de Cultura Económica, 1960.

WRIGHT MILLS, Charles. *Sobre artesanía intelectual.* In: *La imaginación sociológica.* 3ª edição. Cidade do México: Fondo de Cultura Económica, 2003.

Índice Onomástico

Acioli Borges, Tomás Pompeu, 110, 172, 178, 179, 222, 224, 429, 444, 445, 446, 447, 448, 454, 462, 476, 485.

Almeida, Cândido Mendes de, 34, 35, 188, 189, 246, 395, 397, 513.

Almeida, José Américo de, 108, 199, 465, 466.

Almeida, Miguel Osório de, 196, 231, 270, 282, 308, 327.

Almeida, Landulfo Alves de, 68, 109, 122, 177.

Amado, Jorge, 61, 68, 83, 85, 110, 119.

Andrade, Mário de, 17, 85, 87, 90, 91, 92, 93, 94, 99, 100, 102, 103, 109, 114, 116, 120, 125, 127, 169.

Aranha, Oswaldo, 72, 115, 195, 264, 462, 473, 576.

Arinos, Afonso, 128, 131, 133, 157, 513.

Baleeiro, Aliomar, 63, 475, 504.

Barata, Agildo, 108, 117, 494.

Bardi, Lina Bo, 509, 510.

BNB (ou "Banco do Nordeste"), 75, 156, 184, 199, 201, 221, 299, 389, 417, 423, 454, 455, 456, 458, 459, 460, 461, 462, 463, 464, 465, 466, 467, 468, 469, 470, 471, 473, 474, 477, 478, 480, 485, 486, 487, 488, 489, 496, 502.

BNDE, 35, 76, 128, 172, 178, 183, 196, 197, 201, 208, 214, 221, 223, 230, 231, 233, 236, 243, 256, 257, 261, 265, 266, 268, 279, 280, 281, 282, 290, 292, 296, 297, 298, 299, 300, 301, 305, 306, 307, 308, 309, 310, 311, 312, 313, 314, 315, 316, 317, 318, 319, 320, 321, 323, 325, 327, 328, 330, 405, 422, 428, 457, 458, 463, 465, 469, 476, 486, 499, 502, 523.

Bulhões, Octávio Gouveia de, 12, 128, 187, 197, 222, 223, 225, 226, 231, 232, 269, 282, 283, 284, 285, 286, 296, 298, 308, 344, 418.

Campos, Roberto, 12, 16, 17, 27, 36, 44, 48, 54, 129, 168, 200, 208, 221, 223, 230, 231, 233, 234, 236, 243, 244, 256, 257, 263, 264, 265, 266, 267, 268, 269, 270, 271, 272, 273, 274, 275, 279, 280, 281, 282, 285, 286, 290, 291, 292, 294, 295, 296, 297, 298, 301, 302, 304, 305, 306, 307, 308, 309, 310, 311, 312, 313, 314, 315, 316, 317, 318, 319, 320, 321, 323, 324, 325, 326, 327, 328, 337, 338, 342, 344, 393, 413, 418, 463, 517, 523, 524.

Candido, Antônio, 25, 26, 27, 28, 87, 102, 103, 137, 138, 348, 354, 400.

CAPES, 17, 189, 201, 221, 223, 299, 417, 428, 462, 463, 477.

Cardoso, Fernando Henrique, 39, 236, 237, 238, 259, 346, 365, 366, 369, 372, 391, 394.

Carneiro, Edison, 65, 119.

Castro, Josué de, 52, 86, 87, 94, 101, 102, 158, 252, 423, 424, 431, 486, 525.

CEPAL, 55, 66, 73, 187, 196, 197, 198, 208, 220, 221, 223, 224, 261, 262, 276, 280, 282, 283, 290, 292, 293, 294, 296, 297, 306, 318, 319, 320, 321, 328, 330, 331, 356, 357, 375, 389, 396, 461, 477, 514, 516.

CNI, 67, 73, 79, 122, 128, 176, 197, 206, 215, 218, 224, 268, 282, 297, 418, 419, 420, 428, 431, 476.

Comissão Nacional de Bem-Estar Social (CNBES), 201, 299, 417, 423, 424, 425, 426, 431, 435, 439, 444, 448, 484, 486.

Comissão Nacional de Política Agrária (CNPA), 201, 299, 417, 434, 442, 444, 445, 447, 448, 459, 464, 485, 487.

Comissão Mista Brasil-Estados Unidos (CMBEU), 76, 208, 223, 266, 267, 268, 269, 272, 273, 279, 280, 282, 284, 285, 286, 289, 297, 301, 302, 310.

Corbisier, Roland, 115, 188, 249, 395, 396.

Correia Lima, Ewaldo, 197, 215, 268, 297, 298, 302, 305, 306, 310, 326, 327, 428, 430.

Costa, Lúcio, 116, 126, 127.

Costa Pinto, Luiz Aguiar da, 68, 80, 219, 220, 258, 345, 355, 377, 442.

Cunha, Euclides da, 69, 70, 87, 90, 98, 99, 100, 102, 112, 169, 359.

Dantas, San Tiago, 27, 44, 67, 71, 72, 75, 79, 83, 113, 115, 148, 156, 169, 177, 195, 235, 252, 253, 267, 339, 401, 402, 408, 414, 418, 459, 514, 523.

DASP, 19, 66, 74, 79, 109, 112, 129, 144, 145, 146, 148, 171, 172, 178, 185, 186, 187, 211, 212, 214, 245, 355, 440, 450, 451, 496.

Delfim Netto, Antônio, 44, 54, 227, 228, 229, 526.

Fernandes, Florestan, 7, 24, 27, 52, 101, 219, 258, 259, 345, 346, 347, 348, 349, 350, 351, 352, 353, 354, 355, 356, 357, 358, 359, 361, 363, 365, 378, 400, 410, 411, 412, 527.

Fontes, Lourival, 115, 171, 177, 178, 183, 184, 450.

Freyre, Gilberto, 59, 84, 86, 94, 114, 119.

Furtado, Celso, 7, 12, 17, 27, 33, 35, 36, 44, 47, 48, 52, 54, 64, 65, 66, 80, 81, 100, 101, 103, 107, 112, 114, 115, 118, 119, 120, 128, 132, 144, 145, 156, 157, 158, 165, 167, 168, 182, 185, 187, 189, 196, 197, 198, 199, 208, 217, 218, 219, 220, 221, 222, 224, 231, 235, 240, 241, 243, 244, 249, 252, 256, 257, 263, 266, 275, 276, 277, 278, 279, 280, 281, 283, 286, 290, 291, 292, 293, 295, 302, 305, 306, 308, 309, 310, 313, 315, 316, 317, 318, 319, 320, 321, 322, 323, 324, 325, 326, 327, 328, 330, 332, 333, 334, 336, 337, 338, 339, 340, 341, 342, 343, 348, 350, 353, 365, 366, 367, 371, 373, 374, 375, 376, 382, 389, 395, 401, 410, 412, 413, 458, 461, 464, 468, 469, 470, 471, 472, 474, 480, 497, 498, 503, 511, 513, 515, 516, 523, 524, 525, 527, 529, 576.

Gomes, Juvenal Osório, 281, 282, 298, 307, 310, 311, 316.

Grupo Misto CEPAL-BNDE, 208, 221, 280, 290, 292, 297, 319, 321, 328, 330.

Gudin, Eugênio, 12, 42, 75, 76, 79, 173, 197, 222, 223, 225, 226, 230, 232,

264, 265, 266, 269, 272, 276, 282, 283, 284, 285, 286, 287, 296, 297, 298, 302, 304, 317, 355, 416.

Guerreiro Ramos, Alberto, 27, 53, 61, 63, 109, 115, 130, 172, 188, 248, 259, 301, 328, 348, 355, 356, 357, 358, 359, 360, 361, 362, 363, 364, 395, 397, 426, 440, 486.

Hirschman, Albert, 32, 205, 226, 227, 262, 275, 276, 294, 317, 458, 472, 500.

Ianni, Octavio, 140, 158, 203, 235, 237, 258, 259, 346, 358, 365, 375, 378, 379, 380, 381, 382, 383, 394, 395.

IBESP, 188, 189, 190, 224, 231, 248, 259, 293, 348, 355, 360, 362.

IBGE, 69, 79, 339, 431, 440, 476.

ISEB, 12, 34, 39, 55, 188, 189, 190, 194, 208, 221, 224, 231, 232, 246, 247, 248, 249, 250, 259, 301, 302, 304, 305, 320, 328, 337, 355, 360, 364, 389, 391, 392, 394, 395, 396, 398, 399, 400, 401, 409, 497, 513.

Jaguaribe, Hélio, 12, 27, 39, 41, 95, 96, 158, 160, 179, 188, 190, 191, 208, 219, 236, 245, 246, 248, 252, 348, 360, 361, 366, 367, 371, 372, 395, 397, 404, 441, 499, 511, 525.

Kafka, Alexandre, 231, 302, 303, 305, 306, 317, 320.

Lafer, Horácio, 172, 177, 199, 200, 201, 215, 266, 344, 454, 455.

Latini, Sidney, 267, 299, 308, 313, 314, 315, 476, 485.

Leal, Victor Nunes, 355, 441, 442, 443.

Leite, Cleanto de Paiva, 12, 27, 35, 36, 63, 64, 65, 66, 88, 100, 130, 144, 178,

182, 183, 184, 185, 196, 197, 198, 199, 200, 202, 204, 216, 238, 257, 269, 270, 279, 282, 296, 297, 300, 301, 305, 310, 311, 312, 313, 326, 327, 350, 379, 418, 419, 440, 445, 450, 454, 468, 511, 523.

Lessa, Carlos, 5, 88, 90, 121, 171, 221, 222, 437, 505, 575.

Lima, Hermes, 60, 89, 113, 158, 159, 268, 444, 445, 448, 511.

Lobato, Monteiro, 97, 98, 100, 110.

Mangabeira, Otávio, 69, 109, 128, 476, 478.

Mariani, Clemente, 65, 296, 312, 313, 479, 480, 508, 576.

Marighella, Carlos, 61, 108, 109.

Martins, Luciano, 212, 213, 214, 236, 240, 241, 259, 266, 268, 279, 365, 373, 374, 377.

Meira, Lúcio, 213, 257, 264, 298, 313, 314, 315, 327, 492, 495, 499, 511.

Nery, Sebastião, 94, 494, 503, 504.

Lodi, Euvaldo, 79, 122, 215, 218, 282, 419.

Lopes, Lucas, 12, 27, 35, 36, 179, 180, 187, 200, 203, 223, 230, 231, 233, 257, 263, 264, 267, 269, 279, 298, 301, 306, 307, 308, 309, 310, 312, 313, 315, 316, 317, 323, 324, 325, 326, 327, 344, 393, 413, 523.

Oliveira, Américo Barbosa de, 172, 222, 224, 280, 429, 476.

Oliveira, Francisco de, 5, 43, 88, 165, 167, 375, 376, 389, 412, 462, 463, 470, 471, 476, 484, 505, 507, 575.

Paiva, Glycon de, 179, 223, 230, 232, 267, 268, 269, 279, 296, 297, 315, 317, 413, 523.

Pedrão, Fernando, 89, 171, 177, 458, 470, 471, 476, 477, 479, 490, 502, 503, 575.

Pedrosa, Mário, 27, 54, 95, 103, 259, 372, 390, 403, 408, 410.

Pereira, Jesus Soares, 12, 16, 27, 64, 97, 98, 112, 171, 172, 178, 179, 182, 339, 184, 192, 193, 194, 195, 196, 200, 202, 212, 238, 264, 267, 313, 328, 339, 343, 415, 429, 454, 461, 462, 468, 476, 516, 523, 576.

Petrobras, 88, 184, 194, 195, 196, 201, 204, 215, 299, 316, 322, 417, 449, 473, 474, 476, 479, 480, 482, 486, 487, 499, 501, 506, 507, 508.

Pinto, Mário da Silva, 179, 231, 243, 315.

Pinto de Aguiar, Manuel, 59, 63, 65, 84, 85, 89, 121, 477, 479, 480, 483, 564, 566.

Pires, Waldir, 473, 479, 482, 493, 576.

Prado Júnior, Caio, 27, 54, 96, 97, 99, 101, 103, 115, 132, 259, 381, 404, 405, 442, 576.

Prebisch, Raúl, 197, 198, 215, 222, 262, 272, 280, 283, 284, 296, 297, 318, 515, 516.

Rangel, Ignácio, 12, 17, 27, 36, 52, 64, 66, 67, 73, 89, 101, 111, 112, 117, 127, 130, 131, 158, 167, 171, 178, 180, 181, 182, 184, 188, 189, 196, 202, 208, 238, 263, 264, 287, 293, 294, 295, 298, 300, 302, 303, 309, 310, 313, 321, 327, 328, 329, 330, 331, 332, 353, 375, 376, 379, 395, 476, 511, 523, 525.

Rocha, Glauber, 249, 509.

Santos, Edgard, 475, 477, 479, 508, 509, 510.

Santos, Milton, 61, 63, 499, 510.

Santos, Wanderley Guilherme dos, 158, 203, 239, 249, 401.

Schwarz, Roberto, 105, 391.

Simonsen, Roberto, 54, 75, 76, 77, 79, 120, 121, 122, 156, 169, 197, 218, 225, 264, 265, 266, 284, 309, 351, 355.

Tavares, Maria da Conceição, 43, 128, 213, 221, 231, 237, 262, 267, 279, 281, 282, 298, 315, 406.

Teixeira, Anísio, 52, 67, 68, 69, 70, 79, 93, 94, 103, 158, 169, 189, 221, 252, 351, 525, 576.

Teixeira de Freitas, Mário Augusto, 69, 70, 79, 112, 125, 169.

Torres, Alberto, 69, 90, 98, 100, 112, 113, 118, 169, 359.

Torres, Ari, 76, 267, 279, 301, 309, 515.

Vieira Pinto, Álvaro, 247, 248, 249, 395, 396, 397.

Vital, João Carlos, 177, 429.

Weffort, Francisco, 166, 190, 259, 365, 366, 382, 384, 385, 387, 388, 389, 390, 393, 399.

Agradecimentos

Tenho o costume de me derreter nos agradecimentos. Farei o possível para ser mais comedido desta vez. Mencionarei apenas as instituições e pessoas sem as quais este livro não teria assumido o formato atual e talvez eu nem tivesse chegado até aqui.

Durante a pesquisa de livre-docência, obtive bolsa produtividade do CNPq, categoria 2, conforme processo 306965/2015-1, vigente entre o período 2016-2019. A bolsa foi renovada para o triênio seguinte. A FAPESP concedeu auxílio à publicação de livro no Brasil, conforme processo 2019/23561-4.

Portanto, leitor e leitora, essas entidades públicas de apoio à pesquisa cumpriram papel decisivo para que este livro tenha chegado às suas mãos.

A pesquisa beneficiou-se da valiosa documentação do Instituto Rômulo Almeida de Altos Estudos (IRAE), localizado em Salvador. Seu mentor, Aristeu Barretto de Almeida, fiel guardião do legado do irmão, gentilmente permitiu que eu e minha equipe fizéssemos nossas consultas e descobertas no acervo. Durante esse período, fui recebido com profissionalismo e atenção pelas arquivistas Solenar Nascimento e Alane Silva El Sarle e, depois, por Ednéia Farias Lima. Agradeço ainda ao amigo Flávio Almeida, presidente do IRAE, pelos vários convites para palestras sobre Rômulo, seu pensamento e trajetória, e inclusive para a apresentação da primeira versão deste livro.

Serei eternamente grato a toda a família do meu sujeito de pesquisa: Aristeu e Gabriel (*in memoriam*), seus irmãos. Dulce, Marília e Eduardo, seus filhos. Marília e Rômulo, seus netos. Claudia Correia, sua nora. E Dilce Duarte, sua secretária. Encontrei em Eduardo Almeida um amigo e interlocutor nas viagens pelo universo do seu pai. Rômulo Santin, o cineasta da família, continuo à sua disposição para trabalharmos no importante documentário sobre a trajetória de nosso personagem, seu avô.

Realizei ao todo dezoito entrevistas. Apesar de ter utilizado menos de metade delas no livro, elas foram igualmente importantes. É imensa a minha dívida com os entrevistados: os professores Francisco de Oliveira (*in memoriam*), João Paulo de Almeida Magalhães (*in memoriam*), Carlos Lessa (*in memoriam*), Fernando Pedrão, Joviniano Neto, Maria de Azevedo Brandão e Ihering Guedes

Alcolforado; os familiares Aristeu Barretto de Almeida, Gabriel de Almeida (*in memoriam*), Marília, Dulce e Eduardo Almeida; os ex-governadores da Bahia, Roberto Santos e Waldir Pires (*in memoriam*); além de Francisco Teixeira, Dilce Duarte, Edivaldo Boaventura, Geraldo Saphira, Victor Gradin (*in memoriam*) e José de Freitas Mascarenhas. Não posso deixar de mencionar Aldemir do Vale e Leonardo Guimarães Neto, que me forneceram rápidos, porém preciosos depoimentos.

Meu velho amigo João Carlos da Silva Teixeira, baiano da gema, abraçou esta pesquisa desde o início, tendo participado comigo de algumas entrevistas em Salvador. "Tio" Antônio (Teixeira) gentilmente me ofereceu hospedagem no seu apartamento do Rio Vermelho e me contou histórias daquele tempo.

Esta pesquisa tampouco teria sido realizada sem o Arquivo do CPDOC da FGV, localizado no Rio de Janeiro. Encontrei preciosa documentação nos acervos de Anísio Teixeira, Clemente Mariani, Juracy Magalhães, Oswaldo Aranha, Getúlio Vargas e Alzira Vargas e, especialmente, no acervo de Jesus Soares Pereira, outro importante personagem deste livro, que merece ter a sua história contada.

Aproveito para agradecer ao Centro Internacional Celso Furtado de Políticas para o Desenvolvimento por seus fabulosos *Arquivos Celso Furtado*, *Memórias do Desenvolvimento* e *Cadernos do Desenvolvimento*. Nos novos documentos trazidos à luz, graças à inspiração e liderança de Rosa Freire d'Aguiar, encontrei parte importante da história do Brasil que precisa ser recuperada. À Rosa agradeço o empenho com que se dedicou aos *Diários Intermitentes*. Foi no tempo exato para que eu pudesse incorporar ao livro as anotações do mestre Furtado em seus diários.

O Arquivo do IEB me brindou com dois artigos inéditos do Rômulo jovem, encontrados no acervo Ernani Silva Bruno, graças ao empenho da sua então diretora Elisabete Marin Ribas, cujo apoio ao longo da pesquisa foi inestimável. Utilizei ainda documentos inéditos do acervo Caio Prado Júnior. Na biblioteca do IEB, encontrei obras raríssimas de cuja existência eu sequer sabia, e outras que apenas nela podem ser encontradas. Agradeço a Daniela Piantola, diretora da nossa biblioteca, e a Flávio Ribeiro, pelo apoio sempre eficiente e atencioso.

Tive a sorte de ter esta pesquisa – quando era então uma tese de livre-docência – debatida pela banca composta pelos professores Gabriel Cohn, Flávio Saes, Ligia Osorio Silva, Gilberto Bercovici e Paulo Iumatti. As suas distintas perspectivas teóricas me ajudaram a encarar o trabalho com maior distanciamento crítico. O professor Gabriel foi um anjo que pousou no meu caminho. Com sua simplicidade – que mal esconde a sua profunda sabedoria – me fez ver algumas das ciladas em que embarcara, bem como o acerto de algumas veredas a que eu não dera tanta importância.

Pude também debater em vários eventos algumas destas ideias com Fernando Lara, Robert Wilson, Tânia Bacelar de Araújo, Paulo Balanco, Eduardo Costa Pinto,

Marcos da Costa Lima, Roberto Smith, Gabriel Cohn, Sílvio Humberto, Brasílio Sallum Jr., Maria Alice Rezende de Carvalho, Fernando Alcoforado, Ihering Guedes Alcoforado, Amílcar Baiardi, Rosa Freire d'Aguiar, Alessandro André Leme, André Botelho, Pedro Cezar Dutra Fonseca e Vera Alves Cepêda.

Meu muito obrigado a Ricardo Bielschowsky que leu a primeira versão da introdução metodológica deste trabalho e me presenteou com comentários certeiros, os quais permitiram estruturar melhor a argumentação. E ao professor Luiz Carlos Bresser-Pereira que, não tendo podido participar da defesa, enviou-me atenciosa mensagem com suas considerações sobre a tese.

Aproveitei-me também dos comentários e das recomendações de leituras de amigos e parceiros, os professores Paulo Iumatti, Ricardo Luiz das Chagas Amorim, André Luís de Miranda Martins, Bernardo Ricupero e Luiz Bernardo Pericás.

Agradeço à professora e pesquisadora Ana Paula Koury, pelo incentivo e diálogo ao longo de toda a pesquisa, e a Daniel Ferrer de Almeida e Alessandra Soares de Oliveira, que me ajudaram com dedicação e afinco, junto com a Ana Paula, na organização e descoberta do material sobre Rômulo Almeida. André Gilberto da Silva Fróes, Felipe Marineli e Marcelo Freitas Soares de Moraes Cruz, meus orientandos, se juntaram ao grupo que se aventurou a discutir os textos desconhecidos de Rômulo Almeida.

Os alunos do IEB, da graduação e da pós-graduação, mal sabem como muitas destas ideias foram calibradas em sala de aula. E os colegas professores do IEB, também muitas vezes sem o saber, no café da EDUSP, ou na rampa do prédio da Brasiliana, enquanto eu fumava minha cigarrilha, forneceram sugestões importantes à pesquisa. Agradeço também a todos os funcionários do IEB, especialmente à Rosely Sá de Oliveira, da Divisão Acadêmica.

Sou imensamente grato aos companheiros e companheiras do núcleo temático "Repensando o Desenvolvimento" do LabIEB, que debateram comigo algumas das ideias da pesquisa antes de ser transformada em livro. Foram valiosos os comentários que recebi de Darlan Praxedes Barboza, Leonardo Octavio Belinelli de Britto, Larissa Alves de Lira, Lidiane Soares Rodrigues e Alexandre Macchione Saes, o companheiro furtadiano de todas as horas.

Tive ainda o privilégio de discutir algumas das ideias deste livro no grupo de pesquisa, "Pensamento e Política no Brasil", coordenado pelos professores André Singer e Bernardo Ricupero.

Ao longo da pesquisa, minha dívida intelectual com o amigo Fernando Paixão só fez aumentar. Mais que editor, ele foi o "terapeuta textual" deste livro. O professor de Literatura do IEB esteve sempre por perto, lendo as várias versões do trabalho, apurando-me o estilo e fazendo sugestões sobre a estrutura interna do trabalho. A

Haroldo Ceravolo Sereza e Joana Monteleone, que já haviam publicado meu doutorado, agradeço o carinho e o profissionalismo com que deram forma ao livro na Editora Alameda. Danielly Teles trabalhou com esmero na produção e diagramação do livro.

Sou grato também à Maria Cristina Cacciamali, parceira de trabalho e conselheira. Foi ela quem me fez ver – em uma viagem de avião para a Índia – que a pesquisa sobre o Rômulo "dava" uma tese de livre-docência.

Regiane Matos, além de formatar o texto conforme os padrões da ABNT para a livre-docência, fez questão de registrar todos os documentos pesquisados, valorizando quem os produziu e facilitando a vida dos futuros pesquisadores. Devo também a ela a última revisão cuidadosa do livro.

Dois irmãos de vida – o mais velho, o Joca (João Paulo Candia Veiga) e o mais novo, o Marcola (Marcos Paulo de Oliveira) – acompanham meus passos há um bom tempo, e estão sempre ao meu lado para o que der e vier. Avelino, Emília e Iolanda cuidaram do meu bem-estar e saúde. Felipe, além de prolongar a vida do computador meio senil, injetou-me ânimo nas suas visitas técnicas. O amigo Gustavo Gomes de Freitas foi o guia espiritual durante esta trajetória.

Minha mãe, Lívea, que me deu o melhor de mim, continua sendo a grande fonte de vida e de ensinamento. Minha filha Ana Clara agora sabe o que é ter um pai professor e pesquisador. Os finais de semana com ela foram pausas maravilhosas entre as tantas idas e vindas deste trabalho.

Cláudia foi a minha companheira durante o percurso da livre docência, carinhosamente sempre me lembrando "você já é aquilo que quer ser".

Sabrina é o largo sorriso em forma de amor que me acompanhou durante a escrita do livro e suas intermináveis revisões. Fez incursões cirúrgicas no texto, desafiando-me com seu peculiar "como assim?".

Durante dez anos, várias pessoas me ouviram dizer que ia "trabalhar no Rômulo". Coletei material suficiente para lhe oferecer uma biografia. Terminei por "usá-lo" como guia pela minha incursão ao Brasil Desenvolvimentista. Se minha admiração por ele, e por todo o seu fragmento de geração, é imensa, não me pus a exaltá-lo. A relação de lealdade que travamos não o permitiria.

Ainda assim, compraz-me imaginar Rômulo – que nunca gostou muito de salamaleques – recebendo esta obra como uma sincera homenagem, feita com sentido de missão por um homem de outro tempo, de outro fragmento de geração e, tudo nos leva a crer, de outro país.

Alameda nas redes sociais:

Site: www.alamedaeditorial.com.br
Facebook.com/alamedaeditorial/
Twitter.com/editoraalameda
Instagram.com/editora_alameda/

Esta obra foi impressa em São Paulo no inverno de 2021. No texto foi utilizada a fonte Minion Pro Regular em corpo 10 e entrelinha de 14 pontos.